证券监管法论

Securities Regulation Law Theory

李东方　著

图书在版编目(CIP)数据

证券监管法论/李东方著.—北京:北京大学出版社,2019.8
国家社科基金后期资助项目
ISBN 978-7-301-30538-6

Ⅰ.①证… Ⅱ.①李… Ⅲ.①证券市场—市场监管—证券法—研究—中国 Ⅳ.①D922.287.4

中国版本图书馆 CIP 数据核字(2019)第 094384 号

书　　　名	证券监管法论 ZHENGQUAN JIANGUAN FALUN
著作责任者	李东方　著
责 任 编 辑	毕苗苗
标 准 书 号	ISBN 978-7-301-30538-6
出 版 发 行	北京大学出版社
地　　　址	北京市海淀区成府路 205 号　100871
网　　　址	http://www.pup.cn
电 子 信 箱	law@pup.pku.edu.cn
新 浪 微 博	@北京大学出版社　@北大出版社法律图书
电　　　话	邮购部 010-62752015　发行部 010-62750672 编辑部 010-62752027
印 刷 者	北京富生印刷厂
经 销 者	新华书店
	730 毫米×1020 毫米　16 开本　42.75 印张　744 千字 2019 年 8 月第 1 版　2019 年 8 月第 1 次印刷
定　　　价	129.00 元

未经许可,不得以任何方式复制或抄袭本书之部分或全部内容。
版权所有,侵权必究
举报电话: 010-62752024　电子信箱: fd@pup.pku.edu.cn
图书如有印装质量问题,请与出版部联系,电话: 010-62756370

国家社科基金后期资助项目
出版说明

后期资助项目是国家社科基金设立的一类重要项目,旨在鼓励广大社科研究者潜心治学,支持基础研究多出优秀成果。它是经过严格评审,从接近完成的科研成果中遴选立项的。为扩大后期资助项目的影响,更好地推动学术发展,促进成果转化,全国哲学社会科学工作办公室按照"统一设计、统一标识、统一版式、形成系列"的总体要求,组织出版国家社科基金后期资助项目成果。

全国哲学社会科学工作办公室

前　　言

　　1996年西南政法大学(以下简称"西政")经济法博士点申报成功并开始招生,当年我有幸成为西政首届经济法专业博士研究生。就经济法学科而言,当时我国只有西政和北京大学的经济法学科是国家级重点学科,西政经济法学科的特点是其基础理论在全国始终居于优势地位。受到李昌麒、种明钊等导师们的学术熏陶,攻读博士学位期间我对经济法基础理论兴趣甚浓。与此同时,由于工作原因我还做一些金融证券律师实务工作,在从事金融证券法律实务的过程中我明显感觉到政府对证券业的干预程度非同一般,而有些干预则几无法律依据。[①] 当时,证券市场尚无证券基本法可循,而主要依据1993年4月22日由国务院发布的《股票发行与交易管理暂行条例》。《证券法》直到1998年才颁布,于1999年正式实施。因而,亟须从经济法理论上对政府干预证券市场的适度性进行论证。在这种背景下,我从经济法基础理论的角度开始了对证券监管法的研究。

　　1999年我如期完成了博士论文《证券监管法律制度研究》(后于2002年由北京大学出版社出版),在2000年3月的博士论文答辩过程中得到了校内外教授们较高的学术评价。[②] 后来以此博士论文为基础,我又顺利通过了北京大学博士后的资格评审,并于2000年进入北大博士后流动站,跟随杨紫烜老师做博士后研究工作。2002年我完成博士后出站报告《上市公司监管若干法律问题研究》,经过不断丰富和完善,于2013年形成《上市公司监管法论》一书,该书当年由中国政法大学出版社出版。这期间我还主编了《经济法》《证券法学》等教材,发表相关学术论文数十篇。另外,从2008年起至今,我每年秋季学期都给中国政法大学(以下简称"法大")经济法专业二年级的硕士研究生开设《证券监管法》课程,目前将"证券监管法"作为一门成熟的课

[①] 例如,1996年12月16日《人民日报》头版发表"人民日报社论":《正确认识当前股票市场》。该社论指出,对于目前证券市场的过度投机现象和可能造成的风险,要予以高度警惕,要本着加强监管、增加供给、正确引导、保持稳定的原则,做好八项工作。这被认为是用社论调控股市,而非法律手段。

[②] 我的博士论文指导教师为种明钊教授,答辩过程中的书面评阅人为杨紫烜、许明月两位教授,书面评议人为刘文华、徐杰、张士元、赵学清、杨树明、李开国、常怡7位教授。在此,再次对各位德高望重的教授的中肯评价深表感谢!

程来开设的院校,在全国只有我所在的法大。通过上述艰辛的科研和教学探索,以及对中国证券业的长期考察,我对证券监管法理论和制度的认识越来越深入,终于形成了这本《证券监管法论》。在某种程度上,这是集我22年深入思考和刻苦研究而完成的一项学术成果。

在现实社会中,尽管证券监管在我国受到不少经济学家和法学家的重视,但是,作为其研究成果的著述,多数包含的是知识介绍性或操作性的内容,从法学特别是从经济法学的角度对证券监管进行基础理论研究还十分薄弱。

一、研究目的和研究方法

(一) 研究目的

前文提到,在法学界有许多学者将证券法视为商法的特别法,将其与商法的其他特别法,如公司法、票据法、保险法和海商法等并列。考察一下市面上教科书的目录,上述各法的并列关系就可一目了然。我所任教的中国政法大学民商经济法学院历年来都是将证券法作为"商法二"课程,让学生来选课的。事实上,证券法较之其他商事特别法,国家干预的成分最多,公法色彩也最浓,其根本原因在于证券市场的特殊性。证券市场犹如一把双刃剑:有序发展则能极大地促进一国的经济发展;一旦失控则可能造成一国乃至国际性的经济危机。人们记忆犹新的1929—1933年的世界性经济危机,就是美国股票市场由"黑色星期四"[①]开始的大崩溃而引发的。这次大危机的悲惨教训,使各国尤其是美国加强了对证券市场的监管。此后,证券业在许多国家成为受到监管最为严厉的行业。伴随着国家对证券业监管力度的加强,证券法的发展也就有更多"公法"的成分,证券法包含的证券监管法律规范所调整的内容,完全是非平等主体之间的社会关系,因为证券监管法律规范着眼于调整超个别经济主体的社会公共利益,客观上要求个别利益必须服从整体利益,因此它以被监管对象的服从为基本前提。这与以调整平等主体之间的社会关系为内容,以意思自治为基本原则的民商法截然不同。由此可见,民商法的一些基本原则已经不能适应证券法中大量存在的证券监管法律规范。而证券监管法(所有证券监管法律规范的统称)自身却存在着独到的基本价

[①] "黑色星期四",即1929年10月24日(当天为星期四),美国的证券交易额达1300万股,证券市场一天之内蒙受的损失开创了历史最高纪录。到同年12月,证券价值损失超过了同期美国经济的全部净收入,造成股市恐慌而最终崩溃。详见〔美〕杰拉尔德·冈德森:《美国经济史新编》,杨宇光等译,商务印书馆1994年版,第640页;《世界现代史》编写组编:《世界现代史》,山东人民出版社1981年版,第285页。

值理念和若干不变的法精神,其中社会本位原则是其根本精神之所在。根据这一原则,任何市场主体在进行市场行为时,都不能片面追求自身利益的最大化,而忽视对社会公共利益的关注,否则就要受到法律的追究。① 这一原则所体现出的精神实质,正是经济法的本质之所在。因此,本书认为证券监管法是具有经济法属性的证券法。

上述这一切表明,完全有必要从一个"子部门法"②的法学体系上对证券监管法律规范进行抽象和概括,总结出其中所包含的基本理论。本书的研究目的就在于对证券监管法律规范进行归纳分析并总结出其基础理论或者证券监管的法哲学思想,从而为建立我国证券监管法的理论体系作出自己新的探索。

(二) 研究方法

本书对证券监管法的研究主要以如下方法论为指导:

1. 共性指导个性、个性丰富共性的哲学方法

本书是将证券监管法作为经济法的"子部门法",或者说部门经济法来进行研究的。就二者的关系而言,经济法的一般理论具有共性,属于矛盾的普遍性,对证券监管法具有指导意义;而证券监管法一般理论研究的成果相对于经济法来说具有个性,属于矛盾的特殊性,它能进一步充实经济法理论的基本内容,为经济法提供实证的依据。将经济法与部门经济法有机地结合起来,一方面,可以克服经济法基础理论与部门经济法相脱节的缺陷,从而充分发挥经济法基础理论的指导作用;另一方面,通过对部门经济法的深入研究又可以极大地丰富经济法的一般理论。二者相互作用、互为促进。

2. 比较分析方法

比较分析方法是进行法学理论研究的常用方法。本书的比较对象,是不同国家(或地区)的证券监管法律制度。比较的目的不是把一种制度类型或模式强加于另一种制度类型或模式,而是分析和研究在某种意义上的一般性和共同性背景下生长的各种特殊形态。其实,不同国家(或地区)面临的问题

---

① 有关社会本位原则的详细内容,参见李昌麒:《经济法——国家干预经济的基本法律形式》,四川人民出版社1995年版,第210—211页。
② "子部门法"是指法律部门下一层面的法律门类。法律部门,又称为部门法,是根据一定的标准和原则,按照法律规范的不同性质,调整社会关系的不同领域和不同方法等所划分的同类法律规范的总和。法律部门有如下特点:(1) 既是法学概念,也是组成法律体系的一种客观的基本要素;(2) 可以分为若干个子部门;(3) 是构成法律体系的基本要素。我国的法律体系大体上分为宪法及宪法相关法、民商法、行政法、经济法、社会法、刑法、诉讼与非诉讼程序法这七个主要的法律部门。详见张文显:《法理学》,法律出版社2007年版,第151—158页。

有许多是共同的,如证券的发行与上市监管、信息公开制度和证券市场的国际化及其监管问题,以及证券监管措施中的证券和解制度等,但在不同时期、不同国家或地区,人们解决这些问题的方法以及对这些问题的立场和态度往往是大相径庭的,这就是人们常说的文化选择。因此,我们不仅应当关注不同制度类型的相似和相近之处,而且,还应当重视不同制度下人们解决那些共同问题的不同方式,并揭示那些隐藏在某些共同表象里面的有意义的差异。因此,比较分析方法在本书中便成为一种认识特征和揭示意义的有效方法。

3. 经济分析方法

本书所采用的经济分析方法有两种形式:一是由于证券监管行为的产生有其深刻的经济根源,因此,谈到证券监管的必要性时,就不得不从经济的角度进行分析。二是任何一项法律制度,只有在其能够以最小的成本消耗而获得最大的社会效益时,这种制度才具有存在的合理性,对于证券监管法律制度而言,亦不例外。美国学者理查德·波斯纳教授创立的"经济分析法学"的方法,就是关于法应当以效益作为分配权利和义务的标准的理论。尽管这一理论有简单化和忽视正义的弱点,但作为方法论变革的产物,它为我们开辟了一条新的法学研究思路。

4. 经济法学的分析方法

这是本书最主要的研究方法。所谓经济法学的分析方法,就是用经济法的核心理念对证券监管法进行多角度的分析,即通过"国家介入""实质正义"和"社会本位"这三个经济法的核心理念对证券监管法进行全面分析。

除以上主要方法之外,历史分析方法、法解释学方法、价值学法学方法等都贯穿于本书的始终。

二、本书的主要内容

全书共十三章,摘要如下:

第一章绪论。首先,本章从界定证券监管的含义出发,认为证券监管是指证券主管机关或者社会行业自律机构依法对证券的发行、交易等活动和对参与证券市场活动的主体实施监督和管理,以维护证券市场秩序并保障其合法运行为目的的行为总和。而证券监管法,则是调整证券监管机构(包括证券自律监管机构)在实施对证券业的监督和管理过程中所发生的社会关系的法律规范的总称。它是证券法的组成部分。证券法是指调整全部证券社会关系的法律规范的总称。证券法的调整对象,既有平等主体之间的证券财产关系,也有监管者与被监管者之间的证券监督管理关系。证券监管法则仅仅是调整证券监管社会关系的法律规范的总称。其次,本章对全书的研究目的和研究方法进行了论述,主要目的是为建立和完善我国证券监管法的理论体系和基本制度框架而作出自己新的探索。本书采取的基本方法是将证券监管法作为经济法部门的"子部门法",用经济法的一般理论共性,指导证券监管法的研究;反过来,又以证券监管法具有的个性,进一步充实经济法理论的基本内容,为经济法的发展提供实证的依据。

第二章证券监管法的基础理论。要深入研究证券监管法的基础理论,首先,应当研讨证券、证券市场和证券业。其次,本章对证券监管进行了深入系统的经济和法律分析,主要包括三个方面的内容:(1)政府监管的一般理论;(2)证券市场的缺陷与法律监管的必要性;(3)政府监管的缺陷与证券监管的适度性分析。再次,本章对证券监管法的本质进行了研究。证券监管法主要是以公法的方法调整原本由私法调整的领域,并由此渗透于公法和私法两个领域的法律;证券监管法是以社会公共利益为本位的法;证券监管法是经济法的部门法。本章讨论了证券监管法的价值,认为证券监管法的价值构成包括秩序、效益和公平。本章提出证券监管法的基本原则包括:公开、公正、适度、高效以及政府集中统一监管与行业自律监管相结合五项原则。最后,本章专门研究了在证券监管中司法权的介入及其与行政权的互动,着重研究了以下三个问题:(1)我国司法权介入证券监管的重要意义及存在的问题;(2)证券业监管中司法权与行政权的互动;(3)证券业监管中司法权与行政权互动机制的完善。

第三章证券监管体制。本章首先对主要市场经济国家证券监管体制的典型模式进行比较研究,主要包括:政府主导型的美国模式、自律主导型的英国模式和中间型的法国、德国模式。其次,本章研究了证监会国际组织与各国证券业监管体制发展的新趋势。再次,本章对我国证券市场监管体制进行了研究,主要内容包括:我国证券监管体制的发展演变;我国证券监管的组织体系;我国证券监管机构的职责与权限;证券监管权力实现的保障;对证券监管机构权力的监督制约。本章对证券监管机构及其监管权的独立性进行了研究,主要内容包括:证券监管机构及其监管权独立性的理论基础;证券监管机构及其监管权独立性的比较研究;中国证券监管机构的法律变革。其中,对中国证监会的法律改革提出了较为具体的建议。本章研究了证券自律监管,主要内容包括:自律监管的基础理论;证券业协会的自律监管;证券交易所的自律监管;上市公司协会的自律监管;证券投资基金业协会的自律监管;我国各证券自律监管机构共同面临的两个问题。最后,本章研究了金融分业、合业经营与监管及其对证券监管体制的影响,重点分析了分业经营与监管体制的变化及其对证券监管体制的影响。

第四章证券监管执法规制。首先,本章对证券监管执法规制的基础理论进行了论述,主要包括:证券监管执法的内涵、行为特征以及证券监管执法的种类与法律功能。其次,本章对证券行政执法规制进行了研究,主要内容包括:证券行政执法的界定;证券行政执法行为的内容及其效力;我国证券行政执法机构的职责与相关职能部门的设置。再次,本章针对我国证券监管的现实,专题研究了证券行政执法和解制度,主要内容包括:证券行政执法和解的理论基础;外国证券行政执法和解制度考察;对我国《证券法》创设证券行政执法和解制度的思考。本章对证券监管措施的规制进行了研究,主要内容包括:对证券监管措施的实证考察;证券监管措施的法律特征及其定位;建立和完善规制证券监管措施的法律制度。最后,本章研究了自律监管机构执法的规制,主要内容包括:自律监管机构监管执法的种类;监管措施和纪律处分适用的基本原则;实施监管措施和纪律处分需考量的因素与适用的前提条件;自律监管机构执法的程序规制;自律监管机构执法的司法介入。

第五章证券信息公开监管。首先,本章对证券信息公开制度的基础理论进行了深入研究,主要内容包括:证券信息的公共产品性质;证券信息公开制度的含义和历史考察;证券信息公开制度的意义;证券信息公开义务的性质与责任主体;证券信息公开的有效标准;证券信息的"重大性"标准;预测性信息公开制度;完善虚假陈述责任追究制度。其次,本章对证券发行的信息公开制度进行了研究,主要内容包括:申请文件的预先披露制度;招股说明书制度;上市公告书的编制和公开;募资说明书制度。再次,本章关于上市公司持续信息公开制度的研究,主要内容包括:定期报告书制度;临时报告书制度;上市公司再融资的持续信息公开;上市公司收购公告制度。最后,本章针对《证券法》的修改,对注册制背景下信息公开制度的变革进行了研究,主要内容包括:核准制下我国信息公开制度存在的问题及其成因分析;信息公开制度在核准制与注册制条件下的区别;注册制背景下信息公开制度变革的措施。

第六章证券市场危机监管。首先,本章研究了证券市场危机监管的基本理论,为后面的深入研究奠定基础。其次,本章对证券市场危机预防监管进行了研究,主要内容包括:证券市场危机预防监管的理论基础;证券市场危机预防监管的主要措施。最后,本章探讨了证券市场危机应急处置监管,着重研究了证券市场危机应急处置政府介入的合理性和证券市场危机处理制度的主要措施。

第七章证券发行与上市监管。针对《证券法》修改中正在进行注册制的制度建设,本章首先对证券发行监管与我国证券发行制度变革进行了系统的研究,主要内容包括:证券发行要论、证券发行审核制度和现行证券发行制度的变革。其次,本章对证券上市监管进行了研究,就证券上市监管的基本理论、证券上市条件和上市程序等方面的问题进行了深入探讨。

第八章上市公司监管。2013年笔者撰写的《上市公司监管法论》一书,对上市公司监管的法律问题进行了系统研究,但是,其中的一些问题要么当时论述不够深入,要么随着证券市场的发展情况发生了较大变化,因而有必要在本书中进一步研究。这些问题如下:第一,上市公司投资者关系管理,主要内容包括:投资者关系管理的研究现状与相关理论;投资者关系管理的内容、沟通渠道、运行模式分析;中国上市公司投资者关系管理的现状及其存在的问题;中国上市公司投资者关系管理的制度完善;股票发行注册制实施之后投资者关系管理制度的因应。第二,上市公司社会责任,主要内容包括:上市公司社会责任的含义、性质及其特点;上市公司社会责任的实践;我国上市公司社会责任的立法与公司社会责任的内容及其信息披露制度;我国上市公司社会责任制度的完善途径。第三,上市公司收购监管,主要内容包括:上市公司收购的内涵;对我国上市公司收购中信息公开监管制度的完善思考;对我国上市公司要约收购监管制度的完善思考。第四,上市公司强制退市监管,主要内容包括:强制退市权的社会公法属性;强制退市的权力配备分析;强制退市基本目标与裁量权问题;注册制改革背景下的强制退市制度完善建议;上市公司退市中投资公众利益的保护机制。

第九章证券经营机构监管。首先,本章对证券经营机构的一般理论进行了研究,主要内容包括:证券经营机构的概念辨析;证券经营机构的法律特征;证券经营机构的分类;证券业与银行业的分业与合业监管。其次,本章对证券经营机构的准入监管进行了研究,主要就证券经营机构的准入体制和证券经营机构设立的条件进行了探讨。再次,本章对证券经营机构的业务监管进行了研究,重点论述了我国证券经营机构业务监管制度的立法完善和证券公司核心证券业务的法律监管两个重大问题。最后,本章研究了证券经营机构的风险监管与风险处置,主要内容包括:我国证券经营机构风险监管的制度沿革;证券经营机构的风险监管制度的基本内容;证券经营机构的风险处置。

第十章证券服务机构监管。本章在对证券服务机构监管进行概述之后,着重研究了以下两个问题:第一,证券投资咨询机构监管的特殊问题研究,主要内容包括:证券投资咨询机构监管和我国证券分析师的法律监管;第二,证券信用评级机构监管,主要内容包括:信用评级监管模式选择和信用评级监管的立法完善。

第十一章证券交易市场监管。首先,本章对证券交易所的法律监管进行了研究,主要内容包括:证券交易所的基本理论;对中国证券交易所改革的思考;对证券交易所的监管。其次,本章对场外交易市场的法律监管进行了研究,重点论述了场外交易市场的基本理论和我国场外交易市场及其监管两个问题。再次,本章研究了"新三板"转板上市监管,主要内容包括:"新三板"转板上市制度的内涵及其特点;"新三板"转板上市面临的法律障碍;对建立"新三板"转板上市制度的具体思考。最后,本章对证券市场的国际化与监管进行研究,主要内容包括:对发达国家证券市场国际化的考察;中国证券市场国际化的必要性分析;中国证券市场国际化的政策、立法与实践;国际金融危机带来的启示以及对中国证券市场国际化的思考。

第十二章证券登记结算法律制度。首先,本章研究了证券登记结算制度的基本理论,着重对证券持有制度、证券登记制度和证券结算制度的基本理论进行了深入的研究。其次,本章研究了证券登记结算机构监管的相关理论和制度,主要内容包括:我国证券登记结算机构的概念、沿革及其特征;中国证券登记结算有限责任公司的设立及法律地位;证券登记结算机构的主体资格监管;证券登记结算机构的主要职能;证券登记结算机构的权利与义务规制。

第十三章证券监管法律责任。首先,本章关于证券监管法律责任理论体系的研究,主要内容包括:证券监管法律责任的含义和特征;证券监管法律责任的归责原则;证券监管法上的民事责任;证券监管法上的行政责任;证券监管法上的刑事责任。其次,本章关于欺诈客户行为及其法律责任的研究,主要内容包括:欺诈客户行为概述;欺诈客户行为的表现形式;欺诈客户行为的法律责任。再次,本章关于虚假陈述行为及其法律责任的研究,主要内容包括:虚假陈述概说;虚假陈述的构成要件;虚假陈述的法律责任。本章关于操纵市场行为及其法律责任的研究,主要内容包括:操纵市场行为的概念、特征及其危害分析;操纵市场行为的表现形式;操纵市场行为的法律责任。最后,本章关于内幕交易行为及其法律责任的研究,主要内容包括:内幕交易行为概述;内幕交易的归责理论;内幕交易的构成要件;内幕交易行为的责任形式。

三、学术创新和应用价值

(一)学术创新

本书采用由一般到具体的逻辑架构,以经济学、民商法学、经济法学的基本理论为指导,运用经济分析方法、比较分析方法,从宏观和微观两个方面对证券监管法律制度进行了系统、深入的探讨。尤其是其中的宏观研究部分,即本书的前三章,具有理论深度。第一章表明本书将证券监管法定位为经济法的"子部门法"来进行研究,充分说明了其必要性和可行性。第二章首先从经济学角度探讨了政府干预理论的演变过程(即从反对干预到过分强调干预再到主张适度干预的过程)。然后结合证券市场不同于一般交易市场的特殊性,论证了对证券市场进行适度监管的必要性,并对如何把握好证券监管的度进行了界定。本书对证券监管法律制度的本质、价值和基本原则的研究也具有相当的深度和广度。其中,第三节是对证券监管法律制度本质的研究,笔者从探讨公、私法划分的基本理论和私法由个人本位向社会本位转化的基本趋势出发,阐明了经济法产生的根源,并在此基础上结合证券监管法的目的、功能,论证了证券监管法是横跨公、私法两个领域的法律,是以社会公共利益为本位的法律,是经济法的部门法等三个命题,具有独到的创新见解,也体现出本书所具有的深厚的民商法和经济法理论基础。第三章及以后各章在具体制度和理论方面均有各自的创新性。本书还吸收了应急管理的先进理念,用以指导证券市场危机监管。

(二)应用价值

应用价值主要体现在三个方面:第一,对正在修订的《证券法》和正在起草的"上市公司监管条例"具有重要的参考意义。第二,对中国证监会等政府监管机构和证券业协会、证券交易所等自律监管机构的监管行为具有参考和指导作用,同时对证券市场上的其他主体更好地行使权利和承担义务也具有参考和指导意义。第三,在学术上,为建立较为完备的证券监管法理论体系和制度框架奠定了深厚的基础。

由于个人水平所限,无论自己多么勤勉,想必书中仍有不足甚至错误之处,敬请各位同行不吝赐教,欢迎各位读者批评指正。

李东方(字修远,号德元)
于蓟门烟树小月河畔修远居
2018 年 6 月 22 日收笔

目 录

上篇 证券监管法总论

第一章 绪论 …………………………………………………………… 3

第二章 证券监管法的基础理论 ………………………………………… 11
第一节 对证券、证券市场和证券业的基础研究 ……………………… 11
第二节 证券监管的经济和法律分析 ………………………………… 29
第三节 证券监管法的本质 …………………………………………… 59
第四节 证券监管法的基本价值 ……………………………………… 73
第五节 证券监管法的基本原则 ……………………………………… 78
第六节 证券监管中司法权的介入及其与行政权的互动 …………… 83

第三章 证券监管体制 …………………………………………………… 93
第一节 证券监管体制典型模式比较 ………………………………… 93
第二节 证监会国际组织与各国证券业监管体制发展的
新趋势 …………………………………………………………… 108
第三节 我国证券市场监管体制研究 ………………………………… 119
第四节 证券监管机构及其监管权的独立性研究 …………………… 142
第五节 证券自律监管 ………………………………………………… 168
第六节 金融分合业经营与监管及其对证券监管体制的影响 ……… 189

第四章 证券监管执法规制 ……………………………………………… 194
第一节 证券监管执法规制概述 ……………………………………… 194
第二节 证券行政执法规制 …………………………………………… 198
第三节 证券行政执法和解 …………………………………………… 210
第四节 证券监管措施规制 …………………………………………… 234
第五节 自律监管机构执法规制 ……………………………………… 241

第五章　证券信息公开监管 … 253
第一节　证券信息公开制度的基础理论 … 253
第二节　证券发行的信息公开制度 … 286
第三节　上市公司持续信息公开制度 … 293
第四节　注册制背景下信息公开制度的变革 … 302

第六章　证券市场危机监管 … 307
第一节　证券市场危机监管的基本理论 … 307
第二节　证券市场危机预防（事前）监管 … 315
第三节　证券市场危机应急处置（事中和事后）监管 … 326

下篇　证券监管法专论

第七章　证券发行与上市监管 … 341
第一节　证券发行监管与我国证券发行制度变革 … 341
第二节　证券上市监管 … 376

第八章　上市公司监管 … 382
第一节　上市公司投资者关系管理 … 382
第二节　上市公司社会责任 … 399
第三节　上市公司收购监管 … 414
第四节　上市公司强制退市监管 … 429

第九章　证券经营机构监管 … 448
第一节　证券经营机构的一般理论 … 448
第二节　证券经营机构的准入监管 … 459
第三节　证券经营机构的业务监管 … 464
第四节　证券经营机构的风险监管与风险处置 … 474

第十章　证券服务机构监管 … 490
第一节　证券服务机构监管概要 … 490
第二节　证券投资咨询机构监管的特殊问题研究 … 491
第三节　证券信用评级机构监管 … 506

第十一章　证券交易市场监管 …… 523
第一节　证券交易所的法律监管 …… 524
第二节　场外交易市场的法律监管 …… 539
第三节　"新三板"转板上市监管 …… 548
第四节　证券市场的国际化与监管 …… 564

第十二章　证券登记结算法律制度 …… 579
第一节　证券登记结算制度的基本理论 …… 579
第二节　证券登记结算机构监管 …… 598

第十三章　证券监管法律责任 …… 608
第一节　证券监管法律责任的理论体系研究 …… 608
第二节　欺诈客户行为及其法律责任 …… 629
第三节　虚假陈述行为及其法律责任 …… 635
第四节　操纵市场行为及其法律责任 …… 645
第五节　内幕交易行为及其法律责任 …… 652

上篇
证券监管法总论

第一章 绪 论

一、证券监管的含义

证券监管乃证券监督和管理的合称。

"监督"一词,汉语的含义是察看并督促。① 与之相对应的英文是"supervise",按《布莱克法律辞典》的解释,其词义为"照看、主管或检查"。② 而"管理"一词就其本身的词义来看则是指照管并约束③,以及管辖、处理的意思;就其基本含义来看,是指把人力和资源,通过计划、组织、控制来完成一定的组织目标的过程。④ 管理是人类生存、社会延续、生产发展、经济繁荣的必要条件之一,它在整个人类历史时期都是存在的。与"监管"相对应的英文是"regulate"⑤,相关词典将其解释为:"control or direct (sth) by means of rules and restriction",即"以规章制度控制或者管理某事物"⑥。

证券监督是指国家的证券主管机关或者社会的证券自律机构对证券的发行和交易等活动以及参与证券市场活动的主体所进行的经常性的督促和检查,以使证券市场有序运行的行为。而证券管理则是指除了对证券的发行和交易等活动以及证券市场主体实施督促、检查之外,还包括进行组织、领导、协调和控制等行为。可见证券监督侧重于对证券市场的督促和检查;而证券管理则较前者范围要宽,除含有督促和检查的内容之外,更侧重于对有关证券发行、交易和证券市场主体的组织、领导、协调和控制。所以,证券监督与证券管理既相互区别、各有侧重,又紧密联系,共同组成证券监管的整体含义。因此,这两个词在实践中一般并称为证券监管。

---

① 中国社会科学院语言研究所编:《现代汉语词典》,商务印书馆1979年版,第539页。
② Henry Campbell Black, Black's Law Dictionary, Fifth Edition, West, 1981, p.1290.
③ 中国社会科学院语言研究所编:《现代汉语词典》,商务印书馆1979年版,第403页。
④ 单宝:《中国管理思想史》,立信会计出版社1997年版,第1页。
⑤ "中国证监会"的英文表达为"China Securities Regulatory Commission"(CSRC),其中"regulatory"的动词形式即为"regulate"。
⑥ 〔英〕霍恩比:《牛津高阶英汉双解词典》(第4版),李北达编译,商务印书馆1997年版,第1259页。

本书还有一个经常被使用的概念——"干预"或者"国家（政府）干预"①，干预一词包含了监督和管理的全部抽象意义。本书中干预与监管的含义很接近，经常将二者当作同义语来使用。如果说二者有什么区别的话，其区别在于："干预"所表达的是行动主体对某种社会关系的一种抽象介入，它不强调介入的具体方式，而"监管"则除了表达监管主体对某种社会关系的介入行为外，还含有对介入的具体方式的要求。另外，"干预"适用的范围更宽泛一些。

综合以上分析，本书将证券监管定义为证券主管机关或者社会行业自律机构依法对证券的发行、交易等活动和对参与证券市场活动的主体实施监督和管理，以维护证券市场秩序并保障其合法运行为目的的行为总和。对此定义可做以下三个方面的解析：

第一，实施证券监管的主体是一国的证券监管机关或者证券自律监管机构。证券监管机关的证券监管权的行使实质上是国家行政权力在证券业领域的运用和实施，具有强制性。证券监管机关权力的取得须经国家有关法律规定授权。比如，我国《证券法》第7条规定，国务院证券监督管理机构依法对全国证券市场实行集中统一监督管理。国务院证券监督管理机构根据需要可以设立派出机构，按照授权履行监督管理职责。该法第10章还具体规定了我国证券监管机关的权限范围和行使职权的法定程序。而证券自律监管机构行使的监管权本质上是一种因社会自治而形成的社会公权。证券自律监管机构行使权力的法律依据是我国《证券法》第8条的规定，在国家对证券发行、交易活动实行集中统一监督管理的前提下，依法设立证券业协会，实行自律性管理。该法第5章、第9章还分别具体规定了我国证券交易所和证券业协会的性质、组织结构和相关职责等。

需要进一步解释的是社会公权。社会自律监管机构（或组织）行使的权力，在很多情形下与国家机关行使的国家公权相似，也具有强制性，比如，证券交易所对实施违法行为的上市公司需求强制退市。当然，社会自律机构行使权力的这种强制力，虽然其成员必须遵守，但是这种必须遵守的强制力不是以国家的暴力机器为后盾的，而是以全体成员的权利让渡为前提。因而，本书将这种权力与国家公权相对应，称之为社会公权。规范社会公权行使而

---

① 笔者曾经主张在经济法学领域，用"国家介入"代替"国家干预"，理由有二：一是，"介入"包含了"干预""协调""调节"和"管理"等的全部内容；二是，"介入"既能体现经济法以公权为主的公法属性，又能体现经济法在一定程度上和一定范围内的私法性，"介入"在此可谓以刚为主，以柔为辅，刚柔相济。参见李东方主编：《经济法案例教程》，知识产权出版社2006年版，第4页。然而，由于经济学领域多用"国家干预"，而本书相关理论与经济学联系紧密，为了不产生歧义并与经济学相衔接，故仍然使用"干预"一词。

形成的规范体系称为社会公法。有关社会公法的内容见下文论述。

第二,证券监管的一类实施对象是证券的发行、交易活动和参与证券市场活动的主体。证券的发行和交易是一种十分复杂的融资活动,它涉及面广、内容复杂、影响广泛。因此,各国都对证券的发行和交易行为实施程度不同的监管。对证券发行行为的监管,主要通过证券发行审核制度和证券发行信息披露制度来实现;而对证券交易行为则主要是通过证券上市制度和上市公司信息持续性披露制度以及上市公司强制退市制度来实施监管。同时还采取诸如禁止操纵市场、禁止内幕交易和禁止欺诈客户等行为来实施对证券发行和交易的监管。

证券监管的另一类实施对象是参与证券市场活动的主体,这些主体主要包括:证券发行人、证券投资者、证券经营机构、证券从业人员和证券交易所等。

无论是对证券发行和交易行为,还是对证券市场主体的监管,一般均采取国家监管和自律监管两种方式。前者指国家证券监管机关按照法律、法规及各种行政命令来规范和约束各类证券市场主体,该规范和约束具有强制力。后者指证券业协会、证券交易所及证券经营机构成立同业公会等自律组织,通过该自律组织制定的章程、规则来进行自我约束并行使社会公权。社会公权的行使是通过社会公法来实现的,社会公法在很大程度上也具有强制力。

社会公法是笔者将其与国家公法和私法相对应的一种提法,这个概念产生的必要性在于,社会公法既不同于体现国家意志的国家公法,也不同于体现私人意思自治的私法,它是介于国家公法和私法之间的一种中间性质的、由社会自律组织(或社会协调组织)行使的、具有相当强制力的规范体系。社会自律监管权为现实社会所必需并且现实存在着,因而,用社会公法来表述其规范的法律属性更为准确。本书强调的是,证券自律监管机构行使监管权时其行为规范的社会公法属性。比如,上市公司退市监管,由于主要是自律监管机构(证券交易所)监管,且对于实施违法行为上市公司的退市,证券交易所依照交易所规则具有强制其退市的权力,所以,证券交易所所依据的这类规则的强制性规范就具有公法性,此公法即为社会公法。社会公法除实体法之外,还包括程序法,例如,《上海证券交易所纪律处分和监管措施实施办法》就分别规定了纪律处分的实施程序和监管措施的实施程序。

对于将自律监管权行使中具有强制力的行为规范视为社会公法的性质,笔者有一个认识深化的过程。在2002年,笔者认为:"在对证券市场实施监管的过程中,也包括私法的调整方法,其中最具代表性的就是证券市场的自律监管。虽然,自律监管规范对所有会员都具有约束力,违反自律规范要受到相应的处理,但是,其后果远不如违反公法性监管规范的后果严重。更重要的是,自律监管规范在确定之前,所有会员都享有平等的发言权来共同制定,然后要求共同遵守,因而,其规范主要是平等主体之间共同的协商的结果,具有明显的私法性质。"① 这种对于自律监管私法性质的解释无疑是正确的,但是尚不够深刻。而如上所述,如果将其具有强制力的那一部分行为规范解释为社会公法的性质则更为准确。理由如下:第一,在大多数国家和地区都要求自律组织的规章必须根据国家的证券法律授权而制定,由此可见自律监管在一定程度上也体现了国家实施干预的意志。第二,证券自律监管机构有权单方面决定对自律组织的会员行使监督、审查、奖励、纪律处分及其他处罚形式等权力,这种权力的表现形式与公法的权力形式(即监管者意志的单方性和强制性)基本上是一致的。②

上述国家监管和自律监管两种方式及其法律规范都将在本书的研究范围之内。

第三,证券监管的目的在于保证合法的证券发行和交易活动,督促证券经营机构依法经营,禁止违法交易行为,防止少数机构垄断操纵和扰乱证券市场,防范证券业的整体风险,从而保护投资者和社会公众的利益,维护证券市场秩序,保障证券业的健康发展。

二、证券监管法的概念及其与证券法的关系

(一)证券监管法的概念及其调整对象

证券监管必须以法律为依据,证券监管机构(包括证券自律监管机构)的设立及其监管权力的取得和行使都离不开证券法律。离开了证券法律,不仅证券市场将失去控制、规范、指引和保障,而且证券监管机关也失去了监管的标准、权威、手段和基本前提。③ 本书认为,证券监管法是调整证券监管机构(包括证券自律监管机构)在实施对证券业的监督和管理过程中所发生的社会关系的法律规范的总称。它是证券法的组成部分。证券法则是指调整全部证券社会关系的法律规范的总称。关于证券法的性质,在理论上,不少学

---

① 见李东方:《证券监管法律制度研究》,北京大学出版社 2002 年版,第 56—57 页。
② 例如,《证券法》第 176 条第 7 项规定,证券业协会履行下列职责:监督、检查会员行为,对违反法律、行政法规或者协会章程的,按照规定给予纪律处分。该法第 121 条则规定,在证券交易所内从事证券交易的人员,违反证券交易所有关交易规则的,由证券交易所给予纪律处分;对情节严重的,撤销其资格,禁止其入场进行证券交易。
③ 张忠军:《金融监管法论》,法律出版社 1998 年版,第 5 页。

者通常都是将其归入商法这一法律部门中并作为商法的一个组成部分进行研究的。① 而台湾学者则更具体地将其归属于"商法中公司法之特别法"。②

其实,上述关于证券法性质的理论观点是值得商榷的,确立某法的法律部门属性,根本依据在于该法的调整对象。证券法所要调整的社会关系包括两大类:第一大类是平等主体之间围绕着证券发行和交易而发生的各种证券民事关系;第二大类是证券监督管理关系,即国家介入证券市场的监督管理和证券业自律监管关系。上述两类社会关系经过证券法调整之后,本书分别称之为证券民事法律关系和证券监管法律关系。具体阐述如下:

1. 第一大类:平等主体之间的证券民事关系

证券民事关系的内容较为复杂,主要有以下几种:

(1) 发行人与投资者之间的证券发行关系。证券发行关系就是在证券发行过程中,发行人与投资者之间因证券发行行为而产生的经济关系。它包括从发行人向投资者作出招募的意思表示,到投资者持有证券的全过程。证券发行为资金需求者筹集资金提供了渠道,同时也为资金的供给者提供了投资并获取收益的机会。

(2) 证券承销关系。这是发生在证券发行过程中的一种法律关系,涉及作为发行人的股份公司、作为承销商的证券公司和投资者三方当事人。证券承销业务采取代销或者包销的方式进行。

(3) 证券交易关系。证券交易是指已发行证券的买卖行为。就出卖方而言,是对自己所享有的股权或债权的处分;就买受方而言,是股权或债权的取得。通过交易取得股权或债权,与通过发行取得股权或债权的根本区别在于:交易取得属于继受取得,是已经存在的股权或债权在不同投资者之间的转让;而发行取得则是原始取得,是一项股权或债权的最初设定。

(4) 证券公司与客户之间的关系。按照我国《证券法》的规定,投资者不能直接进入交易所买卖证券,必须作为客户委托证券公司进行,由此产生了证券公司作为经纪人与客户之间的法律关系。

(5) 证券公司与发行人和上市公司之间的保荐关系。2008年10月,中国证监会颁布《证券发行上市保荐业务管理办法》,规定证券经营机构作为保荐机构,应当诚实守信,勤勉尽责,尽职推荐证券发行上市,持续督导发行人履行相关义务。按照该规定,发行人发行证券,应当由证券公司作为保荐机构进行保荐,由此产生了证券公司与发行人之间的证券发行保荐关系。《证券法》第49条第1款规定,申请股票、可转换为股票的公司债券或者法律、行

---

① 王连洲等:《证券法实务全书》,中国法制出版社1999年版,第321页。
② 陈春山:《证券交易法论》,台湾五南图书出版公司2001年版,第3页。

政法规规定实行保荐制度的其他证券上市交易,应当聘请具有保荐资格的机构担任保荐人。由此产生了证券公司与上市公司之间的证券上市保荐关系。

(6) 因证券交易所而发生的民事关系。因证券交易所而发生的民事法律关系包括两种:一种是证券交易所与其会员之间的关系,这种关系主要是一种社团法人与社团法人成员之间的关系,主要靠章程来约束。另一种是交易所与上市公司之间的关系,根据《证券法》第 48 条第 1 款的规定,上市公司申请证券上市交易,应当向证券交易所提出申请,由证券交易所依法审核同意,并由双方签订上市协议。这二者之间首先是一种上市审核与被审核的关系;其次是一种因上市公司与交易所签订上市协议而建立的双方合同关系。

(7) 证券服务机构与发行人或上市公司之间的证券委托服务关系。会计师事务所、律师事务所等证券服务机构与发行人或上市公司之间发生的关系,以委托服务关系为其表现形式。但是,这种委托服务关系与一般的委托服务关系,有两个不同之处:① 在一般的委托服务关系中,受托人要作为委托人的代理人,以委托人名义从事活动,但在这种证券委托服务关系中,会计师事务所、律师事务所等专业服务机构要以专业服务机构自己的名义独立进行活动,以自己的名义出具审计报告、资产评估报告或法律意见书等文件;② 在一般的委托服务关系中,受托人要按照委托人的意志,为委托人的利益从事活动,但在这种证券委托服务关系中,作为受托人的证券服务机构已经不再完全遵循委托人的意志为委托人的利益从事受托活动,而是必须根据《注册会计师法》《律师法》以及《证券法》等法律规定,按照职业规则规定的工作程序和有关法律规定的职责开展业务,不能完全听任委托人的意志行事,在委托人示意其作出不实或不当证明,或因委托人有其他不合理要求致使出具的报告不能作出正确表述的,应当拒绝出具有关法律文件。因此,证券服务机构作为受托人所维护的利益,已经不仅仅是作为委托人的发行人或上市公司的合法利益,而是包括广大投资者在内的社会公众的利益。可见,证券服务机构在从事证券服务业时,其法律地位具有双重性:既是为委托人提供服务的受托人,也是在财务和法律方面对委托人进行监督的监督人。

(8) 证券交易的结算关系。证券交易的结算关系的实质是在证券市场上最终实现不同的投资者之间证券交易合同的履行问题。在集中竞价交易的情况下,由于投资者不是证券交易合同的直接主体,因此也不直接作为结算关系的当事人出现。因此,结算关系主要表现为证券结算机构与证券公司之间证券与价款的结算关系。

2. 第二大类:证券监管关系

证券监管关系主要表现为以下两个方面的社会关系:

(1) 国家证券监督管理机构对证券业所实施的各项监管行为而形成的具有强制性的社会关系。我国《证券法》第 179 条规定的国务院证券监督管理机构在对证券市场实施监督管理中履行的各项职责,就是国家证券监督管理机构对证券发行者、证券投资者、证券经营机构、证券交易所等证券市场的参与者的活动进行监督与管理的具体内容。它包括:依法制定有关证券市场监督管理的规章、规则,并依法行使审批或者核准权;依法对证券的发行、上市、交易、登记、存管、结算进行监督管理;依法对证券发行人、上市公司、证券公司、证券投资基金管理公司、证券服务机构、证券交易所、证券登记结算机构的证券业务活动,进行监督管理;依法制定从事证券业务人员的资格标准和行为准则,并监督实施;依法监督检查证券发行、上市和交易的信息公开情况;依法对证券业协会的活动进行指导和监督;依法对违反证券市场监督管理法律、行政法规的行为进行查处;法律、行政法规规定的其他职责。证券监督管理机构在履行上述职责时,均须与相关的证券市场主体发生各种不同的证券监管关系。

(2) 以证券业协会、证券交易所进行自律监管为主要表现形式的证券自律监管关系。我国证券市场的发展始终是由政府来推进的,政府在证券市场的演进中一直起着不可或缺的主导作用,从开初的组织试点到市场规则的设计以及整个证券市场运行的监管,都未离开过政府的直接干预。我国证券监管模式的建立又主要着眼于集中统一,因此,在实践中采用的是刚性极强的政府监管方式,这就难免忽视自律监管的作用。要建立完善的证券市场监管体系,必须做到政府监管与市场自律监管有机地结合起来,使这二者相互协调、互为补充、密切配合。自律监管机制的充分发挥,不仅可以为政府对证券业的日常监管工作减负,而且还可以为政府监管机构提供各种咨询意见和提供丰富的信息资源。在我国,证券业自律监管最主要的组织形式就是证券业协会和证券交易所,证券业协会和证券交易所在依据其章程以及相关自律监管规范履行其各项职责的过程中必然要与各相关主体发生证券自律监管关系。

通过以上分析可见,证券法调整的对象,既有调整平等主体之间的证券财产关系,也有调整监管者与被监管者之间的证券监督管理关系。前者属于民商法调整的范围,后者属于经济法调整的范围。故简单地将证券法视为商法的特别法不符合实际。

本书论述的证券监管法就是调整后一类社会关系的法律规范。由此,我们也可以得出证券监管法的定义,即证券监管法是调整证券监管社会关系的法律规范的总称。

(二) 证券监管法与证券法和经济法的关系

证券监管法是证券法的一部分,即证券法中具有证券监督和管理性质的那一部分法律规范。同时,证券监管法又是经济法的有机组成部分,本书是将其纳入经济法的范围来进行研究的。需要说明的是,到目前为止,各国在证券立法上并不存在一个单独的证券监管基本法,并由其囊括所有的证券监管的法律规范。同时,国家权力机关颁布的某一部证券基本法(即狭义证券法)或其他证券法规也不能够穷尽证券监管的所有法律规范。所以,一方面,目前尚不存在一个单独的证券监管基本法;另一方面,证券监管法不仅仅是指某一部分证券法律、法规,而是指每部证券法律、法规以及其他相关法律中所具有证券监管性质的法律规范的总和。

第二章 证券监管法的基础理论

对证券监管法认识的深度取决于对其基础理论研究的程度。任何一部法的基础理论都包括性质、价值、原则等。按照历史发展的逻辑,先是产生证券、证券市场和证券业,然后才发生证券监管行为。因此,要深入研究证券监管法的基础理论,应当首先讨论证券、证券市场和证券业。

第一节 对证券、证券市场和证券业的基础研究

一、证 券

(一) 证券的一般概念

《辞海》给证券下的定义是:以证明或设定权利为目的所作成的凭证。[①]换言之,证券是证券持有人有权取得相应权益的凭证,或者说,它是借助文字和图形在专用媒介上来表彰特定民事权利的书据。这里的"书据"等同于"书面",但是,"书面"与"纸面"的法律意义却存在区别:"书面"指的是表现手段,而"纸面"指的是表现手段的物质载体。随着记载技术的发展,人们已不限于以纸张作为表示证券权利的物质载体,如各类银行卡、信用卡等,都属于表示证券权利的书面凭证,然而却并非纸面形式。我国《合同法》第11条规定"书面形式是指合同书、信件和数据电文(包括电报、电传、传真、电子数据交换和电子邮件)等可以有形地表现所载内容的形式",这表明我国《合同法》已经不把书面形式限于纸面。当然,该法条中"有形地表现所载内容"的表述似有不妥,例如手语为有形,却是口头形式,故改为"以文字表示合同内容"更为合理。如股票、债券、基金证券、票据、提单、保险单、存款单等都是证券,再如车、船、机票,各种入场券等以及在特定历史条件下出现过的粮票、布票、棉花票等也都是证券。证券作为表示特定民事权利的书面形式,自然也不限于纸面形式。事实上,证券的无纸化给《证券法》带来了巨大的挑战,对此,将在后文进行讨论。

---

① 《辞海》,上海辞书出版社2002年版,第2176页。

从法学的角度分析,学者对证券的分类观点不一:一种观点将证券区分为"证书、资格证券和有价证券"三大类①;另一种观点主张"从法律上讲,证券可以分为三大类,即有价证券、无价证券和证据证券"。② 从本质上看,前者所指"证书"与后者所指"证据证券"的内涵是一致的,只是称谓有别(为了研究的方便,本书在以下统称为"证书")。而无价证券按后者的解释,它是有价证券的对称,系指本身不含任何价值,但却可以作为交换凭证的一类证券,如粮票、商品供应券等。③ 笔者认为,无价证券从根本上讲,一方面是社会商品短缺的外在表现,另一方面体现了国家对国民经济严格的计划控制和过度的行政干预,它是对商品交换关系的限制和否定,也是对消费者权利的限制和剥夺。无价证券是人类社会特定历史时期在特定国家(主要是实行计划经济体制的社会主义国家)的特定产物,它不具有一般证券的普遍意义。因此,笔者不主张将无价证券作为普遍意义上的证券的一个类别。

证书是指记载一定的法律事实或法律行为的文书,如出生证、死亡证、结婚证、借据、合同书等,其作用是证明该法律事实或法律行为曾经发生。但是,证书不能直接决定当事人之间权利和义务的有无,即证书虽有灭失,但实质的法律关系并不因之变更或消灭,只是证明困难而已;当事人如能举出其他证据,则仍然可以行使权利。可见证书对于权利,仅有证据上的证明力而已。④ 例如,买卖合同书的灭失,并不必然消灭当事人之间的债权债务关系。因此,证书的功能仅限于对既定事实起到某种证明的作用。由于证书除了能作为证据使用之外,既不能直接表彰权利,也不能单独流通使用,所以它并不是典型意义上的证券。

资格证券是指证明持有证券者具有行使一定权利的资格的证券,如行李寄存单、铁路运输行李提单等。由于资格证券的持券人可以用所持证券向义务人行使一定权利,而义务人向持券人履行义务后即可免责,故资格证券又称免责证券。义务人在履行义务的过程中,无调查持券人是否为真正权利人的义务,即使持券人为无权利人,除义务人恶意或有重大过失外,亦得免责。可见,持券人因持有资格证券即被推定为权利人。例如,持有行李寄存单者到行李寄存处提取行李,寄存处无调查其寄存单是否为窃取或拾得之义务,可直接推定其为寄存行李的所有权人。资格证券不具有流转性,而只表明特定人之间的权利义务关系。正是由于资格证券与权利行使在一定条件下结

---

① 史尚宽:《有价证券之研究》,转引自杨志华:《证券法律制度研究》,中国政法大学出版社1995年版,第2页。
② 赵万一:《证券法的理论与实务》,云南大学出版社1991年版,第2页。
③ 同上书,第6页。
④ 杨志华:《证券法律制度研究》,中国政法大学出版社1995年版,第3页。

合,并且义务人向持券人交付后即可免责,因此,它成为一种独立的证券类型。

与证书和资格证券不同,有价证券不仅直接表彰一定的权利,而且具有流通功能。在实践中,"证券"与"有价证券"的概念经常替代使用,有价证券是各种证券中最主要的部分,也是世界各国较为常见的信用凭证和流通工具。有价证券的种类不同,其功能也不尽相同。

资本证券是资本的虚拟形式,一方面,它既可以使发行人迅速地将社会上闲散的货币资金聚集为庞大的社会资金或职能资本;另一方面,它又能够使小额的货币资金持有人享受巨额资本的规模效益。证券的这种集资功能对于经济的发展起着非常重要的作用,尤其是对于大型建设项目,这种作用越发显著。正如马克思所说:"假如必须等待积累去使某些单个资本增长到能够修建铁路的程度,那么恐怕直到今天世界上还没有铁路。但是,集中通过股份公司转瞬之间就把这件事完成了。"①

货币证券的主要功能表现在它是一种支付工具。以票据有价证券代替货币支付,不仅方便、快捷、安全,而且还可大大提高货币的流通率。

以仓单、提货单、购物凭证为主的货物有价证券,其表彰的是权利人能够领取特定货物的权利。为加速货物流通,通过对有关单证的买卖,即可实现实物交易的目的。可见,货物证券可以担负促进货物流通的功能。

上述有价证券的各项功能,均以证券的信用功能为基础。很显然,资本证券的发行人如果没有很高的信用就不能筹集到预期的资金,票据离开了信用制度就根本没有存在的可能。有价证券既是信用制度的产物,也是信用制度深化的原因,二者相辅相成,互相促进。

(二)证券监管法所规范的证券

证券监管法所规范的有价证券为资本证券。资本证券往往被直接简称为"证券"。

1. 证券概念的比较法研究

综观世界各国证券立法,不同国家的证券法对证券范围的界定不尽相同。在美国证券法中,证券的范围十分广泛,凡是与投资利益相关的金融工具、证书、证券、契约等尽收其中。具体而言,"证券"一词系指任何票据、股票、库存股票、债券、公司信用债券、债务凭证、盈利分享协议下的权益证书或参与证书、以证券作抵押的信用证书、公司成立前认股证书、可转让股票、投

---

① 《马克思恩格斯文集》(第5卷),人民出版社2009年版,第724页。

资契约、股权信托证、证券存款单、石油、煤气或其他矿产小额利息滚存权,或一般来说,被认为是"证券"的任何权益和票据,或上述任何一种证券的权益或参与证书、临时权利凭证、收据、担保证书或认股证书或订购权或购买权。① 实际上,在美国证券法体系中,其对证券概念的界定采取的是双重认定机制。即除了上述成文法对证券种类进行列举式的规定之外,法院在具体案件中还可以裁判认定某项金融产品是否属于证券。这是因为在实践中,具有证券性质的金融产品的种类十分复杂,表现形式各异,所以法院在具体案件中判断某类金融产品是否属于证券以及是否需要适用《证券法》显得十分必要。美国法院对证券的界定是从证券法律关系的本质出发,即"联邦最高法院采取了重经济现实轻法律术语、重内容轻形式的分析方法。也就是说,不管你在形式上叫什么名字,是'服务合同'还是'买卖合同',只要在经济现实上与证券一致,就按证券论,要求登记披露,以保护投资者利益。反过来,即使其名字叫'股票',如果不具备股票的基本特征,还是不能按股票论"②。美国联邦法院通过判例,确立了一些证券判断的重要规则,比如,股票作为证券之一在绝大多数情况下是明确的,即股票的特征是按一定比例分配股息并享有投票权及承担有限责任。但是,如果案件中某一金融产品不符合上述股票的基本特征,法院还应当判断其是否属于投资合同(investment contract)来认定其是否属于证券。投资合同成为法院认定《证券法》列举的证券种类之外的金融产品,或是对金融产品证券定性存在争议情形下的基本概念。实践中,美国借助"投资合同"这一含义不甚明确的概念,实现了法的稳定性和对经济社会发展适应性的平衡。③ 将投资合同纳入证券范围,对其进行发行和交易监管,目的在于实现对投资者的保护,因为证券发行人与投资者之间存在着严重的信息偏在和能力的不对等。因此,通过政府等第三方机构进行监管就成为必要。证券监管机构将此类投资合同,无论投资的具体表现形式是实物、票据或是其他形式,都纳入证券范围,要求其进行登记、信息披露等,将有利于投资者了解自身所投资的事业,进而对投资作出理性判断,以保障其权益。④

大陆法系的证券法中有关证券的种类和范围的规定则简明得多,如日本《证券交易法》规定,有价证券系指以下各种证券:国债证券;地方债证券;法人根据特别法律发行的债券;有担保或无担保的公司债券;根据特别法律设

---

① 参见美国 1933 年《证券法》第 2 条第 1 款。
② 朱锦清:《这些果园是证券——兼评〈经济日报〉"庄园主"一文》,载《法学家》2000 年第 2 期。
③ 姚海放:《论证券概念的扩大对金融监管的意义》,载《政治与法律》2012 年第 8 期。
④ 同上。

立的法人所发行的出资证券;股票或表示新股承购权的证书;证券投资信托和贷款信托的受益证书;外国或外国人所发行的证券或证书中具有以上各款证券或证书性质者;其他由政令规定的证券或证书。[①] 2006 年日本制定的《金融商品交易法》,将"证券"的定义扩展为"金融商品"的概念,最大限度地将具有投资性的金融商品、投资服务作为规制对象,避免产生法律的真空地带,构筑了从销售、劝诱到资产管理、投资顾问的横向的、全方位的行业规制和行为规制的基本框架,从以往的纵向行业监管法转变为以保护投资者为目的的横向金融法制。尽管该法并未对"金融商品"进行明确定义,但为适应各种基金实践需要而导入"集合投资计划"定义,即在《金融商品交易法》第 2 条第 2 款第 5 项规定"集合投资计划是指民法上的合伙、商法上的隐名合伙、投资实业有限责任合伙、有限责任事业合伙、社团法人的社员权以及其他权利,享有通过金钱出资进行的事业而产生的收益分配或该出资对象业务相关的财产分配的权利"。[②]

韩国证券法对证券范围的界定与日本证券法接近。[③] 受到日本 2006 年《金融商品交易法》的影响,2007 年韩国国会通过了《资本市场统合法》,该法整合了与资本市场有关的 15 部法律中的 6 部,并将其余的法律也 并修改。该法将分为证券、资产运营、期货、信托等多头板块的资本市场整合为一,旨在激励各金融机构自我改革和创新,证券的范围也根据实际需要而进行了一定的扩大。

相较而言,英美法系的美国关于证券的定义,其外延较为宽泛和模糊,并且将担负商品流通和货币支付功能的商业票据亦包括其中,可见其已超出狭义的有价证券的范围而包含了货币证券。另外英美法中证券概念强调实务的可操作性,而大陆法系的日本、韩国等关于证券的定义,则明确具体得多,并将商业票据排除在外,其证券的范围界定在狭义的有价证券(资本证券)之内。但是,随着社会经济的发展和实际生活的需要,日韩等国对于证券范围的界定也有扩大的趋势。

2. 我国《证券法》中"证券"概念的不足与完善

1998 年我国《证券法》所规定的证券种类是:股票、公司债券和国务院依法认定的其他证券。[④] 当时,就《证券法》规范的证券种类有两种不同的意见。一种意见认为,《证券法》应当调整所有证券及其衍生品种的发行、交易

[①] 参见日本昭和五十九年(1984)修改的《证券交易法》第 2 条第 1 款。
[②] 杨东:《论金融法制的横向规制趋势》,载《法学家》2009 年第 2 期。
[③] 参见韩国 1962 年 1 月 15 日第 97 号法律颁布、1982 年 4 月 1 日修订的《证券交易法》第 2 条第 1 款。
[④] 参见我国 1998 年《证券法》第 2 条第 1 款。

及相关活动;另一种意见认为,不能照抄照搬国外的做法,不能与国际上的已有的做法全面接轨,而应当就我国证券市场经过试验有了一定实践经验、问题看得较清楚的又是我国市场经济发展现实需要的证券品种加以规定,因此,"我国证券法所调整的证券关系主要是股票、公司债券等基本证券的交易活动……此外的其他证券,即政府债券、金融债券、投资基金券等……需要另行制定法律、法规加以规范"。① 时至 2005 年,我国《证券法》进行了重大修订,有关证券的界定增加了以下内容:"政府债券、证券投资基金份额的上市交易,适用本法;其他法律、行政法规有特别规定的,适用其规定。证券衍生品种发行、交易的管理办法,由国务院依照本法的原则规定。"②2005 年《证券法》的这一规定依然是根据我国证券市场尚处于探索阶段的实际情况而制定的。这一规定有两个特点:(1) 其调整的对象并不限于股票、公司债券的发行和交易,也不限于政府债券、证券投资基金份额的上市交易。由于考虑到证券市场的发展和产品创新,《证券法》对国务院依法认定的其他证券的发行和交易同样适用。对《证券法》未规定的,若其他法律、行政法规另有规定,则适用其他法律、行政法规的规定,如《公司法》《证券投资基金法》《国库券条例》等。(2) 证券衍生品种是原生证券的衍生产品,分为证券型(如认股权证等)和契约型(如股指期货、期权等)两大类,它们具有保值和投机双重功能。其具体品种随着证券市场的发展会不断增加,在发行、交易和信息公开等方面均有其特殊性。《证券法》难以适用于各种证券衍生产品,为了适应产品创新的需要并针对不同产品的不同特性加强监管,《证券法》特别规定证券衍生品种发行、交易的管理办法由国务院依照《证券法》的原则进行规定。这是 2005 年修订《证券法》新增加的内容,其意义在于:一方面从金融创新的角度出发,确立了证券衍生品种的法律地位;另一方面从维护市场秩序与安全的角度出发,强调了依法加强监督管理的要求。

尽管如此,2005 年修订后的《证券法》自实施以来,国务院并未根据法律授权认定过"其他证券"的种类。可以说,我国目前《证券法》中的证券概念仍然是以股票、债券、证券投资基金份额为基本类型,相关证券发行、交易中的审查核准、信息披露格式等相关制度也是以上述证券概念为基础而建立起来的。然而,面对金融创新的新发展,以股票、债券为基本证券形式而演化的金融衍生产品越来越多,我国现行《证券法》中的证券概念已经不适应金融实践

---

① 参见李飞:《关于如何确定证券法的调整范围问题》,载《中国法学》1999 年第 2 期。
② 参见我国 2005 年《证券法》第 2 条第 2 款。

的需要,使《证券法》难以对新型的金融证券社会关系进行有效规范。① 发达国家和地区的证券立法对证券范围均有所规定,其通常是按照"功能标准"对证券种类进行不完全列举。"功能标准,是指按照某种权利证书是否符合证券的基本属性和功能来判断其应否归属于证券,而不是按照该种证书是否被冠以证券之名而进行判断。所谓不完全列举,是指《证券法》只能列举证券的主要和常见类型,而无法全部列举各种证券形式。"②随着我国市场经济的发展,诸多名义上不为证券但具有证券之实的金融创新产品日益增多,越来越多的证券品种在具有普遍的共性之外还会有其自身的特殊性,以有别于其他金融产品,仅就目前我国《证券法》所列举的三种证券类型,将会日显不足,且未对证券的定义进行界定,已难以适应证券市场发展的现实需要。除了上述金融衍生品之外,对于现实生活中出现的众筹发行、小额发行也处在监管于法无据的状态。此外,目前市场上不少理财式集资协议也具有证券发行的性质,但按《证券法》现有规定还无法将其纳入证券监管范畴,无法适用强制信息披露、发行审核、反欺诈等制度,由此导致非法集资现象大量产生。因此,有必要扩大证券范围,同时应当在《证券法》中对证券进行定义,以应对金融实践中可能会出现的新型证券,使证券的范围富有弹性,体现《证券法》作为资本市场基础性法律的地位。

3. 证券概念的扩大及其实质性定义对证券监管具有重大意义

为防范金融风险,应该将具有证券功能的所有金融投资商品纳入证券法调整。对证券种类进行合理扩大,是加强资本市场基础制度建设的客观要求。要防范、化解金融风险,就要加快形成融资功能完备、基础制度扎实、市场监管有效、投资者权益得到充分保护的股票市场。境外市场非法集资现象较少,与其将具有投资性质的金融商品都统一纳入证券法规制不无关系。③ 基于上述对我国《证券法》中证券概念不足的分析以及金融实践的需要,有必要对证券的概念进行扩大界定,"在列举法定证券种类的基础上引入一般性的概念,为证券监管机关判断某种金融投资商品是否属于'证券'提供判断标准"。④ 2015 年"《证券法》修订草案"首次对证券进行了实质性定义,即证券是指代表特定的财产权益,可均分且可转让或者交易的凭证或者投资性合

---

① 在实践中,仅有中国银监会在部门规章的层面上,在其 2004 年(2006 年修改)颁布的《金融机构衍生产品交易业务管理暂行办法》第 3 条对金融衍生品作出规定,即"本办法所称衍生产品是一种金融合约,其价值取决于一种或多种基础资产或指数,合约的基本种类包括远期、期货、掉期(互换)和期权。衍生产品还包括具有远期、期货、掉期(互换)和期权中一种或多种特征的结构化金融工具"。

② 叶林:《证券法》(第 3 版),中国人民大学出版社 2008 年版,第 12 页。

③ 参见《所有金融投资商品均应纳入证券法调整》,载《法制日报》2017 年 12 月 27 日。

④ 李晓波:《论我国〈证券法〉上"证券"概念的扩大》,载《中国商界》2009 年第 8 期。

同。该定义揭示了证券作为一种凭证或者投资性合同应当同时具备三项标准,即代表特定的财产权益;可以均等分割;可以转让或者交易。通过拟定上述实质性标准来说明什么是证券,这就给证券监管机构和司法部门在不断创新的金融领域明确判断某项新型的金融产品是否具有证券属性及是否适用《证券法》,确定一个衡量的尺度。

该"草案"第 3 条第 2 款还具体列举了证券的种类:普通股、优先股等股票;公司债券、企业债券、可转换为股票的公司债券等债券;股票、债券的存托凭证;国务院依法认定的其他证券。① 可见,2015 年《证券法》修订草案"第 3 条不仅对证券进行了实质性的定义,而且还采取了列举三类证券,最后用兜底性条款周延可能没有穷尽的其他证券种类。

证券概念的范围在很大程度上决定了证券监管法适用的范围,故上述修订对于证券监管法而言具有重大意义。同时,我们还要意识到扩大证券种类与目前金融监管体制并不存在矛盾。即使不改变现有"一行三会"金融分业监管的格局,按照中央确定的功能监管、协调监管理念,在证券概念扩大后,既可以由证监会集中统一执行《证券法》,也不排斥其他金融监管机构按照《证券法》的规定对跨入本行业的交叉性证券产品进行监管,从而避免监管真空和监管套利,有效防范和控制金融风险。②

4. 证券无纸化给证券监管带来的问题

当人类证券法制史的历程进入到 20 世纪后期,证券的无纸化给各国证券法制带来了前所未有的巨大挑战。证券的发行不再是纸质证券的交付,而是以电子计算机网络为支撑,以无纸化、非移动化为主要特征的证券发行、证券交易和证券持有模式。在场内交易市场,证券投资者、证券发行人在证券发售的整个过程中再也看不到一张记载证券权益的纸质凭证;证券的交易也不再是"一手交钱、一手交货"式的实物证券面对面的交易,而是通过电子账户间的余额划拨实现结算的交易;证券上权利的享有不再以持有证券实物为凭证,而是以证券账户的电子簿记录为凭证。

在无纸化证券市场上,证券所有权人需要通过证券账户行使证券权益,而证券账户又通过委托协议交给了证券经营机构和证券登记结算机构管理,无纸化证券的所有权人行使证券权益不可避免地需要证券经营机构和证券登记结算机构的协助,证券所有权人的证券权益的行使和实现无法仅依投资者与发行人或其他投资者的意思自治完成,而演变为无纸化证券市场制度安排下的多个参与人共同协作完成的事项。在无纸化证券市场上,证券业分工

---

① 参见 2015 年《证券法》修订草案"第 3 条的规定。
② 参见《所有金融投资商品均应纳入证券法调整》,载《法制日报》2017 年 12 月 27 日。

更加细化，使证券投资者前所未有地依赖着证券市场上的多个参与人以实现其证券权益。①

目前无纸化已覆盖我国证券市场各个环节，包括交易所、代办股份转让市场、开放式基金申购赎回等。这使证券交易、登记、托管、结算等从有纸变成无纸以后，产生了很多新问题。比如，在无纸化情况下，客户证券资产的担保问题，证券公司和客户之间还是不是代理关系等问题。我国现行证券法律制度都是在有纸化基础上建立的，电子证券方面的立法明显滞后。这一状况已引起广泛关注，有关证券无纸化立法已进入学界和实务部门的视野。

本书认为，证券无纸化法的基本内容可以包括以下几个方面：证券无纸化条件下的证券存在形式；证券权益的内容体现；证券取得、处分和担保的条件；中央证券存管机构和中央证券结算机构的设立和监管；以及直接持有人制度、名义持有人制度、托管制度等。至于立法的形式，目前有两种看法：一是主张在现有的《证券法》体系中增加一章，二是主张另行制定一部《证券无纸化法》就证券无纸化发行、交易、结算、存管、过户等环节进行专门规定。为避免与现行《证券法》交叉重叠现象的发生，以及从可行性的角度来看，前者更为合理一些。无论立法上将来采取何种形式，就目前而言，证券监管机构在证券监管的实务中都应当考虑证券无纸化与证券有纸化背景下监管方式的区别。

二、证券市场

证券市场是股票、公司债券、金融债券、政府债券、外国债券等有价证券及其衍生产品（如期货、期权等）发行和交易的场所，其实质是通过各类证券的发行和交易以募集和融通资金并取得预期利益。在现代市场经济中，证券市场是完整的市场体系的重要组成部分，它不仅反映和调节货币资金的运动，而且对整个经济的运行具有重要影响。

（一）一般证券市场的分析

与一般商品市场相比，证券市场具有以下两大特征：

第一，证券市场的交易对象主要是股票、债券等金融商品，人们购买的目的是为了获得股息、利息和买卖证券的差价收入，而一般商品市场的交易对象则是各种具有不同使用价值的商品，人们购买一般商品的目的是获得其使用价值。

---

① 王静：《无纸化证券与证券法的变革》，中国法制出版社2009年版，第88页。

第二，证券市场上的证券价格，其实质是所有权让渡的市场评估，或者说是预期收益的市场货币价格，其决定机制甚为复杂。证券价格不仅受到发行人的资产、盈利能力的影响，而且还受到社会政治、经济乃至投资者心理等多方面因素的影响。因此，证券价格具有波动性和不可预期性，故证券市场的风险较大。而一般商品市场的商品价格，是商品价值的货币表现，商品的价值量取决于生产该商品的社会必要劳动时间，在交易过程中实行的是等价交换原则，波动较小，市场前景具有较大的可预测性，因而一般商品市场的风险较小。

按照不同的标准，可以对证券市场进行不同的分类，最常见的有以下三种：

(1) 按照市场的职能，证券市场可以分为证券发行市场和证券交易市场。

(2) 按照交易的对象，证券市场可以分为股票市场、债券市场和基金市场。基金市场是基金证券发行和流通的市场；封闭式基金在证券交易所挂牌交易，开放式基金只能卖回给基金管理公司。

(3) 按照组织形式不同，证券市场分为场内市场(即集中交易市场)和场外市场。场内市场是由证券交易所开设，以提供有价证券竞价买卖之场所；场外市场则主要指店头市场，亦即柜台市场，它是指非于交易所集中交易买卖，而于证券商之营业处所或其他场所进行交易之市场。[①]

证券市场的作用主要表现在：

(1) 筹集资金。筹集资金是证券市场的重要作用之一。企业为了实现正常运作和规模扩张，当依靠自身积累和内部集资不能满足资金需要时，从外部筹集资金就成为必然的选择。外部筹集资金主要有两条途径：一是向银行贷款，此为间接融资，银行在企业和投资者中间扮演了中介的角色，它是投资者将闲置资金转化为银行存款，然后再通过银行将其作为贷款发放给企业。二是企业依靠证券市场筹集资金，此为直接融资，即企业直接面向广大投资者发行股票和债券来筹集资金。直接融资使企业所筹集到的资金具有高度稳定性和长期性，因为股东一旦入股，就不能要求退股，在企业经营状况不佳时，企业可以减少分红或不分红，从而不增加企业的负担。而且，直接融资还可能使企业的筹资成本降低，各国上市公司所发红利占股价的比重普遍低于银行储蓄利率，并且业绩优良、信誉卓著的公司可以经常在证券市场上配股或发行新的证券筹集新的资金。另外，直接融资使企业面对众多的个人

---

① 陈春山：《证券交易法论》，台湾五南图书出版公司2001年版，第203页。

投资者和机构投资者,发行人可以积少成多筹集到巨额资金。证券市场所能达到的筹资规模和速度是企业依靠自身积累和银行贷款所无法比拟的。

(2) 优化资源配置,调整产业结构。在证券市场的运作过程中,投资者往往抛弃收益率低、缺乏增长潜力的证券,转而购买收益率高和具有增长性的证券。这种趋利行为,使效益好、有发展前景的企业能够获得充足的资金,而业绩差、没有发展前景的企业就得不到资金,从而逐渐被淘汰。就整个产业而言,证券市场的资金也会在选择企业的同时,自发地从夕阳产业涌向朝阳产业,从而推动一个国家的产业结构调整和经济发展。

(3) 增强企业活力,健全制约机制。证券市场中的上市公司的资本来自诸多股东,股票又具有流通性和风险性,这就使上市公司处在各方面的监督和影响之中。首先,最具影响力的监督是来自股东的监督,因为股东作为投资者必然关注企业的经营和前途,而且股东还可以通过股东大会选举董事会、董事会决定经理人选、经理具体负责企业日常运转的三级授权关系来实施他们的权力。其次,是来自社会的监督,特别是会计师事务所、律师事务所、证券交易所的监督和制约。最后,是来自股票价格涨跌的制约,企业经营的好坏影响股价,股票价格也牵动着企业,经营不善而产生的价格下滑可能导致企业在证券市场上被第三者收购。所有这些制约都将促使上市公司形成健全的内部制约机制,并使企业增强活力。

(4) 证券市场是政府货币政策的重要依托。第二次世界大战以后,主要资本主义国家的中央银行经常利用证券市场来实施其货币政策,通过证券市场的活动来控制其货币供应量。当生产萧条、资金短缺的时候,中央银行在证券市场购买证券,投放货币,以增加货币供应量,刺激经济发展。当生产过热、投机盛行时,中央银行在证券市场上抛出证券,回笼货币,以减少货币供应量,从而抑制经济的过热发展。中央银行在证券市场上买进或卖出有价证券是其管制信用、调节金融的有效办法。证券市场是货币政策发挥作用的重要基础。

(二) 对我国证券市场"人造"性的利弊分析

改革开放之初我国建立证券市场时[1],出发点主要是基于当时为国有企业脱困、为政府减负,这种市场定位使其在出生时就存在先天不足。中国证券市场的奇迹是外延式增长极快、规模巨大,成为全球市场不可忽视的力量。这种奇迹存在软肋,制度积累的匮乏与信用体制、法律体制的滞后,使"证券

---

[1] 关于我国证券市场的产生和发展,见下文"证券业"中的论述。

巨人"大而不强。① 在某种程度可以说,我国现有的证券市场为政府"人造"或"人工"市场②,至今,一些原本属于市场的权利依然未得到落实,仍然保留在政府监管机构的监管权限范围之内。因此,必须对政府"人造"证券市场的利弊有一个清醒的认识,力图拿出兴利除弊的有效方案。

1. 政府"人造"证券市场的利弊分析

我国证券市场与西方国家证券市场的产生和发展迥异,后者是自然发育而形成的,而前者则是由政府"人造"而成,即在政府的主导作用下,由政府提供制度安排的方案,并具体实施和推进,由此体现着极强的外生性或"人造"性特征。我国证券市场政府"人造"性是由中国特定的历史条件所决定的,从筹备设立沪深证券交易所开始,政府有关部门就直接介入了中国证券市场的设立与发展之中,进行了大量具体制度的设计,制度供给方式严重呈现行政化、权力化,致使我国证券市场具有鲜明的"政策市"特征。可以说,20 世纪90 年代初,我国并不具备建立证券市场的前提条件,如市场信用匮乏、证券市场被消灭近半个世纪、债券市场未发展而先发证券等。所有这一切脱离了正常经济发展逻辑能够理解的范围。③ 中国证券市场制度安排的第一推动力始终来自对市场经济尚在"摸着石头过河"的政府,而且政府"人造"证券市场的初衷是为了帮助国有企业脱困和自身减负而募集资金,因此,政府为实现自身利益最大化,至今依然将支持国有经济作为制度安排最重要的因素加以考虑。

客观地讲,政府"人造"证券市场并非都是消极的,应当一分为二地看待,下面就其利弊作一个简要分析。

第一,积极方面体现在以下内容:

(1)走在历史前面的西方成熟证券市场的知识存量和经验累积,为我国证券市场的制度建设提供了样板,我们可以通过引进国外先进制度的方式,减少制度变迁的时间和探索的不确定性,充分发挥新兴市场的"后发优势",从而使我国证券市场得以实现跨越式发展。

(2)作为权力的垄断者,国家在使用强制力时具有很大的规模效益,可以比竞争性组织以低得多的费用提供制度性服务,降低制度变迁中的组织成本和实施成本。

(3)我国公有制的经济基础,使得政府作为国有资产的实际管理人,控

---

① 叶檀:《中国证券市场二十年的奇迹是什么?》,载《财经国家周刊》2010 年 11 月 5 日。
② 西方国家证券市场是"自然"发育而形成的,而我国的证券市场是在政府的一手培育下建立的,有很强的外生性或人为性,具有明显的"人造"特征。所以,"政府'人造'或'人工'证券市场"是笔者在这种特定的语境下使用的。
③ 叶檀:《中国证券市场二十年的奇迹是什么?》,载《财经国家周刊》2010 年 11 月 5 日。

制、支配着巨大社会财富,因此,能够在证券市场制度安排和变迁过程中始终居于经济上的主导地位。

第二,消极方面体现在以下内容:

(1) 由于是政府"人造"证券市场,致使我国证券市场发展的许多阶段被不适当地跨越或省略了,短时期内建立起来的证券市场,不可能像发达国家那样通过证券市场的漫长发展过程让各类市场形式、机制、制度依序出台。我们的各项制度是在短短二十几年内高度集中的情况下出台的。

(2) 我国证券市场成立于改革不配套、认识有局限的大背景中,设立之初就存在重大制度性缺陷,如类别股份、增量上市等,在相关基础性制度没有建立健全之前,完全市场化取向的制度变迁会给国民经济带来极大风险。

(3) 由于是政府"人造"证券市场,政府监管机构的权力在不少方面已越界涉入了市场权利的领域。那些原本属于市场的权利在性质上是私权,不论行使主体还是行使方式以及行使的法律后果,都应当遵循私权的规律。政府监管机构所行使的权力属于公权的范畴,应当遵循公权的运行规律。如果破坏这种运行规律,由政府监管机构以公权来行使原本属于市场的私权,将会破坏私权运行的机理,不能充分发挥市场自我发育、自我调控的机制,从而制约市场主体的行为自由,挤压市场的发育空间。

(4) 政府"人造"证券市场,必然给市场预留下很大的"寻租"空间。这种"寻租"一方面造成经济资源的非生产性损耗,另一方面扭曲了证券市场的资源配置机制,严重损害了效率的提升和公平的体现。各个利益主体针对政府而展开的"寻租"活动,是中国证券市场一个很关键的制度风险源头。

(5) 由于证券市场是政府"人造"的,相应地,政府就得对证券市场的制度风险承担无限责任,并为整个证券市场提供最终信用担保,突出表现为国家信用在证券市场上的过度倾斜,为新兴证券市场的发展提供了一种"隐性担保"。广大投资者在政府规定的制度下参与市场运作,在承受一定的市场风险的同时,也有权利得到合理的回报,导致中国证券投资者一旦遇到证券市场严重下挫,尤其是因政策原因致使市场大幅波动或下跌时,就强烈要求政府及相关部门出面拯救市场。

(6) 在政府"人造"的证券市场上,受政府的偏好、意识形态、官僚政治、集团利益冲突等因素的影响,政府管理市场的经验和手段,已远远跟不上证券市场本身的发展速度,政府的意志与证券市场的内在发展规律在时间和空间上都不能进行有效衔接。

2. 政府"人造"证券市场弊端的克服

当证券市场发展到一定程度时,制度安排和变革就应主要由市场来决定,赋予私法主体应有的权利,尊重其一定范围的意思自治,政府只在市场失灵并且是在其干预有效的范围内进行适度介入,这才是一个好政府。基于这一指导思想,我们应当从以下几个方面探索我国证券市场兴利除弊之路:

(1) 培育证券市场的私法文化。在社会制度的变革中,制度的外在形式相对而言容易设计和更改,政府"人造"制度,就属于这种外在形式上的变革。而对于这些制度背后起基础作用、落实作用的,如社会文化习俗、市场习惯和私法文化等的改变和积淀就很困难。如今我国大量借鉴、引入西方民商法制度,私法制度可谓取得了相当大的进步,但私法文化却处于起步阶段。证券市场中的诚信缺失、对政府的依赖、风险意识淡薄等现实,均表明我国在相当长的时期内要进行私法文化的培育,最终使诚实信用成为每个市场主体的行为准则。

(2) 证券市场主体本位理念的转变。证券市场主体本位理念的转变就是实现证券市场筹资者本位向投资者本位的理念转变。证券市场不仅是国有企业和其他企业募集资金的场所,也是投资者进行投资并获取回报的场所,投资者的利益更应得到尊重。只有投资者和筹资者的利益都得到保护,市场的吸引力增大,市场运行才更有效率,其资源配置的作用才能真正发挥,市场的竞争力才会增强。

(3) 证券市场功能定位理念的转变。证券市场功能定位理念的转变包括以下四点:由原来的为国有企业脱困服务转变为培育优良竞争力的上市公司;由原来单一的筹资功能向风险定价、优化资源配置复合功能转变;对市场运行由防范风险向揭示风险转变;市场供求机制由行政主导型向市场推动型转变。

(4) 市场主体私法属性的复归。证券市场中的上市公司、证券公司、证券投资基金管理公司等市场主体,应尽快从政府的襁褓中走出来,使其应有的私法属性得以复归,尽快成长为独立竞争的市场主体,在享有更多权利的同时,承担更多的义务,并有能力独立承担相应的民事责任和社会责任。

(5) 完善证券市场的私法制度体系。公法思维和管制偏好主导下的证券立法,不可避免地呈现出强公法的特征。我国证券基本法虽然名为《证券法》,实为证券监管法,其中强制性规范和任意性规范严重失衡,平等主体之间的意思自治规范几乎全无。就现状而言,中国缺少一部"证券交易法"[①]。因此,为克服现有《证券法》等立法的不足,有必要另行制定《证券交易法》,同时加快《证券投资者保护法》的立法步伐,完善我国证券市场的私法制度体系。

---

① 参见李东方:《证券监管法律制度研究》,北京大学出版社 2002 年版,第 225 页。

通过对证券市场的一般分析和对我国证券市场的特别考察可知,证券的发行、交易以及国家对证券业的监管行为都必须通过证券市场而有机地联系起来,所以,证券市场是证券业不可缺少的核心组成部分,也是衡量一个国家证券业发展程度的重要标志。证券业的发展、成熟和繁荣离不开证券市场,没有了证券市场,证券业也就失去了依托。

三、证　券　业

(一) 证券业的含义

股票和公司债券的发行和交易使得商品经济出现了新的行业分工——证券业,它以证券的发行、交易为主要内容,以发行人、投资人、证券交易机构、证券服务机构和监管机构为主体,形成错综复杂的法律关系和利益关系。本书认为,所谓证券业是指通过证券市场而进行的有价证券的募集、发行、交易以及管理、监督所形成的一种金融行业。当然,这一界定属于对证券业的广义解释,而对证券业的狭义解释,则是专指证券经营机构所从事的各项证券业务,本书第九章第一节"四、证券业与银行业的分业与合业监管"中提及的证券业就是专指证券经营机构所为的各项证券业务。

由于证券业主要是一种投资性的直接融资,即资金供给者和资金需求者之间的资金融通无须经过金融中介的参与,而是分别作为资金的最后供给者和最后需求者,或者由资金供给者直接购入资金需求者的有价证券而实现资金融通的金融行为。因而证券金融又称为直接金融或者资本金融。与直接融资相对应的乃为间接金融,即资金供需双方需要经过金融中介方能融通,此类金融中介主要是银行。故银行金融又称为间接金融。

(二) 证券业的产生和发展

证券业是以信用制度的建立和股份公司的出现为前提而产生的。在资本主义发展的初期,西方资本主义经济已经有了相当程度的发展并要求进一步扩大生产。然而,基于资本家个人所有制、个人直接支配生产的方式已不能适应这一要求,因此必须依赖并发展信用制度。随着信用制度的建立和发展,股份制和股票市场机制就萌生了。

在前资本主义社会,信用的基本形式是高利贷;到了资本主义社会,信用形式有了进一步的发展,出现了商业信用和资本信用。商业信用是职能资本家(产业家和商人)之间以延期付款方式出售商品的一种短期信用,它主要利用商业票据或采取赊账的方式来完成,这种信用是在商品形态上提供的信用。而资本信用则是以货币形态提供的信用,它最先表现在银行信用上,银行资本信用是银行把从社会各方面筹集起来的闲置货币资本和社会的游资,放贷给职能资本家充当企业资本的行为,这种资本信用是一种在投资者和筹资者之间由银行作中介人的间接信用。信用制度发展到后来,就出现了筹资者直接面向社会公众募集资金而无须银行介入的直接资本信用形式。从金融工具的角度而言,股票和债券正是适应这一需要而产生的,它们为直接资本信用提供了工具和载体,其发行和流通为证券市场的孕育和发展提供了交易对象和交易方式。信用制度越发展,就越能动员更多的货币收入和储蓄转化为货币资本,投入到证券市场中去。

如果说西方近代信用制度的建立为证券市场的发展提供了制度前提,那么,股份公司的出现和发展则为证券市场提供了现实的物质基础,因为股票和债券始终是证券市场的主要交易对象。

公司制度是资本主义生产关系的产物,但公司的萌芽早在中世纪就已经有了。在中世纪时,有两个因素对于以后出现的公司具有重大意义:一是合伙制度的巨大发展,出现了由两个以上的出资人共同经营的经济实体;一是法人制度的巨大发展,出现了一些具有法人地位的经济实体,这二者的结合就形成了早期的公司形式。①

最早出现的公司形式是无限责任公司,无限责任公司与合伙型的经济实体并无本质区别。在罗马法中,合伙就已被区分为简易合伙和普通合伙。前者又称单种交易合伙,即一次性实施某一种法律行为的合伙,如合资购买一艘船或共同做一笔生意。这种合伙的特点是不形成一种经营性组织。普通合伙则是以营利为目的而相互约定按一定比例出资共同经营某种事业,一般是以企业这种固定组织形成出现。无限公司与合伙实体的不同主要在于前者的出资人是股东,而后者的出资人是合伙人,股东的权利义务和无限公司的组织形式要比合伙人的权利义务和合伙实体的组织形式更明确、更稳定、更受法制性规范的约束。但是,尽管如此,无限公司在公司制度的演进中并没有起什么划时代的作用,而后来股份有限公司的出现,则在公司制度的发展史中,起到了意义极为深远的作用。②

早期的资本主义国家进行资本积累的一个重要手段是进行海外殖民掠夺,最初的股份公司就是从这些海外掠夺性贸易中产生的。15世纪末至16世纪初,随着迪亚士(葡萄牙人)、达·伽马(葡萄牙人)、哥伦布(意大利人)、麦哲伦(葡萄牙人)等探险家的航海活动先后成功,东西方的航海线得以开

---

① 江平主编:《公司法教程》,法律出版社1987年版,第36页。
② 同上书,第39页。

辟,从而使世界贸易大为改观,国际贸易由原来的地中海扩展到大西洋,由西半球延伸到东亚、南亚,世界贸易的规模日益扩大。由于海外贸易竞争激烈,同时殖民地人民对于来自西方的海外掠夺进行了强烈的反抗,因此,就要求有新的组织形式来代替少数个人进行这些海外贸易。17世纪初,出现了一批海外贸易公司,这些海外贸易公司多数已具有股份公司的特点,他们在全国范围内筹资,每次航海结束后进行结算,参与者按股本的多少来获取利润。其中,1600年成立的英国东印度公司和1602年成立的荷兰东印度公司是最早的股份有限公司。这两家公司当时大都从事经营风险大、需要巨额资本的海外贸易。从1612年开始,荷兰东印度公司允许其股票在阿姆斯特丹贸易所公开出售,后来英国效仿之。此外,英国东印度公司是第一家发行固定面额股票的公司,也是第一个将资本和利润公开,把利润用来分红,资本却由公司保留的公司。1630年,英国东印度公司还发行了一种特殊的股票,其持有者对公司承担债务的责任只限于股票面额,从而开了现代股份有限公司的先河。除了发行股票,早期的西方列强还更多地依靠发行债券来集资,对投资人而言,购买债券不仅可以获得稳定的债息收入,而且风险甚小,因此当时的债券深受欢迎。

股份公司的建立,使股票、债券应运而生,而股票、债券在社会上的发行和流通便产生了证券市场和相应的证券业。

从世界范围来考察,证券业的发展经历了三个阶段:第一个阶段,从17世纪初到20世纪30年代初的自由放任阶段。在西方资本主义的发展历史上,20世纪30年代以前基本上可以归结为自由放任时期,政府多以"守夜人"自居,听任市场这只"看不见的手"调节整个经济活动。与此相对应,证券市场也一直处于自由放任状态。这种自由状态虽然使证券业有了较大的发展,但是,其弊端也日益暴露。在自由放任的证券市场上,交易活动由于缺乏应有的约束,致使过度投机、操纵市场、证券欺诈等不当行为频频发生。[1] 自由放任经济政策的最终后果是以1929—1933年资本主义世界的金融危机而告终。第二个阶段,从20世纪30年代初到60年代末的法治建设阶段。证券市场的全面危机促使各国政府开始制定法律,对证券发行和交易活动进行规制,各国证券业的发展也从此进入了法治建设的阶段。例如,美国在大危

---

[1] 例如,1720年,英国发生的"南海泡沫事件"(South Sea Bubble)促进了《诈欺防止法案》(Bubble Act 1720)的出台。之后1844年英国《合股公司法》(The Joint Stock Companies Act 1844)首次确立了强制信息披露原则。美国堪萨斯州因证券欺诈事件而于1911年颁布了美国历史上最早的证券法,即《蓝天法》(Blue Sky Law)。参见李东方主编:《证券法学》,中国政法大学出版社2017年版,第181页。

机后设置了直属总统管辖的联邦证券管理委员会(Securities and Exchange Commission—SEC),对全国的证券业依法全面监督管理。同时制定了以1933年《证券法》和1934年《证券交易法》为代表的一系列严密的证券法律。各国证券业的法治建设,为证券业以后的迅速发展奠定了坚实的基础。第三个阶段,20世纪70年代以来的迅速发展阶段。20世纪70年代以来,随着资本主义国家经济规模化和集约化程度的提高,东南亚和拉美发展中国家经济的蓬勃兴起,现代电脑、通讯和网络技术的进步,以及证券监管法律制度的进一步完善,证券业进入了新的迅速发展的阶段。

在我国,19世纪70年代以后,清政府洋务派兴办了一些企业。随着这些企业股份制的出现,中国企业的股票应运而生,随之而至的便是证券市场的产生。我国最早的证券交易市场是1891年在上海由外商设立的"上海股份公所"(Shanghai Share Brokers Association)。[①] 直到辛亥革命前,中国人自己创办的证券交易所还不多见。1919年,北京成立了证券交易所,这是全国第一家专营证券业务的交易所;随后,在上海又成立了"上海华商证券交易所"。这标志着中国证券业开始向正规化发展。[②] 中国共产党执政后,由于推行计划经济体制,我国取消了证券市场。20世纪80年代初以来,在邓小平理论的指导下,伴随着改革开放的不断深入,我国证券业逐步成长起来。从1981年恢复国库券发行开始,到1988年国债流通市场的建立和20世纪80年代中后期股票柜台交易的起步,标志着我国证券流通市场开始形成。1990年11月26日,上海证券交易所成立。1991年7月3日,深圳证券交易所正式开业。这两个证券交易所的建立极大地推进了中国证券业的发展。

经过三十多年的艰难历程,特别是经过沪、深两个证券交易所成立二十多年来的积极探索,证券市场从无到有,从小到大,从分散到集中,从地区性市场到全国性市场,从手工操作到采用现代技术,市场的广度和深度都有了很大的发展,证券市场已经从试点阶段进入发展的初级阶段。证券法制建设也在不断进步,1998年12月29日颁布的《证券法》是中国证券业发展史上的一件大事,它和其他已颁布实施的各项证券法律法规一起,为中国证券监管法律制度的建立和发展提供了立法依据。我国《证券法》自1998年12月制定以来,2005年10月进行了较大修订。现在进行第二次大修订并于2015年向社会公开征求意见的"《证券法》修订草案"对现行

---

① 朱彤芳:《旧中国交易所介绍》,中国商业出版社1989年版,第38页。
② 陈共等主编:《证券市场基础知识》,中国人民大学出版社1998年版,第15页。

《证券法》作出了突破性的变革,这些变革是否经得起实践的检验,还有哪些方面需要进一步改进,这些问题在后文将深入探讨。

总之,证券通过证券市场而运动(发行、交易)起来,这一运动形成了错综复杂的经济利益关系和法律关系,最终成为商品经济中的一种新兴的行业,即证券业。证券业是一个经久不衰、充满活力、生机盎然的行业。在市场经济条件下,它可以起到集中社会资金,扩大生产和经营规模,实现社会资源优化配置的作用。同时,证券业存在"双刃性",在其具有上述积极作用的同时,由于证券市场自身的弱点而易于发生少数人操纵市场、证券欺诈和内幕交易等违法行为,从而导致破坏国家经济秩序的消极作用。这就使证券业成为各国实施监管最严的行业之一。证券监管的全部内容就是国家对证券业实施有效干预的行为总和。

第二节 证券监管的经济和法律分析

一、政府监管的一般理论

对证券业的监管从根本上讲,就是国家干预社会经济在证券市场中的体现,因此,要回答为什么要实施证券监管,就有必要首先研究国家干预经济的一般理论。

(一)古典经济学家论政府

英、法两国在经历了两个多世纪重商主义者所崇尚的国家主义或国家干预的强权政治之后,为了解决在发展资本主义经济过程中日益暴露出来的政府干预的弊端,以亚当·斯密、萨伊和穆勒为主要代表的古典经济学产生了。古典经济学的核心理念乃是政府对市场应当自由放任,不要干预。

1. 亚当·斯密的"经济人"与"守夜人"

亚当·斯密对政府职能的界定,首先是以剖析作为经济活动细胞的"人"为起点的。他认为:"我们每天所需的食品和饮料,不是出自屠户、酿酒家或烙面师的恩惠,而是出于他们自利的打算。"在交易过程中,"我们不说唤起他们利他心的话,而说唤起他们利己心的话"[①]。斯密的这一命题

---

① 〔英〕亚当·斯密:《国民财富的性质和原因的研究》(上卷),郭大力、王亚南译,商务印书馆1974年版,第14页。

后来在经济学上被称为关于人的行为的"经济人"(economic man)假设①,即每个人都是利己的,其活动的最终动机都是为了谋取自身的利益。对于"经济人"的谋私性,斯密是给予肯定的,认为自由市场机制能够把个人私利同他人利益和社会利益协调起来。"固然,他所考虑的不是社会的利益,而是他自身的利益,但他对自身利益的研究自然会或者毋宁说必然会引导他(将资本——笔者注)选定最有利于社会的用途。"②

斯密还论证了"经济人"在增进社会财富中的进步作用。他认为"经济人"的行为能够产生资源合理配置③的结果,只要政府不压制人们的天性,每个人出于自利的主观动机,就会把自己的资本投放到客观上最有利于社会的产业中去,给其他人提供尽可能多的收入和就业机会,从而实现资源的合理配置,即"用不着法律干涉,个人的利害关系与情欲,自然会引导人们把社会的资本尽可能按照最适合于全社会利害关系的比例,分配到国内一切不同用途"④。

在充分肯定"个人利益"和个人在增进社会财富中的作用之后,斯密得出的结论是,作为维护社会公共利益的国家或政府没有必要对市场经济进行过多的干预,当好一个"守夜人"就足够了。此"守夜人"的职责有三:"第

---

① 我们不能简单地理解亚当·斯密关于"经济人"的论述,其实,他在早于《国富论》(1776年出版)之前出版的《道德情操论》(1759年出版)中就作出了"道德人"(moral man)的论述。所谓"道德人",就是有利他心(或者同情心)的人。作为经济人,人当然具有自私自利的一面,但这种自私自利又不是纯粹的,人还富有同情心的一面。也就是说,人除了自利的一面外,还有利他的一面。"无论人们会认为某人怎样自私,这个人的天赋中总是明显地存在这样一些本性,这些本性使他关心别人的命运,把别人的幸福看成自己的事情,虽然他除了看到别人的幸福而感到高兴外,一无所得。"亚当·斯密是将经济学看成一门使人生幸福的艺术。一方面,人是利己的,会在看不见的手的支配下追求财富;另一方面,人也是利他的,是追求自己与他人共同幸福的"道德人"。其实,个人利益的最大化应当是幸福的最大化,而不是财富的最大化。财富之所以重要,在于它是幸福的物质基础,但财富并不等于幸福本身,因而不能把财富作为唯一目标去追求。事实上,人们的行为,尤其是在非经济活动领域,并非都是为了谋取经济上的利益,而是出于某种非经济的动机,如善良(或良心)、荣誉、地位、权力、社会责任感等。

② 〔英〕亚当·斯密:《国民财富的性质和原因的研究》(下卷),郭大力、王亚南译,商务印书馆1974年版,第25页。

③ 资源的合理配置是指经济中的各种资源(包括人力、物力、财力)在各种不同的使用方向之间的合理分配。在资源供给有限的条件下,需要研究的是如何有效地把经济中的各种资源分配于各种不同的用途,以便使用这些资源生产出更多的为社会所需要的产品和劳务。任何社会,只有做到人尽其才,物尽其用,地尽其利,才能被认为做到了资源的合理配置。如果社会上人力、物力、财力有被闲置而未能得到充分利用的部分,或者,人力、物力、财力有被浪费而未能充分发挥作用的部分,这些都是资源配置方面存在的问题。经济学所要着重研究的问题之一,就是使资源配置趋向合理,以便让现有的资源发挥更大的作用,让潜在的资源被发掘出来。参见厉以宁:《非均衡的中国经济》,广东经济出版社1998年版,第2页。

④ 〔英〕亚当·斯密:《国民财富的性质和原因的研究》(下卷),郭大力、王亚南译,商务印书馆1974年版,第199页。

一,保护社会,使之不受其他独立社会的侵犯。第二,尽可能保护社会上各个人,使之不受社会上任何其他人的侵害或压迫,这就是说,要设立严正的司法机关。第三,建设并维持某些公共事业及某些公共设施(其建设与维持绝不是为着任何个人或任何少数人的利益)。"①斯密认为,超出上述范围的政府干预都是有害的,将会导致资源配置的恶化和滋生腐败。他尤其反对政府对私人经济活动的过多管制,因为"管制的结果,国家的劳动由较有利的用途更改为较不利的用途。其年产物的交换价值,不但没有顺随立法者的意志增加起来,而且一定会减少下去"②。

2. 萨伊和穆勒的政府干预观

1803年,法国经济学家萨伊在其《政治经济学概论》一书中提出了一个重要命题,即萨伊定律:供给能自动创造对自身的需求。他肯定市场具有宏观平衡功能,政府过多的宏观干预非属必要。这与当代人思想中,市场似乎完全没有宏观调控经济的功能而只能由政府进行宏观调控的观点不同。他认为,市场经济是一个顺畅周流的过程,能够自动维持社会总供给和总需求的均衡,政府为维持供求均衡而实施的干预行为是多余的。萨伊指出:"政府影响生产的企图,一般有两个目的:使人们生产他认为比其他更有益的东西,使人们采用他认为比其他更适当的方法。"③对于这两个目的,用现代经济学的语言来表达,也就是生产什么和怎样生产的问题。萨伊认为,价格和利润会把生产要素推引到报酬较高的部门,而报酬较高的部门正是其产品符合社会需求的部门。这是生产要素的一种自然运动趋势。对于这一运动趋势,最能够发现并尽力去遵循的,是生产者而不是政府,因为生产者比政府更关心自己的切身利益,更了解社会的需求。如果由于政府干预而使这种自然趋势受阻,受害的不仅是生产者,也包括政府和国家,最终危害的是全社会利益。最后,萨伊的结论是:"最繁荣的社会必定是不受形式拘束的社会。"④产业和财富的健全状态,乃是绝对自由。

对于萨伊定律,我们过去一直持否定态度,对其全盘否定是不科学的,因为市场的确具有一定程度的总体均衡功能,否则,即使有国家的宏观调控措施,生产要素也不可能在不同企业、不同部门、不同地区之间流动,生产要素的流动与市场自身具有一定的总体均衡功能分不开。

---

① 〔英〕亚当·斯密:《国民财富的性质和原因的研究》(下卷),郭大力、王亚南译,商务印书馆1974年版,第252—253页。
② 同上书,第29页。
③ 〔法〕萨伊:《政治经济学概论》,陈福生、陈振骅译,商务印书馆1963年版,第154页。
④ 同上书,第197页。

约翰·穆勒的经济理论是斯密、萨伊等人学说的综合,其研究方法和基本结论与斯密接近。他的代表作《政治经济学原理》对政府干预问题做了深入的研究。穆勒认为:"个人要比政府更了解自己的事情和利益,并能更好地照顾自己的事情和利益。这句话对于生活中的绝大部分事情来说都是正确的,因而在所有适用于这句话的方面,各种政府干预都应受到谴责……而且,应该记住,尽管政府在智力和知识方面要强于某一个人,但它肯定不如全体个人。在干某一件事时,政府只能雇佣全国一部分有学识、有才干的人……在政府招聘的人才以外,必定还有不少同样适合做此项工作的人,在个人经营制度下,这种工作常常会很自然地由这些人来做,因为他们能比别人更好,更省钱地做这项工作。"①由于政府官员与干预结果没有利害关系,因此,"尽管政府消息灵通,资金雄厚,能在市场上雇佣到最有才干的人,但所有这些却不足以抵消它的一个巨大弱点,即它不那么关心经营的结果"②。所以,"即使政府能把全国最有学识和才干的人都网络到各个部门内,很大一部分社会事务仍应该留给具有直接利害关系的人去做"③。

当然,穆勒并非一概否定政府干预,在政府干预"能够增进普遍便利"的前提下,他认为政府干预是必要的。但这种干预只能限于政府力所能及的范围,"有些事情政府应当干预,有些事情则政府不应当干预。但无论干预本身是对还是错,如果政府不了解所干预的对象,干预必然会带来有害的后果"④。因此,"除非政府干预能带来很大便利,否则便决不允许政府进行干预"⑤。穆勒反对政府对经济生活过多干预的思想,至今对我们仍有启发意义。

亚当·斯密、萨伊、约翰·穆勒三位经济学家的观点代表了18世纪70年代到20世纪50年代西方经济学家关于政府与市场相互关系的基本看法,即市场、个人能基本解决资源的配置问题,不需要政府过多的干预。这一理论指导西方资本主义走过了近两个世纪的历程,直到思想领域的凯恩斯革命,才宣告它的结束。

---

① 〔英〕约翰·穆勒:《政治经济学原理》(下卷),赵荣潜、桑炳彦、朱泱译、胡企林、朱泱校,商务印书馆1991年版,第536页。
② 同上。
③ 同上书,第537页。
④ 同上书,第502页。
⑤ 同上书,第372页。

(二) 市场失灵与政府干预

1. 市场完美神话的破灭

1929—1933年的资本主义世界大危机不仅给资本主义经济带来前所未有的打击,而且彻底动摇了人们对自由市场的信心。人们原以为市场经济是一个自然周流的过程,但危机呈现出来的却是相反的景象:生产停滞,商品积压,金融体系和证券市场崩溃,经济秩序全面混乱。这说明市场并非完美无缺,它也会失灵(failure)。这次大危机孕育了经济思想领域的一场革命,即凯恩斯革命,凯恩斯革命的基本点是强调政府干预,政府干预理论是建立在市场失灵(market failure)理论基础之上的。市场失灵理论又是基于对市场缺陷(market defect)的分析,这种分析是福利经济学家和凯恩斯主义者分别在微观经济学和宏观经济学两个领域里展开的。分析所得出的基本结论是:市场不是万能的,它存在着自身无法克服的种种缺陷和弊端,为了消除这些缺陷和弊端,除完善市场制度本身外,政府的干预是不可或缺的。以凯恩斯经济学派为主的政府干预理论尽管有忽视政府干预存在局限性的一面,但是其基本结论是有许多合理成分的,依然可作为我国在发展社会主义市场经济中完善国家干预机制的理论借鉴。

2. 市场缺陷①和政府干预分析

所谓市场缺陷是指由于市场自身的弱点,会经常出现市场运行失衡的状态,从而丧失其优化资源配置的作用并进而降低经济运行的效率。造成市场缺陷的原因及其根源,我们可从以下几方面进行分析:

第一,不完全竞争。在亚当·斯密那里,由于有一只"看不见的手"作用于市场,因此,他所设想的市场是一个完全竞争的市场。现代经济学研究表明,完全竞争的市场至少要满足以下几个条件:(1) 市场上要有众多的买者和卖者,任何一个买者和卖者的交易量都不足以影响市场价格,或者说它们只是市场价格的接受者。也就是说,"完全竞争的市场体制是完全分散的体制,有许许多多决策者在生产每种产品和劳务,除了在价格上作些微小的变动外,他们之中任何一个人都不能对价格发生显著的影响"②。(2) 市场主体有完备的信息,买卖双方的信息对称或信息量大体相等。(3) 生产要素具有充分的流动性。(4) 市场上进行交易的产品是同质的。然而,现代市场经济

---

① 市场缺陷与市场失灵是两个联系紧密而又含义不同的概念,市场失灵是因为市场缺陷的存在而导致市场机制的作用不能够有效地发挥,此时通过政府的干预(或介入)来弥补失灵的市场机制。所以,要研究市场失灵,首先要分析市场缺陷。
② 〔美〕埃冈·纽伯格、威廉·达菲等:《比较经济体制》,荣敬本、吴敬琏、陈国雄等译校,商务印书馆1984年版,第82页。

的实践证明,完全竞争的市场体制是不存在的。市场竞争的现实并非所有的决策者个人对市场价格的上下波动无能为力,市场价格常常是由一个或几个决策者控制着,结果造成了某一个或某几个生产者,控制某个行业的局面,形成不完全竞争。不完全竞争的典型形式即为垄断,按美国经济学家萨缪尔森等的解释,垄断是指"单一的卖者是他所在行业的唯一生产者,同时,没有任何一个行业能生产他的产品的接近的代用品"①。垄断会造成由价格扭曲和产量扭曲构成的市场扭曲,在市场扭曲的情况下,不可能实现资源的合理配置。因此,反垄断是政府的重要职责,政府可采取以下反垄断措施:(1) 政府颁布和执行反垄断法;(2) 政府管制:对垄断企业的价格、利润和服务质量进行监督,在规模经济的限度内由政府强行拆散大企业;(3) 对自然垄断行业实行政府直接经营。

市场不完全竞争的另一个表现就是信息的不对称和信息的不完全,二者统称为信息偏在。信息不对称是指交易双方有掌握信息优劣的差异,例如卖主比买主更了解自己产品的质量,当卖主比买主更熟悉一种产品时,信息就是不对称地分布于市场中的,反之亦然。同样在证券市场,上市公司内幕人员对有关证券信息总是较外部人占有优势,内幕交易之所以有利可图就在于对信息掌握的不对称上。信息的不完全则是指市场主体获取的信息往往是不完备的,不完备的原因一方面是由于获取信息需要付出代价,这就使市场主体在搜集信息时考虑到成本而有所顾忌;另一方面则可能是信息披露本身不充分,花钱也无法搜集,同时还可能存在有人故意隐瞒事实真相、掩盖真实信息甚至提供虚假信息。对于信息偏在,私人通常是无能为力的,须借助政府的力量给予纠正。

第二,外在性(externality②)。这里的"外在"是指外在于市场而言,罗伯特·考特等在其著名的《法和经济学》一书中认为,市场内部的交换是自愿的和互利的;相反,外在于市场交换的经济效应可能是非自愿的和有害的。③外在性是经济学中的一个重要概念,它是政府干预必要性的基本依据之一。对外在性的研讨从古典经济学时期的就已经开始了,例如,斯密对公共工程的分析,穆勒对灯塔的分析,就是这方面的著名例子。外在性有正外在性与负外在性之分别,英国经济学家、福利经济学的创始人皮古(1877—1959)在

---

① 〔美〕保罗·A.萨缪尔森、威廉·D.诺德豪斯:《经济学》(第12版)(下册),高鸿业等译,中国发展出版社1992年版,第842页。
② "外在性"译自英文"externality",有外部经济效应、外部效应、外部经济(或不经济)、外部性等多种译法。
③ 〔美〕罗伯特·考特、托马斯·尤伦:《法和经济学》,张军等译,上海三联书店、上海人民出版社1994年版,第59页。

解释此二者时说:"此问题的本质是,个人 A 在对个人 B 提供某项支付代价的劳动的过程中,附带地,亦对其他人提供劳务(并非同样的劳务)或损害,而不能从受益的一方取得支付,亦不能对受害的一方施以补偿。"①例如,某户人家在过道上安装路灯,行人不花任何费用就能受益(经济学上称这类受益人为"搭便车者"②);又如,一家化肥厂,假设在生产农业急需的化肥的同时,也将工厂的污水排放到河里,这些污水不但毒死了水中的鱼虾,还威胁到两岸居民饮用水的水质和空气的品质,但这些公害并没有计入化肥的生产成本,社会却为此付出巨大的代价。可见,外在性是指某一经济主体的生产或经营活动对其他经济主体、消费者、社会整体造成有利或有害影响,但该经济主体并不能获得相应的报酬或承担相应的损失。

外在性的存在导致在资源配置的过程中,边际私人成本与边际社会成本之间、边际私人收益与边际社会收益之间发生矛盾。这种矛盾是市场自身所无法克服的。因为市场主体在进行决策时只考虑对自身利益有直接影响的成本和收益,对自身没有直接影响的成本和收益则视而不见。结果在市场经济的社会里,必然造成具有负外在性的商品生产太多,而生产具有正外在性的商品生产者得不到合理的补偿。因此,外在性必须由政府出面校止。对此,皮古提出的校正措施是:"这种毛病可以用设计恰当的补助金和征税的办法加以纠正——凡是边际私人成本超过边际社会成本的东西,予以补助金,凡是边际社会成本超过边际私人成本的课以捐税。"③换言之,即是政府通过征税和补贴的干预方式来引导私人资源配置活动使之符合社会利益。

第三,公共物品(public goods)。这是上述正外在性效应的特殊情形。一种物品如果供给一个人而其他人能够不花费用就能加以利用,这种物品就是公共物品。例如,国防就属于典型的公共物品,它不是提供给某一个人,其受益面涉及一个国家的所有公民(不论其是否为国防作出支付),国防具有效用的非排他性与利益的非占有性等特点。再如,长江上的航标灯一旦安装,所有过往的船只都能平等地加以利用,不会出现因某些船只对航标灯的利用而影响到另一些船只对它的利用。另外,公共物品不限于物质产品(如航标

---

① 〔英〕皮古:《福利经济学》(上册),陆民仁译,台湾银行经济研究室1971年版,第154页。
② 所谓"搭便车",是指个人不愿主动为公共物品付费,总指望别人生产后自己免费享用。它出自美国西部的一个掌故:早年美国堪萨斯州的道奇城盗马贼横行,于是牧场主们组织起来保护牧场,他们每人为这种自发的"保安力量"贡献一定的人力物力,但不久就有一些牧场主撤出这种组织,而成为自由骑手(free-rider),因为他们发现,只要"保安力量"存在,自动撤出后便可免费享受它带来的利益。没过多久,由于人人都企图撤出而占集体的便宜,"保安力量"便不复存在,盗马贼又猖獗起来。参见樊纲:《市场机制与经济效率》,上海三联书店、上海人民出版社1995年版,第156页。
③ 〔英〕皮古:《社会主义与资本主义的比较》,谨斋译,商务印书馆1963年版,第26—27页。

灯、路灯等），一些由政府提供的非物质产品和服务也是公共物品，如法律、规章、政策、环境保护、天气预报、消防、社会保障、失业保险，甚至有效率的政府本身也被视为一种公共物品。① 由此可见，公共物品具有如下两个紧密相关的特点：一是某一个人消费这种产品不影响其他任何消费者的消费，即所谓的"非竞争性的消费"；二是杜绝搭便车者的费用太高以致没有一个追求利润最大化的私人厂商愿意供应这类产品。

对于社会和消费者来说，公共物品的供给是必需的，但供给公共物品需要成本，其成本应当由受益者共同分担。然而，事实上却是公共物品一旦提供出来，很难排除那些没有支付任何费用的消费者对该公共物品进行消费，这就出现了搭便车的问题。由于消费者无论对公共物品的供给是否支付了代价，他都能够从公共物品的消费中获益，出于利己的动机，他总是希望别人贡献得足够多，以便把公共物品生产出来，然后他来免费享用。由于存在搭便车的可能性，所以没有一个追求利润最大化的私人厂商自愿为公共物品的供给付出代价。因此，个人具有搭便车动机的直接结果就是：公共物品不能由私人来生产和供给，而必须由政府来提供。② 政府提供公共物品，方法有二：一是政府可以直接或间接地通过税收制度对供应公共产品的私人予以补贴；二是政府可自行供应公共产品，国防服务就是用这种方法得到供应的。③

第四，社会不平等。人们要求政府干预市场的另一个重要理由是，放任的市场机制会导致收入差距悬殊和社会不平等。放任的市场机制为什么会造成社会不平等呢？对此，英国著名经济学家J. E. 米德做了较为系统的分析。他认为，市场机制承认人们的所有差别，包括生理素质、选择运气、工作能力、社会地位、财富拥有量等。市场会将所有这些差别转化为收入的差别，并且收入差别一旦产生，市场就会使其逐步扩大，同时不存在抑制它的力量。米德还进一步论证财产占有上的差别是造成收入差别的主要因素。因为占有财产不仅可以获得财产收入本身，而且还可通过投资来获取更大的收益。如果没有足够数量的财产，即便投资盈利的机会摆在面前，也无济于事。而且，如同人的生命特征可以遗传一样，由财产造成的收入差距也可以世代相传。首先，财产可以不断地被继承；其次，富人可以花钱培养自己的下一代，使他们能够有资格谋取较高的社会地位而获取高薪；最后，富人可以花钱为子女建立良好的社会关系，而良好的社会关系可以使人优先得到各类信息和

---

① 贝多广：《证券经济理论》，上海人民出版社1995年版，第126页。
② 政府提供公共物品的经费来源于全民税收，因此纳税人对于公共物品本质上是不存在搭便车的，而是其理应享有的福利，这也是纳税光荣的道理之一。
③ 〔美〕罗伯特·考特、托马斯·尤伦：《法和经济学》，张军等译，上海三联书店、上海人民出版社1994年版，第62—63页。

充分接近各种机会。因此,不平等一旦存在,哪怕是很小的或偶然的经济不等,随着时间的流逝,也会不断地积累。

第五,市场的非均衡性。这里讨论的市场非均衡性是相对于法国经济学家瓦尔拉斯①的均衡性理论而言的。瓦尔拉斯均衡(Walrasian Equilibrium)是假设存在着完善的市场和灵敏的价格体系条件下所达到的均衡。根据瓦尔拉斯的学说,既然市场是完善的,价格体系是灵敏的,每一个参加市场交易的人对于现在的和未来的价格都有完全的信息,对现在的和未来的供求状况都有充分的了解,价格随着供求的变化而随时进行调整,那么在任何一种价格条件下,需求总量必定等于供给总量,社会中的超额需求和超额供给都是不存在的,任何交易的实现,都以均衡价格为条件。没有达到均衡价格,不会成交,只有价格均衡了,才可能进行交易。于是,生产的过剩、商品的滞销、经常性的失业以及与超额需求有关的通货膨胀也就不会出现。② 对于这种不符合实际经济生活的瓦尔拉斯均衡理论,20 世纪 30 年代就受到一些西方经济学家的批评。③

在批评瓦尔拉斯均衡的同时,非均衡理论从 20 世纪 60 年代后期便发展起来。非均衡是指不存在完善的市场,不存在灵敏的价格体系的条件下所达到的均衡,非均衡又被称作非瓦尔拉斯均衡。非均衡理论的核心思想是:在市场不完善和价格不能起到自行调整供求的作用的条件下,各种经济力量将会根据各自的具体情况而被调整到彼此相适应的位置上,并在这个位置上达到均衡。在这里,非均衡所达到的均衡,并非市场完善前提下的均衡,而是市场不完善前提下的均衡,并非与零失业率或零通货膨胀率同时存在的均衡,

---

① 瓦尔拉斯(Léon Walras,1834—1910),曾经被约瑟夫·熊彼特认为是"所有经济学家当中最伟大的一位"。他开创了一般均衡理论,是一位数理经济学家,边际革命领导人,洛桑学派创始人。瓦尔拉斯是边际效用价值论的创建人之一。他把边际效用称为"稀少性",并在经济学中使用了数学,研究了使一切市场(不是一种商品的市场,而是所有商品的市场)都处于供求相等状态的均衡,即一般均衡,成为西方数理经济学和一般均衡理论的创建者和主要代表。他的一般均衡分析方法被西方经济学所普遍使用。他把自由竞争的资本主义看作最理想的制度,但也主张国家根据正义原则干预经济。他的主要著作有《纯粹经济学要义》《社会财富的数学理论》。参见《辞海》,上海辞书出版社 2002 年版,第 1715 页。
② 参见厉以宁:《非均衡的中国经济》,广东经济出版社 1998 年版,第 1 页。
③ 例如,凯恩斯在其代表作《就业、利息、和货币通论》(1936 年出版)一书中就对资本主义社会中经常存在的失业、通货膨胀等问题进行了深刻论述。但直到 20 世纪 60 年代初,经济学界关于非均衡的研究仍是局部性的、非系统的。对凯恩斯经济理论的解释,存在如下两种不同的观点:一是认为凯恩斯经济学仍然是一种均衡经济学,凯恩斯只是对瓦尔拉斯均衡理论作了一定的修改,基本上没有否定它;二是认为凯恩斯经济学已经突破了均衡理论的限界,进行了非均衡理论的最初的、系统性的阐述,其具体表现是:凯恩斯认为市场机制不一定能充分发挥作用,市场难以把各种交易活动协调起来,无论是产量、就业量还是投资量都是波动的,而在资本主义条件下,经常出现的是生产过剩、失业、投资需求的不足等。参见厉以宁:《非均衡的中国经济》,广东经济出版社 1998 年版,第 2 页。

而是伴随着失业或通货膨胀的均衡。① 在这种语境下,非均衡实际上也是一种均衡,只不过它不是瓦尔拉斯均衡中的"均衡",而是现实存在并符合经济生活的"均衡"。

第六,市场主体的"有限理性"(Bounded Rationality)。有限理性的概念最初是由美国经济学家肯尼思·约瑟夫·阿罗(Kenneth Joseph Arrow)提出的,他认为有限理性就是人的行为是有意识的、理性的,但这种理性又是有限的。人总是想把事情做得最好,但是人的能力是一种有限的稀缺资源,因此,那些复杂的协议、契约或者合同都不可避免是不完全的。有限理性主要由以下原因造成:一是环境是复杂的,在非个人交换形式中,人们面临的是一个复杂的、不确定的世界,而且交易越多,不确定性就越大,信息也就越不完全;二是人对环境的计算能力和认识能力是有限的,人不可能无所不知;此外,在很多情况下,由于受到情境的影响,人们在情绪和感情的支配下,理性往往难以发挥作用。所以,市场主体在"利益最大化"(To maximize the benefits)②的驱动之下,即使在微观领域也未必能够把事情处理得最好。

通过上述对市场缺陷的分析,使我们看到仅以亚当·斯密的"看不见的手"去配置现实中的资源是不现实的,因为在自由市场经济的条件下,经济个体对自身利益最大化的追求会经常与社会整体利益产生矛盾,在这种情况下就会造成交易成本增加,资源配置无效,使社会经济的正常运行受阻,给社会整体带来危害。"因此,凯恩斯学派认为自由市场经济具有内在的不稳定性。政府必须时时注意祸起萧墙,常常逆市场大流而动,在必要时更要挺身而出,财政政策、货币政策数招齐出,力挽狂澜,救民于经济灾难之边缘。"③美国著名学者曼瑟·奥尔森(Mancur Olson)认为在经济领域存在着两个基本规律:一是指在某种情况下,当个人只顾及其自身利益时,社会的理性结果会自动产生。二是指在某种情况下,不论个人如何精于追求自己的利益,社会的理性结果也不可能自发产生,此时只有凭借一只"看得见的手"或是适当的制度安排,才有可能获得社会的理性结果。因此,只有以政府干预这只"看得见的手"才有可能克服市场机制本身所无法克服的种种缺陷。对市场缺陷和市场失灵分析的结果,不仅使我们认识到政府干预的必要性,同时也为我们科学界定政府干预的范围提供基本思路,即政府干预的范围应当限制在市场失灵领域。

---

① 参见厉以宁:《非均衡的中国经济》,广东经济出版社1998年版,第2页。
② "利益最大化"并不是一个十分规范的经济学术语,因为不同的市场主体利益最大化的具体内容不同,例如,针对消费者为"效用最大化",针对厂商为"利润最大化"。但"利益最大化"的用语却很好地表述出各个市场主体的共同行为指向。
③ 陆丁:《看得见的手——市场经济中的政府职能》,上海人民出版社1993年版,第159页。

二、证券市场的缺陷与法律监管的必要性

(一) 国家干预理论对分析证券监管的意义

如果说证券业和证券市场同样存在市场缺陷问题,那么前述关于国家干预的一般理论对我们用来分析证券业存在的问题也具有指导意义。事实上,证券市场同样存在着市场的不完全竞争、外在性、公共物品、非公平性、市场的非均衡性和市场主体的"有限理性"等一系列市场缺陷因素。

第一,各国证券市场的实践表明,证券市场的不完全竞争是普遍存在的。其主要表现为:一是证券经营会形成垄断。在客观方面,证券行业具有一定规模经济的特点决定了在市场自由竞争的机制下证券业会出现垄断;在主观方面,可以人为地采取虚买虚卖、合谋买卖、连续交易等手段来操纵证券市场的价格,这种操纵证券交易价格的行为就是证券市场上的一种破坏竞争秩序的垄断行为。二是证券市场信息偏在十分突出。这主要表现为信息具有公共物品的特征和证券市场主体间的信息不对称两种情况。信息偏在的第一种情况使那些研究搜寻信息的人不能排除众多搭便车者去使用自己发掘的信息资源,信息保密十分困难并且成本巨大。结果那些付出较高成本发掘信息的人,由于回报低甚至没有回报,从而失去开发信息资源的积极性,导致证券市场信息供应不足。在信息供应不足的情况下,证券交易主体就很难作出最佳的投资决策。信息偏在的第二种情况,即证券市场上的信息不对称问题,较之一般的信息不对称有其特殊性,对此将在后面具体论述。

第二,证券业也存在外部效应。证券业作为高风险的行业,具有内在不稳定性。证券交易系统是一个牵一发而动全身的系统,任何一家证券经营机构出现交易结算危机或者因竞争失败而倒闭都可能影响整个交易系统的正常运行,此即所谓证券市场的"多米诺骨牌"效应。证券业的外部效应引起的是整个证券市场乃至整个金融业的危机,其所付出的社会代价无疑是沉重的。

第三,证券市场同样会产生严重的非公平性。证券市场的非公平性是由多种因素造成的。归纳起来,大致有以下三方面的原因:一是由于市场法规、政策本身不公正,执法水平不高而有失偏颇以及对市场发展采取差别限制等等而造成的不公。例如,在上市公司"股改"①之前,我国股票有公有股和个

---

① 这里指"上市公司股权分置改革"。2004 年 1 月 31 日,国务院发布《国务院关于推进资本市场改革开放和稳定发展的若干意见》,明确提出"积极稳妥解决股权分置问题"。2005 年证监会、国资委、财政部、人民银行和商务部正式发布《关于上市公司股权分置改革的指导意见》,标志我国"股改"正式开始。

人股之分,公有股又有国家股和法人股之分,个人股又分为职工股和公众股。同样的股票因购买者的身份不同,购买渠道不同,价格便相差悬殊。一股多价现象的存在违背了证券市场"同股、同权、同利"的基本原则,既不规范,又因此而造成了占股市总量80％的公有股不能流通,从而使国有资产呆滞的局面。再如,对企业和投资者收益影响很大的税赋问题,据有关报道,在1995年时,在上海证交所上市的176家公司中"就有从全都免税到征收33％的11种不同档次所得税率"①。有的甚至同一地区(如北京)的同一类型的上市公司,所得税率也不相同。税赋的不平等,使得上市公司不能在同一起跑线上进行公平竞争。同时这也是对公众投资者的非公平待遇,由此优化资源配置的愿望必将无法实现。二是某些客观原因导致非公平性的存在。例如,市场设施未能保证所有投资者都可以及时了解信息,进行交易;意外事故造成市场一部分运作失常等。三是违规、违法行为造成的不公平。如内幕交易、联手炒作以及其他种种违规、违法行为。上述原因都会不同程度地造成市场竞争不公平、机会不均等,从而导致利益分配的不公平。

第四,关于市场的非均衡性和市场主体的"有限理性"问题。作为整体市场,即国际、国内市场中竞争最激烈的证券市场,由于市场信息灵敏度要求特别高,而在现实的市场运行过程中又很难达到其高标准的要求,所以,其"市场非均衡性"特征更显突出。上市公司虽然是"公众公司",相对于普通的市场主体,其决策更具有民主性和科学性。但是,上市公司面临更加复杂的国际、国内环境,要解决的难题会更多,同样存在着人对环境的计算和认识能力的有限性,同样存在着"有限理性"的问题。

综上所述,作为市场机制有机组成部分的证券市场,同样存在着缺陷。并且,由于证券市场面临更大的风险因素和不稳定性,一旦对其缺陷监控不力,由此所造成的社会后果将会极为严重。因此,为维持证券业的正常秩序,为保护广大投资者和其他社会公众的利益,国家对证券市场的监管就势在必行了。

(二)证券监管的特殊根源

用政府干预的一般理论来分析和研究对证券市场监管的根源和合理性是必要的,但这还不足以解释对其实施证券监管的特殊根源。要想说明对证券监管的特殊根源,必须以充分揭示证券市场独有的制度缺陷及风险特征为基本前提。现就证券业的独有制度缺陷及风险特征探讨如下:

---

① 《外部环境:也应规范化》,载《中国证券报》1995年6月8日。

1. 证券业属于高风险领域，具有内在不稳定性

证券业之所以风险高、易于动荡、缺乏内在稳定性，主要是以下因素所决定的：

（1）上市公司股票的自由流通，使证券市场容易产生过度投机、易于成为不法者的投机场所。证券市场上的投机是相对于投资而言的。投资者购买股票的目的是取得股息，他们希望从公司的发展中获得长期回报。而投机者购买股票的目的则是为了在短期内获取不同股票之间的差价，从低买高卖中获得较高的利润。对于股票市场来说，投资者与投机者都是不可缺少的，众多的投资者使市场具有稳定性，而投机者的投机活动则使市场充满流动性。不仅如此，适度的、理性的投机还有利于形成市场的均衡价格和社会平均利润。在实际的市场运行过程中，投资与投机并没有实质性的界限，这二者在一定的条件下是会经常相互转化的。例如，当股价暴涨时，所有的投资者在高额收益下都难免有投机的冲动，说整个市场都充满投机气息也不为过；反之，当股价暴跌或低迷时，套牢的投机者也被迫投资。

投机，作为一种状态，我们很难通过涨跌幅度、股价指数、市盈率等数量指标来界定和量化。但是，如果股票市场价格长期地、普遍地、严重地背离其内在的投资价值，市场上多数投资者的主导性行为倾向于短期操作，致使股票市场的固有功能无法正常发挥，这种状态可被认为是过度投机。适度的、理性的投机对股票市场是有益的，而过度的、非理性的投机则是有害无益的。因为股票市场的过度投机必然造成股市价格的暴涨暴跌，从而引起整个股票市场的动荡。证券监管法的"另一主要干预就是要减少股票投机"，"证券法歧视那些趁证券市场不景气时进行投机的人。其措施是，禁止以低于交易股票最近期价的价格卖空股票。法律的这一态度就像古代处罚谣言的传播者一样"。[①] 当然，对于那些通过操纵市场、内幕交易等非法行为牟取暴利的不法投机者，则应当进行更为严格的法律责任追究。

（2）证券市场上的同向预期性，容易产生市场波动，增大市场风险。所谓"预期"即"预先期待"[②]，同向预期则是指众多的投资者共同预先期待证券价格的上涨或下跌。不论是单向预期，还是共同预期，它们都是建立在市场信息的基础之上。在证券市场上，公开的多种证券的信息相对于每一个投资者而言都是相同的，在这些相同的不完全信息（信息偏在性所决定）面前，公众依据一般的投资原则，常常得出相同或相近的预测结果。当股市行情看涨

---

① 〔美〕理查德·A.波斯纳：《法律的经济分析》（下册），蒋兆康译，中国大百科全书出版社1997年版，第580页。
② 中国社会科学院语言研究所编：《现代汉语词典》，商务印书馆1979年版，第1043页。

时,投资者往往会盲目购进;当股市行情看跌时,他们又往往会盲目抛售。很显然,这种盲目的购进或抛售进一步加深了行情的涨跌。因此,股票市场的同向预期性很容易造成过度投机,导致股市的动汤,这是证券市场风险增大的重要原因。

(3) 证券市场易被少数人操纵。

首先,由于上市公司股份数量巨大,股东人数众多,只要持有一定比例以上的股票份额,就能够掌握上市公司的控制权,一旦拥有这种控制权就会产生民间的私人强制,即上市公司中强势当事人对弱势当事人的强制。这种强制力除了在上市公司重大决策上偏向于强势当事人利益集团之外,还可以利用股票市场的特点对股市进行操纵,因此这很容易损害多数中小投资者的利益。证券监管法的一个主要目的就是要用国家的公权强制力矫正上述私人强制力的弊端。

其次,就证券市场而言,投资者对预期利益的判断是建立在分析现期信息的基础上的。但是,不论证券市场的发育多么成熟,它所提供的信息总是有限的而不可能是完全的,并且由于不同投资者自身的证券知识和交易能力的差异,使得各投资者获得证券市场信息的能力也各不相同,而从所获取的诸多信息中,尽快甄别出有价值的信息的能力更是相差悬殊。由于在证券市场上获取信息的时间价值非常大,预先获知信息可以预先作出预测,从而先于他人采取相应的行动。这样一来,在证券市场上,少数人便得以利用预先获知的信息从事非法的投机活动,进行内幕交易或操纵市场,从而给市场制造扭曲的信号。广大投资者被市场扭曲的信息所欺骗,操纵人则从中牟取暴利。普通投资者由于互不相识,人数众多,十分分散而又无组织性,不可能协调一致地对抗这种市场操纵行为。因此,少数人操纵证券市场是完全可能实现的。由于操纵证券市场的行为人为地扭曲了证券市场的正常价格,给证券市场的秩序造成了极大危害,因此法律必须加以禁止。

(4) 上市公司股东流动性很大,缺乏内在稳定性。上市公司人数众多的中小股东往往"用脚投票",对公司缺乏责任感。上市公司业绩稍有不佳,股东们往往就抛售股票,转移风险,甚至会使可能扭亏为盈的上市公司因股票价格的跌落而一蹶不振。

(5) 虚拟资本具有相对独立的运动形态,股票价格很容易背离其代表的真实价值而形成股市泡沫。证券是货币资金或真实资本的转化形态,是一种虚拟资本,代表着一定的财产权。上市公司通过发行股票筹集的资金是真实资本,真实资本投入公司的生产经营活动并有可能在运行中增值,而所有者(即购买股票的投资者)在注入资本后,并不直接参与公司的生产经营活动,而仅仅是持有虚拟化资本——股票,或称纸制的资本副本。① 虚拟资本一方面受制于真实资本,证券与资本的关系是表象与实质、代表物与被代表物的关系;另一方面,虚拟资本又有相对的独立性。这种独立性表现在以下方面②:第一,虚拟资本在量上与真实资本有可能相背。股票的数量是不会在流通过程中减少的,而真实资本在经营中却可能出现亏损、渗漏和贬值。第二,虚拟资本的"价值"是由市场来评价或预期的,它可能与真实资本的实际价值不一致,与公司的经营状况不一致。第三,虚拟资本有其相对独立的运行轨迹。真实资本的运行轨迹是生产过程和流通过程,而虚拟资本主要在投资者之间不断转手。因此,对股价的确定就带有很大的主观性和随意性。这就使股价并不总等于其所代表的资产价值,在相当程度上受到人们的未来预期以及市场供求关系的影响,股票价格很容易背离其代表的真实价值,从而形成股市泡沫,导致股票市场震荡,股市风险由此产生。

(6)现代科学技术的发展在促进证券业更加迅速发展的同时,也使证券业本身的弊端暴露得更加充分,使其弊端带来的危害性可能更大。现代证券市场一般采用先进的科学技术,尤其是计算机技术的运用给证券业的发展带来了革新,这一革新不仅使许多证券交易能在瞬间完成,而且还使得国内甚至国际范围内的证券业联为一体。如此迅速且联系紧密的证券交易市场,一方面能够加快信息的传递速度,使证券交易额、资本流通、社会资源配置和组合的规模越来越大;另一方面,也可能会在错误信息的引导下造成极大交易风险。由于交易量大、交易迅速,可能在分秒之间出现巨额赔赚。巴林银行新加坡分行的交易员里森利用计算机网络进行金融衍生工具交易,在很短的时间里,就亏损了 10 亿美元,造成震惊全球的"巴林银行倒闭事件"。

上述诸多证券业的高风险和内在的不稳定因素,客观上需要国家在遵循经济规律的前提下,依法干预,化解市场风险,维护市场稳定,从而保护投资公众的合法利益。

2. 证券业是一种带有浓厚公益性的产业

证券业作为一种带有浓厚公益性的产业,主要表现在:

(1)无论是股票还是债券,由于其投资额的起点都很低,投资者只要持

---

① 关于纸制的资本副本,我国《公司法》第 128 条第 1 款规定:"股票采用纸面形式或者国务院证券管理部门规定的其他形式";《证券法》第 41 条规定:"证券交易当事人买卖的证券可以采用纸面形式或者国务院证券监督管理机构规定的其他形式。"这些规定说明,证券作为书面凭证既可以采用纸面形式,也可以采用纸面以外的其他形式。现在我国的实际情况是,在场内交易市场证券投资者、证券发行人在证券发售的整个过程中再也看不到一张记载证券权益的纸制凭证,均已电子化。纸制资本副本的无纸化,从形式上又进一步增加了证券资本的虚拟性。

② 金德环:《证券市场规范化建设研究》,上海财经大学出版社 1998 年版,第 215 页。

有少量货币就可以购买证券从事投资活动,所以证券投资主体遍及社会各行各业,具有显著的社会性和公共性。在发达资本主义国家更是如此。"公司型态之企业于所有企业之中占有极为重要之地位,故证券已成为公民私有财产之重要构成部分,而与大众利益,息息相关。"①台湾学者陈春山也认为证券业"乃一方面培养巨型企业以从事国际竞争,另一方面则以股权分散及股利分享以达到全民均富之目标"②。

(2) 随着社会的进步,各国的保险制度及退休年金制度日益发达,而保险基金及退休基金的大部分均投资于证券市场,且投资公司中的共同基金(mutual funds)亦多投资于证券,其股东为众多小额投资人。因此,如果放任证券市场而不加监管,将间接地影响到社会上大多数人的利益。

(3) 除了直接或间接与投资者及一般大众的利益有关之外,证券市场的盛衰将直接影响企业资金的筹集,进而也将影响国家的经济增长。

(4) 证券市场的过度投机、操纵以及不合理的价格波动,极可能引起贸易、交通、工业及社会福利的严重问题,造成社会的不安定因素,进而还可能引发国家的政治或经济危机,直接影响百姓安居乐业。

从以上各点可以看出,证券市场绝非天然自律不受外界干预的私人俱乐部③;相反,证券市场深具公益性,为了保护一般投资人的利益及公共利益,对证券市场确有监管之必要。

在市场经济条件下,证券业的内在特点决定了必须有一个规范而又具权威的证券监管机关代表国家来对证券业实施监督和管理,以协调和解决证券市场缺陷所产生的各种矛盾。

三、政府监管的缺陷与证券监管的适度性分析

尽管前述监管经济学的理论已为社会上大多数人所接受并在实践中发挥着极大的作用,但对政府监管的合理性和有效性提出质疑,甚至全盘否定的学者大有人在。由詹姆斯·布坎南等人提出并发展起来的公共选择理论,运用经济学的分析方法和经济人假设论证了监管失灵问题,而以波斯纳、施蒂格勒为代表的芝加哥学派的教授们所创立的监管经济学,则主要强调了监管的成本及危害性。本书将在对这些主张评述的基础上,进一步论述证券监

---

① 赖源河:《证券管理法规》,台湾成阳印刷股份有限公司1996年版,第2—3页。
② 陈春山:《证券交易法论》,台湾五南图书出版公司2001年版,第4页。
③ 在1930年美国联邦立法前,美国高等法院根据契约说(Contract Theory),承认纽约证券交易所为一自治组织(voluntary organization),天然自律不受外界干涉。Richard W. Jennings, "Self-Regulation in the Securities Industry: the Role of the Securities and Exchange Commission", 29 *Law and contemporary Problems* 663(1964)。

管的理论基础,同时,还将对证券监管法的法律成本进行研讨。

(一) 对政府干预理论的再分析

1. 关于"凯恩斯革命的再革命"

20世纪30年代爆发的资本主义世界经济危机摧毁了人们对自由市场的信念,树立起人们对政府干预的信心。20世纪70年代,资本主义国家的"滞胀"(stagflation)则使人们丢掉了对政府干预的幻想,而重新树立起对市场的信心。"现在这一巨变不仅打破了政府控制经济的政治神话,而且动摇了经济学家们对具有决定性力量的财政政策和货币政策的信念。"① 与资本主义世界相对应,社会主义阵营的许多国家,在运用高度集权体制实现了最初的工业化之后,普遍面临的难题是人民缺乏生产积极性、国家计划失误、经济体制僵化、资源配置功能十分低下。在共同的困境面前,社会主义国家纷纷走向改革之路,尽管各国在改革的时间、深度和广度上有差异,但方向都是基本相同的,即简政放权,逐步扩大并发展私有经济,把原来赋予政府的职能转交给市场、企业和个人,从而走向市场经济的道路。如果说社会主义国家最初工业化的成就向世人展示的是政府计划经济的有效性和市场的局限性,那么,20世纪50年代以来的改革浪潮向人们展示的则是政府的局限性和市场的有效性。

基于上述经济背景,20世纪五六十年代作为凯恩斯主义政府干预理论的对立物而产生和发展起来的若干西方经济学派,如现代货币学派、理性预期学派、供给学派、公共选择学派、产权经济学派等,都从各自的角度对政府失灵做了系统的论证。由于这些学派都在一定程度上对凯恩斯的国家干预学说提出了质疑、批评或挑战,因此,有学者将此挑战称为"凯恩斯革命的再革命"②。本书赞成这种提法,并进一步将上述诸学派统称为"凯恩斯革命的再革命"学派,简称"再革命"学派。

2. 政府监管失灵分析

"再革命"学派的学说认为,由市场缺陷和失灵而得出通过政府干预就能够塑造出一个有效率的市场机制的结论未必成立,因为政府监管本身也存在缺陷、存在失灵。这体现在以下几个方面:

(1) 代表政府的监管者也是"经济人"。这里所讲的监管者包括个人监

---

① 〔澳〕迈克尔·卡特、罗德尼·麦道克:《理性预期:80年代宏观经济学》,杨鲁军、虞虹译,上海译文出版社1988年版,第10页。
② 参见薛进军:《凯恩斯革命的再革命》,湖南教育出版社1989年版,第4版。

管者和作为组织机构的监管者。与之相对应,作为"经济人"的监管者也有两类,即作为个人监管者的"个人经济人"和作为组织机构的监管者的"机构经济人"或"组织经济人"。下面分别论述这二者的基本特征。

第一类是"个人经济人"。前文已经提到,"经济人"的概念最早是由亚当·斯密提出并加以系统分析的。从斯密到20世纪50年代,经济学家们只把"经济人"的假设应用于分析市场交易领域人们的行为特征。也就是说,在20世纪50年代以前,没有任何相似的假设被延伸至那些以投票人或国家代理人身份参与政治或公共选择的人们的行为上。[①] 人们一般都假设公共选择主体(主要包括选民或投票人、政治家、官僚等)不仅具有比个人和厂商更为完备的信息,更重要的是他们能够不带私利地代表社会公共利益。这样一来,同一个人便有了双重行为准则,即作为市场交易主体时,他追求个人利益最大化,而当他作为公共选择主体时,则会按公共利益最大化原则来行事。对此,公共选择学派则认为上述假设是靠不住的,他依然追求个人利益最大化[②],因为在政治领域个人也是严格按"经济人"的方式行动的,当人们从市场交易主体变为公共选择主体时,并没有变为圣人,或者说,至少没有像学者们所渴望的那样变为实际的圣人。[③] 在政治领域公共选择主体的直接动机仍然是个人效用最大化,如更少的参与费用、更高的职位、更大的权力以及由此而派生的更多的物质利益等。这也是一些出庭律师会发出以下感叹的原因:"相对于民事诉讼中的原告而言,刑事诉讼中的公诉人所具有的获得'胜诉'的欲望,可谓有过之而无不及。"我国在经济体制转型时期出现的深为人们所痛恨的"官倒"与"权为己所用"等现象就是这方面的例证。因此,当在政治选举需要很高费用的情况下,公共选择主体很容易偏向拥有经济实力的利益集团,以利于自己能够当选;而当公共选择主体的政治生命取决于其他要素(如军事势力或政治势力)时,他们的决策就很容易偏向具有这些要素的团体。在我国不是公共选择主体,而是"党管干部",是上级领导提拔下级领导,因此,各级领导中的不少人就搞政绩工程给党看,给上级领导看,以期得到任用或提拔。总之,由于代表政府的监管者也是"经济人",同样具有自利性,它

---

① 〔美〕詹姆斯·M. 布坎南:《自由、市场与国家》,平新乔、莫扶民译,三联书店上海分店1989年版,第36页。
② 只是此处的"利益最大化"并不仅指经济利益,还包括了诸如社会地位、社会声望、权力、名誉、利他需求等非经济的自身效用最大化。
③ 〔美〕詹姆斯·M. 布坎南:《自由、市场与国家》,平新乔、莫扶民译,三联书店上海分店1989年版,第347页。

极有可能成为某些特殊利益集团手中的工具①,而此时的政府监管就会偏离和牺牲公众利益,从而不能够实现资源配置的帕累托最优状态(Pareto Optimum)。② 因此,政府就未必是公共利益的天然代表者。

按照监管者"经济人"的属性,考察其在上市公司领域的现象,则表现为国家公权力可能被私人绑架,而作为利益集团或者个人谋取私利的工具,这也是一种私人强制,与前述上市公司内部的私人强制具有相同的目的性,但是,绑架公权力的私人强制行为,其作用力的范围更宽,后果更严重。上市公司内部的私人强制并非都是负面的,在很多情况下它是合理的,甚至是更有效率的,所以,证券监管法对它只需矫正,而对于监管者可能存在的这种"权为己所用"的存在于上市公司外部的私人强制,则需要包括证券监管法在内的相关法律对其进行彻底的遏制。

第二类是"机构经济人"。"机构经济人"亦可称之为"组织经济人"。监管机构同样存在追求自身利益最大化的取向,而具有"经济人"的属性。政府监管机构活动的目标并不一定是或者并不仅仅是社会公共利益的最大化,而往往是各组织机构都有自己的组织目标或者特殊利益取向。在其组织目标或者特殊利益取向发生两难时,往往会不顾及其行为引起的社会成本和效益,而只关心其自身的成本和效益。证券监管的特点之一是它不像其他公共支出项目那样占用大规模的预算,因此,对监管者的考评主要是看证券监管领域是否出现重大问题或者风险。在此背景下,监管机构如果处处主动监管而万一发生了问题,那么其所要承担的责任或者付出的代价,将远远大于其采取保守或者偏严执法可能给其带来的代价。因此,监管机构偏向于保守或偏严执法,以最大限度地降低自身的风险,然而,这却十分不利于证券市场发展的自由空间。

(2)政府监管的结果具有不确定性。虽然市场失灵的存在表明了政府监管的必要性,但是,政府监管能否达到预期的目的,却是非确定性的。

---

① 经济学上的"俘虏论"也认为:基于监管者"经济人"的属性,监管者或监管机构往往被某些行业巨头所俘虏,成为他们的总管家,他们的监管行为将严重地损害正常合理的资源配置,导致行业和部门之间投资以及其他要素的不合理搭配。此时,监管机构已经成为个别利益集团的守护神,而不再是社会福利的保护神。在这种语境下,商人成了真正的猎人。参见李东方主编:《证券法学》(第3版),中国政法大学出版社2012年版,第309—310页。
② 帕累托最优状态(Pareto Optimum):福利经济学中资源配置的最佳状态或社会最佳状态。这个理论是由意大利经济学家帕累托(Pareto)在20世纪初发展起来的,因而与他的名字联系在一起,成为社会科学界普遍使用的词。帕累托(Pareto,1848—1923)是意大利经济学家、社会学家,洛桑学派的主要代表人之一,发展了瓦尔拉斯的均衡论(Walrasian Equilibrium)。他认为阶级在任何社会制度中都是永恒存在的,因而反对平等、自由和自治。意大利法西斯主义多来自他的学说。参见刘树成主编:《现代经济辞典》,江苏人民出版社2004年版,第754页;《辞海》,上海辞书出版社2002年版,第1257页。

第一,监管效应具有滞后性,即一项监管措施从制定到实施,往往需要一个过程。其间,市场可能发生变化,从而需要实行相反的调节措施。例如,在制定政策时,需要的是扩张性财政政策和膨胀性货币政策,但当政策实施时,经济可能已经复苏。由于"监管时滞"(regulatory lag)的存在,相机抉择的财政政策和货币政策不仅不会有助于稳定经济,反而会加剧经济的动荡。不仅如此,有时制定出的公共政策本身可能就是缺乏效率或者是错误的。因为公共决策同私人决策一样,它们是否有效率,要取决于所获取的信息是否完全和真实。政府作出公共决策必须依靠各级政府机构中的官员提供信息,但是后者出于预算最大化的动机,往往提供一些不真实的信息,由此带来公共决策的失误和缺乏效率。正是由于政府决策可能失误,所以,政府监管绝不能过度,而应尽可能缩小政府干预缺陷的负面效应;否则,就可能造成资源配置失效,阻碍经济发展。

其实,股份公司股票发行核准制就存在"监管时滞"的问题,股票发行核准之时,公司是符合发行条件的,但是,市场上运行的上市公司和市场一样也是不断变化的,合格的条件可能会变得不合格。英美国家的股票发行注册制就不会存在这样的问题,因为政府部门压根就不干预这一块,而由上市公司在证券市场上自己去接受洗礼和考验。本书认为,在公司和证券立法上也要尽量少给市场主体设置各类标准和门槛,这不但容易脱离实际,造成市场本为此而法律却针对彼的谬误,反而由于审核环节过多而产生"寻租"空间。

第二,在交易市场上,个人不仅是选择的主体,而且也是作出决策的主体,因此选择行为和决策结果之间是一致的。但在投票中,个人虽然是选择主体,但不能成为决策主体,决策主体是个人所处的集体。因为投票者人数众多,某人的一票通常是无足轻重的,所以在公共选择中没有确定性,而且为了正确投票,投票者还要挤出时间和费用去收集有关信息,被选择的公共事务越重大,个人搜集信息的成本就越高。因此,作为"经济人"的个人为了"划算",就可能不去掌握信息而随意投票,甚至不去投票。如果多数选民都对投票持一种漠视的态度,公共选择过程就易于被某些既得利益集团所操纵,从而使其成为谋取局部利益或个人利益的工具。

第三,理性预期学派认为,微观主体的理性行为抵消了政府的监管意图,致使政府监管无效。理性预期假定的基本思想是,经济当事人是有理性的,他们所占有信息的质和量并不亚于政府部门及其工作人员,其预测结果同职业经济学家运用数理经济模型得出的结果不相上下。尽管人们的预期会出现随机误差,但不会出现系统误差,因而是理性的。理性预期假定暗示:经济当事人通过对政府的政策动向进行分析、预测,当某项政策不利于自己的盈利目的时,经济当事人就会从自身的利益出发,采取相应措施来抵制政府,这就是所谓的"上有政策,下有对策"。其后果必然造成政府的监管效力递减,甚至无效。当然,在微观经济主体对政府的措施进行预测并采取规避行为的同时,政府也可以对微观经济主体的行为进行预测并采取抵消措施。但是,由于政府的决策过程不如微观经济主体来得及时、灵活,加之政府面对的是无数个微观经济个体,因而政府的行为易于被公众知晓,而政府却不易全面了解经济个体的行为,不了解它们将可能采取什么样的规避行动,可谓防不胜防。因此,理性预期学派的学者明确提出:"在一个理性预期的世界里,政府的需求管理政策是无效的。""政府于事无补而且危害很大,因此政府不过多地卷入经济是最好不过了。"①

(3) 政府监管同样面临信息不对称的问题。在监管者信息不对称的情况下,监管者同时兼具优势和劣势于一体。

第一,监管者信息优势的情形。从社会公共利益的需要出发,现实生活中监管者与被监管者往往会形成一种经济学上的"委托—代理关系"。谁是委托人,谁是代理人是可以相互转换,非固定不变的。代理人是受人之托,是行动方,处于主动地位,占信息的优势;而委托人是委托他人办事,不在事发的最前沿,是被动方,处于信息的劣势。当委托人是社会公众,而监管者是代理人时,监管者是信息优势一方。这种情况下就可能发生监管者的道德风险,监管者可能会以一个很大的社会代价去实现一个原本小得多的社会代价的委托目标。而作为委托人的社会公众处于信息的劣势地位不能够知晓整个监管实施过程,因而无从判断代理人的绩效。

第二,监管者信息劣势的情形。当监管者是委托人时,被监管对象则处于信息源的主动地位。此时,尽管监管者的主观愿望很好,也可能力不从心,由于处于信息源的末端而无法及时、周全地行使其监管职能。

(4) 政府监管一方面并不能解决外在性,另一方面还可能产生新的外部性。

第一,政府监管并不能解决外在性。如前所述,外在性是政府监管的主要理由之一,但是,现代货币主义者则认为,如果市场不能解决外在性问题,那么政府也不可能解决。现代货币主义者弗里德曼指出:"外界的或邻居的影响不仅可以使'市场失灵',而且也可以使'政府失灵'。如果这种影响对市场交易是重要的话,那它对于政府采取的旨在纠正'市场失灵'的措施多半也是重要的……在容易弄清谁受到损失,谁得到好处而且损失、好处各为多大

---

① 〔澳〕迈克尔·卡特、罗德尼·麦道克:《理性预期:80年代宏观经济学》,杨鲁军、虞虹译,上海译文出版社1988年版,第2、160页。

时,人们可以很容易地用自愿交易代替不自愿交易,或者至少是要求得到补偿……如果私人方面要弄清谁给了谁损害或好处,是困难的,那么要政府做到这一点也是困难的。因此,政府试图改变这种状况的努力最后只会把事情搞得更糟——把损失加到无辜的第三者头上或者让侥幸的旁观者得到好处。"①以房租控制为例,为了保证穷困居民有房可住,政府会拟定房租控制标准,以杜绝房屋市场上过高的房屋租金。但是,房租控制标准往往会破坏房屋市场的供求机制。首先,低房租会刺激有房可住的人租住更多的居住空间。其次,低房租同样会刺激房产商把自己的资源转移到不受政府控制的行业,这样一来住房供应量势必减少。结果是房租控制标准在供求两方面都会形成不利于贫困居民的影响,贫困居民的住房依然不能解决。因此,弗里德曼认为,初衷良好的政府干预往往得到相反的结果。②

第二,政府监管可能产生新的外部性。政府监管活动可能产生的新外部性包括可预料的外部性和不可预料的外部性。前者如在多数表决制下所通过的公共支出项目,接受资助的多数人受益,而未能够接受资助的少部分人就可能遭受外部不经济,尤其是在这两组人群存在竞争关系的背景下,这种外部不经济更显突出。后者如美国经济学家沃尔夫在他的《市场,还是政府:市场、政府失灵真相》一书中,就举了这样一个例子:在美国,当环保机构为弥补市场的缺陷而建立起一套噪声污染标准,用以解决各类噪声外部性的时候,却没有预料到会造成美国与英、法两国在超音速商业飞机上的外交政策的紧张。

(5) 政府活动同样存在不完全竞争的问题。前文分析市场不完全竞争时,谈到垄断是不完全竞争的典型形式。以此考察政府,我们发现政府部门之间,甚至不同的监管者之间,在很大程度上其职能都是不能相互替代的,也就是说,政府提供的公共服务具有垄断性,甚至是很强的垄断性。由于前面论述过的组织存在"经济人"属性,监管机构在从事其监管活动时,与一般市场主体一样,也有做一个垄断者的强烈偏好。而与一般市场主体不同的是,监管机构往往有条件成为它想成为的垄断者。一旦如此,就会使得政府活动缺少可供比较的基础,人们无从判断它的运行是否有效。与此同时,政府官员也会因为缺少应有的激励而不能更好地满足社会的需要。③

---

① 〔美〕弗里德曼:《自由选择》,胡骑、席学媛、安强译,商务印书馆 1982 年版,第 35—36 页。
② 同上书,第 36 页。
③ 刘宇飞:《国际金融的新发展》,经济科学出版社 1999 年版,第 103 页。

(6) 政府监管是导致"寻租"①活动加剧的根源。"租"这一概念是由地租引申而来的,是指某种生产要素的供给,由于自然存量、政府管制等种种因素造成在市场上难以满足需求时而产生的差价。寻求这种差价的行为就叫寻租行为,寻租行为总是将目光盯在生产过程之外的各种差别优惠上,因而游说、疏通关系、走后门、寻靠山、行贿等就成了寻租的主要手段。握有监管权力的某些政府官员除了被动地接受寻租人的回报或行贿外,还可能直接利用手中的权力谋取私利,如"政治创租"和"抽租"②的手段就比较典型。

寻租行为的存在会给社会酿成以下不良后果:第一,寻租活动诱使人们把大量稀缺资源从生产性用途转移到非生产性用途,使本身可以用于生产性活动的资源浪费在对社会无益的活动上,因此,这类活动只能给个人或利益集团带来收益,而不能给社会带来产品和服务,是纯粹的既定利益的再分配,是资源的浪费。第二,寻租会导致资源配置偏离帕累托最佳状态,而资源配置扭曲及资源浪费必将阻止更有效的生产方式的实施。第三,由于权钱交易的存在,可能使政府的某些岗位成为人们心目中的肥缺,正如美国学者A.O.克鲁格所言,人们为了进入政府工作而互相争斗,因为争夺政府职位在某种程度上就是争夺租金。结果极为稀缺的人才资源被过多地配置到政府部门。发展中国家政府部门高学历人员的比例大大超过私人部门就是证明。一般而言,政府干预经济领域的范围越宽,权力越大,寻租活动就越普遍、越盛行。因此,要有效地遏制寻租活动,就必须把政府监管控制在适度的和必需的范围之内。

(7) 政府监管失灵的另一个表现就是政府公权力过度介入经济领域而产生的"福利腐败"问题。"福利腐败"是指国有垄断性企业为其管理人员和职工等提供显然超过其合理数额的工资和相关福利。"福利腐败"问题主要发生在国家垄断的企业或者国有控股的上市公司之中,因为国有控股的垄断性公司的管理人员及其职工,在我国现行的激励制度下,一般难以分享企业的经营剩余,只能通过虚增经营成本,从虚增的经营成本中瓜分公司剩余。所以,通过向公司管理人员和职工提供显然超过其合理数额的工资或者待遇,就成为国有垄断性公司的一种必然选择。由于国有垄断性公司的全体职

---

① 寻租是英文"rent-seeking"的译意,从经济理论发展史的角度看,现代寻租理论可以追溯到古典经济学,特别是萨伊的学说。美国经济学家 A. O. 克鲁格(Anne O. Krueger)是现代寻租理论的代表人物,她在 1974 年发表的《寻租社会的政治经济学》被认为是寻租理论的经典之作。
② "政治创租"是指政府官员利用行政干预的办法来增加私人企业的利润,人为的创造"租",诱使私人企业向他们"进贡",以作为得到这种租的条件。"抽租"是指政府官员故意提出某项会使私人企业利益受损的政策作为威胁,迫使私人企业割舍一部分既得利益与政府官员分享。参见曹沛霖:《政府与市场》,浙江人民出版社 1998 年版,第 435 页。

工都能分享到或多或少的垄断利润,因而对于"福利腐败"的改革,其阻力之大就可想而知。然而,在私人控股的垄断性公司之中,公司的垄断利润都会转化为公司的经营剩余,然后股东按投资比例大小而分得收益,相对公平合理。

由此看来,国有股权应当尽可能少地进入自由竞争的经济领域,公权力监管的触角要尽可能少地触碰通过市场运行而能够自行调节的领域。不然,就会产生种种意想不到的副作用,使政府监管适得其反。

(二)证券监管法的法律负成本分析

证券监管法的法律成本有两层含义:一是为实施证券监管法在任何时候都存在的人、财、物的合理付出,具体包括监管机构履行监管职责所耗费的资源和上市公司因遵守监管法律而耗费的资源。前者可称之为行政成本或者执法成本,后者则称之为守法成本或者奉行成本(compliance cost)。前者如执法者调查内幕交易行为就必须付出相应的人力、财力和物力;在制裁证券违法的司法过程中,司法机关也必须付出相应的成本。后者如上市公司为了公司运行合规需要培训公司高管或聘请律师顾问而产生的费用。这种成本本书称之为法律付出的正成本,或者称之为法律的有效成本。二是证券监管法在实施过程中经常会发生与立法宗旨相背离的负效应,或者产生不合理的执法成本,对此本书称之为法律的负成本或无效成本。由于下面将研究证券监管法的适度性,而通过研究法律的负成本,对把握证券监管法的"度"大有裨益。所以,本书在此主要讨论证券监管法的负成本,该负成本主要反映在以下四个方面:

第一,执法负成本。公共选择学派认为,即使通过公共选择制定的监管法律符合社会利益,也不能保证这样的法律能够得到不折不扣的执行。问题出在执行这些法律的各级监管者身上,他们不能排除自身利益对法律实施的干扰,他们可能对法律作出偏于自身利益的理解,在法律界限比较模糊的情况下更是如此。结果,法律在执行过程中变了样。比如,在上市公司的证券发行审核过程中,由于证券监管机关手中的权力极大,监管者在决定是否通过该核准时,完全可能根据自身的某种利益或偏好而作出取舍。不仅一般的证券监管执法者有可能发生执法的负成本,就是掌握证券纠纷最终司法解决权力的法官也有这种可能,美国监管理论的权威学者波斯纳认为:"经济学家们假设,法官像其他人一样,寻求的是包括金钱和非金钱因素(后者包括闲暇、声望和权力)在内的效用函数最大化。但我们已认识到,司法程序规则的目标就在于防止法官在审理一个特定的案件时,以这样或那样的方法取得金钱报酬,并使有政治作用的利益集团对其判决所产生的影响最小化。这些隔离规则(insulating rules)的有效性有时是值得怀疑的。"①法官可能经常"设法将其个人的偏好和价值加于社会"②,而不是纯粹按照法律的公平和正义来审案。执法负成本的后果,即为法律规则的低效率,甚至无效,而"法律的低效率规则将会被当事人之间的明示协议所废除,而如果司法判决不断地无视经济逻辑,那么契约当事人就会用私人手段代替司法方法以解决契约争端"③。最终造成法律条文形同虚设。

第二,守法负成本。守法负成本即指证券市场上被监管的主体为遵守有关监管规定而额外承担的成本。④ 例如,当被监管对象遵守那些本身缺乏公平性的证券法律、法规或政策时,所付出的守法成本就是一种负成本。我国曾经存在过的"同股"而不"同权、同利",上市公司和投资者的所得税也分三六九等,不同的地区(如内陆和沿海)所享有的政策也不同等,但是对于国家的法律、法规和政策,即使是受到非公平待遇的经济主体也必须遵守。换言之,他们守法成本是负的。守法负成本给我们的启示是:政府干预应尽可能少,必要的干预要力求中性,即不偏向任何部门、地区和人群。

第三,证券监管立法宽严失度时所产生的负效应。在证券市场上,如果监管法超过一定的限度,则过度的监管会压制上市公司的成长。因为在过度监管的环境下,一方面,无效率的上市公司不仅不会被淘汰,反而会被保护起来;另一方面,颇具竞争实力的上市公司由于缺乏自由竞争的空间,因而无法作出高效的业绩。再者,金融创新、金融改革在理论上被广为提倡,但是在实践中却由于监管趋严而出现了创新、改革行为和违法行为的模糊边界,导致创新者和改革者的创新意愿不足,不利于上市公司的跨越式发展。所以,"监管越紧,成本也越高,不仅是监管自身的直接成本,而更重要的是对金融机构提供更低廉、更富创新性和丰富多样产品与服务的竞争力施加了限制,这最终将有损于这些产品和服务的消费者"⑤。

第四,道德风险。道德风险(moral hazard)是指由于某些制度性的或其他的变化而引发的私人部门行为的变化,并产生有害的通常是不利于生产的作用。经典的例子是火灾保险:当某人购买了火灾保险以后,就会变得对火灾隐患不十分注意,这就使火灾风险比未保险时高得多。因此,有学者认为,

---

① 〔美〕波斯纳:《法律的经济分析》,蒋兆康译,中国大百科全书出版社1997年版,第694页。
② 同上书,第695页。
③ 同上。
④ 参见贝多广主编:《证券经济理论》,上海人民出版社1995年版,第148页。
⑤ 转引自张忠军:《金融监管法论——以银行法为中心的研究》,法律出版社1998年版,第73页。

监管会导致私人部门去冒较大的风险,或者是随意的,或者在更多的情况下是无意的,换句话说,监管会降低正常的谨慎程度。①

证券监管法所产生的道德风险主要发生在证券发行市场和交易市场。本书首先考察在发行市场上证券监管法可能产生的道德风险。根据我国《股票发行与交易管理暂行条例》第 12 条的规定,我国股份有限公司申请公开发行股票,必须经过规定的程序,报经地方政府或中央企业主管部门审批;被批准的发行申请,还要送证监会复审,并将审查意见书抄报证券委;经证监会复审同意的,申请人应当向证券交易所上市委员会提出申请,经上市委员会同意接受上市,方可发行股票。这就容易给公众投资者一个信号:"既然经过政府严格程序的审批,那么,上市公司所公布的招股说明书的内容一定会是真实、准确、完整和可靠的",从而对上市公司充满信任感和安全感,大大降低了在一般市场上应有谨慎标准。实际上,按照我国《股票发行与交易管理暂行条例》的规定,招股说明书内容真实、准确、完整的保证人和责任人是申请人或发行人本身以及主承销商;同时,对其资信、资产和财务状况进行审定、评估并出具有关法律意见书的会计师、审计师和律师也负有相应的责任。而对申请文件进行审批的政府主管机关对这些文件内容的真实性、准确性和完整性是不负保证责任的。因此,为了抵消《股票发行与交易管理暂行条例》第 12 条可能给公众投资者带来的道德风险负效应,该《条例》在第 16 条明确规定,招股说明书的封面应当载明:"发行人保证招股说明书的内容真实、准确、完整。政府及国家证券管理部门对本次发行所作出的任何决定,均不表明其对发行人所发行的股票的价值或者投资人的收益作出实质性判断或保证。"

在证券交易市场上,证券监管法可能产生的道德风险有两种情形:第一种情形是在一个完全自由的市场中,投资者自己必须尽最大努力去评价或考察委托代理商的安全性;但是在一个受监管的证券市场中,投资者认为证券监督管理机关会确保那些证券机构或证券代理商的安全性,或者至少能够确保在发生违约时会偿还保证金,因而寻找证券代理商时,不多加考虑。这就会使那些不良的证券公司很容易获得客源,而此时这些客户(投资者)则给自己增加了一种投资风险之外的风险。第二种情形是由于对证券监管法和证券机构的充分信赖,投资公众往往容易对证券市场上经常存在的证券欺诈、过度投机、操纵行情和内幕交易等行为掉以轻心或失去应有谨慎。

---

① 参见贝多广主编:《证券经济理论》,上海人民出版社 1995 年版,第 145—146 页。

(三) 证券监管的适度性分析

1. 政府监管缺陷理论和法律负成本分析给我们的启示

政府监管缺陷理论和法律负成本分析说明监管并非包医百病的灵丹妙药,它自身也存在失灵的问题。不仅如此,"政治权力"在特定的情形下,还会"给经济发展造成巨大的损害,并能引起大量的人力和物力的浪费"[①]。当然,政府监管主要还在于其有极大地促进经济发展的一面,因此,探讨监管缺陷问题并不是否定政府监管的必要性,而只是强调监管要适度,要用好政府权力来实现社会的经济目标。那么怎样才能把握监管的适度性呢?本书认为,要把握政府监管的适度性,就应当遵守以下三项原则:

(1) 将政府监管严格限制在市场失灵的领域。发达国家和发展中国家的实践都已证明,尽管市场机制存在缺陷,并且其缺陷在很大程度上只有依靠政府的干预才能克服,但是,市场机制却是迄今为止人类所拥有的最有效的资源配置工具。因为市场机制能以最低廉的费用、最快的速度和最简单的形式把资源配置的信息传递给相关的决策者,而且,对于消费品的最佳分配、生产要素的最佳配置以及社会经济的发展,市场机制基本可以圆满解决。在这种情况下,如果政府监管过度,就会破坏上述的"自然生态",所以,凡是市场能自行调节好的经济活动,政府就没有必要插手;否则,监管不仅是多余的,而且是有害的。

(2) 将政府监管限定在对市场缺陷干预能起积极作用的领域。前述已明确,政府监管应当严格限制在市场失灵的领域。但这还不足以界定政府监管的适度范围,因为我们还会面临这样一个问题,政府在市场失灵领域的干预全都有效吗?人们往往有一种错觉,即认为政府对所有市场失灵的现象实施干预都会有效。一旦发现市场失灵,马上就想到颁布一个条例,发布一条行政命令,或者实施一项监管措施,而不去分析这些行政行为到底能不能奏效。结果有些政府干预不仅没有达到预期的效果,反而使问题更糟。比如市场是通过周期性经济波动来调整产品结构和产业结构的,这种周期性波动会造成一定量的资源损失,此可谓市场缺陷。过去,政府通过计划经济的干预措施就能够解决市场经济所固有的周期性的波动问题,可是,政府一旦干预却又使国民经济发生因政府政策介入而引起的周期性波动,而政策性的周期波动同样会造成资源损失,甚至损失更惨重。实践证明,对于某些市场失灵,政府干预能够起到积极作用,而对另一些市场失灵,政府干预却是不能奏效

---

① 《马克思恩格斯选集》(第 4 卷),人民出版社 1995 年版,第 701 页。

的。如果硬性干预,就会造成"政府失灵"或"政策失效"。而"政府失灵"所造成的后果比"市场失灵"的后果更为严重。所以,政府监管只能限于那些监管有效的市场缺陷范围。

(3) 政府监管应当限定在监管能产生效益的范围内。也就是说,政府监管要遵循"成本—效益"的法则。这里所指的效益主要是指社会的宏观经济效益或公共效益,从本质上讲,在经济领域的政府监管也是一种经济活动;既然是经济活动,就要计算成本,只有当监管后的效益超过其成本时,才符合经济理性。如果某项政府干预增进的资源配置效益为100,而为此却要付出110的资源成本,一个理性的政府是不会实施这项政府干预的。① 因此,在考虑是否实施某项政府干预时,必须要做成本与效益权衡。

2. 证券监管适度性的把握

上述政府监管失灵一般理论给我们启示,证券监管的立法和证券监管法的实施同样也存在一个适度的问题。本书认为,要把握证券监管的适度性,实际上就是要正确界定证券监管法的任务和证券监管法干预的范围。即证券市场机制能够自行完成的任务,证券监管法就不去涉足;证券监管法干预无效,甚至干预会产生负成本的范围,证券监管法就不必去干预。根据上述指导思想,本书认为证券监管法的基本任务及其干预上市公司的适度范围,包括以下四个方面的内容:

(1) 制裁证券市场的违规违法行为,以规范上市公司证券发行和交易行为。如前所述,由于市场自身的缺陷,在证券市场容易发生过度投机、操纵行情、内幕交易、官商勾结以及欺诈舞弊等扰乱证券业的行为。对此,证券监管机关应当以裁决者的身份代表国家实施严厉监管。然而,在我国要真正做到这一点尚有一定距离。这样一来,政府就容易直接面对投资者、企业、市场。而作为经济活动的直接参加者,一旦证券市场出现利益冲突或纠纷,政府必然成为被责难的对象。因此,政府应离市场更远一点,尽量居于超脱的地位,而不直接参与证券活动。一旦证券市场发生重大纠纷或违规违法行为,政府当以裁决者的身份着手化解矛盾,处理纠纷,追究违规违法行为人的法律责任,从而使上市公司证券发行和交易市场按照证券监管法的指引实现规范化。

(2) 增强投资公众的投资信心,保护投资者的合法权益。上市公司证券的发行和证券市场的正常运营是公司和政府筹集资金的重要途径,也是促进一国经济繁荣和稳定的主要金融手段。政府和上市公司发行证券的目的是

---

① 参见胡家勇:《政府干预理论研究》,东北财经大学出版社1996年版,第129—130页。

把社会公众手中的闲散货币资金集中起来,充分发挥其增值效用,这一目的的实现必须依赖于社会公众对所发行的证券的购买。而公众购买证券与否,又有赖于其对投资是否有信心,是否具有安全感。为此,证券监管法便担负着树立投资公众的投资信心和增强其安全感的使命。正如某些台湾学者所指出:"证券管理之主要任务,即在于使证券市场之效能圆满发挥,消除人为操纵等缺点,从而培养投资大众之信心,使国民储蓄能流向工业以促进经济发展。"①"故建立完善之证券管理制度,使投资人获得充分保障而乐于投资,实乃发展经济之要务。"②由此可见,投资者的投资信心和安全感有赖于国家为证券的发行和交易提供良好的法律环境,保障投资者作为分散的、无组织的个人不会受到有着严密组织性的发行者的欺骗和非法诱惑。同时,一旦投资者受到欺骗,法律将给予被欺骗的投资者适当的救济途径,以切实保护投资者的合法权益。当然,保护投资者的合法权益并不是说保证投资者都能从证券投资中获利,证券监管法的任务在于确保投资者有一个公开、公平、公正的证券交易环境,并严厉打击各种违法投资的行为。有一点需要说明的是,证券监管法保护投资者的合法权益,并不是说不保护证券市场上其他主体的利益,而是考虑到投资公众在证券市场上处于相对弱势的地位,他们的合法权益容易受到侵害。法律应当正视个人与社会的差异,应当支援社会弱者,而牵制社会的强者,使之达到真正的平等。③ 因此,根据保护弱者的经济立法原则,证券监管法应当将保护投资者合法权益作为自己的立法宗旨。

(3) 宏观引导社会资金和资本合理分流,以实现资本金的优化配置。证券业的主要职能是筹集、融通和配置资金,国家的产业结构和经济结构制约着社会资金和资本的分配,但是证券业为作为资金配置的行业,反过来又可以影响国家的产业结构和经济结构。可是,仅靠证券市场的自发调节,往往不能实现社会资金的最优配置和产业结构的合理布局,投资者更多的是考虑自己眼前的利益,因而易被证券市场的虚假繁荣所迷惑,他们很难透过证券市场的表面现象将自己的利益与上市公司生产、经营的优劣状况联系起来,这就有可能造成社会资金通过证券市场盲目流动,这种盲目性只有依靠国家的合理干预才能够克服。这种合理干预的方式,便是国家通过制定证券监管法来设立专门的证券管理机构,使其依法对公司证券的发行与上市进行管理,对发行人资格和证券发行条件进行审查或审核,以及通过其他机构对利率、税收政策进行调整,从而引导社会资金和资本合理分流,支持重点产业和

---

① 余雪明:《证券管理》,台湾编译馆 1983 年版,第 16 页。
② 赖源河:《证券管理法规》,台湾成阳印刷股份有限公司 1996 年版,第 4 页。
③ 郑玉波:《民法总则》,台湾三民书局 1995 年版,第 5 页。

基础产业,使管理完善、经济效益好的上市公司能够尽快获得投资。这种国家层面的宏观管理,与上市公司及其投资者的自由决策和自由选择结合起来,是能够较好地克服证券市场自身缺陷的。因为上市公司和投资者的自由意志都不得不受整个经济形势的制约,而只有国家才可能从全局上掌握一国的经济状况,能够从客观上为上市公司证券的发行行为与投资行为提供引导和协调等服务。国家通过实施证券监管法,实现对证券市场稳定、均衡的监管,这样就能使国家的宏观经济政策最终得以实现。

(4) 维护公共利益。证券监管法的这一任务是由其属于社会本位法的法律本质①所决定的。"国家作为凌驾于社会的力量,并不意味着它的权力必须伸向经济生活的每一个方面和每一角落。它表明国家对经济生活进行干预的时候,它总是要出于种种考虑,自己设定它对社会经济生活进行干预的方面和程度。这种设定主要是通过制定体现它的意志的法律来完成的,这决定了国家在制定法律的时候,首先就要确立通过什么法律形式来规范自己对经济生活干预的范围和程度。这就是立法的本位思想。"②证券监管法乃是以社会的公共利益为其立法之本位,这就决定了它要求上市公司在进行证券市场行为时,不得一味追求自身利益最大化,而忽视或危害社会公共利益。证券市场是现代社会高级的市场形式和生产要素市场的重要组成部分,因而对整个社会经济秩序有重大的影响。也就是说,证券市场秩序的好坏直接影响到整个社会经济秩序的好坏,进而影响到整个社会公共利益的实现。因此,以社会为本位的证券监管法,就是要从社会公共利益出发,加强对上市公司证券发行和交易行为的监管,使上市公司个体的发行和交易行为符合社会整体利益,从而形成良好的证券市场秩序,以实现维护社会公共利益的目的。

从上述证券监管法的基本任务及其干预的范围可以看出,这些基本任务之间存在一定的逻辑层次,前者是后者的基础和前提条件,后者则是前者的实质性理由,即只有规范了上市公司证券的发行和交易行为,才可能有效地保护投资者的合法权益,才可能实现社会资本的优化配置,最终才可能维护社会公共利益,从而促进整个市场经济的发展。这些定位也正是证券监管立法的宗旨所在。

---

① 详见本书"证券监管法的本质"中对"证券监管法是以社会公共利益为本位的法"的论述。
② 李昌麒:《经济法——国家干预经济的基本法律形式》,四川人民出版社1995年版,第210页。

第三节 证券监管法的本质

人类社会的法律现象纷繁庞杂,为了从整个法律体系的角度来认识证券监管法,有必要将证券监管法进行归类。研究证券监管法的本质,就在于为证券监管法在整个法体系中找准其适当的位置。

一、证券监管法主要是以公法的方法调整原本由私法调整的领域,并由此渗透于公法和私法两个领域的法律

从证券监管法的历史发展来看,它并非与证券市场同时产生和出现的。在证券市场发展初期,还没有专门的证券法律。那时调整证券市场关系的法律规范主要是私法规范,主要是通过公司法中有关股份发行与转让制度,合同法中有关善意、反欺诈的一般原则以及侵权责任法的相关制度对证券市场的社会关系进行调整。国家干预较少,主要遵循私法自治的原则。随着证券市场的进一步发展,特别是由于市场的高风险与高投机性,虚假陈述与各种欺诈行为成为证券市场上日益突出的矛盾,仅仅由公司法、合同法等私法规范进行市场规制已经不能适应证券市场维护秩序的需要,更不能适应维护证券投资者利益的需要。于是人类的经济生活实践需要一部集公法与私法于一体的专门调整证券市场社会关系的证券监管法。世界上最早的专门的证券法,即美国堪萨斯州颁布的《蓝天法》在这种背景下就诞生了。为了透彻地分析证券监管法的属性,有必要对公法、私法进行一番研讨。

公法和私法的划分始于古罗马法学家乌尔披亚努斯。[①] 他认为,规定国家公共事务的为公法(Jus Publicum),如有关政府、组织、公共财物管理、宗教祭祀和官吏选任等法规;而规定个人利益的为私法(Jus Privatum),如调整婚姻、家庭、债权和债务等关系的法规。公法的规范是强制性的,市民必须遵守,正如优士丁尼《学说汇编》中所记载:"公法的规范不得由个人之间的协议而变更。"而私法规范则是任意性的,允许当事人"意思自治",它的原则是"对当事人来说'协议就是法律'"。

将法区分为公法和私法,是传统的法学分类。而作为其分类的标准则见解各异,归纳起来主要有主体说、关系说和利益说三种。就主体说而言,它认为公法调整国家或国家授予公权者至少作为一方主体参加的社会关系,而私法调整的社会关系的双方都不代表国家或国家授予公权者,在私法调整的社

---

① 参见周枏:《罗马法原论》,商务印书馆1996年版,第83—84页。

会关系中,主体地位平等。关系说又称服从说,该学说认为调整服从关系的法律为公法,调整平等关系的法律为私法。利益说则认为,维护国家及公共利益者为公法,维护私人利益者为私法。法国启蒙思想家孟德斯鸠提出的"民法是以私人的利益为目的的……政治法是以国家的利益与保全为目的的"①观点在近代"利益说"中最具代表性。上述三种学说都从不同的角度说明了公法与私法之间的区别,但这些划分标准都具有不周延性,即每一个标准都不能涵盖全部情况。例如,主体说不能解释国家或公权者对大量私法关系的参与;关系说不能解释家庭中父与子的服从关系,正如"罗马法学中有这样一个格言,'家父权'并不触及公法(Jus Publicum)"②;而利益说则不能解释当今越来越多的私人机构服务于公共利益的现象。可见,"若只以某一单一的标准而试图区别公法与私法,无论其所用的是何种标准,结果都必归于失败"③。但若将各种学说综合起来,则不难发现公法、私法各自的基本特征:公法是调整国家或公权者与私人之间社会关系的法律,在公法关系中,国家或公权者处于支配的地位,而私人则处于服从或受支配者的位置,二者处于不平等的地位。由于公法规范体现着国家利益或公共利益,大多为强行性规范,因而,非经法定程序不得变更公法规范。而私法则是调整平等主体之间社会关系的法律,意思自治是其基本原则,因此,私法规范多为任意性规范,私人协议可以变通任意性私法规范,甚至当事人之间"协议就是法律"。

将法律体系看成是由公法和私法组成的二元结构,起源于罗马时代,而真正实现于自由资本主义时期。自由资本主义时期的二元法律结构论是对中世纪"权力—义务"一元法律结构的否定。它的实质和功能在于维护市民权利和限制国家权力,因为权力具有扩张和滥用的本性,即"一切有权力的人都容易滥用权力,这是万古不变的经验"④。"权力旨在实现对人类的绝对统治,一个拥有绝对权力的人试图将其意志毫无拘束地强加于那些为他所控制的人。这种统治形式所具有的一个显著因素乃是出于一时的好恶或为了应急,而非根据被统治者的长远需要所产生的原则性行动而发出的高压命令",并且,这些拥有权力的人"总是面临着权力的诱惑,面临着逾越正义与道德界限的诱惑","不受限制的权力乃是世界上最有力的、最肆无忌惮的力量之一,而且滥用这种权力的危险也是始终存在的"。⑤ 因此,资产阶级要发展自由

---

① 〔法〕孟德斯鸠:《论法的精神》(下册),张雁深译,商务印书馆1963年版,第191页。
② 〔英〕梅因:《古代法》,沈景一译,商务印书馆1959年版,第79页。
③ 〔日〕美浓部达吉:《公法与私法》,黄冯明译,中国政法大学出版社2003年版,第31页。
④ 〔法〕孟德斯鸠:《论法的精神》(上册),张雁深译,商务印书馆1963年版,第154页。
⑤ 〔美〕E.博登海默:《法理学——法哲学及其方法》,邓正来等译,华夏出版社1987年版,第341—342、346—347页。

资本主义,就必须制约"威猛无比"的国家权力,"资产者不允许国家干预他们的私人利益,资产者赋予国家权力的多少只限于为保证他们自身的安全和维护竞争所必须的范围之内"①。而公法与私法相分立的"二元"划分正是顺应自由市场经济的历史潮流,以法律的形式在国家权力与市民社会之间设置了一层"隔离带",使权力和权利各得其位,从而有效地防止了国家公权力对市民社会私权利的肆意侵扰。二元法律结构在限制公权力、保护私权利方面的价值,在自由资本主义阶段由于自由放任经济政策的实行而得到了充分的发挥与运用。

然而,公法与私法划分的法律结构二元论在人类历史的进程发展到垄断资本主义阶段后,便遇到了严重的危机。② 本书认为,公私法二元论面临危机的根本原因乃在于当时的经济背景:自由放任的市场经济和高度自治私法原则的实施,导致在社会经济生活中权利滥用、社会不公、贫富悬殊,垄断经济严重破坏了自由竞争的市场秩序,垄断寡头完全可以在"平等""自愿""等价"等名义下操纵市场,垄断价格;其结果是既不平等又不自愿,导致契约自由只是经济强者的自由,因此,有的西方学者面对已成幻影的契约自由发出"契约和上帝一样,已经死了"③的惊呼。因此,限制垄断、保护竞争是资本主义生产方式自身的需要。这在客观上就要求国家的"有形之手"来干预社会经济生活、禁止私权滥用、调和社会矛盾。根据马克思主义关于经济基础决定上层建筑的基本原理,作为上层建筑的法律制度和法律文化必然随着经济基础的变化而起变化,在这种情况下"大陆法系④正在掀起一股相当猛烈的潮流,试图赋予公、私法以新的含义"⑤,其突出的表现就是在世界范围内出现了"私法公法化"和"公法私法化",即公法、私法的相互渗透与交融。

所谓"私法公法化",是指公法对私人活动干预的增强,从而限制了私法原则的效力,并导致私权自治范围的缩小。⑥ 私法公法化的实质是要求国家从社会的整体利益出发,干预、协调并参与社会经济生活,对权利滥用、契约绝对自由等所产生的弊端给予矫正,以谋求社会的公平与正义。正如台湾学

---

① 《马克思恩格斯全集》(第3卷),人民出版社1961年版,第402页。
② 美国学者梅利曼将二元论面临危机的原因归结为十个方面,这对我们有较大的学术参考价值。详见〔美〕约翰·亨利·梅利曼:《大陆法系》,西南政法大学编译室1983年编印,第108—112页。
③ 〔美〕格兰特·吉尔莫:《契约的死亡》,曹士兵等译,载梁慧星主编:《民商法论丛》(第3卷),法律出版社1995年版,第199页。
④ 在英美法系中很少有公法、私法的划分,即使涉及也只是潜在的和含蓄的。参见〔美〕格伦顿等:《比较法律传统》,米健等译,中国政法大学出版社1993年版,第167页。
⑤ 〔美〕约翰·亨利·梅利曼:《大陆法系》,西南政法大学编译室1983年编印,第112页。
⑥ 同上书,第109页。

者郑玉波先生指出:"正视个人与社会的差异,认为法律应支援社会弱者,而牵制社会的强者,使之达于真正的平等。因此,国家的权力,始得介入个人间法律关系之中,于是私法乃有公法之倾向。"① 而"公法私法化"则是指由于国家职能的扩大,国家直接作为私法主体的身份出现或者通过国家控制的企业按私法的原则来执行公共职能。例如,国家为兴办公共工程而通过政府机构与建设承包商、供货商等签订的建设承包合同、订货合同就是国家对经济活动的直接参与。又如,政府发行债券以及中央银行参与证券市场的业务时与证券投资者的关系。由于政府以私法主体的身份介入这些本属私法领域的关系,从而使得政府在这里再也不是发号施令的统治者,而是以平等主体出现的经济关系的一方当事人。

公法与私法相互渗透和融合,是现代法律发展的一大特征。公法、私法相融合的结果,使得一些法学家将公法和私法结合部的法律规范,解释为出现了经济法、社会保障法、劳动法、环境法等独立于公法和私法的第三法域,此即社会法。② 日本学者美浓部达吉认为,社会法实乃规范国家干预的法律,是联通公法与私法的桥梁。③ 可见,由公法、私法结合而成的并以社会利益为本位的社会法,实为公私综合法。学者们在承认公法和私法分类基础上,将尚存在第三法域——社会法的学说,称为法律结构分类三元说。正如有的法学家所指出的:"经济法的性质既不属于传统公法,也不属于传统私法的范畴,而是带有两种法律的混合形态特征的法。经济法这个新的法律部门已经处于社会法的一部分的地位。"④ 因此,固守传统的公法、私法法律结构二元论,显然与现实的经济生活和现实的法律存在不相吻合。

证券监管法就是一种横跨公法和私法两个领域的法律,是社会法或经济法的一种。证券监管法所调整的证券市场关系是市场关系的一个类别,当属私法的调整对象,而证券监管法的调整方法却主要是公法的方法,如强制性的命令、禁止、承认、许可、指定等,以及监管主体在证券市场运行过程中行使审批权、稽核权、指导权、检查权、处罚权等公权力。用公法的方法调整原本由私法调整的领域,这正是证券监管法乃至整个经济法之所以具有公法性又具有私法性的主要原因。在对证券市场实施监管的过程中,也包括私法的调整方法,其中最具代表性的就是证券市场的自律监管。虽然自律监管规范对所有会员都具有约束力,违反自律规范要受到相应的处理,但是,其后果远不

---

① 郑玉波:《民法总则》,台湾三民书局1979年版,第5页。
② 〔日〕金泽良雄:《当代经济法》,刘瑞复译,辽宁人民出版社1988年版,第22页。
③ 转引自陈晓:《中央银行法律制度研究》,法律出版社1997年版,第100页。
④ 〔日〕丹宗昭信、厚谷襄儿编:《现代经济法入门》,谢次昌译,群众出版社1985年版,第48页。

如违反公法性监管规范的后果严重,并且其约束力或者说强制力不是以国家暴力机器为后盾的。另外,自律监管规范在确定之前,所有会员都享有平等的发言权来共同制定,然后要求共同遵守,因而,其规范主要是平等主体之间共同协商的结果,具有明显的私法性质。上述所有会员的平等发言权和共同协商所产生的规范,只是自律监管机构监管规范的一部分,或者说是某一个阶段的会员的平等协商。而对于后来的会员或者是市场参与者,比如在证券交易所上市的上市公司,它们只能服从交易所事先制定的监管规则,对上市公司而言,这种服从是单方面的强制力。交易所的这种强制力就如公法上的强制力,当然,它毕竟不是以国家的暴力机器为后盾,与国家公法上的强制力还是有质的区别。因此,如本书绪论中所述,将赋予自律监管机构这部分强制力的规范,定性为社会公法比较准确。

当然,我们在强调证券监管法的公法、私法交合的特征时,丝毫不意味着否认公、私法的划分,相反,本书更加强调在我国尤其应当注意公法与私法的区分。这不仅因为中国在几千年的历史文明中始终是以刑法为本,根本不存在什么私法精神,导致市民权利长期得不到应有的保护;还因为我国在实行社会主义制度之后,长期否定公法和私法的划分,公有制和高度集中的计划经济体制,"抽空了市民社会的两个基础——个人所有权和契约制度","市民法已失去了其存在的大部分基础"[①],从而形成了事实上的公法一元化的法律结构(在"一大二公"的基础上,国家计划即为法律),这在很大程度上侵害了社会个体的经济权利,而以私法为重要基础的证券市场法律关系亦无从谈起。因此,在经历过这种历史背景不久的中国,注重公法、私法的区分,无论对证券市场的监管,还是对发展整个市场经济,都具有重要的意义。其对证券监管的意义主要体现在三个方面:一是有利于规范政府这只"看得见的手"的运作,使其在证券市场上有所为,又有所不为,可以抑制政府监管权力的过度膨胀;二是有利于确认和保护投资公众个体的合法权益,可以改变对投资个体权益重视不够的现状,同时,也有利于禁止投资个体滥用权利的行为;三是有利于在证券市场上公法与私法各司其职,各尽其责,各循其律,从而提高整个证券法律制度运行的效益。

二、证券监管法是以社会公共利益为本位的法

法律本位是指国家权力机关在制定法律的时候,必须首先确立法律的基本目的、基本任务或基本功能,它反映了法律的基本观念和价值取向。法律

[①] 徐国栋:《市民社会与市民法》,载《法学研究》1994年第4期。

本位是一个法律部门区别另一个法律部门的重要标志,它是法的本质的集中体现。就调整社会经济关系的法律部门的本位思想而言,大致有三种情况:一是以行政法为代表的国家权力本位法,二是以民法为代表的个体权利本位法,三是以经济法为代表的社会利益本位法。

从行政法的角度来讲,法的国家权力本位思想是必须存在的,即它在行政领域、行政体系内是必须贯彻实施的。但是,不能用它来指导和调整全部社会经济关系。我国计划经济体制时期曾经把这一思想运用于整个经济领域,并强化到不适当的高度,片面强调以国家为中心,国家的意志和利益优于一切个人利益,完全忽视企业、个人应有的经济地位、意志和利益,限制甚至否认具体权利的存在。由于片面强调国家意志,从而导致一切经济活动几乎都成为政府的行政行为,都被置于政府的强制规范之下。正是在这样一种形势下,造成我们严重违背经济规律,从而大大阻碍了社会经济发展的进程。其弊端所带来恶果是惨痛的,我们不可重蹈覆辙。

传统民法的主旨思想是"个体权利本位",这一思想贯穿于民法的全部理论和实践之中,在传统民法理论中总是以个体为本位,以权利为主导,义务只是从属于权利,只是被动的、消极的,去适应权利的需要。这是自由资本主义阶段西方法律思想和经济政策的产物。那时以亚当·斯密为代表的经济思想家主张:"每一个人,在他不违反正义的法律时,都听任其完全自由,让他采用自己的方法,追求自己的利益,以其劳动及资本和任何其他人或其他阶级相竞争。这样,君主们(代表国家或政府——引者注)就被完全解除了监督私人产业、指导私人产业、使之最适合于社会利益的义务。要履行这种义务,君主们极易陷于错误;要行之得当,恐不是人间智慧或知识所能做到的。"[①]这种思想体现在经济政策上就是政府不干预的自由放任的市场经济,而表现在法律制度上就是契约绝对自由,私人所有权绝对神圣,无过错不承担责任等三大传统民法原则,这表明自由资本主义时期的法律对个体权利的极度尊崇,对个人人格的绝对尊重,实行高度的私法自治,即允许当事人"意思自治",私人之间的法律关系依当事人的合意而设定。这种在反对封建专制、反特权过程中所形成的"个体权利本位"思想,不仅在17、18世纪的西方国家作用甚巨,就是在我国当前也仍具有重要意义:它对于保护企业的合法权益,确立企业的自主地位以及调动其积极性,当有重大作用。但是,就国民经济和社会利益整体而言,这一主旨思想却有其相当的局限性,因为个体权利本位思想不仅会片面地强调个体的意志和利益,而忽视或抵制社会的整体利益,

---

① 〔英〕亚当·斯密:《国民财富的性质和原因的研究》(下卷),郭大力、王亚南译,商务印书馆1974年版,第252页。

而且,还会片面地强调权利、自由、自愿,而忽视对国家对社会承担的责任。"所以,尽管这种思想在微观经济领域内有巨大的激励、动员作用和保护社会个体权益的功能,但却无法对整个社会生活进行全面、系统地调整。"①

　　法的社会本位思潮是伴随着19世纪末资产阶级法适应资本主义社会从自由竞争走向垄断这一变化的需要而兴起的。由于社会法学理论的盛行,资产阶级法由早期的个人本位主义开始向社会本位主义转变,资产阶级法由此便出现了"社会化"的倾向。社会法学派认为:"人们相互有连带关系,即他们有共同需要,只能共同地加以满足;他们有不同的才能和需要,只有通过相互服务才能使自己得到满足。因而,人们如果想要生存,就必须遵循连带关系的社会法则。"②而早期资产阶级的个人本位主义,由于过分强调个人权利从而导致了社会的无政府主义和经济发展的无序状态,这使资本主义遭到极大的危害。因此,法律不仅要保护个人权利,而且更应强调维护社会利益,以实现"以最小限度的阻碍或浪费来尽可能地满足人们的要求"③这一法律目的,于是法的精神也就应当从"个人本位"转向"社会本位"。作为法律社会化的体现,各种社会立法应运而生,形成了若干新的法律部门。比如反不正当竞争法、反垄断法、产品责任法、消费者权益保护法、劳动法、社会保障法等,它们主要着眼于全社会的利益,并很快在各主要资本主义国家盛行起来。特别是1919年德国《魏玛宪法》的颁布,更推动了德国社会立法的蓬勃发展。这些新的法律部门既不同于以国家权力为本位的行政法,也有别于以个体权利为本位的民商法,而是在以社会公共利益为本位的指导思想下共同构成了一个新兴的相对独立的法域,这就是主要以经济法、劳动法和社会保障法组成的社会法。社会法的产生,使传统的、严格划分的公法与私法体系渐渐失去意义,其固有的缺陷和局限性亦更加暴露无遗。

　　从根本上说,虽然上述社会立法的阶级实质仍然是垄断资产阶级的意志和利益的体现,是垄断资产阶级以此来缓和阶级矛盾,从而使自己的统治更加稳定。但是,不论是在资本主义国家,还是在社会主义国家,社会化所带来的新的利益内容,诸如社会公德、群体利益(如消费者利益、劳动者利益)、自然资源与生态、环境与卫生保健、城乡公共设施、社会保险与社会救济、社会

---

① 刘文华主编:《新编经济法学》(第2版),高等教育出版社1995年版,第16页。
② 〔法〕狄骥:《国家、客观法和实在法》,载美国法学院协会主编:《现代法国法律哲学》,麦克米伦出版公司1921年版,第259页。
③ 根据庞德的学说,法律的作用和目的在于承认、确定、实现和保障利益,或者说以最小限度的阻碍和浪费来尽可能满足各种相互冲突的利益。参见沈宗灵:《现代西方法理学》,北京大学出版社1992年版,第291页。

福利与优抚安置以及社会互助①等,则是当今全人类都共同面临的问题。这些问题表明社会利益作为一种独立的利益形态已经形成,并且日益为各国立法所重视。但是对于社会利益的确切定义,各国立法的表述和学者的意见则不尽相同。

从各种学派观点以及各国立法体例来看,社会利益基本上都涉及经济秩序和社会公德两方面的内容。例如,日本的《垄断禁止法》就明确规定,社会公共利益是"指以自由竞争为基础的经济秩序本身。妨碍这种经济秩序的事态,就是直接违反公共的利益"。同时日本学者还认为:"公共利益是指包括产业利益在内的国民经济的健康发展,或者指保护经济上的弱者。"②而我国学者则将社会公共利益与社会公德相提并论,认为它们在性质和作用上与"公序良俗"原则相当。③

本书认为,一个社会在其利益的分类中应当有四类,即个人利益、集体利益、国家利益和社会利益。其中,社会利益正如当代社会法学派的代表人物庞德所指出的,它是社会公众在文明社会生活中并基于这种生活的地位而提出的各种要求、需要或愿望。④ 其基本内容主要由以下几项构成:(1)公共秩序的和平与安全。这主要是指公众不受外部和内部侵犯的安全(如杀人、伤害等)。(2)经济秩序的健康、安全及效率化。这包括合同的遵守与履行以及法院民事判决的有效执行。(3)自然资源的严格保护与合理利用。由于人的愿望是无限的,而用以满足这些愿望的自然资源却是有限的,因此,公共利益要求对于维持社会生存的一切财富和资源进行严格的保护与合理的利用,对于毁坏这些财富和资源的行为绳之以法。(4)对社会弱者利益的保障。在市场经济中,消费者、一般劳动者等,相对于生产厂家和用工单位,他们是弱者,法律应切实保障他们的利益。(5)公共道德的维护。即文明社会生活要求制止违反道德准则的行为,如制止某些非诚实信用的行为、性关系方面的不道德行为等。(6)人类朝文明方向发展的条件。如公共教育、卫生事业的发展。⑤ 有必要指出的是,社会公共利益具有整体性的特点,也就是说,社会公共利益的主体是社会公众整体,而不是某一个人,也不是某一部分

---

① 参见 1993 年 11 月 14 日中国共产党第十四届三中全会通过的《关于建立社会主义市场经济体制若干问题的决定》。
② 〔日〕丹宗昭信、厚谷襄儿编:《现代经济法入门》,谢次昌译,群众出版社 1985 年版,第 91—92 页。
③ 参见李开国主编:《中国民法学教程》,法律出版社 1997 年版,第 42 页。
④ 参见〔美〕罗斯科·庞德:《通过法律的社会控制/法律的任务》,沈宗灵译,商务印书馆 1984 年版,第 37 页。
⑤ 参见孙笑侠:《论法律与社会利益》,载《中国法学》1995 年第 4 期;沈宗灵:《现代西方法理学》,北京大学出版社 1992 年版,第 293—295 页。

人(即集体),也不是国家。可见,这种利益是整体的而不是个别的或局部的。比如,我国证券监管法中关于发行证券的审核制度就要求发行人严格按照法定条件(如股本结构、股本规模、产业结构等)向证券监管机关申请股票的发行。其原因是发行人的股票一旦上市,便涉及成千上万股民们的利益,而股民利益具有广泛的社会连带性,一旦出现对股民利益的侵害就可能引起证券市场的混乱,而证券市场的混乱又可造成整个社会经济秩序的混乱,这显然会对社会的整体利益造成损害。

为了科学认识社会公共利益,还有必要进一步研讨它与个人利益、国家利益以及国家权力之间的关系。运用马克思主义哲学理论来分析社会利益与个人利益的关系,我们可以得出这样的结论:二者的关系是普遍性与特殊性的辩证统一关系,其辩证统一关系正如我国有学者所指出的:"作为一般的、普遍的和具有共性特点的社会利益,寓于作为个别的、特殊的和具有个性特点的个人利益之中,而个人利益则体现着社会利益的要求,是社会利益在各个个别人身上的利益表现,并且受到社会利益的制约。社会利益是反映在个人利益之中的一般的相对稳定的不断重复的东西,是人的最强大的利益基础。社会利益不是简单地存在于个人利益之中,而是借助于个人利益以不同的形式和不同的强度表现出来。"①个人利益与社会公共利益虽然是辩证统一的关系,但是,如果处理不当,二者的关系就可能对立起来。这主要表现在两个方面:一是任何人当其作为利益主体时,一般都具有"经济人"的特征,因此具有追求自身利益最大化的内心冲动,这种冲动在没有制约的情况下,就会出现损公肥私、损人利己的现象;若人人如此,则社会利益也就无法存在,个人利益也将失去依托。二是当不适当地强调"社会利益高于个人利益"时,往往会造成一些监管者假借"社会利益"之名来否定甚至损害个人利益。因此,通过法律来协调个人利益与社会利益的冲突,实现二者的平衡,是法的社会本位所面临的任务。

社会公共利益与国家利益、国家权力也有着密不可分的内在联系,当然,它们的区别也是不容混淆的。一方面,从法律上讲,国家亦有其自身的特殊利益,比如国家政权的稳定与安全,这是其政治统治的利益需要;又如,在国际法上的国家主权意义上的利益;再如,在民事法律上的国家财产所有权的利益(即国家在私法上的权利)。正是由于国家有自己的独立的利益形态,因而社会公共利益就不应当等于国家利益。但是,另一方面,国家又常常是社会公共利益的代表,这无论是从近代资产阶级启蒙思想家的有关论述中,还

---

① 公丕祥:《马克思法哲学思想述论》,河南人民出版社1992年版,第283—284页。

是从马克思主义经典作家的论述中,都可以说明这一点。例如,洛克认为:"任何共同体既然只能根据它的各个个人的同意而行动,而它作为一个整体又必须行动一致,这就有必要使整体的行动以较大的力量的意向为转移,这个较大的力量就是大多数人的同意。""根据自然和理性的法则,大多数具有全体的权力。因而大多数的行为被认为是全体的行为,也当然有决定权了。"①所以,从性质上讲,国家的权力乃是来自人民的一种委托权力。因此,这种权力必须代表人民的利益即社会公共利益。而在卢梭看来,"主权在本质上是由公意所构成的"②。因此,国家权力只是人民公意(或社会公共利益)的实现手段。康德则把国家权力说成是人民的普遍联合意志。③ 恩格斯在总结前人智慧的基础上,更深刻地指出:"国家是表示:这个社会陷入了不可解决的自我矛盾,分裂为不可调和的对立面而又无力摆脱这些对立面。而为了使这些对立面,这些经济利益互相冲突的阶级,不致在无谓的斗争中把自己和社会消灭,就需要一种表面上驾于社会之上的力量,这种力量应当缓和冲突,把冲突保持在'秩序'的范围以内;这种从社会中产生但又自居于社会之上并且日益同社会脱离的力量,就是国家。"④可见,国家除了执行阶级统治这个主要职能之外,还必须担负起全社会的公共职能,以使各种社会冲突"保持在'秩序'的范围之内"。正是从这个意义上讲,国家应该是站在各个阶级之上的代表全社会利益的一个管理机关。特别是在现代市场经济条件下,强大的垄断组织的出现,加上高科技的现代化的手段,使少数强者更容易侵害社会公众的利益,于是这就更需要国家站在全社会的立场上,通过行使国家权力来维护社会公共利益。

"实行社会主义市场经济,必然会有证券市场"⑤,而在证券市场,如果没有国家权力的适当介入,广大投资公众的利益同样容易受到少数(相对于千千万万的投资大众而言)"强者"的侵害。其实,国家制定并实施证券监管法的目的也就在于以法律的形式来制止各种侵害投资公众利益的违规违法行为,使证券市场健康、有序地运行,从而达到维护社会公共利益的目的。换言之,证券监管法就是以社会公共利益为其本位的法律。具体来讲,主要表现在以下三个方面:

---

① 〔英〕洛克:《政府论》(下篇),叶启芳、瞿菊农译,商务印书馆1981年版,第60页。
② 〔法〕卢梭:《社会契约论》,何兆武译,商务印书馆1982年版,第125页。
③ 参见〔德〕康德:《法的形而上学原理——权利的科学》,沈叔平译,商务印书馆1991年版,第139页。
④ 〔德〕恩格斯:《家庭、私有制和国家的起源》,人民出版社1972年版,第167—168页。
⑤ 江泽民:《关于〈证券知识读本〉的批语》,载周正庆主编:《证券知识读本》,中国金融出版社1998年版,扉页。

第一,维护社会公共利益是证券监管法的立法宗旨。我国《证券法》第 1 条开宗明义:"为了规范证券发行和交易行为,保护投资者的合法权益,维护社会经济秩序和社会公共利益,促进社会主义市场经济的发展,制定本法。"证券市场是整个社会生活中的一个极为重要的组成部分,该部分一旦出现问题,就会影响到整个社会秩序和公共利益,历史上因证券市场危机而使大众血本无归以致危及整个社会秩序和公共利益的例子很多。① 所以,各国证券监管法都将维护社会公共利益作为自己的立法宗旨。日本、韩国等都在其《证券法》或《证券交易法》的第 1 条或前言明确规定了维护社会公共利益或保护投资者的利益为其"制定本法"的目的。没有作如此明文规定的国家(如美国),从其立法精神也能看出其维护公众利益的立法意图。

第二,证券监管法各项制度的实质均在于维持证券市场秩序从而达到保护社会公共利益的目的。首先,在证券发行市场上主要通过证券发行审核制度和证券发行信息披露等制度来保证证券的发行秩序。其次,在证券交易市场上则主要通过证券上市制度和上市公司信息持续性披露等制度来维护投资者的合法权益。最后,通过对操纵市场、内幕交易、欺诈客户等行为追究法律责任的制度,来保证投资公众的合法权益免遭不法侵害。

第三,证券监管机关的一切监管活动均以维护社会公共利益为其出发点和归宿。证券监管机关严格按照法律规定对证券市场实施监管,确保证券市场在公开、公平、公正的原则下稳健运行,这是对社会公共利益的最大维护。同时,协调证券机构、投资者与社会公共利益的冲突,使证券机构、投资者依法行使其权利,实现其自身利益,而又不会对社会公共利益造成损害。

当然,本书强调证券监管法以社会公共利益为其本位,并不意味着证券监管机关可以假借维护社会公共利益的名义来侵犯任何证券市场主体的合法权益,特别是证券机构的经营自主权。证券机构只要是依法开展业务,就不受任何机关、单位和个人的干涉。证券监管机关应当依法履行其职责,不得滥用监管权。

三、证券监管法是经济法的部门法

如前所述,证券监管法是横跨公法和私法两个领域的法律,是社会法的一种。本书认为,社会法又主要由经济法、社会保障法、劳动法、环境法组成,而证券监管法则属于其中经济法的范畴,它是经济法的部门法。

何谓经济法?对此,中外学者众说纷纭。仅就我国而言,经济法学就有

---

① 其中,最为著名的有法国的"密西西比公司事件"、英国的"南海公司事件"以及美国 1929 年证券市场大恐慌等。

"旧诸论"和"新诸论"之分。① 在我国确立市场经济体制以后,经济法各种理论的一个共同特征是,经济法与国家干预经济联系密切,其中,以适度干预经济法最具代表性。② 因此,如果说经济法是调整国家在干预社会经济活动的过程中所发生的社会经济关系的法律规范的总称,想必能为多数学者认可。

20世纪人类社会在各个方面都发生了巨大的变化,其中,众多社会主义国家的诞生,可谓影响最大。从此,社会主义和资本主义的斗争,从热战(指战争)到冷战,再到当今的相互对话,各自克服自身在政治制度(法律制度亦不例外)、经济制度上的不足,以求共同发展社会经济。资本主义国家的"私法公法化"与社会主义国家的"公法私法化"二者殊途同归③,都是根据社会经济生活的客观要求,在法律制度的演变中造就了现代意义上的经济法。

在资本主义国家,当市场经济的自由发展出现了它的副产品——垄断,从而危及资本主义本身的存在时,资本主义国家的主要任务便从解放生产力和充分发展市场经济,转为保障市场经济的良性发展和社会公平秩序的建立,因而国家以更积极的姿态进行法制建设以加强对市场经济的宏观调控与干预与这种要求相伴随的法制变革,一方面是近代以来民法的三大原则受到挑战,即无限制的契约自由成为契约自由限制原则;私有财产神圣不可侵犯

---

① 通常以1992年党的十四大确立建立社会主义市场经济的方针为界限,将此时间以前的各种经济法观点合称为"旧诸论",而将1992年以后的各种经济法观点合称为"新诸论"。前者主要包括:纵横经济法论、经济行政法论、国民经济管理法论、综合经济法论、学科经济法论;后者主要包括:国家干预经济法论、国家协调经济法论、国家调节经济法论、经济管理经济法论、经济管理和市场运行经济法论等。参见王卫国、李东方主编:《经济法学》,中国政法大学出版社2017年版,第8—9页。

② 国家适度干预经济法论的主要观点,详见李昌麒:《经济法——国家干预经济的基本法律形式》,四川人民出版社1995年版,1999年修改后再版。需要说明的是,对于经济法的定义,无论是"新诸论",还是"旧诸论",均是从经济法调整手段的角度来定义经济法,从而造成国家似乎始终是经济法律关系的主体一方,并且始终处于干预者、协调者、管理者、调控者或介入者的权利(权力)主体地位,而与之相对的另一方主体则是处于被干预者、被管理者的义务主体地位。而事实上,在经济法的实践中,政府并不一定就是法律关系的主体。比如,在微观市场调节上,消费者保护法调整的市场关系是强势的经营者与弱势的消费者之间的利益关系;竞争法调整的市场竞争关系是垄断强者与竞争弱者之间的结构关系。又如,在宏观经济运行中,财税法、区域经济法和产业法调整的也是在国民经济整体中强质与弱质主体之间的利益协调与平衡关系。直接体现国家介入的"市场监管法",其实也主要是通过法律制度的设计和推行,约束、限制并监督管理相关市场强势主体的行为,以达到市场和谐、健康发展的目的。所以,从经济法调整手段的角度来定义经济法的确有不足之处。为了避免此类不足,从经济法调整对象的角度,将经济法定义为"经济法是调整市场监管关系和宏观调控关系的法律规范的总称"更为妥当。见王卫国、李东方主编:《经济法学》,中国政法大学出版社2017年版,第9页。

③ 资本主义国家既存在"私法公法化",也存在"公法私法化",但相对于社会主义国家而言,其经济法产生的背景主要是"私法公法化";而多数社会主义国家长期奉行国家意志无处不在、无孔不入的公法一元化法律结构,其经济法产生的背景主要是"公法私法化"。

原则成为"所有权负有义务,于其行使应同时有益于社会公益"①以及"私权必须遵守公共福祉"原则②;过错责任原则成为无过错亦可能承担责任的原则(即严格责任原则)。在法的权利理念上,极端的个人主义观念受到限制,面临着社会公共利益观念的洗礼。与此相应的国家干预经济,不仅要充分尊重个人权利,而且必须考虑公共利益;不仅注重效率,而且力求公平。资本主义国家法制演进的另一方面便是经济法的产生。垄断资本主义时期,资产阶级法律制度中传统的民法和商法已无力解决垄断与竞争这对矛盾,因而只有通过国家对经济生活进行广泛而深入的干预,既保护垄断,又保护竞争,才能够缓解这个矛盾。但是,在国家干预经济的过程中,经济手段和行政手段均存在一定的局限性,因为经济手段往往会造成社会经济在追求效益的同时难顾公平,在注重私人利益的同时又难保证社会公共利益;而行政手段则在保证公平的同时又难保效益,并且,行政手段往往主观随意性较大,容易导致朝令夕改,甚至发生权力滥用,从而使人们缺乏安全感,不利于稳定经济秩序。因此,必须越来越多地采用法律手段,因为只有法律手段才能一方面保障权力的合法行使,不受到滥用,另一方面,掌握政权的统治阶级,也只有通过制定法律,才能实现个人利益和社会公共利益的平衡。因此,20世纪初,资本主义各国普遍加强国家对经济干预的立法,其结果使经济法规的数量急剧增长,达到了与民法、商法并驾齐驱的地步,经济法就此脱颖而出并且成为一个人们公认的独立的法律部门。

在社会主义国家,其经济法产生的基础与资本主义国家有着天壤之别。本书认为,它是通过"从身份到契约",从国家本位到社会本位等两个根本性转变的完成才得以建立今天的社会主义市场经济条件下的经济法。

"从身份到契约"这一概念是由梅因在其名著《古代法》中首先提出的。梅因认为罗马自然法对人类文明所作的最大贡献就在于它把个人从古代社会的权威中解放出来,从而实现了个人"从身份到契约"的社会进步。③ 本书十分赞同我国法学家江平教授的观点:"随着中国社会主义市场经济改革的发展,中国的法律制度和法律观念也发生了重大变化。从某种意义上可以说是罗马法精神在中国的复兴,私法精神在中国的复兴,人文主义在中国的复兴。从另一个角度来看,也可以说市场经济的建立和发展也必然要求罗马法精神的复兴,当然绝不可能是两千年前西方古典法律制度在中国的重现和恢

---

① 见 1919 年德国《魏玛宪法》第 153 条第 4 项。
② 见 1947 年修改的日本《民法典》第 1 条第 1 款。
③ 参见〔英〕梅因:《古代法》,沈景一译,商务印书馆 1959 年版,第 65—97 页。

复。"①因此,本书借用梅因"从身份到契约"这一概括罗马自然法对人类社会所作重大贡献的概念来表达这样一个观点,即在计划经济体制下,不同的社会生产者或企业,他们的地位是不平等的;不同所有制的企业适用着不同的法律规范,我国在经济体制改革初期甚至直到今天还有导致"官倒"现象得以大量产生的所谓"双轨制",同是生产者的企业却享有不同的权利和义务,承受着不同的政策待遇和社会负担,这无异于存在新的"身份"和"等级"制度。市场经济立法必须体现"身份"平等的精神,只有实现"从身份到契约"的转变才会真正出现平等主体之间的契约精神,才会有私法生存的基础。只有在存在私法领域的条件下,才可能产生建立在公法、私法相融合基础之上的社会主义市场经济条件下的"经济法"。

长期以来我国在无产阶级专政的国体和高度集中的计划经济体制下形成了一种国家至上、国家中心、国家意志决定一切、国家统筹一切的国家本位观念,将社会看成是国家的附属物,因而,社会缺乏自身的独立性,形成社会生活的各个方面都要有国家的干预。"强大的、无孔不入的国家干预就是长期以来我国社会经济生活的写照。只承认公法的存在和不承认私法存在的理论基础就是国家本位观念。"②在这种观念指导下,不仅民商法无从建立,而且经济法也难以发展。

在市场经济条件下,竞争是经济领域不可或缺的基本要素,只有通过公平竞争才能实现社会资源的优化配置,才能最终实现社会的总体经济目标,因此,保护竞争,限制垄断成为国家在经济领域的基本任务。这一基本任务在法律上则是由民商法和经济法来共同完成的:首先,竞争存在的前提必须是竞争主体有独立的"身份"或者说具有独立的法律人格,但是如果企业不摆脱政府部门的行政干预和控制,不改变从属于上级行政主管部门的地位,企业就没有独立的身份可言。因此,市场竞争要求人们树立权利观念,要求以权利自主、企业自治、契约自由为它的法律基石,要求有民商法的充分发展。其次,由于自由放任的竞争必然会产生垄断和不正当竞争,因此,现代市场经济条件下的竞争都是在政府干预下的竞争,通过政府干预一方面保护和促进竞争,以提高经济运行效率,另一方面则限制和禁止垄断和不正当竞争行为,以实现公平竞争,维护社会公共利益。而解决效率与公平的矛盾,维护公共利益,正是经济法所担当的首要任务。经济法是以社会为本位,从社会发展的客观经济目标出发,来创造公平竞争的市场环境,限制市场主体盲目的逐

---

① 江平:《罗马法精神在中国的复兴》,载杨振山等主编:《罗马法·中国法与民法法典化》,中国政法大学出版社1995年版,第1页。

② 同上书,第4页。

利行为。可见，在国家本位的前提下，不论是民商法还是经济法，均无生存空间，在市场经济条件下的社会主义国家，其经济法的成长必须以实现从国家本位到社会本位的转变为必要条件。

通过对资本主义国家和社会主义国家经济法产生的比较，可以发现：尽管两类不同国家经济法产生的历史前提迥异，但是两类经济法的根本特征却是基本相同的，即它们都是国家为了克服市场调节的盲目性和局限性，从社会公共利益出发而对各类主体的意志、行为和利益进行平衡、协调和干预，以实现社会经济良性运行和发展的法律形式。

证券市场作为市场经济的重要组成部分，是国家宏观干预和有效协调的重要领域，而对其实施监管和管理的法律规范即证券监管法不仅是公法、私法融合之法，而且其关于发行主体的审核制度、强制信息公开制度、禁止欺诈及反内幕交易等规范，无一不体现其维护社会公共利益的本质。因此，证券监管法理应划为经济法的范畴。由于证券监管法是以调整证券市场的监督和管理关系而归入经济法之中的，因此，它在经济法中又属于市场管理法之列。

通过以上对证券监管法本质的论述，证券监管法在整个法律体系中的位置便明确清晰了，这为本书进一步研究它提供了方向。

第四节 证券监管法的基本价值

一、法律价值的含义及其对证券监管法的意义

"价值"一词，在我国社会科学界一般认为有两种含义：一是指体现在商品中的社会必要劳动；二是指客观事物的有用性或具体的积极作用。[①] 但是，就一般意义而言，主要是指后者，即价值是客体对于主体的意义。换言之，法的价值研究是以人为本，它研究的是人与法之间的需要与满足的对应关系，即"人需要怎样的法，法可能怎样地对人有用、有利、有益、能够满足人的某种需要，有助于人实现某种目标以及如何避免法对人的无用、无利、无益，甚至有害或与人的需要相背离"[②]。

就整个现代法律体系的价值取向而言，法律价值一般由秩序、效益、自由、公平、人权等五大基本价值构成。具体到各个部门法和法律制度，则各有其侧重，各有其特殊性。我们的任务就在于把这种特殊性揭示出来。由于证

---

① 参见卓泽渊主编：《法理学》，法律出版社1998年版，第155页。
② 卓泽渊：《法的价值论》，法律出版社2018年版，第40页。

券监管法在国家监管证券业活动中的地位和作用,这就决定了证券监管法价值的侧重点在于秩序、效益和公平。

证券监管法基本价值的意义主要体现在对证券监管立法和法律实施两个方面的作用。首先,证券监管法的基本价值是证券监管立法的思想先导,证券监管立法活动都是在证券监管法的基本价值指导下的国家行为。其次,证券监管法的基本价值是证券监管法实施的内在需求,体现在证券监管法的执行和遵守两个方面:(1)证券监管法的执行离不开法的价值指导,法的价值主导整个证券监管执法的状况。证券监管法本身所具有的良好的法的价值,就是法得以良好执行的价值前提。"在恶法之下,公平正义将经受最残酷的考验。执法人员的良知不发挥作用,他们不过是恶法的帮凶,不过是邪恶法律之下的魔鬼。如果他们的良知发挥作用,就必然导致形式意义上的法治遭受破坏,有违执法人员工作性质的本质。法的价值通过影响执法人员而影响执法效果。"①(2)证券监管法在很大程度上都是被遵守的,证券监管法的实施如果始终依靠强制执行,则是难以长久维持的。"作为社会成员,如果他对现行法律具有价值认同、价值肯定,那么他就可能自觉地遵守现行法,严格依法办事;如果他对现行法律产生价值疑义、价值否定,那么他就可能违反现行法,破坏现行法。"②

二、证券监管法基本价值的构成:秩序、效益、公平

(一)秩序价值

证券监管法所包含的秩序价值在于以法律的形式建立和维护证券发行证券一级市场秩序、证券交易证券二级市场秩序,从而保证证券业的安全运行和健康发展。

在我国,就证券发行秩序而言,证券监管法目前依然要求中国证监会对证券的发行进行实质性审查,即中国证监会既要审查证券发行人提出的相关材料的真实性、可靠性,也要审查发行人生产、经营的实质情况,以便掌握发行证券的用途和目的、资金使用办法、发行成功的可能性、发行后投资者和发行者的利益是否有保障等。实质审查是我国证券业监管的一个重要环节,其目的是为了对证券业,特别是对证券市场进行实质管理,从而做到对公共利益最大限度的保护。在证券发行环节,证券监管法强制要求公开报告书的原则,使广大投资者可以比较详细地了解发行公司的情况,并以此决定自己的

---

① 卓泽渊:《法的价值论》,法律出版社2018年版,第64页。
② 同上书,第65页。

投资策略,尽可能地减少投资风险。

我国正在修订的《证券法》将现行股票发行核准制下的实质审查改为注册制下的形式审查,只是审查的角度发生了变化。从本质上讲,注册制同样是一种维护证券发行秩序的手段。只是这种手段更加兼顾了后文将要论述的效益价值。

从证券交易秩序来看,证券监管机构依照证券监管法通过对多层次基本市场的监督与管理,一方面为投资者提供了安全便捷的交易场所,另一方面,监管者通过证券交易所对上市公司的一级监管也维护了投资者的利益。比如当上市公司发生了重大变动或公布重大信息时,交易所可以暂停其股票的交易。当多数股票价格因突发性事件出现巨幅波动时,交易所可以通过休市的方式帮助投资人恢复理性判断,目前世界上有不少证券交易所还保留了日涨跌幅的限额。此外,证券监管机关通过对证券机构的监管以及严格执行各种反欺诈行为的法律、法规,比较有效地防止了证券发行及交易过程中的虚假陈述、操纵市场、内幕交易、欺诈客户等行为,这在保障投资公众利益的同时也维护了整个证券业的秩序。

在研讨证券监管法的秩序价值时,还必须强调存在于秩序价值中的安全价值。安全与秩序是紧密联系的,安全总是存在于一定的社会秩序之中。有秩序即有安全,无秩序便无安全可言。霍布斯曾经说过:"人的安全乃是至高无上的法律。"[1]如果人的生命、自由、财产等经常处于遭受侵害的危险之中,则会使人惶惶不可终日。证券监管法的安全价值,体现为法律对各种证券行为,包括合法行为与违法行为的法律后果予以明确宣示,使得各类证券主体能够预测自己和他人行为的指向和后果,并使投资者在行为之前,就可预见法律对自己行为的态度。同时,由于证券监管法以稳定的制度形式存在,并通过其指引、强制、评价、教育功能的发挥,把证券行为纳入法律预设的轨道,使证券市场形成一种较为稳定的秩序状态,避免了整个证券市场的混乱状态以及投资公众在投资活动中因缺乏安全感而出现人人自危的情形。可见,证券监管法律制度是证券市场秩序与安全的保护神。

(二)效益价值

证券监管法的效益价值主要体现在三个方面:

(1)证券监管法首先通过核准(正在向注册方向改革)、许可、命令、指导、处置、鼓励等调整方式来规范证券的发行和交易行为,由此可降低证券市

---

[1] "The safety of the people is the supreme law." See Thomas Hobbes, Decive, ed. S. P. Lanprecht, New York, 1949, part B, 8.2.

场的交易费用①,提高证券市场的整体效益,并防范证券违规违法行为于未然,从而降低社会成本。

(2) 通过制定禁止性规范来防止各类证券欺诈行为,如内幕交易、虚假陈述、操纵市场和欺诈客户等,以获得较高的社会效益。因为上述四类证券禁止行为会严重破坏证券市场的正当竞争,使投资者在违背真实意愿的情形下进行交易,这就往往造成合同无效、不当得利、违约、侵权等,进而引发一方当事人行使返还所得、违约赔偿、损害赔偿等救济手段,这样必将耗费大量的人力、物力,交易成本会大大上升,效率自然下降。另外,在证券欺诈行为中经常发生信息虚假、人为操纵等情况,将造成证券价格偏离正常运行的市场价格,影响市场利用证券价格和证券交易来对经济主体的经营管理活动进行社会评价,从而使资源无法根据效率的原则合理配置,导致社会资源利用效率的下降。因此,通过禁止性规范来禁止各类证券欺诈行为的出现,是提高证券市场社会效率的重要途径。

(3) 在证券违规违法的行为发生后,通过追究证券法律责任来救济或弥补违规违法行为所造成的损害,从而降低证券市场的负效益,这实际上也就相对提高了证券市场的整体效益。

(三) 公平价值

证券监管法的公平价值主要体现在三个方面:

第一,证券监管法的公平价值,首先体现在参与证券发行和交易活动的当事人的法律地位是平等的。这就要求证券监管机构通过法律和其他规范性文件,在证券市场上使符合法定条件的各类公司都能及时申请发行自己的证券,保证发行者的各种申请文件都能得到及时审核,保证各发行者发行的证券能够及时在证券市场上上市。对于投资者而言,大家都有同等的机会获悉相同的证券市场信息,有同样的自由决定自己的投资方向和领域。

第二,机会平等。机会平等是指在证券发行和交易中实行时间优先、价格优先的制度,即先得到核准(或注册)者先发行、先上市,在出售时报价低者先成交,在买进时出价高者先成交,出价相同时先出价者先成交,在兼营代理

---

① 资源配置是通过交易来实现的,但早期经济学家的假定是,交易无须付出代价,它是瞬时完成的。这使得经济学对现实的资源配置进行解释预测的能力受到严重削弱。事实上,交易过程是必然要付出代价的。因为任何一项交易的达成都需要从事交易的主体之间进行合约的议定,对合约的讨价还价以及要了解有关生产者和消费者的生产与需求的信息,最后还要监督合约的履行等。这些费用不仅存在,而且有时会高到使交易无法进行。正是由于交易费用的存在,才产生了一些用于降低这些费用的不同制度安排。因此,交易费用可被定义为进行交易活动所投入的资源的价值量度。

买卖和自营买卖时优先考虑委托人的利益。

第三,杜绝显失公平。证券从业人员由于自己的职务关系,常常掌握一般投资者不得而知的证券市场信息,如果他们在证券市场上为自己的利益任意进行证券交易,则可能显失公平,而且这也是与他们为投资者、发行者服务的职责相违背的。证券从业人员相互串通或与个别投资者或发行者相勾结,就会出现泄露证券发行秘密或操纵证券市场以及造谣惑众等违法现象,这更是与法律的公平性水火不相容的。正在修订的《证券法》一方面并不绝对禁止证券从业人员为自己的利益进行证券交易,另一方面则会规制其交易中的利益冲突。

从平等的意义上看,公平价值是指机会均等而不是指结果均等。证券监管法所要实现和维系的公平,主要是指证券市场公平竞争的环境使每个适格的主体均有进入市场的机会,每个参与证券发行和交易的当事人在事实上都享有同等的获利机会和承担相应的市场风险。如果参与机会不均等,由此而引起结果的不平等,这就严重背离了公平理念。

(四)证券监管法三种价值的相互关系

上述证券监管法的三种价值之间的关系是既对立又统一的关系。一般来说,秩序有利于创造安定的证券市场环境,有利于创造安定的社会环境,效益、公平价值只能在一种有序的证券市场环境中才能实现,没有一定的秩序,任何价值都是无法实现的。从这个意义上说,秩序不仅是效益和公平得以存在的前提,而且还是整个社会得以维系的基础。

证券监管法所调整的对象是政府对证券市场进行监管所形成的社会关系,证券监管法对这种社会关系进行调整的目的在于保持证券市场运行的高效益,并维系证券市场运行各个环节的公平性,以保持证券市场秩序的和谐与稳定。所以,在证券市场上,必须兼顾公平与效益,实现二者的内在统一,不能过分强调一方面而忽视甚至否定另一方面。在我国,证券市场起步晚,基础薄弱,尽管市场机制有助于实现资源的合理配置,但在市场机制尚不完善的条件下,单纯利用市场机制反而可能出现效益低下的情况,也就是说,还要发挥好政府证券监管的作用。我们务必充分注意证券市场虽然具有配置资源的功能,但它又具有自发性和盲目性,因而需要市场之外的政府监管来维护市场形成所需要的社会经济环境。如果没有政府为证券市场设规定制,并通过合理监管来制止证券市场上的内幕交易、虚假陈述、过度投机和操纵市场等不法行为,那么,守法的证券机构、投资者等证券市场主体的利益就得不到公平的保护,这必然造成投资公众对证券市场丧失信心,如此一来证券市场的效益就无从谈起。所以,发展证券业就必须重视公平。正是由于我国证券业起步晚,基础差,因此通过效益的提高来迅速发展证券业才显得更为迫切和具有现实的意义。

第五节　证券监管法的基本原则

证券监管法的基本原则,是贯穿于证券监管法始终的对全部证券监管法律规范起统率作用的基本准则。它集中体现了证券监管法的本质特征和根本价值,它具有抽象性、宏观指导性和基础性的特征。抽象性主要体现为证券监管法的精神和理念,从其形式上看,它本身并不一定表现为法律规范,并不直接对监管主体的职责和被监管对象的权利和义务以及相应的法律后果作出具体的、相应的规定,而是表现了证券监管法立法的目的和宗旨,其存在有助于人们准确地理解和正确地适用证券监管法。宏观指导性对证券监管机关开展各项监管活动具有根本性的指导意义,并为证券监管法的运作指明方向。基础性是证券监管法最基本和最重要的规定,是证券监管法有效运作的基础,舍弃或违背这些基本原则,证券监管法的目的便难以实现。基于以上认识,本书认为证券监管法的基本原则应当包括公开、公正、适度、高效以及政府集中统一监管与行业自律监管有机结合五项基本原则。

一、公 开 原 则

公开是实现证券市场监督与管理的有效手段,是证券监管法的精髓之所在。公开原则有两层含义:第一层含义是指国家证券监管机关应当依法保证证券发行人的资格及其基本经营情况、证券的性质及发行量、上市证券的各种详细信息,以及各类证券得以发行的条件能够完全地公之于众,使得广大投资者都能充分地掌握不同发行者发行的不同证券的所有能够公开的市场信息;证券监管部门应确保证券市场各种信息的真实性,防止弄虚作假。国家的证券管理机构只有充分保障发行公开、上市公开、上市后其信息持续公开的公开原则,才能为投资者和发行者提供全面、准确的证券业信息,才能使投资者在作出投资的判断和选择时能获得公平的信息资源,才能从根本上堵住内幕交易的漏洞。第二层含义是指在证券市场上监管法律、法规及相关政策的公开,市场监管活动与执法活动的公开。"法律作为一种行为指南,如果不为人知而且无法为人所知,那么就会变成为空话。"[1]所以,法律、法规只有

---

[1] 〔美〕本杰明·N.卡多佐:《法律的成长》,转引自〔美〕E.博登海默:《法理学——法哲学及其方法》,邓正来等译,华夏出版社1987年版,第311页。

为公众所知晓的时候才能成为人们的行为准则。

综上所述,公开原则不仅是市场、市场主体及其行为的公开,而且还是相关的法律、法规和监管执法活动的公开。对于公开原则的意义,笔者借用一位美国学者的表述[①]来概括:公开原则可矫正社会及企业之弊病,公开原则犹如太阳,是最佳之防腐剂;犹如电灯,是最有能力之警察。

二、公 正 原 则

在证券市场中,"公正"常常被误认为与"公平"同义。的确,"公正"源于拉丁语"justitia",系由"jus"一词演化而来,从词源学上说,它具有正直、正当、公正、公平、不偏不倚的含义;另外,从哲学意义上说,公正源于正义与平等。因此,公正与公平有相似乃至相同的含义。但是,作为一种法律原则,公正的立意与公平是有很大区别的。如前所述,公平作为证券监管法的一种价值目标,主要指的是证券市场主体的权利平等、地位平等和机会平等。而公正原则则是针对证券市场的监管者和执法者而言的,是对证券监管者、执法者权力或职责的赋予与约束。

公正原则既是实现公开原则的保障,也是公平价值得以实现的前提。证券市场不仅需要完善的法律体系,更重要的是这些法律规范能够得到公正的执行。因此,公正原则要求证券市场的监管者和执法者正确地行使法律赋予的职责,通过自身执行职务的行为使法律的公平正义价值得以实现。公正原则的具体内容至少包括三个方面:一是监管者在履行职责时,必须根据法律赋予的权限进行,既不能超越权限,也不能懈怠职责,否则证券市场就可能由于监管者的不当行为而丧失公正。二是监管者对所有被监管对象都应给予公正待遇,不偏袒任何人,当事人在适用法律上一律平等;在依据证券法和有关行政法规来制定各项规章制度时,证券监管机关必须站在公正的立场上,不得将利益向任何单位和个人倾斜;在审批或核准股票债券发行上市时应严格按照法定条件和程序进行,不得搞暗箱操作;在证券纠纷与争议的调解或对证券违法行为的处罚时,应当秉公执法,不徇私情。三是就监管者的权力因素而言,"法律制度最重要的意义之一就是它可以被视为一种限制和约束人们的权力欲的一个工具"。"由于法律对权力无限制的行使设定了障碍,并试图维持一定的社会平衡,所以在许多方面都必须将它视为社会生活中的限

---

① 参见〔美〕路易斯·D.布兰代斯:《别人的钱:投资银行家的贪婪真相》,胡凌武译,法律出版社2009年版,第53页。原文内容是:"阳光是最好的消毒剂,灯光是最有效的警察。"

制力量。"①在向法治社会迈进的中国,用法律来限制行政权力的扩张,已经取得了一定程度的成功。之所以要限制权力的过度扩张,是因为行政权力因素过多渗透证券市场领域,势必干预证券市场行为主体的民事权利,否定证券市场行为主体的独立性、自由性。同时,行政权力滥用还容易造成在过度保护了一部分证券市场主体利益的同时而损害另一部分证券市场主体的利益,使证券市场缺乏公正性。因此,公正原则要求必须对监管者的权力进行制约,防止监管者权力的过度膨胀和滥用权力。

三、适 度 原 则

政府对市场干预的程度无非有三种情况:一是"过多"干预,二是"过少"干预,三是"适度"干预。从社会主义国家和资本主义国家历史的经验教训来看,对市场的"过多"或"过少"干预其教训都是深刻的,当今实行市场经济的国家都纷纷走出这两个极端,而采取政府干预的适度性原则。作为被看成是市场经济状况晴雨表的证券市场,国家在制定和实施证券监管法时,理所当然地应当将监管适度作为一项基本原则。

适度原则要求将证券监管严格限制在证券市场可能失灵的范围内。证券市场由于其自身的缺陷,容易发生过度投机、操纵行情、内幕交易以及欺诈舞弊等扰乱证券业的行为。对此,证券监管机关应当以裁决者的身份代表国家实施严厉监管。对于证券市场能自行调节好的经济活动,政府就没有必要深入插手,否则,不仅多余,而且有害。适度原则还要求监管者应避免直接微观管制证券机构,因为证券监管者不是证券机构的经营管理者,不能对证券机构的具体事务进行直接管理,否则,就可能对这些机构的自主经营权造成侵害。另外,要做到监管适度,还必须充分发挥证券业自律机制和社会中介机构的作用,因为证券交易所、证券业协会等自律性机构对证券监管目标的实现具有很大的作用,而会计师事务所、律师事务所、信用评级机构等社会中介机构则可起到社会监督的作用,这无疑有利于监管目标的实现。

四、高 效 原 则

高效监管不仅是指监管者要以价值最大化的方式来实现证券监管的目标,降低监管成本,而且要通过监管来促进证券业高效发展。"没有合适的法律和制度,市场就不会体现任何价值最大化意义上的'效率'。"②证券业是为

---

① 〔美〕E.博登海默:《法理学——法哲学及其方法》,邓正来等译,华夏出版社1987年版,第348页。
② 〔美〕布坎南:《自由、市场和国家》,吴良健等译,北京经济学院出版社1988年版,第89页。

市场经济提供服务,为各产业和经济部门筹集资金的金融业分支行业,其最直接的目的是为了促进社会资金的高速流动和高效利用,因此,证券监管法理应为促进和提高证券市场的高效运转、增强证券业的规范性和有序性发挥积极的作用。高效原则应当贯穿证券监管法的始终。证券监管机构对证券发行的审核、批准,对证券市场的监督和管理,对证券机构设立的审批,以及证券机构和经营人员的经营行为,都应当以证券监管法为依据高效率地完成。

高效原则要求监管机构既要对证券业进行必要的监督与管理,又不能束缚证券业应有的活力。证券业是一个充满各种活跃因素的行业,在这些活跃因素中有的是积极的、合法的,有的则是消极的、违法的。证券监管法就是要通过保护合法的证券业行为,制止非法的证券业行为,来促进整个证券业的高效运转。证券业的各种行业,如发行、交易等往往相互制约,一个环节的低效率或者违法活动都可能导致整个证券业的混乱甚至瘫痪。由此可见,效率是证券业的生命之所在,证券业的运行必须符合经济发展的节奏,必须能够及时满足投资者筹集资金的需要,经济发展需要的是高效而不是低效的证券业。与此相适应,对证券业实施监督与管理的法律也必须是高效的,证券监管法必须能够及时为合法的证券活动提供保护,能够及时地遏制证券市场的非法行为,防止其扰乱证券业的正常秩序,从而降低证券业的效率。

五、政府集中统一监管与行业自律监管有机结合的原则

《证券法》第 7 条规定:"国务院证券监督管理机构依法对全国证券市场实行集中统一监督管理。国务院证券监督管理机构根据需要可以设立派出机构,按照授权履行监督管理职责。"第 8 条规定:"在国家对证券发行、交易活动实行集中统一监督管理的前提下,依法设立证券业协会,实行自律性管理。"这两项规定确立了我国证券市场上实行政府集中统一监管与行业自律监管有机结合的原则。

根据这一原则,国务院证券监督管理机构是国家对证券市场实行统一集中监管的唯一的政府机构,它可以根据需要设立派出机构,各地原地方证券监管机构由国务证券监督管理机构直接领导,而与各地方政府不存在隶属关系。

这种统一集中监管机制的确立,在法律制度上解决了以往我国证券监管体制存在的分散性和地方性两大不足问题。所谓分散性,是指当时国务院证券委员会是我国证券主管机构,证监会是其执行机构,与此同时,中国人民银

行、国家计划委员会亦都行使一定的监管职权。所谓地方性,是指当时无论是对上市公司的监管还是对一般企业的上市申请及其股票发行的审批,地方政府都享有较大的权限。在分散性与地方性的监管体制下,国务院证券委员会有名无实,只是名义上的主管机构,实际上只能起一些协调作用。中国证监会虽然行使着国务院证券委员会的职权,但它是事业单位,在履行职能时存在诸多不便;而国务院其他几个部门以及地方政府又各管一块,造成证券市场政出多门、重复监管,这不仅造成监管混乱,而且也无端加大了证券市场的交易成本。正是基于上述弊端,《证券法》确立了统一集中监管体制。

当然,政府的统一集中监管绝不是万能的,它还需要与证券市场的行业自律监管有机结合起来,这样二者才能相得益彰。树立证券市场行业自律的观念,在我国证券市场显然尤为重要。我国证券市场与欧美等西方国家证券市场走的是两条不同的道路。欧美等西方国家的证券市场是在市场自然发展的过程中,渗入国家干预因素,因而政府的干预是在证券市场充分发育的条件下产生的。而我国证券市场的发展不是自然演进而主要是由政府来推进的,政府在证券市场一直发挥着主导作用,从开始的组织试点到市场规则的设计以及市场运行的监管,都与政府的作用密不可分,加上对证券监管模式的建立又主要着眼于集中统一,因此,在实践中采用的是刚性极强的政府监管方式,这就自觉不自觉地忽视和削弱了自律监管的作用,未给自律留出必要的发展空间。这具体表现为行业自律功能的发育明显滞后,自律组织的功能未得到真正发挥,证券市场自律监管模式还有待进一步提升。

我国强调在集中统一的证券监督监管体制下重视发挥自律机制的功能和作用,是因为分散于证券市场中的多种行为主体,基于实现利益最大化的驱动作用,会自发产生维护市场秩序的需要。忽视市场行为主体对秩序维护的积极性与可行性,淡化证券市场的自律功能,代之以政府事无巨细的直接监管,其结果必然会使市场行为主体由可以自律转为被动接受监管,甚至产生应付监管、规避法律的现象。结果使政府监管不及之处,成为证券市场的监管盲区。通常来说,政府监管发生在严重违规行为之后,是事后惩戒,而违规行为的危害已经发生,因此,寻求事先的防范和及时的规制以避免危害后果的发生就显得意义更加重大。在这方面,行业自律可以发挥不可替代的作用,因此,要建立完善、理想的证券市场监管体系,必须做到政府监管与市场自律有机结合、相互协调、互为补充、密切合作。自律组织功能的充分发挥,不仅可以减轻政府对证券业的日常监管工作压力,而且可以为政府监管机构提供各种信息和建议,从而使自律组织起到政府和证券经营机构之间的桥梁和纽带的作用。总之,政府的集中统一监管与证券市场自律监管的有机结合是我国证券监管体制中的一项重要原则。

第六节　证券监管中司法权的介入及其与行政权的互动①

司法权对证券业的适度介入,对于我国证券市场的健康发展,具有十分重要的意义。目前在我国的证券业监管中,司法权介入的适度性以及其与行政权互动的边界均较为模糊,因此,有必要对这一问题从基础理论的角度进行探讨。

一、我国司法权介入证券监管的重要意义及存在的问题

(一)重要意义

司法权介入证券监管,是指司法权通过具体诉讼程序或以司法解释的方式,实现保护投资人的合法权益、创设证券业规则、制约行政权力、促进行政权规范行使,从而保障证券业健康有序地发展的活动。司法权在制衡行政权、保护行政相对人合法权益方面的作用是不言而喻的。在证券监管中,司法权的介入主要具有以下重要意义:

(1)司法权介入证券监管可以监督行政权,促进行政权依法合理行使。

根据我国《行政复议法》的规定,对证监会作出的行政行为,可以通过证监会系统内部的行政复议途径进行监督;但是,由于系统利益的存在和行政机构的思维惯性,行政复议监督作用的发挥是有限的。司法权监督作为独立于行政权之外的监督,其地位更加超脱,所以司法监督的效果会更为明显。行政权行使的优点是灵活、高效,能够针对证券业出现的问题及时作出反应,积极进行干预;然而,行政权行使的灵活性的发挥是以较大的自由裁量权的存在为前提的,这就可能出现行政权行使的灵活性以一定的随意性为代价的现象。而司法权的行使有严格的程序保障,其稳定性、原则性强,公开程度高;司法还要尽量做到类似个案处理的结果基本保持一致性,以实现社会公正。所以,司法权行使的程序性、公开性和公平性一定程度上可以弥补行政权行使任意性的不足,促进行政权依法合理行使。"自 2001 年以来,针对中国证监会的几起行政诉讼案正是这一司法监督机制得以贯彻的体现,其积极

---

① 王爱宾(现任东北证券股份有限公司合规总监)对本节亦有重要贡献。

性是不言而喻的。"①

(2) 司法权介入证券监管可以有效维护中小投资者的合法权益。

证券市场存在着严重的信息不对称,上市公司、控股股东、实际控制人等处于证券信息的源头,而广大中小投资者处在证券信息的末端,其获得信息的地位明显处于劣势,这种格局极容易造成中小投资者的利益受到损害。证券信息的不对称性要求为中小投资者提供更加充分的法律救济,而仅仅通过行政手段则难以有效解决这一问题,司法权的介入能够使中小投资者的合法利益得到更有效的保障。

(3) 司法权介入证券监管可以完善证券业的相关规范。

司法权介入证券业监管的一个重要功能就是创设规则。由于法律的不完备性,总有一些现实事例不在现有法律的覆盖范围,成为法律的"盲点"。司法机构在办理相关案件时,可以作出相关解释,为类似案件的处理提供依据,同时也为投资者提供法律上的指引。如最高人民法院《关于审理证券市场因虚假陈述引发的民事赔偿案件的若干规定》,就创设了许多证券业中虚假陈述引发的民事赔偿规则。

(4) 司法权介入证券监管是中国履行入世承诺、开展国际交流的需要。

根据《中国加入 WTO 议定书》对司法审查制度的承诺②,在 WTO 协定范围内的所有行政行为都应接受独立的司法审查。作为 WTO 的一员,中国应该信守《中国加入 WTO 议定书》中的承诺,履行自己的义务。证监会国际组织(IOSCO)于 1998 年颁布了《证券监管的目标与原则》,要求所有的监管原则均应以遵循三个监管目标为基础:保护投资者;确保市场的公平、高效、透明;降低系统风险。我国作为证监会国际组织连任十几年的执行委员,必须吸收国际上证券监管方面的成功经验,加强对投资者的保护,推动司法权合理介入证券监管。

---

① 高西庆:《论证券监管权》,载《中国法学》2002 年第 5 期。
② 《中国加入 WTO 议定书》第 2 条(D)款规定:(1) 中国应设立或指定并维持审查庭、联络点和程序,以便迅速审查所有与《1994 年关税与贸易总协定》(GATT 1994)第 10 条第 1 款、GATS 第 6 条和《TRIPS 协定》相关规定所指的法律、法规、普遍适用的司法决定和行政决定的实施有关的所有行政行为。此类审查庭应是公正的,并独立于被授权进行行政执行的机关,且不应对审查事项的结果有任何实质利害关系。(2) 审查程序应包括给予受须经审查的任何行政行为影响的个人或企业进行上诉的机会,且不因上诉而受到处罚。如初始上诉权需向行政机关提出,则在所有情况下应有选择向司法机关对决定提出上诉的机会。关于上诉的决定应通知上诉人,作出该决定的理由应以书面形式提供。上诉人还应被告知可进一步上诉的任何权利。

(二) 存在的问题

我国2005年修订的《证券法》对于人民法院审理涉证券案件的相关种类和诉讼类型做了较为全面的规定。这为我国司法权介入证券业监管在基本法层面上提供了重要依据。然而,我国司法权介入证券业监管依然存在着一些问题,其主要表现如下:

(1) 司法权介入证券监管的相关法律制度不完善。

尽管《证券法》对主要的证券违法行为做了界定,规定了相应的法律责任,但这些规定过于原则、抽象,缺乏足够的操作性,不利于司法权对证券业监管的介入。此外,我国现行证券法律、法规和其他规定比较注重行政责任和刑事责任的追究,而对于民事责任的规定比较粗陋,证券民事赔偿机制很不完善。尽管最高人民法院对证券民事诉讼也做了一些司法解释,如前述《关于审理证券市场因虚假陈述引发的民事赔偿案件的若干规定》,但这些司法解释只解决了因虚假陈述所引起的证券民事纠纷,而对于内幕交易、操纵市场和欺诈客户等违法行为却没有作出具体规定。当然,根据最高人民法院有关立案登记的司法解释的规定,因内幕交易和市场操纵行为等引发的民事赔偿案件,现在立案已不成问题。

(2) 司法权介入证券监管的准备不足。

涉及证券的诉讼往往案情比较复杂,社会影响大。人民法院过去受理的因内幕交易、操纵市场、虚假陈述等证券违法违规行为而引发的民事侵权纠纷数量不多,我国法院系统缺乏审理涉及证券纠纷必要的知识积蓄和人才储备。这就出现了这样尴尬局面:在诸如"银广夏""亿安科技"等证券纠纷案件纷纷涌入法院之际,最高人民法院不得已于2001年9月24日向全国各级法院下发了《关于涉证券民事赔偿案件暂不受理的通知》,表示"暂不受理因内幕交易、欺诈、操纵市场等行为引发的民事赔偿案件"。当时最高人民法院审判研究室民事处有关人士对此作出的解释是:一方面是立法方面的原因,即《证券法》对民事责任规定得相当抽象,不够具体,法院操作起来有一定的困难;另一方面是司法的原因,即法院审判人员的专业知识和类似审判经验的缺乏。在"沉默"了数月之后,2002年1月15日,最高人民法院发布了《关于受理证券市场因虚假陈述引发的民事侵权纠纷案件有关问题的通知》。从其内容上可以看出,此《通知》仍然是一个过渡性的方案,尚存在诸多问题。正如最高人民法院发言人在新闻发布会上所说的那样,目前受理证券市场民事侵权纠纷是有条件和逐步的。法院系统对于受理涉及证券的民事纠纷是一个逐步放开的过程,它为人民法院熟悉证券民事案件,做好知识和人才储备,积累相关办案经验提供了一个至关重要的缓冲期。

（3）司法权与行政权在证券监管中的边界不明确。

司法权介入证券监管，面临的一个重要问题就是司法权与行政权的边界划分。司法权的行使也有一个范围和限度的问题，不能干扰行政权在自由裁量权范围内合理行使，更不能以司法权代替行政权。我国对正确界定司法权与行政权在互动过程中的边界问题缺乏研究，相关法律更没有对此作出具体规定，这就为司法权与行政权在行使过程中出现越位埋下了隐患。例如，2001年审结的"凯立"案，被学界称作是挑战中国证券业监管体制、确立中国证券市场司法审查的第一案。该案二审判决虽然承认中国证监会有权审查发行人的申请材料，但同时认为证监会的审查必须根据相关机构的直接审查权来进行。因此，证监会在查处信息披露不实上的权力将会受到限制，证监会必须委托主管机关或者专业机构对相关会计资料是否真实作出确认之后，才能以此为根据进行查处。① 司法权对证券监管的深度介入，引起了许多异议："'凯立'案件中有关发行审核程序的适用问题、证监会对发行申请人财务状况的认定权问题及人民法院对证券民事损害赔偿案件受理中将证监会行政处罚决定作为前置条件的问题等，都引起了激烈的争论。"②

（4）司法权介入证券监管可能存在效率低下的问题。

证券案件往往涉案人数众多、案情复杂、专业性强、审理期限较长。能不能在保证公正的前提下提高办案效率是对人民法院的一个极大挑战。同时，个别案件的受理可能会产生"井喷"效应，引起大量的投资者竞相起诉发行人，很可能使证券市场产生较大波动，这将不利于证券市场保持稳定，也会削减广大投资者对证券市场的信心。在证券诉讼中，甚至还可能出现个别人别有用心，以损害上市公司合法权益为目的，恶意诉讼，间接损害广大投资者的利益。所以，司法机构能否公平高效地处理证券案件，事关重大。

二、证券业监管中司法权与行政权的互动

（一）司法权与行政权在立法上的互动

为了完善对行政权的制约，促进行政权的规范而有效地行使，我国陆续颁布了《行政许可法》《行政强制法》《行政处罚法》《行政复议法》《行政诉讼法》和《国家赔偿法》等，不断加强对行政机关依法行使职权的监督。在证券业上，为了促进证监会正确行使职权，我国《证券法》明确规定了当事人对证

---

① 符启林主编：《证券法——理论·实务·案例》，法律出版社2007年版，第434页。
② 高西庆：《论证券监管权》，载《中国法学》2002年第5期。

券监督管理机构或者国务院授权的部门的处罚决定不服的,可以依法申请行政复议,或者依法直接向人民法院提起诉讼。为了加强证监会对证券市场的监管,提高监管效率,《证券法》授予证监会准立法权和准司法权,证监会可以在职权范围内制定有关证券业的规章、规则。同时,在符合规定的条件下,可以查询当事人和与被调查事件有关的单位和个人的资金账户、证券账户和银行账户;对有证据证明已经或者可能转移或者隐匿违法资金、证券等涉案财产或者隐匿、伪造、毁损重要证据的,经国务院证券监督管理机构主要负责人批准,可以冻结或者查封冻结和查封。①

另外,我国《证券法》规定,内幕交易、操纵市场、欺诈客户、违法承销、违法收购等行为给投资人等造成损失的,要承担相应的民事赔偿责任;构成犯罪的,依法追究刑事责任。可见,我国证券立法从多方面规范了司法权对证券业的介入。

(二) 司法权与行政权在证券监管中的互动

在证券监管运行中,主要有以下几种途径形成司法权与行政权互动:一是基于当事人的申请,由司法机构审查证监会制定的法规是否与宪法和其他基本法律相冲突;二是司法机关通过行政诉讼程序,审查证监会的具体行政行为;三是司法机关通过判例或司法解释创设新的规则,为行政权的行使提供指引。当然,司法权对证券行政监管的干预应是有限度的,不能干预行政机关的自由裁量权,尤其是在涉及专业领域的问题上应充分尊重行政机关的判断。

在二者的互动过程中,司法权对行政权的实施产生以下影响:一是强化行政权行使的效果。司法监督是行政权规范行使的外在制约力量。2007年11月16日,证监会官方网站发布证监会执法体系重大改革的消息。根据中央机构编制委员会办公室作出的批复,中国证监会设立了行政处罚委员会,下设办公室,同时合并稽查一局、二局为稽查局(首席稽查办公室),成立中国证监会稽查总队。这一改革确定了证监会几年来推行的"查、审分离"模式,形成了调查权与处罚权的相互制约机制,提高了执法的专业、效率和公正水平。②"司法权的存在,使得权利人在通过其他监督途径达不到救济目的时,可以最后通过寻求司法监督得以实现。也即因司法权的介入,现实地提高了

---

① 参见我国《证券法》第179条第1款和第180条第(6)项。
② 《我国证券执法体制做出重大改革》,http://www.csrc.gov.cn/pub/newsite/zjhxwfb/xwdd/200711/t20071116_68535.html,访问时间:2008年12月13日。

行政权适用的效率。没有司法权的存在,其他手段也将会是苍白乏力的。"①司法权的介入还会极大提高投资人的法律意识,增强其监督发行人及其他相关主体的积极性,有效弥补行政权监管力量的不足。二是促进行政行为的运作程序化。最近二十年的行政法制实践表明,行政行为运作明显趋向程序化,因为程序的优点在于可以最大限度地排除不正常因素的干扰,保证行政行为健康、规范、有序、公正。行政行为这一特点的形成,不无受司法权行使程序化的影响。我国《行政许可法》《行政强制法》《行政处罚法》《行政复议法》《国家赔偿法》等都对行政权行使的程序做了规定。作为证券业的行政监管主体,证监会也制定了一些规范,促进其自身权力运作的程序化。2002年8月5日,证监会修订了《复议与诉讼委员会工作规则》,对委员会的职责、人员组成、工作程序等重新作出规定;2002年11月25日,证监会主席办公室会议又通过了《行政复议办法》,对行政复议的范围、申请、受理、决定等作出了规定,2010年则对该《行政复议办法》作了进一步完善的修订。三是促进行政权运行法治化。《行政诉讼法》和《证券法》赋予司法权对行政行为的合法性审查,这极大地推动了依法行政,加快了行政法制建设步伐。四是不服行政行为的救济司法化。在过去相当长的时期内,证券监管行政相对人对行政行为不服的救济沿用传统的"告状"的形式。如前所述,当事人对证券监督管理机构或者国务院授权的部门的处罚决定不服的,可以依法申请行政复议。行政复议是行政机关内部对当事人权利救济的"司法化",这一程序是对随意无序的"告状"式权利救济模式的扬弃。五是司法创设的规则,丰富了行政权运作的规则。司法机关在处理相关证券案件的过程中,创立相关规则,规范行政权的运作。如人民法院在"凯立"案中就确立了证监会在认定相关会计资料的真实性时,必须委托主管机关或者专业机构对相关会计资料是否真实作出确认,不能自行作出认定。这一规则制约了证监会查处信息披露不实的权力。当然,这一规则的合理性是另外一个问题,在此不做讨论。

三、证券业监管中司法权与行政权互动机制的完善

在证券监管中,司法权与证券行政权的互动有理念上、立法上和实施上的互动,要进一步完善司法权与证券行政权的互动机制,就要从理念上、立法上和实施上全面系统地进行。

(一)更新监管理念,促进司法权和谐介入证券监管

很明显,我国目前司法权介入证券监管还仅限于保护投资人的合法权益

---

① 柴发邦:《体制改革与完善诉讼制度》,中国人民公安大学出版社1991年版,第27页。

这一层次上,而没有将司法权介入作为完善证券监管的必要措施来看待。世界各国的证券监管模式,无论是政府主导的监管模式,还是自律为主的监管模式,抑或中间形态的监管模式,均注重发挥司法权在证券监管中的作用。在许多国家和地区,特别是英美法系的国家和地区,司法监督也被看作是证券法制体系中的一部分。我国香港特别行政区依据《证券及期货条例》所设立的"市场失当行为审裁处",专门对证券市场失当行为进行审裁;美国证交会下设立的"行政法官"也具有类似的功能。美国证交会还可通过向法院提起民事诉讼的方式,由法院作出民事罚款的裁决。而我国对司法权介入证券监管作用的认识,目前还没有达到这一高度。证监会对司法权介入证券监管明显心存疑虑,对司法权持排斥心态。从司法机构来看,对此亦没有达到应有的认识高度而积极介入证券业监管,发挥对证券业的司法保障作用。这从最高人民法院对受理证券案件的迟疑心态就可以看出。在证券业监管中,司法权与行政权不是一进一退的关系,而是相辅相成的关系;只有二者紧密配合,良性互动,才能实现对证券业的有效监管。

(二) 完善司法权与行政权的沟通协调机制

要完善司法权与行政权的互动机制,必须建立二者的沟通协调机制,促进司法权对行政权有效行使的促进和制约作用。介入证券市场的司法权主要包括法院的审判权与公安部门的刑事侦查权。在法院与证监会互动过程中,诉讼是实现司法权与行政权互动最常见的方式。在行政诉讼中,作为一方当事人,证监会可以对案件提出意见,人民法院也可以在相关裁判中表达自己的意见。在民事、刑事案件中,二者虽然没有直接互动,但是,在现有框架下,可以充分发挥人民法院司法建议的作用。在审理证券案件的过程中,人民法院发现证券监管存在问题的,可以司法建议的形式,向证监会提出建议,由证监会作出回应。在规则制定的过程,人民法院也应当与证监会通过适当方式进行必要的沟通,以提高所制定规则的科学性和可操作性。我国公安部门下设的证券犯罪侦查局也是防范与打击证券犯罪的一个重要屏障,有人甚至将证券交易所的自律监管、证监会统一监管与公安部门证券犯罪侦查局的证券犯罪监管称为证券市场的"三重监管体系"。证监部门在处理证券违法违规行为时发现涉嫌犯罪的情况时,应该向公安部门证券犯罪侦查局移送。但是关于移送的标准、程序及二者对案件性质产生不同认识时的处理等没有规定。另外,仲裁部门作为一个准司法性的机构,在证券纠纷处理中也发挥着重要的作用。世界上证券市场发达的国家都建立了完善的证券纠纷仲裁解决机制。我国对证券纠纷仲裁也做了相应的规定,但这些规定很多不系统、不完善。实践中,证券纠纷通过仲裁解决的也较少。

2007年12月16日,中国证监会稽查工作会议在京召开,中国证监会副主席范福春在会议上强调:中国证监会要加强与公、检、法等部门的密切配合,做好行政执法与刑事司法的衔接工作。① 可见,证监会也认识到了充分加强司法权与行政权互动的必要性,但相关规则的制定、完善及实施还需要一个过程。

(三) 完善司法权与行政权互动的相关法律法规和规则

(1) 明确司法权与行政权互动的边界。

首先,必须明确司法审查的范围和深度。应当明确规定:司法审查范围不仅包括具体行政行为,而且也可以通过一定渠道审查行政机关作出的某些抽象行政行为,如证监会针对特定市场主体作出的规定或决定,损害了市场主体的合法利益,后者就可以提起诉讼,要求法院对这些规定或决定进行审查;司法机关可以对行政行为的合理性进行审查,当行政机关的裁决明显超过合理范围的,司法有权变更。其次,明确二者互动的界限,确定行政机关对市场主体进行处罚的限额,超出这一限额,当事人可以向人民法院提起诉讼,由法院作出裁决。法院对行政机关在其范围内的处罚权,要给予充分的尊重。

(2) 进一步完善司法介入证券业监管的相关规则对《证券法》规定的内幕交易、操纵市场等违法行为引起的证券纠纷作出明确规定,司法机构应对此作出相关的司法解释,以方便投资人进行诉讼。

为维护证券、期货市场管理秩序,依法惩治证券、期货犯罪,根据《刑法》的有关规定,2011年10月31日由最高人民法院审判委员会第1529次会议、2012年2月27日由最高人民检察院第十一届检察委员会第72次会议通过的最高人民法院、最高人民检察院《关于办理内幕交易、泄露内幕信息刑事案件具体应用法律若干问题的解释》(自2012年6月1日起施行),对于办理内幕交易、泄露内幕信息等刑事案件具有积极的操作和适用价值,同时对于办理相关民事案件在认定违法行为或者侵权行为方面也能够起到一定的指导作用。

(3) 逐步完善司法权介入证券业监管的各种诉讼程序。

在最高人民法院《关于人民法院登记立案若干问题的规定》(2015年4月13日由最高人民法院审判委员会第1647次会议通过,自2015年5月1

---

① 《中国证监会召开稽查工作会》,http://www.csrc.gov.cn/pub/newsite/zjhxwfb/xwdd/200711/t20071116_68535.html,访问时间:2008年12月13日。

日起施行)出台之前,我国是将行政机构的处罚作为证券民事诉讼的前置条件,严重影响了证券投资者行使民事诉讼的权利。证券民事诉讼前置程序制度的存废问题,曾经引起过广泛讨论和质疑。主张废除的理由是,行政处罚与民事赔偿分属于两种不同的法律责任,承担民事责任未必都应承担行政责任;法院作为司法机关有权对民事行为违法与否、是否应当承担责任及承担责任的大小作出裁判,而不必依赖于行政机关的处罚;同时,由于证监会受人员编制、执法素质、执法程序等限制,难以对众多市场主体的行为逐一审查,对违法行为逐一作出处罚。如果将处罚作为民事诉讼的前置条件,不仅不利于对投资者进行保护,也有损于司法的权威性。2015年12月24日,最高人民法院在《关于当前商事审判工作中的若干具体问题》中明确规定:"依法受理和审理虚假陈述、内幕交易和市场操纵行为引发的民事赔偿案件,维护证券交易市场上投资者的合法权益。根据立案登记司法解释规定,因虚假陈述、内幕交易和市场操纵行为引发的民事赔偿案件,立案受理时不再以监管部门的行政处罚和生效的刑事判决认定为前置条件。"这一规定的出台,意味着证券民事诉讼前置程序制度已成为历史。

在证券民事诉讼方面还要进一步完善证券民事诉讼的集中管辖和集团诉讼规定。最高人民法院《关于受理证券市场因虚假陈述引发的民事侵权纠纷案件有关问题的通知》及《关于审理证券市场因虚假陈述引发的民事赔偿案件的若干规定》都规定:虚假陈述证券民事赔偿案件由各直辖市、省会市、计划单列市或经济特区中级人民法院为一审管辖法院。最高人民法院应当进一步完善集中管辖的规定,明确对于证券类民事案件,如内幕交易、操纵市场等证券案件,皆由此类中级人民法院管辖;并可以规定,在这些中级人民法院内部专门设立涉及证券案件审判组织,具体的组织形式可以是独立的庭室,也可以是一个固定的合议庭,专门负责证券案件的裁判,同时负责与证监部门进行沟通,促进司法权与行政权的良性互动。

(四)完善司法体制,为司法权与行政权良性互动提供良好的保障

独立审判是我国《宪法》所规定的审判原则;同时,独立审判也是避免司法权对行政权的屈从,实现司法权与行政权良性互动的前提。目前,我国法院的内部审判运作方式、法官人事管理、司法职权行使等都呈现明显的行政化趋势。由于法院的人、财、物都依赖于行政机关,在现实中就不可避免地出现司法权对行政权的屈从。所以,要实现证券业监管中司法权与行政权的良性互动,必须进一步完善我国的司法体制,保障审判权的独立行使。

（五）建立健全证券纠纷仲裁机制,促进证券纠纷的顺利解决

仲裁机构作为一个准司法性的机构,理应在解决证券民事纠纷过程中发挥其独特的作用。然而,我国关于证券民事纠纷仲裁的立法却相对滞后,除《仲裁法》对证券仲裁进行了原则性规定外,目前仅有的法规如下:1993年4月22日国务院颁布的《股票发行与交易管理暂行条例》(以下简称《股票条例》)和1994年8月27日国务院证券委员会(以下简称"证委")发布的《到境外上市公司章程必备条款》(以下简称《必备条款》)。《股票条例》规定:与股票的发行或者交易有关的争议,当事人可以按照协议的约定向仲裁机构申请调解、仲裁;证券经营机构之间以及证券经营机构与证券交易所之间因股票发行或交易引起的争议,应当由证券委批准设立或者指定的仲裁机构调解、仲裁。《必备条款》规定:到香港上市的公司应当将下列内容载入公司章程:公司外资股股东与公司之间,外资股股东与公司董事、监事、经理或者其他高级管理人员之间,外资股股东与内资股股东之间,基于公司章程、《公司法》及其他有关法律、行政法规所规定的权利义务发生的与公司事务有关的争议或者权利主张,有关当事人应当将此类争议或者权利主张提交仲裁解决。同时规定:申请仲裁者可以选择中国国际经济贸易仲裁委员会按其仲裁规则进行仲裁,也可以选择香港国际仲裁中心按其证券仲裁规则进行仲裁。仲裁机构作出的裁决是终局裁决,对各方均具有约束力。

许多国外证券市场发达的国家,尤其是美国,都在证券业内推荐和倡导证券民事纠纷仲裁,制定格式化的证券民事纠纷仲裁协议,促进证券民事争议的有效解决。证券仲裁高效、专业、保密的特点符合证券市场对专业性和效率的要求,可以有效减轻法院的诉讼压力,促进证券监管部门有效监管的实现。我国应当积极倡导和推进证券民事纠纷仲裁工作,明确证券民事纠纷仲裁的范围,合理确定证券民事纠纷仲裁的机构,完善相关的法律制度,最终促进证券民事纠纷仲裁与证券行政监管的良性互动。

第三章 证券监管体制

证券监管体制是指一国为使其证券业规范运行而采取的监管体系、监管结构和监管模式的总称。证券监管体制从监管模式上看,主要包括政府主导型、自律主导型和中间型。从与其他金融业监管的分合上看,主要包括分业监管和混业监管。从监管主体上看,主要包括政府监管机构和自律监管机构两大类监管主体。政府证券监管机构(如中国证监会)实施对全国证券业的监管,甚至包括一定程度上对证券自律监管机构监管或指导。自律监管机构主要是一国的证券业协会和证券交易所,此外还包括上市公司协会、基金业协会等证券业的自律组织。从被监管主体来看,在证券监管体制内,除了对上市公司和证券公司的监管之外,还包括对证券业的其他各类中介服务主体的监管。本章主要围绕上述核心问题和证监会国际组织以及世界范围内证券监管发展的新趋势展开讨论。

第一节 证券监管体制典型模式比较

一个国家证券监管模式的形成是由该国政治、经济、文化传统及证券市场的发育程度等多种因素决定的,尽管每一个国家或地区的具体情况各不相同,但从总体上仍可将世界各国的上市公司监管模式归为三种类型,即政府主导型、自律主导型和中间型。

政府主导型以美国为代表,其特点是政府通过制定专门的证券业监管法律法规,并设立联邦证券监管机构来对全国的证券业进行集中统一管理;在此之外,各类自律监管组织,如证券交易所、全国证券交易商协会等,在政府的监督与指导下,享有自律监管权,从而形成了一个由联邦、州及证券自律组织所构成的既统一又相对独立的证券监管体系。此外,还有加拿大、日本、菲律宾、韩国、巴基斯坦、印度尼西亚、墨西哥、以色列、尼日利亚、埃及、土耳其等国家实行这一体制。

英国是自律主导型模式的代表。政府除了进行某些必要的国家立法外,其对证券业的监管主要由证券交易所、证券商协会等组织进行自律监管。政府对证券监管的基本态度是自由放任。除英国外,还有荷兰、津巴布韦、肯尼亚、新加坡、马来西亚等国家也属于这类监管模式。

中间型介于前二者之间,既强调立法监管、政府实质性监管,又注重自律监管,这种模式以法国和德国为代表,故又可称之为欧陆模式,还包括意大利、泰国、约旦等国家。

为方便起见,本书只讨论以上三种类型中的典型国家,即美、英、法、德等国的证券监管模式,并以此阐明三种类型各自的特点与优劣。

一、政府主导型的美国监管模式

(一) 美国证券监管模式的形成与发展

美国的证券业监管制度经历了较长时期的演变。早在1852年,马萨诸塞州就对公用事业发行证券加以限制,在美国经济发展后,若干州就陆续对证券业的行为加以规范。如加利福尼亚州1879年《宪法》就明文禁止以信用购买证券,而乔治亚州1904年规定以分期付款出售证券,而有购回之规定者,必须在一信托公司存入至少25000元,并建立一项至少相当于这种分期付款75%的基金,并公布年度财务报告,密苏里州在其1907年制定的相关法规中亦规定期货交易必须作成记录及以贴印花之文书用以证明每次交易。多数州在20世纪初就对公用事业的证券发行及其他业务,设立委员会加以监管。[①] 到1913年前后,美国已有23个州制定了证券监管法,其中有17个州的证券法是以堪萨斯州的法律为蓝本制定的。尽管各州证券立法的内容不尽相同,但是,它们主要都是以防范和制裁证券欺诈行为为目的的。由于在当时的证券业中存在着严重的欺诈行为,人们普遍认为如果不对证券业加以监管,蓝天也会被出售。因而各州在证券业中制定的防止和惩罚欺诈行为的法规,被通称为"蓝天法"(Blue-sky Law)。

由于各州的"蓝天法"只在本州范围内有效,对州际的证券交易行为难以监管,也难以对投资者提供积极的保护,所以具有一定的局限性。但是由于各州的经济发展、证券发行和交易的情况不一样,这些州的法规至今仍对本州证券市场的监管起着重要作用。第一次世界大战以后,美国对证券业监管的法规从州分别立法发展到联邦政府的立法。1929年美国证券市场上发生的大恐慌是导致现行证券监管立法最直接的原因。由于第一次世界大战后美国经济的繁荣,股价自1924年以后就逐步上涨,至1927年涨势加剧,证券信用放款超过35亿美元;由于少数投机者的操纵,汽车及收音机行业股价上升,广大股民也就盲目跟进。到1929年夏天股价与现实完全脱节,当时以信

---

① Louis Loss, *Securities Regulation*, Little, Brown and Company, 1961, pp. 23—27.

用方式购买证券的就有百万人以上,信用放款的利息高达 12%—15%,总额达 70 亿以上。因此,银行、公司及外国资金纷纷涌向华尔街,到 9 月股价达最高峰,但到 10 月股价开始下挫,终至一发不可收拾。① 从 1920 年到 1933 年,美国发行的证券总计有 500 亿元,到 1933 年,其中一半都变成一文不值。②

事后经国会调查,查出许多操纵市场和欺诈投资人的内幕,操纵市场和欺诈客户的主要手法有:洗售(wash sale),是指由特定人同时对某一股票进行买进与卖出的委托,从而造成交易量甚多的假象;配合下单(matched orders),其手法同上,但由两人实施;居奇(cornering),这种手法是指限制某种特定股票的供给量,使卖空者不得不接受多头对股票的要价;此外,还有利用大众传媒散布虚假信息等。③

在这种情形下,罗斯福总统于 1933 年 3 月 29 日向国会提出咨文,主张联邦立法强制要求上市公司在发行股票时充分公开一切有关的信息,以使投资公众作出自己的判断,不致盲目投机。在罗斯福总统的推动下,国会通过了 1933 年《证券法》,该法第 2 节 b 规定:"无论何时当联邦证券委员会进行立法或判断一个行为是否必需或者符合公共利益时,它除了考虑保护投资者以外,还要考虑该行为是否有利于促进效率、竞争和资本的形成。"同年又通过《银行法》,即《格拉斯—斯蒂尔法案》(Glass-Steagall Act),该法对金融业实行严格的分业监管和分业经营,商业银行不得经营证券业务,不得为自身投资而购买股票,即使购买公司债券也有严格限制,为商业银行和证券业之间筑起一道严实的"防火墙",目的在于控制银行资金违规流入资本市场进行投机活动,以保持金融秩序稳定,增强储户对银行的信心。从此,美国的金融监管体制实行分业经营,直到 1999 年该法案才被废止。1934 年的《证券交易法》第 2 节则进一步指出美国证券监管的目标在于"清除障碍,完善国家证券市场制度和证券交易的交割清算制度",以及"保护州际商业、国家信用、联邦征税权和国家银行系统和联邦储备系统的有效"和"维护市场的公平和诚实"。并依据该法,成立证券监管委员会,以保护投资人的利益,以此重建大众对证券市场的信心。

随后,美国又颁布了如下一系列证券法律或法案:

(1) 1935 年《公共事业控股公司法》。该法适用于公共事业控股公司,主

---

① See John K. Galbraith, *The Great Crash*, 1929; Frederick Lewis Allen, *Only Yesterday*, Babtam ed., 1959, pp. 205—241; Frederick Lewis Allen, The Lords of Creation, 1935, esp. Chapters 10—13.
② Louis Loss, *Securities Regulation*, Little, Brown and Company, 1961, p. 120.
③ See George L. Lettler and Loring C. Farwen, *The Stock Market*, 3rd ed., 1963, Chapter 27.

要内容是对公用事业持股公司的证券发行进行监管,并采用竞价方式承销证券。

(2) 1939年《信托契约法》。该法适用于发行债券时的信托契约,是对公司债券发行与交易的监管。

(3) 1970年《证券投资者保护公司法》。根据该法案,美国建立了证券投资者保护公司(SIPC)。该公司的目的主要是为投资银行的顾客提供保险,当公司破产时对投资者进行有限赔偿,以增强投资者对资本市场的信心。

(4) 1976年《威姆斯法案》。该法案是对公司兼并进行规范。

(5) 1982年美国证券交易委员会《415条款》。主要内容是允许公司对两年内发行的一定数量的某种证券进行一次注册,减少了等待时间。《415条款》的实施降低了证券的发行成本。

(6) 1984年《内幕交易制裁法》。该法详细规定了内幕交易者及帮助、教唆者的法律责任。

(7) 1988年《内幕交易与证券欺诈施行法》。该法进一步明确内幕交易有关人员的责任尤其是民事责任的承担。

20世纪90年代,美国国会又制定了《证券法实施补充与股票改革法》、1996年《全国证券市场改进法案》《证券法1990年修正案》、1995年《内幕交易私人诉讼改革法》和1999年《金融服务现代化法》等一系列法案,一方面扩大了证券交易委员会的权力,另一方面则针对证券交易日益技术化的特点,对证券市场创新和新形式的证券违法违规行为作出了规范。2002年7月30日,主要针对安然等上市公司会计丑闻,国会又通过了《公众公司会计改革和投资者保护法》,即2002年《萨班斯—奥克斯利法》(Sarbanes-Oxley Act 2002),强化了信息公开制度、公司治理机构的完善、公司管理层的责任和会计师事务所等中介机构的责任等方面的内容。

从上面的概述可以看出,自1933年以来,美国的证券法经过不断完善,已经形成了一个对美国上市公司和证券市场严密监管的法律体系。美国的证券法律体系对当代各国证券监管的立法,均有很大的影响。

在金融和证券监管变革的当今,美国1999年《金融服务现代化法》特别值得我们关注。第二次世界大战以后,特别是20世纪70年代"布雷顿森林体系"崩溃以后,美国乃至国际经济金融环境发生了很大的变化。美国政府采取了美元与黄金脱钩的政策,虽然缓解了美国国内的通货膨胀,但是使欧洲和日本等国的外汇储备贬值了许多。国际竞争迫使美国立法与司法部门进一步考虑对以效率为基础的监管再做调整。资本市场迅速发展,资本商品和衍生商品日新月异,银行业也不得不进入这个多姿多态的新市场。加上保险业和名目繁多的投资基金兴起,资本市场在美国金融中的地位明显上升,而且为投资者和经营者提供了巨额回报。限制自由竞争与发展的《格拉斯—斯蒂格尔法》已成桎梏。究竟是坚持该法案确定的分业体制,还是实行混业体制,法学界和经济学界开始了激烈的争论。1999年11月4日,美国参众两院分别以压倒性多数票通过了《金融服务现代化法》。当月12日,克林顿总统签署该法案,并称:"它将带来金融机构业务的历史性变革。"

美国《金融服务现代化法》核心内容主要有以下几点:(1)允许美国银行、证券、保险业之间混业经营,实行全能银行模式;(2)保留其双线多头的金融监管体制并扩展监管机构,实行功能监管和控制金融风险;(3)强调银行业与工商业的分离,实现金融体制的现代化;(4)突出对享受金融服务的消费者的保护;(5)要求加强对小企业和农业企业提供金融服务;(6)明确以法律形式作出对有关课题进行研究的要求。美国的这部法律将金融经营确立为混业经营的模式,并构建与此相适应的金融监管体制,把规范的重点从金融活动转变到管理和防范金融风险,促进金融市场主体的联合和竞争。

美国《金融服务现代化法》对美国20世纪60年代以来的有关金融监管、金融业务的法律规范进行了突破性的修改,在放弃分业走向混业的道路上"整合"了美国的金融法律。同时,对美国金融法律作了权威性的重述,特别提出了一些重要的研究方向,是迄今为止美国金融法律领域包容金融服务业规范最为宽泛的法律。不仅如此,该法还提出了"效率与竞争"这种金融法律发展的新观念,并以此作为美国《金融服务现代化法》的立法理念。它的颁布标志着现代金融法律理念已经由最早的规范金融交易行为到强调对风险的管理和防范,再到放松金融管制以法律制度促进金融业的跨业经营和竞争。美国《金融服务现代化法》的出台标志着20世纪作为全球金融业主流的分业经营模式,已被21世纪发达的混业经营的模式所取代。该法不仅对美国金融业发展起到了积极的作用,而且对世界各国的金融立法也会产生巨大的影响,当然对我国的金融监管立法也同样会有重要的借鉴意义。

(二)美国证券监管的组织机构及其职能

美国证券监管机构主要由两个层次组成:第一个层次是由政府介入并经法律确认的证券业专管机构,包括证券交易委员会和各州政府证券监管机构;第二个层次是各种自律性监管机构包括证券交易所、全国证券交易商协会等组织。

1. 证券交易委员会

"美国证券交易委员会"(The Securities and Exchange Commission of

America,缩写与简称为 SEC)依 1934 年《证券交易法》第 4 条第 1 项而成立。该条规定委员会由五人组成,全部委员均由总统提名,经参议院表决同意之后而任命。委员一般分属两党,他们不得兼职或执业,也不得直接或间接从事证券交易活动。委员任期为 5 年,并每年有一人任满。该条未规定产生委员会主席的程序,在实际运行过程中每年由委员互选,事实上还是由总统最终指定。1950 年以后则直接由总统任命,任命对象通常为执政党员,其他四人则平均分属于两党。不过在处理事务上,委员们一般都能超出党派门户之见。委员会独立行使职权,不受总统干涉,除重大失职外,总统不得随意免除委员职务。20 世纪 40 年代以来,美国联邦制定和颁布了一系列法律和法规,不断赋予 SEC 以更大的权限,包括调查权和处罚权。1990 年《市场改革法》更增加了 SEC 在紧急情况下的处事权力、对大额交易的监管权力和监督自律机构执法等一系列权力,使 SEC 成为美国证券市场监管的核心与最高权威者。

　　SEC 按照监管对象和监管职能设立了六个主要业务部门:(1) 公司财务部(Corporation Finance),主要职责是审核上市公司的登记文件,并制定披露政策;(2) 市场监管部(Market Regulation),主要监管二级市场,负责对证券商、自律性机构和交易活动的监管,制定对证券商财务监管的政策;(3) 投资基金监管部(Investment Management),负责对投资基金的管理;(4) 法规执行与调查部(Enforcement),负责对一切违反联邦证券法律、法规的行为进行调查;(5) 首席法律顾问办公室(General Counsel),负责各种法律问题的咨询;(6) 首席会计师办公室(Chief Accountant office),负责各种财会政策与事务。此外,SEC 还设有经济分析办公室、国际事务办公室等其他专业及监管行政部门。各监管部门独立行使监管职权,委员会则进行宏观决策和总体协调。SEC 是美国联邦政府中监管证券投资和交易活动的一个准司法性质的最高监管机构,上市公司、证券商、投资人和自律性监管机构均为其监管的对象。SEC 具有极高的权威性,它集准立法权、执法权、准司法权于一身。美国法律赋予 SEC 的执法手段也相当充分,包括市场监视权、检查权、控诉权。在美国法院的许可下,SEC 可以进行传唤、搜查、扣押以保全证据;也可授权自律组织(NYSE、NASD 等)进行查核及处罚。美国《证券交易法》第 21 条赋予 SEC 准司法权实施的手段是,SEC 可进行必要之调查,而 SEC 的任何委员或其指派的任何官员,有权传唤证人、强制拘留、搜查证据等,当事人如拒绝传唤,SEC 得经法院之命令令其到场或提出证据,否则以藐视法庭罪论处。

　　作为美国证券业的最高监管机构,SEC 的宗旨是:保护证券发行者、投资者、交易者的正当权益,防止证券活动中的过度投机行为;维持证券市场相对稳定的价格水平;配合联邦储备委员会以及其他金融监管机构,形成一个分工明确、灵活有效的金融监管体系。

SEC 主要负责监管的范围是:(1) 规定注册程序和注册标准,对公开发行的证券进行注册登记,并负责公布有关发行者和发行证券的信息;(2) 制定证券交易的监管原则和监管方法,并具体监管有价证券的场内、场外交易;(3) 负责监管投资银行、投资公司、证券交易商、证券经纪人等专门从事证券经营活动的金融机构和个人;(4) 监督指导各证券交易所和全国证券交易商协会的管理活动。SEC 对上述四大监管范围的职权概括起来,主要包括下列各项权力:规则制定权;调查执行权;裁定权;民事制裁权;提出诉讼权;防范有价证券买卖的欺诈行为;发布禁止令;暂停或撤销登记权,经纪商、自营商、投资公司或投资顾问业有违法行为,SEC 停止或撤销其登记;行政罚款。

SEC 执法机制的形式经历了一个长期的过程,其中显著的特征是 SEC 的执法手段不断增强,最值得注意的是 1984 年《内幕交易处罚法》(ITSA)、1990 年《证券执法和垃圾股票改革法》和 2002 年《萨班斯—克斯利法》(Sarbanes-Oxley Act)分别赋予了 SEC 对内幕交易者处以非法所得或者所避免损失的 3 倍罚款、对违规者直接要求责令改正、申请临时冻结公司已支付给其董事或高管人员的不合理报酬等权力。

2. 美国主要自律性监管机构

美国自律性监管机构主要包括证券交易所、全国证券交易商协会等,这些机构虽然是民间的,但却起着十分重要的作用。政府监管机构的监管意图大多要通过这些机构来实施,它们均制定有较严格的章程和规定,以约束和规范其成员的行为。

(1) 联邦证券交易所。证券交易委员会下属的联邦证券交易所是一个半监管半经营性的机构。一方面,它要执行证券交易委员会的部分监管职能,它监管的主要对象是全国各证券交易所,因此,它是一个具有管理性质的机构。另一方面,它作为有形证券市场,实行独立核算,自主经营,所以它又是一个以股份企业形式存在的具有经营性质的机构。美国共有 18 个全国性的证券交易所,其中 14 个在证券交易委员会注册,其余 4 个享有注册豁免权,在这些证券交易所中,纽约证券交易所是规模最大的一个。

联邦证券交易所的主要职能有:建立会员制度,负责会员的注册登记和对会员资格的审批;在证券交易委员会的监督指导下,制定本交易所的规章制度,并监督所有会员遵守执行;实施证券注册制度,除享有注册豁免的证券外,所有在证券交易所上市发行和交易的证券,都须取得该交易所的注册许可,才可进入证券市场;提供通讯、清算和交易场所等一切必备设施,以维持证券市场活动的正常进行；在证券交易委员会规定的最高业务收费标准限额以下，制定本交易所各种业务收费标准；负责公布在本交易所上市的各类证券以及这些证券的市场价格和交易数量等信息；负责征集、统计本交易所会员的资产、负债、盈利、资信、销售等经营活动情况和财务情况，并按期将这些信息进行披露。

(2) 全国证券交易商协会(National Association of Securities Dealers，简称 NASD)。全国证券交易商协会是美国监管场外交易活动的非营利性组织。全国证券交易商协会的成员为证券交易商，其最高权力机构是理事会，由 27 名理事组成，其成员由民主选举产生，均衡地代表各地区的利益。为了便于监管，全国证券交易商协会把全国分为 13 个监管区，每个区设有地区委员会作为理事会的主要决策执行机构进行监管。

全国证券商协会的主要职能有：负责所有参加全国证券交易商协会的会员注册，主持注册考试和注册调查；贯彻执行证券交易委员会的监管政策和规定；监督、检查会员的日常经营活动；提供电子化的统计系统、报价系统和转账清算系统，并利用该系统指导证券投资方向和资金流向，监视场外交易中各种证券交易量和证券价格的变化，防止违规违法交易的发生。

通过以上对美国证券监管具体制度的阐述，我们可以总结出美国证券监管模式有以下优点和不足。

这种模式的优点主要有：第一，政府对证券市场实行统一集中的监管，证券交易监管委员会兼有立法、执法和准司法权，这样就能保证对证券市场监管的权威性和有效性。第二，证券监管机构的职能在于制定和执行法律、法规、制度或规则，为证券市场的正常运行创造良好的外部环境。因此，监管机构超脱于市场，不介入具体的证券业务。第三，证监会的日常职责是以采取预防性措施为核心，防止证券市场不法行为发生。其主要业务活动是保证及时披露证券市场的相关信息，从而实现保护投资人合法利益的目的。因此，证监会全部活动的宗旨均在于确保证券市场各行为主体按照法定的规则从事各类证券活动。

这种模式的缺点主要是：第一，政府机关脱离证券市场的具体运作，不能及时跟上市场的快速发展和变化，往往使监管滞后并流于僵化。第二，各种自律性组织在政府的监督、指导下活动，只拥有较少的自治权，这在一定程度上限制了其自身作用的充分发挥。第三，政府在监管中起主导作用导致监管成本过高。

二、自律主导型的英国模式

（一）英国证券监管法概述①

英国不像美国那样具有严密完整的证券监管法律体系，很少有独立的专门立法对投资银行进行监管，规范英国证券市场的法律制度也比较分散。英国自律监管模式的特征主要是：不设立全国性的统一证券业监管机构，证券市场的运行主要是靠证券业的自律组织及证券市场的参与者自我约束、自我管理；不制定直接的统一证券证券市场监管的法规，有关证券业监管的法规主要是通过间接的法律规定（如《公司法》等）以及自律组织的规章制度。当然，英国自律监管体制同样处于是不断变化和创新的，下面就其变化过程做一个简要梳理。

英国的证券业产生较早，其首次证券交易是在1689年，由英国的商人在伦敦城内一家名叫新乔纳森的咖啡馆内进行的。当时交易的证券品种主要是政府发行的债券，也有少量的股票。1773年，证券交易场所迁入斯威丁街的一幢楼内，1802年定名为"伦敦证券交易所"。此后，英国的证券业发展迅速，为加强对证券市场的监管，1818年，英国政府颁布了第一部证券交易条例。

从证券市场监管的类型上看，英国是"自律监管"的典型代表，强调"自我监管""自我约束"，但在初级市场和内幕交易等方面，政府仍加以必要的立法管制，特别是1929年美国证券大危机之后，制定了一系列涉及证券市场的法律、法规，它们主要有：1948年《公司法》、1958年《反欺诈（投资）条例》、1973年《公平交易法》、1976年《限制性交易实践法》、1984年《证券交易所上市管理法》、1985年《公司法》、1988年《财务服务法案》、1986年《金融服务法》和2000年《金融服务和市场法》。另外，还有自律监管机构制定的《证券交易所监管条例和规则》《伦敦城收购与合并准则》（又译为《伦敦城关于股权转移和合并行为准则》）等。而1986年制定的《金融服务法》则被称为是监管证券业务的新法案，它带来了伦敦证券市场的大变革，降低了交易成本，增加了金融市场的流动性，并加强了对投资者利益的保护，增强了伦敦金融市场的竞争力。在上述一系列法规中，英国《公司法》、1986年《金融服务法》和2000年

---

① See Clive M. Schmitthoff, "The issues of Securities in Great Britain", (1989) *Journal of Business Law*; *Palmer's Company Law*, 21st ed., edited by Clive M Schmitthoff and James H. Thompson, Stevens & Sone Limited, 1968; C. C Wright, *History Sources of English Securities Law*, London, 1982; Gerald Krefetz, *The Basics of Stocks*, Dearborn Financial Publishing Inc., 1992.

《金融服务和市场法》在英国证券业发展史上具有重要地位,因此,有必要就这两个法规中有关证券监管方面的立法进行论述。

英国《公司法》对证券交易活动制定了详细规则,其主要内容有:(1)发行人在申请证券上市时,必须取得各交易所"挂牌上市部"的批准,必须符合交易所的"批准要求"和遵守"上市协议"规定。其中,"批准要求"规定,发行者按市价计算的资本,不得少于20万英镑,申请上市者必须提交《上市说明书》,对自身资信和经营历史、现状等情况进行充分披露,同时,必须有特定的经纪商的推荐,并有两家自营商的支持。而"上市协议"则要求由证券交易所和发行人共同签署。"协议"包括两部分规则,即行为规则和连续披露规则。行为规则要求董事会在未得到股东大会批准的情况下,不得擅自发行股票;连续披露规则主要是明确规定发行人应当持续披露年度报告、本年度数据、召开董事会的计划、关于红利和债息分配的决定、公司盈亏情况以及资本结构的变化等资料。(2)该法对内幕人士交易作了规制,所谓"内幕人士",是指由于同某公司有联系,或由于从事该公司证券交易而掌握内幕信息的人;所谓"内幕信息",是指来自公司内部的、未公开的"敏感的价格信息"。该法禁止内幕人士参与交易,同时还禁止英国人把内幕信息通过电讯等手段传递出去,并利用它在其他国家的证券交易所内进行交易。(3)该法禁止证券交易商直接同一般投资者进行交易,证券经纪商是证券业代理机构,他们从发行证券商或通过银行接下证券交易的委托书,再同自营商在交易厅进行交易。

1986年,英国金融体制发生了全面的根本性改革,英国议会通过了影响深远的《金融服务法》,开始了建立集中统一的证券监管体制的进程。英国政府根据该法成立了证券与投资委员会(Securities and Investment Board,简称为SIB),由国务大臣授权对各证券管理自律组织和证券市场的金融服务企业进行统一管理。此后,经证券与投资委员会批准,成立了几个自律性组织,承担直接的、日常的授权和监察工作,每一个自律组织负责管理金融服务业中的一个特别领域。1991年,证券与投资委员会决定合并证券协会和期货经纪商与交易商协会,创建了证券期货局。其监管内容主要有:对公司从事投资业务的资格进行审核;通过调查访问、分析财务报告和日常交易状况、听取投资者申诉等方式对公司业务进行监督;调查可疑的失当行为,并对公司或通过公司对个人进行处罚。其监管范围涉及在证券或衍生品市场上从事交易和咨询业务的金融服务公司,包括从事股票、债券、可交易期权、公司金融票据、金融期货和金属、油、谷物、咖啡及其他商品期货等业务的公司。1997年10月,证券和投资委员会更名为金融服务监管局(Financial Services

Authorities,简称为 FSA),继续执行这一法律所赋予其的权力。① 金融服务监管局的职责包括制定市场行为法规,防范违规炒作、内幕交易、信息滥用等不法行为,但其仅具有民事处理权,未被赋予类似美国 SEC 的命令强制执行的权限,但金融服务监管局仍可协调配合重大案件的调查,并将涉嫌犯罪之行为,交由检察官或贸易投资部提起诉讼。

总之,1986 年《金融服务法》颁布后,取代了英国政府以前制定的一些单行法规,建立了证券业新的监管体制,使英国的证券监管制度更趋合理化和现代化,该法是一部全面、综合的立法,其主要特点是:(1)增加了在英国从事投资业务新的审批规定。申请投资业务的公司必须满足该法案规定的各项条件,否则证券与投资委员会有权吊销这些公司的执照,以保护投资者的利益。该法还规定了保险公司受托监管人的自动批准条款以及豁免批准的条件。未经批准或豁免批准擅自从事投资业务的公司(或个人)就是违法,证券与投资委员会有权责令其赔偿,以便使受违法行为侵害而遭受损失的投资者获得补救。(2)通过建立一种新的结构来保护投资者的利益。其具体内容包括通过强制注册登记使所有的从事投资业的公司、团体和个人都要成为证券投资委员会、自律性组织或认可的专门行业机构的成员;对从事投资业务的机构的资金来源制定严格的限制;对投资业务规定详细的守则;制定集中的补偿计划。(3)通过财务报告和业务活动的分析调查,来加强对投资行业的监管。(4)该法还扩大了禁止内幕交易的范围,规定国务大臣有权任命监察员对内幕交易情况进行调查。英国在加强"自律"监管的同时,也在不断加强证券监管立法,使英国证券业得到了较好发展。"自律监管"和证券立法监管相结合,已成为西方金融制度改革的一种趋势。

2000 年,英国议会通过了《金融服务和市场法》,正式确立上述金融服务监管局的法律地位。金融服务监管局不是政府机构,而是一个独立的非政府的监管组织,拥有监管金融业的全部法律权限,金融服务监管局从而成为世界上监管范围最广的金融管理者。它不仅监管包括银行、证券和保险在内的各种金融业务,而且负责各类审慎监管和业务行为监管,并从 2001 年 12 月 1 日起开始行使其全部监管职能。金融服务监管局根据英国 2000 年《金融服务和市场法》制定并公布了一整套宏观的、适用于整个金融市场所有被监管机构的《监管 11 条》。由此,英国的自律式证券监管体系实现了向集中监管和自律约束相结合的证券监管体系的转化。

---

① 韩汉君、王振富、丁忠明编著:《金融监管》,上海财经大学出版社 2003 年版,第 138 页。

(二) 英国证券监管体制

1986年以前，英国政府并没有设置专门的证券监督管理机构，主要是依靠自律组织对上市公司和证券市场实施监管。英国的证券业自我监管系统分为两个层次：第一层次是证券交易所的监管；第二层次由"证券交易所协会""收购与合并问题专门小组"和"证券业理事会"三个机构组成。证券监督管理的政府职能主要由英格兰银行和英国贸易部、公司注册署等负责，但它们的权限有限，不直接参与监管。

英国的证券交易所实际上行使着英国证券市场日常监管的职能，其中以伦敦证券交易所积累的证券监管经验最为丰富，该所有较为详尽的规则，在证券监管方面取得了一定的成效。伦敦证交所曾经是世界上最大的证交所，它于第一次和第二次世界大战之后，分别被纽约证交所和东京证交所超过。这一方面与英国整体经济实力下降有关，另一方面伦敦证交所的监管缺乏制度创新也是一个重要原因。鉴于这种情形，伦敦证交所于1986年10月27日宣布实行重大改革：(1) 允许商业银行直接进入交易所从事证券交易；(2) 取消经纪商和营业商的界限，允许两者业务的交叉和统一；(3) 准许非交易所成员收购交易所成员公司的股票；(4) 取消交易最低佣金的规定，公司与客户可直接谈判决定佣金的多寡；(5) 实行证券交易手段电子化和交易方式国际化。这一系列改革的措施正在实际运行过程中逐渐显现出其成效。

英国第二层次的证券自律管监体系由三个非政府机构组成，它们的主要特点分别如下：

(1) 英国证券交易所协会。它由伦敦证交所和英国其他6个地方性证券交易所的经纪商和营业商组成。因此，它能对全国范围内的证券市场活动起到监督和管理的作用，从而在事实上成为英国重要的证券自律监管机构。它对其成员制定的各项交易规则，主要集中在《证券交易所监管条例和规则》中，它制定了关于批准证券上市及发行公司经营活动的规则以及某些特殊情况下的行为规则。

(2) 英国企业收购和合并问题专门小组。它是一个由英格兰银行总裁提议设立的研究机构，其职责是起草管制企业收购的规则。该小组制定的《伦敦城关于股权转移和合并行为准则》，对于英国的股权收购行为以及在收购文件中应包括哪些规定有着十分重要的指导意义和参考价值。该小组负责解释和具体执行这一准则，同时，还开展有关咨询和发布信息等活动。

(3) 英国证券业理事会。它是1978年由英格兰银行提议而成立的,一个由10个以上专业协会代表组成的民间证券监管组织。其主要任务是制定、执行有关交易的各项规章制度,如《证券交易所行动规则》《大规模收购股权的规则》以及《基金经理人个人交易准则》等。该理事会下设一个常务委员会,负责调查证券业内人士根据有关规章制度进行的投诉。目前这一机构在英国的自我监管体制中占有重要地位。

英国的三个自我监管机构与政府机构是相对独立的,但它们在一定程度上要相互配合。三个非政府机构自我监管的结果表明,它们可以通过有组织的形式进行成功的监管,从而代替政府机构执行严厉的市场政策,如果发现了不法行为,"专门小组"等会将提案提交有关政府部门,并由后者进行调查和提起诉讼。政府机构对证券市场的参与一般是采用立法手段,而自我监管机构是以非立法方式实施其行为准则。

自律监管模式的构建起源于亚当·斯密的市场经济理论。按照这一理论,一个国家最好的经济政策是经济自由主义,由于人们从事经济活动都具有谋求利益最大化的本能。因此,每一个交易主体都比政治家或立法者更能准确地判断资本用在何处更为有利,他们在实现个人利益的同时也会自动促进社会福利的增加,国家只需担任裁判员的角色而不必干预经济。这一理论运用在证券市场上得出的结论便是国家不必对证券市场实施强行干预,对证券业的监管应当以自律为主。这种以自律为主的证券监管模式的优点是:政府无须直接介入证券监管的日常事务,从而使政府的地位较为超脱,便于行使其最终的裁判职能;自律组织在证券市场的第一线,更了解证券市场的最新变化,监管的范围更为宽泛,在执法、监控等方面更有效率,也更具灵活性和预防性,同时监管成本亦相对较低。这种监管模式的不足之处是,由于自律组织兼经营者与监管者于一身,因此,基于自身利益的考虑,容易形成利益集团和行业垄断,从而引起公众投资者的不满。另外,自律组织的监管容易偏重于证券市场的效率和自律组织会员利益的保护,缺乏对投资者利益的有效保障。

需要注意的是,虽然直到英国金融服务局成立之前,英国一直被视为是证券监管自律模式的典型代表,但是,20世纪90年代后,证券自律监管体制已经不能适应瞬息万变的证券市场要求,以英国为代表的原来证券自律监管体制的各国纷纷开始制定一些成文法,逐步开始建立集中统一的监管体制。

三、中间型的法国模式①和德国模式

法国、德国是欧洲大陆证券监管模式的代表,欧陆各国的证券监管模式是介于政府主导型和自律主导型之间的一种监管模式,它既实行集中统一的政府监管,又注重自律机构的自律监管。它是立法监管和自律监管的双重体制。

法国第一个股份公司是建立于 1250 年的巴萨格勒磨坊和图芬兹城堡公司。至 1350 年,里昂出现法国第一家证券交易所。目前,法国全国共有 7 个证券交易所,它们分布在巴黎、里昂、马赛、里尔、波尔多等城市,其中于 1724 年成立的巴黎证券交易所是法国最大的证券交易所,其规模仅次于纽约、东京、伦敦证券交易所,居世界第四位。

法国对证券业的监管既强调政府的直接干预,又注重自律机构的自律监管。法国对证券业监管的主要机构有证券交易所管理委员会、证券经纪人协会和证券交易所协会三家。其中,证券交易所管理委员会是法国政府监管证券的职能机构,受财政部监督,该委员会的成员亦由财政部任命。委员会的主要职责是:负责对证券市场的交易情况进行监督管理;对各种有关证券规章制度提出制定和修改建议;有权对参与证券交易的公司和证券交易所的营业行为进行检查审核;决定对证券报价的承认或撤销,在一定范围内确定佣金标准;可对证券交易所的交易程序作出决定;可对证券交易所或证券经纪事务所的设立和关闭等提出意见;最后一项主要职责是确保证券上市公司及时披露相关的信息资料,并审核其准确性等。证券交易所委员会是法国对证券业实施监管的最重要的机构。

证券经纪人协会和证券交易所协会均为行业自律机构。其中,证券经纪人协会,是由全国证券交易所的经纪人组成。它的主要职责是:负责组织实施证券市场交易的监督和管理;负责监管协会成员和证券经纪人的日常经营活动;负责审查申请证券上市公司的资料,并将审查意见提交证券交易所委员会通过;稽核检查和惩处证券经纪人违法乱纪行为。而证券交易所协会的职责,仅限于向证券交易所监管委员会提供咨询,并监督证券经纪人的活动。可见,法国一方面设置专门的政府监管机构,另一方面又充分发挥行业的自律作用,兼采政府监管和自律监管各自的长处,而弥补各自的不足,由此大大地促进了本国证券市场的规范与发展。

---

① See *Martindale-Hubbell Law Directors* (1967 ed. Supplement), France Law Digest, Corporations, at 17—19; Paul Didier, "The New French Legislation on Commercial Companies", 1967 *Journal of Business Law*, pp.78—84.

德国证券监管的形成和发展分为三个阶段：第一阶段是1995年以前；第二阶段是1995年至2002年；第三阶段是2002年至今。

在第一阶段，德国早期对证券市场监管不严，投机性非常强，德国没有设立全国性的统一证券监管机构。从1896年开始德国政府着手运用立法手段对证券市场干预，政府制定了《证券交易法》。在这一阶段有权干预证券市场的政府机构有联邦储备银行和中央资本市场委员会。但是，德国实际负责对证券市场进行监管的组织机构还有证券交易所理事会、证券上市批准事务所、交易所委员会和官方经纪人会社。证券交易所理事会主要负责监管证券交易的日常运行；证券上市批准事务所负责证券上市的核准工作，并监督相关的信息披露行为。

在第二阶段，1995年之后，德国进行证券监管体制改革，设立隶属于财政部的联邦证券交易监管局作为中央集中监管机构，并形成了联邦证券交易监管局、证券交易所等自律组织以及各州交易所监管署三级监管体制。[①]

在第三阶段，2002年4月德国通过一项《金融机构合并法》，将原本分别负责监督银行、保险业务以及证券期货业务的三个主管机关合并在一个新的金融监管机构——联邦金融监督管理局之下。联邦金融监管局成立后，整个金融体系包括银行、保险、证券都在其监督之下，除了保护消费者权益及监督企业偿债能力的功能外，也希望维持德国经济稳定，并提升竞争力。联邦金融机构监督管理局直接隶属总统，由副总统指挥，新的监理架构保留三个前监管机构的专业领域部分，这三个监管机构各自的行政部门，由中央单位统筹预算、组织、人力资源、控制及信息技术等。

联邦金融监督管理局的主要功能之一就是使证券及期货市场适当运作，以达成保护投资人、促进市场透明及公平之目标。该机关的主要职权规范于《证券交易法》第4条，主要权责为确保交易市场运作能确实遵行各项法令规章、订立证券交易所的收费结构及费率、监督经理部门业务运作及对总经理的聘任与监督等。依据证券交易法及证券买卖公开说明书的相关规定，其一般权责主要包括下列各项：打击及防范内幕交易行为；监督所有证券及衍生性产品交易是否遵循《证券交易法》第9条相关报告的要求；监督上市公司的公开揭露信息是否符合要求；监督上市公司的持股异动是否符合揭露的要求；监督行为准则及投资服务公司的组成；招股说明书保管；与国内其他机关合作；与国外机关合作所有有关证券交易的监督事宜。

德国证券法律体系比较分散，调整证券市场的法律主要是《证券交易

[①] 孙国华、冯玉军：《证券法律基础知识》，中国金融出版社2004年版，第236页。

法》,此外,还有《股份公司法》《证券发行说明书法》《财务报表公布法》《银行法》《投资公司法》等。

综上,以法、德为代表的欧洲大陆证券监管模式,是以监管为主、自律为辅,在各个层次的法律、法规中贯彻统一协调的监管原则,这也正是世界各国证券市场监管的发展趋势。要想发挥政府集中统一监管模式和自律监管模式各自的优势,同时克服各自的缺点,就需要将这两种模式相结合,形成欧洲大陆式的监管模式。不少原来实行自律监管的国家,现在已经开始逐渐向政府管制与市场自律相结合的方向发展。而实行集中统一监管模式的国家也越来越注重自我约束、自我监管。

政府监管与行业自律一直是证券管理体制中彼此独立又相互依存的两个方面。较为发达的证券市场不少都经历了从以行业自律为主向加强政府监管过渡的历程,向行业自律与政府监管相融合的监管模式发展。

第二节 证监会国际组织与各国证券业监管体制发展的新趋势

一、证监会国际组织

(一)证监会国际组织的性质、宗旨

证监会国际组织(International Organization of Securities Commissions,简称 IOSCO)是国际间各证券及期货管理机构所组成的国际合作组织,是国际证券市场监管机构最重要的组织。该组织总部设在加拿大蒙特利尔市,正式成立于 1983 年,其前身是成立于 1974 年的证监会美洲协会。该组织由世界银行和美洲国家发起,开始的宗旨是帮助发展拉美市场,头 10 年,该组织的活动仅限于年度会议。1983 年,该组织正式成为全球性组织,目前共有 84 个正式会员、10 个联系会员和 45 个附属会员。IOSCO 作为专业性国际组织,强调非政治原则,所有会议不悬挂国旗、不奏国歌。IOSCO 共有三个委员会,即执行委员会、技术委员会和新兴市场委员会。在 IOSCO 的委员会中,对证券跨国发行与交易行为的法律监管起主导作用的则是技术委员会。[①] 我国于 1995 年 IOSCO 巴黎年会上加入了该组织,成为其正式会员。2012 年 5 月中国证监会成功承办 IOSCO 第 37 届年会。至今,中国证监会已

---

① 邱永红:《证券跨国发行与交易的若干法律问题》,载《中国法学》1999 年第 6 期。

与49个国家和地区签署了53个监管合作备忘录。①

IOSCO的宗旨是：通过交流信息，促进全球证券市场的健康发展；各成员组织协同制定共同的准则，建立国际证券业的有效监管机制，以保证证券市场的公正有效；并共同遏止跨国不法交易，促进交易安全。其章程的序言规定：证券监管机构决议共同合作，确保从国内市场和国际层次更好地监管市场，以保持公正和有效的市场；根据各自的经验交换信息，以促进国内市场的发展；共同努力设立标准和建立对国际证券交易的有效监督；相互间提供协助，通过有力地执行各项标准和对违规行为的有效监管来确保市场的完善。

IOSCO已经通过的正式协议主要有《国际商业行为准则》《反洗钱》《国际审计标准》《金融合并监管》《清算和结算》《国际会计标准》《现金和衍生产品市场间的协调》和《反跨国证券与期货欺诈》等。

此外，国际证券市场监管方面的国际性组织还有国际证券交易所联合会、国际律师协会和国际会计师联合会。国际证券交易所联合会与国际律师协会和国际会计师联合会于1990年11月宣布在有关世界资本市场的研究方面达成合作协定。②

（二）证监会国际组织的基本功能

IOSCO的基本功能主要是：(1)制定并颁布有关建立信息交流机制、制约跨国的证券欺诈、市场操纵和内幕交易行为的文件和协议。(2)签署谅解备忘录。签署谅解备忘录是证券监管者之间进行国际合作的一个重要途径。备忘录本身是各国证券业监管者之间的一种合作意向，这种备忘录的内容通常是要求一方传递有关另一方怀疑某市场主体违法、违规或预计其将违法、违规的信息。(3)进行信息共享网络的建设。(4)协调资本充足率要求。(5)协调并建立证券多国发行和上市的统一的财务信息披露及会计标准，降低发行与上市的运行成本和管制成本，促进资本在全球范围内的有效配置。

（三）证监会国际组织的监管目标和原则

作为最重要的国际证券监管机构组织，IOSCO承担了帮助建立较高监管标准的责任，并出台了一系列的决议、咨询文件、报告等，成为国际证券业准则的渊源。1998年9月，IOSCO内罗毕年会正式通过的《证券监管的目标

---

① 《中国证监会成功承办国际证监会组织第37届年会》，载人民网：http://finance.people.com.cn/stock/GB/17928005.html，访问日期：2012年10月14日。
② 朱孟楠：《金融监管的国际协调与合作》，中国金融出版社2003年版，第162—167页。

和原则》是该组织近年来最具实质内容的文件。它总结了世界各国和地区证券监管机构的监管经验和教训,反映了世界范围内证券市场发展与监管的一般趋势。该文件提出的证券监管的目标和原则若得以落实和实施,不但可以加强国际、国内投资者对证券市场的信心,还将大力推进该证券市场融入全球金融市场的进程。因此,尽管它是非约束性的,但是被成熟市场奉为圭臬,集中体现了证券业的一般国际准则。该文件进一步表明了 IOSCO 对于建立和维护证券业一贯的高监管标准的共识。该文件在 2003 年进行了全新的修订。

1. 证券监管目标

《证券监管的目标和原则》认为证券市场监管的主要目标有三项:保护投资者;确保市场公平、有效和透明;减少系统风险。这三项目标是紧密相连的,而且在某些方面还是相互重叠的。许多确保公平、有效和透明的市场的要求也会促进对投资者的保护并有助于减少系统性风险。同样,许多减少系统性风险的方法也会为投资者提供保护。

(1) 保护投资者。投资者应受到保护,免受因信息误导、操纵市场或欺诈造成的损失。要保护投资者,最重要的是上市公司完全披露影响投资者投资抉择的重要信息。同时,作为披露要求的重要组成部分,应具备会计和审计的标准,且应是高水平、得到国际认可的标准。只有正式获得执照或得到授权的人员才准许公开地提供投资服务。要通过为市场参与者设立最低标准来监督市场中介机构,以保护投资人。中介机构应根据商业准则规定的标准以公正和平等的方式对待投资者。这就需要一套全面的关于检查、监督及相关项目的制度。证券投资者尤其容易受到中介机构及其他机构行为不当的影响,而个人投资者所能采取行动的能力有限。此外,由于证券交易和欺诈行为的复杂特性,需要坚决地执行上市公司监管法。当出现违反法律的行为时,要通过严格执法来保护投资者。投资者应有权与中立机构(如法院或其他解决争议机构)取得联系或对其遭受不当行为的损害要求补救和赔偿。有效的监督和执法有赖于国内和国际层次的监管机构之间的密切合作。

(2) 确保公正、有效和透明的市场。有关证券交易所、交易系统运营者和交易规则的建立应征得监管机构的同意,这有助于确保市场的公正。市场的公平与对投资者的保护,特别是与防止不正当交易紧紧联系在一起。市场的机制不应过分地向一些市场使用者倾斜。监管应包括对市场操纵及其他不公平交易的发觉、阻止和惩罚。监管应确保投资者拥有平等的机会使用市场设施和了解市场及价格信息。监管还应促进市场运作以确保对客户订单公平处理和可靠的定价程序。在一个有效的市场内,相关信息的传播应当及时、广泛，并可以反映在定价程序中。监管应提高市场的效率。

透明度可以被定义为有关交易的信息（包括交易前和交易后的信息）在实时的基础上公之于众的程度。交易前的信息包括确定的买价和卖价，以便于投资者较为确定地了解他们是否能按此价格以及在什么价格下可以交易。交易后的信息应是关于所有实际完成的交易额和交易量。监管应确保最高的透明度。

(3) 减少系统性风险。所谓系统风险，是指从国际金融市场整体来看，如果各国之间在金融监管方面无法进行有效的合作，那么，一国的金融机构或者金融市场所出现的危机，就可能引发别国甚至世界范围的金融危机。尽管我们不能期待监管机构防止市场中介机构出现倒闭，但监管应旨在减少倒闭的风险（包括通过资金和内部控制要求）。尽管财务倒闭会出现，但监管应减少该倒闭所造成的影响。因此，市场中介机构应有充足和持续的资金并满足其他审慎性的要求。必要的话，中介机构应做到逐渐停止业务，不让客户或交易对方有丝毫损失，或造成任何系统性破坏。对一个积极的市场来说，存在投机套利是必要的。所以，监管应不必抑制合法套利行为的存在。反之，监管机构应促进和允许对风险的有效管理，确保有足够的资金和其他审慎要求以允许适度的投机套利，可以消化一些损失和阻止过度投机。因此，有必要建立一套有效和精确的清算、结算程序，这套程序应得到正确的监督，并运用有效的风险管理工具。对拖欠的处理必须具有效力和有法律上安全的安排。这超出了证券法的范围而涉及一个国家（地区）内无偿债能力处理的规定。在另一国家（地区）或跨几国（地区）区域内，可能会出现由于一些问题引起的不稳定性，所以监管机构对市场混乱的反应应当通过相互间的合作与信息分享寻求促进国内和国际市场的稳定。

除了上述三项监管目标以外，各国根据其不同情况还会制定自己特殊的监管目标。除了在法律文本中明文表述的监管目标以外，尚有若干目标可能并未形成文本但却实际地发生作用。因此，对于一国具体的监管目标应当具体分析。

2. 证券监管原则

证券监管的原则是指贯穿证券监管始终，渗透在证券监管的各个方面，并为证券监管过程所时刻遵循的最一般行为准则。

证券监管的原则服务于证券监管的目标，欲实现保护证券投资者利益的目标，关键是要建立起公平合理的市场环境，为投资者提供平等的交易机会和获取信息的机会，使投资者能够在理性的基础上，自主地决定交易行为。建立和维护证券市场的公开、公平、公正的"三公"原则，是保护投资者利益的基础,这也是世界范围内基本得到一致认同的证券监管原则。由于"三公"原则在证券市场监管方面具有共通性,因此,我们也可以称之为抽象的基本原则。

除在抽象层面提出证券监管基本原则之外,各国立法例也提出为实现基本原则的一些具体原则。IOSCO修订后的《证券监管的目标和原则》就从具体的层面上,分别针对证券市场运行中的监管机构、自律、证券监管的执法、监管合作、发行人、集合投资计划、市场中介机构和二级市场共八个重要方面,提出共30项监管原则。[①] 这30项证券监管原则作为实现上述证券监管三项基本目标的保障,对证券监管基本方面提出了基础性要求,为各个国家和地区完善证券监管法律制度提供了指南。

二、世界范围内证券监管体制发展的新趋势

世界各国的证券监管体制不是固定不变的,而是随着社会经济的发展而不断改变和完善的。近年来,在科技进步(尤其是电子计算机的广泛应用)和经济全球化、贸易自由化、金融市场一体化潮流的推动下,世界各国证券市场获得了迅猛的发展,也出现了许多新情况、新问题,给证券业的监管提出了越来越高的要求。这主要表现在以下几个方面:

(一)金融创新带来证券监管体制的变革

金融创新是金融市场主体为逐利和维持竞争力而进行的创新性变革及其过程,主要包括金融工具和业务创新、金融组织创新、金融制度创新等内容。金融创新作为金融深化、金融发展的根本动力,在金融风险的防范、金融资产结构的更新优化以及金融机构盈利性、流动性的提高等方面都具有积极作用。

1. 金融工具与业务的不断创新和金融资产证券化的日益增长,将引起法律上和监管上的变革

证券公司为谋求生存和发展,纷纷推出了适应不同企业融资需求和投资者管理风险及投资需要的金融产品。与此相伴,期权期货市场、资产证券化市场以及其他金融衍生品市场等迅速兴起并发展壮大。新的金融产品市场的形成又对现有的金融机构组织形式提出了新的挑战,出于加强风险管理和增强竞争力的需要,逐步形成金融控股集团,从而在不少发达国家形成了目前金融产品多样化和金融业务交叉的集团化经营模式。经营模式的变革和

---

① 详见证监会国际组织(IOSCO)修订后的《证券监管的目标和原则》的原文,本书不一一列举。

金融体系的变迁,促使人们对传统金融制度进行反思,由此带来了金融市场的改革和持续发展。根据国外权威报告预测,"衍生"证券,包括期货、期权、不动产抵押保证债券以及各种以国际股价指数为基础的金融工具将大受欢迎,这些金融证券的发行量和交易量在全球可能呈爆炸性增长,由于期货交易监管和证券交易监管所适用的法律不同,这在整个证券业的监管中必然会发生法律冲突。预计随着金融工具的不断创新,将会导致现行证券法的变革。

2. 金融创新促使证券市场管制趋于放松

从国际经验看,金融创新是金融企业提升并保持自身竞争力的关键。金融属公共产品,监管当局为了维护金融稳定,防范金融风险,往往采取种种措施和手段进行管制。若采取强化管制的做法,通过限制金融企业的业务范围、控制金融服务和金融产品价格、限制金融创新等方式来保证金融市场稳定,事实上却极有可能遏制金融市场的纵深发展,造成金融业竞争力低下,使整个金融体系脆弱,其结果是,为了表面上的金融安全,却付出了实质上遏制金融市场发展的代价。若放松金融管制,鼓励市场竞争,引导金融机构创新,不断提高监管当局防范金融风险的能力和监管水平,则可以有力地促进金融市场的发育和金融业的发展,更为有效地防范金融风险。从20世纪70年代开始,发达市场经济国家相继放松金融管制。

金融创新具有规避局部金融风险的功能,但其同时也在总体上增大了金融体系的风险,改变了以往金融监管运作的基础,甚至造成监管的重叠或缺位,从而对金融监管的能力和技巧提出了更高的要求。金融史的演进,特别是2008年以来的国际金融危机表明,有效的监管既要为金融创新创造良好的外部环境,又要最大限度地防范和消除创新可能给市场带来的各种风险。也就是说,监管者要在促进市场的效率与维护市场的公平之间巧妙地寻求平衡点。金融创新是提升金融业服务水平和竞争力的关键,应当鼓励金融创新,为金融创新营造有利的制度环境和监管保障。要适应经济社会发展需要,充分运用现代科技成果,促进科技与金融结合,支持金融组织创新、产品和服务模式创新,提高金融市场发展的深度和广度。与此同时,金融创新必须以市场为导向,以提高金融服务能力和效率为根本目的,防止以规避监管为目的和脱离经济发展需要的"创新"。要动态把握金融创新的界限,把防范风险始终贯穿金融创新全过程,使监管能力建设与金融创新相适应。

为此,许多国家对金融监管制度进行重大改革和创新,主要是在监管方式上由主体监管转向功能监管,在监管标准上由资本充足率为主转向综合风险监管指标,在监管重点上由外部控制制度为主转向兼顾内部控制制度。一些新兴的市场经济国家则结合自身实际情况,在控制市场风险的前提下,放松金融管制,赋予金融市场主体更大的行动自由和创新空间。

3. 中国证券业及其监管体制的创新与变革

我国资本市场经过二十多年的规范发展,证券业不断创新,通过提供证券交易、证券承销、财务顾问等金融服务,在满足企业和投资者的投融资需求、优化资源配置、推动金融创新等方面发挥了重要作用。与此同时,证券业在资产规模、治理结构、业务拓展和区域布局等方面也已经基本具备了相对完整的行业形态。当前,我国证券业面临许多困难,其成因是多方面的,但创新不足是重要原因。事实上,证券业的许多问题和困难也只有通过推进创新发展才能解决。监管者要为市场创新积极营造宽松良好的制度环境,在风险可测、可控、可承受的前提下,尽可能地消除和防范金融创新给证券市场带来的风险,鼓励创新、支持创新、引导创新。目标模式是逐步建立和完善以市场为导向的创新机制,充分发挥广大市场参与者,尤其是上市公司的主动性和创造性,积极进行金融创新,进而推动证券业的健康发展。

我国现行《证券法》较好地体现出鼓励创新、放松管制的立法意图,从以下六个方面为证券市场的创新发展打开法律空间(参见《证券法》第2、6、10、39、40、42、83、142条):为金融业的综合经营扫除法律障碍;将金融衍生品纳入调整范围,允许融资融券交易;对公开发行予以界定,将公开发行股票但不上市的公众公司纳入调整范围,为场外交易市场提供后备资源;放松了对证券交易方式的管制;增加了对证券交易场所的规定,为多层次资本市场发展提供了法律依据;解除了相关资金向证券市场投资的限制,拓宽了资金融入渠道。

我国目前在分业监管的模式下,上市公司准入成本和运营成本高昂,统筹各金融监管部门和财政、税务等部门,增强监管部门之间的协调性,减少行政审批项目,可以减轻上市公司的运营负担。在金融创新推动下的分业监管模式向混业监管模式的转化过程中,监管方式由主体监管向功能监管的转换,监管重心由外部监管为主转变为内部约束和外部监管相结合,建立有效的以行政监管为主导、上市公司内控机制为基础、行业自律管理和社会监督为补充的复合型的监管体系成为必然。最终,证券监管法是放松金融管制的重要依据,是防范和控制金融风险的最后屏障,也是确认和肯定金融创新成果的主要体现。因此,要适时完善包括上市公司法在内的证券监管法律体系,以开拓金融创新空间,巩固金融创新成果,实现金融稳定和金融发展。

(二)证券市场面临信息技术的发展对监管手段提出了挑战

由于科学技术的发展,证券业自动化程度大大提高,计算机网络系统将使证券市场进入无场地和无纸时代,这就对市场安全防护及监管提出了更高的要求。如果不能有效地防止违法和犯罪案件的发生,必然对市场造成很大的破坏性后果。计算机网络化时代的到来,将使现行的证券业监管体制面临全面的挑战。

1. 信息技术发展给证券业带来的便利

首先,互联网技术的变革成为金融创新的重要推动力,重构了证券行业的商业运营模式,全球证券市场呈现24小时连续自动交易的趋势,打破了证券交易的国界,给世界各地的投资者带来了投资便利。

其次,互联网技术的进步丰富了证券监管的手段,提高了证券监管的效率:证券监管者可以利用互联网进行投资者教育和提高市场的信息透明度。投资者教育和投资者保护可以帮助监管者进行反欺诈的监管,虽然监管者还需不断地识别欺诈及其他非法行为并与之进行斗争,但有效的投资者教育是反证券欺诈的重要武器。证券监管机构可以在互联网上建立互动的系统以方便投资者对市场参与者的合法性进行咨询。监管者、自律机构等可以通过互联网的方式向现在和未来的投资者,提供有关这些组织的信息、现行的法律法规条例,以及对相关机构的处罚情况等。互联网也成为证券监管机构进行快速有效监管的重要手段和工具。通过互联网也可以加强在执法上的合作。非法证券活动可能在不同国家或不同的目标群之间进行转移,监管者可以利用互联网收集在互联网上的证券违法和欺诈活动。通过互联网进行信息的共享,可以降低互联网上非法活动的机会,可以对其他监管者对类似的非法活动的监管产生提醒作用。而且通过互联网各国监管机构可以相互交流监管经验。

2. 信息技术发展给证券监管带来的问题和挑战

在互联网给证券市场的发展带来积极影响的同时,也带来了许多证券监管机构必须面临的新问题和新挑战。证券监管规则以证券行业的运营环境为基础制定,大多数证券监管规则的制定所依赖的环境都发生在互联网和全球化的运营环境发生之前。而信息技术的进步正在对证券行业的运营环境和运营模式进行快速地创新和变革,使得证券监管者至少要面临如下五个方面的复杂问题:(1)互联网技术的发展使证券欺诈和市场操纵更为便利,对投资者保护提出了新的挑战;(2)交易所与证券公司之间的功能融合,证券监管方式面临新的课题;(3)互联网使投资者的投资行为和证券经营者的经营行为可以轻易地超越国界,这给以国界为基础的现有的证券监管体制带来问题;(4)技术推动所导致的金融混业经营的趋势不断加强,同时会对过去以分业经营为基础的监管体制形成极大的挑战;(5)互联网所导致的证券交易所的全球竞争的加剧及公司化改造,对证券交易所的自律监管带来较大影响。

3. 应对措施

一些国家的证券监管机构对互联网在证券市场的运用,采取了相对比较灵活的监管方式。例如美国对证券经营机构利用互联网行为的监管的基本原则是:首先,证券监管不应该阻止市场参与者合法地利用互联网,应该积极鼓励证券经营机构的创新。其次,证券监管的基本原则和目标不变,如保护投资者利益、维持市场的公平、透明、有效、降低市场系统风险等在互联网环境下仍然不会改变。最后,证券监管机构在制定相应的监管政策时应当充分地预见到互联网技术可能存在的演化的趋势。

IOSCO同样提出,面临信息技术发展的新情况,为保护投资者的利益,确保证券市场的公平、高效及透明,以及降低系统性风险的监管目标不会改变。与此同时,IOSCO 1998年对互联网上的相关活动还提出了下列监管原则:传统的证券监管原则仍应不变;监管机构不应阻止网络电子化在证券市场上的应用;监管机构应努力强化监管,提升电子化交易的透明度及一致性;各国监管机构应加强合作及信息交流;监管机构应深入了解电子媒体及其未来发展趋势。

相对于我国而言,在互联网技术发展日新月异的时代,对上市公司和证券市场进行适度、及时的监管是必须的,但同时要保持相当的灵活性。从监管机构的角度来看,制定法规是用来约束市场不当行为的,但是监管原则不应该抑制市场创新活动的空间,而应通过监管来为新技术在证券市场的运用创造合适的环境,鼓励有利于增进投资者利益的正当金融创新活动,从而推动我国证券市场的健康规范发展。

(三) 外部监管与企业内部约束和行业自律间的互动成为世界各国证券监管的发展趋势

1. 外部监管与企业内部约束机制相结合

从哲学的角度来看事物的变化发展,内因是变化的基础,外因是变化的条件,外因通过内因起作用。在证券市场的监管中,市场主体的内部自我约束是证券市场规范健康发展的基础或者说是内因,作为外因的行政监管力量,无论如何强大,监管的程度无论如何细致而周密,如果没有市场机构的内部约束机制相配合往往事倍而功半,其监管效果必然大打折扣。

在成熟的证券市场上,企业经营管理层的内控意识和合规意识很强,以此为非常重要的管理理念,贯穿于整个经营管理过程中,并专门成立独立的、对公司最高权力机构负责的内部审计机构和合规检查部门,建立了健全的合规和内控制度。证券市场相关机构的内部控制功能与外部行政监管的呼应,确保了证券监管法律法规的有效执行。由于巴林银行、大和银行以及住友商社等一系列丑闻的发生都与内控机制存在的缺陷或执行不力有直接关系,许多国际金融集团和金融机构在震惊之余,纷纷开始重新检讨和审视自己的内控状况,以免重蹈他人覆辙,各国监管当局和一些重要的国际性监管组织也开始给予市场机构内部约束机制前所未有的关注。我国证券经营机构大都建立起包括法人治理、风险管理、内部控制、合规检查等在内的内部约束制度体系,呼应证券监管机构的监管行为,确保其在有效防范经营风险和合法合规的前提下运营。

2. 政府监管与行业自律监管相结合

从证券市场自律管理的实践看,行业协会是适应金融业行业保护、行业协调与行业监管的需要自发地形成和发展起来的。健全有效的自律监管体系是一个成熟证券市场监管体制中不可替代的组成部分。从本章第一节的论述中可以看出,无论是以政府主导型的美国监管模式,还是以自律主导型的英国监管模式,当今都在进一步探索政府监管与行业自律监管有机结合的最佳点。而且,这也成为各国探索证券监管体制改革的共同发展方向。关于政府监管与行业自律监管相结合的问题,本章后面还要结合中国的实际情况专门讨论,故在此不加赘述。

(四) 各类金融业务间的相互渗透使全球金融向混业经营混业监管的方向发展,国际合作与跨境监管进一步加强

1. 国内金融走向混业经营、混业监管

随着金融市场的创新发展和不断深化,金融各行业间业务的不断渗透,银行、保险、证券三者的界线逐渐模糊,金融创新日益多元化、综合化,全能金融机构开展全方位、一揽子业务服务、混业经营已成为全球金融发展的主流。在各类市场主体的各类业务日益出现相互交叉和渗透的新趋势下,如果继续实行传统的通过划分市场主体进行分业监管的体制势必导致一部分证券市场活动游离于证券监管之外,导致证券监管出现真空,产生较大的风险隐患。作为金融混业经营的应对,对监管格局进行重构和优化,推出更明确的符合市场发展方向的监管格局和监管规则,更进一步加强各有关部门的沟通与协作。一些国家金融监管体制的组织结构体系向部分混业监管或完全混业监管的模式过渡。

2. 金融监管法制国际化

金融全球化的发展趋势，使金融机构及其业务活动跨越了国界的局限，在这种背景下，客观上需要将各国独特的监管法规和惯例纳入一个统一的国际框架之中，金融监管法制逐渐走向国际化。双边协定、区域范围内监管法制一体化，尤其是巴塞尔委员会通过的一系列协议、原则、标准等在世界各国的推广和运用，都将给世界各国金融监管法制的变革带来冲击。金融监管规则日益趋同，国际监管合作日趋重要。金融国际化客观上要求实现金融监管本身的国际化，如果各国在监管措施上松紧不一，不仅会削弱各国监管措施的效应，而且还会导致国际资金大规模的投机性转移，影响国际金融的稳定。因此，西方各国致力于国际银行联合监管，如巴塞尔银行监管委员会通过的《巴塞尔协议》统一了国际银行的资本定义与资本率标准。国际证监会组织（IOSCO）等各种国际性监管组织也纷纷成立，并保持着合作与交流。

3. 国际合作与跨境监管进一步加强

在经济全球化、金融全球化的背景下，各国资本市场的国际化趋势日益增强，尤其在合格境外机构投资者制度即 QFII 制度实施后，跨国证券违法、违规活动日益猖獗，因此跨境的监管合作已成为必然，各国间的国际合作与跨境监管进一步加强。下面以我国为例对此问题加以说明。

我国证券市场的国际化是在世界证券市场国际化潮流的大背景下起步的。1982 年，中国国际信托投资公司首次对外发行国际债券，揭开了我国证券市场国际化的序幕。随着中国于 2002 年 12 月 11 日加入 WTO，我国进一步对外开放证券市场。WTO 推动着我国证券业在以下五个方面迈向国际化：国际债券市场上发行债券、向境外投资者发行 B 股、在海外直接上市、中资企业海外间接上市筹资、投资基金筹资等。到 2008 年，所有中国入世承诺均已落实，这意味着我国的金融业全面开放。如外国证券机构可以（不通过中方中介）直接从事 B 股交易；外国证券机构驻华代表处可以成为所有中国证券交易所的特别会员；允许外国服务提供者设立合营公司，从事国内证券投资基金管理业务，外资比例不超过 33％，加入后 3 年内，外资比例不超过 49％；加入后 3 年内，允许外国证券公司设立合营公司，外资比例不超过三分之一。合营公司可以（不通过中方中介）从事 A 股的承销、B 股和 H 股、政府和公司债券的承销和交易、基金的发起。此外，外国证券类经营机构可以从事财务顾问、投资咨询等金融咨询类业务。

在这样的国际化背景下，我国的证券业将面临新的风险，同时也会出现监管的盲点和误区。这些问题的解决需要证券监管的国际合作与协调。我国《证券法》第 179 条第 2 款规定："国务院证券监督管理机构可以和其他国家或者地区的证券监督管理机构建立监督管理合作机制,实施跨境监督管理。"我国已经引入了 QFII 制度,因此如果境外投资者有违法、违规行为,证监会在查处的过程中就要面临证券监管法的地域性和投资行为的跨国性这一矛盾,因此,在很大程度上要依靠国外相关证券市场监管机构的国际合作。与其他国家或地区签署合作备忘录是我国目前实现对外合作和跨境监管的主要方式。

第三节 我国证券市场监管体制研究

一、我国证券监管体制的发展演变

我国证券监管体制的发展演变依时间顺序大致可分为六个阶段:

(一)第一阶段:证券监管的萌发阶段(20 世纪 80 年代初至 80 年代中期)

20 世纪 80 年代初,我国的证券业开始发育,当时以国债的发行为先导,继而内部集资并逐渐促成股票市场的发育。这一时期我国证券的发行主要为国库券发行,而国库券的发行工作主要由财政部组织和管理,发行方式以行政摊派为主,并没有建立起国债的流通市场。发行国库券的主要依据是国务院于 1981 年 1 月 28 日颁布的《中华人民共和国国库券条例》。

自 1986 年 1 月 7 日国务院发布《中华人民共和国银行管理暂行条例》开始,中国人民银行作为证券主管机关的地位开始确立。该《条例》第 5 条规定:"中国人民银行是国务院领导下管理全国金融事业的国家机关,是国家的中央银行",并在该条第 11 项中规定中国人民银行应当履行"管理企业债券、股票等有价证券,管理金融市场"的职责。这样一来,就确立了中国人民银行作为证券市场主管机关的地位。此后,中国人民银行先后颁布了一系列监管办法以适应证券市场发展的需要,这些办法主要包括:《证券公司的管理办法》《跨地区证券交易管理办法》《设立证券交易代理点有关问题的通知》及《有关严格控制股票发行和转让的通知》等。这期间主要在上海、深圳等地陆续出现了股票、债券形式的有价证券交易活动,上海、深圳等地方政府出台了一些地方性法规,对当地的证券市场进行监管。同时,上海、深圳两地的中国人民银行分支机构为两地证券市场初期的发育起到了积极的作用。

(二)第二阶段:证券监管的进一步发育与成长阶段(1986 年至 1992 年)

这一时期初步形成了以中国人民银行为证券主管部门,按券种进行部门分工的管理格局,如财政部负责国债发行并参与国债交易市场管理。

由中国人民银行作为证券主管机关所带来的矛盾随着各地证券市场的成长而日渐突出,这主要表现在:中央银行在监管目标上侧重从总体上控制货币的发行与流通,以维护金融制度的稳定,而在维护公平交易、保护投资者的利益上监管乏力;在监管手段上中央银行传统调整宏观金融的手段如利率、存款准备金率、再贴现率等均属间接手段,而证券市场的监管须直接规范上市公司、证券商、证券交易所以及其他市场主体的行为才能得以实现,加之银行业与证券业具有利益上的冲突,因此,中央银行监管的手段无法适应证券市场的需要。此外,中央银行充当证券主管机关也无法顺应证券市场国际化的需要。在这种情况下,于是出现了第二阶段由多个政府机关共同监管证券市场的局面。1988年后,国家计委逐步参与对企业债券发行的额度审批管理。1990年后,国家体改委介入股份制试点企业的报批管理。1991年由中国人民银行牵头设立了由计委、体改委、财政部、国资局、国税局、经贸部、工商局、外管局8个部门参加的股票市场办公会议制度。1992年该制度演变为国务院证券管理办公会议制度,形成包括计委、体改办、财办、中国人民银行及其分支机构共同办公,审批股份制企业改制和股票的发行,并由国务院牵头,发布了《股份有限公司规范意见》等14个具体办法。但是,多个机构的审批制度造成了监管中的混乱。

在实际运作的过程中,地方政府,尤其是沪、深两地政府也扮演着重要的监管角色。1991年,中国证券业协会和中国国债协会成立,但都尚未担负实质性自律职能。从总体上看,监管框架中政府部门和自律组织的若干要素均已出现,但监管体制仍处于发育阶段。

(三) 第三阶段:证券监管机构的建立和完善阶段(1992年至1997年)

正是在上述背景下,国务院于1992年10月26日成立了证券委员会和证券监督管理委员会,撤销国务院证券办。这标志着我国证券市场统一监督管理的专门机构产生,我国证券市场逐步向集中型监管阶段过渡。《股票条例》第一次以法规的形式确立,国务院证券委员会是全国证券市场的主管机构,依照法律、法规的规定对全国证券市场进行统一监管。它由中国人民银行、国家计划委员会、国家经济体制改革委员会、财政部、国家经贸委、对外经济贸易部、国家税务总局、最高人民法院、最高人民检察院、国家工商监管局、国家外汇监管局、国务院法制局、国家开发银行、国内贸易部等14个单位组成,采取例会形式办公,类似于一个处理证券市场大政方针的部长办公会议,是一个比较松散的机构。中国证监会是国务院证券委员会的执行机构,1993

年8月,国务院证券委授权中国证监会,其有权依照《股票条例》查处股份有限公司、证券经营机构、内幕人员和其他单位或个人的证券违法违规行为,但对需要撤销当事单位的证券经营业务许可的处罚应当商中国人民银行办理。

在这一阶段,证券业监管体制的进步主要体现在首次确立了独立的专门证券业监管部门,摆脱了依附财政部或中国人民银行的监管模式。但由于10多个政府部门均介入证券市场的管理与决策,形成监管权力分散的多头管理格局,证券委名义上为主管机关,实则为协调机构。证监会没有地方分支机构,当时的地方监管机构是代表地方政府管理本地证券市场,这削弱了证监会行使监管执行权的独立性和权威性。

1996年,集中统一的监管组织体系的建设步伐明显加快。1996年3月,中国证监会决定分批授予地方监管部门部分监管职权,建立了初步的证券市场协作监管体制。

(四)第四阶段:集中统一监管体系的形成时期(大致为1997年8月至2005年《证券法》修订)

随着我国证券业的不断发展,多头分散的监督管理体制日益显现出其弊端。证券业的高风险、投机行为的活跃以及违规违法行为的增多,客观上要求进一步加强对证券业的监管。为此,国务院证券委于1996年8月发布《证券交易所监管办法》,明确由中国证监会统一监管证券交易所的活动。1997年8月,国务院又决定由中国证监会直接监管上海证券交易所和深圳证券交易所,从而结束了由上海、深圳两市政府监管证券交易所的历史,这就突出了中国证监会在证券交易所监管中的主导作用,同时也理顺了中国证监会与证券交易所的关系。1997年11月召开的全国金融工作会议决定进一步对证券市场监管体制进行改革,完善监管体系,对全国证券市场实行集中统一监管和垂直领导,并确定了银行业与证券业实行分业经营、分业管理的基本原则。

1998年,国务院决定对证券监督管理体制进行进一步改革。当年8月,国务院批准了《证券监管机构体制改革方案》,确立中国证监会作为全国证券期货市场的主管部门,可根据各地区证券业、期货业发展的实际情况,在部分中心城市设立证监会派出机构,从而建立了由中国证监会及其派出机构集中统一监管的全国集中统一监管体系。当年9月28日,国务院办公厅印发了《关于中国证券监督管理委员会职能配置、内设机构和人员编制规定的通知》,国务院正式批准中国证监会"三定"方案,明确中国证监会对全国证券期货市场实行集中统一监管,明确中国证券监督管理委员会为国务院直属事业单位，是全国证券期货市场的主管部门。原国务院证券委员会的职能以及中国人民银行履行的证券业监管职能均划归中国证监会。根据国务院批准的"三定"方案之规定，中国证监会的主要职责是：研究和拟定证券期货市场的方针政策、发展规划；起草证券期货市场的有关法律、法规；制定证券期货市场的有关规章；统一监管证券期货市场，按规定对证券期货监管机构实行垂直领导；监管股票、可转换债券、证券投资基金的发行、交易、托管和清算以及批准企业债券的上市等。[①]

经过这些改革，中国证监会的职能明显加强，集中统一的全国证券监管体制基本形成。而1998年12月底通过的《中华人民共和国证券法》则标志着国家以基本法的形式确认了集中统一的证券监督管理体制，这不仅消除了以前对证券市场多头监管的弊端，从而有利于强化监管职能，提高监管的效率，更有效地保护投资者的利益，同时也表明我国证券监督管理体制已进入到一个新的历史时期。《证券法》于1999年7月1日开始正式实施，与此同时，中国证监会派出机构正式挂牌。证券交易所也由地方政府管理正式转为由中国证监会管理。

《证券法》的实施，改变了之前我国证券市场无法可依的状况，在框定资本市场证券发行和上市交易等主要制度的同时，也从法律层面正式确立了我国集中统一的证券监管体制。1999年，证监会的36个派出机构正式挂牌；同年9月，证监会下发《派出机构内设机构设置方案及主要职责的通知》；2000年，证监会专门成立了派出机构协调工作委员会。至此，证监会主导下的集中统一的证券监管体制最终设立，后续证券稽查体制的完善也在稳步推进。2001年8月9日，为贯彻国务院《关于整顿和规范市场经济秩序的决定》[国发(2001)11号]，证监会召开了全国证券稽查系统工作座谈会，时任证监会主席周小川做了《进一步提高稽查办案效率，努力开创稽查工作新局面》的重要讲话。据此，证监会决定将稽查局更名为稽查一局，并成立稽查二局，逐步建立起"明确分工、系统交办、适度交叉、协调配合"的新稽查工作体制。2002年4月，证监会下发《关于进一步完善中国证券监管管理委员会行政处罚体制的通知》，决定将案件调查与处罚决定分开，建立调查权与处罚权相互配合、相互制约的机制（"审查分离"制度），并为此专门设立了行政处罚委员会专司案件审理。2004年，证监会根据《关于中国证券监督管理委员会派出机构设置和人员编制的批复》的规定，将各地派出机构统一改名为证监局，并试行辖区监管责任制，之前的派出机构协调工作委员会也更名为派出机构协

[①] 详见《中国证券报》1998年10月19日第1版。

调部。总之,证监会在收回监管权之后,逐步通过一系列措施完善了自身的组织结构和内部管理,建立对下级派出机构的垂直领导机制并建立健全系统的协调机制,初步建立起现代合理的证券稽查体制。

集中统一证券监管市场的成熟离不开对股票发行的适度监管。《证券法》确立了股票发行核准制,证监会逐步从原来的股票发行额度审批和指标分配管理走向新的股票发行监管体制,并于 2001 年 3 月 17 日宣布取消股票发行审批制,开始实施股票发行核准制之下的"通道制"。2001 年 3 月 29 日,中国证券业协会下发《关于证券公司推荐发行申请有关工作方案的通知》,规定由证券公司一次推荐一定数量的企业申请发行股票,证券公司对拟推荐的企业逐一排队,按序推荐("自行排队,限报家数")。至 2005 年 1 月 1 日,这种"通道制"被"保荐制"取代而废除时,全国 83 家证券公司共拥有 318 条通道。在实行股票配额制时期,不少地方为谋求资金聚集带动地方经济发展、拓展税收收入及增加当地所发行股票的流动性等利益,纷纷设立地方证券交易中心。这些地方证券交易中心尽管活跃了当地的证券交易活动,但许多并未经过中国人民银行总行或者证监会的审核与确认,在日益激烈的逐利活动竞争中产生了诸多不规范行为,造成了巨大的金融风险隐患。因此,国务院办公厅于 1998 年 6 月 22 日转发证监会《关于清理整顿场外非法股票交易方案》,决定由证监会领导、组织和协调清理整顿场外非法股票交易工作,对所有未经国务院批准擅自设立的产权交易所(中心)、证券交易中心和证券交易自动报价系统等机构所从事的非上市公司股票、股权证等股权类证券的交易活动进行清理整顿。在这一过程中,用于解决法人股流通的全国证券交易自动报价系统(STAQ)和 NET 系统于 1999 年 9 月 9 日停止运行。随着 2003 年 6 月 28 日海南证券交易中心的关闭,全国所有地方证券交易中心全部被关闭。①

这一阶段的监管体制表现出集权性和独立性的显著特征,《证券法》进一步明确了中国实行集中统一的监管模式,证监会成为唯一独立的最高证券监管机构。

(五)第五阶段:集中统一监管与自律监管体系形成时期(2005 年至 2013 年)

这一时期以 2005 年《中华人民共和国证券法》的修改为标志,进入以市场导向作为证券监管体制改革的风向标。

自 1999 年《证券法》施行以来,国内外经济、金融环境与当初该法制定时

---

① 洪艳蓉:《金融监管治理——关于证券监管独立性的思考》,北京大学出版社 2017 年版。

相比发生了很大的变化，2004年国务院适时发布《关于推进资本市场改革开放和稳定发展的若干意见》，对我国资本市场的发展作出了全面规划，进一步明确了资本市场改革发展的指导思想和任务，提出了推进资本市场改革发展的政策措施和具体要求。要实现大力发展资本市场的目标和任务，首先，必须有更加完善的法律提供保证。其次，随着我国加入世界贸易组织并进一步对外开放，外资越来越多地进入我国证券市场，出现了合资的证券公司、基金管理公司等证券机构，外商通过受让境内上市公司的国有股、法人股而取得对一些公司的控制权，合格境外机构投资者已被允许投资A股市场，境外证券交易所纷纷来我国进行推介、想方设法争取国内企业到海外上市，证券市场面临着如何应对对外开放所带来的新的监管问题和挑战。

根据我国资本证券市场发展的客观需要，以推进我国资本市场改革开放和稳定发展、保护广大投资者的合法权益为目的，2005年10月27日，第十届全国人大常委会第十八次会议高票通过了修订后的《证券法》。修订后的《证券法》对证券监管制度的完善体现在以下几个方面：

（1）完善上市公司的监管制度，提高上市公司质量。为完善上市公司的监管制度、提高上市公司质量，修订后的《证券法》确立了证券发行、上市保荐制度，规定发行证券应当聘请具有保荐资格的机构担任保荐人。同时，为了加强社会公众监督，防范发行人采取虚假手段骗取发行上市资格，修订后的《证券法》建立了发行申请文件的预披露制度，规定首次公开发行的申请人应当预先披露申请发行上市的有关信息，这样可以拓宽社会监督渠道，有利于提高上市公司的质量。

（2）加强对证券公司的监管，防范和化解证券市场风险。防范和化解证券市场风险，是证券监管的重要使命。修订后的《证券法》参照《银行业监督管理法》规定，补充和完善了对证券公司的监管措施，要求证券公司及其控股股东向国务院证券监督管理机构报送和提供有关信息、资料；对严重违法、违规的证券公司责令停业整顿，指定其他机构托管、接管或者撤销等。

（3）完善证券监督管理制度，增强对证券市场的监管力度。修订后的《证券法》完善了国务院证券监督管理机构的执法手段和权限，规定监管部门有权查询有关单位和个人的"问题账户"；查阅、复制与被调查事件有关的财产权登记、通讯记录等资料；对有转移或者隐匿涉案财产或者隐匿、伪造、毁损重要证据的，经国务院证券监管部门主要负责人批准，可以冻结或者查封；限制被调查事件当事人的证券买卖等。这些执法手段对于监管部门及时查明案情、打击违法犯罪至关重要。

（4）赋予证券交易所核准证券上市、暂停或终止上市交易的权力以及一线监管者的法律地位,有对出现重大异常交易情况等特别事项进行处理的权力,有利于充分发挥证券交易所的监管作用。

(5) 对监管部门的权力制约,有利于完善市场监管行为。修订后的《证券法》明确了证券监管机构对证券市场实施监督管理应该履行的职责,调整了被监管的对象和增加了监管手段,特别是赋予了监管部门在必要时候可以采取的准司法权,以及使用这些权力的约束条件和守则。这些规定一方面有利于监管部门加强监管力度,提升监管水平,另一方面又能够防止监管部门滥用权力,能切实起到保护投资者利益、维护证券市场稳定和发展的作用。

(6) 进一步完善法律责任体系。修订后的《证券法》加强了法律责任体系的系统性,更加注重对违法行为处罚的可操作性,这些修订既有利于规范各市场主体的权责关系,又有利于监管部门以及相关司法部门在执法过程中准确执法。

总之,修订后的《证券法》进一步完善了我国证券市场监管体制,注重充分发挥市场机制的作用,强调"让市场自己监督和约束市场"。但"徒法不足以自行",法律修订后关键在于落实。近年来,证监会以修订后的《证券法》为依据,坚持监管职能转变,加强行政审批制度改革,取消了 2/3 以上的审批项目。

在证券发行和并购重组等市场最为关注、涉及市场主体重大利益的行政许可审核中,证监会建立由市场和学界专家人士组成"发行审核委员会""并购重组委员会"等制度[1],并让会计师、律师、财务顾问和评估师等中介组织承担起"经济警察"的角色,予以监督把关。通过立规强化交易所一线监管和协会自律管理的功能,将上市核准、暂停上市、退市决定权下放给证券交易所,将证券、期货从业人员资格管理下放给证券业、期货业协会。证监会还在建立完善首次公开发行股票"预先披露"制度的基础上,进一步完善行政许可审核公开程序,探索把部分行政许可事项从受理到作出决定的全过程在网上公开公示,加强市场全程参与。

(六) 第六阶段:《证券法》进入第二次重大的修订期与 2015 年股市危机给证券监管带来新的挑战(2013 年至今)

2013 年 11 月,中共十八届三中全会作出《关于全面深化改革若干重大问题的决定》,其中明确提出"推进股票发行注册制改革"。为确保"股票发行

---

[1] 2005 年至 2010 年 5 年间,证监会坚持依据上述"委员会"的审核意见作出是否许可的决定,共正式审核证券发行、并购重组许可申请 1346 件,审核通过 1173 件,否决 173 件,否决率达 12.8%。参见中国经济网:http://www.ce.cn,访问时间:2010 年 5 月 6 日。

注册制改革"于法有据,实现立法和改革决策相衔接,我国《证券法》开始进入第二次重大的修订期。2015年4月,"《证券法》修订草案"向社会公布。该"修订草案"在证券监管方面的最大变化就是对发行审核制度的改革,具体表现如下:第一,取消股票发行审核委员会制度,彻底革除了发审委所存在的各种弊端,也堵死了发行审核权产生的"寻租"空间。在取消发审委的同时,改由证券交易所行使审核权,负责对注册文件的齐备性、一致性、可理解性进行审核。第二,证监会行使监督权,即证监会不再对发行人进行任何实质审查,仅对交易所的审核进行监督,并且在10日内没有提出异议的注册生效。当然,注册生效不表明证监会对股票的投资价值或者投资收益作出实质性判断或者保证,也不表明证监会对注册文件的真实性、准确性、完整性作出保证。可见,我国股票发行注册制的设计是交易所与证监会审监分立、相互制约的模式。① 这一设计无疑加重了自律监管机构交易所的监管权重。

2015年,中国股市发生了一系列股票价格异常波动的危机。这场股价异常波动从2015年6月中旬开始到8月底结束,前后经历两轮暴跌。股市出现了千股跌停、千股停牌的反常现象。对于这次股票价格的异常波动有人称之为"股灾",也有称之为"股市危机",本书认为从法律规制的角度而言,称股市危机比较规范。这次股票市场上发生的危机充分反映了我国证券市场多方面的不成熟,如不成熟的交易者、不完备的交易制度、不完善的市场体系等,也充分暴露了我国证券监管制度的缺陷和证券监管机构监管有漏洞、监管不适应、监管不得力等问题。这次股市危机暴露出来的问题,还反映出我国目前尚不具备实行股票注册制的条件,这直接影响了《证券法》修订的进程和股票注册制的及时出台。

二、我国证券监管的组织体系

我国证券监管的组织体系包括政府监管组织体系和自律监管组织体系。其中,政府监管组织体系里面的监管还包括国际监管协助或称跨境监管协助,为了突出跨境监管,本书将其单独作为一个子目与政府监管和自律监管的目录平行。

(一)政府监管组织体系

我国《证券法》规定:国务院证券监督管理机构依法对全国证券市场实行集中统一监督管理。国务院证券监督管理机构根据需要可以设立派出机构,

---

① 李东方:《证券发行注册制改革的法律问题研究——兼评〈证券法〉修订草案"中的股票注册制》,载《国家行政学院学报》2015年第3期。

按照授权履行监督管理职责。

在中国证监会的监管机构中与证券市场监管最密切的是三个专门委员会,即股票发行审核委员会、上市公司并购重组审核委员会和行政处罚委员会。中国证监会下设有内部职能部门、直属事业单位、派出机构、专员办,直接管理证券、期货交易所,证券、期货业协会和中国证券登记结算公司、中国证券投资者保护基金公司等机构。

1. 三个专门委员会

(1) 股票发行审核委员会(简称"发审委")是中国证监会设立的专门负责股票发行审批的机构。依照1999年9月发布实施的《中国证券监督管理委员会股票发行审核委员会条例》的规定,发审委依照法定条件审核股票发行申请,以投票方式对股票发行申请进行表决,提出审核意见。证监会根据发审委提出的审核意见,依照法定条件核准股票发行申请。这使得发审委对提出上市申请的企业能否上市拥有了决定性的权力。经国务院批准,中国证监会于2003年12月11日发布并实施了《中国证券监督管理委员会股票发行审核委员会暂行办法》,以取代原有的《中国证券监督管理委员会股票发行审核委员会条例》,对发审委制度做了较大的改革,中心思想是全力提高发审委工作的透明度,强化发审委委员的专家功能,加大发审委委员的审核责任,提高审核质量,将发审委工作置于社会监督之下。根据该《办法》的相关规定,中国证监会还发布了《发审委工作细则》,就发审委会议前的准备工作、发审委会议的规程、发审委会议后相关事项的处理规则、发审委会议纪律等作出更加细致的规定。

(2) 上市公司并购重组审核委员会。为了保证上市公司并购重组审核工作的公开、公平和公正,提高并购重组审核工作的质量和透明度,中国证券监督管理委员会在发行审核委员会中设立上市公司并购重组审核委员会。2007年7月证监会发布《中国证券监督管理委员会上市公司并购重组审核委员会工作规程》,对该委员会的组成、职责、会议程序等进行了具体规范。

(3) 行政处罚委员会。该委员会的主要职责是:制定证券期货违法违规认定规则,审理稽查部门移交的案件,依照法定程序主持听证,拟定行政处罚意见。行政处罚委员会下设的办公室,是行政处罚委员会的日常办事机构,主要职责包括负责行政处罚委员会日常事务、办理案件交接和移送事项、组织安排听证和审理会议及协助行政处罚委员会委员开展相关工作。

2. 其他机构

目前,中国证监会机关共设20个职能部门,1个稽查总队,3个中心。根据工作需要,中国证监会还设立其他部门和派出机构。派出机构是中国证监会监管职能的延伸,按照授权履行监督管理职权,直接对中国证监会负责。中国证监会对派出机构实行垂直领导、统一管理。目前,中国证监会在各省、自治区、直辖市、计划单列市共设有36个监管局。监管局的主要职责为:根据中国证监会的授权,对辖区内的上市公司,证券、期货经营机构,证券期货投资咨询机构和从事证券业务的律师事务所、会计师事务所、资产评估机构等中介机构的证券、期货业务活动进行监督管理;查处监管辖区范围内的违法、违规案件。此外,中国证监会在天津、沈阳、上海、济南、武汉、广州、深圳、成都、西安还设有9个稽查局。稽查局的主要职责有6项:组织、领导大区内证券期货违法违规案件的调查;对辖区内证券期货违法违规案件和证监会交办的案件进行调查,提出处理意见和依据授权进行处理;执行证监会和该稽查机构对证券期货违法违规案件的处罚决定;协助有关部门调查涉及证券期货的违法违规案件;处理证券期货方面的来信来访以及完成中国证监会的其他任务。

(二)自律监管组织体系

《证券法》第8条规定,在国家对证券发行、交易活动实行集中统一监督管理的前提下,依法设立证券业协会,实行自律性管理。就自律监管而言,除了证券业协会之外,还有其他几个主要的自律监管机构共同构成我国的证券市场自律监管组织体系:即证券业协会、证券交易所、上市公司协会、证券投资基金业协会。

由于本章第五节专门论述"我国证券市场自律监管",故有关这4个机构的具体内容留待第五节一并解读。

(三)国际监管协助

1. 国际监管协助的时代背景

国际监管协助的时代背景主要有以下两个方面:

(1)资本流动的国际化需要国际监管协助。如前所述,随着电子信息技术的广泛应用,交易技术不断更新、跨境资本流动加快、金融管制放松,使得金融机构之间的业务可以互相交叉、混业经营。因此,随着国际资本的流动,证券风险在世界各国传播的速度日益加快,影响程度也进一步加深,需要各国联合行动以消除证券风险的消极影响。

(2)证券投资的国际化需要国际监管协助。金融市场的开放便利于外国金融机构进入本国金融市场进行投资活动。融资方式证券化的发展趋势,使世界各地的金融市场紧密地联系在一起,资本在各国间流动的速度和规模逐步扩大。同时,由于金融创新的发展,金融市场的复杂性进一步加剧。因此,证券投资的国际化也需要运用统一的标准来衡量风险程度,以及用统一的标准进行监管。

2. 我国的法律依据

修订后的《证券法》第 179 条第 2 款规定:"国务院证券监督管理机构可以和其他国家或者地区的证券监督管理机构建立监督管理合作机制,实施跨境监督管理。"这是 2005 年在对 2004 年《证券法》第 167 条修改后新增加的内容,成为我国跨境监管的国内法依据。

3. 国际监管协助的基本要求和主要方式

(1) 证券监管合作基本要求。进行国际监管合作的各国必须满足一定的要求,这些基本要求的主要内容如下:为维护投资者的利益,必须坚持证券市场的公开、公平、公正原则,从而建立一个健康有序、高效运行的证券市场;证券发行者、上市公司、证券公司以及证券服务机构和有关的当事人都应准确、完整、真实地披露信息,使投资者充分及时得到信息,并据以进行合理的投资选择;依法制止对证券市场上的违规行为,避免违规行为对本国或外国投资者的损害;上市公司董事的行为应符合全体股东的整体利益,其股权如有改变,通常应以同等条件向所有股东发出全面收购、兼并要约;证券机构应具有充足的资金来源和合格的财务状况,应具备从事证券业务的相关经验、资格,并具有良好的信誉和职业道德品质;应当具备稳健且可持续的宏观经济政策,以及健全的金融法律,以促进和有效约束证券市场的健康发展。

(2) 国际监管协助的主要方式及其现状。

第一,协助方式。国际监管协助的主要方式是各证券监管当局加入证监会国际组织和签署监管合作备忘录和等方式加强监管合作。全球范围内的国际监管协作,有利于监管机构监督上市公司和中介机构的合规经营情况,确保其有符合规定的业务能力和良好的记录,有利于采取跨境监管行动,查处证券违法犯罪行为,更好地维护公开、公平、公正的原则,保护投资者的合法权益。

第二,协助现状。自 1992 年 10 月以来,中国证券监督管理机构积极与境外证券期货监管机构在监管信息和跨境协查等方面开展交流与合作。截至 2011 年 12 月 31 日,已相继与 47 个国家和地区的证券期货监管机构签署了 51 个监管合作谅解备忘录。①

---

① 参见中国证监会:《中国证券监督管理委员会与卡塔尔金融市场管理局签署〈证券期货监管合作谅解备忘录〉》,www.csrc.gov.cn/pub/newsite/bgt/xwdd/201104/t20110411_194217.htm,访问时间:2011 年 4 月 11 日。

三、我国证券监管机构的职责与权限

我国《证券法》第 10 章"证券监督管理机构"对国务院证券监督管理机构（即中国证监会）的监管职责、监管权限及其制约与保障均进行了明确的规定。

（一）职责

《证券法》第 179 条规定了中国证监会对我国上市公司与证券市场实施监督管理的具体职责，共有如下 8 个方面：

（1）依法制定有关证券市场监督管理的规章、规则。证券市场是一个高风险的市场，而且风险具有突发性强、影响面广、传导速度快的特点，这就要求有关规范能够对市场作出快速反应，以便证券监督管理机构能够依法对证券市场的各种行为进行监督管理，因此授予证券监督管理机构有权制定有关上市公司与证券市场监督管理的规章、规则。

（2）依法对证券的发行、上市、交易、登记、存管、结算进行监督管理。这是指证券监管机构在证券发行、上市后对证券的交易、登记、存管、结算等一系列环节予以持续监管。如证券交易所采取技术性停牌或者决定临时停市，必须及时报告国务院证券监督管理机构；证券交易所应当按照国务院证券监督管理机构的要求，对异常的交易情况提出报告；对于证券交易过程中的内幕交易行为、操纵市场行为、虚假陈述行为、证券公司的欺诈行为等，证券监管机构要对其进行查处；证券公司注册资本低于法定要求的，由国务院证券监督管理机构撤销对其有关业务范围的核定；证券登记结算机构涉及证券市场的重大行为应当及时向证监会报告，证监会则应当及时处理。

（3）依法对证券发行人、上市公司、证券公司、证券投资基金管理公司、证券服务机构、证券交易所、证券登记结算机构的证券业务活动进行监督管理。这是指证券监管机构在依法对证券的发行、交易、登记、存管、结算等一系列环节予以监管过程中，同时对相应主体的证券业务活动进行监督管理。

（4）依法制定从事证券业务人员的资格标准和行为准则，并监督实施。证券业从业人员的行为直接涉及证券市场服务质量的高低，因而对证券业从业人员不仅要求其有相应的业务素质，而且还要求其有较高的道德情操。所以，为了加强证券业从业人员资格管理，促进证券市场规范发展，保护投资者合法权益，中国证监会于 2002 年 10 月 22 日通过《证券业从业人员资格管理办法》，用以落实此项职责。

（5）依法监督检查证券发行、上市和交易的信息公开情况。这一项是对

上市公司信息披露的监督管理。证券监督管理机构的信息披露监管权是证监会及其派出机构依法监督检查证券发行和交易的信公开情况，对未真实、充分、及时披露信息的行为进行查处。公开原则是《证券法》"三公"原则的基石，也是保护投资者合法权益的基础。公开原则的核心要求是实现市场信息的公开化，即要求市场具有充分的透明度。公开原则既要求在证券发行时依法公开有关的信息，又要求在证券发行后依法披露有关的信息。为保证证券发行、上市和交易的信息公开做到及时、真实、准确，国务院证券监督管理机构负有依法监督检查证券发行、上市和交易信息公开情况的职责。

（6）依法对证券业协会的活动进行指导和监督。证券市场的健康发展，不仅离不开国务院证券监督管理机构的监督管理，同时也离不开证券业自律性组织发挥的作用。因此，我国在这次《证券法》的修订过程中，充分重视建立和完善我国证券业的自律组织和自律监管。为了更好地发挥证券业协会的自律作用，国务院证券监督管理机构依法对证券业协会的活动进行指导和监督。

（7）依法对违反证券市场监督管理法律、行政法规的行为进行查处。证券监管机构对违法、违规行为进行查处，是维护证券市场秩序、保护投资者利益的重要手段。任何市场主体违反证券市场监督管理的法律、行政法规，都应当承担相应的法律责任，包括民事责任、行政责任和刑事责任。

（8）法律、行政法规规定的其他职责。证券市场是一个瞬息万变的市场，为了证券监管机构能够相机而动，故《证券法》作此兜底条款以灵活应对不断变化的证券市场。

（二）权限

权限即权力范围。我国《证券法》赋予国务院证券监管机构的权力范围，主要包括以下几个方面：

1. 规章、规则的制定权

规章、规则的制定权是指《证券法》授权国务院证券监督管理机构依照宪法、法律及行政法规的规定，制定有关证券市场监督管理的规章、规则。对证券市场进行监督管理必须按照一定的规则和程序进行。制定有关证券市场监督管理的规章、规则是中国证监会的重要权限之一。由于法律的规定极为抽象和原则，而证券市场监管过程中的具体情况又很复杂，证监会制定的规章便成为监管过程中的主要依据。为了规范规章、规则的制定工作，中国证监会在2003年制定了《证券期货规章制定程序规定（试行）》，对于制定规章的原则，立项、起草与审查，决定、公布和备案，解释、修改和废止以及编纂和翻译等予以具体规定。

2. 审批权与核准权

审批权即行使行政许可权，是中国证监会行使监管职责的重要方式之一。为落实《中华人民共和国行政许可法》（以下简称《行政许可法》），建立统一、快捷和规范的行政许可制度，中国证监会发布并实施了《中国证券监督管理委员会行政许可实施程序规定》（以下简称《程序规定》）。《程序规定》分为总则、一般程序、简易程序、特殊程序、期限与送达、公示、附则七章，分别就行政许可申请的受理、审查、决定等各个环节对受理部门和审查部门应承担的工作等方面予以规定。《程序规定》以《行政许可法》为依据，紧密结合证券期货行政许可工作实际，对中国证监会的行政许可工作程序予以具体化、流程化。

《证券法》授予国务院证券监督管理机构一系列的审批或者核准权。国务院证券监督管理机构行使审批或者核准权的具体方面包括[①]：

（1）证券发行：发行证券，必须依法报国务院证券监督管理机构或者国务院授权的部门核准。上市公司非公开发行新股，应当符合经国务院批准的国务院证券监督管理机构规定的条件，并报国务院证券监督管理机构核准。上市公司发行可转换为股票的公司债券，除应当符合法律规定的条件外，还应当报国务院证券监督管理机构核准。

（2）证券上市：申请证券上市交易，应当向证券交易所提出申请，由证券交易所依法审核同意，并由双方签订上市协议。证券交易所可以规定高于《证券法》规定的上市条件，但是必须报国务院证券监督管理机构批准。

（3）上市公司收购：在收购要约确定的承诺期限内，收购人不得撤销其收购要约。收购人需要变更收购要约的，必须事先向国务院证券监督管理机构及证券交易所提出报告，经批准后，予以公告。

（4）证券交易所：证券交易所的设立和解散，由国务院决定。证券交易所章程的制定和修改，必须经国务院证券监督管理机构批准。证券交易所依照证券法律、行政法规制定上市规则、交易规则、会员管理规则和其他有关规则，并报国务院证券监督管理机构批准。

（5）证券公司：设立证券公司，必须经国务院证券监督管理机构审查批准。未经国务院证券监督管理机构批准，任何单位和个人不得经营证券业务。证券公司应当自领取营业执照之日起15日内，向国务院证券监督管理机构申请经营证券业务许可证，未取得经营证券业务许可证，证券公司不得

---

① 参见《证券法》第10、13、16、48、50、91、102、103、118、122、128、129、131、142、155、165、169条。

经营证券业务。证券公司设立、收购或者撤销分支机构,变更业务范围或者注册资本,变更持有5%以上股权的股东、实际控制人,变更公司章程中的重要条款,合并、分立、变更公司形式、停业、解散、破产,必须经国务院证券监督管理机构批准。证券公司在境外设立、收购或者参股证券经营机构,必须经国务院证券监督管理机构批准。证券公司的董事、监事、高级管理人员,在任职前须取得国务院证券监督管理机构核准的任职资格。证券公司为客户买卖证券提供融资融券服务,应当按照国务院的规定并经国务院证券监督管理机构批准。

(6) 证券登记结算机构:设立证券登记结算机构必须经国务院证券监督管理机构批准。证券登记结算机构申请解散,应当经国务院证券监督管理机构批准。

(7) 证券服务机构:投资咨询机构、财务顾问机构、资信评级机构、资产评估机构、会计师事务所从事证券服务业务,必须经国务院证券监督管理机构和有关主管部门批准。

近年来,中国证监会转变监管理念和监管方式,积极推进行政审批制度改革。以市场化为导向,坚持市场优先和社会自治原则,凡是市场机制能够有效调节、市场主体能够自主决策、自律组织能够自律管理的事项,都取消行政审批。在大幅减少事前准入管理的同时,加强日常监管和事后问责,确保市场的有序和稳定运行。

3. 现场检查权[①]

证券监督管理机构的检查人员有权亲临证券发行人、上市公司、证券公司、证券投资基金管理公司、证券服务机构、证券交易所、证券登记结算机构的业务现场,查验核对业务财务资料、检查风险管理和合规经营情况,这有利于及时发现问题,督促改进,促使监管有关市场参与者规范经营。

4. 调查取证权

证据是证券监管机构查明事实真相,判定某一行为是否构成违法以及如何处罚的基础。所以,法律赋予证券监督管理机构进入涉嫌违法行为发生场所调查取证的权力。

5. 询问权

证券监管机构为弄清事实真相,需要从多方面进行调查,包括询问当事人和被调查事件有关的单位和个人,要求其对与被调查事件有关的事项作出说明,在此基础上去伪存真,真正做到以事实为依据。

---

① "权限"中的"现场检查权"至"限制交易权"均参见《证券法》第180条的规定。

6. 查阅、复制、封存权

证券市场违法行为具有资金转移快、调查取证难的特点,如果证券监督管理机构没有必要的强制查处手段,就会失去及时有效打击证券违法犯罪行为的良机。为此,《证券法》准许证券监管机构有权查阅、复制与被调查事件有关的财产权登记、通讯记录等资料,还可以查阅、复制与被调查事件有关的单位和个人的证券交易记录、登记过户记录、财务会计资料及其他相关文件和资料,并对可能被转移、隐匿或者毁损的文件和资料,可以予以封存。

7. 账户的查询、冻结、查封权

账户是证券交易的出发点和落脚点,通过查询相关的账户,可以比较清楚地理解交易情况,发现违法行为,及时控制违法行为,防止违法者转移资金。因此,法律赋予证券监督管理机构有权查询当事人和与被调查事件有关的单位和个人的资金账户、证券账户和银行账户;对有证据证明已经或者可能转移或者隐匿违法资金、证券等涉案财产或者隐匿、伪造、毁损重要证据的,经国务院证券监督管理机构主要负责人批准,可以冻结或者查封。

8. 限制交易权

从我国证券市场的实际来看,赋予证监会一定的即时强制权是必要的。以操纵市场案的查处为例,在证监会稽查中,有的违法者采取迅速出货的方式,把风险全部转移给散户。在集中竞价的交易方式下,无法查明买家所对应的卖家和卖家所对应的买家,即便是查实了操纵市场的行为,受害人也难以得到相应的赔偿。在涉嫌发布虚假消息、内幕交易的案件中,如果等到证监会查明相关的违法行为,并根据《行政处罚法》的规定履行告知、听证程序,则很可能给调查取证带来较大的困难,已经造成了社会不利影响和难以挽回的损失,因此赋予证监会即时的行政强制权,即限制交易权是有必要的。法律规定限制交易权的行使仅限在调查操纵证券市场、内幕交易等重大证券违法行为时,经国务院证券监督管理机构主要负责人批准,可以限制被调查事件当事人的证券买卖,但限制的期限不得超过15个交易日;案情复杂的,可以延长15个交易日。

9. 查处权

证券监管机构对违法、违规行为行使调查和处罚的权力。《证券法》规定了若干种类应予调查和处罚的违法行为,包括:擅自公开或者变相公开发行证券的行为;以欺骗手段骗取发行核准的行为;承销或者代理买卖未经核准擅自公开发行的证券行为;内幕交易、操纵股市、欺诈客户的行为;骗取证券业务许可、非法开设证券交易场所、擅自设立证券公司或者非法经营证券业务的行为;证券公司、证券登记结算机构挪用客户的资金或者证券,或者未经客户的委托,擅自为客户买卖证券的行为;编造、传播虚假信息,扰乱证券市场的行为;提交虚假证明文件或者采取其他欺诈手段隐瞒重要事实骗取证券业务许可的行为;证券监督管理机构的工作人员和发行审核委员会的组成人员滥用职权、玩忽职守,利用职务便利牟取不正当利益,或者泄露所知悉的有关单位和个人的商业秘密的行为等。对于这些违法行为进行行政处罚的职责由中国证监会承担。

中国证监会对违法行为查处时,实行案件调查与处罚决定分开进行,建立调查权与处罚权相互配合、相互制约的机制,贯彻分工明确、职责清楚、程序规范、精简高效的原则,并对重大案件实行集体讨论制度。根据《中华人民共和国行政处罚法》和有关法律、法规及部门规章的规定,行政处罚分为五个阶段:案件的调查;案件的审理;告知、听证程序;《行政处罚决定书》的签发和送达;执行。

四、证券监管权力实现的保障

证券监管权力实现的保障主要包括法律规定的被监管对象的配合义务,各金融监管机构之间建立监管信息共享机制以及政府其他部门对证券监管机构的配合。①

(一) 法律规定的被监管对象的配合义务

配合义务是指证券法律规定被检查、调查的单位和个人负有配合义务,即被检查和被调查的单位和个人,对于有关的文件和资料,如证券交易记录、登记结算记录、财务会计报告等,应当如实提供,主动配合,不得阻碍和隐瞒。② 被检查、被调查的单位和个人不配合国务院证券监督管理机构履行职责的,应当依法承担相应的法律责任。如《证券法》第 230 条就规定:"拒绝、阻碍证券监督管理机构及其工作人员依法行使监督检查、调查职权并使用暴力、威胁方法的,依法给予治安管理处罚。"第 231 条则规定:"违反本法规定,构成犯罪的,依法追究刑事责任。"这些规定确保了证券监管机构的执法效率,同时为证券监管机构行使监管权力提供了保障。

(二) 各金融监管机构之间建立监管信息共享机制

《证券法》第 185 条第 1 款规定,国务院证券监督管理机构应当与国务院其他金融监督管理机构建立监督管理信息共享机制。这一规定的主要目的

---

① 参见《证券法》第 183 条和第 185 条的规定。
② 见《证券法》第 183 条。

是为了适应当前金融监管体制改革的需要,进一步加强金融监管机构之间的相互协调和配合,增强金融监管的效率。

由于我国的金融体制是分业经营、分业管理,因此,国务院金融监督管理机构除中国证券监督管理委员会外,还包括中国银行业监督管理委员会、中国保险业监督管理委员会(以下合称"三监会")。随着金融市场的整体发展,一个金融市场所发生的风险不可避免地会影响另一个金融市场。同时,金融创新使不同金融机构之间的业务不断交叉,我国的金融业在实践中已出现了混业经营,这就使得一些金融业务需要多个金融监管机构联合监管。为适应我国金融业改革发展的需要,在保证我国金融市场持续、稳健发展的同时促进金融创新,需要建立有效的金融监管部门合作机制。因此,"三监会"于2004年6月成立了专门工作小组,起草了《中国银行业监督管理委员会、中国证券业监督管理委员会、中国保险业监督管理委员会在金融监管方面分工合作的备忘录》(以下简称备忘录),该《备忘录》主要包括:"三监会"各自监管对象信息的共享;"三监会"各自监管对象的高级管理人员和金融机构的处罚信息的共享;"三监会"之间此类信息应当互相通报;"三监会"应建立对外开放政策的交流、协调机制,并互相通报;对于重大监管事项和跨行业、跨境监管中的复杂问题,三家监管机构要进行磋商,建立定期信息交流制度,并对交流的信息严格遵循客户保密原则的义务;财政部、中国人民银行也同样与"三监会"之间相互合作、信息共享,共同维护金融体系的稳定和金融市场的信心。"三监会"之间还建立了定期的信息交流合作机制,如"监管联席会议机制"和"经常联系机制"。通过"联席会议制度"和"经常联系制度",切实加强了"三监会"之间的政策沟通与协调,对于金融发展和创新中出现的问题,三方可以通过上述制度互通信息、充分讨论、协商解决、鼓励金融创新、控制相关风险。

(三) 政府其他部门对证券监管机构的配合

证监会的监管工作除与上述其他金融监管部门联系密切外,还牵涉众多的政府部门,这些部门主要包括财政部门、司法部门、人事部门等。我国法律规定,国务院证券监督管理机构依法履行职责,进行监督检查或者调查时,有关部门应当予以配合。这是因为,证监会在行使监管职能时,仅仅依靠自身的力量往往会使监管成本过高,并且目标难以实现。所以,证监会在履行职责过程中如遇到各种阻力与困难,向相关政府部门提出需要协助与配合的要求时,相关政府部门应当积极配合与协助。与此同时,各级政府部门不得干涉证监会的监管工作,更不能取而代之接手其监管工作;各级政府部门不得进行证券违法活动,也不得出于地方和部门保护主义,对证券违法活动进行变相的鼓励、纵容、包庇;各级部门应该在证监会要求的范围之内履行协助与配合义务,不能超越这个范围。

(四)证券监管中司法权与证券监管权的互动①

1. 司法权与证券监管权在立法上的互动

为了完善对行政权行使的制约,促进行政权的规范、有效行使,我国颁布了《行政诉讼法》《国家赔偿法》《行政处罚法》《行政复议法》等,不断加强对行政机关依法行使职权的监督。在证券业上,为了促进证监会正确行使职权,我国《证券法》明确规定了当事人对证券监督管理机构或者国务院授权的部门的处罚决定不服的,可以依法申请行政复议,或者依法直接向人民法院提起诉讼。为了加强证监会对证券市场的监管,提高监管效率,《证券法》授予证监会准立法权和准司法权,证监会可以在职权范围内制定有关证券业的规章、规则;同时,在符合规定的情况下,可以查询当事人和与被调查事件有关的单位和个人的资金账户、证券账户和银行账户;对有证据证明已经或者可能转移或者隐匿违法资金、证券等涉案财产或者隐匿、伪造、毁损重要证据的,经国务院证券监督管理机构主要负责人批准,可以冻结或者查封冻结和查封。②

另外,我国《证券法》规定了内幕交易、操纵市场、欺诈客户、违法承销、违法收购等行为给投资人等造成损失的,要承担相应的民事赔偿责任;构成犯罪的,依法追究刑事责任。可见,我国证券立法从多方面规范了司法权对证券业的介入。

2. 司法权与证券监管权的互动

在证券监管中,主要有以下几种途径形成司法权与证券监管权互动:一是基于当事人的申请,由司法机构审查证监会制定的法规是否与宪法和其他基本法律相冲突;二是司法机关通过行政诉讼程序,审查证监会的具体行政行为;三是司法机关通过判例或司法解释创设新的规则,为证券监管权的行使提供指引。当然,司法权对证券行政监管的干预应是有限度的,不能干预行政机关的自由裁量权,尤其是在涉及专业领域的问题上应充分尊重证券监管机关的判断。

在二者互动过程中,司法权对证券监管权的实施产生以下影响:一是促

---

① 李东方、王爱宾:《证券业监管中司法权的介入及其与行政权的互动》,载《西南政法大学学报》2009年第2期。

② 参见《证券法》第179条第1款和第180条第(六)项。

进证券监管权行使的效果。司法监督是证券监管权规范行使的外在制约力量。"司法权的存在,使得权利人在通过其他监督途径达不到目的时,可以最后通过寻求司法监督得以实现。也即因司法权的介入,现实地提高了行政权适用的效率。没有司法权的存在,其他手段也将会是苍白乏力的。"[1]司法权的介入还会极大提高投资人的法律意识,增加其监督发行人及其他相关主体的积极性,有效弥补证券监管权监管力量的不足。二是促进证券监管行为的运作程序化。近二十年的行政法制实践表明,行政行为运作明显趋向程序化,因为程序的优点在于最大限度排除不正常因素干扰,保证行政行为健康、规范、有序、公正的运行。行政行为这一特点的形成,不无司法权行使程序化的影响。我国《行政复议法》《国家赔偿法》《行政许可法》《行政处罚法》等都对行政权权力的行使的程序做了规定。作为证券业的行政监管主体,证监会也制定了一些内部规范,促进自身权力运作的程序化。2002年8月5日,证监会修订了《复议与诉讼委员会工作规则》,对委员会的职责、人员组成、工作程序等重新作出规定;2002年11月25日,证监会主席办公室会议又通过了《行政复议办法》,规定了行政复议的范围、申请、受理、决定作出等。三是促进证券监管权运行法治化。《行政诉讼法》和《证券法》赋予司法对证券监管的合法性审查,这极大地推动了依法行政,加快了行政法制建设步伐。四是不服证券监管行为的救济司法化。在过去相当长的时间内,证券监管行政相对人对行政行为不服的救济沿用传统的"告状"形式。《证券法》规定:当事人对证券监督管理机构或者国务院授权的部门的处罚决定不服的,可以依法申请行政复议,或者依法直接向人民法院提起诉讼。行政复议是行政机关内部对当事人权利救济的司法化。这一程序是对随意无序的"告状"式权利救济模式的扬弃。五是司法创设的规则,丰富了行政权运作规范。司法机关在处理相关证券案件的过程中,创立相关规则,规范了证券监管权的运作。

五、对证券监管机构权力的监督制约

证券监督管理机构作为我国对证券业实行统一监管的最高政府机构,它的监管活动通过何种具体途径得以实现,它的监管活动是否公正,直接影响到我国的证券业是否能够健康有序地发展。而我国现行的上市公司与证券监督管理体制从其运行机制上看,无疑是一种高度集中的监管体制,这种体制不仅将监督管理证券市场的权力集中于证券监督管理机构,而且还集中于国务院证券监督管理机构。这种集中统一的监管体制的长处在于,有利于强

---

[1] 柴发邦:《体制改革与完善诉讼制度》,中国人民公安大学出版社1991年版,第27页。

化对证券市场的监管,提高监管效率;但其不足之处也是显而易见的,即权力高度集中就意味着可能滋生腐败,一个被赋予了权力的人,总是面临着滥用权力的诱惑,面临着逾越正义与道德界限诱惑。为了保证监管主体公正地行使法律赋予的权力,一方面需要执行具体公务的监管人员具有较高的思想品德修养,另一方面则需要从制度上对权力进行合理的监督与制约。基于此种考虑,《证券法》在赋予我国证券监管机构职权的同时,也对其规定了相应的法律义务和责任,这便体现了权利义务对等和权力必须受到制约的现代法治精神。有关对我国上市公司与证券监管机构的监督与制约,本书从内部制约与外部监督两个方面来说明。

(一) 内部制约

对于我国证券市场的监管,从监管机关规章、规则的制定,到具体权力部门的设置,再到权力的行使,都需要进行内部制约。

1. 权力行使制约

(1) 对审批权、审核权行使的制约。审批权、审核权是证券监管权的核心权力之一,对其行使必须进行有效制约。比如,《证券法》确立的发行审核委员会制度,就是对股票发行核准权进行制约的具体体现。

(2) 对证券违法行为查处权的制约。在履行对证券违法行为的查处职责方面,制约机制的重点在于调查权与处罚决定权的分离,确立调查权与处罚权相互配合、相互制约的机制。

(3) 对监管机构和监管人员行使执法权的程序制约。证券监管机构依法履行职责,进行监督检查或者调查,其监督检查、调查的人员不得少于2人,并应当出示合法证件和监督检查、调查通知书。监督检查、调查的人员少于2人或者未出示合法证件和监督检查、调查通知书的,被检查、调查的单位有权拒绝。① 这是我国《证券法》对证券监管机构和监管人员的执法作出程序性规定。

2. 利益冲突规避

证券监管权由监管者行使,如果出现利益冲突,将出现减弱甚至丧失其作为法定监管者执法的公正性,很可能滋生以权谋私等不正之风。《证券法》第43、187条等条款②,规定了可能存在利益冲突的场合,证券监管者要予以

---

① 见《证券法》第181条。
② 《证券法》第43规定,证券交易所、证券公司和证券登记结算机构的从业人员、证券监督管理机构的工作人员以及法律、行政法规禁止参与股票交易的其他人员,在任期或者法定限期内,不得直接或者以化名、借他人名义持有、买卖股票,也不得收受他人赠送的股票。任何人在成为前款所列人员时,其原已持有的股票,必须依法转让。第187条则规定,国务院证券监督管理机构的人员不得在被监管的机构中任职。

避免。这是为了保证证券监管者在监管活动中能够独立于被监管的机构之外。如果不具备这种独立性,那么监管原则与目标就有可能无法实现。如果国务院证券监督管理机构的人员违反上述规定而在被监管机构中任职的,就应当承担相应的法律责任。

3. 规章制度与行政处罚公开

证券监管机构及其工作人员履行职务的行为是一种行政执法行为,始终应当高度透明,以便接受社会公众的监督,从而防止职权被滥用。根据《证券法》第184条的规定,保持透明度的要求包括以下两个方面:

(1) 证券监管机构依法制定的规章、规则、监督管理工作制度应当公开。上市公司监管法的公开原则不仅要求证券发行、上市、交易等有关信息公开,也要求证券监管机构依法制定的规章、规则和监督管理工作制度公开,这样才能使证券监管机构的执法具有透明度,避免暗箱操作。

(2) 证券监管机构依据调查结果,对证券违法行为作出的处罚决定,应当公开。证券监管机构对证券违法行为依法作出的处罚决定的公开,有利于对当事人权利的保护,也便于当事人行使其权利。对处罚决定不服的,可依法申请复议,或者依法直接向人民法院提起诉讼。同时,这种公开还可以对社会公众起到教育作用,对预备违法行为人起到威慑作用。

4. 保密义务[①]

保密义务是指证券监督管理机构的工作人员在依法履行职责,进行监督检查和调查过程中,很可能触及被检查、调查单位和个人的商业秘密[②],这些秘密一旦泄露,往往会给相关的企业和个人带来经济损失。为此,证券监督管理机构的工作人员负有保密的义务,不得泄露。

5. 尽职守操

尽职守操是指证券监管机构的工作人员在监管活动中要恪尽职守,要讲职业操守。

(1) 恪尽职守。证券监管权力是通过证券监管机构工作人员的行为来实现的,为了确保对证券市场有效、公正的管理,法律规定了证券督管机构工作人员的尽职责任。《证券法》第182条规定,证券监管机构工作人员必须忠于职守,依法办事,公正廉洁,不得利用自己的职务便利牟取不正当的利益。

(2) 职业操守。职业操守是指证券监管机构的工作人员在监管活动中,要保持良好的职业道德,具有正直诚实的品质。操守约束包括监管机构的道

---

① 参见《证券法》第182条。
② 商业秘密,是指不为公众所知悉、能为权利人带来经济利益、具有实用性并经权利人采取保密措施的技术信息和经营信息。

德规范、职员行为操守的考评、违法违纪的查处等内容,是监管机构及其工作人员自我约束的重要依据。中国证监会通过颁布执行《中国证券监督管理委员会工作人员守则》,来约束相关监管人员的行为。

(二) 外部监督

1. 立法监督

自从我国确立走市场经济的道路之后,我国的证券市场处于迅速发展和不断变化之中,因此,对于我国证券市场的监管,应当给予证监会相应的规章制定权,以适应市场的不断变化。这些规章的内容往往涉及我国证券市场上大量无先例、无参照物、无明确界定的新问题。对这些新问题的界定、规范,往往会牵涉多方面的利益。为了对规章制定权进行制约,不仅需要建立有效的规章制定程序机制,同时,证监会制定的规章还应当接受全国人大常委会的审查,通过人大监督使政府的立法能够更加公正,符合市场的要求。根据《宪法》的相关规定,全国人大常委会有权监督国务院及其各部委的工作,包括对证监会执法工作的监督,从而在外部防止证监会在规章制定上的权力的滥用或者误用。

2. 审计监督

我国《证券法》第9条规定,国家审计机关依法对证券监督管理机构进行审计监督。国家审计机关是依《宪法》设立的国务院职能部门,在国务院总理的领导下依法对包括证券监管机构在内的国务院各部门和地方各级政府的财政收支进行独立审计监督,从而达到监督证券监管机构财经的目的,以维护国家财政秩序。

3. 司法监督

在我国司法对行政权实行的监督是一种事后监督。司法机关的独立性是形成对政府权力制约的重要前提,是作为制约主体的首要本质特征。法院在宪法和法律的保障下,独立行使审判权,监督行政权力的运作,形成对政府的权力制约,这是依法治国的重要内容。广义上,法院对上市公司和证券市场行为的执法也是证券监管的组成部分,审查行政监管者的监管行为是否在法律范围之内也是法院的权力,对监管者的监管是对行政监管合法性的保障。当然,与证券监管者主动介入证券市场的监管执法不同,法院的执法是被动式执法,并且法院在市场各主体之间保持中立,甚至更侧重于对监管者的行为进行法律监督。我国的证券监管基本上采取"行政主导"模式,中国证监会及其他政府部门在市场监管方面的作用十分突出。相对而言,司法机关较少介入证券事务。但是,随着证券法律的逐步完善,证券纠纷的增多以及维权意识的提高,法院将面临越来越多的证券纠纷诉讼。

4. 舆论监督

舆论监督虽然不像上述三项公权力监督那样具有强制力,但是其影响力和监督作用在现实生活中却不容忽视。在证券市场上,各类媒体对公共权力机构和上市公司的揭短、揭丑行为,可以改善政府和投资者之间、投资者和上市公司之间的信息不对称状态,从而保护中小投资者的利益。作为与政府机构、机构投资者和上市公司中的既得利益者相抗衡的民间力量,媒体在促进证券市场公开透明以及证券监管的民主化、公司决策的民主化进程方面已经并且正在发挥着不可替代的作用。新闻机构本身并非权力机构,监督行政权力使之承受巨大的压力和挑战。为此,既要进一步提高我国证券监管机构的透明度,又要实现舆论监督的法治化,加快新闻立法工作,以保障舆论监督作用的充分发挥。

第四节 证券监管机构及其监管权的独立性研究

在证券监管法律制度中,证券监督管理机构发挥着龙头的作用,对它的制度安排是各国证券法的重中之重,这项制度安排的合理性直接关乎一国证券市场运行的有序性和证券投资公众利益的保障性。然而,从 2015 年公布的"《证券法》修订草案"来看,证券监管机构的立法改革并未纳入其中,对此笔者深感疑虑,固然轰轰烈烈的"股票注册制改革"是重头戏,但是证券监管机构并不做相应改革,似乎《证券法》改革的"牛鼻子"并未被牵动。正是基于这种顾虑,本节从证券监管机构及其监管权独立性的角度展开全面讨论,最终落脚到对中国证券监管机构法律变革的思考。

一、证券监管机构及其监管权独立性的理论基础

证券监管机构[①]属于政府监管机构,证券监管权属于政府监管权的范围,因此,探讨证券监管机构及其监管权独立性的源起,实际上就是先要对政府监管权及其独立性进行研究。政府监管权与政府监管机构的相关理论是证券监管机构及其监管权独立性的理论基础。

(一) 政府监管权

政府监管权是伴随着现代经济法的产生而产生的一项新类型的政府权

---

① 如前所述,证券监管机构除政府证券监管机构外,还包括如证券业协会、证券交易所等的证券自律监管机构,本节在未特别说明的情况下,证券监管机构仅指政府证券监管机构。

力。现代经济法,是处于一个经济综合性与经济社会化的时代,要解决繁复的社会化的经济问题,克服市场调节的盲目性和局限性,需要国家通过经济立法,由政府积极实施以改善市场机制内在问题为目标的政府干预行为。[1] 按照其干预目标、作用对象和运作机制等内在差异,可将政府干预行为大致划分为三种类型,即宏观调控、微观监管和资产管理。[2]

第一,宏观调控是指政府运用财政、货币和税收等宏观经济措施而对宏观经济活动所进行的调节或控制,通过经济总量的变化从而实现预期经济目标。有学者认为,对政府干预市场活动所运用的公共措施,国内大多以"宏观调控"或"宏观管理"加以表述,这实际上是对政府宏观经济职能与微观经济职能未加区分,这反映出国内有关政府经济职能的观念以及相关理论研究尚不成熟的现状。[3] 本书赞成上述观点,因为对政府宏观经济职能与微观经济职能混淆,就无法区分宏观调控与微观监管行为,证券监管机构的具体监管行为也就无法作出合理的归类和符合逻辑的解释。

第二,这里的资产管理,即国有资产管理,是指对国有资产的占有、使用、收益和处置进行管理。由此建立的是资产经营与管理方面的社会关系。

第三,微观监管,是指某个具体的政府机构对市场主体及其市场活动进行直接规制的行为,其所行使的公权力来源于国家立法的授权。例如,目前我国证券监管机构核准股票的发行、确立证券交易所的某类服务标准和交易规则、对证券违法行为进行稽查并处罚等,这类针对具体事项的干预就是属于微观监管,这项权力即为监管权。至此,本书给监管权下定义:监管权是指特设政府机构依法享有的直接限制或授予市场主体的权利或者增加其义务并在市场主体发生违法行为时作出相应处罚的权力。这里的政府机构,即本节所称的监管机构,证券监管机构即在证券市场行使监管权的政府机关。证券监管权则属于政府监管权中的一种典型形式。根据公权力的基本分类标准,监管权性质依然属于行政权的类别,即监管权就是基于政府机构履行微观监管的职能而赋予其行使的一种行政权。政府监管权作为一种能够采取具体监管措施直接作用于某类市场主体的公权力,是现代市场经济条件下政府职能重构的产物,其与资产管理权和宏观调控权一起,共同构成现代立法赋予行政机构的管理经济权,属于行政事权的一种。[4] 这三种公权力构成经济法中的政府干预权的基本形式。

---

[1] 〔日〕植草益:《微观规制经济学》,朱绍文译,中国发展出版社1992年版,第19—20页。
[2] 中国基础设施产业政府监管体制改革课题组:《中国基础设施产业政府监管体制改革研究报告》,中国财政经济出版社2002年版,第58页。
[3] 盛学军:《政府监管权的法律定位》,载《社会科学研究》2006年第1期。
[4] 同上。

(二) 政府监管机构及其监管权的独立性与程序制约性

如前所述,现代市场经济是一种混合经济体制。① 在这种经济条件下"不仅需要各类经济政策的综合运用,而且也需要各类经济法制度的综合运用"②。从经济效率和社会关系的协调性出发,有必要对某一经济领域的社会关系进行综合调整,为此就需要一个政府独立监管机构统一行使权力。换言之,监管权的独立性是通过具有独立性的监管机构来实现的。

在世界范围内,较早确立政府独立监管机构的国家中,美国具有典型性。我国也有学者将美国政府独立监管机构称为独立控制机构或者独立控制委员会。联邦政府中独立的行政机构可以分为三类③:(1) 部内的独立机构。例如,职业安全和健康局存在于劳动部,食品和药物管理局存在于卫生和公众服务部,它们不能完全摆脱部长的影响,但是法律给予它们较大的独立权限,在很大程度上可以独立决策。(2) 隶属于总统的独立机构。这类行政机构虽然是隶属于总统所领导的行政机构,但是于其他各部则完全独立。例如,环境保护局、国家航空和宇宙空间局属于这类机构。(3) 独立监管委员会。这类机构一方面不隶属于总统所领导的行政部门,同时,在对总统的关系上又具有独立性质,不过其负责人还是需要由总统任命。④ 可见,其对部和总统均具有独立性质。证券交易委员会(SEC)即属这类机构中最为典型的一种。⑤ 本节所研究的独立监管机构乃上述第三类"独立监管委员会"。

美国的监管制度起源于 19 世纪,从 1887 年州际商业委员会成立到 1914 年联邦贸易委员会成立的近三十年间,州和联邦独立监管机构相继接管了竞争、反托拉斯等诸多经济领域的社会控制权,使美国社会日益依赖于监管,美国成为监管型国家。⑥ 美国独立监管机构的发展经历了三个阶段⑦:(1) 国会控制时期。这一时期是从独立监管机构产生到 1946 年《行政程序法》颁布。对独立监管机构如何授权以及授权的范围完全掌握在国会手中,

---

① 〔德〕柯武刚、史漫飞:《制度经济学——社会秩序与公共政策》,韩朝华译,商务印书馆 2003 年版,第 568 页。
② 张守文:《论经济法的现代性》,载《中国法学》2000 年第 5 期。
③ 王名扬:《美国行政法》,中国法制出版社 1995 年版,第 172—188 页。
④ 同上书,第 173 页。
⑤ 除证券交易委员会之外,其他主要独立监管委员会还有州际商业委员会、联邦贸易委员会、国家劳动关系委员会、联邦电讯委员会、联邦储备系统、联邦海事委员会等。参见王名扬:《美国行政法》,中国法制出版社 1995 年版,第 173 页。
⑥ 刘春彦、黄运成:《美国监管制度选择及对我国证券市场监管的启示》,载《证券市场》2005 年第 12 期。
⑦ 同上。

与此同时,法院也有权对独立控制委员会进行严格的司法审查。(2) 独立监管机构自我控制时期。这一时期是从《行政程序法》颁布到20世纪70年代末。独立监管机构取得了行政权与准立法权和准司法权三位一体的权力。这三位一体的权力可谓独立监管机构"独立性"最突出的特征。也就是说,独立监管机构除了受《行政程序法》约束之外,没有其他权力能够制约它。由于独立监管机构是独立于立法、行政、司法以外的部门,因此,批评这类机构的人称之为联邦政府中"无头的第四部门"。[①] 有的还抨击其有违"三权分立"的制衡原则。(3) 监管监管者时期。1980年,美国国会批准总统在预算管理办公室(OMB)中建立信息与监管办公室(OIRA),从事行政规章审核和协调工作,成为监管者的监管者。在这种监管模式中,独立监管委员会被纳入OMB和OIRA的监管范围,OMB和OIRA既要将审核后的重要行政规章提交国会审核,又要向国会报告政府监管的总成本和总收益,由此甚至形成一种新的监管模式,即"成本—收益分析"监管模式。这使独立监管委员会受到了较为严格的监管,但是其独立性的地位并未撼动,直至今日,依然发挥着至关重要的作用。

除美国之外,英、德、日等均存在着政府监管机构对市场实施上述类似政府监管权。尽管他们运用这类公权力的方式各不相同,历史背景也不尽相同,但还是能够抽象出以下共同特点:

(1) 政府监管权的行使以克服市场失灵为前提。在市场经济的条件下,"经济人"个体对其自身利益最大化的追求往往会与社会整体利益产生冲突,从而造成交易成本增加,严重的会使资源配置无效,最终导致相应领域的市场失灵。政府监管权行使的范围应当限制在市场失灵领域,否则不仅无济于事,还可能适得其反。[②] 因此,为应对市场失灵领域的变化,监管机构及其监管权的内容都应当进行适时的变革,例如,上述美国独立监管机构三个不同时期的变革。

(2) 政府监管机构具有相当程度的独立性。这体现在两个方面:第一,法律地位的独立性。经济运行需要执行公平的经济政策或措施,要求政府监管机构不受政治的影响,因此法律赋予其相当高的独立主体地位。[③] 第二,政府监管权力的独立性或称统合性。此类权力除了具有普通政府机构所具有的行政权力之外,还享有"准立法权、准司法权"。"它们能够制定标准或指

[①] 王名扬:《美国行政法》,中国法制出版社1995年版,第172—173页。
[②] 李东方:《证券监管法律制度研究》,北京大学出版社2002年版,第31页。
[③] 王名扬:《美国行政法》,中国法制出版社1995年版,第172页。

导路线,对受控制的对象给予利益,或科加制裁。"①美国联邦最高法院认为:"独立控制委员会同时具有三种权力是由于实际的需要。因为受控制的对象是大企业,它们力量雄厚,适应性强。它们不受分权原则的限制。政府为了控制它们,也必须集中力量,迅速反应,采取分权原则不能达到控制目的。"②正是基于上述两点人们才直接将美国的政府监管机构称为独立控制机构或者独立控制委员会(即独立监管机构)。

(3) 政府监管机构采用委员会制而不是行政首长负责制。监管机构采用委员会制有利于民主决策、政策的一贯性、立场的中立性和监管的专业性。有关委员会制度优势的其他内容在本节的第三部分还将论述。

(4) 政府监管机构的设立及监管权的赋予均由法律明确规定。由于监管权是特设政府机构直接限制或授予市场主体的权利并在市场主体发生违法行为时作出相应处罚的权力,因此,该机构非由法律明确规定不得设立,该权力非法定不得行使。相比较而言,我国的银监会、证监会和保监会及其监管权在相对应的法律中均未被明确规定。③ 从高度法治化的角度来看,我国相关制度法治化的程度还有待于提高。④ 同时,为了制约政府滥用公权力,英美国家采取"一事一议"的办法,即一部立法确立一个特定的监管制度,并且赋予一个特定机构以相应的监管权。⑤

(5) 政府监管权的程序制约性。"一切有权力的人都容易滥用权力,这是万古不易的一条经验。""从事物的性质来说,要防止权力滥用就必须以权力约束权力。"⑥在法治社会,政府监管权的独立性与程序制约性是一块硬币的两面,二者必须同时存在。政府监管权的独立性实质上是指权力的统合性,即将准立法权、准司法权和行政权统合于一体。这种权力的集中,虽然基于规制市场失灵而有其充分的合理性,但是毕竟是一种强势权力,对这种统合性权力的副作用特别值得警惕。正如孟德斯鸠所言:"当立法权和行政权集中在同一个人或同一个机关之手,自由便不复存在了;因为人们将要害怕

---

① 王名扬:《美国行政法》,中国法制出版社1995年版,第173页。
② 同上书,第180页。
③ 2018年3月13日,国务院正式向全国人民代表大会提请审议《国务院机构改革方案》,不再保留银监会和保监会,二者合并成为银保监会。2018年4月8日,中国银行保险监督管理委员会(简称"银保监会")正式在北京金融街的鑫茂大厦南楼挂牌,中国银监会和中国保监会正式成为历史。但是,为了叙述的方便,本书从法制史的角度依然分别沿用原来的名称,且保持原有的逻辑。
④ 对此,我国的《银行业监督管理法》《证券法》和《保险法》均以笼统的"国务院(银行业、证券、保险)监督管理机构"取而代之,然后,在上述三部法之外由国务院机构"三定方案"规定其为国务院正部级事业单位。
⑤ 盛学军:《政府监管权的法律定位》,载《社会科学研究》2006年第1期。
⑥ 〔法〕孟德斯鸠:《论法的精神》,张雁深译,商务印书馆1961年版,第154页。

这个国王或议会制定暴虐的法律,并暴虐地执行这些法律。如果司法权不同立法权和行政权分立,自由也就不存在了。如果司法权同立法权合而为一,则将对公民的生命和自由施行专断的权力,因为法官就是立法者。如果司法权同行政权合而为一,法官便将握有压迫者的力量。"①

因此,对独立监管机构进行程序性制约显得尤其重要。对独立监管机构进行程序性制约主要体现在以下三点:第一,独立监管机构的日常活动始终受到行政程序法的程序性制约。至今中国《行政程序法》未立,不能不说是一大缺憾。第二,独立监管机构的活动受司法审查监督。独立监管机构行使权力受到法院的制约,法院可以根据越权原则和权力滥用原则,在其行为侵害人民的自由和权利时撤销其行为决定。独立监管机构"权力混合不产生权力不受限制问题,不需要求助于分权原则,法院已经掌握司法审查这个有力的工具"②。第三,行政相对人有获得权利救济的途径。对于具体的不当监管行为,行政相对人可以通过行政诉讼的手段获取权利救济。

综上所述,尽管主要发达国家和地区政府监管机构实施监管权的方式各不相同,但是却有着一个共同的基本特征:此类政府监管机构及其监管权均具有较强的独立性,同时其又受到法律程序性的制约。

二、证券监管机构及其监管权独立性的比较研究

要研究适合我国证券市场法治化的证券监管机构和证券监管权,仅有上述政府监管权的相关基础理论是不够的,还需要具体考察和分析典型国家和地区证券监管机构和证券监管权的运行状况和经验教训。

(一)证券监管机构及其监管权独立性在典型国家和地区的建立和发展

1. 美国

1911年以前,美国证券市场的监管主要依靠证券交易所等自律组织。如前文所述,美国第一部证券成文法于1911年由堪萨斯州率先制定,称之为《蓝天法》。《蓝天法》由州一级的证券委员会实施,但这一委员会并没有足够的法定权力和执法资源来进行监管,具体监管任务需要指派给相关律师负责完成,因此只能称其为准证券监管机构。③

1934年《证券交易法》设立了全国性专门证券监管机构——证券交易委员会(SEC)。该法案授权SEC享有在证券领域广泛的职权,包括对经纪公

---

① 〔法〕孟德斯鸠:《论法的精神》,张雁深译,商务印书馆1961年版,第156页。
② 王名扬:《美国行政法》,中国法制出版社1995年版,第180页。
③ 杜宁:《美国证券监管机构的演变、特点与启示》,载《经济导刊》2011年第11期。

司、交易代理、清算机构以及全国性证券自律监管组织①(SROs)的注册、监督和管理职责。该法案同样对市场中的特定行为进行了确认和禁止并且授予SEC对与以上行为有关的受监管组织和个人采取惩罚性措施的权力。对于公开交易股票的公司,法案授予SEC要求公司提供定期信息报告的权力。②SEC是美国联邦政府的重要组成部分,在组织形式、人员构成、经费来源方面均具有独立性。

在组织形式方面,依据1934年《证券交易法》规定,SEC由总统任命的五名委员组成,该项任命须经参议院同意。③ 通过这种总统任命、参议院同意的人员任命方式,在联邦政府组织结构中,SEC拥有了独立行政机构的地位,不受联邦政府其他部门的干涉。

在人员构成方面,依据1934年《证券交易法》规定,至多3名委员属于同一政党,并尽可能地轮流任命不同政党的成员。除担任委员会委员外,委员不得从事其他工作,也不得以直接或间接的方式参与股票市场活动或从事受委员会所管辖的交易活动,以保证其独立性和公正性。委员会成员中一人为委员会主席,成员每届任期为5年。④ 在委员会人员构成方面,SEC力图摆脱不同政党利益和自身经济利益冲突的影响,通过各政党最多任职人数、委员轮流任职、从业禁止等限制以保证其在人员方面的中立性。

在经费来源方面,目前SEC资金主要来源于年度国会拨款、证券交易费用、SEC储备基金(SEC Reserve Fund)、证券注册费用等,其中国会拨款占大多数。⑤ 但是,近年来,特别是2008年金融危机的爆发和《多德弗兰克法案》的颁布,使得SEC的监管职责和权力得到大幅度增强。基于增加员工收入和增强独立性的考虑,要求SEC经费来源从国会拨款转向自筹资金(Self-funding)的呼声也越来越高。根据美国律师协会(American Bar Association,简称ABA)统计的数据显示,从2005年至2009年,SEC向财政部上缴的证券交易和注册费用高达74亿美元,而同期国会拨款只有45亿美元。因此,理论上仅仅通过这些交易和注册费用(不包括罚款)即能满足SEC自筹资金的需求,而无须依赖联邦拨款。ABA同时指出,美国其他主要监管机构,包括美联储、美国联邦存款保险公司、美国货币监理署等部门,通过自筹经费也

---

① 美国证券自律监管组织包括纽约证券交易所、美国证券交易所等各种证券交易场所,以及美国金融业监管局(类似于中国证券行业协会)。
② http://www.sec.gov/about/whatwedo.shtml,访问时间:2016年6月17日。
③ See SEC.4.(a), Securities Exchange Act of 1934.
④ Ibid.
⑤ U.S. Securities and Exchange Commission:Fiscal Year 2012 Agency Financial Report, p.32. See http://www.sec.gov/about/secpar/secafr2012.pdf.

已经能够满足其经费需求。① 在经费来源方面,虽然现阶段 SEC 的经费仍主要来源于国会拨款,但是未来包括 SEC 在内的美国监管机构的经费制度改革值得我国关注和借鉴。

美国证券监管制度的优点主要有:第一,政府对证券市场实行统一集中的监管,SEC 兼有行政执法、准立法和准司法权,使 SEC 独立于其他行政部门。这样就能保证对证券市场监管的权威性和有效性。第二,证券监管机构的职能在于制定和执行法律、法规、制度或规则,为证券市场的正常运行创造良好的外部环境。因此,监管机构超脱于市场,不介入具体的证券业务,从而避免被寻租,保证其监管行为的公平、公正性。第三,SEC 的日常职责是以采取预防性措施为核心,防范证券不法行为于未然。其主要业务活动是保证及时披露证券市场的相关信息,从而实现保护投资人合法利益的目的。因此,SEC 全部活动的宗旨均在于确保证券市场各行为主体按照法定的规则从事各类证券活动。这种模式的缺点主要是:第一,政府机关脱离证券市场的具体运作,不能及时跟上市场的快速发展和变化,往往使监管滞后并流于僵化。第二,各种自律性组织在政府的监督、指导下活动,只拥有较少的自治权,这在一定程度上限制了其自身作用的充分发挥。第三,政府在监管中起主导作用导致监管成本过高。②

2. 英国

如前所述,从证券监管的类型上看,英国是"自律监管"的典型代表,强调"自律""自我约束"。为加强对证券市场的监管,1818 年,英国政府颁布了第一部证券交易条例。③ 金融现代化改革前,英国的证券监管机构为 1985 年成立的证券和投资委员会(The Securities and Investments Board Ltd,简称 SIB),该委员会为一人公司,并依据 1986 年《金融服务法案》拥有一定的法定监管权力。1991 年,证券业协会和期货经纪商与交易商协会合并后创建了证券与期货管理局(The Securities and Future Authority,简称 SFA),其也成为一个法定的证券行业监管机构,从而与 SIB 共同形成对证券业多头管理的金融监管体制。④ 1997 年 5 月 20 日 SIB 正式更名为英国金融服务局(Financial Service Authority,简称 FSA),1998 年银行监管职能从英格兰银行转移至 FSA,2000 年 5 月 FSA 从伦敦证券交易所手中接管了公司上市监管权。依据 2000 年《金融服务与市场法》(The Financial Services and Markets Act

---

① http://www.foxbusiness.com/polities/sec-self-funding-vs-congressional-appropriations/,访问时间:2016 年 6 月 17 日。
② 李东方:《证券监管法律制度研究》,北京大学出版社 2002 年版,第 87 页。
③ 同上书,第 87—88 页。
④ 郑彧:《欧美及亚太主要证券市场监管制度比较》,载《亚太经济》2009 年第 4 期。

2000),FSA 整合了包括证券和期货局(Securities and Futures Authority)、投资管理监管组织(Investment Management Regulatory Organization)、个人投资局(Personal Investment Authority)以及房屋信贷团体委员会(Building Societies Commission)、互助团体委员会(Friendly Societies Commission)、互助团体注册局(Register of Friendly Societies)等机构在内的金融监管机关。立法同时还赋予 FSA 其他一些职责,特别是采取措施制止滥用市场支配地位的行为。① 至此,FSA 已经发展成为一个包含几乎英国全部金融监管内容的统一金融监管机构。

受 2008 年金融危机影响,英国政府对原有的金融监管机制进行了反思。依据 2012 年《金融服务法案》(Financial Services Act 2012),2000 年《金融服务与市场法》的监管机构部分做了相应修改。在此背景下,2013 年 4 月 1 日,FSA 被正式撤销,为英国金融行为监管局(Financial Conduct Authority,简称 FCA)和审慎监管局(Prudential Regulatory Authority,简称 PRA)所取代。② 以这种"双峰模式"取代了原有 FSA 的统一监管。其中,FCA 负责对英国的金融服务行业进行监管,确保金融消费者利益和金融服务行业的有序竞争。该部门在保护和监管金融服务行业方面拥有广泛的权力,包括规则制定、调查权和执行权等。③ PRA 为英格兰银行的一部分,负责对银行、房屋信贷互助会(Building societies)、信贷协会(credit unions)、保险公司和主要投资公司(investment firms)的审慎监管,监控和应对系统风险。相对而言,FCA 主要倾向于对金融行业传统式的微观监管,而 PRA 则倾向于对金融行业的宏观审慎监管。目前英国证券行业最主要的直接监管机构为 FCA。

FCA 在组织、人事、经费来源上均具有其特色。在组织形式方面,FCA 同其前身 FSA 一样,采取了"担保有限公司"(Private company limited by guarantee)的形式。依据修改后的 2000 年《金融服务与市场法》,FCA 名称中"有限"(limited)字样的使用继续豁免适用 2006 年《公司法》(Companies Act 2006)中的相关要求。④

在内部机构和人事方面,依据修改后的 2000 年《金融服务与市场法》,FCA 的内部主管机关(governing body)由以下人员组成:"(a) 主席(由财政部任命);(b) 首席执行官(由财政部任命);(c) 银行副行长(履行审慎监管职责);(d) 由国务大臣和财政部联合任命的 2 名成员;(e) 由财政部任命的至

---

① http://www.fca.gov.uk/about/who/history,访问时间:2016 年 6 月 19 日。
② http://www.fca.gov.uk/,访问时间:2016 年 6 月 19 日。
③ http://www.fca.org.uk/about/the-fca,访问时间:2016 年 6 月 19 日。
④ See 17, part2, Schedule 1ZA, The Financial Services and Markets Act 2000.

少另外一名成员。"①但是,对于财政部任命 FCA 成员的权力,法案又做了一些限制,如法案规定:其中"(a)(c)和(d)应为非执行成员";"在行使履行任命(e)条款中的执行和非执行成员的权力时,财政部须确保该机关的多数成员为非执行成员";"FCA 的雇员不得任命为非执行成员"②;被任命的成员"(a) 不得接受财政部或国务大臣的指示;(b) 不依据任何其他人的指示行动;(c) 禁止成员获得对其职责履行产生实质影响的金融或其他利益"③。依据上述法案,目前 FCA 设有董事会,负责制定 FCA 政策,但是日常决策和人事管理均由执行委员会决定。董事会现有 12 名董事,其成员由英国财政部任命。④

在经费方面,FCA 是独立于政府机构的主体,不接受政府的资助。其日常经费来源于受监管对象缴纳的费用。依据修改后的 2000 年《金融服务与市场法》,该法案授予 FCA 收费的权力,该法案规定:"当其认为将(考虑到本法案其他条款规定的可期待费用收入)能确保其:(a) 满足履行职责或为他附属目的的费用;(b) 偿还任何相关借款的本金及利息,及相关的初始费用;(c) 维持足够的储备基金",FCA 可以制定要求支付履行职责所需相关费用的规则。⑤ 由于 FCA 拥有向受监管主体收费的权力,不依赖于政府拨款,因此在经费方面具有较高的独立性。

3. 德国

德国证券市场从其萌芽至今虽已长达四百多年的历史,但其政府监管的历史并不长,政府对证券业的监管在德国被认为是最年轻的监管领域。在1994 年以前,德国证券市场尚未建立起统一的证券法体系,也没有一个对证券业进行监管的政府性中央机构。此前,其证券市场的运行主要是靠自律监管维持市场秩序。

1994 年后,德国依据《第二部金融市场促进法案》(the Second Financial Market Promotion Act)颁布了《证券交易法》(Securities Trading Act),并设立了联邦证券监管局(Federal Securities Supervisory Office)对内幕交易和上市公司的信息披露等行为进行联邦监管。2002 年 5 月,德国为适应对金融混业经营的监管,将原有的 联邦银行监管局(Federal Banking Supervisory Office)、联邦证券监管局(Federal Securities Supervisory Office)和联邦保险监管局(Federal Insurance Supervisory Office)合并成立联邦金融监管局(Federal

---

① See 2,part1,Schedule 1ZA,The Financial Services and Markets Act 2000.
② Ibid.
③ See 3(4),part1,Schedule 1ZA,The Financial Services and Markets Act 2000.
④ http://www.fca.org.uk/about/structure,访问时间:2016 年 6 月 19 日。
⑤ See 23,Part 3,Schedule 1ZA,the Financial Services and Markets Act 2000.

Financial Supervisory Authority,简称 BaFin),负责对银行、保险公司、证券市场以及政府资产进行监管。随后,操纵市场等原本由各州自行监管的监管职责被提升至联邦层面。依据《金融法案》(简称 FinDAG)①设立的 BaFin,在组织形式、人员、经费方面规定如下:

在组织形式方面,该法案明确规定 BaFin 为"受公法管辖的具有法人资格的联邦机构","为联邦财政部的组成部分"。② 这就在法律上确认了 Bafin 作为联邦政府行政机构的主体地位。

在内部结构和人事方面,BaFin 由执行董事会、主席和管委会组成。其中执行董事会负有管理 BaFin 的全部职责。执行董事会由一名主席和四名首席执行董事组成。主席在 BaFin 策略方向上拥有决定权并在法庭内外作为 BaFin 的代表。管委会负责 BaFin 的管理并为其职责履行提供支持,为最高权力机关。BaFin 管委会组成人员包括:"1. 主席和副主席,后者由联邦财政部借调;2. 其余 19 名成员:a. 其他两名联邦财政部代表;b. 一名联邦经济和科技部代表;c. 一名联邦司法部代表;d. 五名联邦议会代表;e. 五名信用机构代表;f. 四名保险企业代表;g. 一名资产管理公司代表。"③另外,法案对执行董事会成员的法定地位也做了相应规定:"执行董事会成员与联邦管理部门的关系应为正式的公法关系。执行董事会成员应具有特定专业资质,并由联邦总统根据联邦政府的提名任命。"④因此,在人员方面,虽然 BaFin 为联邦行政机构,但是为了平衡各方利益,增强独立性,在管委会中引入了包括议会、信用机构、保险企业、资产管理公司在内的其他各方代表。

在经费方面,法案规定:"BaFin 应通过其 14 至 16 部分规定的收入和其他收入满足其支出,除非 17a 至 17d 部分特别规定。行政罚款不应列入账目中。"⑤法案 14 至 16 部分对收入做了细化规定。因此,BaFin 的经费完全来自受监管对象,不在联邦财政的拨款范围内,以保证其经费的独立性。

德国现行证券监管机构和监管体系存在三重监管结构。这三重结构是:联邦金融监管局;各州政府的监管机构;证券交易所内设置的监管办公室。其中,交易所的监管办公室是一线监管者,负责管理证券发行、上市和交易等具体业务,履行对证券交易的一线监管职能;州政府证券监管机关负责监管本州辖区内的证券交易所和证券交易行为,对交易所实施法律监督,对辖区

---

① 该法案全文见 http://www.bafin.de/SharedDocs/Aufsichtsrecht/EN/Gesetz/findag_en.html?nn=2821360#doc2684274bodyText1.
② See Section1(1),FinDAG.
③ See Section7,FinDAG.
④ See Section9,FinDAG.
⑤ See Section13,FinDAG.

内的交易、结算和其他证券活动进行监管；BaFin 是联邦直属的公法上的行政机关，履行对包括证券市场在内的金融市场国家监管职能。BaFin 与各州政府交易所监管机关之间不是隶属关系，而是相互合作、密切配合的关系。①

4. 日本

在证券市场发展过程中，日本证券监管机构经过多次变迁。1943 年以前，日本并无专门的证券监管机构。第二次世界大战时期，为了战时资金统一调配的需要，日本政府于 1943 年将所有证券交易所合并成一个政府的部门，即日本证券交易所。1948 年，大藏省（日本财政部，Ministry of Finance, 简称 MOF）处于经济运行中的核心管理地位，垄断了包括证券业在内的整个金融业的监管权，即银行、保险和证券等一切业务的金融监管权由其统领。在大藏省下分设银行局、保险局和证券局对不同的金融领域实施监管。其中，证券局负责对证券业务的注册登记、批准、检查及对证券法规的执行进行监督，并对券商及市场交易进行指导。1962 年，大藏省又成立了证券交易审议委员会，由 13 名委员组成，均由大藏大臣任命，专门负责对证券发行、交易及其他相关重要事项进行调查，但该委员会不从事具体的监管执法活动，其在证券交易法的修订工作中也发挥重要作用。

日本现有证券监管机构——金融厅（Financial Service Agency, 简称 FCA）的前身是金融监督局（Financial Supervision Agency, 简称 FSA）。金融监督局内部同时还设立了证券交易监督委员会（Securities and Exchange Surveillance Commission, 简称 SESC），由其行使证券监管权。证券交易监督委员会虽然名义上受 FSA 领导，但实际上它能够独立行使证券监管权，独立对证券市场的交易进行监督和检查。证券交易监督委员会的委员长和委员均由国会批准后由首相任命，金融监督局对其无人事任免权。②

5. 中国

（1）香港特别行政区。在香港，政府对证券业的监管始于 20 世纪 70 年代中期。1973 年至 1974 年期间，香港发生股灾，股灾危机迫使当时的港英政府制定了《证券期货业的监管条例》，主要是涉及两个非全职的监察委员会，分别负责监察证券及商品交易事宜。另外成立了证券及商品交易监理专员办事处，为两个监察委员会处理行政工作。该办事处由证券及商品交易监理专员出任主管，属政府部门。在其后 10 年，香港与国际证券及期货市场均

---

① 郑彧：《欧美及亚太主要证券市场监管制度比较》，载《亚太经济》2009 年第 4 期。
② 杜宁、陈秋云：《日本证券监管机构的历史演变和特点》，载《现代日本经济》2010 年第 2 期。

迅速发展,但上述监管架构基本未变。

然而,上述监管架构未能经受住 1987 年香港再次爆发的股灾的考验。这次股灾过后,香港成立了一个由六人组成的证券业检讨委员会,由戴维森(Ian Hay Davison)担任主席。该委员会对香港证券业的监管架构和法律制度进行了深刻的检讨,提出了相应的完善措施,并于 1988 年 5 月发表检讨报告书。以此为契机,证券业检讨委员会建议在公务员体系之外成立一个"法定机构",以加强监管执法力度。该机构的主席及职员应由专业人员全职担任,并由市场承担主要经费。委员会认为,该机构应拥有广泛的调查及纪律处分权力,以妥善地履行监管职能。

基于上述成果,1989 年 5 月,根据《证券及期货事务监察委员会条例》(以下简称《证券及期货条例》),香港成立了证券及期货事务监察委员会(简称"香港证监会")。香港证监会是独立的"法定机构"①,独立地对香港证券市场行使监管权,包括广泛的调查、纠正及纪律处分权力。

在成员组成方面,依据《证券及期货条例》,香港证监会董事局负责厘定证监会的整体方向,并提供策略指引,成员包括一名非执行主席、行政总裁,以及其他执行董事和非执行董事。董事局全部成员由香港特别行政区行政长官授权财政司司长委任,有固定任期。董事局非执行董事的人数须超过执行董事的人数。②

证监会的经费主要是来源于香港联合交易所及香港期货交易所的交易证费,以及向证监会牌照申请人、持牌人或作出其他牌照申请的人士收取的费用。香港《证券及期货条例》第 14 条规定:"政府须就证监会每个财政年度,将立法会拨予证监会的款项,从政府一般收入中支付证监会。"事实上,由于市场表现较好,香港证监会从 1993 年以来,一直没有向立法会要求拨款。③

(2)台湾地区。在台湾地区金融监管机构成立之前,台湾地区金融业的监管权分属于台湾地区货币政策主管机关、台湾地区财政事务主管机构等。为了适应金融混业经营的趋势,依据 2003 年通过的台湾地区行政管理机构金融监督管理委员会组织法,2004 年 7 月 1 日正式成立了台湾地区

---

① 一般来说,香港地区法定机构是指按照法定程序设立,承担具体的公共事务管理职能或者公共服务职能的公共机构。其具有独立法人地位,运作比较灵活自主,且不在政府机构序列之内。参见汪永成:《香港特区法定机构发展的历程、动因与启示》,载《湖南社会科学》2012 年第 5 期。

② http://sc.sfc.hk/gb/www.sfc.hk/web/TC/.

③ http://finance.qq.com/a/20130130/001535.htm.

行政管理机构金融监督管理委员会。后又于 2012 年 7 月 1 日,将上述名称简称为台湾地区金融监管机构。

在组织结构方面,依据台湾地区行政管理机构金融监督管理委员会组织法第 1 条规定,该委员会成立的宗旨为"维持金融稳定及促进金融市场发展",并且为台湾地区行政管理机构下属机构。在人员方面,该法第 8 条规定,台湾地区金融监管机构设置委员 9 人,委员均由台湾地区行政管理机构负责人提请台湾地区领导人任命。委员具有同一党籍者,不得超过委员总额三分之一。该法第 9 条规定台湾地区金融监管机构依法独立行使职权。委员须超出党派以外,于任职期间不得参加政党活动。台湾地区金融监管机构下设证券期货局,掌管证券、期货市场及证券、期货业之监督、管理及其政策、法令之拟定、规划、执行等事项。

(二)上述各国(或地区)证券监管机构相关要素及其独立形态的比较

考察上述各国(或地区)证券监管机构的现状,可见其相关要素及其独立形态方面均存在差别。具体如下表所示:

国家/地区	现有证券监管机构	人员构成	经费来源	独立形态	其他独立性要求
美国	SEC	5 名委员,由总统任命	年度国会拨款、证券交易费用、SEC 储备基金、证券注册费用等	联邦政府独立监管机构	至多 3 名委员属于同一政党
英国	FCA	现 FCA 董事局由 12 人组成,由财政部任命	受监管金融服务公司	担保有限公司	—
德国	BaFin、各州监管机构、证券交易所	BaFin 管委会现由 17 人组成,成员来自联邦部长、议会议员、信用机构、保险企业、资产管理公司及学术机构代表。①	BaFin 经费来源于受监管公司	BaFin、各州监管机构均为独立行政机关;德意志证券交易所为股份制公司	—
日本	FSA(SESC)	设长官 1 人,由首相直接任命	行政拨款	相对独立行政机关	—

---

① http://www.bafin.de/EN/BaFin/Organisation/BaFinBodies/AdministrativeCouncil/administrativecouncil_artikel.html? nn=2692296.

(续表)

国家/地区		现有证券监管机构	人员构成	经费来源	独立形态	其他独立性要求
中国	香港特别行政区	证券及期货事务监察委员会	成员包括一名非执行主席、行政总裁，以及其他执行董事和非执行董事。董事局全部成员由香港特别行政区行政长官授权财政司司长委任，有固定任期。	香港联合交易所及香港期货交易所的交易征费，以及向证监会牌照申请人、持牌人或作出其他牌照申请的人士收取的费用。	独立于政府公务员架构外的法定机构	—
	台湾地区	金融监管机构	委员九人，均由台湾地区行政管理机构负责人提请台湾地区领导人任命	行政拨款	相对独立行政机关	委员具有同一党籍者，不得超过委员总额三分之一。委员须超出党派以外，于任职期间不得参加政党活动

综观上述国家(或地区)证券监管机构的设置，具有如下特点：(1)在机构形式或性质上，除英国FCA采取公司制形式、中国香港证监会采取独立于政府公务员架构外的法定组织的形式外，其他证券监管机构均为具有独立性的政府行政机关。但是，独立性的程度各有差异，其中以美国的SEC独立性最强。(2)在机构设置上，上述国家或地区普遍采取委员会制或董事会制，以吸引不同领域的人才加入证券监管机构，增强决策的独立性、权威性和公信力。(3)在人员构成上，委员会或董事会成员主要由主管部门任命，体现了上述国家或地区对证券监管的重视。但是，为保证机构的独立性，一些国家和地区对委员会或董事会中非执行成员人数及党派构成作出限制规定。(4)在经费来源上，英国、德国以及中国香港特别行政区的证券监管机关的经费仅来源于受监管公司的交易费用或牌照申请费用等，从而进一步确保了证券监管机构相对于其他部门的独立性。

(三)证券监管机构独立性的差异分析

当今由于经济和资本全球化的趋势，导致资本、人才乃至价值观在全球范围内的加速流动。各国或地区资本市场监管制度也出现监管趋同的现象，在亚洲国家或地区中也普遍出现这样的趋势。① 为了吸引更多的资金和人才，各国或地区监管部门之间在证券领域开始了监管竞争，在监管理念和监管措施上相互借鉴。在证券监管机构的设置上，尽管独立性是其共性，但是各国或地区证券监管机构均具有较强的差异性，即使同一国或地区的监管机构在不同时期不同监管理念的指导下也会存在较大差异。一般而言，造成证券监管机构独立性或者说法律性质差异的原因主要有以下两个方面：

1. 历史背景不同

在英、美、德等发达资本主义国家，资本市场起步较早，早期证券市场的秩序基本上是依靠自律监管来维持。后来随着证券业的日益发展和壮大，证券欺诈、操纵市场、内幕交易等行为层出不穷，松散、简单的自律监管模式已经不能适应证券市场发展的需要。在此背景下，建立强有力的全国性证券监管机构就十分必要。

例如，美国采取了以 SEC 为代表的联邦统一证券监管模式，其根源在于 1929 年的股市崩盘，最终导致全球性的经济危机的爆发。由此，联邦政府意识到以州证券委员会为主体的准证券监管机构对具有全国性的证券交易行为监管力度有限。于是，联邦政府开始积极推动设立全国性的证券监管机构。《1934 年证券交易法》设立新的证券监管机构——SEC，并授权其对证券交易活动进行全面监管。由于经济危机的特定背景，加上当时市场对强有力的证券监管措施的呼声，联邦政府采取自上而下的变革，使得 SEC 在人员、财务和监管权力方面，均有很高的独立性，使其成为世界上典型的证券独立监管机构。

与美国证券监管机构的设立不同，英国监管机构的最初设立并非来自外部经济危机，更多的是为适应市场竞争的需要而自发设立的。英国于 1986 年出台了《金融服务法》，随后英国伦敦证券交易所进行重大变革，即英国金融"大爆炸"，标志着英国金融业由分业经营向混业经营的历史性转折。② 面对金融业的快速发展，原有主要依靠市场自律监管的金融监管模式已经不能适应现实发展的需要。随后，SIB、FSA 等机构相继设立。但由于撒切尔夫人当政时期推行金融自由化政策，国家行政监管权力在证券领域涉入不深，SIB/FSA 被授予的金融监管权力较小，因此 SIB/FSA 采取了一人公司这种组织形式。后来英国金融监管领域历经数次机构改革。但是最新的金融监

---

① 范健、王通平：《亚洲国家和地区证券监管趋同对中国的启示》，载《南京大学学报》2012 年第 2 期。
② 胡滨、尹振涛：《英国的金融监管改革》，载《中国金融》2009 年第 11 期。

管部门——FCA仍然采取了公司制的形式。相较于行政机关决策的复杂性和滞后性,公司制监管机构更具有灵活性,也比较适应金融自由化的发展需求。

亚洲国家和地区证券监管制度借鉴英、美等发达国家的经验,也进行了一系列的制度变革,如我国香港地区证券监管机构的建立。香港地区的法律制度受英国法律体系的影响颇深,早期证券监管体制就是沿用英国式自律监管模式。1987年香港经历股灾之后,根据《证券及期货事务监察委员会条例》成立香港证监会,将其定性为"法定机构",独立于公务员架构之外。其经费也不依赖于政府拨款,使得香港证监会具有较强的独立性。虽然在经费来源和人员组成上与英国的FCA有相似之处,但是香港证监会采取了独立于政府公务员架构外的法定机构的形式而非公司制形式,更加适应香港本地证券市场发展的需求。

2. 受不同时期监管理念的影响

证券监管理念乃证券监管制度的立法精神和指导思想。它也是监管者实施监管行为的目的、要求和行动指南。[①] 一般而言,证券监管理念主要包括保护投资者利益、维护证券市场稳定、防范系统性风险、适度监管等方面的指导思想。然而,各国或地区的证券监管理念并非完全相同,同一国家不同时期的监管理念也会不同。由于证券市场环境的变化,证券监管的理念也会发生变化,从而对证券监管机构的设置及其职能运作产生影响。以2008年的金融危机为例,这场起源于美国次级贷款的危机引发了全球性经济危机,投资者特别是中小投资者损失惨重,使得人们认识到现有的金融监管体系仍然存在重大缺陷。有学者认为,这场危机的爆发和美国证券监管理念上出现的"反监管"思潮不无关系。在金融界对SEC监管过度严厉的批评和"反监管"思潮影响下,SEC的监管理念和监管态度开始软化,解除了诸多意在保护投资者和强化市场诚信的措施,甚至一度丧失了监管立场。[②] 这场金融危机后,美国又重新开始大幅度收紧证券监管尺度,在监管理念上也更趋严格。在立法上的直接体现则是美国"大萧条"以来最严厉的金融改革法案——《多德—弗兰克华尔街改革和个人消费者保护法案》的颁布。该法案新设金融稳定监督委员会(FSOC),以增强对未来可能出现的金融市场系统性风险的防范;SEC的监管权限和监管职责也得到大幅增强。在法案设计的一共243项

[①] 陈岱松:《关于证券监管理念的法理分析》,载《兰州学刊》2009年第5期。
[②] 罗培新:《美国新自由主义金融监管路径失败的背后——以美国证券监管失利的法律与政治成因分析为视角》,载《法学评论》2011年第2期。

规则制定中,美国证监会所需制定的规则为 96 项,占比达 39%。①

综上所述,在证券监管机构的组织形式上,以美国 SEC 为代表的国家(地区)采取了行政机构的组织形式,而英国的 FCA 则采取了公司制的组织形式。对于证券监管来说,不同的机构组织形式会对证券监管的程序和效力产生直接的影响。一般来说,采取行政机构的组织形式可能导致证券监管措施更为严格,监管程序也较为复杂,监管效率较低,独立性相对较弱。采取公司制的组织形式使得证券监管的效率更高,独立性更强,但监管力度可能相对较弱。证券监管机构的法律定位同本国或地区证券市场发展的历史及监管理念均有密切的关系。事实上,由于证券监管趋同化的趋势,现今各国或地区的证券监管措施并无太大差别,证券监管机构组织形式上的变化并不能对证券监管效果产生实质性影响。因此,在对各国或地区监管机构的考察中,不能仅仅关注证券监管机构的法律主体地位和组织形式,更为重要的是证券监管机构内部组织、人员、经费、执法措施等方面的制度经验及其对证券监管机构的独立性、权威性和公信力的影响。

三、中国证券监管机构的法律变革

(一)对我国现行证券监管机构法律属性的检讨

20 世纪 80 年代,我国证券市场成立之初,主要是由中国人民银行作为证券业的主管机关。此外,体改办、计委等也都对证券市场拥有一定的管理权。1992 年 10 月,国务院证券委员会和中国证券监督管理委员会宣告成立,前者负责对证券市场进行宏观管理,后者则是执行机构。1995 年 3 月,国务院确立证监会为国务院直属副部级事业单位。同年 11 月,原由中国人民银行监管的相应证券经营事项也划归证监会负责。1998 年 9 月 30 日,国务院办公厅发布了《中国证券监督管理委员会职能配置、内设机构和人员编制规定》(以下简称"三定方案"),即"定职能、定机构、定编制"的"三定方案"。根据"三定方案"的规定,中国证券监督管理委员会为国务院直属正部级事业单位,是全国证券期货市场的主管部门。② 1998 年 12 月通过的《证券法》第 7 条则规定:"国务院证券监督管理机构依法对全国证券市场实行集中统一监督管理。"该条并未明确中国证监会是否为《证券法》中所称国务院证券监管管理机构。由于在《证券法》通过以前,作为国务院机构内部专门从事证券

---

① 祁斌:《美国金融监管改革法案:历程、内容、影响和借鉴》,载《金融发展评论》2010 年第 9 期。
② 李东方:《证券监管法律制度研究》,北京大学出版社 2002 年版,第 93—95 页。

监管的机构,证监会实际上已经开始履行其作为证券市场监管机构的职能,故《证券法》所称的"国务院证券监督管理机构"实际上是指证监会。另外,从法理上分析,《证券法》第 7 条的规定实际上是将国务院证券监督管理机关的认定权力授权给国务院。因此,证监会作为国务院证券监督管理机构的主体资格当无异议。依据《证券法》第十章关于国务院证券监督管理机构的职权的规定,以及国务院"三定方案"中关于证监会主要职责的规定,证监会不仅拥有政府监管权[1],而且拥有规章制定权,这就与其事业单位的法律性质相矛盾。根据《事业单位登记管理暂行条例》和《公益事业捐赠法》相关条文对事业单位的规定,我们可以将事业单位定义为依法设立的从事教育、科技、文化、卫生等公益服务,不以营利为目的的社会组织。可见,事业单位是为提供社会服务设立的,而非行使行政监管职能。在我国,证监会事业单位的法律属性与履行行政监管职能的矛盾是通过以下两种方式解决的:

(1) 通过国务院授权解决其履行政府监管权的矛盾。事业单位行使政府监管权只能来自授权,这在行政法上被称为法律、法规授权组织[2]。以此为前提,中国证监会作为政府监管机构的法律障碍基本上被排除。当然,证监会作为国务院下属事业单位,其政府监管权的获得只能来自《证券法》及"三定方案"等法律法规的授权。在没有相关法律法规授权的情况下,证监会不得行使相应职权。

有学者提出,中国证监会现在行使的行政管理权,究竟是行政机关授权,还是立法机关立法规定？从国务院"三定方案"看,应是前者;从《证券法》规定判断则又是后者。如果是前者,当行政相对人对证监会的行政处罚不服而提起行政复议或行政诉讼时,根据相关行政法的规定,则作为委托机关的国务院当为行政复议的被申请人或者行政诉讼的被告[3]。另外,如果中国证监会及其工作人员在行使职权时,一旦侵犯了公民、法人或其他组织的合法权益并造成损害的,根据国家赔偿法相关规定,作为委托机关的国务院当为赔偿义务人[4]。"果真如此,势必在司法实践中和法律逻辑方面出现令人十分尴尬的局面。"[5]然而,在监管实践中所发生的行政诉讼,被告均为中国证监

---

[1] 亦即许多学者使用的"行政监管权",为了和本节前述"理论基础"部分相统一,故称"政府监管权",二者并无实质性差异。

[2] 王建文:《中国证监会的主体属性与职能定位：解读与反思》,载《法学杂志》2009 年第 12 期。

[3] 如《中华人民共和国行政处罚法》第 18 条第 2 款规定,委托行政机关对受委托的组织实施行政处罚的行为应当负责监督并对该行为的后果承担法律责任。

[4] 见《中华人民共和国国家赔偿法》第 7 条第 4 款的规定,受行政机关委托的组织或者个人在行使受委托的行政权力时侵犯公民、法人和其他组织的合法权益造成损害的,委托的行政机关为赔偿义务机关。

[5] 万国华:《论我国证券监管体制若干法律问题》,载《南开学报》2000 年第 2 期。

会,因而该授权,应当视为《证券法》的立法授权。因为被法律、法规授权的组织在行使授予的行政权力时侵犯公民、法人和其他组织的合法权益造成损害的,被授权的组织为赔偿义务机关。①

(2)通过《立法法》解决其规章制定权的矛盾。根据国务院"三定方案"及《证券法》的规定,作为事业单位的中国证监会不仅享有行政监管权,而且还享有规章制定权。然而按我国《宪法》精神,制定规章的专有权属于国务院各部、各委员会。② 换言之,我国《宪法》仅赋予国务院各部、各委员会的规章制定权,而并未授权非部委机构和事业单位制定规章。因此,赋予证监会规章制定权的做法与宪法有些抵触。③ 这种抵触或者矛盾,在我国《立法法》出台前的确存在。但是,2000年3月15日,第九届全国人大第三次会议通过的《立法法》解决了这一矛盾,《立法法》将规章制定权主体扩大为国务院各部、委员会、中国人民银行、审计署和具有行政管理职能的直属机构。④ 其中,"具有行政管理职能的直属机构",是指按照国务院的规定在特定领域行使行政管理职能的国务院的直属机构,包括直属事业单位如中国地震局、中国气象局、中国证监会、中国银监会等。因此,中国证监会作为"具有行政管理职能的直属机构"即可直接作为拥有规章制定权的行政主体。⑤

通过以上两点分析,可见中国证监会作为国务院直属事业单位而行使政府监管权,无论从逻辑上还是在法理上都是说得通的,学界不必过于纠结事业单位与政府监管权之间的冲突。同时,我们也不能满足于上述能够自圆其说的解释,而是要检讨当初这种设置的目的何在?这一设置与《证券法》的立法宗旨和立法意图相匹配吗?否则对于不能够实现立法目的的制度,就有变革的必要。

对于国务院"三定方案"将中国证监会界定为国务院直属事业单位的目的或用意,至今未见官方正式的权威解释。由于受到了前述世界发达国家和地区独立监管机构立法潮流的影响,学界试图将证监会设计为一种相对独立性的监管机构。这也是本书的观点。在我国,法人类型有四种:机关法人、事业单位法人、企业法人及社会团体法人。在不希望将证监会制度安排为传统行政机关的情况下,按照我国的法律文化,选择事业单位法人更为合适,便于

---

① 见《中华人民共和国国家赔偿法》第7条第3款的规定,法律、法规授权的组织在行使授予的行政权力时侵犯公民、法人和其他组织的合法权益造成损害的,被授权的组织为赔偿义务机关。
② 《宪法》第90条第2款规定:各部、各委员会根据法律和国务院的行政法规、决定、命令,在本部门的权限内,发布命令、指示和规章。
③ 万国华:《论我国证券监管体制若干法律问题》,载《南开学报》2000年第2期。
④ 见《立法法》第80条的具体规定。
⑤ 王建文:《中国证监会的主体属性与职能定位:解读与反思》,载《法学杂志》2009年第12期。

体现其行使证券监管权的相对独立性。不仅如此,证监会还采用了境外独立监管机构所通用的名称"证券监督管理委员会"[①],而这种名称此前并不用于国家行政机关序列之中。[②] 特别是2005年修订后的《证券法》赋予了国务院证券监管机构广泛的职权,其中,"准司法权"是体现证券监管机构独立性最明显的标志,这也足以表明我国立法机关欲将我国证券监管机构定性为政府独立监管机构的价值取向。

就一定程度而言,证监会事业单位的属性,可以保证其在行使证券监管权上具有一定的独立性。证监会及其派出机构根据授权行使政府监管权,可以避免行政组织规模无限扩大,有助于增加监管灵活性,提高监管效率,节省监管费用。尤其是证券监管具有较强的专业性和技术性,授权证监会负责证券市场监管,也符合行政事务社会化的发展趋势。[③] 但是,这种授权行使监管职权的模式在监管权力的分配上,存在一些固有的缺陷。一方面,《证券法》授予证监会的职责范围相当广泛,一旦监管权力行使不当,容易发生监管失当的问题。另一方面,随着我国证券市场的进一步发展完善,很多新现象、新问题层出不穷,由此需要监管部门履行新的监管职责。由于证监会的职权来自法律法规授权,如果法律法规未明确授权证监会对特定事项的监管权,在法理上证监会就没有对这些新现象、新问题进行监管的权力。这就会造成监管缺位的问题。从未来我国金融发展的角度,证监会事业单位属性已经越来越不能满足我国证券监管的需求,因而有必要从政府独立监管机构的视角,对中国证监会的主体性质和法律地位进行重新定位。

(二)对中国证监会的主体性质和法律定位的新思考

对证券监管机构法律性质的定位是一项复杂的系统工程,不仅仅涉及证券监管机构自身性质、人员、经费等制度的变化,更主要的是其必将对我国证券市场造成深远的影响,因为变革监管机构的目的本身就是为了其能够更好地适应证券市场,为证券市场的良性运行而保驾护航。因此,在制度设计中,需对相关因素进行全面的考察和衡量。

1. 历史和国情

不可否认,在我国早期证券市场建设中,行政力量主导的监管方式在短时间内可以保证证券市场的平稳健康发展。但是随着我国证券市场的进一

---

① 当然,这里的"委员会"仅仅是徒具名称而已,在证监会的实际运行中实行的是主席负责制而非"委员会"制,对此后文再述。
② 王建文:《中国证监会的主体属性与职能定位:解读与反思》,载《法学杂志》2009年第12期。
③ 叶林:《证券法》(第3版),中国人民大学出版社2008年版,第454页。

步发展,证监会由于其"事业单位法人"的法律性质,使其独立性和公信力备受质疑。特别是在当前经济全球化、金融领域竞争自由化的背景下,泛行政化式监管已经成为影响我国证券市场健康发展的一个重要因素。但是,鉴于长期以来我国监管机构行政色彩浓厚,且存在路径依赖现象,在中国泛行政化权力体制特征下,证券监管机构的行政色彩在短期内难以改变,行政力量主导证券市场运行所造成的路径依赖[①],增加了进行改革的难度。这是我们在证券监管机构改革中需要特别注意的问题。因此,从我国国情出发,在现阶段可以寻求证券监管机构的"归位"和"放权"。第一,归位。证券监管机构仅承担证券行政监管的职能,在法律上明确规定证券监管机构作为行政机关的法律性质。避免当前证监会作为事业单位行使政府监管权的巨大局限性。第二,放权。将现有大量的监管职能下放至交易所、证券业协会等行业自律组织,并且明确这些自律组织享有依据法律授权的监管权力。

2. 适度监管的理念

在行政性监管思维下,我国对证券监管出现过度监管和监管缺位并存的情况。例如,一方面,在企业债券发行等领域,存在证监会、发改委和央行多头监管的局面,监管措施重叠。而另一方面,对一些金融创新产品仍缺乏充分的认识和有效的监管。对于监管理念的认识不清,直接影响到对证券监管机构法律性质的认识,容易导致陷入泛行政化管理的误区。因此,监管机构需要树立适度监管的理念,减少对一些证券监管领域的行政化干预,这是进行改革的前提。

3. 以《证券法》的立法宗旨和价值取向为衡量标准

第一,关于《证券法》立法宗旨的衡量标准。《证券法》的根本宗旨应当是"保护投资者的合法权益"。然而,就目前的情形而言,我国证监会担负了太多的国家政治职能,而这些职能正是独立监管机构所忌讳的。证监会一方面要履行证券监管职责,另一方面又负有某类政治使命,从而导致其处于"里外不是人"的尴尬角色,证监会主席也成了众矢之的,不断更换也不起作用。例如,为了贯彻国家宏观调控政策,证监会就必须打击市场泡沫。这就使证监

---

① 美国经济学家、历史学家道格拉斯·诺斯(1920—2015)最先将"路径依赖"从单纯的技术角度转向更广的社会层面进行研究。他研究了不同社会的制度变迁和经济发展的关系,并从制度经济学的角度指出:当人们最初选择的制度变迁路径是正确的,那么沿着既定的路径,经济和政治制度的变迁可能进入良性循环的轨道,并迅速优化之;反之,则有可能顺着最初选择的错误路径一直走下去,并造成制度被陷入无效率的状态中。这种无效率的路径依赖,是导致一些发展中国家政治与经济长期停滞不前的一个主要原因。参见曹瑄玮、席酉民、陈雪莲:《路径依赖研究综述》,载《经济社会体制比较》2008年第3期。诺斯在《经济史中的结构与变迁》一文中,用"路径依赖"理论成功地阐释了经济制度的演进,并因此获得1993年诺贝尔经济学奖。

会职权的行使脱离了其应有的最主要目标——保护投资者的合法权益,而使其主要目标表现为维护国家经济秩序的稳定。① 因此,为实现《证券法》的立法宗旨,其设置就应当重点放在监管权的独立性上,不受或者少受制于其他政府行政机关的牵制。第二,关于《证券法》对证券监管机构价值取向的衡量标准。如前所述,《证券法》赋予了国务院证券监管机构广泛的职权和具有独立监管机构标志的"准司法权",表明了我国立法机关欲将我国证券监管机构定性为独立监管机构的价值取向。然而,通过近二十年的实践证明,现行事业单位性质的证监会与上述价值取向难以匹配。

4. 与资本市场其他金融监管机构的协作关系

从金融混业监管的角度出发,未来可以成立包括证券、银行、保险行业监管在内的综合性政府监管机构,对资本市场实行统一监管,减少原有的资本监管协作中出现的矛盾和冲突问题。在本节考察的监管机构中,英国、德国、日本等均已实行金融混业监管制度,值得借鉴。

(三)关于我国证券监管机构法律制度的具体安排

结合我国国情,我国证券监管机构的法律变革可以在一定程度上借鉴美国 SEC 和德国 BaFin 模式,同时参考其他典型国家在制度建设方面的先进经验,将中国证监会定性为具有一定独立性的行政机关,即具有独立监管机构特征的法定特设机构。具体包括以下几个方面:

1. "中国证监会"法定

"中国证监会"法定是指将"中国证监会"的名称、法律性质、组织机构以及监管职能全部明确载入《证券法》,这既是各国证券法的通行做法,也是我国证券市场法治化的内在要求。但是,我国现行《证券法》没有具体规定监管机构的名称,而只是以"国务院证券监督管理机构"这样一个笼统的概念来指代证券监管机构,这种弹性规定使证券监管机构既可以是单数也可以是复数。一种认识认为:这样规定比较有弹性,监管机构用什么名称、其法律地位如何、有什么职权等问题,涉及较复杂的行政或政治体制改革层面,《证券法》不便作出具体规定。② 本书认为,这不符合我国证券市场法治化的内在要求,《证券法》就要体现行政或政治体制改革的成果,同时对行政或政治体制改革又要具有推动性和前瞻性。另一种认识乃是认为中国人民银行、发改委等也对证券市场,特别是债券市场有一定的监管权,因而用一个模糊性的集合概念比较合理。其实,对于中国人民银行、发改委等其他非主要监管机构

---

① 王建文:《中国证监会的主体属性与职能定位:解读与反思》,载《法学杂志》2009 年第 12 期。
② 万国华:《论我国证券监管体制若干法律问题》,载《南开学报》2000 年第 2 期。

在某种范围内享有证券监管权,证券法律规范可以规定国务院以授权的方式来实现其行使相应的监管职责。这样一来远比现在的笼统规定透明化、法治化。

然而,从2015年公布的"《证券法》修订草案"来看,证券监管机构的改革并未纳入《证券法》的修订中,尽早在《证券法》中修改证券监管机构的相关规定势在必行。

2. 将"中国证监会"定性为法定特设监管机构

在组织性质上,《证券法》应当明确中国证监会为法定特设监管机构,其法律性质为行政机关而非目前的事业单位性质。理由是:第一,如前所述,由专门性的独立监管机构对证券业进行证券监管是市场经济国家一种普遍的做法。在证券市场上参与主体众多,特别是在我国,大量的上市公司为国有控股公司,其中不少公司有着十分强大的政府部门背景,改由一个独立的权威的监管机构行使证券监管权十分必要。法定特设监管机构可以摆脱行政层级的影响和被监管者的影响,独立地依据法律来对监管事务作出决定。尽管从法律属性上讲,法定特设监管机构具有行政机关的性质,但是其与一般行政机关重视层级关系不同,法定特设监管机构更符合独立监管机构的特征,它不是事业单位,也有别于一般的行政机关。第二,证监监管的专业性与政策的连续性要求其监管机构为具有独立性的法定特设机构。证券市场作为现代金融市场的重要组成部分,复杂程度高,对国民经济影响性大,对其进行监管需要极强的专业性和技术性。这要求证监会工作人员的专业素质比一般公务员的相关素质更高。[1] 第三,证券监管权的统合性或综合性,要求其行使主体为具有独立性的法定特设机构。即法定特设机构不仅依法享有政府监管权,而且还依法享有规章制定权和准司法权,这些职能是传统行政机关所不具备的。这也是独立监管机构标志性的特征。对此,前文已做详细论述,不再赘述。

最后需要指出的是,待将来时机成熟,可参考英国、德国、日本等国家金融混业监管的经验,建立统一的行政性金融监管机构,从而减少不同金融领域监管机构之间的行为冲突。

3. 落实委员会制

这是将目前的主席负责制改为委员会负责制。当下证监会名义上是委员会制,而实际上则与普通的行政机关内部组织形式无异,实行的是主席负责制。主席负责制的弊端在于其导致证券监管的行政性色彩浓厚,不能适应

---

[1] 邓可祝、庾宗利:《我国证监会法律地位研究》,载《行政与法》2009年第6期。

现代金融监管独立性与权威性的要求。而考察各国或地区证券监管机构的组织形式,基于专业性和独立性的要求,大多数国家如美国、德国、英国的监管机构采取的是委员会或董事会制,委员人选由不同机构的人员担任。在委员会中,不仅有来自行政机关的代表,还有一定数量来自受监管对象、中介机构、自律机关组织、学术机构等群体的代表。这样一方面可以增强证券监管机构的专业性、权威性和独立性,另一方面可群策群力,防止出现"一言堂"的专制情形。

4. 经费来源上的改革

法定特设机构在经费来源上,可参考前述德国 BaFin 模式。前述德国、英国和中国香港特别行政区在内的证券监管机构均将注册费用、部分交易费用以及其他费用的收入作为监管机构的经费来源,不依赖于国会或政府拨款。在我国改革后的证券监管机构亦可实行将部分注册费用、交易费用以及其他费用的收入作为证监会的经费来源。一方面,能够增加证券监管机构的独立性,实现经费自给自足,从而减少行政性干预;另一方面,证券监管机关还可以通过调整相应费率达到调控证券市场相应行为的目的,增强其监管的灵活性。在证券市场透明化的要求下,这些证券监管机构也会积极披露经费使用情况,以增强证券监管机构的公信力。① 依照目前我国现有的财政收支体系,证监会的经费来源主要依赖于财政拨款,其主要收入则必须上缴财政,这在一定程度上造成事权和财权的不匹配。因此,将来我国证监会一旦定性为法定特设机构,即可考虑将注册费用和部分交易费用以及其他费用收入直接纳入证监会的经费来源,增强证券监管机构的独立性,减少对行政拨款的依赖,解决事权和财权的匹配的问题。

5. 完善对证券监管权的程序性制约制度

法定特设机构依法享有对证券业的独立监管权,权力相对比以往更加集中,因此,完善对其程序性制约的制度意义重大。具体需从两方面着手:一是加快《行政程序法》的立法进度。这不仅是规范监管执法的需求,同时也是我国各个领域依法行政的需要。遗憾的是,我国《行政程序法》的立法进程不尽如人意。二是完善《证券法》中对我国证券监管机构所规定的监督与制约制度,归纳起来主要包括以下内容②:(1) 审计监督。即国家审计机关对中国证监会依法进行审计监督。(2) 公开要求。中国证监会依法制定的规章、规则

---

① SEC 每年均需披露其经费使用及资产负债情况,见 http://www.sec.gov/about/annrep.shtml,访问时间:2015 年 10 月 22 日。
② 李东方:《证券监管法律制度研究》,北京大学出版社 2002 年版,第 98—99 页。另参见《中华人民共和国证券法》第 9、23、78、71、181、182、187、43、74、78、199、200、202、207、227、228、202、235 条。

和监督管理工作制度应当公开;中国证监会依据调查结果,对证券违法行为作出的处罚决定,应当公开。(3)保密义务。中国证监会对公司依照法律、行政法规规定必须作出的公告,在公告前不得泄露其内容;中国证监会工作人员依法履行职责,进行监督检查或者调查时,应当出示有关证件,并对知悉的有关单位和个人的商业秘密负有保密的义务。(4)禁止行为。参与注册股票发行①申请的人员,不得与发行申请单位有利害关系;不得接受发行申请单位的馈赠;不得持有所核准的发行申请的股票;不得私下与发行申请单位进行接触;中国证监会工作人员在任期或者法定期限内,不得直接或者以化名、借他人名义持有、买卖股票,也不得收受他人赠送的股票;证券监督管理机构工作人员禁止从事内幕交易;禁止证券监督管理机构及其工作人员在证券交易活动中作出虚假陈述或者信息误导;中国证监会工作人员必须忠于职守,依法办事,公正廉洁,不得利用自己的职务便利牟取不正当利益;中国证监会的工作人员不得在被监管的机构中兼任职务。(5)法律责任。对违反法律规定的证券监督管理机构及其工作人员,追究相应的行政、刑事责任,证券监督管理机构工作人员进行内幕交易的从重处罚。(6)复议和诉讼。当事人对中国证监会处罚决定不服的,可以依法申请复议,或者依法直接向人民法院提起诉讼。通过行政复议和行政诉讼的途径,以使上级行政机关和审判机关对证券监管机关的具体行政行为予以监督和制约。

综上所述,通过对美、英、德、日等典型国家以及我国港台地区相关制度的考察后可以看出,证券监管机构行使的证券监管权与政府监管权一脉相承,在复杂市场经济运行的条件下,市场需要具有相对独立性的政府监管权具体作用于市场主体,这一特点在证券市场体现得尤为突出。然而,我国在证券监管机构制度的安排上有着先天的不足,"中国证监会"是通过国务院的"三定方案"将其定性为正部级事业单位,不仅法律地位不独立,而且担负了太多的国家政治职能,致使其角色尴尬。因此,对中国证券监管机构的法律变革势在必行。"中国证监会"法定化,即将其直接纳入《证券法》也应当提上议事日程。具体而言,就是将中国证监会定性为法定特设监管机构,落实其委员会制度,在经费来源上将注册费用和部分交易费用以及其他费用收入作为证监会的经费来源,减少其对行政拨款的依赖,实现事权和财权相匹配,从而增强证券监管机构的独立性。最后需要强调的是,证券监管权的独立性与程序制约性是一块硬币的两面,二者必须同时存在,因此,必须完善对证券监管权的程序性制约制度。

---

① "《证券法》修订草案"已将股票发行核准制修改为股票发行注册制,根据相关文件的精神,修订后的《证券法》实行注册制是可以确定的。

第五节 证券自律监管

一、自律监管的基础理论

在具体论述证券自律监管之前,有必要厘清市场经济中自律监管的基础理论,从而能够更加深刻地认识证券自律监管的巨大价值。

(一) 自律监管主体的含义和特性

1. 基本含义

自律监管主体也就是社会协调主体,也可称其为社会中间性主体或社会中介组织,是指代表和维护特定的社会经济利益,对社会经济活动进行协调的组织或者机构的统称。自律监管主体的基本含义如下:

(1) 自律监管主体,是指承担一定的社会经济协调职能的组织或机构的统称。它是与国家干预主体、市场主体等相对应的一类经济法主体,并非指某一个独立的主体,它包括各种行业协会(如证券业协会、上市公司协会)、消费者保护组织、其他社会团体等。

(2) 自律监管主体,是代表和维护一定范围的社会利益的主体,其存在的目的主要是代表和维护某些特定的社会利益,而非国家利益或其本身利益。这里的特定的社会利益,可能表现为社会中某一群体或阶层的利益,例如,消费者保护组织代表和维护的是消费者利益,上市公司协会代表和维护的主要是上市公司组织整体的利益,证券业协会代表和维护的主要是证券行业经营组织的利益等。

(3) 自律监管主体,主要是指参与经济协调活动,履行经济协调职能的组织。全社会自律监管主体类型很多,基本职能也各不相同,作为市场经济中的自律监管主体,主要是指具有经济协调职能的社会组织,例如,各种行业协会、消费者保护组织等。其他一些社会团体,例如,各种学会、民间文艺团体等,也属于自律监管组织,但主要不属于市场经济中的自律监管主体。

(4) 自律监管主体,属于社会团体。根据《社会团体登记管理条例》第2条规定,社会团体是指中国公民自愿组成,为实现会员共同意愿,按照其章程开展活动的非营利性社会组织。国家机关之外的组织可以作为单位会员加入社会团体。社会团体,根据其开办的具体目的和从事社会活动的范围不同,又可以分为政治类、宗教类、经济类、科技类、文化艺术类等社会团体类型。作为市场自律监管主体的社会团体,主要是指经济类的社会团体,例如工商业者团体(包括商会、企业家协会、同业公会、外商投资企业协会、乡镇企业协会、个体工商户协会、上市公司协会和证券业协会等)、消费者团体、劳动者团体、雇主团体、农民团体、科技工作者团体等。

2. 自律监管主体的基本特性

自律监管主体与国家干预主体、市场主体相比,其主要特性如下:

(1) 自律监管主体主要代表和维护社会利益。与国家干预主体主要代表和维护国家利益、市场主体主要代表和维护自身利益不同,自律监管主体主要代表和维护的是社会利益。代表和维护社会利益,是自律监管主体存在的目的和理由。因为在市场中,消费者作为一个群体,它们有共同的利益所在,而每一个单独的消费者个体,往往只是考虑作为个体的消费者自身的利益,无法考虑和维护消费者作为整体的利益,因此,才有消费者协会这种组织存在的理由和基础。消费者协会,作为社会协调主体,它只有代表和维护消费者的共同利益,才有存在的价值和基础。其他的自律监管主体,例如,行业协会、雇主协会、工会等都是某些社会特定群体或阶层利益的代言人,它们的存在就是代表和维护特定社会群体或阶层的利益,如果不存在这种特定社会群体的共同利益,也就不存在这种自律监管主体存在的基础。

(2) 自律监管主体具有非营利性与互益性。

第一,非营利性。自律监管主体为非营利性组织,不得以营利为目的从事相应的经营活动,这是自律监管主体区别于作为市场主体的企业的主要特征之一。自律监管主体作为社会协调主体可以盈利,但盈利不是用于组织内部的分配而是用于扩大服务的规模、降低服务成本或价格,或者是用于弥补亏损项目的成本。自律监管主体作为一种非营利性组织的定位,是从自律监管主体的宗旨及存在的目标确定的。自律监管主体在其存在过程中,必然会同外界发生一定的经济联系,进行一些必要的经济活动,比如,为维系存续而收取会费或者为弥补活动成本而收取费用,甚至以法律允许的方式从事某些投资活动,但这些经济联系和经济活动,应当围绕自律监管主体的宗旨而开展,不应当以营利为目的从事经营性活动。

第二,互益性。互益性主要表现在以下几个方面:一是成员间互益,即自律监管主体的宗旨及实现宗旨的活动,必须是为了增进其全体成员的利益,使其成员在社团的活动中得以相互促进各自的合理利益。二是团体性互益,即社团在追求本团体利益的过程中,必须协调与相关社会团体之间的利益关系,使本团体的利益能在不同社会团体利益均衡发展的前提下得以实现。三是与消费者互益,即社团必须注重维护其所在行业或经济领域的消费者的利益,社团的宗旨及实现其宗旨的活动,必须既有利于本团体及其成员,也有利于消费者。

(3) 自律监管主体具有公约性与民主性。

第一,公约性。自律监管主体在一定意义上是一种公众性契约组织,是以会员共同制定或认可的社团章程作为其设立和活动的法律基础。各市场主体加入社团,都必须以承诺接受章程约束为前提。自律监管主体的组织机构和基本制度都由章程设定。自律监管主体制定的规章制度都必须以章程为依据,不得与其抵触。自律监管主体的一切活动必须以章程为准则,必须在章程规定的范围内活动。总之,章程的重要性之于自律监管主体,类似于宪法之于国家。"社团之章程为社团之宪章,系社团组织与实现其目的之准则。"章程虽然具有契约性,但它不同于一般的契约,它是自律监管主体成员大会通过的、对全体社团成员都有约束力的规范性文件,是全体社团成员共同合意的产物和形式,具有"公约性"。

第二,民主性。自律监管主体作为会员自愿建立的,为会员服务的非营利组织,其设立和管理都以民主为基础。自律监管主体的民主性主要表现在以下三个方面:一是社团成员的平等性,即对于自律监管主体的成员,不论其是单位会员还是个人会员,也不论其作为单位会员本身组织规模、资本数额、经营能力差异如何巨大,对社会团体承担的义务如何不同(如缴纳会费多少),在社团内部都是权利平等的成员。二是成员加入或退出的自由性。自律监管主体以其成员加入或退出的自由为原则,但是,为了实现对某类特殊行业或市场领域的有效管理,法律或法规也可以对这些特定行业或市场领域的自律监管主体规定强制入会制度。比如,中国上市公司协会就强制要求全国的上市公司都必须加入该协会,成为其会员。三是内部管理的民主性,即自律监管主体的内部管理以其会员的民主管理为其基本特征。自律监管主体通常以会员大会为最高权力机构,在制定社团章程、规约、作出重大决定时,由其成员通过会员大会等形式,在民主协商的前提下,根据少数服从多数的原则决定。

(4) 自律监管主体具有社会自治权性与自律性。

第一,社会自治权性。自律监管主体所行使的主要是社会自治权。国家干预主体,在对经济活动的干预中,因其代表和维护的是国家的经济利益,因此主要行使国家公权力。自律监管主体,是代表特定社会利益的组织或机构,其权力的本质是一种社会自治权。社会自治权,是源于特定社会成员自愿让渡而形成的权力,它既有公权力的特征,又不同于国家的公权力。如果说国家的公权力,从权力本源上是全体公民让渡给国家的权力,社会自治权力则是特定社会成员让渡给特定社会组织的权力,二者都是服务于一定公共利益的权力,其区别在于服务的公共利益范围不同。

第二,自律性。自律最一般性的含义是,由同一行业的从业组织或人员组织起来,共同制定规则,以此约束自己的行为,实现行业内部的自我监管,保护自己的利益。其基本要素有二:自律规则须由同一行业的从业组织或人员共同制定,即规则的制定者也是实践者;自律源于同一行业各组织的共同利益。

自律监管主体的自律性主要表现在:自我约束、自我规范、自我控制、自我管理。自我约束,是指自律监管主体通过其组织机制,约束其成员的行为,使之符合法律规定和社会其他方面的合理要求。自我规范,是指自律监管主体通过制定和实施其自律规则,规范其成员的业务活动,提高交易效率,规范交易秩序。自我管理,是指自律监管主体对其团体事务和成员间的公共事务,进行自我管理,提高管理效果,促进自律监管主体及其成员的发展。自我控制,是指自律监管主体通过制定和实施团体内公共政策,规定团体及其成员的业务发展方向和发展步骤,并将自律监管主体及其成员利益与社会整体利益以及相关团体利益合理地协调起来,自觉将自律监管主体及其成员利益的自我追求限制在社会许可的合理限度内。

实践证明,与政府干预的他律相比,自律监管主体的自律更为有效。它一方面加强了自律监管主体的权威,避免了政府的过分介入,另一方面使得自律机制能与他律机制(政府干预)相协调,将自律监管主体所实现的自律秩序纳入既定的法律秩序中去。

(二)自律监管主体的地位

自律监管主体,作为上市公司监管法主体的一种类型,其地位取决于其在经济活动中扮演的角色,即所承担的基本经济职能。虽然各种具体的自律监管主体都有其不同的具体经济职能,例如,上市公司协会与证券交易所的经济职能就有较大差别,但是,作为自律监管主体也有其共同职能,其共同职能即是协调国家干预与市场机制之间的矛盾,即一方面协助国家克服市场机制的缺陷,另一方面协助市场主体克服国家干预的缺陷,使经济得以健康、和谐发展。自律监管主体的这种基本职能,决定了其在国家干预主体与市场主体之间基本定位是协调人角色,是国家干预主体与市场主体之间的一种媒介或中介。也就是说,自律监管主体的地位取决于其与国家干预主体和市场主体之间的关系。

1. 自律监管主体与国家干预主体的关系

自律监管主体与国家干预主体之间,总体上讲属于各自独立、分工配合,相互制约的关系。

(1) 自律监管主体与国家干预主体属于各自独立,互不隶属两类法律主体。作为自律监管主体的社会团体或其他组织,代表的主要是特定的社会利益,组织设立上主要取决于其代表的社会成员的共同意志,经费来源主要取决于会员会费或社会捐助,行为主要是为特定的社会群体或成员提供服务或进行约束等。而作为国家干预主体的国家机关等,代表的是国家利益,设立取决于国家的意志,经费来源主要是国家财政提供,行为是代表国家对经济活动进行干预等。因此,两类主体属于法律上各自独立的主体,自律监管主体不应该是国家干预主体的附属物。明确自律监管主体的独立地位,在我国现实的社会生活中具有特别重要的意义。在现实社会生活中,由于某些自律监管主体是从政府部门转制而来或主要由国家出资设立,这些主体往往无法准确为自己定位,仍然视自己为国家机关,习惯于按政府部门的思路开展工作。与此同时,政府和政府一些部门也习惯于将其作为政府的附属机构,要求其按政府的意志行事,这势必会影响这些自律监管主体的健康发育和本身职能的发挥。因此,在经济立法中,应当特别重视自律监管主体的独立主体地位的确立。

(2) 自律监管主体与国家干预主体分工配合。自律监管主体与国家干预主体相对于市场主体,都具有对市场主体行为进行监管的职能,目的都在于克服市场机制本身的缺陷,但是,这两者之间对市场主体的干预是一种分工配合关系。总体而言,在未来社会趋向于"小政府,大社会"这一治理模式中,能够由自律监管主体承担的职能,应当首先让自律监管主体承担;只有自律监管主体难以承担或不适宜承担的市场干预职能,才由国家干预主体承担。但是,考虑到我国自律监管主体发育的现状,理论上应当由自律监管主体承担的一些职能,在现实状况中还难以实现,因此,国家干预主体在很多情况下仍然要承担应当由自律监管主体承担的职能。在经济立法中,一些学者的如下观点值得肯定,即法律在界定二者之间的分工配合关系时,应当遵循的原则包括:一是优势互补原则。国家干预主体和自律监管主体各有优势和劣势,分工应当有助于充分发挥各自的优势,避免各自的劣势,以提高效率。二是承受力原则。政府职能转化是与社会自治化(个人或组织的自主)相辅相成的,哪些政府职能可向自律监管主体让渡,是部分让渡还是完全让渡,均取决于自律监管主体在既定的社会经济结构中所具有的承受能力。我国应当在深化改革过程中,加强培育自律监管,为其介入公共管理创造条件,这样才能加快政府职能转化的进程。三是非均衡原则,又称差别原则或多样性原则。在不同领域,政府职能转化的需求和自律监管主体的发育程度都不尽相同,国家干预主体与自律监管主体之间的分工内容和分权程度,应当有所差别。

(3) 自律监管主体与国家干预主体互相制约。自律监管主体与国家干预主体虽然同具有对市场的干预职能,但是由于二者的干预都有可能对市场形成损害,因此,二者之间需要相互制约。这种制约一方面表现为自律监管主体要受国家干预主体的监管。自律监管主体虽然在一定程度上能弥补政府和市场的缺陷,但自身也有缺陷。它所代表和维护的主要是一定群体或集团的利益,其行为中有不正当竞争、垄断的因素。这就需要政府把握全局,对自律监管主体进行监管。另一方面表现为自律监管主体制约国家干预主体对市场的干预。在社会公共干预系统中,自律监管主体干预与国家干预之间存在着互动关系,构成国家干预的一种重要的制约力量。这种制约有助于防止国家干预主体对市场主体的单向控制。这种制约的主要方式有:对国家的立法和公共政策提出异议;参加政府决策过程中的听证;对政府行为提起行政复议或行政诉讼;支持市场主体提起行政诉讼等。

2. 自律监管主体与市场主体之间的关系

自律监管主体与市场主体的关系区分为两种类型:成员关系和非成员关系。

(1) 成员关系,是指市场主体作为自律监管主体的成员,与自律监管主体之间本身具有一定的密切联系。会员作为市场主体开展活动时,要受到所在社会团体的约束。各种社会团体与其会员之间即属于这一类。

自律监管主体与作为其成员的市场主体之间的关系,主要是服务与约束关系:① 服务关系。市场主体自愿加入作为自律监管主体的某一社会团体,成为其会员,目的在于获得仅凭个体无法达到的权益。作为自律监管主体的社会团体,它存在的首要目的和价值也是代表和维护其成员合法权益。因此,自律监管主体与其成员之间首先是一种服务和接受服务的关系。作为自律监管主体的社会团体,通过其对会员提供的服务,使其成员在市场竞争中获得更有利的地位和更好的利益。② 约束关系。作为会员的市场主体,一方面接受来自其团体提供的利益和服务,另一方面也必须接受来自其所在社会团体的约束。社会团体在章程(业务规则、专业标准等)规定的范围内,按照章程规定的情形与方式,约束其成员的行为,如对违反自律规则或不执行团体决议的成员,实行市场禁入、撤回团体授予的专业资格或取消成员资格等。

(2) 非成员关系,是指市场主体不属于自律监管主体的成员,与自律监管主体之间无直接联系,它作为市场主体开展活动时,不受自律监管主体①的直接约束。各种非社会团体类的社会协调主体,例如,国有商业银行、律师事务所、会计师事务所等与其他市场主体的关系属于这一类。社会团体与非其成员的市场主体的关系,例如未加入工会组织的工人与工会的关系,也属于这一类。

非成员关系的自律监管主体与市场主体,是完全独立的两个民事主体之间的关系,它们之间是一种平等关系,例如,律师事务所、证券公司与其所服务的上市公司之间,只能是在双方平等自愿的情况下建立法律、证券服务关系。上市公司完全可以根据自己企业的需要聘请或不聘请律师、券商为其服务。非成员关系的自律监管主体与市场主体之间本质上是一种民事服务关系。当然,这类自律监管主体与市场主体之间也可能发生监督和制约关系,例如,审计事务所接受政府委托,对某些企业的财务会计情况进行审计监督,在此情况下,审计事务所实际上是为政府服务,代表政府对企业的活动进行监督。这类关系属于这类社会协调主体与市场主体非常态的关系,其常态的关系仍然是与市场主体的平等自愿的民事服务关系。

(三) 自律监管体系是成熟证券监管体制中不可替代的组成部分

从发达市场经济国家证券市场自律监管的实践来看,自律监管主体是适应金融业行业保护、行业协调与行业监管的需要自发地形成和发展起来的。健全有效的自律监管体系是一个成熟证券市场监管体制中不可替代的组成部分。

我国自证券市场建立以来,就注意到自律组织的作用,在证券市场处于起步阶段时,就成立了证券交易所和证券业协会。2012年2月15日,中国上市公司协会在北京正式成立;2012年6月6日,中国证券投资基金业协会在北京也正式成立。证券市场"法制、监管、自律、规范"的"八字方针",表达了我国对行业自律的重视态度。目前我国的证券市场尚处于初级发展阶段,属于经济体制转轨时期的新兴市场,与成熟市场的监管机构相比,中国证监会在推动市场改革、开放和发展方面承担的职责要重得多,各类审批和监管权限主要集中在证监会,证券业协会和交易所等自律组织的作用有待进一步发挥。加入世界贸易组织之后,我国经济逐渐融入世界经济体系,证券市场的

---

① 需要解释的是,此时的自律监管主体主要是指单个的社会协调主体或中介机构,如律师事务所、审计事务所、证券公司等。它们的中介性决定了在一定情形之下(如上市公司发行证券,律师事务所出具的法律意见书,会计师事务所出具的审计报告等),对其他市场主体具有一定的自律性监管(相对于政府公权力性监管)作用,只是它不形成团体性的自律监管,而是单独实施带有自律性的监管。

全球化和国际化步伐不断加快,证券市场的竞争日趋激烈,为适应经济、金融全球化的发展趋势,完善证券交易所和证券、期货、基金业协会及上市公司协会等自律组织的功能,发挥其在行业自律、诚信建设和业务创新等方面的职能已经成为市场发展的客观需求。随着我国证券市场规模的不断扩大,证券交易所和证券、期货业协会及上市公司协会将借鉴西方发达国家的自律监管经验,结合中国转轨经济的现实国情,实现行业自律监管与政府行政监管的有机融合,并最终在市场监管体系中发挥更重要的作用,成为政府行政监管的重要补充。

如本章第三节所述,我国证券自律监管组织体系主要由证券业协会、证券交易所、上市公司协会和证券投资基金业协会共同组成。下面就这四个组织体对证券的自律监管进行具体论述。

二、证券业协会的自律监管

按照《证券法》的规定,在国家对证券发行、交易活动实行集中统一管理的前提下,依法设立证券业协会,实行自律性管理。证券业协会依法接受中国证监会的指导和监督。

(一) 中国证券业协会的性质与组织机构

中国证券业协会是依据《中华人民共和国证券法》和《社会团体登记管理条例》的有关规定设立的证券业自律性组织,是非营利性社会团体法人,接受中国证监会、国家民政部的业务指导、监督、管理。中国证券业协会成立于1991年8月28日。在中国证券市场的起步阶段,其在普及证券知识、开展国际交流以及提供行业发展信息等方面做了大量服务工作。1999年,按照《中华人民共和国证券法》的要求,协会进行了改组,在行业自律方面开始了有益的探索。中国证券业协会的最高权力机构是由全体会员组成的会员大会,理事会为其执行机构。协会实行会长负责制,设专职会长1名,会长由中国证监会提名并由协会理事会选举产生。协会对会员进行分类管理,会员分为证券公司类、证券投资基金管理公司类、证券投资咨询机构类和特别会员类四类。

(二) 中国证券业协会的宗旨

根据《中国证券业协会章程》规定,证券业协会的宗旨是:在国家对证券业实行集中统一监督管理的前提下,进行证券业自律管理;发挥政府与证券行业间的桥梁作用;为会员服务,维护会员的合法权益;维持证券业的正当竞争秩序,促进证券市场的公开、公平、公正,推动证券市场的健康稳定发展。下面对这四项宗旨进行讨论。

(1)在国家对证券业实行集中统一监督管理的前提下,进行证券业自律管理。就我国而言,国家集中统一监管是实现对上市公司和证券市场监管最基本的手段。国家的强制力和权威性决定了这种监管相对公平、公正、高效和严格,它可以协调全国市场,以快捷方式制止过度投机和秩序混乱局面,适合我国证券市场目前发展的实际情况。但国家监管的弊端也是显而易见的,它往往反应迟缓、脱离实际、缺乏效率甚至造成政府寻租等后果,从而导致政府失灵。为此,在国家集中监管的前提下,需要证券业协会、证券交易所和上市公司协会等民间社会协调组织发挥自律管理作用,弥补政府监管的缺陷和不足。因而,证券业协会的首要宗旨就是协助国家进行监管。例如,证券业协会可以通过教育和组织会员执行证券法律、法规,向中国证监会反映会员在经营活动中的问题、建议和要求,制定证券业自律规则、行业标准和业务规范,并监督实施,监督、检查会员的执业行为,对违反其章程及自律规则的会员给予纪律处分等方式配合政府监管机构。证券业协会作为证券市场自律监管者,其职责和作用在各国证券法中均有体现。在英国和美国等国家中,证券业协会发挥着相当巨大的作用;在其他一些国家如德国和法国,虽然也设有证券业自律组织,但其职能发挥与英美等国有一定的差距。

(2)发挥政府与证券行业间的桥梁作用。证券业协会和政府是证券市场中两个非常重要主体,它们共同作用于证券市场,但不是各自为政、单兵作战,而是需要经常沟通、交流和合作。证券业协会是证券公司组成的自治性组织,具有行业性、地域性和民间性特点;它既能反映每个会员(证券公司等)的个体利益,又能反映和代表着全体会员(证券公司等)的集体利益,亦即它既连接微观市场,也连接着宏观层面,介于企业和政府之间。一方面,它是政府联系证券公司的渠道,政府可以通过协会贯彻法律和政策;另一方面,证券公司等会员可以通过协会表达自己的意愿,反映自己的心声,为政府立法和制定政策提供一线信息,从而起到桥梁作用。

(3)为会员服务,维护会员的合法权益。证券公司等会员作为单个市场主体在证券市场需要多方面的服务,诸如经验交流、信息获取等,而证券业协会设立的目的之一就是为本会会员提供服务。同时,证券业协会也是一个维权组织,当会员的人身权、财产权、经营权和公平竞争权等受到侵犯或遇到障碍时,证券业协会应当利用各种渠道为会员的权益进行呼吁,为会员维权活动提供帮助。

(4)维持证券业的正当竞争秩序,促进证券市场的公开、公平、公正,推动证券市场的健康稳定发展。良好的竞争秩序是证券监管的重要目的之一。与其他市场一样,正当的自由竞争也是证券市场运行的核心机制,但是,在证券市场上各上市公司、证券公司等为了追求自身利益,有可能采取一些不正当竞争手段使自己处于优势地位或获得垄断利益。也就是说,在其他领域出现的限制竞争和不正当竞争现象在证券市场也同样会发生。维持竞争秩序固然是政府的职责,但证券业协会由于都是由同行组成,它们既是合作关系,又是竞争关系,因此,证券业协会在协调会员们之间的竞争关系方面有着得天独厚的优势。

(三) 中国证券业协会的职责

证券业协会的职责是由其行业自治组织的性质,特别是其设立宗旨所决定的。为了实现上述四项宗旨,《证券法》规定了证券业协会下列职责:

(1) 教育和组织会员自觉守法。各主要证券市场的自律组织均无一例外地把教育和组织会员守法与合规经营作为其职责,这一职责要求证券业协会协助证券监督管理机构教育和组织会员认真学习和自觉遵守法律、行政法规、监管机构制定的规章和相关政策。证券法律法规以保护投资者为立法宗旨,证券公司等自律组织的会员依法规范经营,有利于对投资者的保护。

(2) 维护协会会员权益。这是指当会员的合法权益受到侵害时,证券业协会应当根据法律、行政法规的规定来维护其会员的合法权益,也可以向证券监督管理机构反映,或将会员提出的合法合理的有关证券业发展的建议和要求向证券监督管理机构反映。

(3) 收集整理证券信息,为会员提供服务。作为连接政府和会员之间的桥梁,证券业协会作为专业性的社会协调组织,应当收集整理有关证券信息,为会员提供信息服务。这些信息包括国家的法律法规和经济政策、国内外市场变化情况和其他对证券市场有影响的信息。协会在取得相关信息后,可以通过报刊、网站和通信等方式,及时地传达给会员。

(4) 培训、交流职责。证券市场的复杂性和高度的技术性,对从业者的要求很高,各国自律组织对证券从业人员进行管理,进行从业资格考试、组织业务和法律法规、职业道德等方面的持续教育。还通过法律法规、自律规则的实施,规范从业人员的行为,建立从业档案,进行跟踪管理。高素质的从业者才能为投资者提供高质量的专业服务。

(5) 调解职责。证券市场参与者众多,发生争议和纠纷的概率较高。证券业协会会员之间、会员与客户之间发生纠纷后,协会可以根据法律、行政法规的规定对纠纷各方进行调解。对争议和纠纷如果都通过诉讼或者仲裁解决,耗时长,成本高。协会调解虽然是民间性的,当事人对于调解结果不满意,或不愿意接受调解,还可以依法提起诉讼或者仲裁,但由于协会在证券领域方面的知识更专业和双方的信任,因此,它比法院或仲裁机构具有一定的优势。自律组织管理行业内部事务,提供一定的证券纠纷解决渠道,是自律监管的应有之意。

(6) 组织研究职责。证券业协会应当组织会员或其他力量就证券业的发展、运作及有关内容进行讨论研究,以便推动证券业务创新,为会员创造更大市场空间和新的商业机会。

(7) 监督、检查职责。监督、检查职责应当包括以下两个方面的内容:一是证券业协会有权监督、检查会员从事证券业务的行为,发现或者得知会员有违反法律、行政法规或者协会章程的行为后,按规定给予纪律处分。二是证券业协会有权监督检查会员业务活动并评估揭示风险,确保市场交易顺畅和会员的合规经营。后者更为常规:自律组织按照有关规定对证券上市、暂停上市、恢复上市、终止上市等方式监督上市者的行为。通过建立市场交易电子监控系统,及时发现证券价格的异常波动,并据此调查处理可能出现的不适法行为。还可以采取技术性停牌和临时停市的措施应对突发事件和不可抗力等因素,以维护证券交易秩序。同时,自律组织定期和不定期地对会员的财务状况、业务状况,内部风险控制机制的完善情况和有效性进行检查和评估。对发现的异常风险要求会员采取改善措施,对发现的违规行为进行制裁,以此督促会员有效控制风险,合规经营。

(8) 其他职责。除上述职责外,证券业协会还可能承担其他一些与自己宗旨相符的职责,或者承担国务院证券监督管理机构授权的职责。如制定证券业自律规则、行业标准和业务规范,并监督实施;组织证券从业人员资格考试,负责证券从业人员资格注册及管理;开展证券业的国际交流和合作等。

三、证券交易所的自律监管

按照我国《证券法》第102条对证券交易所的定义,证券交易所是为证券集中交易提供场所和设施,组织和监督证券交易,实行自律管理的法人。可见,证券交易所具有双重功能:第一,证券交易所作为证券交易市场的重要组成部分,是为证券的集中交易提供服务的有形场所,因而具有经济学意义上"市场"的一般属性。第二,它还享有法律上的主体资格,是实行自律管理的法人,因而享有自律监管的权能。由于本书第八章专门研究"证券交易市场监管",证券交易所是证券交易市场的重要组成部分,因此研究"证券交易所的法律监管"必不可少。为了增强对证券交易所研究的系统性,故将"证券交易所的自律监管"并入到本书第八章第一节去讨论。

四、上市公司协会的自律监管

中国上市公司协会于 2012 年 2 月 15 日在北京正式成立,相对于证券业协会和证券交易所而言,我国全国性的上市公司协会的历史可谓太短。实践的检验还很不够,理论上也有一些基本问题需要进一步探究。本书将从经济法的视角对这一制度的特征、功能、监管及其与外国上市公司协会制度的比较等方面进行研讨。

（一）上市公司协会的基本特征

上市公司协会是依据《证券法》和《社会团体登记管理条例》等法律中的相关规定成立的,由上市公司和其他相关机构,以资本市场统一规范为纽带,维护会员合法权益而结成的全国性自律组织,是非营利性的社会团体法人。[1] 上市公司协会这一社会团体的自律监管主体地位主要是通过对其团体成员的自律、利益维护以及便利与政府及相关利益团体的沟通协调等职能来体现的。

上市公司协会具有以下主要特征[2]：

(1) 非营利性。上市公司协会为非营利性组织,不得以营利为目的从事相应的经营活动,这是社会团体区别于作为市场主体的企业的主要特征之一。根据《中国上市公司协会章程》第 52 条的规定,上市公司协会的经费来源是：会费[3]；捐赠；政府资助；在核准的业务范围内开展活动或服务的收入；利息；其他合法收入。上市公司协会作为自律监管主体可以有利润,但利润不是用于组织内部的分配而是用于扩大服务的规模、降低服务成本或价格。协会为维系存续而收取费用,为弥补活动成本而收取费用及以法律允许的方式从事某些投资活动,只要其收益不是为了向其成员分配,而是为了维系团体存续,不应认定为营利性行为。即使协会在活动中有较大的资金剩余,也不能同公司企业一样将其分配,协会终止后的剩余财产,在中国证监会和民政部的监督下,按照国家有关规定,用于发展与本协会宗旨相关的事业。[4]

(2) 自律性与自治性。无论是地方级的还是国家级的上市公司协会,在

---

[1] 见《中国上市公司协会章程》第 2 条。
[2] 对于我国上市公司协会的特征,本书主要是其应然性分析,实然情形在后面另有涉及。
[3] 《中国上市公司协会会费标准及管理办法》第 2 条规定,会员按以下规定每年缴纳年会费：会员年会费标准为 1 万元/年；会员理事、会员监事为 8 万元/年,会员常务理事为 20 万元/年,会员副会长、会员副监事长为 30 万元/年。
[4] 见《中国上市公司协会章程》第 67 条。

其章程中关于"本会宗旨"中均有自律监管的表述。实践证明,与政府干预的他律相比较,协会自律监管在许多方面更为有效。自律性与自治性密不可分,二者互为目的和手段。自治性是指协会的成员通过章程等社会契约赋予行业协会治理协会成员的权力。① 只有这种自治权力的存在,协会才能够真正实现自我约束、自我规范、自我控制、自我管理。

(3) 共益性与民主性。协会是会员上市公司发起设立的,主要任务是表达会员上市公司的共同诉求,维护会员上市公司的群体利益,协调上市公司涉及的公共事务和进行自律。概括地讲,就是为会员上市公司的共同利益服务。协会作为会员服务的非营利组织,其设立和管理都以民主为基础。民主性主要表现在:(1) 社团成员的平等性,即协会中的各上市公司成员不论其组织规模、资本数额、经营能力差异如何巨大,对协会承担的义务如何不同(如缴纳会费的多少),在协会内部都是权利平等的成员。(2) 成员加入或退出的自由性。但是,为了实现对上市公司领域的有效管理,上市公司协会章程对中国的上市公司均强制要求入会,依法在境内公开发行股票的非上市公众公司,以及经中国证监会批准的境外上市公司才为自由加入或退出。②

(二) 上市公司协会的功能

上市公司协会作为市场经济中的社会协调主体,其功能分为基础功能和具体功能。前者是后者的目标或者目的,后者则是实现前者的具体途径或者手段。

(1) 基础功能。上市公司协会的基础功能主要包括两点:第一,协助国家纠正市场失灵的功能。其主要内容为:矫正不完全竞争市场,排除市场障碍;加强信息的交流和服务,克服市场调节的被动性和滞后性;提供公共产品,满足协会成员特殊的公共需求。第二,协助上市公司克服国家干预缺陷的功能。主要内容为:防止政府监管机构权力的异化,维护协会成员的共同利益;矫正政府监管机构信息偏差,协助政府监管机构正确决策;提高公共产品供给效率;提高政府监管机构的政策效应。

(2) 具体功能。具体功能主要体现在协会的业务范围③,主要内容如下:组织制定上市公司自律准则;倡导积极健康的股权文化和诚信文化;参与有关上市公司规范发展以及与信息披露相关的政策论证,提出上市公司有关

---

① 中国上市公司协会对其会员的管理规范除章程之外,还专门制定有《中国上市公司协会会员管理办法》。
② 参见《中国上市公司协会章程》第 7 条。
③ 参见《中国上市公司协会章程》第 6 条。

政策、立法等方面的建议;推动上市公司履行信息披露义务;建立完善沟通机制,协调会员与相关部门之间的关系,协助国家有关政策、措施的落实,营造有利于上市公司规范发展的环境;为上市公司创造良好的舆论环境;组织会员开展维权调查,维护会员的合法权益;组织对上市公司的高级管理人员及其他从业人员的培训,提高其业务水平;为上市公司与投资者提供交流平台;受政府委托承办或根据市场和行业发展需要举办交易会、展览会等,为企业开拓市场创造条件;组织开展国际交流与合作;建立专家库,为会员持续健康发展提供智力支持,为监管部门决策提供参考;协调好上市公司与市场的和谐发展,鼓励上市公司承担相应的社会责任。

(三)对上市公司协会的监管

1. 政府对协会监管应当审慎适度

(1)政府监管的必要性。上市公司协会享有对行业公共事务进行管理的社会公权,这种社会公权的行使也同样存在权力滥用的可能性。这是因为:

第一,协会的活动可能会造成垄断。上市公司协会本身是非营利性的,但是其会员却是追逐利益最大化的上市公司。行业性的垄断可以使协会里的每一个成员都有可能获取超额利润,在利益的推动下,协会可能会联合全体会员来控制或操纵整个资本市场,从而损害投资公众和社会的利益。

第二,协会内部也可能存在损害其会员利益的可能性。如协会在行使其自律监管权时,可能会对其内部会员错误地进行惩处;协会开展营利性活动,与会员争利等,这些都可能会有意无意地滥用权力,损害成员的利益。

第三,我国目前正处于转型时期,政府还未能从全能政府转变成有限政府,行业协会也没有完全转变成自主性的非营利组织,要取得行业协会的健康、稳定发展,仍需政府对其进行监管。

(2)政府监管切忌抑制和干扰协会的自律监管权。我国资本市场的建立,与欧美等西方国家资本市场的建立,走的是两条不同的道路。欧美等西方国家的资本市场是在市场自然发展的过程中,渗入国家干预因素,因而政府的干预是在资本市场充分发育的条件下产生的。而我国资本市场的发展始终是由政府来推进的,政府在资本市场的演进中一直起着不可或缺的主导作用,从开初的组织试点到市场规则的设计以及整个资本市场运行的监管,都未离开过政府的直接干预。而且我国证券监管模式的建立又主要着眼于集中统一。因此,在实践中采用的是刚性极强的政府监管方式,这就难免易于忽视自律监管的作用,未给资本市场主体进行自律留出必要的发展空间,具体表现为资本市场自律监管模式尚未形成,自律组织的功能也未真正发挥出来。总之,我国资本市场自律功能的发育明显滞后。因此,政府监管切忌抑制和干扰协会的自律监管权,我们在论证政府监管必要性的时候,更应当注重政府对协会监管的审慎性和适度性。

2. 我国行业协会的监管制度存在的问题

从现有的法律、法规、政策的规定并结合目前我国行业协会管理的实际情况看,我国对行业协会的监督管理制度主要存在以下问题:

(1) 监管体制不尽合理。现行的对行业协会的监督管理体制,实行的是业务主管部门和登记管理部门的双重管理体制,即由业务主管部门和登记管理管理部门共同进行管理。例如,《中国上市公司协会章程》第 4 条和第 64 条就分别规定,协会的业务主管单位是中国证监会,登记管理机关是民政部。协会接受中国证监会、民政部和政府有关部门的业务指导与监督管理。协会终止动议须经会员代表大会表决通过,并报中国证监会审查同意。可见,在协会的设立、变更、终止等问题上,首先需要经过业务主管部门审批同意,然后由登记管理机关进行登记审核,行业协会才能设立、变更、解散。对于行业协会的日常管理,《社会团体登记管理条例》规定业务主管部门负责协会的筹备申请、成立登记、变更登记、注销登记前的审查;监督、指导行业协会遵守宪法、法律、法规和国家政策,依据其章程开展活动;负责行业协会年度检查的初审;协助登记管理机关和其他有关部门查处行业协会的违法行为;会同有关机关指导行业协会的清算事宜等。登记管理机关履行下列监督管理职责:负责行业协会的成立、变更、注销的登记;对行业协会实施年度检查;对行业协会违反《社会团体登记管理条例》的问题进行监督检查、给予行政处罚等。这种双重管理体制,是不合理的。第一,它与上市公司协会自治性团体的基本性质是相违背的。上市公司协会的本质,是一种建立在会员自愿基础上成立的、为会员服务的自治性组织。这种双重管理体制,实际是把上市公司协会作为政府部门的附属物,完全将其纳入政府部门的控制和管理之下,使协会失去了应有的自治组织的基本性质和地位。第二,很难使上市公司协会保持独立于政府的品质。上市公司协会,作为代表和维护上市公司集体利益的组织,在这种双重管理体制之下,实际上变成了政府的附属物,很难发挥其行业协会的应有的职能。第三,增加了上市公司协会运作的成本。上市公司协会的成立和运作在双重体制之下必然会增加成本,使上市公司协会的成立和退出都变得非常困难。

(2) 协会地位不独立。我国两级上市公司协会基本上都是由中国证监会和各地方证监局主导产生的,造成我国目前两级上市公司协会"半官、半民"的性质。中国证券业协会、中国期货业协会、中国上市公司协会和中国基金业协会(筹建中)等四大协会,共同构成中国资本市场的自律监管体系。其实,四大协会大部均分属于中国证监会的政府管理体系,被称为"二政府",并不是真正意义上的自律协会。

(3) 社会监督制度尚未建立。目前我国对行业协会的监督,主要还是依靠政府部门的行政监督,而应有的社会监督机制未有效建立。事实上,在坚持行业协会自治制度的前提下,对行业协会的监督既要重视政府的监督,更要重视社会监督。社会监督包括必要信息公示制度,让会员和社会公众对行业协会的运作和有关信息得以了解,从而监督行业协会的有效运作。也包括建立独立的第三方评估制度,让中立的第三方根据一定的评估标准,对行业协会的信誉、运作情况等进行独立的评估,借以促进行业协会更好的发展等。

(4) 司法监督重视不够。对于行业协会的监管制度,我国传统上更注重行政机关对行业协会事前和事中的监管,如对于行业协会的设立采取的严格行政审批制度、对于行业协会的日常事务的行政管理制度等,而对于通过司法机构的司法活动克服行业协会可能会出现的自治缺陷,可能更符合行业协会的自治品格。例如,对于行业协会自治过程中可能会出现的自治权的滥用及损害会员、非会员和社会公共利益行为,司法监督可能会是一种更有效的手段。

(四) 中外上市公司协会制度的比较

1. 协会设立的宗旨和目的比较

我国香港上市公司商会(CHKLC)设立的目的主要在于加强香港上市公司之间的商业联系,促进香港、内地及其他国家或地区上市公司之间的交流合作,推进企业管治,加强上市公司于有关监管机构的沟通,保障投资者利益,从而维护中国香港证券市场的有效运作,促进中国香港作为国际商业、贸易及金融中心的发展。

加拿大上市公司协会(CLCA)的设立目的在于通过与上市公司CEO、董事、高管、顾问的联系与交流,为上市公司提供充足的市场信息和工具,以应对市场可能的变化和挑战,从而维护上市公司的利益。

新西兰上市公司协会(LCA)旨在通过营造一个公平、充分、有效的管理体制维护股东利益,促进上市公司利益的最大化,增进资本市场的发展并强化投资者信心。

2. 协会的法律性质比较

中国上市公司协会在法律上被定性为社会团体法人,属于自律性的社团组织。就经济法层面而言，其主体性属于政府主体和市场主体之外的社会协调主体。

其他国家或地区的上市公司行业协会，在法律定性上通常也是归属于自律性的社团组织。例如，加拿大上市公司协会在其官网上明确声明它是一个旨在增进加拿大上市公司利益的独立和自愿性质的非营利组织；新西兰上市公司协会同样在章程中指出其属于上市公司的自律性规范组织。

3. 协会内部治理结构比较

（1）协会的组织体系。在协会的组织体系上，中国与世界其他国家或地区存在较大的差异。中国的全国性上市公司协会以及地方性上市公司协会，通常在其内部形成了一个多层级的组织体系：会员大会是协会内的最高权力和决策机构，会员大会下设理事会或常务理事会作为主要执行机构，理事会下又设立秘书长办公室等形式的日常执行机构，在日常执行机构下又设立各类管理委员会或专门委员会，分管财务、信息、咨询、教育、行政、文娱等各类事务。遵循"会员大会—理事会与监事会—常务理事会—会长办公会/秘书长办公会—专门委员会与管理委员会"的多层级体制。而世界其他国家或地区的上市公司协会，在组织结构上更多的为单一层级的组织体系，即以会员大会为统一的最高权力或决策机构，在会员大会之下，直接设立各类专业委员会，履行上市公司协会的各项具体职责，不另外设立其他常设机构和执行机构，遵循机构的精简化与效率化原则。

相对而言，中国的上市公司协会的组织体系较为庞杂，一些专门委员会的职责模糊而笼统，与上市公司协会的主要职责相比，有偏离正题之嫌。同时在秘书处等一些机构的设置上，往往其中有行政因素的介入，使中国的上市公司协会带有明显的行政化倾向。

（2）协会的会员体制。作为全国性的上市公司协会，中国上市公司协会会员由单位会员和个人会员组成，单位会员包括普通会员、特别会员、团体会员和联系会员等。经中国证监会批准公开发行股票并在证券交易所上市的公司为协会普通会员。依法在境内公开发行股票的非上市公众公司，以及经中国证监会批准的境外上市公司可以申请为协会普通会员。证券期货交易所、证券登记结算公司、投资者保护基金公司等证券系统机构为协会特别会员。地方性上市公司协会，中资控股的境外上市企业，以及其他与上市公司相关的机构和个人，经过申请可以成为协会的其他会员。

在会员的类型设置上，中外上市公司协会并无实质差异，基本都设有单位会员和个人会员、普通会员和特别会员等等。值得注意的是，中国上市公司协会的会员制具有一定的强制色彩，所有境内的上市公司都应当加入该协会,这与其他国家或地区有着显著的不同。加拿大、新西兰、韩国、日本等国家的上市公司协会都遵循着自愿加入原则,例如,新西兰的上市公司协会的会员总市值占新西兰上市公司全部总市值的70%,约有30%市值的上市公司未加入协会,可见上市公司对是否加入协会有完全的自主选择权。

4. 协会的主要职责和日常活动比较

中国上市公司协会的基本职责被定位为"服务、自律、规范、提高"。服务是第一位的,自律、规范是协会经常性的工作内容,提高是着重提高上市公司质量,进而促进整个资本市场体系的完善和成熟。在四大职责中,服务是上市公司协会的安身立命之本,中国的上市公司协会作为自律性的社会团体组织,核心职能在于为上市公司提供专业服务、传导服务和维权服务,为上市公司的持续、健康成长营造良好环境。

对比其他国家或地区的上市公司协会来看,中国上市公司协会对"服务"职责的强调,并没什么与众不同,反而是借鉴了其他国家或地区的上市公司协会的做法后,试图将这一服务理念与模式贯彻到本土的协会中。这样的做法一方面凸显协会对于上市公司的规范和引导作用,另一方面也反映出中国上市公司协会的去行政化的迫切需要。

以我国香港上市公司商会为代表的上市公司协会,在专业服务上做得高效、细致和到位。香港上市公司商会经常会定期举办专业性极强的小型午餐讲座,面向全体会员开放,讲座的主题涉及上市公司治理和上市行为规范等领域,如股东身份的识别和代理表决权的征集、如何利用台湾存托凭证在台湾股市筹资、公司收购的财务和税务尽职调查等,努力促进上市公司利益的最大化。商会还设有一系列董事培训课程,教授公司内部监控与风险管理、资本管理、股价敏感资料以及如何做到交易公正等内容。此外,商会还举办有半天研讨会、全天研讨会、年度简报会、企业治理论坛等多种形式的活动。更为关键的是,当与上市公司相关的法规草案公布后、正式听证前,香港上市公司商会通常会请律师等专业人士向上市公司深入讲解,倾听上市公司的意见及顾虑,以便及时反映给政府部门。在对上市公司不利的法规可能出台时,香港上市公司商会也会挺身而出,还会主动向监管机构请求暂缓实施一些法规来保护上市公司利益。

5. 协会与政府监管部门的关系对比

上市公司协会作为企业协会的一种,其与政府监管机构的关系从世界范围来看可分为以下三类:

(1) 以美国为代表的英美法系国家采取的自由模式。自由模式指的是行业协会处于独立于国家或政府之外的自治领域,实行"入会自由"原则,通过一定的行动或其存在本身对政府的公共政策产生影响或施加压力,维护行业的整体利益,国家或政府对行业协会的发展无须直接或专门的法律监管。

(2) 以法国、德国为代表的大陆法系国家采取的合作监管模式。合作监管模式指的是行业协会依法由政府授权或委托,从事部分公共事业的管理,政府有专门的法律对行业协会的发展和运作进行监管。行业协会在维护本行业整体利益的同时,需确保其与政府的目标相协调,即行业协会和政府以合作的态度对行业及其成员共同进行管理。

(3) 日本的中间模式。日本采取的中间型模式是在借鉴和吸收了英美、大陆两种模式后形成的一种独特模式。在这种模式之下,协会具有一定的自治性,会员实行自由入会原则,政府不直接进行企业或行业的管理,而是通过协会加强与企业的沟通联系。但是,政府对协会仍然进行一定的监管,典型的就是登记或年检制度。

五、证券投资基金业协会的自律监管

依据《证券投资基金法》和《社会团体登记管理条例》,经国务院批准,中国证券投资基金业协会(简称为"证券投资基金业协会",英文名称为 Asset Management Association of China,缩写为 AMAC)于 2012 年 6 月 6 日在北京正式成立。该协会是由证券基金业相关机构[①]自愿结成的全国性、行业性、非营利性的社会团体法人。它接受中国证监会和国家民政部的业务指导和监督管理。其主要宗旨是:提供行业服务,促进行业交流和创新,提升行业执业素质,提高行业竞争力;发挥行业与政府间桥梁与纽带作用,维护行业合法权益,促进公众对行业的理解,提升行业声誉;履行行业自律管理,促进会员合规经营,维持行业的正当经营秩序;促进会员忠实履行受托义务和社会责任,推动行业持续稳定健康发展。

(一) 证券投资基金业协会的组织机构

协会最高权力机构为全体会员组成的会员大会,负责制定和修改章程,并报国务院证券监督管理机构备案。基金行业协会设理事会。理事会成员依章程的规定由选举产生。协会设立会员代表大会,行使选举和罢免理事、监事,审议理事会工作报告、监事会工作报告和财务报告,制定和修改会费标准等职权。会员代表大会闭会期间的执行机构为理事会。协会专职工作人员的工资和保险、福利待遇,参照国家有关规定执行。

[①] 这里的所谓相关机构,是指根据《中华人民共和国证券投资基金法》第 108 条的规定,基金管理人、基金托管人应当加入协会,基金服务机构可以加入协会。

协会的会员分为普通会员、联席会员、观察会员、特别会员。其中,公募基金管理人、基金托管人、符合协会规定条件的私募基金管理人,为普通会员。基金服务机构为联席会员。不符合普通会员条件的其他私募基金管理人,加入协会,为观察会员。证券期货交易所、登记结算机构、指数公司、经副省级及以上人民政府民政部门登记的各类基金行业协会、境内外其他特定机构投资者等,加入协会,为特别会员。

(二)经费来源及其使用与管理原则

该协会的经费来源是:会费;政府资助、社会捐赠;在核准的职责范围内开展活动、提供服务的收入;利息;其他合法收入。

经费使用与管理原则包括:(1)上述经费必须用于协会章程规定的职责范围和事业发展,财产及孳息不得在会员中分配。(2)协会执行《民间非营利组织会计制度》,建立严格的财务管理制度,保证会计资料合法、真实、准确、完整。(3)协会体配备具有专业资格的会计人员。会计不兼任出纳。会计人员必须进行会计核算,实行会计监督。会计人员调动工作或离职时,必须与接管人员办清交接手续。(4)协会的资产管理应执行国家规定的财务管理制度,接受会员代表大会和财政部门的监督。资产来源属于国家拨款或者社会捐赠、资助的,应接受审计机关的监督,并将有关情况以适当方式向社会公布。(5)协会换届或更换法定代表人之前必须接受中国证监会和民政部组织的财务审计。(6)协会的资产,任何单位、个人不得侵占、私分和挪用。(7)协会终止后的剩余财产,在中国证监会和民政部的监督下,按照国家有关规定,用于发展与本团体宗旨相关的非营利性事业,或转赠给与本团体性质、宗旨相同的组织,并向社会公告。

(三)证券投资基金业协会的自律监管职责

证券投资基金业协会的自律监管职责主要包括:(1)教育和组织会员遵守有关证券投资的法律、行政法规,维护投资人合法权益;(2)依法维护会员的合法权益,反映会员的建议和要求;(3)制定和实施行业自律规则,监督、检查会员及其从业人员的执业行为,对违反自律规则和协会章程的,按照规定给予纪律处分;(4)制定行业执业标准和业务规范,组织基金从业人员的从业考试、资质管理和业务培训;(5)提供会员服务,组织行业交流,推动行业创新,开展行业宣传和投资人教育活动;(6)对会员之间、会员与客户之间发生的基金业务纠纷进行调解;(7)依法办理非公开募集基金的登记、备案;(8)协会章程规定的其他职责。

六、我国各证券自律监管机构共同面临的两个问题

通过以上对证券业协会、证券交易所、上市公司协会和证券投资基金业协会的分析,我们发现它们还共同面临至少两个方面的问题。至于这些问题如何解决,本书没有给出太多的答案,这需要业内人士在实践中不断探索,同时还需要相关政治、经济制度的同步变革才能够解决。

(一) 关于自律监管机构法律地位的独立性问题

目前我国证券业协会、证券交易所、证券基金业协会和上市公司协会在与证监会的关系中都存在法律地位不够独立的问题。而自律监管机构独立于行政机关,在法律地位、法定权利、经费、人员上保持独立性,对于确保证券市场监管的层次化具有十分重要的意义。自律监管机构的自治应当被限定在法律的框架内,即法治引导下自治,同时对自律监管机构的管理方式是依法管理,而非行政权力的任性。也只有自律监管机构实现了独立,才能发挥其在证券市场上的应有作用。证券业协会、证券交易所和上市公司协会等机构既是自律监管机构,更是私法主体。尊重自律监管机构的独立法律人格,还原其作为自律性组织的固有权利和活动空间,并构建有利于其进行自律监管的基础制度,是发挥证券业协会和上市公司协会的自律功能、提升证券交易所竞争力的必由之路。

(二) 关于政府对证券自律监管机构干预的适度性问题

相对于政府监管来说,灵活性是自律监管的主要优点之一。为此,自律监管机构以创新、及时和敏锐的方式对市场发生的各种变化作出快速反应,并以其弹性对市场主体的自由和政府强制进行衡平。要实现上述要求,就需要政府对待证券自律监管机构的干预要适度。这种适度性包括"积极适度"和"消极适度"。

第一,"积极适度"。这是指政府应当积极为证券业自律监管的健康发展创造良好的外部环境。对此政府应当采取的适度措施主要是:(1)适度培育支持,实践中的证券业自律监管机构的自治权不充分,也还很不成熟,需要政府的支持与鼓励;(2)适度服务,培育证券行业自律监管机构成员的归属性和认同感,这就需要强化政府的服务功能,通过自律监管机构的自治及时了解其成员的需求并提供有效服务;(3)适度诱导,证券市场的迅速发展,必然对现有的体制提出各种各样的挑战。对此,政府应当加以正确的诱导,使其发展步入正轨。当然,上述这些"积极适度"措施有一定的过渡性,随着我国

市场经济体制的完善,政府积极干预的态度将更为淡化。

第二,"消极适度"。我国证券市场的过度管制限制了自律监管的生存空间,致使自律监管机构的自治权始终无法生成。随着证券化实践的发展,特别是权力多元化成为社会良性发展的基本保障。在证券市场上,政府权力不能再占据社会的所有领域,需要适时退出。此时,政府应当改直接管理方式为间接管理方式,通过立法一方面鼓励证券自律监管机构建立健全内部章程和自律公约等行规实现自治,另一方面从宪法的高度保障自律组织成员的协作自由权。

第六节 金融分合业经营与监管及其对证券监管体制的影响

本章最后要讨论的是证券监管中一个较为宏观的问题,即证券分合业经营与监管对证券监管体制的影响。这个问题对证券监管法的立法和实施均有着十分重要的意义。

一、金融分合业经营与监管

金融分合业经营与监管体制的变化是由社会化大生产、维护金融稳定、金融市场深化等因素综合作用的结果。就金融各业,即证券业、银行业、信托业和保险业是一体经营监管,还是分业经营监管,国际上现行的方式主要有四类:美国采取混业经营、分业监管模式;英国、德国和日本采取混业经营、混业监管模式;韩国采取分业经营、混业监管模式;我国采取的是分业经营、分业监管模式。

在改革开放之初,我国的证券业、银行业、信托业和保险业实行的是混业经营、混业管理。证券业、银行业、信托业、保险业均由中国人民银行管理。根据1986年1月7日国务院发布的《中华人民共和国银行管理暂行条例》(现已失效)的规定,中国人民银行是国务院管理全国金融业的国家机关。随后,上海、深圳分别颁布了两地的证券交易管理办法,明确规定两地证券市场的主管机关是中国人民银行在两地的分行。当时由于缺乏经验,银行资金违反国家有关金融管理的规定,通过各种方式流入股市;商业银行及其分支机构从事股票买卖,证券公司和其他企业利用银行信贷资金进行股票买卖,导致股市大起大落,投资者损失惨重。鉴于银行资金主要来自居民储蓄,如果违规流入股市,后果十分严重:造成股市虚假繁荣,误导投资者盲目入市;股市一有风吹草动,银行抽回资金,将使更多的投资者遭受损失;股市是一个高风险的市场,银行资金违规流入股市,将使银行承担更大的风险,不利于银行的稳健运行和国家金融安全。因此,为了稳定金融秩序,避免不同金融机构间传递风险,《证券法》《商业银行法》《保险法》和《信托法》的规定都采取了分别设立、分业经营、分业管理的体制,并分别设立了证监会、银监会和保监会,依法加强对证券业、银行业、信托业、保险业的监督管理。为此,我国实现了从中国人民银行统一监管向"一行三会一局"("一局"是指外汇管理局)的金融分业监管格局的转变。这种金融分业监管的优势是在一定的历史阶段提升了我国的风险监管能力,推进了监管的市场化和专业化。

二、分业经营与监管体制的变化及其对证券监管体制的影响

(一)金融监管变化的全球趋势

各国金融监管体制的重大改革几乎都是危机爆发和危机处置的结果。2008年金融危机之后,主要发达国家和经济体(如欧盟)着力于革除金融监管的积弊,进行了大幅度的改革,力图避免监管真空,从放松监管到严格监管,实现金融稳定。举例如下:(1)美国的金融监管体制从强调市场自我调节到全面监管,从放松监管到重整监管,其监管理念、架构、分工和职责进行了多次调整,逐步形成了以控制风险为核心的监管导向,促进了制度和规则的整合。美国在金融危机后,在宏观经济与微观经济层面均强调审慎态度,实施"沃尔克法则"[①]并控制杠杆率,金融去杠杆比较有效,房地产金融泡沫没有过度膨胀,私人部门资产负债表得到修复,经济步入可持续复苏轨道。(2)英国的金融监管体制经历了行业自律为主、分业监管、单一机构监管与财政部和央行三方共治、双峰监管等不同的阶段。英国的"双峰监管"是指英国将原来负责金融监管的金融服务局撤销,一分为二,成立审慎监管局和金融行为监管局,重构了审慎监管和行为监管的关系,从而形成了组织严密、分工负责的监管体系,强化金融消费者保护。(3)日本的金融监管体制是从政府行政主管到大藏省和日本银行共同监管,再到以监管厅为主体的统一监管,形成了日本独特的监管体系,实现了监管的统一性和专业性。[②](4)欧盟作为经济发达体,在金融监管方面,主要是加强监管协调,从宏观和微观审慎监管两个层面上建立起泛欧金融监管体系。

[①] 2010年1月21日,美国总统奥巴马宣布将对美国银行业做重大改革,采纳了82岁的金融老将保罗·沃尔克的建议,因此其方案被称为"沃尔克法则"(Volcker Rule)。"沃尔克法则"核心是禁止银行从事自营性质的投资业务,能够有效限制银行的业务规模和范围,减少银行系统性风险,防止"大而不倒"的道德风险再度发生。

[②] 《金融监管的分与合》,载《中国金融》2016年第24期。

由此可见,加强金融监管是目前的全球趋势。

(二)我国金融监管体制的变化

近年来,随着我国金融结构的逐步调整和资本市场的不断深化以及金融市场对外开放步伐的加快,继续对证券业、银行业、信托业、保险业实行严格的分业经营、分业监管所导致的市场管理高成本低效率的状况十分明显。具体表现,诸如多头监管与重复监管、监管模糊与空白、监管标准与监管套利等。因而,有必要进一步改革和完善我国的金融监管体制。

根据中共十六届三中全会通过的《中共中央关于完善社会主义市场经济体制若干问题的决定》[①],国务院作出关于《推进资本市场改革开放和稳定发展的若干规定》("国九条")。随后,国务院有关部门又陆续出台了一系列促进我国资本市场发展的措施和办法,我国分业经营体制已在事实上发生了很大的变动。比如,随着1999年10月《保险公司投资证券基金管理暂行办法》的出台,保险资金通过购买证券投资基金实现了间接入市。2002年修订后的《保险法》第105条对修订前的第104条中"保险公司的资金不得用于设立保险公司以外的企业"的规定进行修改,为保险公司设立保险资产管理公司提供了法律依据。2006年10月24日,中国保监会和中国证监会共同制定了《保险机构投资者股票投资管理暂行办法》,允许保险资金直接进入股票市场。一批跨行业的金融控股集团如中信集团、光大集团以及平安保险集团也纷纷出现,并不断发展壮大。各金融企业的跨行业产品创新不断涌现,也使得金融分业的界限日渐模糊。

与此同时,按照我国加入世界贸易组织各项开放承诺的逐步履行,在国际金融集团混业经营的竞争格局下,中国国内金融企业普遍面临较大的经济压力,"宏观分业、微观混业"可能成为一种趋势。在分业经营和分业管理的法律和政策框架下,如果证券、银行、保险监管之间缺乏协调配合,将造成一定的监管真空地带,从而难以有效防范和控制金融运行中出现的各种风险。作为加强金融业协同监管的重要步骤,2004年6月28日,中国银监会、中国证监会、中国保监会公布了《金融监管分工合作备忘录》。三方就监管分工合作方面的事宜达成备忘录,目的在于明确各自在金融监管方面的职责,实现三方协调配合,避免监管真空和重复监管,提高监管效率,鼓励金融创新。该备忘录主要涉及三个方面的重要内容:监管联席会议机制、监管信息收集与交流程序以及对金融控股公司监管思路。在没有实行混业监管的情况下,通

---

① 此《决定》对资本市场发展作出了部署,为我国资本市场改革开放和稳定发展指明了方向。中国每一次重大的经济体制改革都离不开中共中央作出的各类"决定"或"决议"。

过备忘录就三方合作的内容和程序等进行规范,是现实可行的做法。

然而,我们应当清醒地看到,我国资本市场起步晚,与发达国家相比还不够成熟,虽然发展很快,甚至已然成为重要的世界金融大国,但是我国证券市场的中小投资者多,市场投机性强,从金融大国到金融强国还有一个艰难的跋涉过程。为了有利于金融创新,同时有效防范金融风险,2005年修改《证券法》时在对证券业与其他金融业继续实行分业经营、分业管理的同时,增加"国家另有规定的除外"条款,以法律的形式为我国金融体制的进一步改革和证券市场的健康发展预留了空间。目前中国金融监管体系依然存在诸多缺陷,主要包括:(1)分业监管与一定程度上的混业经营存在严重矛盾。分业监管下,各监管部门各自对其分管的领域负责,但随着金融混业发展,任何单一监管主体都无法对被监管机构的业务进行全覆盖,实施有效监管。(2)监管标准不统一可能导致金融风险增高。各监管部门的监管标准不统一,以资管行业为例,2012年是大资管行业爆发式增长的起点,券商资管和基金子公司不受净资本约束,在与信托公司的竞争中处于优势,资产规模迅速扩张,杠杆高企必然导致风险积聚。(3)监管套利造成金融风险增高。由于监管标准的不统一,监管套利成为常态。比较突出的是,银行为了逃避监管,通过与券商资管、基金子公司、信托等的合作,将大量业务转移到表外进行监管套利,容易造成金融风险膨胀和失控的风险。(4)监管部门的监管竞争,导致监管部门旗下的金融机构恶性或者不公平竞争。[①]

金融监管体制改革并非简单的机构撤并,我国的分业监管体制是一个垂直、自上而下的庞大体系,简单地将监管机构予以分合涉及诸多因素,不仅会花费巨大的社会成本,而且还会带来一些新的矛盾。因此,应当以协调和法治思维推进改革,赋予原有监管机构以新的职能。对此需要把握以下原则:(1)加强中央银行在宏观审慎监管、防范系统性风险和维护金融稳定中的核心作用。这也是国际金融危机后的新的国际共性。(2)加强对重大监管政策特别是涉及跨行业、跨市场业务的监管协调,保持政策的包容性、一致性和协调性。(3)加强中央银行和银行监管部门的合作,提高宏微观审慎管理的有效性,更好支持实体经济发展。(4)加强前瞻性政策指引和预期管理。[②] 在上述基本原则的指导下,可以采取以下措施克服我国目前金融监管体系的缺陷:(1)建立更高层级的金融监管协调机制。2017年7月14—15

[①] 任泽平、宋双杰:《从监管竞争到监管协调,从降杠杆到稳杠杆——全国金融工作会议将传递重要信号》,载中国经营网:http://www.cb.com.cn/renzeping/2017_0714/1190673.html,访问时间:2017年7月14日。

[②] 《金融监管的分与合》,载《中国金融》2016年第24期。

日,全国金融工作会议在北京召开,在会上习近平总书记强调,要加强金融监管协调,补齐监管短板。设立国务院金融稳定发展委员会,强化人民银行宏观审慎管理和系统性风险防范职责,落实金融监管部门监管职责,并强化监管问责。国务院金融稳定发展委员会将是设在"一行三会"之上的金融协调委员会,与原有的金融监管协调部际联席会议相比,金融稳定发展委员会的职能完整,层级更高,金融监管协调将会是其重要的工作之一。同时,人民银行在宏观审慎管理和系统性风险防范方面的职责得到强化。通过金融监管协调机制的加强和提升,深化金融监管体制改革,优化金融风险监管覆盖方式,以更好地应对金融机构在混业(或综合化)经营过程中可能会产生的流动性风险、信用风险、操作风险,防范引发全面影响经济和社会发展的系统性风险。(2)实施宏观审慎评估体系(MPA)。① 中国于2016年起将差别准备金动态调整机制升级为宏观审慎评估体系(MPA),对金融机构的行为进行多维度的引导,实行"货币政策＋宏观审慎政策"双支柱调控框架。(3)统一监管标准,防止监管套利。统一监管标准是消除监管套利的前提条件。进一步加强监管部门间的沟通协调,推动同一类业务不同行业资本监管标准的协调一致,有助于促进市场公平竞争。防止监管套利,主要是消除规避监管指标套利和规避监管政策违规套利两类情形。在证券行业,统一证券业务监管标准有利于掌握证券经营机构的真实风险组合和资产配置情况。(4)发挥功能监管的作用包括。功能监管是按照经营业务的性质来划分监管对象的金融监管模式。功能监管的作用:一是能够消除金融创新带来的"监管真空",二是能够减少监管标准不统一导致的"监管套利"。(5)通过金融改革与实体改革协调推进,宏观审慎与微观审慎监管相结合,提升资金融通效率,有效服务实体经济。②

上述我国金融分合业经营与监管的重大变化,对证券监管体制和证券监管法的影响是深远的。比如,保险资金或者其他形式的货币资金进入证券市场,意味着这些资金的持有人将成为众多上市公司的持股人(即股东),证券监管法中的被监管主体发生了重大变化。所以,研究证券监管法,必须考虑金融监管这一宏观格局的变化。

---

① 宏观审慎评估体系(Macro Prudential Assessment,简称 MPA)的主要构成是:资本充足率和杠杆情况、资产负债情况、流动性、定价行为、资产质量、外债风险、信贷政策执行七大方面,其中资本充足率是评估体系的核心。

② 任泽平、宋双杰:《从监管竞争到监管协调,从降杠杆到稳杠杆——全国金融工作会议将传递重要信号》,载中国经营网:http://www.cb.com.cn/renzeping/2017_0714/1190673.html,访问时间:2017年7月14日。

第四章 证券监管执法规制

证券监管立法的宗旨得以实现,需要以证券监管机构的执法为保障。对于证券监管执法的规制,无论在理论上还是在实践中,在我国都存在许多值得探讨的地方。本章着重对证券行政执法、证券监管措施等行为的规制进行研究。证券行政执法和解本来属于证券行政执法的有机组成部分,但是,由于这个问题在我国证券监管的理论和实践中意义特别重大,故将其单独列为一节内容来详细论述。此外,证券自律监管机构实施自律监管规则原本不同于行政机关的执法行为(接受有权机关的委托执法除外),但是其监管行为在客观上直接影响到被监管主体的权利和义务,产生了如同行政机关执法同样的后果。这种情况在证券交易所时常发生,为此,已有将上海证券交易所列为行政诉讼被告的多起案例发生。所以,本章最后一节将自律监管机构执法规制纳入研究的范围。

第一节 证券监管执法规制概述

一、证券监管执法的内涵

如本书绪论中所述,证券监管是指国家的证券主管机关或者社会的证券自律机构对证券的发行和交易等活动以及参与证券市场活动的主体所进行的经常性的督促、检查、协调和控制等行为。也可以说是国家证券主管机关或者证券自律机构对证券业的介入或干预,而证券监管执法就是这种介入或干预的重要方式之一。经济法所涉及的国家干预,包括立法、司法和执法等干预手段。其中,执法干预主要是指通过行政机关依法贯彻实施国家的某项干预意图。从这个方面讲,经济法的干预主体在很大程度上离不开行政机关。行政机关的任何执法行为都必须受到法律的规制,其行为称为行政执法行为。在这里经济法与行政法形成了最紧密的结合,经济法干预主体的行政执法行为,没有行政法的规制将是不可想象的。行政法在这里为经济法起到程序保障的作用,在这个前提下可以说行政法是经济法的程序(保障)法。

基于上面的论述,证券监管执法行为本质上就是行政执法行为。根据行政法的相关原理,可以将证券监管执法界定为:证券监管主体为了实现证券监管目的而依法实施的直接影响被监管主体权利和义务的行为。

二、证券监管执法行为的特征

由于证券监管执法行为本质上是一种行政执法行为。这种行为的基本特征主要体现在以下几个方面:

(1) 以社会利益为本位的公共服务性。证券监管执法的目的在于维护证券市场的社会公共利益,行为在本质上具有公共服务性。而且社会公共服务,一般是无偿的。[1] 因为行政相对人通过缴纳税款和规费等已经无偿地分担了公共负担,取之于民用之于民,因此,接受行政主体的服务理应是无偿的。另外,证券监管执法主体的权力也是一种职责或义务,而职责或义务的履行相对于相对人而言应该是无偿的。证券监管执法主体执法所需的经费只能由国家财政负担。当然,行政行为的无偿性是有例外的,行政机关实施的某些行政行为是要收取一定费用的,如行政机关颁发自然资源开发、利用等一类许可证即要收取一定费用。但这些例外一方面是出于管理的目的,另一方面是出于保障国家资源让国人共享的目的,而非为营利的目的。[2] 此外,在证券行政执法和解的过程中,接受和解的相对人一方往往需要缴纳相应的和解金,用于弥补受损害的投资人或者作为处罚金上缴国库。

(2) 执法行为的从属法律性。证券监管执法行为是执行法律的行为,其必须从属于法律,即任何证券监管执法行为必须有法律根据。行政行为的从属法律性也是由行政主体的法律地位决定的。证券监管执法主体的执法行为是一种行政行为,行政行为不同于国家权力机关的立法行为。依照法理,立法行为是创制法律规范,行政行为只能是执行法律规范。有时行政主体也可以进行行政立法,但行政立法并不是严格意义的立法行为,它只是一种"准立法"行为,是从属于国家基本法的从属性立法行为。

(3) 执法行为的单方意志性。证券监管执法行为是证券监管执法主体

---

[1] 证券监管执法行为的公共性决定了该种服务的无偿性。我国的有关法律明确地规定了这种无偿原则,如《行政复议法》第39条规定:行政复议机关受理行政复议申请,不得向申请人收取任何费用。行政复议活动所需经费,应当列入本机关的行政经费,由本级财政予以保障。《行政许可法》第47条第2款规定:申请人、利害关系人不承担行政机关组织听证的费用。该法第58条还规定:行政机关实施行政许可和对行政许可事项进行监督检查,不得收取任何费用。但是法律、行政法规另有规定的,依照其规定。行政机关提供行政许可申请书格式文本,不得收费,行政机关实施行政许可所需经费应当列入本行政机关的预算,由本级财政予以保障,按照批准的预算予以核拨。再如,《道路交通安全法》第93条第2款规定:机动车驾驶人不在现场或者虽在现场但拒绝立即驶离,妨碍其他车辆、行人通行的……公安机关交通管理部门拖车不得向当事人收取费用,并应当及时告知当事人停放地点。

[2] 罗豪才、湛中乐主编:《行政法学》(第4版),北京大学出版社2016年版,第115页。

行使国家行政权的行为。该执法行为只要是在行政组织法或法律、法规的授权范围内,即可自行决定和直接实施,而不是必须与行政相对人协商并征得相对方的同意。证券监管执法行为的单方性不仅表现在执法主体依职权进行的行为,如执法机关进行证券监督检查,科处行政处罚,采取行政强制措施等;也体现在执法主体根据行政相对人申请而实施的行为,如颁发许可证、执照,发放救济金、抚恤金等。后面的这些行为虽然是行政主体在相对人提出申请的前提下作出的,但是行政主体是否满足行政相对人的申请,却不简单取决于相对人的请求。

随着行政法的现代化,行政行为的单方意志性发生如下一些变化,需要特别注意:第一,有些行政行为是双方性行政行为,如行政合同(行政契约)的缔结等,必须是双方意思表示一致的行为,否则无法成立。例如,在证券行政执法和解中签订的和解协议即是如此。第二,行政相对人的参与性越来越受到重视,行政相对人的意志应当一定程度地反映到行政行为中去。即行政行为的作出过程必须充分、合理地考虑当事人的参与,听取当事人一方的意见。尽管如此,最后起决定作用的还是行政主体,单方性作为行政行为的基本特征并未动摇。①

(4) 执法行为的强制性。证券监管执法行为的强制性与上述单方意志性是紧密相关的。即证券执法主体实施证券监管执法行为无须事前与相对人协商,并取得相对人同意。证券被监管主体无权拒绝监管执法主体依法和依职权实施的执法行为。一旦被监管主体拒不履行执法主体的执法令或者证券监管措施,执法主体可以依法强制其履行或者依法申请人民法院强制执行。可见证券监管执法行为是以国家强制力作为实施的保障。许多国家都或在专门制定的《行政强制法》中,或在《行政程序法》中,或在单行的法律中规定了相应的行政强制措施等。我国在一些单行的法律、法规,如《治安管理处罚法》《税收征收管理法》《海关法》《人民警察法》等法律中规定了一些行政强制措施,又于2011年颁布了《行政强制法》,对于行政强制行为作出了较为系统的规定,这就为规范行政强制行为提供了统一的法律规范。②

当然,由于现代行政行为形式的多样化,有些证券监管执法行为并不绝对地体现其强制性特点。例如在证券行政执法和解案件中,在很大程度上就是用一种双方妥协而非单方强制处罚行为结案。

(5) 执法行为的效力先定性。所谓效力先定,是指证券监管执法行为一经作出后,就事先假定其符合法律规定,在没有被国家有权机关宣布违法无

---

① 罗豪才、湛中乐主编:《行政法学》(第4版),北京大学出版社2016年版,第116页。
② 同上书,第117页。

效或被撤销之前,对证券监管执法机构本身和行政相对人以及其他国家机关都具有拘束力,任何个人或组织都必须服从该执法行为。这一特征乃源于实现维护和保障证券市场的公共秩序和公共利益这一目的的需要。

当然,证券监管执法行为的效力先定只是一种预设假定,并不意味着该执法行为就一定正确、不可否定。在该种执法行为违法或者执法行为没有法律依据的情况下,经国家有权机关依职权和法定程序审查确认之后就可以否定其效力。

(6) 一定幅度的自由裁量性。证券监管执法行为虽然必须依法进行,必须有法律根据,但是由于任何法律法规,无论如何周密,都不可能(其实也无必要)将行政机关的每一个行政行为的每一个细节都予以严密规定。同时,现代国家社会经济在快速发展变化,而法律是具有相对稳定性的,一旦制定就不能随意修改,因此,立法机关在立法时就应该给行政机关留出自由裁量的余地,否则行政机关将无法有效地实施行政管理,还可能给国家和社会利益造成重大损失。具有一定裁量性是行政行为的一个特征,这是由它的权力因素的特点所决定的。[1]

三、证券监管执法的种类与法律功能

(一) 证券监管执法行为的种类

证券监管执法的行为种类主要包括:证券行政许可行为、证券行政强制行为、证券行政处罚行为以及还有目前存在争议的处于上述三类典型证券行政执法行为之外的一部分证券执法行为,如监管谈话、临时接管、限制业务活动以及责令暂停履行职务等。相关法律法规将其统称为证券监管措施。基于上述原因,本章专门来讨论这个问题。

另外,自律监管机构执法,作为证券监管执法的一种特殊情形也纳入本章讨论。

(二) 证券监管执法行为的法律功能

证券监管执法行为的法律功能即是指证券监管执法行为所产生的法律效果,这种效果主要体现在以下四个方面[2]:

(1) 设定权利与义务的规则。证券行政执法行为具有设定行政相对人享有权利与履行义务之规则的功能。如中国证监会颁布的各类证券监管"办

---

[1] 罗豪才、湛中乐主编:《行政法学》(第 4 版),北京大学出版社 2016 年版,第 116 页。
[2] 参见胡建淼:《行政法学》(第 4 版),法律出版社 2015 年版,第 128—129 页。

法",往往是设定权利与义务的规则行为,属于行政行为中的行政规定[①],它虽不能创制行政相对人的权利与义务,但可以落实行政相对人的权利与义务并为享受权利与履行义务规定一定的程序。因为行政相对人在行政法上的权利与义务是由法律直接设定的,行政规定只能落实由法律设定的权利与义务,而不能直接创制权利与义务。这种功能虽然不直接导致相对人权利与义务的形成,但它为形成权利与义务提供了条件。[②]

(2) 形成权利与义务。有的证券监管执法行为具有直接产生相对人权利与义务的功能,如股票发行审核作为一种行政许可,即赋予了相对人进行股票公开发行的权能,而对进行虚假陈述的某上市公司进行行政处罚,则是科以其一定的义务。

(3) 确认权利与义务。有的证券监管执法行为,既没有直接赋予相对人的权利,也没有直接处分相对人的权利,而是对相对人已有的权利进行确认,从而使相对人的权利获得国家的宣示和保护。如股份发行登记中的首次公开发行登记和增发新股登记。

(4) 处分权利与义务。处分相对人的权利与义务功能是指证券监管执法行为又直接导致相对人权利与义务的变化或消灭。如中国证监会罚没证券非法经营所得导致相对人的非法所得收归国有,而证券监管机关减轻处罚的决定则使相对人义务得以减少。

第二节 证券行政执法规制

一、证券行政执法的界定

证券行政执法是经济法中政府干预证券市场的具体方式,当然也是行政执法之一种。执法,即法的执行。人类历史发展到近现代,为了制约国家权力,将国家权力一分为三:立法权、执法权、司法权,三权相互制衡。广义的执法与立法相对应,是指国家行政机关、司法机关及其公职人员依照法定程序实施法律的活动。狭义的执法则仅指行政执法,即国家行政机关或者法律授权、委托的组织及其公职人员,在行使行政管理权的过程中,依照法定的职权

---

① 所谓行政规定,是指各级人民政府及其工作部门依据法律、法规、规章或者上级行政机关的有关规定,基于其行政职权的范围,针对不特定的行政相对人作出的,并可反复适用的行政规则。行政规定是由行政主体所制定的具有普遍约束力的行政规则。行政主体制作行政规则的行为就是"行政规定行为"。参见胡建淼:《行政法学》(第 4 版),法律出版社 2015 年版,第 205 页。

② 同上书,第 128 页。

和程序,贯彻实施法律的活动。在现代社会,国家行政机关是国家立法机关的执行机关,其将立法机关制定的法律付诸实现,遵照执行。故证券行政执法就是证券监管机关依法定的职责(或职权)和程序具体实施立法机关制定的证券法律的活动。由此可见,对证券市场违法违规行为的查处(如中国证监会稽查局、行政处罚委的执法行为)只是证券行政执法的一种形式,而不是证券行政执法的全部。

二、证券行政执法行为的内容

证券行政执法行为的内容,是指某一证券行政执法行为对相对人在权利、义务上产生的具体影响,亦即对相对人的权利、义务作出某种具体处理和决定。证券行政执法行为涉及证券业领域的方方面面,内容广泛而复杂,不同种类的证券行政执法行为有着不同的对象和执法目的。

(一)赋予相对人一定的权益或课以其一定的义务

证券行政执法行为内容表现的一个重要方面,就是赋予相对人以一定的权益或对相对人课以一定的义务。赋予一定的权益,具体表现为赋予相对人以一种法律上的权利(或利益)和权能。所谓权利,是指能够从事某种活动或要求他人不为某种行为,或指基于某种权利所得到的利益,在很多情况下,这种权利的取得具有持久性,可以重复行使,但也有一些则表现为一次性行为后即告结束(如依法发放奖金或证券行政执法和解金的行为等)。如我国《行政许可法》中规定的行政许可的决定,就是一种赋予权利或权能的行为。其中包括一般许可、特别许可、认可、核准、登记等。运用到证券发行执法行为中,就是股票发行核准制。相对人的股票发行申请一旦通过证监会的核准,即获得了在证券市场公开发行股票的权利。所谓权能,是指能够从事某种活动或行为的一种资格,如给予证券从业资格。

课以一定的义务,是指证券行政执法主体通过证券行执法政行为命令相对人为一定的行为或不为一定的行为,例如,中国证监会依据《证券法》第233条和《证券市场禁入规定》(证监会令第33号)第5条的规定,对相关责任人员作出的市场禁入决定。

(二)确认证券法律事实与证券法律关系

确认证券法律事实,是指证券行政执法主体通过证券行政执法行为对某种法律关系有重大影响的事实是否存在,依法加以确认。确认证券法律关系,则是指证券行政执法主体通过证券行政执法行为对某种法律关系是否存在及存在范围的认定。例如,证监会根据《证券法》第 20 条第 2 款、第 173 条的规定,认定某律师事务所出具的《法律意见书》存在虚假记载的结论,就是对虚假记载的事实加以确认,其结果将影响该律师事务所与被服务的股份公司是否共同承担责任的证券法律关系。

确认证券法律事实与确认证券法律关系既有联系也有区别。确认证券法律事实必然影响确认证券法律关系,但确认证券法律事实并不等于确认证券法律关系,当事人之间是否存在某种法律关系,在事实的认定之中并不能完全确认,往往还需要通过是否存在主观过错、行为人的行为与法律事实是否存在因果关系等诸多因素来判定。当然,在多数情况下确认证券法律关系是以证券法律事实确认为前提的,在有些证券法律关系确认之中,也同时包含着对证券法律事实的确认。

(三) 变更证券法律地位

这是证券行政执法行为对相对人原来存在的证券法律地位予以改变,具体表现为对其原来所享有权利或所负担义务范围的缩小或扩大。例如,根据《证券法》第 125 条对证券公司经营业务部分或者全部的批准,即意味着证券公司营业范围的扩大或缩小,从而使其在证券市场中的法律地位也相应发生变更。

(四) 剥夺证券权益或免除证券义务

剥夺证券权益,是指证券行政执法行为使行政相对人失去原有的法律上的权能或权利和利益。例如,《证券法》第 197 条规定,未经批准,擅自设立证券公司或者非法经营证券业务的,由证券监督管理机构予以取缔,没收违法所得。这里的"取缔"即是对权能的剥夺,而"没收违法所得"则是对利益的剥夺。免除证券义务,是指证券行政执法行为的内容表现为对行政相对人原来所负义务的解除,不再要求其履行义务。例如,1998 年《证券法》第 81 条规定,通过证券交易所的证券交易,投资者持有一个上市公司已经发行的股份的 30% 时,继续进行收购的,应当依法向该上市公司所有股东发出收购要约,但经国务院证券监督管理机构免除发出要约的除外。该条的"但书"部分即是免除义务的情形。

三、证券行政执法行为的效力

证券行政执法行为具有如下效力:

(一) 证券行政执法行为具有公定力

证券行政执法行为的公定力,是指证券行政执法主体的证券行政执法行为一经作出,不论其实体上是否合法,都具有被推定为合法而要求所有机关、组织或个人予以尊重的一种法律效力。这种公定力是一种推定或假定的法律效力,非经法定程序并由法定机关将其撤销、废止或者宣布无效,均当推定其合法。作此合法推定的理由有二:稳定相关权利义务关系,从而维护证券市场秩序;提高证券行政执法效率,避免久拖不决。

最后需要说明的是,证券行政执法行为实质上是国家的公权行为,因而,证券行政执法行为的公定力是一种对世权,即此种效力不仅及于证券行政相对方与证券行政主体,还及于社会上其他任何机关、组织和个人。

(二) 证券行政执法行为具有拘束力

证券行政执法行为的拘束力,是指证券行政执法行为成立后,其内容对相关人员或组织所产生的法律上的约束效力,相关人员和组织必须遵守、服从。具体表现如下:(1)对证券相对人的拘束力。证券行政执法行为是针对证券监管相对方作出的。故其拘束力首先针对相对人,即对于生效的证券行政执法行为,相对人必须服从和执行,全面履行证券行政执法行为的内容或设定的义务、不得违反或拒绝;否则,就要承担相应的法律后果。(2)对证券行政机关的拘束力。证券行政执法行为生效后、证券监管机关同样要受其拘束,包括作出该证券行政执法行为的证券监管机关和其他证券监管机关。

(三) 证券行政执法行为具有执行力

证券行政执法行为的执行力,是指证券行政执法行为一旦生效,证券行政执法主体与证券行政相对人均必须自觉履行相应行政执法行为所确定的义务,并且拒绝履行或拖延履行的一方应当承担相应责任的效力。

首先,在相对人拒绝履行或拖延履行的情况下,有关行政主体可以依法采取强制措施,或者依法申请人民法院强制执行证券行政执法行为的内容。对此,我国《行政处罚法》第44条明确规定,行政处罚决定依法作出后,当事人应当在行政处罚决定的期限内予以履行。第45条又规定,当事人对行政处罚决定不服申请行政复议或者提起行政诉讼的,行政处罚不停止执行,法律另有规定的除外。当事人逾期不履行行政处罚决定的,作出行政处罚决定的行政机关可以采取下列措施:到期不缴纳罚款的,每日按罚款数额的3%加处罚款;根据法律规定,将查封、扣押的财物拍卖或者将冻结的存款划拨抵缴罚款；申请人民法院强制执行。①

其次，证券行政执法行为的执行效力同样及于证券行政主体。这是因为，证券监管机关作出某种证券行政执法行为，行政相对方有可能直接或间接从中获得某种利益，如果执法主体在之后不持续作为或者采取相应保障措施，则行政相对方的利益可能难以、甚至无法实现，因此，行政相对方可以申请证券监管机关履行自己的行政行为，在证券监管机关拒绝履行或者拖延履行的情况下，证券行政相对人则可以向有关机关提起行政复议或者是向法院提起行政诉讼等。

理解证券行政执法行为的执行力需要注意以下几点：(1) 证券行政执法行为的执行力与上述证券行政执法行为的拘束力密切相关。一方面，拘束力是执行力的前提，拘束力要求当事人必须履行相应证券行政执法行为所确定的义务，在当事人不履行时，才存在依法强制执行的问题。另一方面，执行力是拘束力的保障，只有执行力或者说强制执行力的存在，才能够使拘束力最终落到实处。(2) 证券行政执法行为具有执行效力，并不意味着证券行政执法行为在任何情况下都必须强制执行。一般说来，只是在相对人拒不履行义务的情况下，证券行政执法行为才需要予以强制执行。(3) 证券行政执法行为具有执行的效力，并不等于所有行政行为都必须执行，有些证券行政执法行为就不涉及强制执行的问题。例如，行政处罚中的警告以及行政许可行为就与强制执行无关。(4) 对于生效的证券行政执法行为，一般采取不停止执行的原则，即不论相对人对证券行政执法行为是否存有异议，还是在相对人申请行政复议、提起诉讼期间都不能停止对证券行政执法行为的执行。

（四）证券行政执法行为具有确定力

证券行政执法行为的确定力，是指有效成立的证券行政执法行为，非依法不得随意变更或撤销和不可争辩的效力。即证券行政执法行为一旦有效成立就具有不可更改效力。这里不可更改效力中的"更改"，既包括变更，也包括撤销或者重作；既包括对权利义务的改变，也包括对事实认定和法律适用的改变。

对证券监管执法主体的确定力，称为实质确定力。它要求证券监管执法主体，非依法定理由和程序，不得随意改变其行为内容，否则要承担相应的法律责任。我国《行政许可法》第8条第1款就规定，公民、法人或者其他组织依法取得的行政许可受法律保护，行政机关不得擅自改变已经生效的行政许

---

① 见《行政处罚法》第51条。

可。例如,证券行政许可行为,证券监管机关在发给证券公司经营证券业务许可证后,就不得随意更改许可事项和范围。这种实质确定力的目的主要在于防止证券监管主体反复无常,任意变更、撤销、废止其已作出的证券行政执法行为,导致对证券行政相对人权益的损害。可见,这种确定力对于保障证券行政相对人的合法权益极为重要。

对证券行政相对人的确定力,称为形式确定力或不可争力。这是指证券行政相对人不得任意否认证券行政执法行为的内容或随意改变行为内容,非依法也不得请求改变证券行政执法行为。被许可人要求变更行政许可事项的,应当向作出行政许可决定的行政机关提出申请;符合法定条件、标准的,行政机关应当依法办理变更手续。① 根据行政法的相关原理,如果证券行政相对人超过行政复议和行政诉讼期限后,则不得对该证券行政执法行为申请行政复议或提起行政诉讼。即使在行政复议、行政诉讼期间,证券行政相对人非经法定程序,亦不得停止对该行为确定的义务的履行。

证券行政执法行为对第三方的确定力。证券行政执法行为的确定力,也包含着对第三方的确定力,即除证券监管主体和证券行政相对人以外的国家机关(含行政机关)、社会组织和公民,都不得否认或拒绝证券行政执法行为所确认的事实和法律关系。

四、我国证券行政执法机构的职责与相关职能部门的设置②

(一)我国证券行政执法机构的职责

中国证监会是我国最高证券行政执法机构,根据《证券法》第179条的规定,其具体职责如下:依法制定有关证券市场监督管理的规章、规则,并依法行使审批或者核准权;依法对证券的发行、上市、交易、登记、存管、结算,进行监督管理;依法对证券发行人、上市公司、证券公司、证券投资基金管理公司、证券服务机构、证券交易所、证券登记结算机构的证券业务活动,进行监督管理;依法制定从事证券业务人员的资格标准和行为准则,并监督实施;依法监督检查证券发行、上市和交易的信息公开情况;依法对证券业协会的活动进行指导和监督;依法对违反证券市场监督管理法律、行政法规的行为进行查处;法律、行政法规规定的其他职责。此外,中国证监会可以和其他国家或者地区的证券监督管理机构建立监督管理合作机制,实施跨境监督管理。

以上述法律为依据,中国证监会将自己的职责具体化为:(1)研究和拟

---

① 见《行政许可法》第49条。
② 参考《证券法》第10章和中国证监会网站的内容。

定证券期货市场的方针政策、发展规划；起草证券期货市场的有关法律、法规，提出制定和修改的建议；制定有关证券期货市场监管的规章、规则和办法。(2) 垂直领导全国证券期货监管机构，对证券期货市场实行集中统一监管；管理有关证券公司的领导班子和领导成员。(3) 监管股票、可转换债券、证券公司债券和国务院确定由证监会负责的债券及其他证券的发行、上市、交易、托管和结算；监管证券投资基金活动；批准企业债券的上市；监管上市国债和企业债券的交易活动。(4) 监管上市公司及其按法律法规必须履行有关义务的股东的证券市场行为。(5) 监管境内期货合约的上市、交易和结算；按规定监管境内机构从事境外期货业务。(6) 管理证券期货交易所；按规定管理证券期货交易所的高级管理人员；归口管理证券业、期货业协会。(7) 监管证券期货经营机构、证券投资基金管理公司、证券登记结算公司、期货结算机构、证券期货投资咨询机构、证券资信评级机构；审批基金托管机构的资格并监管其基金托管业务；制定有关机构高级管理人员任职资格的管理办法并组织实施；指导中国证券业、期货业协会开展证券期货从业人员资格管理工作。(8) 监管境内企业直接或间接到境外发行股票、上市以及在境外上市的公司到境外发行可转换债券；监管境内证券、期货经营机构到境外设立证券、期货机构；监管境外机构到境内设立证券、期货机构、从事证券、期货业务。(9) 监管证券期货信息传播活动，负责证券期货市场的统计与信息资源管理。(10) 会同有关部门审批会计师事务所、资产评估机构及其成员从事证券期货中介业务的资格，并监管律师事务所、律师及有资格的会计师事务所、资产评估机构及其成员从事证券期货相关业务的活动。(11) 依法对证券期货违法违规行为进行调查、处罚。(12) 归口管理证券期货行业的对外交往和国际合作事务。(13) 承办国务院交办的其他事项。显然，中国证监会的职责更为具体、丰富，特别是将全国的期货市场监管也纳入职责监管范围。

(二) 中国证监会职能部门的设置[1]

中国证监会目前在其最高领导层设主席 1 名，副主席 5 名，中央纪委国家监委驻纪检监察组组长 1 名，主席助理 3 名；在机构设置上，内设 20 个职能部门，4 个直属事业单位（包括 1 个稽查总队和 3 个中心）；证监会还设有 1 个股票发行审核委员会。中国证监会在省、自治区、直辖市和计划单列

---

[1] 本部分内容主要参见中国证券监督管理委员会编著的《中国证券监督管理委员会年报 2017》（中国财政经济出版社 2018 年版）和中国证监会网站（www.csrc.gov.cn/pub/newsite/），但由于数据更新存在滞后情况，请读者注意。

市设立 38 个派出机构(含 36 个证监局、沪深 2 个专员办事处),并管理 20 个系统单位。现分述如下:

1. 中国证监会内设的 20 个职能部门及其职能

中国证监会机关内部共设置了 20 个职能部门,在这 20 个职能部门中分为两类:一类是第 1—15 项所列内容,是代表中国证监会对外的具体执法部门。其中,第 8—9 项职能部门的分工,即证券监管稽查局和行政处罚委员会的分别设立,并于 2010 年年末启动了引入法官挂职担任行政处罚委员的改革。这意味着证监会由原来的"执审一体"改变为"执审分离",使得证券监管权的配置具有了内在制约机制,更有利于保护投资者和相关被监管者的利益。另一类则是第 16—20 项所列内容,属于管理中国证监会内部事务的部门,不能够代表证监会对外执法。

下面将这 21 个职能部门及其职能分工依次叙述如下:

(1) 发行监管部及其主要行政执法职能。拟定在境内发行股票并上市的规则、实施细则,以及发行可转换公司债券的规则、实施细则;审核在境内首次公开发行股票的申请文件并监管其发行上市活动;审核上市公司在境内发行股票、可转换公司债券的申请文件并监管其发行上市活动等。

(2) 非上市公众公司监管部及其主要行政执法职能。拟定股份有限公司公开发行不上市股票的规则、实施细则;审核股份有限公司公开发行不上市股票的申报材料并监管其发行活动;核准以公开募集方式设立股份有限公司的申请;拟定公开发行不上市股份有限公司的信息披露规则、实施细则并对信息披露情况进行监管。

(3) 市场监管部及其主要行政执法职能。负责证券市场基础设施规划,交易、结算监管,市场信息统计与分析,跨市场风险监控和系统性风险防范与应对处置,监管信息系统需求管理与维护,牵头处理金融危机应对小组涉及证监会相关任务等工作。具体包括:审核全国性证券交易场所及证券登记结算机构的设立及其章程,监管其业务活动;审核全国性证券交易场所证券交易、登记、结算、托管的业务规则及实施细则;协调开展跨市场、跨产品、跨境等市场产品创新,审核新上市品种;组织实施证券交易与结算风险管理;制定、完善证券期货市场统计制度规则和证监会统计工作发展规划;制定证券期货行业统计标准;制定证券期货业统计调查报表制度;收集、整理、分析证券期货市场基础统计资料;建设、完善证券期货市场监管数据系统,推进证券期货业数据信息披露和共享;跟踪分析市场运行情况以及宏观经济金融形势;负责跨市场风险监控协调工作;负责证券期货市场系统性风险的审慎监管制度建设并负责监测、预警、评估与应对处置工作。

（4）证券基金机构监管部及其主要行政执法职能。拟定证券期货经纪、证券承销与保荐、证券期货投资咨询、证券财务顾问、证券自营、融资融券、资产管理、资产托管、基金销售等各类业务牌照管理及持牌机构监管的规则、实施细则；依法审核证券、基金、期货各类业务牌照资格及人员从事证券、基金、期货业务的资格，并监管其业务活动；拟定公开募集证券投资基金的监管规则、实施细则；依法审核公开募集证券投资基金募集注册申请；拟定合格境外机构投资者的规则、实施细则；依法审核合格境外机构投资者资格并监管其业务活动；依法审核境外机构在境内设立从事证券、基金、期货经营业务的机构并监管其业务活动；牵头负责证券、基金、期货机构出现重大问题及风险处置的相关工作；拟定及组织实施证券、基金、期货行业投资者保护的规则、实施细则；指导相关行业协会开展自律管理等。

（5）上市公司监管部及其主要行政执法职能。拟定监管上市公司的规则、实施细则；监管境内上市公司并购重组活动；监督和指导交易所、派出机构监管上市公司的信息披露工作；监督上市公司及其董事、监事、高级管理人员、主要股东履行证券法规规定的义务；牵头负责上市公司出现重大问题及风险处置的相关工作等。

（6）期货监管部及其主要行政执法职能。拟定监管期货市场的规则、实施细则；依法审核期货交易所、期货结算机构的设立，并审核其章程和业务规则；审核上市期货、期权产品及合约规则；监管市场相关参与者的交易、结算、交割等业务活动；监管期货市场的交易行为；负责商品及金融场外衍生品市场的规则制定、登记报告和监测监管；负责期货市场功能发挥评估及对外开放等工作；牵头负责期货市场出现重大问题及风险处置的相关工作等。

（7）稽查局（首席稽查办公室）及其主要行政执法职能。拟定证券期货执法的法规、规章和规则；统一处理各类违法违规线索；组织非正式调查；办理立案、撤案等事宜；组织重大案件查办；协调、指导、督导案件调查及相关工作；复核案件调查报告；统一负责案情发布；协调跨境案件的办理；组织行业反洗钱工作；办理稽查边控、查封、冻结等强制手续；组织、协调行政处罚的执行；组织稽查考评、奖励；负责案件统计、培训工作。

（8）行政处罚委员会办公室及其主要行政执法职能。行政处罚委员会的主要职责是：制定证券期货违法违规认定规则，审理稽查部门移交的案件，依照法定程序主持听证，拟定行政处罚意见。行政处罚委员会办公室是行政处罚委员会的日常办事机构，主要职责是：负责行政处罚委员会日常事务，办理案件交接和移送事项，组织安排听证、审理会议，协助行政处罚委员会委员开展相关工作。

(9) 法律部(首席律师办公室)及其主要行政执法职能。拟定证券期货市场的法律、法规、规章及其实施细则,审核会内各部门草拟的规章;对监管中遇到的法律问题提供咨询和解释;审查与境外监管机构签署的合作文件及向境外监管机构提供的法律协助文件;监督协调有关法律、法规、规章的执行;负责中国证券监督管理委员会行政处罚案件的审理、听证及行政处罚的执行工作;组织办理涉及中国证券监督管理委员会的行政复议案件、行政诉讼案件、国家赔偿案件和其他诉讼案件;监管律师事务所及其律师从事证券期货中介业务的活动;负责有关法律、法规、规章的宣传教育;负责资本市场的诚信建设工作。

(10) 会计部(首席会计师办公室)及其主要行政执法职能。审核会计师事务所、资产评估机构从事证券期货相关业务的资格并监管其相关业务活动;审核会内各部门草拟的有关证券期货财务会计的规章及财务信息披露规范,对监管中遇到的相关问题提供咨询意见;会机关和派出机构的财务预算管理和审计监督;会计监管跨境交流与合作;协调证券期货市场的收费、税收政策;电子化信息披露工作。

(11) 国际合作部(港澳台事务所办公室)及其主要行政执法职能。拟定证券期货系统对外交流合作的规章制度、境内企业在境外发行股票的规划、实施细则;联系有关国际组织,组织境内与境外有关机构的交流合作活动,承担与境外监管机构建立监管合作关系的有关事宜;按规定归口管理证券期货系统的涉外事务;安排或协助安排机关和派出机构人员出访、出国(境)培训教育和接待境外人员来访;审核境内企业直接或间接在境外发行股票及其派生形式、境外上市公司在境外发行可转换债券的申报材料并对境外上市公司实施监管。

(12) 投资者保护局及其主要行政执法职能。负责投资者保护工作的统筹规划、组织指导、监督检查、考核评估;推动建立健全投资者保护相关法规政策体系;统筹协调各方力量,推动完善投资者保护的体制机制建设;督导促进派出机构、交易所、协会以及市场各经营主体在风险揭示、教育服务、咨询建议、投诉举报等方面,提高服务投资者的水平;推动投资者受侵害权益的依法救济;组织和参与监管机构间投资者保护的国内国际交流与合作。

(13) 公司债券监管部及其主要行政执法职能。拟定监管债券市场的规则、实施细则;审核债券市场的自律管理规则;审核公司债券公开发行并监管相关发行上市活动;监管公司债券非公开发行和转让活动;拟定资产证券化产品发行上市交易的监管规则、实施细则并监管其发行上市活动;协调指导证券自律组织的债券业务;审核证券资信评级机构从事债券业务的资格;监管证券中介和服务机构的债券业务活动;监测债券市场运行,负责债券市场风险处置工作;协调债券市场统一监管执法;负责债券市场部际协调工作等。

(14) 私募基金监管部及其主要行政执法职能。拟定监管私募投资基金的规则、实施细则;拟定私募投资基金合格投资者标准、信息披露规则等;负责私募投资基金的信息统计和风险监测工作;组织对私募投资基金开展监督检查;牵头负责私募投资基金风险处置工作;指导协会和会管机构开展备案和服务工作;负责私募投资基金的投资者教育保护、国际交往合作等工作。

(15) 打击非法证券期货活动局(清理整顿各类交易场所办公室)及其主要行政执法职能。拟定区域性股权转让市场的监管规则和实施细则;承担打击非法证券期货活动的有关工作,负责对非法发行证券、非法证券期货经营咨询活动等的认定、查处;承担清理整顿各类交易场所的有关工作。

(16) 办公厅(党委办公室)及其主要职能。拟定会机关办公规章制度;组织协调会机关的日常工作;承担有关文件的起草、修改;负责会公文审核、文件档案管理、值班、信访、保密、保卫、新闻发布、信息综合、机关财务和会重要会议的组织工作;承办会党委交办的有关工作;负责有关的证券公司监事会日常工作。

(17) 内审部(巡视办)职能。对系统各级党组织学习贯彻党的路线、方针、政策,履行管党治党职责情况进行监督检查;拟定证监会内审工作规章、制度和办法;监督检查系统各级机构及其工作人员贯彻落实有关重大决策部署的情况;监督检查执行证券期货监管政策、法规,依法履行公务和执行财务纪律的情况;承办系统各单位主要负责人的经济责任审计工作,对违法违规人员的处理提出建议,指导、监督和检查系统内审工作;承办驻会纪检组和会党委巡视工作领导小组交办的事项。

(18) 人事教育部(党委组织部)职能。拟定本系统人事管理、培训教育、机构编制管理、老干部管理的规章制度;承办会机关的人事管理工作;按规定管理派出机构、证券期货交易所、证券登记结算公司、有关的证券公司领导班子和领导人员;管理会机关、派出机构的机构编制;负责本系统工作人员的培训教育工作;负责本系统党的组织建设、党员教育管理。

(19) 党委宣传部(党委群工部)职能。负责本系统干部理论学习教育;负责党的思想政治工作和精神文明建设;负责党的思想建设和宣传工作;管理本系统党校;负责指导和协调本系统群众工作。

(20) 机关党委(机关纪委)职能。负责会机关及在京直属单位的党群工作。

2. 稽查总队及其主要行政执法职能

根据中央内编制委员办公室批复,2007年11月组建中国证监会稽查总队。稽查总队主要职责为:承办证券期货市场重大、紧急、跨区域案件,以及上级批办的其他案件。

稽查总队内设22个职能处室,分别是办公室(党委办公室),调查一处至调查十五处,内审一处、内审二处,调查技术一处、二处、三处,纪检监察办公室。办公室(党委办公室)负责总队行政事务和党务管理工作;调查一处至十五处负责承办证券期货市场内幕交易、市场操纵、虚假陈述、欺诈发行等重大、紧急及跨区域案件调查,十五个调查处分别由五个调查大队负责协调;内审一、二处交叉分工,负责总队调查处提交的调查终结案件的内审复核工作;调查一处、二处、三处负责案件调查电子取证、信息协查、稽查办案技术支持系统开发等相关技术服务工作,由调查技术中心统一协调;纪检监察办公室负责总队廉政建设与纪检监察工作。

3. 三个中心

三个中心包括研究中心、信息中心和行政中心,其职能如下:

(1) 研究中心职能。研究草拟资本市场中长期发展战略和规划;对资本市场发展、运行和监管工作中遇到的重大问题进行调查研究,为监管决策提供支持;为草拟资本市场法规规章、政策措施或具体监管工作提供咨询意见;中国证监会交办的其他工作。

(2) 信息中心职能。研究、草拟证券期货业信息化发展规划;协调管理证券期货业网络与信息安全保障工作;协调管理证券期货业标准化工作,联络国家相关标准化管理机构及国际标准化组织;负责证券期货业科技管理;规划建设证券期货监管业务应用系统;建设和管理证监会互联网站及资讯系统,负责证券期货行业信息资源开发利用的指导与推进;负责证监会计算机局域网、广域网以及公共应用系统的建设、运行与维护,管理机房,保障网络和信息安全,负责各机关电子类办公设备的固定资产管理工作;为证券期货监管相关业务工作提供技术支持;指导派出机构的信息化工作;承办会领导交办的其他工作。

(3) 行政中心职能。根据证监会后勤业务发展的总体要求,研究、制订其发展的规划、目标和措施并组织实施;负责为证监会机关办公提供服务保障,为机关职工和离退休人员提供生活服务;负责证监会国有资产的管理和经营,保证国有资产的合理配置和利用,保证经营性国有资产的保值和增值;负责承办指定范围的外事接待服务、国际会议、国内会议以及各省市来京联系工作人员的接待工作;承担办公厅、国际合作部、人事教育部划转的保卫、有关文件资料的印送、外事服务及文秘人员的招聘与管理等职能;证监会规定的其他职能;并按规定在保障机关办公服务的前提下对外开展社会化服务。

4. 股票发行审核委员会

根据《证券法》第22条的规定,中国证监会设发行审核委员会,依法审核股票发行申请。发行审核委员会由证监会的专业人员和所聘请的该机构外的有关专家组成,以投票方式对股票发行申请进行表决,提出审核意见。

5. 中国证监会派出机构及其主要行政执法职责

中国证券监督管理委员会在省、自治区、直辖市和计划单列市设立证监局,作为中国证券监督管理委员会的派出机构。[①] 它的主要职责是:根据中国证券监督管理委员会的授权,对辖区内的上市公司,证券、期货经营机构,证券、期货投资咨询机构和从事证券业务的律师事务所、会计师事务所、资产评估机构等中介机构的证券、期货业务活动进行监督管理;查处监管辖区范围内的违法、违规案件。

此外中国证监会还有两个特殊派出机构,即上海和深圳证券监管专员办事处,分别简称"上海专员办"和"深圳专员办"。办事处履行下列职责:(1)对辖区内的证券交易所、期货交易所、登记结算公司、证券经营机构、期货经营机构、上市公司、证券期货咨询机构、基金管理公司、资信评估机构、从事证券业务的律师事务所、会计师事务所、资产评估机构等进行日常监管,有权要求上述机构及时、准确提供有关证券期货方面的文件、报告、资料和数据等;(2)调查证券期货市场违法违规行为并提出处罚建议;(3)及时了解证券期货市场信息和市场动态并向中国证监会报告;对证券期货市场进行调查研究;(4)列席证券交易所、期货交易所的会员大会、理事会、总经理办公会及其他有关工作会议;(5)中国证监会交办的其他工作。[②]

第三节　证券行政执法和解

证券行政执法和解是上述证券行政执法制度中的一项重要制度。近些

[①] 36个证监局的具体名称如下:北京证监局、天津证监局、河北证监局、山西证监局、内蒙古证监局、辽宁证监局、吉林证监局、黑龙江证监局、上海证监局、江苏证监局、浙江证监局、安徽证监局、福建证监局、江西证监局、山东证监局、河南证监局、湖北证监局、湖南证监局、广东证监局、广西证监局、海南证监局、重庆证监局、四川证监局、贵州证监局、云南证监局、西藏证监局、陕西证监局、甘肃证监局、青海证监局、宁夏证监局、新疆证监局、深圳证监局、大连证监局、宁波证监局、厦门证监局、青岛证监局。

[②] 见《中国证券监督管理委员会证券监管专员办事处暂行办法》第4条。

年,学者们在对行政复议和行政诉讼中和解制度研究的基础上,又进一步对行政执法和解制度进行了较为深入的探讨。这些成果对研究证券行政执法和解制度大有裨益,而中国证券市场证券行政执法的实践更是迫切需要,《证券法》在修改的过程中率先创设了证券行政执法和解制度。

一、证券行政执法和解的理论基础

(一) 证券行政执法和解的界定

证券行政执法和解是证券行政和解之一种。证券行政和解包括:证券行政复议和解、证券行政诉讼和解和证券行政执法和解。

所谓证券行政复议和解,是指申请人与作出具体行政行为的机构达成书面和解协议,并由行政复议机构进行备案,从而终止行政复议案件审理的行为。法律要求该和解协议确属双方真实意思表示,且和解内容不损害社会公共利益和他人合法权益。①

证券行政诉讼和解则是指公民、法人或者其他组织(以下统称"行政相对人")对中国证监会行使自由裁量权作出的具体行政行为不服而向法院提起行政诉讼后,在法院对行政案件宣告判决或者裁定前原被告就有关诉讼标的达成书面和解协议,并由原告申请撤诉从而终止行政诉讼案件审理的行为。该诉讼和解协议不得损害国家利益、社会公共利益或者他人合法权益,否则法院不得准许原告的撤诉申请。证券行政诉讼和解主要是根据《中华人民共和国行政诉讼法》(以下简称《行政诉讼法》)第51条的规定而推导出来。

证券行政执法和解是指证券行政执法机构在对行政相对人涉嫌违反证券法律、行政法规和相关监管规定行为进行调查执法过程中,根据行政相对人的申请,与其就改正涉嫌违法违规行为,消除涉嫌违法违规行为不良后果,交纳行政和解金补偿投资者损失等进行协商而达成执法和解协议,并据此终止调查执法程序的行为。②

综上所述,证券行政执法和解与证券行政复议和解、证券行政诉讼和解在本质上都是行政机关与相对人达成的和解,但它们在适用条件上是有明显差别的。由于证券行政执法过程中达成的和解协议并没有第三方的审查,因此必须对其设置较为严格的适用条件,如果违法违规行为主要是涉及实施虚假陈述、内幕交易、操纵市场或欺诈客户等行为,则必须正式立案,且经过了

---

① 证券行政复议的法律依据主要包括:《中华人民共和国行政复议法》(以下简称《行政复议法》)第25条、《行政复议法实施条例》第40条以及《中国证券监督管理委员会行政复议办法》第33—35条。
② 参见《中国证监会行政和解试点实施办法》第2条。

必要的调查程序等。而证券行政复议和解及证券行政诉讼和解,因行政机关在行政相对人提起复议申请或者提起诉讼之前已经进行过调查,并且和解协议要受到复议机关或者人民法院的审查确认,因此,可不必再设置更多的限制条件。

总之,证券行政执法和解是证券行政和解的一种,它与证券行政复议和解、证券行政诉讼和解共同构成证券行政和解。所以,2015年2月17日,中国证监会发布的《行政和解试点实施办法》①将证券行政和解等同于证券行政执法和解是不准确、不妥当甚至是缺乏科学性的。

(二)证券行政执法和解的正当性

在《证券法》修改过程中增设一项证券行政执法和解制度,就必然产生创设这项制度正当性的问题。证券行政执法和解存在的正当性与一般行政执法和解存在的正当性是一致的,即只要证成一般行政执法和解成立即可。一种较为传统的观点认为,行政执法和解不具有正当性,理由是行政权力具有不可处分性。② 该理论认为,和解成立的前提是当事人能够自由处分其权利,但是行政权是国家权力,行政机关只有行使国家权力的职责,而无权自由处分国家权力,因为国家权力所代表的公共利益不可出让。行政法律关系双方地位不平等,行政相对人也不能就行政争议涉及的行政权与行政执法主体讨价还价。

然而,从理论与实践的角度来看,行政权力不可处分不能成为禁止行政执法和解的理由。在此需要对"处分"的内涵进行合理的界定。我国台湾地区学者认为:"公法及私法之领域,均有'处分'之用语。处分在行政法,有行政处分一词;在私法则指权利之抛弃、负担及其他权利内容变更之意思表示。"③日本学者认为:"'处分'这个词,在行政法上,是作为行政行为的同义词来使用的。与此同时,在私法上,'处分'是指放弃、委托或负担直接权利,或者变更其他权利内容的意思表示。但是,实施行政行为,通常却不说'进行处分'。"④上述行政权力不可处分中的"处分"显然指的是权力的转让、委托、抛弃、分割等,这种处分的效果只涉及权力本身,而未及于权力行使所指向的

---

① 见中国证监会《行政和解试点实施办法》第2条对"行政和解"的定义。
② 参见谭炜杰:《行政诉讼和解研究》,中国政法大学出版社2012年版,第114页。
③ 徐瑞晃:《行政诉讼撤销之诉在诉讼上之和解》,载台湾行政法学会主编:《行政契约与新行政法》,台湾元照出版公司2002年版,第331页。转引自谭炜杰:《行政诉讼和解研究》,中国政法大学出版社2012年版,第115页。
④ 〔日〕南博方:《行政诉讼中和解的法理》(上),杨建顺译,载《环球法律评论》2001年春季号。转引自谭炜杰:《行政诉讼和解研究》,中国政法大学出版社2012年版,第115页。

对象。① 在此语境下的"处分",的确意味着行政权力不可任意转让和抛弃,因为行政机关的行政权力是基于国家的授权,行政机关必须履行其职责,否则就构成失职或者渎职。

但是,此种行政权力的不可处分性并不妨碍行政机关在行政执法过程中享有日常处理权,这种处理权不是对行政权力的处分,即并非对行政权力的任意抛弃,而正是行使行政权力的表现。因此,行政机关完全可以在行政执法过程中在与相对人进行协商、达成合意后签署执法和解协议,并据此终止执法程序。所以,行政执法和解其实是行政自由裁量的表现形式之一,或者说,行政自由裁量权的行使是证券行政执法和解获得正当性的根本原因。

法律之所以授予行政机关行使自由裁量权,我国著名行政法学家王名扬先生将其概括为以下六个方面的原因②:第一,现代社会变迁迅速,立法机关很难预见未来的发展变化,只能授权行政机关根据各种可能出现的情况作出决定。第二,现代社会极为复杂,行政机关必须根据具体情况作出具体决定,法律不能严格规定强求一致。第三,现代行政技术性高,立法机关缺乏能力制定专业性的法律,只能规定需要完成的任务或目的,由行政机关采取适当的执行方式。第四,现代行政范围大,立法机关无力制定行政活动所需要的全部法律,不得不扩大行政机关的决定权力。第五,现代行政开拓众多的新活动领域,无经验可以参考,行政机关必须作出试探性的决定,积累经验,不能受法律严格限制。第六,制定一个法律往往涉及不同的价值判断,涉及各种利益集团的博弈。从理论上说,价值判断应由立法机关决定,然而由于议员来自不同的党派,代表不同的利益集团,议员的观点和所代表的利益互相冲突,国会有时不能协调各种利益、综合各种观点,并得出一个能为多数人接受的共同认识。为了解决这个层面的矛盾,国会可能授权行政机关,根据公共利益或实际需要,行政自由裁量而采取必要的或适当的措施。

随着立法机关的立法日益宽泛,行政机关获得的自由裁量空间也随之不断扩展,行政自由裁量已经遍及公共行政的每一个角落,以致可以认为一切行政行为都具有自由裁量的空间。行政自由裁量权的扩大不仅来自日益增多的单行实体法的授权,而且法律也认可在法律未做明确规定的情况下,行政机关可以直接根据行政机关组织法③规定的权限选择适当的行政手段去主动追求行政目标的实现,而与行政相对人进行执法和解理应属于行政机关

---

① 谭炜杰:《行政诉讼和解研究》,中国政法大学出版社 2012 年版,第 115 页。
② 王名扬:《美国行政法》,中国法制出版社 1995 年版,第 546—547 页。
③ 行政机关的职权法定,一般有两种形式:一是由行政机关组织法规定,大都以概括性语言划定各机关的职责范围;二是由单行的实体法,规定某一具体事项由哪一行政机关管辖。见应松年:《依法行政论纲》,载《中国法学》1997 年第 1 期。

选择的一种行政自由裁量手段。具体而言,行政自由裁量是指行政机关对于作出何种决定有很大的自由,可以在各种可能采取的行动方针中进行选择,根据行政机关的判断采取某种行动,或不采取行动。行政机关自由选择的范围不限于决定的内容,也可能是执行任务的方法、时间、地点或侧重面,包括不采取行动的决定在内。法律在授予行政机关自由裁量权时,往往规定行政机关认为"可能""合理""必要""符合公共利益""有助于某一发展"时,得为某些行为,或根据自己的判断采取最适当的方式进行某项活动或完成某项任务等。现代行政的特点是行政职务和行政权力迅速扩张,行政权力扩张的明显表现是行政机关行使巨大的自由裁量权。[①] 自由裁量权由行政执法人员根据自己的判断行使,具有一定程度人治的外部特征,这似乎与法治原则相冲突。其实,法治并不排除执法人员的主动精神,发挥创造性和积极性,根据自己的判断以最好的方式完成法律的目的。这种方式的"人治"是法律授予执法人员的自由裁量权力,和法治不但不冲突,而且是法治的补充。因为"徒法不能自行",法律是否发生效力,法律效果如何,均取决于执法人员的素质及其责任心和创造性。执法人员如果不具备自由裁量权,则无法实现法律的最佳效果。从这个角度而言,任何政府必须同时具备法治和"人治"两个因素。各种法律不问其内容和性质如何,都必须包含自由裁量的内容,不能刻板地执行。[②] 例如对于最严格的刑法而言,在一件刑事案件中,检察官对于起诉和不起诉具有自由裁量权,而法官对于量刑轻重同样具有自由裁量权,如果必须严格依法办事的检察官、法官等司法人员尚可行使自由裁量权,对于在证券市场行使证券监管权的行政执法人员而言,更应当具有自由裁量权。据悉,香港证监会在2003年4月1日香港《证券及期货条例》生效并明确赋予其和解权限之前,就敢于在法律规定不明的情况下大胆运用行政执法和解的监管措施,原因在于他们一贯认为行政执法和解是其为履行法定职责当然享有的权力。当然,在这一阶段由于法律依据上的欠缺,香港证监会与行政相对人并非任意和解,而是仅在其认为符合公众利益的情况下实施。

总之,证券行政执法和解的正当性来自行政自由裁量权行使或运用的必需。

(三)证券行政执法和解的性质及其特征

证券行政执法和解的性质与一般行政执法和解的性质是一致的,证券行政执法和解协议是一种公法、私法相融合的现代行政合同。我国台湾地区的

[①] 王名扬:《美国行政法》,中国法制出版社1995年版,第545页。
[②] 同上书,第546页。

"行政程序法"称之为"行政契约"①,该法第 135 条规定:"公法上法律关系得以契约设定、变更或消灭之。但依其性质或法规规定不得缔约者,不在此限。"既然证券行政执法和解协议属于公法、私法相融合的行政合同,自然首先应当适用公法的原则和法律规定,由于并不存在专门的行政合同法,因此,执法和解协议的私法性就必然体现在对民法原则和具体规范的援用上,即行政法未作特别规定时,准用民法规定。例如,民法中的诚实信用和意思自治等基本原则,合同成立的要件及效力、情势变更、行为能力、代理、法律行为的无效、撤销等具体规范均可适用于证券行政执法和解协议。我国台湾地区的"行政程序法"就明确规定:"行政契约,本法未规定者,准用民法相关之规定。"②

证券行政执法和解协议公、私法相融合的行政合同性质决定了证券行政执法和解具有以下主要特征:

1. 主体法律地位的相对平等性

传统行政法的一个重要特征是行政法关系的单方面性,在这种单方面性中,行政执法主体享有行政优先权和行政决定权,而当私法中的一些规则逐步引入到公法机制中来之后,必然使原来行政法律关系的属性发生一些深刻的变化。其中,行政执法主体与行政相对人之间的关系将由原来的不平等关系变为一种越来越平等的关系,证券行政执法和解协议就是在双方处于相对平等的前提下相互作出一些让步、放弃一些权力(权利)形成"合意"而达成的协议。只有当事人双方地位相对平等,才能够在充分意思自治的基础上形成有质量的"合意"。如果证券行政执法主体以强权为后盾进行胁迫甚至威胁,上述"合意"有可能成为一种"强制的自愿"。

当然,这里强调的是主体双方法律地位"相对"平等,证券行政执法主体依然属于强势的一方,所以,证券行政执法和解行为需有相应的监督机制,这种监督机制表现在以下三个方面:(1) 和解只是提供了一种(额外的)通过合意解决纠纷的途径,并非取代各种正式的行政程序。因此,如果个体受到来自证券行政执法机关的强制或胁迫,行政相对人可以转而寻求通过正式程序而对这种行为进行"抵制"。正式行政程序和司法审查的存在,对证券行政执法机关在和解程序中可能存在的权力滥用形成一种潜在的控制,这有助于增加证券行政执法机关与行政相对人追求合意的努力。(2) 在和解谈判中法

---

① 我国台湾地区的"行政程序法"第三章即为"行政契约",从第 135 条至第 159 条,专门规范行政执法和解行为。见林纪东等编纂:《新编基本"六法"全书》,台湾五南图书出版公司 2005 年版,第捌—1—19 页。
② 林纪东等编纂:《新编基本"六法"全书》,台湾五南图书出版公司 2005 年版,第捌—1—20 页。

律原则与规则并行发挥作用,因此证券行政执法机关在行使自由裁量权时,还受到各项具体法律和规则的制约,因此不可能"漫天要价";相反,通过争议各方当事人的有效沟通,可以为合意的获得提供条件。(3)证券行政执法机关的强势地位并不必然构成获得合意的障碍,真正构成合意障碍的是行政机关滥用其强势地位,而这是为法律原则所禁止的。其实,即便在民事纠纷领域,争议各方当事人之间的地位也会存在着资源、信息、情势等方面的差异,而非完全平等,但是只要依据相应的法律原则和规则进行处理,纠纷的解决过程就不会变成"弱肉强食"的游戏。①

2. 合法性

证券行政执法和解必须具有合法性,否则和解协议无效。证券行政执法和解的合法性一般包括以下几个方面:

(1)证券行政执法机关的公权力与行政相对人私权利的妥协不得侵害公共利益。以妥协合意为基础的证券行政执法和解是否构成对公共利益的威胁?应当说,在某些情况下,行政机关对私方当事人的妥协可能会以牺牲公共利益为代价,这种危险是存在的。但是从整体意义上的行政过程而言,通过妥协合意方式行使公权力,并不必然构成对公共利益的损害。理由如下:第一,法治主义背景下的证券行政执法和解并不是随心所欲的,行政机关越权或滥用职权的行为受到法律原则和规则的制约。例如,下文将要考察许多国家和地区的立法就规定,行政机关只有在其认为就维护投资大众的利益或公众利益而言是适当的情况下,才可达成和解协议。第二,在行政执法资源有限性的条件下,证券行政执法机关在某个个案中所进行的妥协或者让步,并不必然与牺牲公共利益划等号。第三,正式行政程序的较高成本,不仅制约着证券行政执法机关,也制约着私方当事人,因此一个理性的当事人也不大可能怀着"损公肥私"的预期而进行博弈。② 当然,如果存在证券行政执法机关存在明显的滥用裁量权、对重大公共利益的保护未予斟酌、给付与对待给付等情形,亦即当事人相互让步的范围明显不成比例等情形时,则应当认定此种和解违反公共利益。③

(2)不得损害案外第三方利害关系人的利益。证券行政执法和解双方当事人的协议不得有损案外第三方利害关系人的利益,对第三方利害关系人施加负担的证券行政执法和解,必须由该第三方利害关系人参加和解并征得

---

① 参见王锡锌:《规则、合意与治理——行政过程中 ADR 适用的可能性与妥当性研究》,载《法商研究》2003 年第 5 期。
② 同上书,第 72 页。
③ 刘宗德、彭凤志:《行政诉讼制度》,载翁岳生编:《行政法》(下册),中国法制出版社 2002 年版,第 1466—1467 页。

其同意,否则即属违法。但是,和解协议未对第三方利害关系人施加任何负担的,则无须征得其同意,对此有些国家或地区的法律只安排该第三方利害关系人参加和解谈判的听证。

(3) 不违反法律、行政法规的禁止性规定。对于证券行政执法和解的合法性要求,中国证监会制定的《行政和解试点实施办法》第 5 条就明确规定,"行政和解"协议的订立和履行,不得损害国家和社会公共利益,不得损害他人合法权益。该办法第 6 条第 4 款又规定,以"行政和解"方式结案不违反法律、行政法规的禁止性规定,不损害社会公共利益和他人合法权益。这与其他国家和地区已有的相关法律是一致的。

3. 实现手段的复合性

一套完备的证券行政执法和解机制往往由多重法律规范交织而成,即证券行政执法和解实现的手段具有复合性。具体表现如下:

(1) 硬法和软法兼具。所谓硬法,是指能够依靠国家强制力保证实施的证券法规范,其任务主要是建构一个证券行政执法和解的制度框架。而软法则是指不依靠国家强制力保证实施的证券法规范,主要依靠社会舆论、自律、自治与自愿服从等方式得到遵守,既包括证券法律、法规、规章中的柔性规范,也包括证券监管部门创制的大量规范性文件,诸如证券行政执法工作手册、指导意见、指南、规划、纲要等。这些软法规范的任务是在硬法建构的证券行政执法和解制度框架下,就细节性问题作出具体规定。[①] 下文将要考察的外国证券行政执法和解制度,大多采用这种硬法和软法并举的复合模式。

(2) 实体法与程序法并举。其中,实体法规范主要规定证券行政执法和解适用的条件、申请与启动的主体、执法机关的权限等问题,而程序法规范则规定证券行政执法和解谈判方式、期限、实施步骤等问题。

(3) 法律原则与规则并行。一方面,证券行政执法机关要在法律原则的前提下行使证券行政执法裁量权,同时这种自由裁量权的发挥又受到具体规则的制约。从而保证执法和解符合证券法的立法宗旨。

(四) 证券行政执法和解的基本原则

证券行政执法和解制度在立法、执法和具体实施等方面,与以行政处罚为主的传统执法模式有较大差别,因而需要遵循其自身特有的一些基本原则。

1. 执法目的社会公共利益性原则

---

① 宋功德:《证券执法和解机制》,载《甘肃行政学院报》2010 年第 3 期。

行政执法和解协议虽然是行政执法机构与行政相对人所达成的,但行政执法机构进行行政执法和解的目的既不是为了该案件行政相对人的个体利益,也不是为了执法机构自身的利益,而为了维护证券市场的社会公共利益而实施的一项执法活动。因此,在和解意向、和解金的数额、解协议的履行以及和解金的管理使用等各项问题上,都应当始终坚持社会公共利益的基本原则。不得利用行政执法和解这一制度为执法机构放松执法提供借口,更不能使这一制度成为行政相对人"花钱买平安"从而降低违法成本的渠道。为实现这一原则,必须把握以下几点:(1)采取行政执法和解方式结案要有利于及时纠正涉嫌违法违规行为,减少涉案行为对证券市场的负面影响,并不得有损社会公共利益和他人合法权益。对于涉案相对人违法行为严重、社会影响恶劣,或者涉案相对人拒不配合执法机构调查、检查的,不得采取和解方式结案。(2)一旦进行执法和解,涉案相对人必须承诺对涉嫌违法违规行为进行整改,主动消除、减轻涉嫌违法违规行为的危害后果,并承诺不以行政执法和解作为其涉嫌违法违规行为所涉民事赔偿诉讼的免责或抗辩理由。(3)行政执法和解具有行政处罚的替代功能,涉案相对人缴纳和解金在一定程度上体现出的是其违法成本的代价,因此,涉案相对人不得就其所交纳和解金再去寻求保险赔偿、税款抵扣或者其他补偿,不能将其自身应当承担的法律后果转嫁给他人或社会。(4)对于涉案相对人未按行政执法和解协议履行承诺的,执法机构应当重新启动对其进行调查,依法决定是否进行相应的行政处罚,并将涉案相对人未履行和解协议的情况记入诚信档案。①

2. 防止和解滥用原则

由于和解协议达成之后行政执法调查终止,相对人不会再因涉嫌违法违规行为而受到处罚。因此,必须通过有效的制度安排防止执法机构和行政相对人随意使用和解制度,必须确立防止行政执法和解制度滥用的基本原则。这就要求行政执法机构必须基于和解制度的立法本意,从有利于实现执法资源的合理配置、执法效率的提高和投资者合法权益保护等和解制度的价值目标出发,按照法律规定的条件确定适合的案件。在立法过程中,对于受案条件的规定,可以考虑以下两个因素:一是该案件应当具有明确的违法违规性,但由于违法违规手法翻新、手段隐蔽,致使其违法行为与社会危害之间的因果关系难以认定,甚至违法行为的构成本身就难以认定,或者案件关键证据难以获取,案件的调查处理存在实际困难。二是涉案行政相对人能够通过交纳和解金对投资者遭受损失作出有效补偿,并且能够主动纠正涉嫌违法违规

---

① 参见肖钢:《积极探索监管执法的行政和解新模式》,载《行政管理改革》2014年第1期。

行为,积极消除、减轻涉嫌违法违规行为危害后果。而下列案件则一律不能纳入行政执法和解案件的范围:能够查清事实,且能够准确定性的案件;仅是违反证券监管秩序而并不涉及投资者补偿的案件;涉案相对人不对补偿投资者损失作出承诺的案件。

3. 和解程序遵循公开、公平、公正的原则

行政执法和解协议在形式上虽然是执法机构与行政相对人之间签署的协议,但其非同一般的民事合同,在本质上其仍然是一种涉及公权力行使的行政执法行为,因此,在程序上必须遵循公开、公平、公正的原则。行政执法和解的程序包括执法机构与行政相对人之间的直接协商谈判、必要时的公开听证、利害关系人等第三方的参与等。坚持公开、公平、公正的基本原则,可以避免在和解过程中执法机构利用职权压制或强制行政相对人的意愿,有效维护其合法权益,也可以使受害者等第三方的权益在和解中得到较为充分的体现与维护,从而使行政执法和解建立在兼顾各方利益、更为公平合理的基础之上。坚持这一原则,应当把握以下几点要领:(1)明确执法机构不能主动提出和解,只有在对案件进行了一定的调查,并且是在行政相对人主动提出和解申请的情况下,方能进行行政执法和解。(2)执法机构在受理行政相对人的和解申请之后,应当对案件继续进行调查,相应的证据收集工作不能停止,防止因启动和解程序而丧失调查取证的时机或者证据被毁损、灭失、转移、隐匿,直至双方达成和解协议方可中止调查。(3)应当建立包括受害投资者投诉、听证、专家咨询等在内的信息沟通机制,保证广泛听取各方意见,最大范围地维护各方合法利益。(4)明确规定行政执法和解的期限,对超过期限而仍未达成和解协议的,要终止和解程序,不能"久和不结",以免出现有损投资者权益的情势变化。①

4. 和解金最大限度弥补投资者损失的原则

和解金是行政执法和解制度中的一项核心制度,不同国家和地区对于和解金收取和使用的规定不尽相同。有的是将和解金专门用于补偿受损投资者以及投资者教育等公益目的,有的则是将和解金直接缴归国库。就我国现阶段而言,投资者通过民事诉讼实现求偿目的,存在着举证难、时间长、成本高等情况,相关诉讼制度尚未完善,将和解金直接用于补偿投资者受损权益,既可提高投资者获得补偿的效率,又可降低投资者求偿的难度,从而实现最大限度弥补投资者的损失。坚持这一原则主要把握如下要领:(1)综合考虑涉案违法违规行为所造成的投资者损失,涉案违法违规行为一旦查实所对应

---

① 参见肖钢:《积极探索监管执法的行政和解新模式》,载《行政管理改革》2014 年第 1 期。

的处罚金额、处罚种类,相对人因涉嫌违法违规所获收益等因素,合理确定和解金的额度,尽可能强化和解金的补偿功能。(2)合理安排投资者申请补偿的制度机制,发挥证券交易所、证券登记结算机构等的专业优势,降低适格投资者申请补偿的举证义务,简化申请程序,缩短申请时间。(3)通过听取利害关系人意见、公示分配方案等制度,加强投资者对和解金分配的监督,确保和解金补偿分配方案公开、公平、公正。(4)对和解金实行专款专户管理,委托第三方独立机构进行运作,以保障和解金的安全使用。(5)做好和解金补偿与受害人提起民事诉讼索赔案件的衔接,一方面不因行政执法和解程序的启动而影响受害人民事诉讼的提起或进行,另一方面要防止出现部分受害人利用行政执法和解与民事诉讼获得优于其他受害人的重复补偿,造成显失公平等问题。[1]

二、证券行政执法和解制度考察

目前,证券行政执法和解在美国、欧洲的许多国家以及我国香港和台湾地区广为应用,并卓有成效。综观全世界,证券行政执法和解制度的立法主要有以下三种模式[2]:第一种是行政程序法明确授权的立法模式,以美国、德国和中国台湾地区为典型,但是美国在1946年的《联邦行政程序法》一般规定行政执法和解之后,陆续就证券行政执法和解制定了一些具体的法律规范。第二种是金融法概括授权的立法模式,以英国为典型。第三种是通过证券期货法具体授权的立法模式,以新加坡和中国香港特别行政区为典型。下面从立法和制度内容两个方面来具体考察几个典型的证券行政执法和解制度。

(一)不同证券行政执法和解制度的立法考察

1. 行政程序法明确授权的立法模式

首先考察美国证券行政执法和解立法的演进。由于证券行政执法和解属于行政和解,而行政执法和解在美国属于选择性或替代性纠纷解决方法(Alternative Dispute Resolution,简称 ADR)[3]的一种,所以,美国有关证券行

---

[1] 参见肖钢:《积极探索监管执法的行政和解新模式》,载《行政管理改革》2014 年第 1 期。
[2] 参见陈共炎主编:《证券投资者保护系列课题研究报告 4》,中国财政经济出版社 2008 年版,第 195—196 页。
[3] 根据美国《行政争议解决法》和《协商立法法》,ADR 方式包括但不限于:和解(settlement)、调解(mediation)、谈判协商(negotiation)、仲裁(arbitration)以及小型审判(mini-trial)等,适用的主要领域是能源管制、环境保护和证券监管等行政执法过程中。参见王锡锌:《规则、合意与治理——行政过程中 ADR 适用的可能性与妥当性研究》,载《法商研究》2003 年第 5 期,第 69 页。

政执法和解的立法演进与 ADR 的立法变革联系紧密。早在 1946 年美国《联邦行政程序法》就确立了行政和解制度,该法第一次明确规定:在时间、案件性质和公共利益容许的情况下,行政机关应给予所有的争议当事人进行和解的机会,行政机关并不一定必须接受当事人提出的和解方案,但是如果和解方案被行政机关接受,该方案就成为一个行政决定。随后,联邦能源管制委员会(FERC)和联邦环保署(EPA)都相应制定了专门的和解规则和程序。在涉及众多利益相关人的能源管制和环保案件中,和解被认为是一种非常有效的争议解决方式。①

随着行政法理论的成熟和 ADR 支持者的有力倡导,包括和解在内的ADR 在行政过程中的适用也逐步得到立法上的进一步肯定和鼓励。1990年,美国国会通过了《行政争议解决法》(Administrative Dispute Resolution Act,简称 ADRA),该法的目的是"授权和鼓励联邦行政机关适用调解、和解、仲裁或其他非正式程序,对行政争议进行迅速的处理"②。1996 年,美国国会根据实际需要对 ADRA 又进行了修订。2002 年美国又通过《萨班斯—奥克斯利法》,该法第 308 条(a)款规定,SEC 通过和解或其他执法程序没收的违法所得和获得的罚款,可以由 SEC 申请法院或其自主决定设立公平基金(fair fund),以补偿受到有关违法行为损害的投资者。

一般而言,包括和解在内的 ADR 在行政过程中的适用得到了行政机关的广泛支持和运用。除上述美国联邦能源管制委员会(FERC)和联邦环保署(EPA)制定了专门的和解规则和程序外,美国 SEC 在 2003 年 7 月也制定了《SEC 行为规范》(Rules of Practice),《SEC 行为规范》中的"规则 240"(Rule 240)专门对证券行政和解的条件、程序、和解建议的审查和批准、提出和解的建议人放弃的权利、对和解建议的最终接受等方面做了详细的规范。美国通过上述证券行政执法和解法律制度的建立和完善,在涉及众多利益相关人的证券行政案件中,行政和解已经被认为是一种非常有效的争议解决方式。

德国与美国略有不同,其在"行政程序法"之外没有过多的专门立法去规制证券行政执法和解,只是通过"行政程序"立法,授权给证券监管机关行使证券行政执法和解的能力。德国《联邦行政程序法》于 1976 年颁布,1977 年1 月 1 日生效,最近的一次修订是 1996 年 11 月。其实,德国在《联邦行政程序法》颁布以前,德国的联邦行政法院早在 1966 年就以判决的方式承认了

---

① 王锡锌:《规则、合意与治理——行政过程中 ADR 适用的可能性与妥当性研究》,载《法商研究》2003 年第 5 期。
② 同上书。

"行政契约"的合法地位。① 德国《联邦行政程序法》第 54 条第 2 款规定:"行政机关尤其可以与拟作出行政行为的相对人,以签订公法合同代替行政行为的作出。"第 55 条规定:"第 54 条第 2 句意义上的公法合同,经明智考虑事实内容或法律状况,可借之通过相互让步消除存在的不确定性(和解)时可以签订,但以行政机关按义务裁量认为达成和解符合目的者为限。"②这种授权模式使德国证券行政执法和解行为有了充分的法律依据。

中国台湾地区的证券行政执法和解制度由以下两个层级的规范构成③:一是基本法层面,即台湾地区"行政程序法"。1999 年 1 月 15 日,我国台湾地区立法机构三读通过了"行政程序法",并于同年 2 月 3 日公布。该法于 2001 年 1 月 1 日起施行,2000 年 12 月、2001 年 6 月、2001 年 12 月、2005 年 12 月四次修订。该法第 136 条规定:"行政机关对于行政处分所依据之事实或法律关系,经依职权调查仍不能确定者,为有效达成行政目的,并解决争执,得与人民和解,缔结行政契约,以代替行政处分。"④此规定成为台湾地区证券行政执法和解制度最根本的立法依据。二是行政规则层面,即台湾地区金融监管机构制定的"缔结行政和解契约处理原则"(下简称"处理原则")。随着互联网技术的提高,证券期货市场加速发展,市场运行更加复杂,在此背景下有些证券行政案件虽经台湾地区金融监管机构依职权调查,但行政处分所依据的相关事实和法律关系,有时仍然无法证实或明确定性。因此,为"有效达成行政目的、解决争执",并兼顾行政效率,根据上述"行政程序法"第 136 条的规定,台湾地区金融监管机构于 2005 年 3 月 16 日颁布了"处理原则",确认了以缔结行政和解契约代替行政处分的执法方式。同年 8 月 24 日,"处理原则"的部分条文被进一步修正,以完善这一证券行政执法和解制度。⑤

2. 英国金融法概括授权的立法模式

英国的证券行政执法和解制度没有直接的基本法,如行政程序法等,而主要是通过 2001 年 12 月生效的《金融服务与市场法》(Financial Services and Markets Act)授予金融服务监管局(也称"金融监督局",简称 FSA)广泛的自由裁量权,由金融服务监管局在授权范围内颁布具体执法文件来具体规范执法和解制度。如制定规则、准备和公布法则,作出一般指导、决定基本政策和

---

① 于安:《德国行政法》,清华大学出版社 1999 年版,第 136 页。
② 应松年主编:《外国行政程序法汇编》,中国法制出版社 1999 年版,第 185 页。
③ 参见陈共炎主编:《证券投资者保护系列课题研究报告 4》,中国财政经济出版社 2008 年版,第 228 页。
④ 林纪东等编纂:《新编基本"六法"全书》,台湾五南图书出版公司 2005 年版,第捌—1—19 页。
⑤ 陈共炎主编:《证券投资者保护系列课题研究报告 4》,中国财政经济出版社 2008 年版,第 229 页。

原则、行政处罚权力等。该法第 66 条规定:"如果金融服务监管局认为任何人有违法行为,并且在考虑所有情况的基础上仍认为对其采取执行措施是适当的,那么其就可以施加其认为适当数量的罚款,并公开对该违法行为的说明。"这样广泛的授权使金融服务监管局可以根据证券执法的需要、执法资源等不同情况自主地确定执法措施,从而为和解提供了法律依据。在实际运行中金融服务监管局内部以及外部有许多对证券执法和解进行监督的机构,内部如监管决策委员会(简称 RDC),外部如金融服务和市场审裁处(简称 Tribunal),因此其证券行政执法和解制度基本上能够保证公平、公正和高效运作。①

3. 新加坡通过证券期货法具体授权的立法模式

新加坡主要是通过其《证券及期货法》授予本国金融监管局达成以民事罚款为主要内容的和解协议的权力,并对和解的条件和内容等作出宏观指导。该法第 232 条第(5)款规定:"不管是否承认责任,都绝不能将本条解释为阻止金融监管局与任何人达成在本条第(2)款或第(3)款关于违反本部分规定所指限度内支付民事罚款的协议的权力。"值得关注的是,新加坡金融监管局于 2006 年 12 月发布"关于修改证券及期货法和金融咨询法的政策征求意见稿",该"征求意见稿"目前还没有正式通过成为法律,但其反映了未来《证券及期货法》修改的可能动向。"征求意见稿"在现有立法的基础上就证券执法和解提出了更为详细和明确的建议,尤其注意加强和解的法律效力。②

(二) 不同证券行政执法和解制度内容的考察

1. 和解适用的条件

对于证券行政执法和解适用的条件,不同国家和地区规范不一,有的有具体规定,有的则由监管机关自由裁量:

(1) 具体规定适用条件。即明确规定证券行政案件只有在满足一定条件的基础上,证券监管机构才能与相对方进行和解,其中以德国为典型。例如,德国《联邦行政程序法》第 55 条对适用和解契约的条件作出了具体规定:第一,存在着有关事实状态或者法律观点的不确定状态。第二,这种不确定状态不能查明,或者非经重大支出不能查明。第三,通过双方当事人的"让

---

① 陈共炎主编:《证券投资者保护系列课题研究报告 4》,中国财政经济出版社 2008 年版,第 210 页。
② 同上书,第 242 页。

步",可以取得一致的认识,即和解符合行政行为的目的。

(2) 授权证券监管机构自由裁量。授权自由裁量是指未规定证券行政执法和解的具体条件,而由证券监管机构根据个案具体情况行使自由裁量。如新加坡金融监管局认为,设定和解的标准既不切合实际,也不令人满意,英国在立法上也持这种态度。完全的授权性立法通常只能在特定的判例法体系中才能有序地运作,大陆法系国家不宜简单照搬。①

和解适用条件设定方式的不同以及内容的差异,均与所在国家和地区不同的法律文化和证券行政执法背景密切联系,因此需要在借鉴这些经验的基础上进行本土化的改造,即根据本国证券行政执法环境、目标、公众认识等实际情况确定适合且易于接受的和解适用条件。②

2. 和解的工作程序

(1) 和解的启动程序。和解的启动包括提出和解的时间以及首先提出和解的主体。根据美国《行政争议解决法》、美国《SEC 行为规范》等有关规定,无论是进入正式的民事诉讼或行政审裁程序前的调查阶段,还是在调查完毕以后的诉讼或审裁阶段,行政相对人都可以提请与 SEC 进行和解。③ 有时相对方会在 SEC 调查完成之前就提议和解,即所谓"快速和解"(quick consent)。快速和解可能会起到结束调查、避免进一步损失的作用,但也可能面临以下两类风险:第一,基于各种原因,可能 SEC 自己原本就打算中止调查,或者无法提出指控。第二,SEC 可以提出一些要求作为接受快速和解的条件,例如要求作为相对方的公司进行内部调查,并将调查结果上报并公之于众。④ 另外,如果 SEC 拒绝了和解请求,那么和解请求不得视为后续行政行为中针对和解提出者(行政相对人)的不利记录。

在中国台湾地区,一般在调查程序开始后一段时间,无须等到调查全部完成即可进行证券行政执法和解,和解既可由行政相对人提出,也可由台湾地区金融监管机构授权委员或各承办单位提出。台湾地区金融监管机构在考虑与相对人互相让步的适法性及妥当性、维护公共利益以及利害关系人因和解协议的成立而可能遭受的损害等因素的基础上,并经过委员会决议以决

---

① 叶林等:《证券执法和解制度的比较研究》,载《西部法学评论》2009 年第 4 期。
② 同上。
③ 详见《美国 SEC 行为规范》规则第 240 条,该条对和解建议的提出、审查和拒绝都做了具体规定。
④ 参见邱永红:《从境外成熟市场的经验看我国证券监管和解制度的构建——以美国、香港为中心》,载北大法律信息网:http://www.pkulaw.cn/fulltext_form.aspx? Db=art&Gid=335586614&keyword=%e8%af%81%e5%88%b8%e7%9b%91%e7%ae%a1%e5%92%8c%e8%a7%a3 e5%88%b6%e5%ba%a6%e7%9a%84%e6%9e%84%e5%bb%ba&EncodingName=&Search_Mode=accurate,访问时间:2017 年 4 月 11 日。

定是否进入和解谈判。① 中国香港特别行政区则规定,行政相对人可在证监会作出纪律处分决定前的任何时间内随时就有关纪律处分提出和解建议。

(2) 和解谈判。和解的谈判由双方在自愿的基础上协商进行,根据法律的特别规定,有时会加入征询与听证程序。在中国台湾地区,对于行政相对人提出的和解要约,台湾地区金融监管机构认为理由不成立的,可以拒绝;如果台湾地区金融监管机构认为仍有订立行政和解契约必要的,可以另行提出要约。台湾地区金融监管机构对于相对人要约的拒绝或另行提出的要约,应当以书面的形式向相对人作出意思表示。② 在行政和解契约的协商过程中,如发现新事实或新证据或有事情重大变更之情形,得由委员会决议撤回或变更要约,或中止行政和解协商程序,依法继续进行调查。③

(3) 征询与听证。和解是针对行政相对人涉嫌证券违法行为,而证券违法行为所侵害的对象既可能是证券市场秩序,还可能包括具体的证券市场参与者,比如证券投资者、其他证券中介机构等。因此,就该涉嫌证券违法行为所达成的和解协议完全可能涉及上述第三方利害关系人的利益。第三方利害关系人如何参与到和解程序中来是证券行政执法和解机制中必须顾及的问题。因此,在和解谈判过程中安排征询与听证程序,这也是第三方利害关系人参与到和解中的一项重要制度,如中国台湾地区台湾地区金融监管机构于行政和解契约协商过程中,应就所欲和解的内容征询利害关系人的意见或举行听证,或对于行政相对人与各利害关系人的民事和解、调处或协议程序给予合理指导与建议。但台湾地区金融监管机构并不受其意见、和解、调处或协议内容的拘束。④ 我国台湾地区"行政程序法"第 61 条规定,当事人于听证时,得陈述意见、提出证据,经主持人同意后并得对机关指定之人员、证人、鉴定人、其他当事人或其代理人发问。⑤

(4) 中止行政和解协商程序。以中国台湾地区的规定为例,根据其"处理原则"第 8 条的规定,在行政和解契约之协商过程中,台湾地区金融监管机构如发现新事实或新证据或有事情重大变更之情形,须由委员会决议撤回或变更要约,或中止行政和解协商程序,依法继续进行调查。

(5) 行政和解协议的公开。从证券监管机关的角度来看,和解是其作出

---

① 陈共炎主编:《证券投资者保护系列课题研究报告 4》,中国财政经济出版社 2008 年版,第 230 页。
② 台湾地区金融监管机构:"缔结行政和解契约处理原则"第 6 条。
③ 台湾地区金融监管机构:"缔结行政和解契约处理原则"第 8 条。
④ 台湾地区金融监管机构:"缔结行政和解契约处理原则"第 7 条。
⑤ 林纪东等编纂:《新编基本"六法"全书》,台湾五南图书出版公司 2005 年版,第捌—1—13 页。

的一种证券行政执法决策,是证券行政执法案件的一种结案方式。因此,按照行政处罚公开的一般原则,和解公开也理所当然。但各国和各地区在公开的具体规则上却有所不同。例如中国台湾地区"处理原则"第 12 条规定,台湾地区金融监管机构于行政和解契约缔结后,除依法令应公开者外,应予保密。此条在"处理原则"修订前规定为"有保密之必要外,应公开行政和解契约内容"。根据中国台湾地区金融监管机构的修订说明,作出这种修订的目的在于增加行政相对人缔结行政和解契约的意愿。①

3. 和解协议的内容

证券行政执法和解是指双方针对事实或法律关系的不确定性以相互让步的方式来解决纷争,因此,让步是行政和解协议在内容上的一个特点。这里所谓的"让步",既包括实体上的让步,也包括程序上的让步。和解协议主要包括以下三项内容:行政相对人是否需要承认违法;对行政相对人的处罚措施;就第三方利害关系人的利益达成和解协议。

(1) 行政相对人是否需要承认违法或责任? 违法和责任是行政相对人接受行政处罚的基本前提,证券行政执法和解则无须这一前提条件,某种程度上可以说,行政相对人愿意进行和解正是看中了不用承认违法或责任。然而,不同法律对此却作出了不同的规定。如在美国法中,虽然不允许行政相对人否认关于违法行为的指控(一旦否认关于违法行为的指控,SEC 就不会同意或批准该和解协议),但却允许行政相对人不承认,因此,必然导致几乎所有公开的和解协议中都会使用"既不承认也不否认违法行为之指控"的表述,也就是说和解协议不具有违法行为推定的功能。在中国台湾地区,为便于促成和解以及保护利害关系人(特别是投资者)的利益,其"处理原则"规定,经行政相对人请求,可以在行政和解协议的内容中载明相对人对于行政和解事件"既不承认亦不否认"违反证券、期货、会计师法等相关法规的表述。② 与之相反,英国 FSA 的相关执行规则规定,任何和解都必须包括相对方所承认的关于事实和任何违法行为的陈述,即承认违法或责任是和解的必备内容。而新加坡金融监管局和中国香港证监会的执法和解既可以在承认过错的基础上作出,也可以在不承认过错的基础上作出,但中国香港证监会对不承认过错的和解需要征询受该和解决策影响的相关部门的意见,实务操作上取决于针对个案的具体判断。

(2) 对行政相对人的处罚措施。在证券行政执法和解中,对行政相对人

---

① 陈共炎主编:《证券投资者保护系列课题研究报告 4》,中国财政经济出版社 2008 年版,第 233 页。
② 同上书,第 233 页。

的处罚措施主要体现在对其进行民事罚款上,这是大多数证券行政执法和解协议必备的内容之一。但在面对上市公司是罚款的对象时却存在一定的难度,仅从上市公司主体资格角度来看不成问题,但上市公司一旦缴纳罚款,实际上仍是由股东来承担缴纳责任,而上市公司的股东,尤其是公众股东往往就是该和解上市公司违法行为的受害者,其不但不能获得赔偿反而成为经济责任的承担者之一,其合理性受到质疑。在美国,对于公众公司而言,还可能将此类民事罚款转换成一种业务成本,SEC 接受证券行政执法和解的目的在于确保在和解中实现对行政相对人的制裁,真正能对违法者本人构成违法负担。为此 SEC 采取了一系列措施,其中包括①:第一,行政相对人在和解时必须同意不寻求或接受来自任何渠道的补偿,包括任何保险赔付。这是因为美国公司经常购买董事和高管人员责任险,以保护其高级职员在集团诉讼中免受损失,而购买保险的费用来自公司资金,这意味着和解损失的一部分最终由股东承担。第二,和解的相对人还须承诺,不对行政程序中要求支付的罚款申请联邦、州或地方税的减扣。这是因为,在美国,公司和个人可以对其合法投资和商业行为导致的损失申请税务减扣,SEC 不希望违法者在同意支付民事或行政罚款后,再通过申请税务减扣来受益或减少损失。

在美国关于民事罚款的使用问题,在 2002 年《萨班斯法案》实施前,罚没所得全部上缴国库。该法案实施之后,根据《萨班斯法案》第 308 条(a)款的规定,除上缴国库外,应当将罚款的一定比例拨入公平基金,以作为受害投资者赔偿的资金。证券交易委员会在根据一定的标准确定投资者赔偿的数额并分配后,剩余的赔偿基金部分用于投资者教育。

(3) 就第三方利害关系人的利益达成和解协议。证券执法和解以证券监管机构以和解结案以及相对人为或不为特定行为的承诺为主要内容,但相对人的承诺在约束其自身的同时,也可能涉及和解双方之外的主体,即第三方利害关系人。从民事契约的相对效力来讲,可谓证券行政执法和解协议的涉他效力。② 尽管在行政处罚之外还有民事赔偿、刑事诉讼等责任机制对受害者(特别是投资者)提供保护,但就该违法行为达成的和解协议往往不可避免地涉及第三方利害关系人,即受害者(特别是投资者)的利益。对此,中国台湾地区的处理方式是,台湾地区金融监管机构就行政和解协议可以视个案情形及利害关系人受损害的程度与范围,要求相对人于一定期间内与经利害关系人授权且设立目的为保护证券投资人及期货交易人的财团法人、公益信

---

① 陈共炎主编:《证券投资者保护系列课题研究报告 4》,中国财政经济出版社 2008 年版,第 206 页。
② 叶林等:《证券执法和解制度的比较研究》,载《西部法学评论》2009 年第 4 期。

托或其他公益团体(如投资人保护中心)进行民事和解。①

4. 和解的效力

以美国法为例,证券行政执法和解的效力主要有以下四个方面②:

(1) 弃权的效力。行政相对人一旦提出和解请求申请,就视为行政相对人放弃了举行听证或诉讼等救济权利。

(2) 代替或者优先于行政处罚的效力。美国《联邦行政程序法》明确规定:行政机关并不一定必须接受当事人提出的和解方案,但是如果和解方案被行政机关接受,该方案就成为一个行政决定。通过和解而达成的协议只受非常有限的司法审查,法院审查的范围主要是判断该协议"是否公平和充分,是否存在违法、不合理或者违反公共利益"等。

(3) 和解不具有排除司法机关以特定刑事处罚为内容提起刑事诉讼的效力。由于 SEC 无权提起刑事诉讼,因此其对行政执法案件的和解处理不影响已经或将要对当事人提起的刑事指控,希望在刑事诉讼中寻求妥协的相对人需要与刑事检控部门(美国联邦司法部、州检察官办公室)单独进行和解谈判,即所谓辩诉交易。

(4) 和解不具有排除利益受损者寻求其他救济的效力。和解是证券监管机构与相对人达成的关于解决被调查事项的协议,是从行政处罚的角度作出的决定,但因被调查事项而利益受到损害者(即第三方利害关系人)并非该和解协议的当事人,自然不受其拘束,除可提起损害赔偿诉讼外,还可提起集团诉讼。和解协议虽然效力不及第三方利害关系人,但是在实践中,SEC 的执法和解对与之相关的民事赔偿诉讼(包括集团诉讼)具有积极的作用。"证券交易委员会执法行为中的和解很可能推动私人诉讼和解,反之亦然。因此,可以预测的是,在伴随证券交易委员会执法行为的情况下,私人诉讼达成和解的时间将缩短。"

以上通过对美、英、德和新加坡以及中国香港和台湾地区相关制度的具体考察可见,证券行政执法和解制度已经广为应用,并卓有成效。而在我国,近年来虽然先后制定了《行政诉讼法》《国家赔偿法》《行政处罚法》《行政复议法》《行政许可法》等一系列重要法律,社会主义行政法律体系的框架已经初步形成,但是,上述法律中均未对行政合同与行政执法和解作出规定。而带有行政基本法性质的《行政程序法》尚在酝酿起草中,所以,证券行政执法和解在我国目前尚于法无据,而我国的证券监管实践亟待运用此项法律制度,

---

① 台湾地区金融监管机构:"缔结行政和解契约处理原则"第 7 条。
② 参见陈共炎主编:《证券投资者保护系列课题研究报告 4》,中国财政经济出版社 2008 年版,第 206—209 页。

因此，我们要抓住这次《证券法》大幅度修改的机会创设该项制度，这也是本书写作的一个重要目的。

三、对我国《证券法》创设证券行政执法和解制度的思考

我国《证券法》创设证券行政执法和解制度的立法背景有如下考虑：

1. 证券市场监管的现实需要

2006年我国股权分置的改革基本完成，由此我国资本市场进入股份全流通或者后股改时代。① 在全流通的市场环境下，证券违法与犯罪行为呈现出新一些的特点，金融创新与信息技术的发展也使证券监管面临新的复杂形势和严峻挑战，具体表现如下②：

（1）后股改时代的市场条件下，上市公司监管面临新挑战。从上市公司大股东监管来看，上市公司大股东将作为新的投资者群体进入二级市场，大股东利益将更多地与股价拴在一起，由此可能引发上市公司大股东非法集中持股等违规动机和出售股份的套现行为。从管理层激励监管来看，越来越多的公司管理层将会实施激励计划，在客观上容易促成管理层操纵利润的违法违规动机。从公司并购监管来看，公司并购将日益活跃，有可能为内幕交易提供土壤，并购中还可能发生收购人无实力、不诚信，原控股股东掏空上市公司后金蝉脱壳等突出问题。从信息披露监管来看，上市公司有可能出现选择性信息披露的新动向，严重损害中小股东的利益。

（2）后股改时代的市场条件下，投资者行为和市场交易监管面临新挑战。从机构投资者监管来看，随着机构投资者发展的多元化，不同类型投资者的投资理念、交易行为、盈利模式和操作方法将呈现多样性特征，其违法违规的交易特点和方法也将表现出千差万别。从市场交易监管来看，内幕交易、市场操纵和利益输送在后股改时代会以新的形式和手法出现。比如，具有持股优势的大股东和高管人员，可能产生利用信息不对称进行内幕交易的动机和条件；股改后大股东利益与股价的密切联系增加了大股东利用粉饰报表、虚假披露等手段进行市场操纵的可能性，大股东与机构投资者合谋进行市场操纵和利益输送的可能性也在增加。再如，随着融资融券制度的实施和其他金融衍生产品的推出，内幕交易的手法可能更具多样性和隐蔽性。

---

① 有关股权分置改革的由来及其本质，参见李东方：《上市公司监管法论》，中国政法大学出版社2003年版，第519—532页。

② 参见邱永红：《从境外成熟市场的经验看我国证券监管和解制度的构建》，载北大法律信息网：http://www.pkulaw.cn/fulltext_form.aspx?Db=art&Gid=335586614&keyword=%e8%af%81%e5%88%b8%e7%9b%91%e7%ae%a1%e5%92%8c%e8%a7%a3%e5%88%b6%e5%ba%a6%e7%9a%84%e6%9e%84%e5%bb%ba&EncodingName=&Search_Mode=accurate，访问日期：2017年4月11日。

（3）金融创新带来监管新挑战。金融创新使一些在原有制度框架下不被允许的制度有望突破并实施，比如原来被禁止而2005年《证券法》又允许的融资融券制度等，这样可能改变投资者的盈利模式和行为方式，导致违法违规行为出现新的特点。

2. 以往证券行政执法手段本身存在的不足，需要引入执法和解制度

我国在以往证券行政执法的实践中，执法方式过于刚性，执法手段单一，执法机关对于行政相对人只有处罚或不处罚两种选择，没有其他的中间状态，不利于实现《证券法》保护投资者的立法宗旨。而证券行政执法和解是证券行政执法机关与行政相对人进行协商，就相对人某些行为的处理达成一致意见，并据此签署和解协议。这种方式不仅有利于解决证券违法行为认定难、执法成本高的难题，还有利于解决证券处罚执行难、监管效果欠佳等问题，而且还能够让违法违规者付出较大的经济代价，直接实现制裁和惩戒的目的，并对受害人的经济损失作出补偿，从而及时化解社会矛盾，稳定市场预期。证券行政执法和解是一种兼顾对违法违规者经济制裁和对利益受损投资者经济补偿的执法方式。[①]

3. 立法机关和政府的直接推动

第一，立法机关的相关推动。制定我国首部《行政程序法》已列入第十届全国人大常委会的立法规划，全国人大常委会法工委已经开始征求意见，进行立法调研，启动了具体的立法工作。这样一来，必然要研究在《行政程序法》中设专章对行政合同与行政和解作出相应规定，尽管这一行政基本法的出台尚待时日，但是，对于行政执法和解制度的理论构建具有巨大的推动作用。第二，国务院及相关部门的推动和落实行为。2006年，中共中央办公厅、国务院办公厅联合下发了《关于预防和化解行政争议、健全行政争议解决机制的意见》（中办发〔2006〕27号）。2013年，国务院办公厅又发布《国务院办公厅关于进一步加强资本市场中小投资者合法权益保护工作的意见》（国办发〔2013〕110号），提出"探索建立证券期货领域行政和解制度，开展行政和解试点"。为落实这一工作要求，中国证监会就在证券期货领域开展行政和解试点工作进行了认真研究，并与全国人大常委会法工委、最高人民法院和国务院法制办等相关单位进行了专门论证，于2014年正式向国务院请示，在证券期货行政执法领域进行行政执法和解试点。据此，2015年2月17日，中国证监会发布《行政和解试点实施办法》（以下简称《实施办法》），以规范试

[①] 中国证监会：《关于〈行政和解试点实施办法〉（征求意见稿）的起草说明》，载 http://www.csrc.gov.cn/pub/zjhpublic/zjh/201412/t20141219_265265.htm，访问日期：2016年12月19日。

点相关工作,《实施办法》自 2015 年 3 月 29 日起施行。

(二) 对我国证券行政执法和解制度基本框架的思考

1. 中国证监会《行政和解试点实施办法》的主要内容及其评价

《实施办法》共 39 条,分为"总则""行政和解的适用范围与条件""行政和解的实施程序""行政和解金的管理和使用""附则"等 5 章,主要内容如下:

(1) 适用范围与条件。行政相对人涉嫌实施虚假陈述、内幕交易、操纵市场或欺诈客户等违反证券期货相关法律、行政法规和相关监管规定的行为,并同时符合以下全部条件的,可以适用行政和解程序:中国证监会已经正式立案,且经过了必要调查程序,但案件事实或法律关系尚难完全明确;采取行政和解方式执法有利于实现监管目的,减少争议,稳定和明确市场预期,恢复市场秩序,保护投资者合法权益;行政相对人愿意采取有效措施补偿因其涉嫌违法行为受到损失的投资者;以行政和解方式结案不违反法律、行政法规的禁止性规定,不损害社会公共利益和他人合法权益。

(2) 行政和解的实施程序。行政和解程序分为申请和受理、和解协商、行政和解协议的签订与执行以及行政和解程序的终止等几个环节。中国证监会实施行政和解,由专门的行政和解实施部门负责,与中国证监会的案件调查部门、案件审理部门相互独立。中国证监会实施行政和解,遵循公平、自愿、协商、效能原则。中国证监会不得向行政相对人主动或者变相主动提出行政和解建议,或者强制行政相对人进行行政和解。

(3) 行政和解金的管理和使用。行政相对人交纳的行政和解金由行政和解金管理机构进行专户管理。行政相对人因行政和解协议所涉行为造成投资者损失的,投资者可以向行政和解金管理机构申请补偿。投资者可以通过行政和解金补偿程序获得补偿,或者按照我国《民事诉讼法》的规定对行政相对人提起民事损害赔偿诉讼请求赔偿。但投资者已通过行政和解金补偿程序获得补偿的,不应就已获得补偿部分再行请求民事损害赔偿。行政和解金管理和使用的具体办法由中国证监会会同财政部另行制定。

这个《实施办法》是在大量学习和借鉴了前述相关制度和立法经验并结合我国的实际而制定的一部部门规章,应当说,有关证券行政执法和解的精髓在其中都得到了体现,不仅为在即将修订的《证券法》中创设此项制度提供了参考,而且对我国《行政程序法》创设行政执法和解制度也具有十分积极的意义。

然而,该《实施办法》的不足也是明显存在的。正如上文所述行政执法和解是行政和解的一种,它与行政复议和解、行政诉讼和解共同构成行政和解的概念,而《实施办法》无论从其文件标题,还是其实际内容都使用"行政和解"的表述,这是将行政和解等同于行政执法和解,缺乏合理性和科学性。

再如,《实施办法》第 9 条规定:"行政相对人自收到中国证监会送达的案件调查通知书之日起,至中国证监会作出行政处罚决定前,可以向中国证监会提出行政和解申请。"而在第 18 条则规定:"立案调查不满 3 个月的案件,行政相对人提出行政和解申请的,不予受理,但有特殊情况经中国证监会主要负责人批准的除外。"既然自收到案件调查通知书之日起,至作出行政处罚决定前,可以向证监会提出行政和解申请,但又要立案调查满 3 个月,否则不予受理,且不说其中给人自相矛盾的感觉,就 3 个月期限本身而言,立案调查满一定期限之后再予受理和解申请是必要的,但是 3 个月时间未免太长,证券市场瞬息万变,3 个月下来市场的许多格局都可能发生变化,此时再受理和解申请不利于对投资公众利益的保护,其他国家对此一般规定为 30 日,可以考虑借鉴。

当然,这个部门规章在我国毕竟是首创,属初次探索,存在一些问题在所难免。

2. 我国《证券法》修改过程中创设证券行政执法和解制度的主要内容

由于上述《实施办法》属于国务院所属部委制定的部门规章,立法层级偏低,而且属于"试点"性质,所以,我国证券行政执法和解制度尚未在基本法层面建立,特别需要抓住这次《证券法》大幅度修改的机会在基本法中创设该项制度。对此,可考虑在《证券法》的"证券监督管理机构"一章中单设一节专门规范证券行政执法和解,而不是如现有《证券法》修改建议草案中所提出的仅仅增加几个条款。这一节的主要内容可以包括:

(1) 对证券行政执法和解的界定。对证券行政执法和解进行准确界定,不仅是制定该项制度的前提,同时也是制定和完善包括证券行政复议和解、证券行政诉讼和解在内的我国证券行政和解体系的前提。

(2) 确立证券行政执法和解的原则。证券行政执法和解的原则要特别突出主体法律地位的相对平等性和适用条件合法性的特征。

(3) 证券行政执法和解的适用条件。确定证券行政执法和解的适用条件必须考虑以下三个方面的因素①:第一,拟作出的行政决定所依据的事实或者法律关系具有不确定性。行政执法和解并不意味行政机关调查义务的免除,发起和解的前提要求是行政机关应先尽职权调查义务,只有在先行调

---

① 参见张文郁:《行政法上之和解契约》,载法治斌教授纪念论文集编辑委员会主编:《法治与现代行政法学——法治斌教授纪念论文集》,台湾元照出版有限公司 2004 年版。转引自涂怀艳:《行政执法和解》,载《商法研究》2008 年第 2 期。

查后发现有事实不明或者不确定的情形适合以行政执法和解达成行政目的时,才能停止调查。事实不明是指以下3种情形:法律规范所规定的构成要件中的事实客观上因欠缺调查途径而无法查明;行政机关虽进行过调查,但调查的结果未能证明事实的真相且在一定时期内仍难以查明;继续调查将耗费更多的人力、物力且仍可能无法查明。法律关系不确定是指行政机关和行政相对人对基本的违法事实无争议,而对如何适用法律依据、产生何种法律效果发生争执,即现行法律对于行政案件的处理依据规定得不明确,行政机关在适用依据方面有困难。

第二,行政执法机关与行政相对人双方能够互相"让步"。行政法学上的"让步",是指当事人放弃其行政程序上可能获得的任何有利结果而使他方因此受益。例如,行政机关放弃原本更为严厉的罚款、延长相对人行政许可的期限等,而行政相对人抛弃利息、放弃或者撤回行政救济请求等,即属于互相"让步"。因此,一方面,行政执法和解的"让步"必须是当事人双方确实对于法律上的权利或者利益"让步"。虽然这种"让步"需要客观合理评价,但双方"让步"不必客观等值,纵使一方"让步"较大,也不影响和解协议的效力。值得注意的是,行政机关不得向行政相对人主动或者变相主动提出行政和解建议,更不得滥用优势地位强制行政相对人进行行政和解,逼迫行政相对人作出不公平的"让步"以缔结和解协议。另一方面,双方的"让步"必须是因为同一事实或者法律关系不能确定。

第三,和解必须以合法性为前提。和解协议的合法性至少包括以下四个方面:一是当事人对于行政执法和解的标的有处分权。所谓"标的"是指行政法所规定的权利、义务或者权限的行使。对证券行政执法机关而言,除了要求其对和解标的有事务管辖权限和地域管辖权限外,还要求他对和解事项有裁量权;而对行政相对人而言,则要其对案件所涉权利、义务拥有处分权且具有行为能力。二是在当事人的和解协议内容涉及第三方承担义务时,只有经第三方参与和解或者得到其书面同意,和解才发生效力。三是行政执法机关在决定与相对人和解时,应尽到审慎裁量的义务。审慎裁量应当考虑的因素至少有两个方面:该和解是否能实现证券监管的目的,既能确保实现对违法人的制裁,又能保护投资公众的合法权益,有利于维护证券市场的公共利益;调查的时间、财力花费、调查结果对于所要维护的公共利益是否相称。四是以行政和解方式结案不违反法律、行政法规的禁止性规定,不损害社会公共利益和他人合法权益。

(4)行政和解程序。行政和解程序主要包括:申请和受理、和解协商、行政和解协议的签订与执行以及行政和解程序的终止等几个环节。另外,关于实施和解的具体机构,中国证监会在上述《实施办法》中设立专门负责行政执法和解的实施部门,并将其与案件调查部门、案件审理部门形成相互独立、相互制约的格局是可取的。

(5) 和解协议的内容。和解协议的内容主要包括:一是行政相对人是否需要承认其行为违法。对此可以学习其他国家或地区的做法,在行政和解协议的内容中采取被调查的当事人"既不承认亦不否认"其涉案行为的违法、违规性。二是承诺采取具体措施消除该行为后果、缴纳和解金、赔偿投资者损失。三是就第三方利害关系人的利益达成和解协议。

(6) 行政执法和解金的管理和使用。可考虑向美国学习,设立公平基金,行政相对人因行政和解协议所涉行为造成投资者损失的,受损投资者可以向该公平基金管理机构申请补偿。目前在行政执法和解试点时期,中国证监会在上述《实施办法》中规定的是,行政相对人交纳的行政和解金由行政和解金管理机构进行专户管理。

关于和解金的使用,还要处理好受损投资者通过行政执法和解金获得补偿与通过民事诉讼获得赔偿的关系。因为行政执法和解金补偿与民事赔偿是受损投资者寻求损失救济的两种不同机制。和解程序不影响投资者提起民事诉讼的权利。受损投资者既可以申请行政执法和解金补偿,也可以提起民事诉讼请求赔偿。但是,对已经通过行政执法和解金获得补偿的投资者再就同一行为提起诉讼主张赔偿的,要作出专门安排,防止出现有的投资者同时利用行政执法和解金补偿与民事诉讼赔偿两种不同救济机制获得优于其他投资者的重复救济。对此,证监会《实施办法》规定,投资者可以通过行政执法和解金补偿程序获得补偿,或者按照我国《民事诉讼法》的规定对行政相对人提起民事损害赔偿诉讼请求赔偿。但投资者已通过行政执法和解金补偿程序获得补偿的,不应就已获得补偿部分再行请求民事损害赔偿。这种处理方式显然是合理的,在《证券法》创设的行政执法和解制度的基本法中可以沿用。

第四节 证券监管措施规制

证券监管措施是证券监管机构对证券业各类不当或者违法行为所采取的监督管理措施的总称。其本质上是证券监管机构对证券监管权的运用,是证券监管的某一类具体手段或形式,是前述证券行政执法行为之一。任何证券行政执法行为均需依行政程序进行,但是部分证券监管措施由于无法纳入行政强制法,也无法纳入行政处罚法的规制,于是使其看似处于脱离行政程序的状态,特别是《行政强制法》第3条第3款规定,"行政机关采取金融业审慎监管措施、进出境货物强制性技术监控措施,依照有关法律、行政法规的规定执行"。也就是说,行政机关所采取的金融业审慎监管措施不适用《行政强制法》,那么,对作为金融监管措施有机组成部分的证券监管措施如何进行规制？因此产生了研究的必要。

一、证券监管措施的实证考察

(一)证券监管措施的产生

证券监管措施并不是一个严格的法律术语,由于在证券监管领域已经约定俗成,故本书也沿用这一概念。在基本法层面,1998年《证券法》并未直接使用"监管措施"一词,首次直接使用"监管措施"一词是在2005年修订后的《证券法》第153条的规定之中,即"证券公司违法经营或者出现重大风险,严重危害证券市场秩序、损害投资者利益的,国务院证券监督管理机构可以对该证券公司采取责令停业整顿、指定其他机构托管、接管或者撤销等监管措施"。有学者认为1998年《证券法》没有规定证券监管措施是不准确的,因为1998年《证券法》第168条所规定的证监会有权采取的措施中,就包含了相应的监管措施。只是此时证券监管措施尚未被自觉地大量运用,2005年修订的《证券法》才增加了大量证券监管措施的内容并在实践中大量加以运用。就其原因,可从2005年4月24日时任全国人大财政经济委员会副主任委员周正庆在第十届全国人民代表大会常务委员会第十五次会议上所作的《关于〈中华人民共和国证券法(修订草案)〉的说明》中得到解答,该《说明》指出:"现行证券法对证券经营机构监管的特殊性考虑不够,监管手段不足,影响监管效率和效果。修订草案参照《银行业监督管理法》规定[①],补充和完善了监管措施,要求证券公司及其股东、实际控制人向国务院证券监督管理机构报送有关信息、资料;可以委托会计师事务所、资产评估机构对证券公司进行审计或者评估;对风险控制指标不符合规定的限期改正或限制其业务、限制分配红利;对虚假出资、抽逃出资的股东限期改正并可责令转让股权;对违法违规的证券公司高级管理人员取消任职资格;对严重违法违规的证券公司责令停业整顿、指定其他机构托管、接管或者撤销;在证券公司清算时,优先偿付挪用的客户资产。"可见,证券监管措施是考虑到证券业的特殊性,为了适应证券监管专业性与复杂性的需要、充实监管手段而产生的。

(二)证券监管措施的具体类别

考察现有的证券监管措施,可分为法律、行政法规和中国证监会规章(规范性文件)规定的证券监督管理措施。具体而言,在这些法律法规和规范性文件中,法律包括《证券法》和《证券投资基金法》;行政法规包括《期货交易管理条例》和《证券公司监督管理条例》;而诸如《证券发行与承销管理办法》等

[①] 《银行业监督管理法》以专章的形式规定了"监督管理措施"(即第四章第33—42条)。

规范性文件则多达几十余种。中国证监会于 2008 年 12 月制定的内部规范性文件《证券期货市场监管措施实施办法(试行)》对监管措施的种类进行了统一设定,共有 18 项监管措施,具体包括:责令改正;监管谈话;出具警示函;责令公开说明;责令参加培训;责令定期报告;认定为不适当人选;暂不受理与行政许可有关的文件;责令增加内部合规检查的次数;公开谴责;责令处分有关人员;责令停止职权者解除职务;责令更换董事、监事、高级管理人员或者限制其权利;撤销任职资格;暂停核准新业务或者增设、收购营业性分支机构申请;限制证券期货经营机构业务活动;限制股东权利或者责令转让股权;临时接管。① 其中,上述第 1 项至第 8 项属于中国证监会规章规定的监管措施,第 9 项至第 18 项属于法律、行政法规规定的监管措施。2008—2012 年,中国证监会制定或者修改了多部规章,新增了大量证券监管措施。有人通过对规定有证券监管措施的 47 部法律、行政法规和部门规章的统计得出结论,截至 2012 年年底,我国证券监管措施多达 114 种。② 这些措施包括责令改正、监管谈话、出具警示函、暂停许可、限制经营、限制分红、任职评鉴、查封冻结、撤销许可、注销资格、市场禁入、违法处罚等诸多方面。对此,经过梳理可以将其划分为限制行为类证券监管措施、申诫类证券监管措施、限制资格类证券监管措施、限制财产权类证券监管措施。③ 具体归纳统计如下:

1. 限制行为类证券监管措施

限制行为类监管措施,是指证券监管机构限制或者剥夺监管对象特定行为能力的措施。这类措施最为常见,共有 78 种④:责令改正;责令限期改正;

---

① 见《证券期货市场监管措施实施办法(试行)》第 9—26 条。
② 张红:《证券监管措施:挑战与应对》,载《政法论坛》2015 年第 4 期。
③ 此类划分方式参见同上注。
④ 这 78 种证券监管措施的主要渊源,如《证券发行上市保荐业务管理办法》第 66 条规定,保荐机构、保荐代表人、保荐业务负责人和内核负责人违反本办法,未诚实守信、勤勉尽责地履行相关义务的,中国证监会责令改正,并对其采取监管谈话、重点关注、责令进行业务学习、出具警示函、责令公开说明、认定为不适当人选等监管措施;依法应给予行政处罚的,依照有关规定进行处罚;情节严重涉嫌犯罪的,依法移送司法机关,追究其刑事责任。此外,据笔者统计的还有:《证券法》第 23、24、150、151 条;《首次公开发行股票并上市管理办法》第 55、56 条;《上市公司证券发行管理办法》第 70、73 条;《上市公司信息披露管理办法》第 59、60、64、68 条;《上市公司收购管理办法》第 59、60、75—81 条;《上市公司证券发行管理办法》第 67、68、71、73 条;《证券投资基金销售管理办法》第 87、89 条;《证券投资基金行业高级管理人员任职管理办法》第 17、44—46 条;《证券投资基金信息披露管理办法》第 33、35、36 条;《期货从业人员管理办法》第 29、31 条;《期货公司董事、监事和高级管理人员任职资格管理办法》第 51、52 条;《证券市场资信评级业务管理暂行办法》第 32、33、41 条;《律师事务所从事证券法律业务管理办法》第 31、34、57 条;《证券公司风险控制指标管理办法》第 28、33、35、36 条;《期货交易管理条例》第 55、59、61 条;《证券交易所管理办法》第 92、94 条;《证券交易所管理办法》第 93 条;《客户交易结算资金管理办法》第 32—34 条;《境外证券交易所驻华代表机构管理办法》第 21、32 条;《上市公司证券发行管理办法》第 64、73 条;《证券投资基金管理公司管理办法》第 51、73—75、77 条;《外国证券类机构驻华代表机构管理办法》第 24、25、27 条;《证券公司监督管理条例》第 70、72、73 条;《证券公司董事、监事和管理人员任职资格监督管理办法》第 46、51、54、57 条;《证券发行上市保荐业务管理办法》第 66 条。

责令整顿;责令整改;责令限期整改;责令限期补报;限期纠正;要求予以改进或更换;责令增加内部合规检查的次数;公开作出解释并道歉;公开谴责;责令处分有关人员;责令停止职权或者解除职务;责令更换董事、监事、高级管理人员或者限制其权利;责令更换董事、监事、高级管理人员;责令更换董事、监事、高级管理人员或者有关业务部门、分支机构的负责人员,或者限制其权利;要求其交易所更换首席代表;责令公司限期另行决定代为履行职务的人员;责令原代为履行职务人员停止履行职务;责令公司更换代为履行职责的人员;责令增加内部合规检查的频率;临时接管;限制业务活动,责令暂停部分业务;限制或暂停部分期货业务;暂停证券承销业务许可;暂停客户资产管理业务;暂停网上委托业务;暂停办理相关业务;限制托管业务;责令暂停基金代销业务;责令暂停收购;限制交易行为;责令暂停履行职务;暂停相关人员职务;限制出境;暂不受理其客户资产管理业务资格申请、集合资产管理计划设立备案或者申请;不受理由其出具的评级报告;不再受理公开发行证券申请;不受理申报文件;不受理其文件,并将处理结果予以公布;不受理该推荐人的推荐意见和签署意见的年检登记表;不受理保荐推荐;不再受理保荐机构推荐的保荐代表人注册登记申请;不接受证券发行专项文件;不受理任职资格申请;每月报告接受保荐机构督导的情况;定期不定期检查;要求说明对公司净资本等风险控制指标的影响;披露月度财务报告、相关资料;建议暂停或者免除职务;停止批准新业务;停止批准新增业务或者分支机构;停止批准增设、收购营业性分支机构;责令停止收购;责令停止交易品种的交易;关闭分支机构;撤销代表处;不得行使表决权;责令进行业务学习;责令更换保荐代表人、内核负责人;从名单中除去;要求期货公司更换会计师事务所;要求期货公司聘请中介服务机构进行专项审计、评估或者出具法律意见;要求提前报送专门报告;责令履行相关业务;责令定期报告;暂停或者限制证券期货经营业务活动;限制证券买卖;责令终止基金代销业务;不得作为特定对象认购证券;吊销期货业务许可证;不得参与证券承销;撤销有关业务许可;取消证券承销业务许可;撤销证券评级业务许可;吊销网上委托业务许可;撤销其部分或者全部期货业务许可;暂停或撤销其相关证券业务许可。

2. 申诫类证券监管措施

申诫类证券监管措施是比照行政处罚法中的申诫罚而设定的一种证券监管措施。申诫罚是行政机关对违法行为人的名誉、荣誉、信誉或精神上的利益造成一定损害以示警诫的行政处罚,又称为声誉罚或精神罚。其主要形式有警告、通报批评等。我国《行政处罚法》第 8 条第 1 项将警告作为行政处罚的种类之一。

申诫类证券监管措施,共有 11 种[1];监管谈话;出具警示函;谈话提醒;询问;出具监管关注函;提示;予以重点关注;要求证券交易所对发行人证券的交易实施特别提示;记入信用记录;记入诚信档案并公布;通报批评。

3. 限制资格类证券监管措施

限制资格类监管措施,是指证券监管机构剥夺或者限制监管对象从事特定行为的资格的措施。共有 14 种[2];资格年检[3];暂停任职资格;撤销任职资格;取消任职资格;认定为不适当人选;暂停基金托管资格;不得再次申请基金托管资格;吊销任职资格;取消客户资产管理业务资格;取消从事证券交易结算资金存管业务资格;取消基金管理资格;吊销基金托管资格;取消基金托管资格;取消托管人资格。

4. 限制财产权类证券监管措施

限制财产权的监管措施,是指证券监管机构对监管对象的财产或某种财

---

[1] 这 11 种证券监管措施的主要渊源,如《证券发行与承销管理办法》第 38 条规定,发行人、证券公司、证券服务机构、投资者及其直接负责的主管人员和其他直接责任人员有失诚信、违反法律、行政法规或者本办法规定的,中国证监会可以视情节轻重采取责令改正、监管谈话、出具警示函、责令公开说明、认定为不适当人选等监管措施,或者采取市场禁入措施,并记入诚信档案;依法应予行政处罚的,依照有关规定进行处罚;涉嫌犯罪的,依法移送司法机关,追究其刑事责任。此外,据笔者统计的还有:《证券法》第 180 条;《证券公司董事、监事和高级管理人员任职资格监督办法》第 51 条;《证券公司风险控制指标管理办法》第 30 条;《首次公开发行股票并上市管理办法》第 55 条;《公司债券发行与交易管理办法》第 58 条;《上市公司信息披露管理办法》第 59、64 条;《上市公司收购管理办法》第 73、75—78、80、81 条;《上市公司证券发行管理办法》第 64 条;《证券投资基金销售管理办法》第 87 条;《证券投资基金运作管理办法》第 52 条;《证券投资基金管理公司管理办法》第 74、75 条;《证券投资基金行业高级管理人员任职管理办法》第 35、36 条;《期货公司监督管理办法》第 87、89 条;《证券市场资信评级业务管理暂行办法》第 32 条;《境外证券交易所驻华代表机构管理办法》第 32 条;《律师事务所从事证券法律业务管理办法》第 31 条;《上市公司重大资产重组管理办法》第 53、57、58、59 条;《证券发行上市保荐业务管理办法》第 66、76 条;《期货交易管理条例》第 55 条;《期货交易所管理办法》第 106 条;《证券发行上市保荐业务管理办法》第 66、67 条。

[2] 这 14 种证券监管措施的主要渊源,如《证券公司董事、监事和高级管理人员任职资格监管办法》第 52 条规定,证券公司净资本或其他风险控制指标不符合规定,被中国证监会责令限期改正而逾期未改正的,或其行为严重危及证券公司的稳健运行、损害客户合法权益的,中国证监会可以限制公司向董事、监事、高管人员和分支机构负责人支付报酬、提供福利,或暂停相关人员职务,或责令更换董事、监事、高管人员和分支机构负责人。董事、监事、高管人员和分支机构负责人被暂停职务期间,不得离职。此外,据笔者统计的还有:《证券法》第 150 条;《证券公司客户资产管理业务管理办法》第 56 条;《证券投资基金销售管理办法》第 87 条;《公开募集证券投资基金运作管理办法》第 52 条;《证券投资基金管理公司管理办法》第 74、75 条;《证券投资基金行业高级管理人员任职管理办法》第 47 条;《证券投资基金托管业务管理办法》第 39 条。

[3] 见《期货公司董事、监事和高级管理人员任职资格管理办法》第 43 条;《证券公司监督管理条例》第 72、73 条;《证券投资基金法》第 40 条。

产权利进行限制或者剥夺的措施。这类措施共有 11 种①：限制向董事、监事、高级管理人员支付报酬、提供福利；限制分配红利；限制转让财产或者在财产上设定其他权利；限制期货公司自有资金或者风险准备金的调拨和使用；限制有关股东行使股东权利；限制股东权利；责令控股股东转让股权；责令转让所持证券公司的股权；责令转让股权；责令转让所持期货公司的股权；不具有表决权、分红权。

上述 114 项证券监管措施包含了政府监管机构对证券市场具体干预的方方面面。其中，责令改正、责令限期整改、监管谈话、出具警示函、责令公开说明、责令定期报告、认定为不适当人选、暂不受理与行政许可有关的文件等是实践中运用最多的监管措施。对于这些监管措施的法律定位，学界观点不一，因此有必要对其进行深入研讨。

二、证券监管措施的法律特征及其定位

如前文所述，证券监管执法的行为种类主要包括证券行政许可行为、证券行政强制行为、证券行政处罚行为，而对于在证券监管中大量实施的证券监管措施行为的法律定位目前颇有争议。就广义而言，证券行政许可行为、证券行政强制行为、证券行政处罚行为均可视为证券监管机构对证券业实施的干预行为，均可视为一种证券监管措施，在这种语境下实施证券监管措施行为的范围涵盖了证券行政许可行为、证券行政强制行为和证券行政处罚行为。但是，上述三种类型化的行政行为却不是证券监管措施行为的全部。通过前文对证券监管措施行为的实证考察可见，在三种类型化的行政行为之外还有大量的诸如监管谈话、临时接管、责令暂停履行职务以及限制业务活动等非类型化的证券监管行为。这类非类型化的证券监管行为或称证券监管

---

① 这 11 种证券监管措施的主要渊源，如《证券法》第 150 条规定，证券公司的净资本或者其他风险控制指标不符合规定的，国务院证券监督管理机构应当责令其限期改正；逾期未改正，或者其行为严重危及该证券公司的稳健运行，损害客户合法权益的，国务院证券监督管理机构可以区别情形，对其采取下列措施：① 限制业务活动，责令暂停部分业务，停止批准新业务；② 停止批准增设、收购营业性分支机构；③ 限制分配红利，限制向董事、监事、高级管理人员支付报酬、提供福利；④ 限制转让财产或者在财产上设定其他权利；⑤ 责令更换董事、监事、高级管理人员或者限制其权利；⑥ 责令控股股东转让股权或者限制有关股东行使股东权利；⑦ 撤销有关业务许可。此外，据笔者统计的还有：《期货交易管理条例》第 55 条；《证券公司风险控制指标管理办法》第 31、33、36 条；《合格境内机构投资者境外投资管理试行办法》第 33、41、42 条；《证券投资基金销售管理办法》第 87 条；《公开募集证券投资基金运作管理办法》第 52 条；《证券投资基金管理公司管理办法》第 72、75 条；《证券投资基金托管业务管理办法》第 33、39 条；《上市公司收购管理办法》第 75—79 条。

措施①在我国行政法中没有独立的地位,依据现行的行政法无法对其进行规制。因此,需要在目前的行政法之外,探寻对其规制的法律制度。

三、建立和完善规制证券监管措施的法律制度

尽管"证券监管措施"在我国行政法中不是独立的行政行为类型,但是只要是行使政府公权力均要受到相应的制约,即任何行政行为都要受到相应的法律规制。证券监管措施其适用应具有一定的前提条件,不能由证券监管机构恣意行使,不能专横无常、滥用自由裁量权。本来政府证券监管部门实施证券监管措施,其行政行为首先须受到《行政程序法》的规制,由于目前我国尚无《行政程序法》,因此对证券监管措施的规制,必须通过制定特别法律法规予以规制。与此同时,对于证券监管措施在实施过程中发生的纠纷,行政相对人对于维护自己的合法权益需要有相应的救济渠道。

1. 加快制定我国《行政程序法》

"以行政的公正、公开、参与、高效为立法目标的行政程序法,是现代国家规范行政权力的基本法,它的制定对国家机关之间的关系、国家与公民之间的关系有着深远影响。当今社会,无论中外,行政权力空前强大,一国如果没有建立起完善的行政权力规范机制,法治的实现无从谈起,公民权利的保障难以实现。"②由于行政行为在程序上具有明显的统一性,这就为立法机关制定一部统一的行政程序法典提供了前提,同时可以其他行政程序方面的法律法规以及分散在各个法律中的行政程序法律规范作为行政程序法典的补充。基于此,20 世纪后半叶以来,世界上许多发达国家都采取制定统一的行政程序法典的方式对行政程序进行法律规范。在英国、美国、德国和法国都立有《行政程序法》作为对行政行为进行规制的基本法。而在我国,制定《行政程序法》已列入第十届全国人大常委会的立法规划,全国人大常委会法工委已经开始征求意见,进行立法调研,启动了具体的立法工作。如前所述在证券监管措施中,行政许可行为、行政强制行为和行政处罚行为相应受到《行政许可法》《行政强制法》和《行政处罚法》的规制,而在这三种类型化之外的证券监管措施必然受到作为行政程序基本法《行政程序法》的规制。因此,在《行政程序法》的立法过程中,应当将金融监管措施(含证券监管措施)中非类型化的政府金融监管行为的程序规制纳入其中。

---

① 下文除非特别说明,证券监管措施均意指不包括证券行政许可行为、证券行政强制行为和证券行政处罚行为等三种类型化的行政行为,即只限定在非类型化的行政行为范围内。
② 应松年:《中国行政程序法立法展望》,载《中国法学》2010 年第 2 期。

2. 修改《证券法》,建立和完善证监会部门规章与规范性文件

2015年"《证券法》修订草案"第255条以专条的形式规定了证券监管措施。国务院证券监督管理机构依法履行职责,可以在规章中规定下列监督管理措施:责令改正;监管谈话;出具警示函;责令公开说明;责令参加培训;责令定期报告;暂不受理与行政许可有关的文件;认定为不适当人选;法律、行政法规规定的其他监督管理措施。然而,该"草案"对于实施证券监管措施的行政程序并没有规定。对此有两种解决的途径:一是在《证券法》的修订过程中补充制定相应的程序规范;二是如果上述方式会使证券基本法过于烦琐,则可以通过制定行政法规或者是部门规章对其进行具体规定。

目前,中国证监会《证券监管措施实施办法》的法律位阶太低,且属内部规范性文件,因而有必要将其进一步修订完善后上升为中国证监会的部门行政规章。

3. 因实施证券监管措施而发生的纠纷解决

目前因证券监管措施而发生的纠纷,行政相对人向法院提起行政诉讼的案件无一例外地均被驳回。① 这既不利于保护行政相对人的合法权益,也不利于有效制约行政执法机关的行政行为。新修改的《行政诉讼法》已将"具体行政行为"修改为"行政行为",使得"行政行为"的可诉性在广度和深度上得到推进。从行政法治的要求出发,我们应当确立这样的理念,只要是行政行为就是可诉的。② 这当然包括因实施证券监管措施而发生的行政诉讼。

第五节 自律监管机构执法规制

如本章开篇所述,证券自律监管机构实施自律监管规则原本不同于行政机关的执法行为,但是其监管行为在客观上直接影响到被监管主体的权利义务,产生了如同行政机关执法同样的后果。对于证券自律监管机构的这种强制性权力,本书称之为社会公权,社会公权的行使是通过社会公法来实现的。换言之,社会公权的强制力是来自社会公法的强制力。凡是具有强制力的公权力均需得到有效制约,自律监管机构的执法权就是这种具有强制力的社会公权力之一种,因此必须对其进行有效规制,包括引入司法权制约自律监管机构的社会公权力。事实上,已有将上海证券交易所列为行政诉讼被告的多

---

① 见张红的《证券监管措施:挑战与应对》一文中所引用的相关案例,载《政法论坛》2015年第4期。
② 胡建淼:《行政法学》,法律出版社2015年版,第125页。

起案例发生,监管对象为维护自己的合法权益已有这方面的强烈需求。由于证券交易所是证券业最活跃的集中场所,同时,证券交易所作为自律监管机构,其监管活动也是最频繁的,由此引发的纠纷也是比较多的。所以,以下本书主要以《上海证券交易所纪律处分和监管措施实施办法》(2013年7月1日起实施)为蓝本,来讨论自律监管机构执法规制。

一、自律监管机构监管执法的种类

自律监管机构监管执法的种类主要包括监管措施和纪律处分两大类。

（一）监管措施①

根据监管对象的不同类别,可将交易所是监管措施分为以下三类：

(1) 对在交易所上市或转让证券的发行人及相关主体出现违规行为的,交易所可以实施以下监管措施：① 口头警示,即以口头形式将有关违规事实或风险状况告知监管对象,要求其及时补救、改正或者防范；② 书面警示,即以监管关注函、警示函等书面形式将有关违规事实或风险状况告知监管对象,并要求其及时补救、改正或者防范；③ 监管谈话,即要求监管对象在指定的时间和地点就有关违规行为接受质询和训诫,并要求其作出解释说明,采取措施及时补救、改正或者防范；④ 要求限期改正,即要求监管对象停止违法行为或者限期改正；⑤ 要求公开更正、澄清或说明,即要求监管对象对信息披露中的错漏事项进行公开更正,或者对有关事项或风险情况予以公开澄清或说明；⑥ 要求公开致歉,即要求监管对象对违规事项以公告形式向投资者公开致歉；⑦ 要求聘请证券服务机构进行核查并发表意见,即要求上市公司或相关股东就所存在的问题,聘请相关证券服务机构进行专项核查并发表意见；⑧ 要求限期参加培训或考试,即要求监管对象限期参加指定机构组织的专业培训或考试,督促其提升守法意识、职业操守和执业能力；⑨ 要求限期召开投资者说明会,即要求监管对象限期召开说明会,就特定事项公开向投资者作出解释或者说明；⑩ 要求上市公司董事会追偿损失,即对于他人给上市公司造成损失,且相关损失已经由司法机关、行政机关或损失造成者予以明确确认,但上市公司董事会未进行追偿的,要求上市公司董事会主动进行追偿；⑪ 对未按要求改正的上市公司暂停适用信息披露直通车业务,即对于未在规定期限内按要求改正信息披露直通车业务有关违规行为的上市公司,暂停其通过交易所信息披露系统办理信息披露直通车业务,在暂停期间

---

① 参见《上海证券交易所纪律处分和监管措施实施办法》第9—12条的规定。

其提交的信息披露文件需经交易所监管部门形式审核后方能对外披露；⑫建议上市公司更换相关任职人员，即建议上市公司更换董事、监事或高级管理人员，并及时选聘符合资格的董事、监事或高级管理人员；⑬对未按要求改正的上市公司股票及其衍生品种实施停牌，即对于未在规定期限内按要求改正违规行为的上市公司，要求其在一定期限内对相关事项予以改正，并在改正期间对公司股票及其衍生品种实施停牌；⑭不接受相关股东的交易申报，即对存在股票交易等违规行为的上市公司股东，在一定期限内不接受其违规行为所涉上市公司股票及其衍生品种交易申报；⑮暂不受理保荐人、证券服务机构及其相关人员出具的文件，即在一定期限内不受理有关保荐人、证券服务机构及其相关人员出具的文件；⑯交易所规定的其他监管措施。

（2）交易所会员及相关主体出现违规行为的，交易所可以实施以下三类监管措施：第一类措施包括口头警示、书面警示、监管谈话和要求限期改正四种。第二类措施是暂停受理或办理相关会员业务，即对于存在违规行为的会员，暂时不予受理其业务申请或者不予办理相关业务。第三类措施则是交易所可能规定的其他监管措施。

（3）针对在交易所的投资者，出现违规行为而采取的监管措施，主要包括以下五类监管措施：第一类措施包括口头警示、书面警示、监管谈话、要求限期改正四种。第二类措施是将证券账户列入监管关注账户，即对于屡次出现严重异常交易行为的投资者，交易所对其证券账户予以重点关注，并要求其委托交易的会员对该账户进行自查并提交自查报告。第三类措施是要求投资者提交合规交易承诺书，即对于存在违规交易行为的投资者，要求其提交在规定时间内为或不为一定行为的书面承诺。第四类措施是盘中暂停证券账户当日交易，即对于存在异常交易的证券账户，盘中紧急暂停其当日交易。第五类措施则是交易所可能规定的其他监管措施。

从上述监管措施的种类可以看出，监管措施主要是针对将要或者正在违反交易所业务规则的监管对象而采取的措施，只有少数是针对已经违反了交易所规则的情形，并且主要是针对尚未造成损失或者造成较小损失的行为。这些监管措施主要是一种事前和事中干预措施。

（二）纪律处分

根据2018年修订过的《上海证券交易所纪律处分和监管措施实施办法》第8条的规定，纪律处分包括：通报批评，即在一定范围内、在中国证监会指定媒体上或者通过其他公开方式对监管对象进行批评；公开谴责，即在中国证监会指定媒体上或者通过其他公开方式对监管对象进行谴责；公开认定不适合担任上市公司董事、监事、高级管理人员，即在中国证监会指定媒体上或者通过其他公开方式，认定上市公司董事、监事、高级管理人员3年以上不适合担任上市公司董事、监事、高级管理人员；建议法院更换上市公司破产管理人或管理人成员，即对未勤勉尽责的上市公司破产管理人或管理人成员，建议有关人民法院予以更换；暂停或限制交易权限，即对存在违规或者业务风险情况的交易参与人，暂停或限制其相关交易权限；取消交易参与人资格，即对存在违规或者业务风险情况的交易参与人，取消其交易参与人资格；取消会员资格，即对存在违规或者业务风险情况的会员，取消其会员资格；限制投资者账户交易，即对存在严重异常交易或其他违规交易行为的投资者，限制其名下证券账户或者衍生品合约账户在一段时期内的全部或特定证券交易；要求全员拒绝接受投资者港股通交易委托，即对于在港股通交易中存在违规行为的投资者，根据香港联合交易所有限公司的提请要求相关会员拒绝接受其港股通交易委托；认定为不合格投资者，即对频繁发生异常交易行为，经采取监管措施、纪律处分后仍未采取有效改正措施，严重影响交易秩序的投资者，认定其一定期间内为不合格投资者，禁止其参与全部或特定证券品种的交易；收取惩罚性违约金，即对存在违规行为的证券发行人及相关市场参与主体、会员等，收取一定金额的违约金；交易所规定的其他纪律处分。

从上述纪律处分的种类可以看出，纪律处分主要是针对已经违反了交易所业务规则的监管对象而实施纪律处分，属于一种处罚，包括名誉罚、资格罚和行为罚三大类。纪律处分主要是事后处罚行为，主要功能在于惩前毖后。对于这三类处罚不服的监管对象的其权利如何救济将在下文讨论。

二、监管措施和纪律处分适用的基本原则

适用监管措施和纪律处分，可遵循以下三项基本原则：

(1) 依规、及时、公正的原则。

依规，主要是依自律监管机构制定的各项规则，由于自律监管规则一般均需向政府监管部门备案，以保证其必须具备合法性。及时，是由于证券市场瞬息万变，一线监管必须及时处理各类突发情况，及时采取监管措施以杜绝后患。对于违规行为必须及时进行纪律处分，尽快起到警示作用。公正，则是任何执法的基本前提，否则不仅自律监管机构所采取的监管措施难以落实，而且自律监管机构还可能因此而失去公信力。

(2) 实施监管措施和纪律处分，应当以事实为依据，与违规行为的性质、情节以及危害程度相适应。

这一原则主要是要求在实施监管措施和纪律处分时,应当以存在违规或者可能违规的事实为前提,并且综合考虑监管对象违规行为的主客观因素和具体情节等因素。

(3)监管措施和纪律处分可以单独或者一并适用,可以根据情况加重监管措施或者纪律处分。

一般而言,监管对象的违规行为,未对证券市场、上市公司、投资者以及证券监管工作造成重大损失或者影响的,自律监管机构可以对其实施相应的监管措施;反之,如果监管对象的违规行为对证券市场、上市公司、投资者或者证券监管工作造成重大损失或者影响的,则可以对其实施相应的纪律处分。在实践中,监管对象的违规行为往往具有复杂性和可变性。例如,开始对监管对象采取了监管措施,但是监管对象未能及时改正导致违规行为进一步加剧、损失进一步加大,此时仅有监管措施显然已经不够,必须在监管措施之外,同时对其进行纪律处分。

自律监管机构可以根据具体情况加重监管措施或者纪律处分,是指监管对象已经被自律监管机构实施监管措施或者纪律处分的,应当根据相关要求及时自查整改,并报送或者披露相关自查整改报告。监管对象如果未按上述要求进行自查整改的,自律监管机构可以根据情况进一步实施监管措施或者纪律处分。

三、实施监管措施和纪律处分需考量的因素与适用的前提条件

(一)适用监管措施和纪律处分需要考量的基本因素

适用监管措施和纪律处分,应当综合考虑监管对象违规行为的主观因素、客观因素和具体情节等因素。

(1)主观因素包括:① 监管对象的主观状态是否存在过错,过错是故意还是过失;② 监管对象为单位的,该单位是否存在内部人共同故意,或者是否仅系相关个人行为造成单位违规;③ 违规行为发生后,监管对象是否继续掩饰、隐瞒,是否采取适当的补救、改正措施;④ 违规行为发生后,监管对象是否及时向自律监管部门报告,在调查中是否积极配合,是否干扰、阻碍调查的进行;⑤ 其他可能需要考虑的主观因素。

(2)客观因素包括:① 违规行为所涉及的相关金额的大小、占相关财务数据的比重;② 违规的次数、持续时间的长短;③ 违规行为对证券交易价格和投资者投资决策的影响程度;④ 违规行为对上市公司的证券发行上市、风险警示、暂停上市、恢复上市、终止上市、重新上市、重大资产重组、权益变动、

要约收购豁免、股权激励计划等事项或者条件的影响程度;⑤ 违规行为给投资者、上市公司造成损失的大小,违规当事人从中获取利益的大小;⑥ 违规行为对证券市场和证券监管造成的影响程度;⑦ 违规行为被相关行政机关、司法机关查处的情况;⑧ 其他需要考量的客观因素。

(3) 酌定情节因素包括:① 监管对象在违规事项中所起的是主要作用还是次要作用,是主动参加还是被动参加,是直接参与还是间接参与;② 监管对象对于违规事项及其内容的知情情况;③ 监管对象的职务、职责、权限、履职及诚信记录;④ 监管对象的专业背景和技能;⑤ 其他需要考量的情节。另外,监管对象存在下列情形之一的,交易所可直接对其从重采取监管措施或者纪律处分:① 监管对象最近 12 个月内曾受到中国证监会行政处罚;② 监管对象最近 12 个月内曾被交易所实施纪律处分或者监管措施;③ 违规行为导致证券或者证券衍生品种交易发生异常波动或者非正常停牌,情节严重。

(二) 适用监管措施和纪律处分的前提条件

1. 适用监管措施的前提条件

监管对象的违规行为,未对证券市场、上市公司、投资者以及证券监管工作造成重大损失或者影响的,交易所可以对其实施相应的监管措施。

2. 适用纪律处分的前提条件

监管对象的违规行为具有下列情形之一的,交易所可以对其实施相应的纪律处分:(1) 对证券市场、上市公司、投资者或者证券监管工作造成重大损失或者影响;(2) 存在主观故意;(3) 拒不配合证券监督管理机构或交易所的监管;(4) 未采取措施予以补救或改正;(5) 交易所规定的其他情形。监管对象的违规行为符合上述规定的情形,交易所除了可以采取相应的纪律处分,在必要的情况下还可一并采取监管措施。

四、自律监管机构执法的程序规制

自律监管机构在执法过程中,无论是采取监管措施还是采取纪律处分,均需受到程序规制,以防止自律监管机构滥用执法权。在此仍然以《上海证券交易所纪律处分和监管措施实施办法》(2013 年 7 月 1 日起实施)为实例进行讨论。该《办法》在第四章和第五章分别规定了纪律处分与监管措施的实施程序。在实施监管措施和纪律处分两种执法活动中,纪律处分更能给监管对象带来权利限制,增加义务负担,因而需要更严谨的程序制约,故本书重点研究纪律处分的实施程序。

(一) 纪律处分的执行机构

证券自律监管机构负责证券发行和交易的日常监管,实施纪律处分是基于监管对象违规行为而采取一种特别制裁措施,因而需要在内部设置专门机构执行纪律处分事务。这一机构通常称为纪律处分委员会。按照《上海证券交易所纪律处分和监管措施实施办法》的规定,上交所纪律处分委员会委员共 20 名,由交易所监管部门专业人员、法律部门专业人员及交易所之外的专业人士组成。纪律处分委员会委员出席纪律处分审核会议,根据自身专业判断,独立发表审核意见并行使表决权,不受任何单位和个人的干涉。

1. 委员的条件及其聘任与解聘

纪律处分委员会委员应当具备下列条件:熟悉有关证券法律、法规、行政规章和交易所业务规则;熟悉证券市场情况及交易所自律管理业务;坚持原则、公正廉洁;交易所要求的其他条件。

纪律处分委员会委员由交易所总经理聘任,每届任期 3 年,可以连任。纪律处分委员会委员有下列情形之一的,予以解聘:任期内因职务变动不宜继续担任纪律处分委员会委员;连续两次无故缺席审核;任期内严重渎职或者违反纪律处分委员会工作纪律;本人提出书面辞职申请经批准;不适合担任纪律处分委员会委员的其他情形。

2. 纪律处分委员会的组织机构

纪律处分委员会设主任委员 1 名、副主任委员 3 名。常设机构为纪律处分委员会工作小组,设于交易所法律部,负责受理纪律处分事项、准备纪律处分审核会议、办理日常事务。纪律处分每次审核参与委员为 5 名,由纪律处分委员会主任委员指定。其中设召集人 1 名,由主任委员或其指定的委员担任。纪律处分每次审核安排秘书 1 名,负责准备会议资料、发送会议通知、进行会议记录等具体事宜。

3. 委员履职纪律

纪律处分委员会委员履行职责时,应当遵守下列规定:勤勉尽职,认真审阅纪律处分相关材料;按时参与审核,独立公正地发表意见;不得泄露审核内容、表决情况及其他有关事项;不得私下与纪律处分事项有关的单位或者个人接触,不得接受其馈赠;不得利用在履行职责时获取的非公开信息,为本人或他人谋取利益。

纪律处分委员会委员在审核纪律处分事项中,遇有下列情形之一的,应当回避:担任该纪律处分事项监管调查人员;本人及其近亲属是纪律处分对象,或者担任作为纪律处分对象的上市公司或会员的董事、监事、高级管理人员;本人及其近亲属持有作为纪律处分对象的上市公司或会员5%以上股份或者是其实际控制人,或者担任持有该上市公司或会员5%以上股份的股东、实际控制人的董事、监事、高级管理人员;与纪律处分事项有其他利害关系,可能影响纪律处分公正处理。

(二)纪律处分执行程序

1. 纪律处分审核会议的准备程序

第一,发送纪律处分意向书。交易所监管部门认为应对监管对象实施纪律处分的,应当先向监管对象发送纪律处分意向书。但交易所监管部门认为监管对象违规事实清楚且情况紧急,需要立即启动纪律处分程序的除外。纪律处分意向书,由交易所监管部门直接以部门名义向监管对象发送。纪律处分意向书应当向监管对象说明拟实施的纪律处分及简要理由,要求其在5个交易日内予以书面答复。监管对象应当自收到前条规定的纪律处分意向书后5个交易日内,书面回复是否接受交易所将实施的纪律处分;对将实施的纪律处分有异议的,应当书面说明理由。

第二,制作纪律处分建议书。监管对象对纪律处分意向书予以书面回复或者届期未作回复的,交易所监管部门应当及时向纪律处分工作小组提交书面的纪律处分建议书及相关材料。纪律处分建议书,应当包括监管对象违规的基本事实、建议实施的纪律处分类型及理由等内容。交易所监管部门提交纪律处分建议书时,应当同时提交监管对象违规的基本证据材料、纪律处分意向书(如有)、监管对象的回复(如有)等材料。

第三,安排召开纪律处分审核会议。纪律处分工作小组应当及时对交易所监管部门提交的纪律处分建议书及相关材料进行形式审核。材料完备的,予以接纳并及时安排召开纪律处分审核会议。纪律处分审核会议召开前,纪律处分工作小组应做好通知参审委员、指定会议秘书、确定会议时间及地点等准备。会议秘书应及时将会议时间、地点、议程等事项通知参审委员及其他参加人。

2. 纪律处分审核会议的程序

纪律处分审核会议由召集人主持。审核会议按照下列程序进行:(1)交易所参与该纪律处分事项调查的人员向参审委员报告有关情况,并接受参审委员询问;(2)召集人组织委员对审核事项逐一发表个人审核意见,并进行总结;(3)参审委员对审核事项进行投票表决;(4)会议秘书统计投票结果;(5)召集人宣布表决结果,形成处分意见;(6)参审委员在审核会议记录及表决结果上签名。参加审核会议的委员认为有必要的,可以要求交易所监管部门通知监管对象到会陈述意见、接受询问。

3. 纪律处分审核会议表决的方式

纪律处分审核会议表决,以记名方式进行,表决票设同意票和反对票两种。同意票数达到 3 票为通过,少于 3 票为未通过。参审委员投反对票的,应当在表决票上说明反对的理由。参审委员发现存在明显影响判断且尚待进一步调查核实的重大问题时,可以在审核会议上提议暂缓表决。经 2 名以上参审委员提议,应当暂缓表决。

4. 对纪律处分事项的处理

纪律处分委员会根据审核表决结果,对提请审核的纪律处分事项作出如下处理:认为应当予以纪律处分的,制作纪律处分意见书;认为相关事实不清、证据不足,或遗漏违规事实、违规行为人的,退回交易所监管部门补充调查;认为不存在违反交易所业务规则情形,或者虽违反交易所业务规则但情节轻微,无须给予纪律处分的,转交交易所监管部门处理。

交易所根据纪律处分委员会的纪律处分意见书作出纪律处分决定。作出取消会员资格的纪律处分决定的,还需要经交易所理事会审议通过。

纪律处分决定书中应当载明监管对象的违规事实、监管对象的申辩理由及其采纳情况、决定实施的纪律处分及其适用理由、适用规则。对于可以申请复核的纪律处分决定,纪律处分决定书中应当告知监管对象申请复核的期限及相关要求。

5. 通讯表决方式审核的情形

属于下列情形之一的,可以通过通信表决方式进行审核:对监管对象进行通报批评;监管对象表示接受纪律处分意向书所提出的纪律处分;事实清楚、情况紧急,需要立即启动的纪律处分。通过通信表决方式进行审核的,由纪律处分委员会主任委员指定 5 名委员直接进行表决,形成纪律处分意见书。

(三) 纪律处分听证程序

1. 适用听证程序的纪律处分种类

交易所监管部门发出的纪律处分意向书中提出拟对监管对象实施公开谴责、公开认定不适合担任相关职务或交易所规定适用听证程序的其他纪律处分的,监管对象可以要求举行听证。

2. 听证会的前期准备程序

监管对象要求听证的,应当在收到纪律处分意向书后 5 个交易日内,以书面方式向交易所监管部门提出,其中应当载明要求听证的具体事项及申辩理由。

监管对象就其申辩理由提交相关证据材料的,应当在收到纪律处分意向书后10个交易日内提交。在此期限之后提交的,应当具有合理理由并经参加听证会的3名以上委员认可,方可作为有效证据。

交易所监管部门收到监管对象的听证要求后,应当将其与纪律处分建议书等材料一同提交纪律处分工作小组。监管对象的听证要求符合交易所相关规定的,纪律处分工作小组及时安排召开纪律处分听证会。

交易所在纪律处分听证会召开的5个交易日前,书面通知监管对象举行听证的时间、地点及相关事宜。

监管对象应当按期参加听证。除监管对象因合理理由向交易所申请延期举行听证,获得交易所同意的情形外,监管对象未按期参加听证的,视为放弃听证权利。

出现下列情形的,听证可以延期举行:因不可抗力使听证无法按期举行;监管对象因合理理由向交易所申请延期举行听证,获得交易所同意;监管对象在听证会上申请委员回避,获得交易所同意;交易所认为应当延期听证的其他情形。

交易所举行纪律处分听证,不向监管对象收取费用。

3. 听证会的会议程序

第一,每次纪律处分听证会由纪律处分委员会主任指定的5名委员参加,听证召集人由纪律处分委员会主任委员或其指定的委员担任。委员的回避程序适用上述纪律处分委员会委员在审核会议中回避的各种情形。

第二,监管对象可以自行或委托代理人参加听证,一方参加听证的人数不得超过3人。监管对象委托代理人参加听证的,应当在听证会召开的2个交易日之前,向交易所提交授权委托书。监管对象有权在纪律处分听证会上,就违规事实及其情节、适用的规则、拟作出的纪律处分等进行陈述和申辩,对交易所监管业务部门提交的证据进行质证。监管对象参加听证,应当遵守听证会的程序和纪律,根据要求如实陈述事实和回答提问。

第三,听证召集人可以对监管对象在听证中的不当行为予以制止。不听制止的,听证召集人可以责令其退出听证会场。听证会秘书应当将听证的内容予以现场记录,并交由参会的委员、监管对象及交易所监管部门人员现场签字或盖章确认。相关人员认为听证记录有误的,可以要求补充或者修改。听证记录无误,但相关人员拒绝签字或盖章确认的,听证会秘书可以将相关情况记入听证记录予以存档。

第四,听证结束后,参会委员应当按照相关规定召开纪律处分审核会议,形成纪律处分意见。

五、自律监管机构执法的司法介入

由于本节研究的是自律监管的执法问题,故这里的司法介入仅仅讨论行政诉讼对自律监管机构执法的司法审查问题。英国的丹宁勋爵在其《法律的训诫》中说:"19世纪,在我们的事务中个人处于支配地位,20世纪,集团处于支配地位。……与政府的权力一样,这些集团(如证券自律监管机构——笔者注)的权力也能够被误用或者被滥用。因此,问题同样是:法律有限制它们滥用或误用权力的办法吗?"[1]所以,这里首先需要回答的是,对于自律监管机构执法,限制、取消或者剥夺了监管对象的证券权利,或者增加了监管对象的证券义务,而监管对象又不服,其救济渠道如何解决?《上海证券交易所纪律处分和监管措施实施办法》第84条规定:"对本所业务规则规定的可申请复核的纪律处分,纪律处分对象不服本所纪律处分决定的,可以按照本所关于复核程序的相关规定,向本所复核委员会申请复核。复核期间该处分决定不停止执行。本所另有规定的除外。"向交易所内部的复核委员会申请复核,对监管对象而言不是一种独立的权利救济渠道,因为"任何人不能做自己案件的法官"。在对自律监管机构进行监督,防止其因权力滥用,司法程序,或者说行政诉讼无疑应当是一项最主要也是最有效的措施。而要通过行政诉讼来监督行业组织并为监管对象提供救济,首先要解决的问题就是自律监管机构是否具有行政诉讼被告主体资格的问题。

通过法院受理对自律监管机构行为不服提起的行政诉讼来追究其行政法律责任,国外已经有法律对此进行了规定。例如,德国《联邦行政法院法》就规定了行政法院的审查对象包括行业组织制定的自治规章,在德国首先被列为审查对象的就有根据建设法典的规定发布的自治规章。[2] 另外,哈萨克斯坦1996年3月3日颁布实施的《社会团体法》也规定,法院可以根据公民的投诉,在社会团体破坏宪法和法律、多次从事超出其章程规定的目的和任务的情况下,作出中止其活动3—6个月的决定。如果该社会团体在规定期限内未再违反宪法和法律,上述期限结束后可以恢复活动。如果该社会团体继续违法,公民有权要求法院予以取缔。[3] 有学者认为,现代行政诉讼的范围应作如下界定:只要某一机构在重要公共生活领域中行使的是事实上的垄

---

[1] 〔英〕丹宁勋爵:《法律的训诫》,杨百揆、刘庸安、丁健译,法律出版社1999年版,第163页。
[2] 于安编著:《德国行政法》,清华大学出版社1999年版,第92页。
[3] 任允正、于洪君:《哈萨克斯坦〈社团法〉与〈政党法〉》,载《外国法译评》1996年第4期。

断权,个人要想在这个领域生存,只有遵从它的规则、要求和决定,而无其他选择时,就应当接受司法的审查。也有学者认为,如果某一团体或机构的行为或决定有别于私法制度下只是对权利和义务的分配,而对公众或团体成员有实质性影响时,就应当接受司法的审查。①

在我国,2005年发布最高人民法院《关于对与证券交易所监管职能相关的诉讼案件管辖与受理问题的规定》(法释[2005]1号)对证券交易所履行监管职能诉讼的性质采取了开放性的规定方法。该司法解释明确规定,根据《民事诉讼法》第37条和《行政诉讼法》第22条的有关规定,指定上海证券交易所和深圳证券交易所所在地的中级人民法院分别管辖以上海证券交易所和深圳证券交易所为被告或第三人的与证券交易所监管职能相关的第一审民事和行政案件。该司法解释同时规定,证券交易所根据其章程、业务规则、业务合同的规定,对证券发行人及其相关人员、证券交易所会员及其相关人员、证券上市和交易活动作出处理决定引发的诉讼,属于法院受理的与证券交易所监管职能相关的诉讼案件。② 可见,该司法解释并未将此类案件的诉讼性质完全明确界定为民事诉讼,这就为司法实践适用行政诉讼程序提供了可能。正是基于此,在现实司法实践中,已有将证券交易所作为行政诉讼的被告,法院也以行政案件予以立案并受理,作出行政诉讼裁判文书的案例。③ 本书甚至认为在条件成熟的时候,将现行《行政诉讼法》第2条的适用范围扩大至社会自律监管机构因实施带有社会公法性质的行为而引发的诉讼,从而使被监管对象的合法权益通过行政诉讼的司法救济程序得到保障。

---

① 杨伟东:《行政的疆域及其界定》,载《法学论坛》2007年第7期。
② 该司法解释关于与证券交易所监管职能相关诉讼案件的完整内容包括:证券交易所根据《公司法》《证券法》《证券投资基金法》《证券交易所管理办法》等法律、法规、规章的规定,对证券发行人及其相关人员、证券交易所会员及其相关人员、证券上市和交易活动作出处理决定引发的诉讼;证券交易所根据国务院证券监督管理机构的依法授权,对证券发行人及其相关人员、证券交易所会员及其相关人员、证券上市和交易活动作出处理决定引发的诉讼;证券交易所根据其章程、业务规则、业务合同的规定,对证券发行人及其相关人员、证券交易所会员及其相关人员、证券上市和交易活动作出处理决定引发的诉讼;证券交易所在履行监管职能过程中引发的其他诉讼。
③ 参见《广东省高级人民法院行政裁定书》[(2013)粤高法行终字第232号]——"上海顺泰创强实业有限公司等与深圳证券交易所不履行法定职责行政纠纷上诉案"。

第五章 证券信息公开监管

证券监管法的一个重要目标就是促使证券市场中的相关主体真实、准确、完整、及时地向投资者披露信息,给投资者一个透明而真实的证券市场。在证券监管法体系中肩负这一使命的就是信息公开制度。证券信息公开制度,是指证券监管法要求证券市场运行主体在证券发行、交易、服务以及监管过程中,依法以一定的方式向社会公众公开与上述活动有关的可能影响证券价格的真实信息,以便投资者能够获取该真实信息而作出证券投资判断的证券监管法律制度。证券信息失灵往往会直接导致证券市场的失灵,证券信息在证券市场运行过程中起着核心作用,因此,信息公开制度在证券监管法律制度的框架中居于基础性地位。证券发行注册制的改革,必然伴随着证券信息公开制度的变革,2015 年"《证券法》修订草案"将以往散见于相关章节的信息公开制度进行梳理修改完善之后,集中以第六章专章规范。注册制背景下信息公开制度的变革也是本章研究的一个重点。

第一节 证券信息公开制度的基础理论

一、证券信息的公共产品性质

在某种意义上讲,证券市场就是一个信息市场,证券市场的运转过程就是一个证券信息处理的过程,证券市场效率的关键问题是如何提高证券信息的充分性、准确性和对称性。比如,我国上市公司信息公开的主动性、充分性不足的现象较为普遍,上市公司往往以达到最低公开要求为准,致使上市公司缺少应有的透明度。

证券信息包括可能影响证券价格和市场参与者行为的所有信息,在证券市场中,证券信息是稀缺的,这种稀缺性决定了证券信息成本(security information cost)的存在。管制经济学(芝加哥学派)的主要代表人物之一乔治·施蒂格勒首先冲破了传统经济理论的完全信息假设理论,指出信息搜寻是必然存在成本的,因此,买方和卖方对有利价格的搜寻都是有限的。当信息成本高于股市投资预期收益时,投资者将不再搜寻和发掘对自己有用的相关信息，信息成本的存在决定了市场上完全信息的不可能性和市场信息供给量的边际。①

就本质而言，信息属于一种公共产品，因而它与一般公共产品一样具有非排他性和非竞争性。而且，信息费用可以被视为一种固定成本。由于信息的这种固定成本性质，信息密集型的市场如证券市场，就会存在不完全竞争状态。

信息的公共产品性质和可能带给上市公司的负外部性会增加信息的搜寻成本；同时，信息作为一种特殊商品，其质量难以辨别的特点又加重了信息的消费成本，这不仅有损于投资者的信心和市场公平，而且有损于资本资产的价格发现和配置效率。可见，资本市场交易中的信息成本对资本资产价格的形成具有不可低估的作用，搜寻信息所产生的成本也是导致证券市场信息失灵的重要原因。

证券市场上的违法行为通常与证券信息公开的不充分性和不及时性有直接的关系。

因此，维护证券信息的公开性、公平性以及提高证券信息的效率，是保证投资公众的信心与利益，实现资本优化配置的关键所在。只有依靠政府和自律监管机构的监管力量来促进信息的完全性和对称性，才能减少信息失灵和信息成本。高质量的信息监管是抑制投机泛滥，防止证券欺诈和操纵证券市场的重要手段。

二、证券信息公开制度的含义和历史考察

证券信息公开制度，是上市公司及其他证券法所规定的主体，依照法定的方式，将与证券发行和交易有关的重大信息予以公开的一种证券法律制度。"公开"一词译自英文"disclose"，"disclose"的英文含义有"uncover, allow to be seen; make known"，意即"披露；使显露；透露"。② 因此，信息公开制度亦称为信息披露制度，这两种称谓在本质上并无区别，只是在体现政府和自律监管机构对证券市场的干预方面，"公开"一词更为贴切。

证券信息公开制度是证券信息监管的基本形式。证券信息公开制度源于英国，而在美国证券市场得以发展和完善，并成为美国证券法的核心与基石。

---

① 最优寻求规则(optimal-search rule)显示，寻求最低价格一直要到寻求的预期边际收益等于寻求的边际成本为止。
② *Oxford Advanced Learner's Dictionary of Current English with Chinese Translation*, Oxford University Press, 1984, p. 336.

(一) 对美国信息公开制度的考察。

美国在其证券立法中首创"公开、公平、公正"的"三公"原则,核心就在于证券信息的公开。正如路易斯·罗思(Louis Loss)教授所说:"在联邦法律中有一种不断出现的概念,开始是信息披露,接着还是信息披露,后来越来越多的信息披露。"[①]美国的证券立法对上市公司的信息公开做了较详细的规定,主要涉及初次公开、持续公开和内幕人员交易公开等方面的内容。20世纪90年代以来,针对证券市场发生的新变化,美国证券交易委员会又积极地修改有关的规章制度,使信息公开进一步规范化,以提高信息公开制度的效率和效用。

1. 美国信息公开制度的基本内容

美国信息公开制度的基本内容主要包括:证券法规定必须公开的文件;股票信息公开的内容与格式;初次公开;持续性公开;"内部人员"交易的公开。

(1) 几个主要必须公开的文件。

第一,招股说明书。招股说明书又称"公开说明书"。美国1933年《证券法》第2条第10款规定:"招股说明书"是指通过书面形式、无线电或电视等方式提供的、用于出售任何待出售证券或确认任何证券之出售的招股书、通知、广告、信函或通信[②],并且生效的公开说明书必须符合《证券法》第10条规定的内容和格式。可见,美国证券法中的公开说明书形式多样,如此安排,有利于提高发行效率。招股说明书制度是上市公司信息披露制度的重要组成部分,其宗旨是让投资者了解情况,使投资者及时对投资价值作出估价,意义和功能表现为:为投资者提供理性判断正确决策依据;招股说明书披露的信息最为全面,涉及发行人财务、管理、营运等多个方面,构成了整个信息披露制度的基础,是其他公开文件如上市报告书、年度报告、中期报告、临时报告、财务报告等前提和基准。这些法律文件只需补充有关材料即可符合相关要求。

第二,上市公告书。上市公告书是证券交易所规定的申请上市的发行公司必须提交并公布的报告。上市公告书除招股说明书的主要内容外,还包括上市情况、证交所要求的事项。

---

① L. Loss,*Fundamentals of Securities Regulation*,Little Brown&Co.,1983,p. 7.
② 该法条原文是:"The term 'prospectus' means any prospectus, notice, circular, advertisement, letter, or communication, written or by radio or television, which offers any security for sale or confirms the sale of any security."

第三，用于公司债券发行的募集文件称为募集说明书，其内容与招股说明书相似，但相对简化。

(2) 股票信息公开的内容与格式。美国证券交易委员会(SEC)为了简化和明晰对信息公开的管理，在1982年制定了信息综合公开的制度。该制度主要体现为S系列和F系列表格及规则S-K、S-X。S-1、S-2、S-3表格为公开发行人向证监会注册登记的信息公开内容，其中S-1表格为初次发行人申报所用，内容十分详尽；S-2和S-3表格为S-1表格的简化。F-1、F-2、F-3表格则为外国发行人所适用的，内容与S系列表格相仿。因此，S-1表格具有典型意义，具体介绍如下：

S-1表格包括17项内容，其中前12项内容招股说明书必填。这17项内容包括：申报表前言与招股说明书封面外页；招股说明书封面内页与封底外页；信息摘要、风险因素及盈余对固定支出比率(ratio of earnings to fixed charges)；募集资金的运用；发行价格或决定发行价格的方法；股份稀释(指由于内部人与公众购股价格的差异和期权方案造成的每股净值减少)；出卖证券之证券持有人的基本情况(如果登记证券由证券持有人提供)；发行计划(包销的有关情况，主要是承销协议的内容，包括稳定市场价格的方案)；应注册证券之叙述(主要是其基本情况，以发行证券的种类不同而有不同规定)；在登记表上署名的会计师、律师、承销商方面的专家与该证券的利益关系；有关发行人的信息；证监会对证券法责任补偿(indemnification)的立场揭示(有固定的内容，表明证监会认为对登记人的董事、经理人和其他主要工作人员由于违反证券法而应承担责任的补偿是不具有执行力的)；其他发行费用；董事、经理人和其他主要工作人员的保险和责任补偿(限于其职权范围，出于善意或为维护公司最大利益，包括诉讼费、律师费、判决协调费等支出)；过去3年内未按1933年《证券法》注册证券之出售(包括销售概况、主要购买者和资金运用情况等)；附件及财务报表；对相关事项的保证。

(3) 初次公开。初次公开要求发行公司在发行注册书、招股说明书、上市公告书中和其他的有关材料里，详细地披露公司经营的起始日和过去5年来的经营状况、市场及行业的竞争状况、过去5年的财务资料和审计报告、公司董事及主管人员的名单及报酬等情况、公司有无法律诉讼情况、普通股的股价及股利等。

根据美国1934年《证券交易法》关于注册的规定，所有在证券交易所上市的公司都应依法登记注册，除了享受注册豁免的证券发行以外，没有取得注册批准的证券发行均属违法。

发行注册书主要有以下内容：公司营业的开始日期和过去5年的进展情

况、主要产品市场及行业的竞争情况等;发行公司过去 5 年的财务资料与逐年的审计分析报告;公司财产情况;公司董事及主要职员的资历、报酬情况;公司过去的法律诉讼情况;公司普通股的股价、股利等情况。

(4) 持续性公开。注册公司在证券发行后,每年仍需定期向证监会或其他主管机关提供有关本公司营业及财务状况的报告和报表资料,公司若有重大情况变化也必须及时上报有关部门。这些报告应分送证券交易所或证券商公会等处,供投资大众阅览以便投资者了解上市公司每年的经营状况,做投资的参考。视实际情况不同,证券主管当局还可命令发行公司随时提交财务或营业报告以备审查。

另外,1934 年《证券交易法》还规定了财务报告和其他报告报送的次数和格式。第一,1934 年《证券交易法》制定的 10-Q 格式,这是为季度报告规定的格式,这种季度报告由该法规定需要报送报表的公司填写,10-Q 格式的第一步要求公司提供:最近会计季度的收入表、最近会计季度结束时的年度收入表和上一会计季度同期的收入表;最近会计季度末的资产负债表和上一会计年度同期末的资产负债表;到最近会计季度结束时本年度的资金来源和使用说明书,上一会计年度同期的资金来源和使用说明书。第二,1934 年《证券交易法》制定的 10-K 格式是为年度报告规定的,这种年度报告由该法规定需要报送报表的公司填表。它是应向证券交易委员会按期报送的主要公开文件,需要对公司的业务和管理情况作广泛的披露,还要报送上两个会计季度的经过审核的资产负债表、收入表、资金来源使用说明书,还应附有广泛的作为补充的注释的表格。

(5)"内部人员"交易的公开。根据 1934 年《证券交易法》第 16 条的规定,公开发行公司的每一位高级职员、董事和直接或间接拥有公司任何一种股票的数量达到 10% 以上的股东,都具有内部人的身份。内部人员违反职守向他人提供情报,该接受情报的人被认为是"能获得内部情报者"。为此,必须明确:① 限制内部人员和接受情报的人根据未公开的信息进行交易。根据 1934 年《证券交易法》规定,公司内部工作人员在 6 个月内,通过先买进后卖出或先卖出后买进公司证券的方式所获的利润,都可由发行人收回,用于弥补公司所蒙受的影子损失。② 禁止滥用内部情报。③ 内部人员交易的公开。董事、高级职员和拥有公司各种股份证券 10% 的所有人应向证券交易委员会提交他们股份持有情况的报告。这种内部人员,在具有内部人员身份的 10 天内,或在公司的一种证券成为 1934 年《证券交易法》的监管对象时,必须提出他在公司中占有股份的情况报告,在所有权发生变化时,应在发生变化的当月结束后的 10 天内另行提出附加报告。

2. 美国证券信息公开制度的与时俱进

美国证券市场始终处于发展和变化之中,它的证券信息公开制度亦因时而动,因应时事。即美国证券交易委员会积极修改了有关的规章制度,使信息公开行为更加规范,证券信息公开制度的效率进一步提高。

(1) 进一步加强证券信息公开制度的及时性和高效性。具体表现为:① SEC 根据法律制定了 8-K 报告书要求证券发行人及时报告发行的重大事项。② SEC 通过审批交易所规则的权力来促使交易所对上市公司提出更高的信息技术要求。③ 自律组织的规则必须提交 SEC 审查。美国证券交易所和证券业协会一方面根据其相关规则来评审公司的上市资格,另一方面,自律组织密切监察已经上市的公司,对不符合信息披露要求的公司予以摘牌。④ 1982 年 SEC 采纳了所谓"一体化信息公开系统",要求上市公司在年报中必须编制符合标准格式的数据材料,以便于投资者使用。⑤ 20 世纪 80 年代末 SEC 建立 EDGAR 系统(Electronic Data Gathering Analysis and Retrieval),为了促进信息公开提供服务。目前,在纽交所和纳斯达克(NASDAQ)的上市公司,年报和中报信息统一通过 SEC 的 EDGAR 系统披露。当需要上市公司作出澄清报告时,上市公司通过电子通道在 30 分钟内迅速报告,交易场所通过信息传输系统迅速进行信息披露。⑥ 1998 年 1 月,SEC 批准了所谓《简明英文规则》,要求上市公司使用明白易懂的英文公开有关信息。

(2) 证券登记与信息公开豁免。① 证券登记豁免。1933 年《证券法》第三节豁免了多种证券的登记义务,其中大部分是那些依赖于发行人的性质和证券特点的条款,所以这类证券称为"豁免证券"。1933 年《证券法》第四节规定了许多特定交易的豁免,这种登记豁免主要根据证券交易本身的特点来界定。一旦符合法定条件的交易结束,交易豁免便终止;与此不同,只要发行人及其证券保持法律规定的属性,证券豁免仍然可以持续。登记豁免并不排除发行人因违反 1933 年《证券法》和 1934 年《证券交易法》反欺诈规定而可能承担的责任①,而且该豁免也不影响州法律的登记要求。此外,一旦有人对豁免证券或交易的性质提出质疑,主张豁免的人须对符合豁免条件承担举证责任。② 证券信息公开义务的豁免。美国 1996 年《全国证券市场改进法案》对联邦证券法律进行了全面改革,在 1933 年《证券法》中新增第 28 节,授予 SEC 广泛的权力,可以豁免任何人、任何证券机构执行《证券法》及有关规则的规定,只要 SEC 认为这种豁免对保护公共利益和投资者是必要和适当的。类似的条款也作为第 36 节补充到 1934 年《证券交易法》中。在 SEC 能

---

① 高如星、王敏祥:《美国证券法》,法律出版社 2000 年版,第 78 页。

够确认安全的前提下,对相关主体的证券信息公开义务进行豁免,反映了美国证券法律兼顾安全与效率的价值取向,即在能够保证安全的情况下,尽可能提高效率。

(3) 对信息公开的简化处理。20世纪90年代以来,SEC为使信息公开进一步规范化,专门成立了一个简化披露的特别小组,对有关负有公开义务的证券发行和公众持股公司的组织结构和公开制度进行了彻底的审核和考察。结果是删除了一些已没有实际意义的规定,精简了公开的规则:① SEC通过对实例的调查,了解到简要的财务报告更能提高股东利用财务报告的效率,从而对原来的信息公开制度作出修改,允许上市公司提交给股东和其他投资者的年度财务报告中,使用简要的财务报表。② SEC提议修改有关重大收购活动的财务报表,不再要求发行公司在注册申请书中提供近期将要或已经完成的收购活动的审计财务报表,而只提供重大收购活动的信息,以提高重大收购活动的披露效率。

(4) 对证券信息公开规则精细化。SEC在对部分证券信息公开规则作出简化处理的同时,在另一些方面,对证券信息公开规则又进行精细化:① SEC对《证券交易法》中的S-K条例402款和S-B条例进行修订,要求上市公司在要求的年度委托书或形势报告以及10-K式年度报告中,列出详细的有关公司董事和高级管理人员的薪金、津贴等内容,并用列表介绍式的方法替代原先的只对经理人员津贴几个基本要素进行叙述说明的信息公开方式。② SEC对证券投资公司提供给股东的报告也作了更多的有关信息公开方面的要求。SEC发布了一系列新规定,要求投资公司改进它们向股东所作的风险揭示,减少专业术语和法律术语,而用一种让投资公众更易理解的表达方式,并同时向股东提供简化的公告书。当然这份简化的公告书必须包含一些特定的内容,如基金的投资方针、投资策略、风险和损失、收益状况、分红情况等。SEC还要求投资公司披露费用开支情况,如聘用自营经纪人而支付的经纪人佣金、为自营经纪人提供服务而收取的佣金、支付经纪人佣金的平均比率。这样就能为投资者提供更多的信息,让投资者对投资公司的费用开支和利润水平作比较后作出明智的选择。③ SEC对《证券交易法》作修正后还规定了证券经纪人和自营商需要披露的信息,如它们是否是证券投资者保护公司的成员、接受全国知名评级机构评级的债券评级情况、在某些场外证券交易所上市的证券的交易情况等。①

(5) 强化信息公开制度。2001年下半年被揭露的安然公司案以及随后

---

① Fox, Merritt B, "The Securities Globalization Disclosure Debate", v. 78, *Washington University Law Quarterly*, No. 2, 2000, pp. 567—596.

发生的世通、施乐等财务会计丑闻,让美国证券市场的"监管神话"在人们心里产生了严重动摇。为了应对严峻的信任危机,2002年7月30日,国会通过了《公众公司会计改革和投资者保护法》,即《萨班斯—奥克斯利法案》(Sarbanes-Oxley Act of 2002)。强化了信息公开制度、公司治理机构的完善、公司管理层的责任和会计师事务所等中介机构的责任等方面的内容。其中最为引人注目的莫过于规定上市公司的首席执行官(CEO)和首席财务官(CFO)在向SEC提交定期报告的同时,必须提交其向公司作出的个人书面保证,担保定期报告中财务报表的真实性和准确性。也就是说,CEO和CFO要为其所提交的定期报告的任何失实之处承担潜在的个人责任,包括民事责任和刑事责任。同时,法案还加强了刑事惩罚力度,规定CEO和CFO如果故意违反法案规定而提供不当书面保证,可被处以高达500万美元的罚款和上至20年的监禁(此前公司高级管理人员财务欺诈犯罪的最高刑期为5年)。《萨班斯—奥克斯利法案》因其近乎苛刻的强制信息公开措施,成为当今世界许多国家证券信息公开制度改革的示范。当然,这些措施能否有效防范虚假陈述、证券欺诈以及切实保护投资者利益,并在市场安全与效率之间协调兼顾,尚有待于实践的检验。

3. 美国证券信息公开制度的国际影响

受美国的影响,现今世界多国证券法均确立了证券信息公开制度。例如,日本在1948年制定《证券交易法》时,即参照了美国的1933年《证券法》和1934年《证券交易法》,吸收了信息公开制度,后经几度修正,至1988年臻于完善。同样,我国在证券立法上,也确立了信息公开制度。

纵观各国的证券立法,信息公开制度一般由证券发行时的信息公开和证券上市后的信息公开两部分组成。证券发行时的信息公开称为发行公开或初次公开,它是指证券发行人在首次发行证券时完全公开公司以及与其发行证券有关的所有信息,这是证券发行人应当承担的强制性义务。证券上市后的信息公开称为持续公开或继续公开,是指证券发行后,在上市交易的整个过程中,上市公司应定期或不定期依法公开与其发行证券相关的影响证券交易价格的重大信息。上述信息的公开均须以法定的方式进行,一般而言,要求在指定媒介上公布并在指定的地方置备,以供查阅。此外,还可由公司召开股东会公开以及通过召开记者会或新闻发布会等形式予以公开,有些信息资料还要求上市公司向投资者、证券商寄送等。至于具体形式,各国规定有所不同。

最后,有关对美国证券信息公开制度的考察,本书还想提及信息公开豁免制度的借鉴意义。如前所述,美国信息公开豁免制度反映了美国证券法律兼顾安全与效率的价值取向。可以说,美国证券市场的高效与繁荣是与其豁免制度的推动是分不开的,对此,许多国家也纷纷效仿和借鉴。比如,英国于1986年在《金融服务法》中明确规定,对特定对象发行的股票可以豁免注册。日本于平成四年(1996年)修订《证券交易法》,规定对不特定多数投资者实施的不超过5亿日元的有价证券申购的劝诱活动,可以免于公开披露义务,同时还确认了私募发行审核豁免制度。

目前我国《证券法》中尚无明确的信息公开豁免制度,仅在其第48条第2款对政府债券的上市审查豁免作出了规定,即"证券交易所根据国务院授权的部门的决定安排政府债券上市交易"。应当说,从提高证券市场效率的角度考虑,我国同样有必要建立相关证券豁免制度。

(二)我国证券信息公开制度的历史沿革

我国信息公开法律制度形成了以《证券法》为主体,行政法规、部门规章等规范性文件为补充的全方位、多层次的立法框架。2005年修订的《证券法》在《股票条例》《公开发行股票公司信息披露实施细则》的基础上进一步完善了该制度。我国证券市场信息公开制度的建立和发展的基本脉络如下:

20世纪80年代初,我国部分地区开始进行股份制试点,股份制企业开始零星出现并小规模发行股票,有关信息公开的规定也开始在一些地方性法规中出现。其中,如上海市人民政府批准中国人民银行上海分行发布的《关于发行股票的暂行管理办法》中就有这一方面的规定。20世纪90年代,随着股份制改革的不断深入,股份公司大量出现。沪、深两地证券交易所相继设立,中国的股票市场获得巨大发展,有关股份公司的法规、规章先后出台,如《上海市证券交易管理办法》《深圳市股票发行与交易管理暂行办法》《股份有限公司规范意见》等,在这些法规、规章中一般都含有信息公开的内容。1993年国务院颁布的《股票条例》以专章11个条文的篇幅对上市公司的信息公开事项作出规定,它与同年颁布的《公司法》共同奠定了我国证券信息公开制度的基础。

1998年我国通过《证券法》,该法作为我国证券市场的基本法,较为详细地规定了上市公司及有关机构和人员的信息公开义务和责任,我国证券市场信息公开制度至此得以真正确立。在此前后,中国证监会还陆续发布了《公开发行股票公司信息披露实施细则》(以下简称《信息披露细则》)、《公开发行证券的公司信息披露内容与格式准则》(以下简称《内容与格式准则》)、《公开发行证券的公司信息披露编报规则》(以下简称《编报规则》)、《公开发行证券的公司信息披露规范问答》(以下简称《规范问答》)等一系列规章。其中,《内容与格式准则》主要是根据上市公司应披露的文件类型而设计,内容涉及招股说明书、上市公告书、年报、中报、股份变动报告等;《编报规则》规定的主要是《内容与格式准则》在特殊行业(如金融、能源、房地产等)、特定环节(如改制上市、收购、兼并等)如何运用的问题,是对《内容与格式准则》的具体化。《规范问答》则是将证监会就普遍存在的具体信息披露问题所形成的结论性意见形成文件,用以消解监管者与被监管者对文件理解上的差异。

上述一系列法律、法规和规章的颁布实施,共同构成了我国上市公司信息公开制度的现有规范体系。

三、证券信息公开制度的意义

信息公开制度的意义是指信息公开所能达到的目的,它是上市公司监管法重要的着眼点,更是建立和完善信息公开制度的落脚点。信息公开制度的意义主要体现在以下几个方面:

(一) 信息公开制度最根本、最直接的意义在于保护公众投资者的投资权益

在证券市场上,大多数投资者与上市公司只具有一种松散和暂时的关系,他们并不希望也没有积极性去参与上市公司的管理,其利益和债权人的利益相似,是一种金融利益,或者说是一种投资收益利益,而不是管理利益。所以,投资公众可能要随时进行投资选择。实践表明,在投资领域,并非投资于任何上市公司的证券都能为投资者带来收益。只有那些财务状况良好、有发展潜力的上市公司才能给投资者带来近期或远期的收益,而投资者只有凭借上市公司公开的各种信息才能作出投资于何种证券的抉择。并且,这些信息对上市公司真实运营状况的呈现透明度越高,投资者作出准确判断的可能性就越大。

上市公司的经营状况是证券价格形成的决定因素之一,是投资者进行投资判断的重要依据。信息公开制度使上市公司以规范的方式、正确及时地公开其经营状况,从而保证广大投资者在作投资判断时均能有适当充分的信息依据,所以,公开性的证券市场是形成证券公平价格的基础。然而,在证券市场上,上市公司与证券商始终居于主动的强者地位,易于对证券交易信息进行垄断或操纵;而投资者则始终处于被动的弱者地位,欲获得其正常投资所需的充分信息较为困难。这种信息获取的不对称状况很容易造成证券市场的非公平性。上市公司的财务现状、发展潜力和商业风险等状况总是处于不

断变化之中的,如果只有少部分人知晓上市公司的上述变化,那么这少部分人即可利用预先知悉的信息从事证券交易,扭曲市场价格信号,进而操纵市场,致使一般投资者无法作出理性的价格判断和投资行为而使自己的利益受到损害;相反,操纵者转手之间却可获得巨额利润。因此,应当杜绝一切旨在引起股市剧烈波动的人为操纵因素,为实现这一目标,就得通过信息公开制度去消除证券市场上的信息偏在和信息垄断及信息封锁,使投资者能公平地获得有关证券的信息。信息公开制度要求发行公司及时、充分、真实地公开有关信息,使投资者在平等的条件下获取信息,这是防止证券欺诈和内幕交易行为、保护投资者投资权益的关键。如果没有信息公开制度,对于证券市场中的上市公司、证券商及其他极易利用内幕信息的人,则无法律上的约束,这将威胁到投资公众对证券市场的信心,甚至造成人们纷纷退出证券市场的结果。而一旦证券市场人气殆尽,则将无以存在和发展。投资者对证券市场的信心,是证券市场得以健康发展的社会心理基础。因此,证券立法基本框架的核心机制,就是上市公司信息的公开机制。

(二) 信息公开制度有利于优化公司内部管理

信息公开监管制度要求上市公司必须定期和不定期地公开其经营状况和财务状况,以及内部人员交易、股权结构变化等情况,使其经营状况始终处于社会公众的了解与监督之下。这种压力必然会促使公司大力加强内部管理,提高经济效益,以维护上市公司在证券市场上的良好信誉。

公开内部人员交易情况还能有效地遏制上市公司内部人员的不当竞业。所谓不当竞业,是指公司董事等高级管理人员为自己或第三人从事属于公司经营范围的交易时,利用职务之便来夺取公司交易机会,牺牲公司利益,或利用职务上知道公司机密的便利,而对公司造成损害。因此,一些国家的公司法规定董事等高级管理人员承担竞业禁止义务,来维护公司和股东的权益。董事等高级管理人员未尽竞业禁止义务,为自己或他人从事营业行为时,该行为虽然有效,但是必须通过股东会来表决,将该行为所得视为公司行为所得,即此时公司有权行使归入权。然而,公司法所要求的竞业禁止义务的公开,远不及证券法所要求的信息公开,后者将公司董事等高级管理人员与公司有利益冲突的行为更加暴露无遗,从而使公司内部监督转为社会监督。这样一方面更能维护公司、股东的合法权益,另一方面也能使内部管理得到不断优化,使舞弊行为难以生根。

(三) 信息公开制度有助于维护证券市场秩序

信息公开制度的有效实现,可以减少内幕信息的数量和隐蔽的时间,有助于抑制内幕交易等行为,从而减少投资者受内幕交易等不正当交易行为危害的可能性,提高证券投资的安全性。信息公开制度的运行可以在相当程度上缩小虚假信息在证券市场上存在的时间与空间,有助于及早发现和制止散布谣言等操纵市场行情的行为,从而有效地维护证券市场秩序。

(四)信息公开制度有利于发挥证券市场资源配置的功能

证券的发行与投资是实现社会资源配置的过程,这一过程,主要是通过市场机制来进行调节的。除去监管机构的监管因素,公司证券发行的数量、种类及时间均取决于证券市场的供求关系。证券投资是一个选择性的过程,而信息公开制度将发行公司的全部真实情况如实地展现在投资者面前,投资者可依据这些信息作出较为合理的投资取向。如果某一发行公司管理先进,实力雄厚,并且连年盈利,其发行的证券必然走俏,这样就使得资源流向高回报、高效益的公司,从而实现社会资源的优化配置。

四、证券信息公开义务的性质与责任主体

信息公开是证券信息监管的基本形式,因而出于监管目的的需要证券信息公开是以强制性公开为其特征的。所以,对于证券发行人或者其他特定主体来说,信息公开是一种必须依法履行的义务;证券发行人或者其他特定主体,要依照证券法的规定进行信息公开活动,否则要承担相应的法律责任。故而有必要研究证券信息公开义务的性质与信息公开的责任主体及其归责原则。

(一)信息公开义务的性质

1. 信息公开是特定主体的义务

信息公开义务人,是指根据证券法的规定,有义务以自己的名义公开有关证券发行和交易的信息,并对此承担法律责任的法人或自然人。2005 年修订后的《证券法》使用了信息公开义务人的概念[①],根据《证券法》的相关规定,信息公开义务人包括:(1)证券发行人。发行人在发行证券时,要以自己的名义公开与发行有关的信息。除了政府债券的发行人不需负信息公开义务以外,其他证券发行人都是信息公开义务人。(2)上市公司。上市公司是持续信息公开的义务主体,在其股票的整个上市期间,都应当按照《证券法》的规定持续公开信息。(3)上市公司控股股东。控股股东由于可以控制上

[①] 具体见《证券法》第 71 条和第 193 条中的相关规定。

市公司的经营活动包括信息公开活动,因此在特定情况下要履行直接的信息公开义务。① (4) 特定投资者。由于某些交易行为会对证券市场行情有较大的影响,法律规定某些投资者在特定情况下,也要公开其持有的特定股票或交易活动的信息,如在上市公司收购时就存在这一问题。

法律对信息公开义务人的总体要求是:信息公开义务人有权也有义务以自己名义发布应公开信息;信息公开义务人是应公开信息的最初拥有者,除了信息公开义务人之外,其他任何人无权公开应公开信息;信息公开义务人必须按法定方式发布应公开信息,并且对已发布信息的真实性、准确性、充分性和及时性,负有直接责任。

2. 信息公开法定

信息公开法定包括实体法定义务和程序法定义务。

(1) 实体法定义务。信息公开义务既不是具体当事人之间的合同义务,也不是特定信息公开义务人与全体投资者之间的约定义务,而是信息公开义务人面向整个证券市场的法定公开义务。理由有三:① 在证券发行中,虽然发行人与认购人是特定的双方当事人,但发行人的信息公开义务并非仅向认购人履行,而是向包括认购人在内的所有投资公众履行,因为有关证券发行的信息是对整个证券市场有影响的信息。② 在证券交易市场上,特定证券的交易双方是该证券发行人的股东或者债权人,发行人并不参与该交易,所以,发行人在信息持续公开中并不是基于证券交易关系而公开有关信息。③ 特定投资者的信息公开义务,也不是合同义务。如股份大量持有的信息公开,是向所有的投资者进行的;上市公司收购人的有关信息,不仅要向被收购公司的全体股东公开,也要向整个证券市场公开。

所以,信息公开义务是法定义务,是基于证券监管法的直接规定而形成的特定义务。信息公开义务人之所以应承担法定信息公开义务,是由于它发行和交易的股票或债券是投资者的投资对象,应该公开的信息影响投资者的投资判断与决定,与投资者权益有重大联系。同时,它发行和交易行为对证券市场的整体会产生直接影响。

(2) 程序法定义务。程序法定义务是指信息公开义务人不仅要公开法定的事项,而且还要按照法定的程序公开有关信息。这是因为,按法定程序履行信息公开义务,一方面便于投资者对所公开信息的识别,另一方面也便于证券监管机构及投资者对信息公开活动的监督,有助于确保信息公开活动的合法性与适当性。信息公开义务履行程序法定性的主要内容如下:必须采

---

① 《证券法》将上市公司的控股股东与发行人、上市公司并列为信息公开义务主体,使人感觉在一般情况下,上市公司的控股股东都要承担信息公开义务,如此规定似有不妥。

取书面形式公开有关信息;公开文件应记载的事项与格式,必须按照证券监管法或者证券监管机构的规定制作,另外,一些信息公开文件必须由有证券从业资格的专业机构及其专业人员制作,应当符合法律要求,例如,财务报告必须由会计师事务所及其注册会计师制作,法律意见书必须由律师事务所及其律师制作等;信息公开义务必须严格按照法定的时间履行,如中期报告和年度报告应当在法定期间内提交并公告,重大事件报告应当立即报告和公告等;公开信息必须通过法定的媒介或在法定的场所履行,按照法律、行政法规规定必须作出的公告,应当在国家有关部门规定的报刊上或者在专项出版的公告上刊登,同时将其置备于公司住所、证券交易所,供社会公众查阅。

3. 信息公开是向不特定的投资者履行的义务

信息公开义务人的信息公开义务,一方面与合同义务中义务的相对性不同,它不是向特定的投资者公开其信息;另一方面与合同当事人的说明义务也有所不同,合同当事人的说明义务是基于合同关系,一方当事人向对方当事人如实说明自己一方有关事项的义务。但信息公开义务是基于法律的直接规定而产生,在信息公开活动所形成的法律关系中,按照法律规定向投资者公开信息的义务人是特定的,而享有证券信息权利的主体则是不特定的,信息公开义务要向整个证券市场的所有投资者履行,而不用考虑权利主体与信息公开义务人之间是否已经存在某种法律关系。

(二) 信息公开的责任主体及其归责原则

信息公开义务人包括证券发行人、上市公司和上市公司控股股东,但这与信息公开的责任主体不能等同,信息公开的责任主体范围要大于义务主体的范围。因为根据《证券法》的规定,除了信息公开义务人在违反信息公开法律制度时当然要承担相应的法律责任之外,发行人、上市公司的董事、监事、高级管理人员和其他直接责任人员,保荐人、承销的证券公司,发行人、上市公司的控股股东、实际控制人,出具信息公开文件的专业机构及其专业人员,视其具体情况也要承担相应的法律责任。而且,根据各个责任主体在信息公开活动中的地位和作用,其归责原则也不相同,归责原则包括无过错责任、过错推定责任和过错责任。①

1. 发行人与上市公司

证券发行人与上市公司是主要的信息公开义务人,如果其信息公开活动

---

① 信息公开法律责任包括民事责任、行政责任和刑事责任,这里只讨论民事责任。

违反证券法律的规定,应当依法承担无过错责任。发行人、上市公司应当对已公开信息的真实性、充分性和准确性负法律责任,而且是一种严格责任(strict liability)。即使其主观上无任何过错,当其信息的真实性、充分性和准确性出现了错漏或不实,亦当承担责任。即其责任的承担不以过错为要件,也正是从这个角度而言,其承担的是一种无过错责任。

2. 发行人、上市公司的董事、监事、高级管理人员和其他直接责任人员

发行人、上市公司的董事、监事、高级管理人员等不是信息公开义务人,他们可以预先掌握应公开信息的内容,但无权自行公开有关信息;他们在信息公开活动中,与投资者之间并无直接的联系,只是因其职务上的关系,因发行人的信息公开活动而与投资者发生间接的联系。即他们在公司信息公开活动中的行为只是执行职务,按通常法理,在发行人、上市公司违反信息公开制度时,只可直接追究其董事、监事、高级管理人员的行政责任和刑事责任,而一般难以直接追究其民事责任。将发行人、上市公司的董事、监事、高级管理人员违反信息公开制度的民事责任,由间接责任改为直接责任,是《证券法》对民商法一般规则的重要修正。①

《证券法》修正的理由为:一是董事、高级管理人员在公司中具有支配或决定地位,对公司信息公开文件的制作、公开或使用活动均具有决定性的作用;二是证券法规定这类人员直接承担信息公开责任,包括承担直接的民事责任,有助于约束其在信息公开活动中的行为,促进其依法履行职务,以此提高信息公开的质量和信息公开制度的实效。

当然,此类人员毕竟不是信息公开义务人,因此不适用严格责任原则,而是适用过错推定原则,即当发行人、上市公司的虚假公开等行为给投资者造成损害时,发行人、上市公司的董事、监事、高级管理人员如果能够证明自己没有过错的,可以免责。

3. 保荐人、承销的证券公司

由于保荐人要承担保荐责任,证券承销商是发行人与投资者之间联系的中介,因此保荐人、证券承销商在证券发行中起到重要作用。在信息公开方面的作用表现在:一是保荐人应当对发行人的申请文件和信息披露资料进行审慎核查,督导发行人规范运作;二是证券公司承销证券,应当对公开发行募集文件的真实性、准确性、完整性进行核查。在证券发行过程中,证券发行情

---

① 以日本为例,日本《公司法》规定董事对第三人的责任的具体内容之一,就是董事对信息公开文件有虚假记载等内容时,对第三人承担连带赔偿责任。其《证券交易法》甚至将信息公开文件中有虚假记载等内容时的赔偿责任主体扩大到公司高级职员(分别见日本《商法》第266条之三第2款和日本《证券交易法》第21条)。

况与投资者对保荐人、承销商的信赖程度有一定联系,这种投资者对保荐人、证券承销商的信赖关系,便成为要求保荐人、承销商对发行人的信息公开活动负直接法律责任的立法根据。但是由于保荐人、承销的证券公司自身并不是信息公开义务人,因此《证券法》对其信息公开责任的承担采取的也是过错推定原则。①

4. 发行人、上市公司的控股股东、实际控制人

发行人、上市公司的控股股东、实际控制人,由于能够实际支配发行人、上市公司的行为。因此,这类主体如果实际操纵了发行人、上市公司的信息公开活动,并产生违法后果的,则也要追究其相应的过错责任,即追究发行人、上市公司的控股股东、实际控制人的信息公开责任时,应当采取过错责任原则。

5. 证券服务机构

证券服务机构与发行人或者上市公司之间的关系,是民法上的服务合同关系,证券服务机构因此种关系而与投资者的联系是间接性的。证券服务机构对出具文件的内容没有公开义务,相反,他们对出具文件的内容以及在制作文件过程中知晓的有关信息,负有为委托人(即发行人或者上市公司)保密的义务。但是,为了强化证券服务机构的勤勉注意义务,并且防止证券服务机构与发行人或者上市公司串通起来欺诈投资者,《证券法》第173条规定,证券服务机构为证券的发行、上市、交易等证券业务活动制作、出具审计报告、资产评估报告、财务顾问报告、资信评级报告或者法律意见书等文件,应当勤勉尽责,对所制作、出具的文件内容的真实性、准确性、完整性进行核查和验证。证券服务机构制作、出具的文件有虚假记载、误导性陈述或者重大遗漏给他人造成损失的,应当与发行人、上市公司承担连带赔偿责任,但是能够证明自己没有过错的除外。由于证券服务机构不是信息公开义务人,《证券法》为其规定了免责事由,即"能够证明自己没有过错的除外"。

总之,信息公开法律责任是责任人对其信息公开行为及其后果所承担的法律责任,这种责任的性质是法定责任。信息公开责任的主体不限于信息公开义务人,除了信息公开义务人之外,其他由证券法明确规定的主体,也要承担信息公开法律责任。在有多个责任主体的情形下,除了信息公开义务人要

---

① 按照2005年修订前的《证券法》第63条的规定,在发生违反信息公开制度的情形时,承销的证券公司负有责任的董事、监事、经理应当连带赔偿责任,并且没有规定相应的免责事由。如此,责任主体的范围失之过宽,容易导致诉权滥用而影响经济秩序的稳定。有鉴于此,2005年《证券法》时,在修改过程中,删除了由承销的证券公司的董事、监事和经理承担连带责任的规定。

承担全部责任外,其他责任主体要承担连带责任。

五、证券信息公开的有效标准

证券监管机构为了能够有效地对证券信息实施监管,必须制定一定的标准来衡量和约束信息公开义务人的公开行为。换言之,信息公开应当由法律来规定一个基本尺度,依照这一尺度进行公开,公开者的行为有效;"离开这一尺度,人们(公开义务人)就要对所构成的损害承担责任,或者使其(公开义务人)行为在法律上无效"[①]。这一尺度就是信息披露制度的有效标准。信息公开的有效标准主要包括:真实性(含准确性)、充分性(含全面性)、及时性(含时效性)。

(一) 真实性

1. 真实性的内涵

真实性是指信息公开义务人公开的信息资料应当准确、真实,不得作虚假记载、误导或欺诈。真实主要包括两项内容:公开的信息必须准确反映客观事实;当以前的信息变得不准确时,发行人必须适时予以更正,使它能准确反映当前的事实。

2. 上市公司公开信息的类别

上市公司依法需要公开的信息可分为:描述性信息、评价性信息和预测性信息。[②] (1) 描述性信息,是指公司在经营活动中的已经形成的事实,对描述性信息的公开就是对已经发生的或正在发生的客观事实的陈述。描述性信息公开的真实是一种客观事实的真实,在公开的文件中不得对事实进行捏造和推断、无中生有或有中化无。(2) 评价性信息,是指对公司的既成事实,就其性质、结果或影响进行分析和价值判断所形成的信息。评价性信息反映的是信息内容与公司既成事实的联系,该类信息的形成自然会渗透信息发布者的主观判断,因此当其作为信息公开时,对其真实性的判断,应当主要考虑以下两点:一是该评价信息所依据的既成事实是否真实;二是该评价的方法是否合理。(3) 预测性信息,是指对公司未来经营状况的预测,特别是盈利预测而形成的信息。它反映的是公司的既成事实与未来情况的联系。预测性信息涉及诸多变数,它是否准确可靠,在当时往往难以判断,判断的基本依

---

① 张文显:《当代西方法学思潮》,辽宁大学出版社1991年版,第217页。
② 参见陈甦、吕明瑜:《论上市公司信息公开的基本原则》,载《中国法学》1998年第1期。

据主要是前面的描述性信息和评价性信息。预测性信息又称为"软信息",相关内容将在本节第七个问题再论。

3. 真实性以信息表达的准确性为前提

(1) 准确性的含义。信息的真实性以其表达的准确性为前提,所谓准确性,是指信息公开义务人在公开信息时必须准确表明其含义,其内容与表达方式不得使人误解。信息公开是通过语言文字的表达来实现的,语言文字的多义性与语言表达方式的多样性,容易造成投资者"误解",而且违法者通常会故意利用语言的多义性而把"误解"的责任推给投资者自身,使其有苦说不出。在实践中,由于虚假陈述与重大遗漏具有显现性,而一词多义造成的"误解"则呈隐性状,一般不易被发现。因此违法者故意"使人误解"便成为信息公开活动中较为常见的违法行为。

(2) 非准确信息的特征。非准确的信息具有以下两个特征①:① 多解性。即信息的内容,可以有多种解释或理解,而且各种解释或理解似乎都有道理。只要有一种解释或理解的不准确信息,在证券法上应归于违反真实原则。② 非显现性。即信息公开义务人所公开信息在内容上的不准确,并不是显而易见的。显而易见的不准确,当然属于违反真实原则。

(3) 实现准确性的基本方法。上市公司监管中实现信息公开准确性的基本方法:① 要求上市公司按照法定的标准进行信息公开,如依照会计准则制定出的财务报表,只有统一在法定的标准上才能谈得上准确性。② 上市公司在信息公开的语言文字表达上,必须按照语言文字的通常意义进行,不得使用易引起歧义的词句。③ 在对公开信息内容的解释与理解上,应以一般投资者的判断为标准。这是因为上市公司与投资者的组成结构十分复杂,行业归属、知识水平、语言习惯、经验能力等各有不同,相应地,对于公开信息内容准确的判断也会有所不同。由于信息公开的目的是为了方便投资者进行投资判断,因此,除部分专业信息外,不要采用"专家标准"而应以一般投资者的知识为标准,公开的资料容易为一般投资者所认同、理解、掌握和运用。法定公开信息应以鲜明的形式和简练的评议向投资者公开。

4. 对信息公开真实性的监管手段

为了保证信息公开的真实性,上市公司监管法应从以下几个方面予以规范:

(1) 保证制度。保证制度即信息公开义务人承担保证信息公开真实的

---

① 陈甦主编:《证券法专题研究》,高等教育出版社 2006 年版,第 124 页。

义务。①

(2) 公开资料签证制度。公开信息资料，主要包括如资产负债表、损益表等财务文件以及法律意见书、资产评估报告等，应由具有从事证券业务资格的会计师事务所、律师事务所和资产评估机构等专业性机构独立进行签证。为证券发行人出具文件的会计师及其所在事务所、专业评估人员及其所在机构、律师及其所在事务所，在履行各自的职责时，应当按照本行业公认的业务标准、道德规范和勤勉尽责精神，对其出具文件内容的真实性、准确性和完整性进行核查和验证并承担相应的法律责任。

(3) 信息审核监管制度。监管机构对证券发行公开信息的真实性进行实质审查，证券发行无论是采用注册审核制，还是采用核准或审批审核制，均须对信息资料的公开进行必要的审核监管，只是不同类型的审核制度对信息资料公开监管的方式和侧重点不同而已。采用证券发行注册审核制度的国家，证券监管机构主要对信息公开的充分性进行审核，而采用证券发行核准制度的国家，证券监管机构主要对信息公开的真实性或准确性进行审核。

(4) 证券交易所的自律监管。证券交易所可以通过制定上市规则的方式，对上市公司所公开的信息是否真实作出自律监管。证券交易所是信息公开的一线监管机构，其对定期报告实行"先公告，后审查"，而对临时报告则实行"先审查，后公告"的制度。

(5) 法律责任保障制度。上市公司以及证券商、会计师事务所、律师事务所等中介机构如果违反信息公开制度的基本要求，对应公开的信息未予公开，或虽然公开，但公开不充分，以及有意误导，甚至作虚假陈述，则责任人应对其行为承担相应的法律责任。

---

① 如我国《证券法》第 20 条第 1 款规定，发行人向国务院证券监督管理机构或者国务院授权的部门报送的证券发行申请文件，必须真实、准确、完整。第 26 条规定，国务院证券监督管理机构……发现不符合法定条件或者法定程序……已经发行尚未上市的，撤销发行核准决定，发行人应当按照发行价并加算银行同期存款利息返还证券持有人；保荐人应当与发行人承担连带责任，但是能够证明自己没有过错的除外；发行人的控股股东、实际控制人有过错的，应当与发行人承担连带责任。第 31 条规定，证券公司承销证券，应当对公开发行募集文件的真实性、准确性、完整性进行核查；发现有虚假记载、误导性陈述或者重大遗漏的，不得进行销售活动；已经销售的，必须立即停止销售活动，并采取纠正措施。第 68 条规定，上市公司董事、高级管理人员应当对公司定期报告签署书面确认意见。上市公司监事会应当对董事会编制的公司定期报告进行审核并提出书面审核意见。上市公司董事、监事、高级管理人员应当保证上市公司所披露的信息真实、准确、完整。又根据《上市公司信息披露管理办法》第 24 条的规定，监事会在提出书面审核意见时，须说明董事会的编制和审核程序是否符合法律、行政法规和中国证监会的规定，报告的内容是否能够真实、准确、完整地反映上市公司的实际情况。董事、监事、高级管理人员对定期报告内容的真实性、准确性、完整性无法保证或者存在异议的，应当陈述理由和发表意见，并予以披露。

(二) 充分性

1. 含义

在证券市场上,投资者是对上市公司所公开的全部信息进行综合分析后,才作出投资决策的。虽然不同的投资者在作投资决定时,对各种公开信息重要性的认识与有用性的选择是各不相同的,但是对于投资者整体来说,上市公司公开各种可能对股票市场价格造成影响的重大信息,是投资公众进行投资判断和抉择公平性与正确性的前提条件。如果上市公司在公开信息时有重大遗漏或缺失,即使已公开的单个信息具有单个的真实性,也会在已公开信息总体上造成整体的非真实性。因此,信息公开的充分性是指上市公司提供给投资人判断证券投资价值的相关资料必须全面,不得故意隐瞒或有重大遗漏。因此,信息公开的充分性又称信息公开的完整性或全面性。

2. 内容

上市公司信息公开的充分性,至少应包含以下两方面的内容:(1) 证券法上要求应当充分公开的信息,在性质上必须是那些能够影响股票市场价格的重大信息。换言之,信息公开的充分性,并非要求上市公司巨细不分地将所有经营状况和财务信息一概公开。将那些对股票的市场价格毫无影响的信息一并公开,不仅增加了上市公司信息公开的成本,而且亦无助于投资者作出合理的投资判断,反而增加了投资者信息选择的难度。因此,一方面应坚持信息公开的充分性,另一方面还必须坚持信息公开的甄别性。(2) 充分公开的信息,在数量上应当能够使投资者有足够的投资判断依据。虽然信息公开的充分性并不要求公开所有的信息,即便是重大信息,法律也允许在一定条件下不予公布,但是,已公开的重大信息在数量上必须达到一定的标准,从而使投资者能够在通常市场情况下足以据此作出投资取向的判断。

可见,在衡量信息公开的充分性时,对于应公开信息的重大性和充分性的选择和认定,具有较强的主观性。由于在认识上和利益上的差异,发布信息的上市公司和接收信息的证券投资者,对应公开信息的重大性和充分性的认定自然会有所不同。因此,有必要通过上市公司监管法的规范,来实现对充分性认定标准的统一。

3. 保障

信息公开的充分性,必须通过法律规范来保障制度规定上的充分与公开内容上的充分能最大限度地得以实现。

(1) 制度规定上的充分。所谓制度规定上的充分,是指以法定的形式来界定上市公司应充分公开信息的范围。我国《证券法》通过授权证监会制定各种信息披露的内容与格式准则,并通过规定上市公司应定期公开的财务报告等文件的应记载事项来实现制度规定上的信息充分公开;同时,还采取列举的方式规定上市公司应随时公开的重大事件的范围。"重大事件"是可能对上市公司股票市场价格产生较大影响而投资人尚未得知的事件。① 各国证券法对重大事件的界定不尽相同,但是,总的发展方向是法定重大事件的范围在不断扩大。关于重大事件的"重大性"标准,将在本节第四个问题讨论。

(2) 公开内容上的充分。这是指上市公司依法充分公开内容完整的财务报告和实际发生的法定重大事件范围内的事项。公开内容上的充分不同于制度规定上的充分,除了两者之间具体与抽象的区别之外,后者是格式化的,受监管对象只能服从,别无选择;而对于前者,上市公司却有依一定理由决定是否公布重大事件的选择权。比如在有些情况下,公开某些重大事件可能不利于上市公司,最终将不利于持有上市公司股票的投资者。因此,《股票条例》第 60 条第 1 款规定:"……上市公司有充分理由认为向社会公布该重大事件会损害上市公司利益,且不公布也不会导致股票市场价格变动的,经证券交易场所同意,可以不予公布。"然而,该条款给予上市公司的选择权过大,易使信息公开的充分性落空。因为,如果法律对上市公司可以不予公布的重大事件的范围不进行限制,那么,上市公司基于自身利益的考虑,就会任意扩大该范围,信息公开的充分性因此将不能实现。证券法允许上市公司自行决定是否公布的重大事件,只能是那些与商业秘密有关的重大事件。因此,我国《股票条例》第 64 条第 2 款规定:"证监会要求披露的全部信息均为公开信息,但是下列信息除外:① 法律、法规予以保护允许不予公开的商业秘密;② 证监会在调查违法行为过程中获得的非公开信息和文件;③ 根据有关法律、法规规定可以不予披露的其他信息和文件。"《股票条例》通过除外条款,实际上限制了上市公司可以不予公布的重大事件的范围,明确法律允许不予公开的信息范围不得被任意扩大。

(三) 及时性

1. 含义

信息公开的及时性是指上市公司向投资公众公开的信息应当具备最新性,所公开的信息必须是上市公司的现实状况并且交付公开信息资料的时间不得超过法定期限。所以,信息公开的及时又称为信息公开的最新性或者时

---

① 参见《股票条例》第 60 条第 2 款。

效性。由于上市公司的经营活动是处于持续和不断变化状态之中的,因而其股票市场价格的决定因素也就必然处于不断的变动状态。如果上市公司在公开对股票市场价格起决定作用的信息时,该信息所反映的经营状况已被新的内容所替代,或者早已被变动的证券市场所吸收,则该信息就再也不能起到价格信号的作用。因此,上市公司信息公开的内容应具有两个时效性要件:公司经营状况和财务状况一经发生变化,公司就应以最快的速度向投资公众公开其变化了的信息;公司所公开的公司信息应一直保持最新的状态,不能给投资公众以陈旧的或过时的信息。公司信息公开内容不具备上述要件者,应视为信息公开瑕疵,从而不生法律效力。①

2. "法定期限"与"及时"的具体要求

及时性要求信息公开义务人公告信息的时间不超过"法定期限",并符合中国证监会关于"及时"的规定。依《上市公司信息披露管理办法》的规定,及时是指自起算日起或者触及披露时点的两个交易日内。在理论上,投资者是根据信息公开义务人公开的信息作出投资价值判断。如果影响证券及其衍生品种市场价格的重要信息,在其发生相当长时间后才得以公开,公开的信息作为判断依据的价值将不复存在。为保证公开信息的及时,《证券法》等相关立法的主要要求有:公开信息的时间应符合法定期限的要求,不能超过有关的有效期限。如《证券法》第 65、66、67 条关于中期报告、年度报告和临时报告都有不同的公告时限要求。即上市公司和公司债券上市交易的公司,应当在每一会计年度的上半年结束之日起 2 个月内,向国务院证券监督管理机构和证券交易所报送中期报告,并予以公告;上市公司和公司债券上市交易的公司,应当在每一会计年度结束之日起 4 个月内,向国务院证券监督管理机构和证券交易所报送年度报告,并予公告;发生可能对上市公司股票交易价格产生较大影响、而投资者尚未得知的重大事件时,上市公司应当立即将有关该重大事件的情况向国务院证券监督管理机构和证券交易所报送临时报告,并予公告,说明事件的起因、目前的状态和可能产生的法律后果。

3. 正确处理及时性与真实性和充分性之间的关系

恰当处理信息公开及时和信息公开之间的关系。公开信息及时是信息公开真实、充分的进一步要求。要保证所公开信息的真实和充分,必须有适当时间进行信息处理,如调查核实有关信息及制作信息公开文件所需的时间。如果片面要求信息公开的及时性,可能导致不真实信息的公开,这违背信息公开制度设立的宗旨。

---

① 王保树:《发行公司信息公开与投资者的保护》,载王保树主编:《商事法论集》(第 1 卷),法律出版社 1997 年版,第 284 页。

最后,关于及时性还要求,当任何公共传播媒介中出现的消息可能对上市公司的股票价格产生影响时,该公司知悉后应当立即对该消息作出澄清公告,并公开公司的真实情况。

六、证券信息的"重大性"标准

(一)"重大性"与"重大性"标准辨析

重大性概念属于上述证券信息公开的有效标准中"充分性"标准的范畴。"重大性"一方面是信息公开有效性标准的重要组成部分,另一方面,由于其涉及信息公开的范围、内容和方式的确定以及虚假陈述民事责任的构成,因此它在信息公开制度中又具有基础性的地位。那么,如何确立一个统一而又便于操作的"重大性"标准?"重大性"标准的高低牵涉面甚宽,正如有学者们指出:如果重大性标准越低,那么便会有越多的信息必须披露,构成侵权的门槛就越低;重大性标准越高,就表明应当披露的信息相对较少,构成侵权的门槛也相对较高。①

在研究"重大性"标准之前,有必要对"重大性"概念本身进行一番深入辨析。从各国证券立法来看,"重大性"概念可在以下三个不同语境层次下使用,它们分别针对不同的公开制度,甚至在一定程度上影响着披露标准的选择。②

第一,"重大事实"(material facts)。所谓的"重大事实",是指既存的一个或一系列与发行人或其证券有关的客观事实。重大事实所侧重表达的是某些静态事实对投资决策的影响,依据该概念的信息公开要求多体现在证券发行阶段,通常是招股说明书、募集说明书等证券发行法定公开文件所表达的信息内容。

第二,"重大变化"或"重大变动"(material changes)。"重大变化"是指一种既存的事实或状况所发生的重要改变。它侧重于公开事实的动态表述,重大变化涉及发行人相关事项的变化,所关注的问题是保证有关发行人最新状况的公开,不断地排除和修正过时信息,所以该概念为持续性公开制度所经常使用。正因为存在这个差异,一些国家在发行市场和交易市场的不同信息公开制度中,对重大性采用了不同的认定标准。其实,仅从字面上理解,重大

---

① 分别参见齐斌:《证券市场信息披露法律监管》,法律出版社 2000 年版,第 157 页;郭锋:《虚假陈述的认定及赔偿》,载《中国法学》2003 年第 2 期。
② "重大性"三个不同语境层次的使用分别参考齐斌:《证券市场信息披露法律监管》,法律出版社 2000 年版,第 165—170 页;李君临:《证券市场信息披露重大性标准探析》,载《特区经济》2007 年第 11 期。

事实与重大变化的含义是相差不大的,之所以有这样的区别,主要是基于证券发行市场与交易市场有不同规制要求。

第三,"重大信息"(material information)。由于在实践中对上述"重大事实"与"重大变化"进行明确的区分有相当难度,"事实"与"变化"在外延上有时可以相互涵盖,这就需要寻找一个综合性的概念来进行补充规范,于是便有了"重大信息"的概念。"重大信息"包括了重大事实、重大变化在内的所有重要情况,其重大性标准可以沿用重大事实和重大变化的有关原则。

以美国和加拿大为代表的学界建议对重大信息概念的"重大性"标准采用比较宽泛的双重标准制,即同时将"影响投资者决策标准"和"影响发行人证券市场价格标准"并列为判定重大性的标准,两者之间是"二者选其一"的关系,只要符合其中标准之一者,信息公开的义务便产生,相应的法律责任制度亦可适用。在立法中可将"重大信息"定义为:"任何与发行人商业或事务有关的,足以导致或可能导致发行人证券价值或市场价格重大变化的;或者可以合理地预期将会对理性投资者的投资决策产生重大影响的信息。"①

(二) 美国三个司法判例对"重大性"标准确立的影响②

在美国,证券信息中的"重大性"标准是从以下三个典型案例中抽象发展起来的:

1. SEC vs Texas Gulf Sulphur(1968)案件

在 SEC vs Texas Gulf Sulphur (1968)案中,由于涉及"重大性"标准,发行人公开义务和确保公开信息准确性等问题而具有学说价值。法院判例中的分析暗含了三种确定"重大性"的不同标准:

(1) 事件具有非同寻常的性质(extraordinary in nature),对该事件的披露肯定会导致市场价格的升降;

(2) 如果合理而且客观地考虑该事件,可能会影响公司股票和证券的价格;

(3) 事件可能会影响公司的未来并且可能影响投资者买入、卖出或持有公司证券的愿望。

把上述(2)和(3)合并起来,法院认为,在某一特定情况下,"重大性"标准取决于以下两个因素的平衡:事件发生的可能性和该事件对公司行为整体影

---

① 齐斌:《证券市场信息披露法律监管》,法律出版社 2000 年版,第 170 页。
② 该部分主要参考齐斌:《证券市场信息披露法律监管》,法律出版社 2000 年版,第 158—164 页。

响的程度。① 该案同时还确立了如果对某一事实的陈述可能导致合理投资者的信赖,并且出于这种信赖而买卖证券,这种事实便具有"重大性"。

2. TGS Industries vs Northway(1976)案件

美国联邦最高法院在该案中修正了关于重大性标准的书面表述,认为:如果一个理性投资者很可能在决定如何投票的时候认为该事实是重要的,那么该遗漏的事实便是重大的。

如果该事实在投资者的深思熟虑中确有重要意义,该事实就是重要的,遗漏的事实从一个理性投资者看来很可能显著地改变了可以获得全部信息的含义。② 法院重点强调的是"将会"(would have),以至于与"可能会"(may or might have)区别开来,其目的在于通过司法判例提高必须公开信息的标准。该案所确定的定义经常为司法判决引用成为确定误导陈述和遗漏信息是否构成"重大性"的标准。

3. Basic Inc. vs Levinsion(1998)案件

在该案的审理过程中,Basic 公司主张,有关其与 Combustion Engineering 公司就合并问题所进行谈判的任何信息,只要未"基本达成协议"(Agreememt-in-Principle)即尚未达到主要条款的阶段,都不具有重大性,可以不披露或者即使披露也不构成虚假陈述。对此,美国联邦最高法院采用了 SEC vs Texas Gulf Sulphur 案中的一个标准,即重大性取决于事件发生的可能性与该事件的发生对公司整体活动预测影响程度之间的平衡(Probability—Magnitude Test)。一方面,为了评价事件发生的可能性,必须考虑公司最高层对该交易的兴趣,而合并可能是大多数公司存续期间当中可能发生的最重大事件之一,关系公司的生死存亡,因此有关谈判的信息可以在早期就构成重大性,另一方面,不能简单凭借事件自身的存在可能性来决定相关信息的重大性,为了评价事件对发行人的影响,必须考虑两家公司的规模以及两家公司股票的溢价。最后,美国联邦最高法院重申,事件的重大性完全取决于理性投资者会如何看待未公开或者不实公开的信息。

SEC 在有关交易法第 12 节登记的规则中对"重大性"下了定义,该定义符合最高法院在 TGS 案中的结论。根据 SEC 规则 12b-2,"重大性"一词在被用来界定对任何主体提供信息所应满足的条件时,它将此类所需的信息限定为极有可能被一个理性的投资者在决定是否购买或出售登记的证券时认

---

① SEC vs Texas Gulf Sulphur. 401. F. 2d. 849. (2d. Cir 1968).
② TSC Industries vs Northway,426. U. S. 438,96. S. Ct. 2126(1976).

为是重要的那些信息。①

(三) 我国证券信息的"重大性"标准

1. 与"重大性"相关的概念没有统一

我国目前所使用的"重大性"概念虽然与上述美国学理上的"重大事实""重大变化"和"重大信息"不完全对应,但却使用了三个不十分清晰的概念:一是"重大事件",即对上市公司股票价格产生较大影响的事件。如《证券法》第67条规定:"发生可能对上市公司股票交易价格产生较大影响的重大事件";最高人民法院《关于审理证券市场因虚假陈述引发的民事赔偿案件的若干规定》第17条规定:"对重大事件作出虚假陈述的民事责任";等等。二是"重大影响的信息",如信息披露准则1号第3条规定,招股说明书的披露要求是"对投资者作出决策有重大影响的信息"。三是"重要事项",其基础依然是"对投资者判断有重大影响的事项"。如年度报告和中期报告中必须按要求公开有关重要事项,另外,招股说明书和募集说明书要求作出提示的风险因素也属于重要事项。

2. "重大性"标准的多元性特征

通过以上分析可以看出,我国证券信息的"重大性"标准具有多元性的特点。具体表现为:

(1) "投资者决策"标准。这是以招股说明书为代表的"投资者决策"标准。信息披露准则1号《招股说明书》(2006年修订)明确指出:本准则的基本原则是要求发行人将一切对投资者进行投资判断有重大影响的信息予以充分披露,以利于投资者更好地作出投资决策;凡对投资者作出投资决策有重大影响的信息,不论本准则是否有规定,均应予以披露;"发行人认为有助于投资者作出投资决策的信息,发行人可以增加这部分内容。"在规定"其他重要事项"时,准则认为应当"披露发行人认为对投资者作出投资判断有重大影响的其他事项"。此外,信息披露准则2号《年度报告的内容与格式》(2005年修订)、信息披露准则3号《半年度报告的内容与格式》(2003年修订)、信息披露准则7号《上市公告书的内容与格式(试行)》(2001年修订)等也作出了类似规定。可见,"投资者决策"标准不仅适用于证券发行公开阶段,也适用于信息持续公开阶段。按照这个标准,法律要求判断者一律从理性投资者的角度出发来考虑重大性,其与前述美、加两国采用的"影响投资者决策标准"大体一致,都以是否影响投资者的决策作为判断信息是否具有"重大性"的

---

① 参见〔美〕托马斯·李·哈森:《证券法》,张学安等译,中国政法大学出版社2003年版,第486页。

标准。

(2)"股价重大影响"标准。"股价重大影响"标准是指以该事实对于股票价格是否会产生重大影响作为判定其是否具有重大性的标准。《证券法》第 67 条和《股票条例》第 60 条、《信息披露细则》第 17 条和《上海证券交易所股票上市规则》第 4.1 条均采用了"股价重大影响"标准。年度报告与中期报告中对重大事项的披露准则也是遵循这一标准。《股票条例》第 60 条规定:"发生可能对上市公司股票的市场价格产生较大影响,而投资人尚未得知重大事件时,上市公司应当立即将有关该重大事件的报告提交证券交易场所和证监会,并向社会公布,说明事件的实质。"《证券法》第 67 条与《股票条例》第 60 条是基本一致的规定。① 上交所上市规则规定了上市公司应及时披露所有对上市公司股票价格可能产生重大影响信息的基本义务。信息披露细则则更为直接地将"重大事件"定义为"可能对公司的股票价格产生重大影响的事件"。从以上规定可以看出,该标准主要适用于上市公司持续性信息公开阶段。

(3)"发行人状况严重不利影响"标准。"发行人状况严重不利影响"标准,是根据有关事实是否能够对发行人的经营状况、财务状况、持续盈利能力状况等产生严重不利影响,来判断其是否具有重大性。该标准主要用于证券发行信息公开阶段,主要是针对发行人的风险揭示要求,其典型代表是《招股说明书》和《募集说明书》的有关风险提示规则。信息披露准则 1 号《招股说明书》和信息披露准则 2 号《募集说明书》均规定,有关风险因素可能对发行人生产经营状况、财务状况和持续盈利能力有严重不利影响的,应作"重大事项提示"。这些风险属于预测性信息,一旦其可能对发行人的经营品质产生严重不利影响,就符合重大性的要求,必须予以披露。

由此可见,我国"重大性"标准主要因公开文件的不同而不同。客观上,不同的信息披露文件在一定程度上影响着不同类型投资者的利益。我国证券市场发展的初期阶段,在信息公开制度上主要是借鉴了美国对发行市场和交易市场分别监管的二元体制,一级、二级市场的信息公开制度相对独立,这在一定程度上形成了二元化公开标准,即发行市场与投资者的投资决策有关,交易市场与股票价格的波动有关。我国证券市场对"重大性"标准基本上也是采取二元化规则,即对发行市场适用以《招股说明书》为代表的"投资者

---

① 《证券法》第 67 条第 1 款的规定:发生可能对上市公司股票交易价格产生较大影响的重大事件,投资者尚未得知时,上市公司应当立即将有关重大事件的情况向国务院证券监督管理机构和证券交易所报送临时报告,并予公告,说明事件的起因、目前的状态和可能产生的法律后果。

决策"标准,对交易市场则采用以 2005 年修订前的《证券法》第 62 条为代表的"股票价格影响"标准。实际上,在一个有效市场里,信息的传递必然是灵敏的、连续的,对投资者决策有重大影响的信息一般也会影响股票价格;同理,对股票价格有重大影响的信息,投资者也不会无动于衷。所以,发行市场和交易市场应当是一个衔接紧密又相互反馈的有机系统。也就是说,如果市场是有效的,"投资者决策""股价重大影响"和"发行人状况严重不利影响"之间存在正向传导的信息关联,因此在这个理想前提下,无论采取哪一种标准其实并无本质的冲突,只是角度或侧重点不同而已。

3. "重大性"标准的功用

确定"重大性"的各种标准各有功用,无法用其中的某一个标准替代其他标准。

(1)"投资者决策"标准是以投资者的判断为中心,其优点[1]是:① "投资者决策"标准涉及的因素与考虑的范围远比"股价重大影响"标准深刻与广泛,"股价重大影响"只是投资者作出理性投资决策所必须考虑的重要因素之一,其他如发行人的未来前景、投资的市场状态等都是必须予以考虑但又无法为证券价格标准所包容的因素。因此,"股价重大影响"标准相对而言显得较为狭窄,是一个相对较低的标准,这会导致太多烦琐细小的信息进入市场,一方面导致上市公司过于沉重的公开负担,另一方面也会加重投资者甄别、寻找真正有用且重大信息的负担。② "投资者决策"标准要求比"股价重大影响"标准严格。因为投资者决策标准要求发行人站在投资者的角度评价事件的重大性从而决定是否公开,因此行为人必须考虑的不完全是该信息公开对自己的影响,更多的是对投资者利益的影响,体现了现代证券法"卖者自慎"和"保障投资者"的精髓。③ "投资决策"标准更具有实用性。从市场有效性角度分析,我国证券市场正处于从无效状态进入弱式有效的状态,尚未达到半强式有效状态。在这种市场环境中,股票价格只能反应历史性信息,其对当前信息的反应具有滞后性,即股票价格对信息的反应是迟钝的。那么,用价格标准来衡量信息重要性的做法是不现实的,因为价格也许根本还没有对信息作出应有的敏感反映。也就是说,价格里根本还没有包含公开的信息。而且,我国现阶段股市发展很不规范,可预测的因素很少,投机性很强,价格的波动有时受很多与发行人状况根本无关的人为操纵影响很大,却对诸如利率变化这种信息显得无动于衷。因此很难断定股票价格与事件之间的必然联系。"股价重大影响"标准最大的缺陷便在于它忽视了对信息接

---

[1] 齐斌:《证券市场信息披露法律监管》,法律出版社 2000 年版,第 174—175 页。

收者,即对投资者的直接关注。

"投资者决策"标准的不足是:由于它是无形的、主观的和飘忽不定的,因此往往使人难以把握。即使是在推崇投资者决策标准的美国,仍有不少学者指出:抽象的表述重大性标准非常容易,但要在具体个案中加以运用却极为困难。究其原因就在于该标准的主观性过强。①

(2)"股价重大影响"标准的优点是其具有很强的操作性。因为价格变动是有形的、客观的,因此可以作为衡量信息是否重大的一个重要参照物。但其缺陷也是明显的,具体分析见上述的相关内容。

(3)对于"发行人状况严重不利影响"标准,由于有关"事实"是否能够对发行人的经营状况、财务状况、持续盈利能力状况等产生严重不利影响,带有较强的主观性,发行人必然从自身的利益出发去判断各类"事实"对公司影响的结果,因而这一标准更有利于发行人而不是投资者的利益。但是这一标准有利于鼓励证券市场上需要的预测信息的披露。

通过上述分析可以看出,不同的"重大性"标准虽然不能等量齐观,但是也不宜由某一标准去替代其他标准。本书认为,对于证券信息的"重大性",应当从证券市场的实际需要出发来确定其"标准",这才是一个合适的选择。②

七、预测性信息公开制度

(一) 预测性信息(Forward Looking Information)公开制度概述

1. 预测性信息的内容及其特点

如前所述,上市公司依法需要公开的信息可分为:描述性信息、评价性信息和预测性信息。描述性信息,是上市公司在经营活动中的已经形成的事实,这样的信息习惯上被称为"硬信息"(hard information)。而预测性信息,则是指对公司未来经营状况的预测,特别是盈利预测而形成的信息,这样的信息通常被称为软信息(soft information)。预测性信息在一般意义上包括以下五个方面的内容③:(1) 对利润、收入(或亏损)、每股盈利(或亏损)、资本成本、股红、资金结构或其他财务事项预测的陈述;(2) 公司管理者对未来运营的计划与目标的陈述,包括有关发行人产品或服务的计划与目标;(3) 对未来经济表现的陈述,包括管理者在对财务状态分析与讨论中的任何陈述;

---

① 周友苏主编:《新证券法论》,法律出版社 2007 年版,第 408 页。
② 有学者曾经主张统一采用"投资者决策"作为"重大性"的标准。见齐斌:《证券市场信息披露法律监管》,法律出版社 2000 年版,第 174 页。
③ 同上书,第 176 页。

(4)任何对上述事项所依据的假设前提及其相关事项的陈述;(5)任何证券管理机构可能要求对上述事项预测与估计的陈述。

预测性信息的特点主要在于,它是信息公开义务人的一种主观估计和评价,即它是一种预测性的陈述,如预测、预计以及对未来期望的陈述。甚至存在一定形容性的陈述,如"优异的""极佳的"等,信息公开义务人往往缺乏现有数据能证实其陈述的准确性。

2. 对预测性信息实施监管的意义

在传统证券法上,证券信息公开主要限于"硬信息",因为预测性信息具有明显的不确定性,在"本质上是不可信赖的"[1],而且促使"无经验的投资者在作出投资决策时不正当地依赖这种信息"[2]。但是后来人们逐渐认识到,投资者进行投资的一个重要原因,就是看中了公司的未来盈利能力与发展前景,而公司对自身经营状况的预测往往是投资者投资决策的一个重要依据,由此,预测性信息才被纳入信息公开监管的范围。具体而言,对预测性信息实施监管的意义主要体现在以下两个方面:

(1)预测性信息即使不将其纳入信息公开制度中来,它实际上始终会在证券市场上客观存在着,只是此时它主要是通过口头的方式表达并传播,且不易管理。如果将其纳入信息公开制度的监管范围,就能够使发行人对业已广泛传播的预测性信息变得更加负责,可以使其变得更加谨慎,长远来看会使得该证券的信息和价格更为可靠。

(2)如果预测性信息不表现在《招股说明书》等文件中,大投资者与机构投资者仍然可以通过日常交往方式获得这些信息并从中实现自己的经济利益,但是,对于小投资者而言,却没有这种能力。如果能够使这些预测性信息被合理、公平地利用,那么这些预测性信息就应当依法纳入《在招股说明书》等文件中并依法定程序予以公开,从而使所有投资者能公平地获取。

(二)美国预测性信息公开与安全港制度和预先警示规则[3]

1. 制度演变

早期 SEC 对预测性信息的态度是否定的,认为这种信息不值得信赖,因为其预测具有很大的不确定性,而且还可能给那些缺乏经验的投资者造成误导。在历经数年的调查和论证后,SEC 终于在 1978 年转变了态度,承认公司预测性信息的披露对投资者正确评估公司潜在盈利能力的重要作用。为了

---

[1] 齐斌:《证券市场信息披露法律监管》,法律出版社 2000 年版,第 178 页。
[2] 同上。
[3] 参见同上书,第 176—196 页。

鼓励预测性信息的披露，SEC当年专门制定颁布了《揭示预测经营业绩的指南》和《保护预测安全港规则》等有关规定，为发行人进行的预测性信息公开提供安全港保护。目前，预测性信息披露不但受到鼓励，而且还被认为有助于保障投资者并且符合公众利益。然而，上述努力并未能完全有效地防止投资人滥用诉权，披露者的潜在诉讼风险仍然巨大。有鉴于此，美国国会于1995年通过了《私人证券诉讼改革法》（简称PSLRA），规定了预测性信息披露的免责制度，并采用了修订过的安全港制度（Safe Harbor），确立了"预先警示规则"或"言者当心主义"（Bespeaks Caution Doctrine）以减轻预测性信息披露者的潜在诉讼风险，减少了无理由的诉讼。

2. 安全港的制度框架

（1）美国将预测性信息分为两类，即要求强制性披露的前景性信息（prospective information）和自愿性披露的预测性信息。所谓前景性信息，是指公司必须披露的目前已经知晓的发展趋势、事件和可以预见将对公司未来产生重大影响的不确定因素。由于这种预测是建立在目前已知的各种判定因素基础上的，因而具有高度的或然性，其性质和特征与硬信息较为接近，所以前景性信息一般是必须披露的事项。与此不同，自愿性披露涉及的是对未来趋势、事件或不确定因素的猜测，完全是建立在对现实假定基础上的，因此更具有不确定性。

（2）1979年的安全港规则。1979年，SEC采用了《证券法》Rule 175和相应的《证券交易法》Rule 3b-6，从而为强制性前景信息披露和自愿性预测信息披露提供了免责制度。安全港规则为以下陈述提供了法律保障：对某些财务事项的预测，如利润、每股收益、股红或资本结构等；公司管理者的规划和目标；在管理层讨论与分析中披露的未来经济运行状况；与上述陈述相关的前提假设。只要这些陈述是建立在合理的基础之上并且以诚实信用的方式披露或确认的，便不被视为虚假或误导，即使现实与上述陈述并不符合。1995年，PSLRA法案正式确立了安全港制度。

3. 预先警示规则（Bespeaks Caution Doctrine）

该规则认为，如果预测性陈述，如预测、意见、估算或预计等，同时又伴有相应的警示性语言①如果这些陈述不影响其公开信息的总体结构，那么在证券欺诈的民事诉讼中，这些陈述就不能成为证券欺诈诉讼的基础，即信息公开义务人可以免责。换言之，如果有充分的警示性语言，那么从法律的角度来看，原告所诉称的遗漏或误述乃是无关紧要的。

---

① 比如"投资有风险，入市需谨慎"之类的警示性语言。

当然,预先警示规则是有范围的:该规则仅能适用于预测性陈述而不能适用于对目前或历史性事实的陈述;该规则不适用于在作出当时便是虚假的重大不实陈述和遗漏。

由此可见,预先警示规则的意义主要在于:只要伴以准确的警示性语言直接说明预测信息的不确定性,通过预先警示规则发行人就可以在其发行文件或报告中披露预测性信息而无后顾之忧。就其本质而言,预先警示规则与安全港制度均是健全的预测性信息公开制度所不可缺少的积极的制度设计,它们所带来的是良性的、股票价格更准确地反映公司真实价值的更加有效的资本市场;同时,也体现了现行的美国证券法鼓励预测性信息公开的意图。

(三) 我国预测性信息公开制度

1. 我国预测性信息公开制度现状

(1) 我国预测性信息的类别。我国现行证券、法律、法规将预测性信息划分为盈利预测、业务发展目标和风险因素预测三类:① 盈利预测是指在对一般经济条件、营业环境、市场情况、发行公司或上市公司生产经营条件和财务状况等进行合理假设的基础上,按照发行公司或上市公司正常的发展速度,本着审慎的原则对会计年度净利润总额、每股盈利、市盈率等财务事项作出预计。② 业务发展目标是指发行公司或上市公司已经制定的、有一定依据且比较切实可行的发展计划与安排,主要包括发行公司或上市公司的生产经营发展战略、提高竞争能力、市场和业务开拓、筹资等方面的规划。③ 风险因素预测则是指可能对发行人生产经营状况、财务状况和持续盈利能力有重大不利影响因素的预测。

(2) 对预测性信息公开制度的规制

第一,盈利预测信息规制。我国在20世纪90年代初证券市场刚开始发展时期及其后的一段时间内,证券监管部门要求初次发行股票上市公司必须披露公司的盈利预测,并将此作为审核上市的指标之一。其原因在于1993年《公司法》第137条规定,公司发行新股必须具备的条件之一是:公司预期利润率可以达到同期银行存款利率。正是这一规定使盈利预测成为必不可少的公开事项。这可以说是当时股票发行行政审批制的产物,而与信息公开制度的初衷并无内在联系。随着我国证券发行逐渐从额度审批向核准制过渡,监管部门的监管思路出现了由风险控制转向风险揭示的重大调整,盈利预测也由强制性公开改为发行公司或上市公司的自愿公开。信息披露准则2号《年度报告的内容与格式》(2005年修订)、信息披露准则9号《首次公开发行股票并上市申请文件》(2006年修订)、信息披露准则11号《上市公司公开发行证券募集说明书》(2006年修订)等规章中,均未对盈利预测作出强制性公开的要求。根据相关准则的规定,发行公司或上市公司公开盈利预测报告的,应声明:"本公司盈利预测报告是管理层在最佳估计假设的基础上编制的,但所依据的各种假设具有不确定性,投资者进行投资决策时应谨慎使用。"这已经有点类似于美国"预先警示规则"对预测性信息公开的要求。

第二,业务发展目标或发展规划信息规制。这一类信息虽然也涉及未来的措施,但由于具有较强的确知性和计划性,因此相对来讲公开难度也不大,而且由于是有一定依据并且比较切实可行,因此实现的可能性也较大。这一类预测性信息目前是作为必须予以公开的事项规定在《招股说明书》和《中期报告》的披露准则之中。如信息披露准则1号《招股说明书》第101条就规定,发行人可对其产品、服务或者业务的发展趋势进行预测,但应采取审慎态度,并披露有关的假设基准等。涉及盈利预测的,应遵循盈利预测的相关规定。

第三,风险因素预测信息规制。这里所谓的"风险",在学理上可视为前景性信息,为必须公开的事项。对于风险因素预测信息的规制,信息披露准则11号《上市公司公开发行证券募集说明书》第14条规定,发行人应当遵循重要性原则,按顺序披露可能直接或间接对发行人生产经营状况和持续盈利能力产生重大不利影响的所有因素。发行人应针对自身的实际情况,充分、准确、具体地描述相关风险因素。发行人应对所披露的风险因素做定量分析,无法进行定量分析的,应有针对性地作出定性描述。

通过面的分析可以看出,对于预测性信息的规制,我国采取了强制公开与自愿公开相结合的方式。

2. 我国预测性信息公开制度的完善

对于我国预测性信息公开制度的完善,可以从两个方面予以考虑:

(1)应当鼓励自愿性预测性信息披露,只要这些信息是建立在诚实信用和合理的事实基础之上,都可以在任何公开披露文件中使用,而不再局限于招股说明书。

(2)建立"安全港"制度,并运用预先警示规则。为了能够使投资者更好地决定投资方向,也为发行公司或上市公司提供一个更为便捷的筹资方式,应当鼓励其向投资者充分公开那些具有内在不确定性和风险的预测性信息。这就要求建立我国自己的"安全港"制度,并运用预先警示规则,对那些善意的预测性信息公开提供适度的免责保护,使信息公开人免受投资者随意提起的诉讼或来自监管机构不当处罚的威胁。

八、完善虚假陈述责任追究制度

证券与其他商品的区别在于,证券本身没有使用价值,它只有交换价值,即投资价值,由于证券的投资价值不等同于证券的面额,证券的面额不决定证券的投资价值,因此,投资者在进行证券交易时无法直接看到证券的投资价值。证券的投资价值取决于上市公司的财务状况、经营前景、盈利多寡等因素的影响,而对这些因素的判断有赖于上市公司相关信息的全部公开。投资者只有全面、准确、及时地了解到有关信息,才有可能根据该信息对相关证券的投资价值作出正确判断,并作出相应的投资决定,可见在投资者的判断过程中,信息的真实性与完整性至关重要。因此,法律严厉禁止虚假陈述。所谓虚假陈述,是指证券信息公开义务人违反信息公开义务,在提交或公布的信息公开文件中作出违背事实真相的陈述或记载。

虚假陈述是对信息公开真实性与完整性的违反,上市公司公开的信息资料如有虚假、严重误导性记载或重大遗漏,就会干扰投资者的投资判断,纵容不正当竞争,引发过度投机,结果是投资者丧失对证券市场的信心。投资者对证券市场的信心是证券市场赖以生存、发展的基础,证券信息公开制度的最终目的就是维系投资者对证券市场的信心,使得证券市场健全发展。因此,证券发行人、上市公司与信息公开文件制作、签证者等,应当对信息公开文件的真实性、准确性、完整性承担相应的法律责任。可见,证券信息公开法律责任的核心内容在于对虚假陈述行为的法律追究,而目前我国有关虚假陈述应承担的民事、刑事责任制度,不论是在立法上还是在实施过程中,都存在许多不足,这极大地制约了证券信息监管效率的提高。我们应当在对《公司法》《证券法》进一步完善的过程中,逐步建立一整套包括民事、刑事和行政责任在内的多层次的信息公开监管体制,逐步改变目前过多依赖行政监管来规范证券市场信息公开行为的做法。同时,完善证券诉讼的配套制度,建立和完善证券纠纷调解和仲裁制度;另外,还要进一步完善股东代表诉讼制度,建立符合中国国情的集团诉讼制度。

第二节 证券发行的信息公开制度

证券发行是发行人与证券认购者之间的一种交易关系,由此形成了证券市场中的一级市场,它是形成证券二级市场的前提和基础,证券发行中的信息公开制度是保障证券市场有序发展的基础。证券发行中的信息公开是通过强制证券发行人及其承销机构在证券发行前必须依法进行申请文件的预先披露和制作股票的《招股说明书》或债券的《募资说明书》来实现的。强制进行申请文件的预先披露和公开《招股说明书》或《募资说明书》,是为了向投资者公开发行人的有关信息,使投资者在购买证券时有较为充分的判断依据,同时这也是为了防止证券欺诈而实施的有效手段。

一、申请文件的预先披露制度

(一) 申请文件的预先披露制度的概念和意义

申请文件的预先披露制度,又称证券发行预披露制度,是指发行人申请首次公开发行(initial public offering,简称 IPO)股票的,在依法向国务院证券监督管理机构提交申请文件并在其受理后预先向社会公众披露有关申请文件,而不是等到国务院证券监督管理机构对发行文件审核完毕并作出核准发行的决定之后再进行披露的制度。这是 2005 年修订后的《证券法》新引入的制度,意在拓宽社会监督渠道,提高上市公司的质量。

美国、欧盟、日本的证券法规范都没有规定证券发行预披露制度,我国是将美国行之有效的对发行上市中虚假陈述的举报制度上升到法律层次①,这是我国在证券立法技术上的一种创新。证券发行预披露可以说是信息公开制度的内在要求,其意义如下:

(1) 提前披露发行文件,可以使社会公众提前了解发行文件的内容,有助于其进行投资决策。

(2) 将申请材料提前披露,社会公众可以对发行人文件中的问题进行举报,使核准机构能够提前了解、调查有关情况,有利于缩短审核时间,提高发行审核的效率。

(3) 在发行文件审核完毕和作出核准发行的决定之前,就将有关的发行申请文件公之于众,可以对发行审核工作形成有效的社会监督,以免发行审核过程中可能出现的暗箱操作。

---

① 在美国,SEC 设立了"举报和执法揭秘中心"(Center for Complaints and Enforcement Tips),受理社会各界对证券违法行为的举报或告发,以使 SEC 及时获悉最近发生的欺诈、需要纠正的证券业不公平行为等方面的信息。举报人或揭秘者可以通过向该中心发送电子邮件或下载有关投诉表格并进行填写后邮寄给该中心。该中心的联系地址、邮编、传真在网站上进行公布。尽管不要求举报人或揭秘者提供其不愿意告知的信息,但是下列重要信息对于 SEC 完整评估举报和揭秘是必不可少的:举报人或揭秘者的姓名、邮寄或电子邮箱地址、电话号码;举报所涉及的任何个人或公司的名称、邮寄或电子邮箱地址、电话号码、网址;若对某一证券或证券销售人进行举报,应提供如何、为什么和何时被欺诈或所遇到的投资券商、投资顾问违法违规问题的详细信息。如果 SEC 收到准确、完整的信息,则会尽快作出反应,彻底审查和评估举报人或揭秘者提供的这些信息,并将其提交给 SEC 适当的部门处理。参见王银凤:《论证券发行预披露制度》,载《证券市场导报》2006 年第 3 期。

当然,预披露制度要求在向国务院证券监督管理机构申报募股材料后、获得核准发行之前向社会公开有关申请文件,已超出一般意义上证券信息公开的范围,属于事先性强制信息公开制度,是信息公开制度适用范围的向前延伸。同时我们还应当看到这项制度在一定程度上增加了发行人的披露负担,在其实际运行中应当考虑制度运行成本与效益之间的比值。

但无论如何,作为强制信息公开的第一道关,预披露制度大大丰富了证券信息公开制度的内涵,有利于确保信息公开制度价值得到充分实现,从而有利于保护投资者权益,提高公众投资者的投资信心。

(二) 证券发行预披露制度的进一步细化和完善

《证券法》确立的预披露制度,目前仅适用于 IPO,而且只是一个原则性的规定,如何落实尚待国务院证券监督管理机构依照法定的职权,制定出预披露方面的实施细则。本书认为,我国预披露制度应当在以下三个方面进一步细化和完善:

1. 明确预披露所要求公开申请文件的具体范围及披露的具体要求

由于证券预披露制度是通过向社会公开有关募股申请文件,以发挥社会监督的作用,从而克服发行人及其有关证券服务机构单方提供信息所带来的信息不对称,提高国务院证券监督管理机构证券发行的核准质量。因此,预披露主要是宣示性的,即向社会公告发行申请人将公开发行股票,从而引起社会各界的关注和监督,所以没有必要披露所有的 IPO 申请文件,这也是从减轻发行人的披露负担和制度运行成本与效益之间比值的角度考虑。但是,为让社会各界有一个明确、具体的是非判断标准,以检验是否存在虚假陈述,所披露的申请文件有必要包括一些有关公司财务和经营方面的基本信息,因此,除披露募股申请文件之外,还应当披露的信息包括:(1) 发行人及发行的基本信息,以及有关发行人发展前景、利润预测等方面的综合信息。(2) 发行人是否具有公开发行股票资格以及发行人历史沿革、改制重组等重大历史信息。(3) 对投资者投资决策产生重大影响并直接决定是否能够获准公开发行的信息,这主要是指财务和经营状况信息,如审计报告和财务报表、资产评估报告等。

为发挥预披露社会监督作用,让社会各界对预披露文件所陈述的事实进行监督、检举和揭发,预披露的申请文件应在指定报刊及网站披露,以便于社会公众获取,同时要尽量少用投资者不熟悉的专业和技术词汇,尽量采用图表或其他较为直观的方式准确披露发行人及其产品、财务等情况,做到简明扼要,通俗易懂。

2. 可以考虑将预披露制度的范围扩展到新股的发行

《证券法》仅在 IPO 中规定了预披露制度，该项制度并不要求新股发行进行预披露。新股发行是已成立公司再次募集股本的行为，对于上市公司而言，由于其必须履行持续信息公开义务，其所有的对投资者投资决策产生重大影响的信息都应及时、准确、真实地披露，似乎不必要在新股核准时再进行预披露。其实不然，根据《证券法》第 13 条的规定，新股发行必须是最近 3 年财务会计文件无虚假记载及无其他重大违法行为，而上市公司为获得再融资资格，在持续信息披露阶段也可能存在虚假陈述；持续信息披露义务主要在于保障投资者的知情权，使其在完全知情的基础上作出投资的决策，而预披露制度所要求的信息公开，其主要目的是通过向社会披露募股文件，发挥社会监督作用，克服国务院证券监督管理机构在发行核准时存在的信息不对称，将那些欺诈发行者揭露出来并绳之以法，从而提高发行核准的透明度和质量。将信息预披露制度运用于新股发行中，毫无疑问有利于提高上市公司新股发行的质量。因此，在权衡发行人的披露负担以及制度运行成本与效益之间比值的前提下，可以考虑在上市公司发行新股时创设预披露制度。

3. 建立健全举报制度

预披露制度发挥社会监督功能的前提条件是知情人士对证券发行中的欺诈行为进行举报，因此，如何建立有效的举报制度，以激励知情人士进行积极举报，是预披露制度能否达到预期目的的关键。

为此，本书认为，首先是应当建立举报者保护制度，以解除举报者的后顾之忧。此项制度可主要考虑从以下三个方面着手：监管机构及其工作人员应对举报者保密，建立健全保密制度；对举报信息的合理使用；严厉追究打击报复者相应的法律责任。其次，通过建立悬赏举报制度，以激励举报者。

二、招股说明书制度

（一）招股说明书的性质和特点

招股说明书是股票发行人向社会公众公开发行股票时，依照法律规定的格式、内容和程序向社会公众公开相关信息，并邀请该公众认购公司股票的规范性文件。在招股说明书中发出的邀请，在合同法上属于要约邀请。然而，以往学术界却认为，招股说明书是以股票发行人为一方向以投资者为另一方发出的募集资金的意思表示，符合《股票条例》关于要约的规定，即是"向特定人或者不特定人发出购买或者销售某种股票的书面的意思表示"，属于要约并应遵守合同法关于要约的规范。的确，要约和要约邀请均为意思表示的行为，但这两种行为的性质不同。要约是以缔结合同为目的，希望相对人承诺的一种意思表示。而要约邀请则是希望对方向自己提出要约，即要约邀请人并不希望受到由自己发出的要约的约束力。《合同法》接受了这种观点，并特别规定招股说明书是要约邀请。① 为了规范公开发行股票的信息公开行为，中国证监会于 2006 年 5 月 18 日重新发布了《公开发行证券的公司信息披露内容与格式准则第 1 号——招股说明书》(1997 年 1 月 15 日颁布的信息披露准则 1 号同时废止，2003 年对该规范进行过修订)。

招股说明书具有如下特点：(1) 招股说明书记载的事项具有法定性。招股说明书记载的事项、方式和格式等均为法定，发行人不得就该法定内容作出删减，记载格式及形式也不得违背证券法律法规的规定，除非法定事项要求的内容确实与特定证券发行人实际情况不相符合。(2) 招股说明书是向不特定之社会公众投资者发出的、旨在募集股份的规范性文件。(3) 招股说明书的签署人，即发行人、发行公司董事或发起人等，不得对所公开的事实作出假定前提的陈述，也不得声明免除其法定责任；各发行中介机构，即会计师事务所、律师事务所等，在各自的专业范围内，必须对相关文件及表述的真实性、准确性和完整性承担相应责任。(4) 招股说明书应当全面公开与股票发行有关的各种信息，且所公开的信息应当准确和真实，不得存在虚假、严重误导性陈述或重大遗漏。(5) 招股说明书只是公开股票发行人向投资公众出售股份总额的意图，而非向特定投资者发出的、出售确定股份数量的意思表示。

(二) 招股说明书的公开规则

1. 招股说明书在公开之前须经证券监管机关审核

在国际上，对招股说明书的审核通常有两种模式：一种是英美法系国家采取的注重公开原则的注册制或申报制，另一类则是大陆法系国家采取的核准制。我国对招股说明书的审核是采核准制，即证券监管机构在收到发行人的送审文件和招股说明书后，应在法定期限内对发行人的股票是否公开发行作出审核决定，而招股说明书作为向中国证监会申请首次公开发行股票的必备法律文件，理应在其核准之中。

2. 招股说明书的有效期间

在我国，招股说明书的有效期为 6 个月，自中国证监会下发核准通知前招股说明书最后一次签署之日起计算。发行人在招股说明书有效期内未能

---

① 参见《中华人民共和国合同法》第 14、15 条。

发行股票的,应重新修订招股说明书。在符合规范的前提下,发行人可在特别情况下申请适当延长招股说明书的有效期限,但至多不超过1个月。发行人应在发行前2—5个工作日内将招股说明书摘要刊登于至少一种中国证监会指定的报刊,同时将招股说明书全文刊登于中国证监会指定的网站,并将招股说明书全文文本及备查文件置备于发行人住所、拟上市证券交易所、主承销商和其他承销机构的住所,以备查阅。

3. 招股说明书的预先披露

申请文件受理后、发行审核委员会审核前,发行人应当将招股说明书(申报稿)在中国证监会网站(www.csrc.gov.cn)预先披露。预先披露的招股说明书(申报稿)不是发行人发行股票的正式文件,不能含有价格信息,发行人不得据此发行股票。发行人应当在预先披露的招股说明书(申报稿)的显要位置声明:"本公司的发行申请尚未得到中国证监会核准。本招股说明书(申报稿)不具有据以发行股票的法律效力,仅供预先披露之用。投资者应当以正式公告的招股说明书全文作为作出投资决定的依据。"

4. 招股说明书必须披露的主要内容

根据《招股说明书的内容与格式》,招股说明书必须披露的主要内容包括:释义;本次发行概况;风险因素;发行人基本情况;业务和技术;同业竞争和关联交易;董事、监事、高级管理人员与核心技术人员概况;公司治理结构;财务会计信息;管理层讨论与分析;业务发展目标;募股资金运用;发行定价及股利分配政策;董事及有关中介机构声明;附录和备查文件等。这里所谓的备查文件,主要包括:发行保荐书;财务报表及审计报告;盈利预测报告及审核报告(如有);内部控制鉴证报告;经注册会计师核验的非经常性损益明细表;法律意见书及律师工作报告;公司章程(草案);中国证监会核准本次发行的文件;其他与本次发行有关的重要文件。

三、上市公告书的编制和公开

发行人向证券交易所申请其首次公开发行的股票上市时,应当按照中国证监会的有关规定编制上市公告书。发行人在提出上市申请期间,未经证券交易所同意,不得擅自公开与上市有关的信息。

(一)上市公告书的编制

上市公告书是发行人在股票上市前向公众公告发行与上市有关事项的信息公开文件。在我国境内首次公开发行股票,并申请在经国务院批准设立的证券交易所上市的公司,在股票上市前,应按《公司法》《证券法》《首次公开发行股票并上市管理办法》以及核准其挂牌交易的证券交易场所《上市规则》和《股票上市公告书内容与格式指引》中的有关要求编制上市公告书。

（二）股票上市公告书的公开

发行人应当于其股票上市前5个交易日内,将上市公告书全文刊登在至少一种由中国证监会指定的报刊及中国证监会指定的网站上,并将上市公告书文本置备于发行人住所、拟上市的证券交易所住所、有关证券经营机构住所及其营业网点,以供公众查阅。发行人可将上市公告书刊载于其他报刊和网站,但其披露时间不得早于在中国证监会指定报刊和网站的披露时间。上市公告书在披露前,任何当事人不得泄露有关的信息,或利用这些信息谋取利益。

四、募资说明书制度

募资说明书亦称为债券公开说明书,我国《公司法》和《证券法》称之为债券募集办法。债券募集办法是发行公司在发行公司债券时,根据法律规定的要求制作的记载与公司债券发行相关的实质性重大信息的一种规范性文件。发行公司债券的申请经国务院授权的部门核准后,应当公告公司债券募集办法。公司债券募集办法中应当载明下列主要事项:公司名称;债券募集资金的用途;债券总额和债券的票面金额;债券利率的确定方式;还本付息的期限和方式;债券担保情况;债券的发行价格、发行的起止日期;公司净资产额;已发行的尚未到期的公司债券总额;公司债券的承销机构。鉴于公司债券均属公开发行,因此,在公告公司债券募集办法的同时,发行公司还应公告公司财务会计报告,以供投资者合理判断公司债券的投资价值。

在我国,债券募集办法公开的方式一般为公告和置备。公告是指公司债券发行人应当将公司债券募集办法刊登在证券监管机构指定的媒介上的行为。置备是指将公司债券募集办法存放于指定场所供公众查阅。所谓指定场所,主要包括公司债券发行人主要办公场所或营业场所、承销发行的证券公司的营业场所。在有些国家,公司债券发行信息的公开方式还包括邮寄方式,如将募资说明书邮寄送至投资者。

在我国,依法公开公司债券发行信息,除应符合上述公开方式外,还应当遵循以下规则和要求:(1)公司债券募集办法于国务院授权部门核准后始得披露,发行人及中介机构于公司债券发行申请获得核准前,不得以任何方式披露相关信息。(2)公司债券募集办法必须真实、准确、完整,为证券发行出具有关文件的专业机构和人员,必须严格履行法定职责,保证其所出具文件的真实性、准确性和完整性。

第三节 上市公司持续信息公开制度

持续信息公开是指监管部门对证券交易中的信息公开实施监管。为便于投资者及时、准确地掌握市场信息,同时防止证券交易中的欺诈和操纵行为,证券法规定上市公司必须定期向社会公众公开其经营和财务状况,及时、不定期地提供可能影响上市公司证券的买卖活动及对价格有重大影响的任何信息,为投资者进行投资判断提供依据,以保护投资者的交易安全。各国证券法对上市公司在证券交易市场上的信息持续公开都有相应的制度规定。信息在交易市场上持续公开的主要制度有两部分:一是上市公司定期报告制度和临时报告制度;二是上市公司再融资的持续信息公开制度。另外,上市公司收购公告制度也属于上市公司持续信息公开制度的有机组成部分。

一、定期报告书制度

所谓定期报告,是指上市公司定期公布其财务和经营状况的文件,主要包括年度报告和中期报告。但也有不同的规定,比如在美国,定期报告则仅指年度报告和季度报告。

（一）年度报告

年度报告(annual report)是上市公司在每个会计年度结束后一定时期内,向证券监管部门呈报的,并向社会公众公告的,反映该公司在该会计年度中的经营状况和财务状况的书面报告。

依照各国证券监管法律制度,上市公司负有向证券监管机构提交年度报告的义务。由于上市公司的情况复杂,规模大小、股东人数多寡不一,因此,各国证券监管法规定的提交报告义务不尽相同。概括各国法例,主要有两种规定方式:第一种方式是美国方式,即美国1964年《证券交易法》修正案第12条(b)项规定,在证券交易所上市的证券发行公司及在事业年度终了时其资产总额在100万元以上、股东人数为500人以上的公司,应在事业年度终了90日内,将年度报告书提交美国证管会。第二种方式是日本方式,即日本1971年《证券交易法修正案》第4条第1项规定,只要是申报募集或出售有价证券的发行公司,每事业年度均有向大藏大臣提交报告的义务。比较而言,美国模式有较明显的缺陷:当资产总额少于100万元,股东人数少于500人时,投资者也有依公开制度获取信息和受到法律保护的权利,而其相应规定显然对这部分投资者保护不力。另外,这一模式亦不利于对发行公司进行持续监管,因为提交报告义务随公司资产、股东人数的变化而变化,容易造成监管困难。相对而言,日本模式较为有利于保护所有投资者,有利于对发行公司进行持续监管,我国现行证券法律法规亦采取此类模式。

关于年度报告书的内容,规定不一。按照美国 SEC 规则第 14 条 a-31b 的规定,年度报告书的内容主要包括:最近两个营业年度的资产负债表和最近 3 个营业年度的损益表、过去 5 年内的纯销售额与营业收入额,每股收益及其总收益等财务数据等。对于年度报告书的内容,我国《股票发行与交易管理暂行条例》作了较为具体的规定,该《条例》要求年度报告应当载明的内容包括[①]:公司简况;公司的主要产品或者主要服务项目简况;公司发行在外的股票情况,包括持有公司 5% 以上发行在外普通股的股东的名单及前 10 名最大股东的名单;公司股东数量,公司董事、监事和高级管理人员简况,持股情况和报酬;公司及其关联人一览表和简况;公司近 3 年或者成立以来的财务信息摘要;公司管理部门对公司财务状况和经营成果的分析;公司发行在外债券的变动情况;涉及公司的重大诉讼事项;经注册会计师审计的公司最近两个年度的比较财务报告及其附表、注释;该上市公司为控股公司的,还应当包括最近两个年度的比较合并财务报告等。1998 年由中国证监会发布的《公开发行证券的公司信息披露内容与格式准则第 2 号——年度报告的内容与格式》(2007 年修订)对上述年度报告的内容作了进一步细化的规定,并制定了统一的格式。总之,我国年度报告书制度内容较为详细,编制体例及结构安排均较为完整。

(二) 中期报告和季度报告

中期报告(semi-annual report)是上市公司在每一会计年度的前 6 个月结束后向证券监管部门提交的,并向社会公众公告的书面报告。中期报告是信息公开的又一种表现形式,其目的在于弥补年度报告披露信息在时效性方面的局限,确保证券发行公司信息公开的最新性。

中期报告书的内容主要包括:大股东情况、资本变动、股价及其交易量状况、涉及公司重大诉讼事项、经营成果分析等。在具体规定方面,各国立法不尽相同。如日本立法要求记载资本额变动,大股东状况、股价及股票交易量的走势变化,董事和监事人员变动,员工情况,与前半期及前年同期生产经营

[①] 参见《股票条例》第 59 条。

业绩的比较,设备变动,设备添置计划的执行及其财务状况等;美国则要求记载公司总销售量,营业收益,租税扣除前后的纯利益,特殊事项等。

我国《证券法》和《股票发行与交易管理暂行条例》均对中期报告的内容作了相应规定,它们所规定的内容大体一致,主要包括①:股票或公司债券上市交易的公司,应在每一会计年度的上半年结束之日起2个月内,向国务院证券监督管理机构和证券交易所提交记载有以下内容的中期报告,并予公告:公司财务报告和经营情况;涉及公司的重大诉讼事项;已发行的股票、公司债券变动情况;提交股东大会审议的重要事项;国务院证券监督管理机构规定的其他事项。证监会发布的《公开发行证券公司信息披露的内容与格式准则第3号——半年度报告的内容与格式》对中期报告的内容与编制作了具体的规定,该准则与年度报告准则相比,在内容上与年度报告的编制基本相同,只是正文内容要简略些。

为保证公司信息公开的及时性,自20世纪70年代以来有的证券监管法要求发行公司每个季度都公开一次本公司的营业情况,此为季度报告书制度(Quarterly Reports)。例如,我国证监会发布的《公开发行证券的公司信息披露编报规则第13号——季度报告内容与格式特别规定》(2007年修订)对季度报告的内容与编制作了具体的规定。

二、临时报告书制度

定期报告书制度的缺陷是信息公开滞后,难以满足公司信息公开的最新性与及时性的需要,不利于投资者的投资判断。为此,许多国家都实行了临时报告书制度(Current Report)。例如,日本有关法律规定,发生下列情形时,发行公司应立即向大藏大臣提交临时报告:发行价额在1亿日元以上的有价证券,不依募集发行,而有董事会、股东会的决议时;该公司发行的有价证券,其募集或出卖是在本国以外的地域开始时;主要股东有异常变动时;母公司或特定子公司有异常变动时;重要灾害发生之场合,而在该灾害停止时。② 美国有关法律规定,在发生对证券投资判断有特殊影响的事项时,应将临时报告书提交美国证券交易委员会。上述事项包括:发行公司的支配权发生变动;在正常营业外的发行公司或控股公司重要资产的得与失;重大诉讼的开始与终结;以注册证券作为担保的资产的重要撤销或变更行为;有关发行公司或重要从属公司以前发行证券的重要不履行行为;发行公司已发行的证券有5%以上的增加或减少;发行公司或从属公司的证券有5%以上的

---

① 参见《中华人民共和国证券法》第65条。
② 赖源河:《公司法问题研究(一)》,载"台湾政治大学法律学系法学丛书"(十四),第213页。

股票买卖选择权的授予或延长;发行公司或其重要从属公司资产的重新评估或注册的资本证券的重要评估变更;应由证券持有人投票的事项。

我国也规定了临时报告书制度,根据《证券法》的有关规定,发生可能对上市公司股票交易价格产生较大影响的重大事件,投资者尚未得知时,上市公司应当立即将有关该重大事件的情况向国务院证券监督管理机构和证券交易所报送临时报告,并予公告,说明事件的起因、目前的状态和可能产生的法律后果。下列情况为上述所称重大事件:公司的经营方针和经营范围的重大变化;公司的重大投资行为和重大的购置财产的决定;公司订立重要合同,可能对公司的资产、负债、权益和经营成果产生重要影响;公司发生重大债务和未能清偿到期重大债务的违约情况;公司发生重大亏损或者重大损失;公司生产经营的外部条件发生的重大变化;公司的董事、三分之一以上监事或者经理发生变动;持有公司 5% 以上股份的股东或者实际控制人,其持有股份或者控制公司的情况发生较大变化;公司减资、合并、分立、解散及申请破产的决定;涉及公司的重大诉讼,股东大会、董事会决议被依法撤销或者宣告无效;公司涉嫌犯罪被司法机关立案调查,公司董事、监事、高级管理人员涉嫌犯罪被司法机关采取强制措施;国务院证券监督管理机构规定的其他事项。①

三、上市公司再融资的持续信息公开

（一）增发申请过程中的信息公开

增发申请过程中的信息公开是指从发行人董事会作出发行新股预案、股东大会批准,直到获得中国证监会核准文件为止的有关信息披露。

1. 公告董事会决议

董事会决议公告须公开董事会就《关于公司符合增发 A 股条件的议案》《关于申请增发不超过 XXX 万股 A 股的议案》以及《关于提请本公司 XXX 年第 XXX 次股东大会审议并授权董事会办理本公司增发 A 股相关事宜的议案》的审议和通过情况。同时,应当将发行议案在董事会表决通过后 2 个工作日内报告证券交易所。

2. 公告召开股东大会的通知

召开股东大会的通知应当于股东大会开会时间 20 日前公告。使用募集资金收购资产或者股权的,应当在公告召开股东大会通知的同时,公开该资产或者股权的基本情况、交易价格、定价依据以及是否与公司股东或其他关

---

① 参见《中华人民共和国证券法》第 67 条。

联人存在利害关系。

3. 公告股东大会决议

股东大会通过本次发行议案后,公司应当在2个工作日内公布股东大会决议,公告中应当载明"该方案尚须报中国证券监督管理委员会核准"的字样。

4. 与发行申请有关的其他公告

上市公司收到中国证监会关于本次发行申请的下列决定后,应当在次1工作日予以公告:(1)不予受理或者终止审查;(2)不予核准或者予以核准。

上市公司决定撤回证券发行申请的,应当在撤回申请文件的第2个工作日予以公告。

(二)增发新股过程中的信息公开

增发新股过程中的信息公开,是指发行人、上市公司从刊登招股意向书开始直到股票上市为止,通过证监会指定报刊向社会公众发布的有关发行、定价及上市情况的各项公告。一般包括《招股意向书》《发行新股募集说明书》《网上、网下发行公告》《网上或网下路演公告》《发行提示性公告》《网上、网下询价公告》《发行结果公告》以及《上市公告》等。下面仅解读其中最重要的《发行新股募集说明书》制度。

(三)发行新股募集说明书制度

1. 发行新股募集说明书制度概述

上市公司基于增资目的而再次申请公开发行股票,称为发行新股。发行新股必须依照相关的法律、法规进行信息公开,根据中国证监会2006年颁布的《公开发行证券的公司信息披露内容与格式准则第11号——上市公司公开发行证券募集说明书》(以下简称《第11号准则》)的规定,所要公开的《发行新股募集说明书》(通常又称为《新股招股说明书》),主要包括:本次发行概况;风险因素;发行人基本情况;同业竞争与关联交易;财务会计信息;管理层讨论与分析;本次募集资金运用;历次募集资金运用;董事及有关中介机构声明;募集说明书摘要等。募集说明书及其摘要是发行人向中国证监会申请发行新股的必备法律文件。

凡对投资者投资决策有重大影响的信息,不论《第11号准则》有无规定,均应披露。发行人因商业秘密或其他原因致使某些信息确实无法披露,可向中国证监会申请豁免。发行人配股,应在承销开始前5个工作日内将配股说明书摘要刊登在至少一种中国证监会指定的报刊,同时将配股说明书全文刊登在中国证监会指定的互联网网站,并将正式印制的配股说明书文本置备于发行人住所、证券交易所、承销团成员住所,以备公众查阅。

增发招股意向书除发行数量、发行价格及筹资金额等内容可不确定外,其内容和格式应与增发招股说明书一致。

发行人应将增发招股意向书刊登在中国证监会指定的互联网网站,并应载明:"本招股意向书的所有内容均构成招股说明书不可撤销的组成部分,与招股说明书具有同等法律效力。"

发行人应将增发招股意向书摘要刊登在至少一种中国证监会指定的报刊上;已编制和在指定报刊刊登增发招股意向书摘要的,不必制作增发招股说明书摘要。

发行价格确定后,发行人应编制增发招股说明书,报中国证监会备案。招股说明书应刊登于中国证监会指定的互联网网站上,并置备于发行人住所、拟上市证券交易所及承销团成员住所,以备公众查阅。

特殊行业的发行人编制招股说明书,还应遵循该行业信息披露的特别规定。

2. 新股招股说明书及其摘要的规范

关于招股说明书的编制,根据《第11号准则》的规定,应具体遵循以下要求:(1)使用通俗易懂的事实描述性语言,并采用表格或其他较为直观的方式披露公司及其产品、财务等情况;(2)引用的资料应注明来源,事实依据应充分、客观;(3)引用的数字应采用阿拉伯数字,有关金额的资料除特别说明之外,应指人民币金额,并以元、千元或万元为单位;(4)发行人可编制募集说明书外文译本,但应保证中外文文本的一致性,在对中外文本的理解上发生歧义时,以中文文本为准;(5)募集说明书摘要的编制必须忠实于募集说明书全文的内容,不得出现与全文相矛盾之处。

此外,在不影响信息披露的完整并保证阅读方便的前提下,发行人可采用相互引征的方法,对各相关部分的内容进行适当的技术处理;对于曾在募集说明书、上市公告书和定期报告、临时报告中披露过的信息,如事实未发生变化,发行人可采用索引的方法进行披露,以免重复。

最后,发行人将募集说明书及其摘要全文刊登并保留在公司网站的,其内容应当与在报刊上刊登的一致。

(四)上市公司发行与上市可转换公司债券的信息公开

1. 可转换公司债券发行的信息公开

上市公司发行可转换公司债券信息公开的有关要求,与上市公司发行新股的要求基本一致。可转换债券的信息公开文件包括发行前的董事会和股东大会公告、募集说明书、上市公告书以及持续的信息公开文件（包括定期报告、临时报告等）。发行人、上市公司应及时公开任何对投资可转换债券有重大影响的任何信息。可转换债券募集说明书、上市公告书应按中国证监会的有关规定编制和公开。

2. 可转换公司债券上市的信息公开

（1）上市公告。可转换公司债券上市申请获准后，上市公司应当在可转换公司债券上市前 5 个交易日内，在指定媒体上公开上市公告书。

（2）特别事项。发行可转换公司债券的上市公司出现以下情况之一的，应当及时向证券交易所报告并向社会公开：① 因发行新股、送股、分立及其他原因引起股份变动，需要调整转股价格，或者依据募集说明书约定的转股价格向下修正条款修正转股价格的；② 可转换公司债券转换为股票的数额累计达到可转换公司债券开始转股前公司已发行股份总额 10% 的；③ 公司信用状况发生重大变化，可能影响如期偿还债券本息的；④ 可转换公司债券担保人发生重大资产变动、重大诉讼，或者涉及合并、分立等情况的；⑤ 未转换的可转换公司债券数量少于 3000 万元的；⑥ 有资格的信用评级机构对可转换公司债券的信用或公司的信用进行评级，并已出具信用评级结果的；⑦ 可能对可转换公司债券交易价格产生较大影响的其他重大事件；⑧ 中国证监会和证券交易所规定的其他情形。

（3）付息与兑付。上市公司应当在可转换公司债券约定的付息日前 3—5 个交易日内公开付息公告；在可转换公司债券期满前 3—5 个交易日内公开本息兑付公告。

（4）转股与股份变动。上市公司应当在可转换公司债券开始转股前 3 个交易日内公开实施转股的公告。上市公司应当在每一季度结束后及时公开因可转换公司债券转换为股份所引起的股份变动情况。

（5）赎回与回售。上市公司行使赎回权时，应当在每年首次满足赎回条件后的 5 个交易日内至少发布 3 次赎回公告。赎回公告应当载明赎回的程序、价格、付款方法、时间等内容。赎回期结束后，公司应当公告赎回结果及其影响。在可以行使回售权的年份内，上市公司应当在每年首次满足回售条件后的 5 个交易日内至少发布 3 次回售公告。回售公告应当载明回售的程序、价格、付款方法、时间等内容。回售期结束后，公司应当公告回售结果及其影响。

变更募集资金投资项目的，上市公司应当在股东大会通过决议后 20 个交易日内赋予可转换公司债券持有人 1 次回售的权利，有关回售公告至少发布 3 次。其中，在回售实施前、股东大会决议公告后 5 个交易日内至少发布 1 次，在回售实施期间至少发布 1 次，余下 1 次回售公告的发布时间视需要而定。

（6）停止交易的情形。上市公司在可转换公司债券转换期结束的 20 个交易日前，应当至少发布 3 次提示公告，提醒投资者有关在可转换公司债券转换期结束前的 10 个交易日停止交易的事项。

公司出现可转换公司债券按规定须停止交易的其他情形时，应当在获悉有关情形后及时公开其可转换公司债券将停止交易的公告。与可转换公司债券上市有关的其他方面的信息公开，与股票上市基本相同。具体可参见交易所股票上市规则。

四、上市公司收购公告制度

上市公司收购公告制度，是指当一家上市公司通过公开要约收购另一家上市公司的股份而获得该公司控制权时，应按照法律的规定向证券监管机关、证交所及社会公众公开。世界各国均注重对上市公司收购的信息公开进行监管，因为目标公司被收购后，其经营权可能丧失，而目标公司的股东在收购要约发出时，必须决定是否出售持有的证券；如果没有售出，并且收购成功后，则股东成为另一合并公司的股东，对其权益将产生重大影响。美国 1934 年《证券交易法》第 13 条（d）（1）规定，凡取得公司 5％以上股权时，收购人须向证券管理委员会提交 13D 计划表，并将有关文件资料传递给发行公司和证券上市的每个证交所。日本《证券交易法》第 27 条规定，收购人必须向大藏大臣提出公开购买申报书，记载该公开购买的期限，购买价格及其他规定的事项。在该申报未发生效力前，不得进行收购，同时还必须将公开购买申报书副本递交目标公司。一旦生效，必须依法将申报书中保护公益及投资者利益所必要且适当的内容，登载于指定的日刊报纸上加以公告。

归纳我国证券法律、法规的有关条款，我国上市公司收购公告制度的内容，主要有以下四项：

（1）通过证券交易所的证券交易，投资者持有或者通过协议、其他安排与他人共同持有一个上市公司已发行的股份达到 5％时，应当在该事实发生之日起 3 日内，向国务院证券监督管理机构、证券交易所作出书面报告，通知该上市公司，并予公告；在上述期限内，不得再行买卖该上市公司的股票。投资者持有或者通过协议、其他安排与他人共同持有一个上市公司已发行的股份达到 5％后，其所持该上市公司已发行的股份比例每增加或者减少 5％，应当依照前款规定进行报告和公告。在报告期限内和作出报告、公告后 2 日内,不得再行买卖该上市公司的股票。①

(2) 关于要约收购和协议收购的信息公开。① 要约收购信息公开:收购人在依照相关规定报送上市公司收购报告书之日起 15 日后,公告其收购要约。在上述期限内,国务院证券监督管理机构发现上市公司收购报告书不符合法律、行政法规规定的,应当及时告知收购人,收购人不得公告其收购要约。② ② 协议收购信息公开:以协议方式收购上市公司时,达成协议后,收购人必须在 3 日内将该收购协议向国务院证券监督管理机构及证券交易所作出书面报告,并予公告。在公告前不得履行收购协议。③

(3)《股票条例》及《公开发行股票公司信息披露实施细则》规定,法人直接或间接持有一个上市公司发行在外的普通 5% 时,应自事实发生之日起 3 个工作日内,向该公司、证券交易所和证监会作出书面报告并在至少一种证监会指定的全国性报刊上公告。如果发起人以外的法人持有上市公司的普通股达 30% 时,应自事实发生之日起 45 个工作日内,向该公司所有股东发出收购公告书,并刊登于至少一种证监会指定的全国性报刊上。

(4) 上市公司收购公告书应当包括的内容有:持股人的名称、住所;所持有股票的名称、数量;持股达到法定比例或者持股增减变化达到法定比例的日期。④

根据上述我国法律对上市公司收购公告制度内容的规定,本书认为,相对于美、英等国的上市公司收购公告制度,我国该项制度主要存在以下两个方面的不足:一是欠缺防止欺诈性收购的法律规定。英国 1958 年《防止欺诈(投资)法》规定,凡用明知是错误的、虚伪的、欺诈的或是粗心大意制作,或不诚实地隐瞒了重大事实的各种陈述、许诺或预测,引诱他人同意收购或处置其证券的,都是一种犯罪行为,该法还禁止未经许可的任何机构或个人,散发邀请他人收购导致这种股票交易的信息。二是欠缺限制垄断性收购的法律规定⑤。在英国,政府的公平交易局如掌握了一些拟议中的收购将导致 25% 以上的市场股票集中于同一人手中,收购(合并)的财产总值超过 500 万英镑

---

① 见 2005 年修订的《证券法》第 86 条。
② 见 2005 年修订的《证券法》第 90 条。
③ 见 2005 年修订的《证券法》第 94 条。
④ 参见 2005 年修订的《证券法》第 87 条和《公开发行股票公司信息披露实施细则》第 22 条。
⑤ 2007 年 8 月颁布的《反垄断法》弥补了这一缺陷,在"经营者集中"一章中将通过以股权方式取得对其他公司的控制权作为经营者集中的一种情形,并规定达到国家规定的申报标准的,在事前向国务院反垄断执法机构进行申报,国务院反垄断执法机构通过反垄断审查作出是否允许经营者集中的决定。这保证了上市公司的收购活动不至于对市场竞争环境造成不利影响。见李东方主编:《证券法学》(第 3 版),中国政法大学出版社 2017 年版,第 137 页。

的,就要报告国务大臣,国务大臣有权将此项收购(合并)提交给垄断和合并委员会,并可以建议国务大臣行使其权力禁止或限制此项证券的收购。根据欧共体法条,如一个"占统治地位的公司"强制收购合并一个较小的竞争者,或收购(合并)的结果将排斥相关市场上的有效竞争,就违反了《罗马条约》的规定而被禁止。本书认为,对于上述两方面的不足,一是可以通过在以后《证券法》的修订中给予相应的弥补,二是可以在证券法规或"证券法实施细则"中进行补漏,尽管《反垄断法》在"经营者集中"一章对此有一定规范,但结合证券市场的操作性还不够,尚须通过证券立法自身进一步细化。

有关上市公司收购公告制度变革的其他内容将在本书第八章"上市公司监管"第一节"上市公司收购"的相关内容中进一步论述。

第四节 注册制背景下信息公开制度的变革

我国现行《证券法》中的信息公开制度,是与证券发行核准制相对应而建立起来的。而修订中《证券法》确立的证券发行注册制[①],与之相对应的信息披露制度相较于前者而言,无论在制度构建的理念上,还是在制度的具体内容上均存在很大的差异。因此,深入探讨注册制背景下信息公开制度的变革具有十分重要的现实意义。

一、核准制下我国信息公开制度存在的问题及其成因分析

我国证券发行核准制存在的一些固有缺陷自然会导致与之相匹配的信息公开制度同样存在诸多问题。为了论述方便,本书主要从监管主体、信息披露义务主体、证券服务机构和投资者四大主体运行以及现行立法等五个方面来剖析我国证券发行核准制下信息公开制度存在问题及其成因。

(一) 证券监管主体在监管过程中存在的问题

证券监管主体在监管过程中存在的问题主要有以下几个方面:

(1)监管的重点在于审查发行人是否符合发行股票的实质性条件,信息公开的审查居于次要地位。在核准制体制下,证券监管机构肩负双重使命,即一方面要对发行人所提供信息的真实性、准确性、完整性进行审查;另一方面要对发行人是否符合证券法所要求的证券发行实质要件,如发行人的最低

[①] 中共十八届三中全会《关于全面深化改革若干重大问题的决定》中提出了"推进股票发行注册制改革"的方针,据此在《证券法》的修订中进行股票发行注册制的改革已势在必行。有关我国股票发行注册制的改革形势详见本书第七章第一节的相关内容。

资本额、盈利能力、资本结构、偿债能力、经营时间、发行总规模等进行审查。但是,对实质要件的审查是其关注的重点,相应地会将对发行人信息公开的审查有意无意地降到较为次要的地位。

(2) 一方面,政府监管机构限于人力物力以及监管第二线的局限性,不能及时发现发行信息披露中的违规违法现象,存在着力所不能及的难处。另一方面,自律监管机构的监管行为又受到政府监管的掣肘,使其居于一线监管的作用很难得到充分发挥。

(3) 政府监管机构在证券行政执法的转型中,法律赋予的职权和能够采取的行政执法手段还较为有限,不同程度会影响对信息欺诈和造假行为的查处,行政执法力度不大。

(4) 在制度安排上,问责归责机制还不完善,使严格监管缺乏必要的法律责任追究机制,从而使监管执法的实际效果弱化。

(二) 信息披露义务主体在信息公开过程中存在的问题

这里所谓的信息披露义务主体主要是指发行人,其存在的根本问题是信息披露质量不高,严重的情况下其披露的信息还可能失真。这一后果是源于核准制安排的结果,证券发行实质要件的预设,导致发行人为了发行股票能够获得高市盈率、高价发行、高超募资金的"三高"利益,"没有条件创造条件也要上",甚至不惜造假。证券市场中的诸多发行条件造假案均源于此,发行人的发行条件一旦造假,其所披露的信息必然失真。注册制的一个重要意义就是让市场选择发行人的股票,从而使发行人自身去增强内在实力,而不是过多地预设外在条件通过审核去选择发行人的股票。换言之,核准制是通过外设条件选拔发行人,使发行人和为其服务的中介机构为了达到 IPO 目的,对其资产和经营状况进行过度包装,有的甚至违规违法对核准材料进行欺瞒造假。

(三) 证券服务机构在信息公开过程中存在的问题

证券公司、会计师事务所、律师事务所等证券服务机构在为发行人进行证券发行服务的过程中最容易发现发行人信息公开存在的问题,对防范虚假信息披露发挥着独特的作用。正是基于此,证券监管法要求证券服务机构及其从业人员应当恪守职业道德和执业规范,勤勉尽责,保证出具文件的真实、准确、完整;负责承销的证券经营机构应当对发行文件的真实性、准确性、完整性进行核查。然而,由于其中介服务费来自发行人,即股票的发行利益将发行人和中介服务机构的利益捆绑在一起,从而导致本应监督发行人提高信息披露质量、维护大众利益的一些中介机构,不仅没有起到监督作用,反而屈从或迎合发行人的无理或违法违规要求,有的甚至沆瀣一气,与发行人共同造假。在当前我国发行市场发展不成熟、制度不完善、问责机制不健全的情况下,证券服务机构违法成本低也为这种行为的滋生提供了运作空间。①

(四)投资者在信息公开过程中存在的问题

与许多发达国家以机构投资者为主导的证券市场情况不同,在我国股市,目前大约有1.5亿投资者,其中99%以上是投资金额少于50万元的中小投资者。② 这说明我国的股票市场是一个以中小投资者和散户为主的证券市场,他们由于不具有机构投资者的实力,加之在投资意识、风险意识等方面素质的欠缺,对披露信息的辨识能力普遍较差,与发行人相比更处于信息的弱势地位,抗风险能力和自我保护能力较差,合法权益容易受到侵害。③ 此外,由于政府通过核准制对股票市场的过度介入,助长了投资者对政府把关的依赖心理,这样也无形中减弱了投资者对虚假信息的警惕度。

(五)信息公开的立法问题

目前我国证券发行信息公开制度的法律法规体系包括三个层次:一是以《证券法》为基本法的层次,二是以国务院证券监管部门出台的规章和规范性文件层次,三是以两个证券交易所出台的自律监管规则层次。上述制度体系存在的主要问题如下:

(1)现行信息公开制度体系是以证券发行核准制为基础建立起来的,主要是从核准机关的角度来考虑信息披露问题,较少考虑投资者的现状及其对所披露信息的接受能力。

(2)基本法层次的信息公开制度体系化不够,相关规范散见于《证券法》有关章节,有待于在修法过程中进行专章规范,进一步体系化。目前大量信息披露的规范集中在行政规章、规范性文件和自律规则多个层面,系统化不够。因此,存在着相互衔接和协调问题,尤其是行政规章与交易所自律性规则之间的协调问题。

(3)信息公开的法律责任制度有待于进一步完善。现行制度有关规范

---

① 周友苏、杨照鑫:《注册制改革背景下我国股票发行信息披露制度的反思与重构》,载《经济体制改革》2015年第1期。
② 祁斌:《经济转型下的资本市场使命》,载新浪财经:http://finance.sina.com.cn/stock/t/20130724/093016224905.shtml,访问时间:2013年7月24日。
③ 周友苏、杨照鑫:《注册制改革背景下我国股票发行信息披露制度的反思与重构》,载《经济体制改革》2015年第1期。

可操作性不强，难以落到实处，未能形成良性的追责机制，导致违法成本过低，监管效果不明显。总体上看，现行信息公开的法律责任追究制度总体偏轻，未能起到应有的违法违规阻却作用。

二、信息公开制度在核准制与注册制条件下的区别

将信息公开制度在核准制与注册制不同条件进行区别比较，目的在于鉴别采取哪一种制度更加有利于证券发行的安全与效率。

（一）信息公开在两种发行制度中地位和作用方面的区别

核准制的根本目的是通过政府监管部门的核查来判断申请发行的股票是否符合法定条件，由政府为证券市场把好"门槛关"。因此，发行人股票的实质条件是主要矛盾，而信息公开则处于次要的地位，由此也决定了发行人信息公开的工作重点在于应对证券监管部门的核查，而主要不是面向市场和投资者。

注册制是一种准入门槛较低的证券发行制度，其证券价值主要由市场来作出评价和判断，判断的依据主要是发行人依法公开的信息。在政府审核弱化的情况下，信息公开在注册制中基础性的地位和作用就显得分外突出。就此而言，注册制是依靠信息公开来支撑的一种制度，其能否正常运行在很大程度上取决于公开信息合理的数量和较高的质量。

（二）信息公开在两种发行制度中政府监管方式方面的区别

在核准制下，要求政府对发行人公开信息的真伪及合规与否承担相应的义务和责任，从发行门槛处减少和杜绝证券发行欺诈行为。然而，由于受到能力、专业知识以及人力、物力等条件的限制，政府有时并不能够很好地承担上述义务和责任。不仅如此，有些政府工作人员还被寻租行为所俘获，使得核准制下的信息公开制度进一步失灵。

注册制是以市场和投资者为导向的制度安排，对相关信息的审查由政府监管机构转移到以证券交易所为主的自律监管机构身上。此时，政府监管便由原来的审查监管变成执法监管，从事前监管变成事中和事后监管。

（三）信息公开在两种发行制度中发行人和证券服务机构的心态不同

在核准制下，发行人和证券服务机构的信息公开工作均向政府监管部门负责，一切信息披露工作都是为了发审委能够通过其IPO的申请，加之目前

核准制下股市"新股不败"的神话①,更加剧了发行人和相关证券服务机构并不十分关心投资者对信息公开内容的要求。

然而,在注册制下,股票能否发行成功主要取决于投资者是否有愿望购买该股票。基于此,发行人和相关证券服务机构信息公开工作的负责对象自然是投资者而非政府监管机构,他们的内心必然热切关注投资者对信息公开内容的需求。

三、注册制背景下信息公开制度变革的措施

注册制背景下信息公开制度变革的措施,在笔者看来,主要从以下三个方面着手:第一,对发行人资质和相关信息的审查,从实质审核转化为以合规性为主的审查。第二,多措并举,即信息披露的监管措施、披露形式和公开手段的多样性。这里的多样性主要包括:(1)证监会对信息披露的监管措施应具有多样性,同时应尽量避免因信息披露义务过重给企业带来的负担;(2)充分运用互联网技术手段,提高信息披露效率;(3)改良信息披露的形式和程序。第三,政府监管机构与自律监管机构在信息披露监管方面要形成合力,相辅相成。

上述三大具体措施的具体内容将在本书第七章"证券发行与上市监管"第一节"证券发行监管与我国发行制度变革"有关证券发行注册制改革的相关内容中进行论述。

---

① 有人统计,2014年年初发行的50个新股,多数上市后在涨到44%后又继续上涨,而且出现多个涨停板。有3家发行公司坚持不肯降低发行价而以高市盈率发行,上市后照样上涨44%,而且还在上涨。参见谢百三:《注册制近期能实行吗?》,载《金融投资报》2014年3月7日。

第六章　证券市场危机监管

2015年中国股市发生的异常波动,引发了人们对预防和处置股市危机的深入思考,学界有人呼吁建立《金融紧急状态法》或《金融危机法》。股市危机产生的原因十分复杂,预防的措施也有许多,但是证券市场危机监管在众多举措中居于最基础的地位。然而,我国经济学界对证券市场危机管理的研究起步较晚,而法学界对证券市场危机监管的系统性研究则几乎空白。因此,本章就证券市场危机预防、应急处置以及上市公司危机市场退出等方面进行系统性研究具有十分重要的理论及实践意义。

第一节　证券市场危机监管的基本理论

一、危机监管的一般理论

(一)危机监管的界定

危机在某种意义上讲,是表明危险和机遇同时存在,二者在特定的条件下可以相互转化,正如老子所说:"祸兮福所倚,福兮祸所伏。"有许多危机表面上看类似于突发事件,实则存在一定的发展趋势,是经过一个量变的积累,尔后才达到质变的动态过程。对于危机,人类可以在以下三个阶段发挥主观能动性:

第一,在危机苗头初现时,可以通过采取适当的监管措施而将危机防患于未然。

第二,虽然没有危机苗头出现,但是监管者可以通过研究先前已经发生过的危机,以前车之鉴而正确地识别、预测可能发生的危机,并为危机解决积累宝贵的经验。

第三,当危机真正来临时,可以根据已有的经验,结合实际情况,采取适当的应急处置措施而使危机化解或者转危为安。

上述三个阶段的行为均可以纳入危机监管的范围之内。美国学者芬克(Steven Fink)在《危机管理》一书中指出:"危机管理是组织对所有危机发生因素的预测、分析、化解、防范等而采取的行动。它包括组织面临的政治的、经济的、法律的、技术的、自然的、人为的、管理的、文化的、环境的和不可确定的等所有相关的因素的管理。"芬克的危机监管观点表明，危机监管是一项全方位的、复杂的系统工程，是需要多方面的知识和技能的知识工程。[①] 日本学者龙泽正雄则认为，危机管理就是发现、确认、分析、评估、处理危机，同时在这一过程中必须始终保持"如何以最少费用取得最大效果"的目标。

我国对于危机与危机监管的系统理论研究起步较晚，并且只注重研究企业受到打击后的应对策略，而忽视危机监管的双向性、两重性的特点。还有一些学者将危机监管直接等同于零缺点监管、末日监管、风险监管、问题监管。他们认为，"危机监管"是通过监管措施，以达到防止和回避危机，使组织或个人在危机中得以生存，并将危机所造成的损害限制在最低程度的目的。"危机监管"是指在企业中树立危机意识，时时注意与各方面进行有效的沟通交流，努力消除自身缺点和对企业不利的各种影响，以防患于未然。有些小事件、小缺点、小灾害有时足以毁掉一个组织，所以"危机监管"又叫"零缺点监管"，有的甚至称之为"末日监管"。[②] 这些定义都从不同方面表达了对危机监管的认识。应当说，危机监管包含对危机事前、事中、事后所有方面的监管。监管主体包括政府及其委托机构监管、自律组织监管和企业自身的监管。

（二）危机、风险与灾难三者的关系

1. 对危机概念的进一步辨析

"危机"这一表述并非一个严格意义上的法学概念。在我国的所有现行法律层级中，只有《银行业监督管理法》《商业银行法》中使用了"信用危机"这一术语。[③] 在行政法规层面亦较少出现"危机"这一表述。学术界对于危机含义的研究主要见于管理学尤其是公共管理学领域。

[①] 刘李胜主编：《上市公司危机管理》，中国时代经济出版社2009年版，第2页。
[②] 同上书，第3页。
[③] 2018年3月19日，笔者通过查询北大法宝数据库，"全文"中含有"危机"两字的法律级别的文件有41件，行政法规级别的文件有129件，但是主要以决议、报告、意见等文件为主。使用"信用危机"术语的基本法，则仅有《银行业监督管理法》《商业银行法》。具体规定如下：《银行业监督管理法》第38条规定，银行业金融机构已经或者可能发生信用危机，严重影响存款人和其他客户合法权益的，国务院银行业监督管理机构可以依法对该银行业金融机构实行接管或者促成机构重组，接管和机构重组依照有关法律和国务院的规定执行。《商业银行法》第64条规定，商业银行已经或者可能发生信用危机，严重影响存款人的利益时，国务院银行业监督管理机构可以对该银行实行接管。接管的目的是对被接管的商业银行采取必要措施，以保护存款人的利益，恢复商业银行的正常经营能力。被接管的商业银行的债权债务关系不因接管而变化。

在英文中,与"危机"相对应的词是"crisis",其源于古希腊语"krisis",该词在 15 世纪初借道拉丁语进入英语词汇,其最初的含义是指"疾病中的转折点"(turning point in a disease)。直到 17 世纪 20 年代,该词汇的含义才脱离了医学的语境,一般被用来表示事件发展过程中的关键时点,特别是有产生极其不利后果的高度可能性时。① 将危机视为转折点而不只是一种不利因素的这种观点,得到了许多危机管理方面学者的认可。例如,台湾学者詹中原就认为:"危机不必然是负面,只是前途未卜与相当程度风险。能够避免潜在危机得人,就是赢家。"②诺曼·R. 奥古斯丁则用诗意的语言说道:"每一次危机既包含导致失败的根源,并孕育着成功的种子。发现、培育,以便收获这个潜在的成功机会,就是危机管理的精髓。"③芬克(Steven Fink)在《危机管理》中提到:"在汉语中,组成危机的两个字分别表示危险和机会。"④

当然,管理学界对危机这一概念所表达的确切含义并没有达成共识。在此选取部分有代表性的观点,以使我们从不同的视角对危机的本质有更深入的认识。贝尔(Coral Bell)认为:"危机是一段时间。在这段时间内,某种关系中的冲突会升高到足以威胁改变那种关系的程度。"Kathleen Fearn-Banks 认为危机是"一个主要事件可能带来阻碍企业正常交易及潜在威胁企业生存的负面结果"。日本学者龙泽正雄认为危机有五种内涵:危机即事故;危机即事故发生的不确定性;事故发生的可能性;危机即各种危险性的结合;危机即预料和结果的变动。罗伯特·希斯认为:"危机涵盖了三种情景:一是对人员和资源的维系;二是失控;三是对人员、组织和资源造成可见和不可见的影响。"Lerbinger 则将危机界定为:"对于公司未来的获利率、成长甚至生存发生潜在威胁的事件。"⑤

2. 危机不同于风险

风险对应的英文词为"risk",来源于法语"risque",意为"航行于危崖

---

① 见《韦氏大辞典》关于"crisis"的词条:"an unstable or crucial time or state of affairs in which a decisive change is impending; especially: one with the distinct possibility of a highly undesirable outcome."
② 詹中原:《危机管理——理论架构》,台湾联经出版事业股份有限公司 2006 年版,第 3 页。
③ 〔美〕诺曼·R. 奥古斯丁:《对力求规避的危机的管理》,载《哈佛商业评论》精粹译丛——危机管理》,北京新华信商业风险管理有限责任公司译,中国人民大学出版社 2001 年版,第 5 页。
④ 周永生编著:《现代企业危机管理》,复旦大学出版社 2007 年版,第 5 页。
⑤ 对于管理学中"危机"概念的更多总结,详见詹中原:《危机管理——理论架构》,台湾联经出版事业股份有限公司 2006 年版,第 6—10 页;周永生编著:《现代企业危机管理》,复旦大学出版社 2007 年版,第 4 页;魏立尧、陈凯:《企业危机管理理论评述与扩展》,载《华东经济管理》2005 年第 6 期。

间"。① 我国国家标准《风险管理术语》(GB/T 23694-2009)中将风险定义为"为某一事件发生的概率和其后果的组合"。风险强调的是发生不利后果的可能性,只有风险防范失败造成严重危害结果时,危机才会发生。风险是危机的诱因,而妥善的风险防范可以在一定程度上有效防止危机的发生。由此可见,危机预防的核心就在于风险的监测和控制。

3. 危机也不同于灾难

灾难指的是一种具有毁灭性的后果。"灾难意味突然而至的大灾祸,是问题的潜伏、舒缓、准备期,问题未妥善处理或纾解所造成的结果。"②可见,灾难是危机应急处置失败的必然后果。

4. 三者的关系

风险、危机和灾难三者的关系可以总结为:风险可能带来危机,而危机处理失败则会带来灾难。因此,面对危机需要考虑:一是如何控制风险以预防危机;二是在危机爆发后如何妥善应对以防止其成为灾难。前者为危机预防,主要是内部监管(即证券市场主体自身的监管)为主,政府干预为辅;后者则为危机应急处置,主要是靠外部监管,即政府及其委托机构监管以及自律组织的监管。二者均有政府干预的因素,故该二者都被纳入证券监管法的范围,自然也就成为本书的研究对象。

二、证券市场危机及其危机监管

(一) 证券市场危机的特征

证券市场危机的主要特征如下:

1. 证券市场危机传导性更强

如果将资本市场比作一副摆放巨大的多米诺骨牌阵,那么,证券市场上一个个证券市场经营主体③就如组成这牌阵的一张张多米诺骨牌。我们担心的不是某一张牌因为不稳而倒下,恐惧的是因为某一张牌的倒下而影响全局,造成整体坍塌。日益加剧的金融脱媒化使得这传导性有增无减。所谓金融脱媒(disintermediation),又称"金融非中介化",是指资金的供需双方脱离金融中介机构,如商业银行、证券公司等,直接进行融通。其主要表现为社会融资比例中直接融资比例逐渐上升。根据中国银行间市场交易商协会的统

---

① 宋明哲:《现代风险管理》,台湾五南图书出版股份有限公司 2006 年版,第 5 页。
② 詹中原:《危机管理——理论架构》,台湾联经出版事业股份有限公司 2006 年版,第 12 页。
③ 本章所称证券市场经营主体包括:证券发行人、上市公司、证券公司、以证券公司和基金管理公司为代表的机构投资者以及个人投资者、证券市场中介服务机构、上海和深圳证券交易所、中国证券登记结算公司、中央国债登记结算公司等。

计数据,我国间接融资占比已经由 2006 年的 91% 下降至 2012 年 1—10 月份的 84%。① 中国人民银行发布的社会融资规模(即一定时期内实体经济从金融体系获得的资金总额)统计报告显示,2012 年全年人民币贷款占同期社会融资规模的 52.1%,同比降低 6.1%;而信托贷款占比和企业债券占比,同比分别增高 6.6% 和同比高 3.7%。② 而在资本市场最为发达的美国,直接融资比例甚至长期高达 80% 以上。③ 金融脱媒化的结果是将整个社会越来越紧密地联系在一张庞大的资本网下,没有任何一家证券市场经营主体在资本意义上是一座孤岛。

关于资本市场的传导效应,从下面所举发生于美国的实例可见一斑:成立于 1971 年的美国市政债券保险集团(AMBAC Financial Group Inc.,简称 AMBAC)是美国最早也是最大的市政债券保险商之一,它的业务是为市政债券提供信用保险。与所有保险公司一样,在留足法定备付准备金后它将闲置资金投资于资本市场以寻求投资回报。其中就有一部分购买了次级住房抵押债券。在次贷危机后,这些债券价值骤降。随后,惠誉④将 AMBAC 的信用评级从 AAA 降低到 AA,这无异于给它当头一棒。使之难以筹集资金以应对危机中高额的流动性需求。2010 年 11 月,AMBAC 申请破产保护。而由于多家市政债券保险公司的相同遭遇,市政债券没有足够雄厚的机构提供信用担保而难以继续发行,政府难以筹集到足够资金用以市政建设和提供公共服务,导致公共支出的缩减。危机从住房抵押贷款市场传导到保险机构,再传导到公共财政,进而引发实体经济的进一步震荡,最终又反过来影响资本市场。

金融脱媒背景下的证券市场危机,对危机的预防和处理会产生两方面的重要影响:一方面,它使得单个证券市场经营主体的危机更容易通过资本市场传导至整个社会;另一方面,它使得证券市场经营主体必须承受更多来自资本市场的系统性风险。当然,这一影响不仅仅局限于证券市场经营主体,非上市公司通过发行债券和购买金融资产亦与资本之网发生各种联系。但是毫无疑问,作为资本市场的主要参与者,它对上市公司的影响远远超出非上市公司。正因为单个证券市场经营主体的危机更容易通过资本市场传导

---

① 安国俊:《提高直接融资比例,债市大有可为》,载《证券日报》2012 年 12 月 10 日。
② 见中国人民银行《2012 年社会融资规模统计数据报告》,http://www.pbc.gov.cn/publish/diaochatongjisi/3172/2013/20130109165102866350983/20130109165102866350983_.html,访问时间:2015 年 1 月 9 日。
③ 李迅雷:《直接融资比重提升为何如此缓慢》,http://www.p5w.net/newfortune/zhuanlan/201103/t3484344.htm,访问时间:2015 年 1 月 9 日。
④ 惠誉评级是与标普、穆迪齐名的全球三大评级公司之一。在三大评级公司里,惠誉最早进入中国。

给整个社会,才需要考虑如何从制度设计上督促证券市场经营主体作出更负责任的经营决策,正视决策中的风险因素;正因为证券市场经营主体必须承受更多系统性风险的影响,而系统性风险的特性决定了它的"公地危机"①特征,监管者才需要承担起对这一风险的监测和预警的责任。对此,进一步的讨论详见本章第二节的相关内容。

2. 证券市场的风险后果社会承担性更强

这个特征来自股份公司这一制度本身。理由如下:第一,股份公司自其诞生之日起就是作为一种分散投资风险的机制而成为一种世界范围内广泛使用的制度,当其成为上市公司以后,更可以将其风险广泛分散转嫁于整个社会。第二,这种机制天然地会使上市公司尤其是其管理层更有可能采取以社会利益为代价的冒险行动:如果冒险成功获利了,利润是上市公司的,管理层也可以因此获取丰厚薪酬;如果冒险失败了,风险将会由以公众投资者为主的整个社会去承担,上市公司可能会破产,但是管理层不会。这种风险和利益的不对称分布使得上市公司的管理层极其容易忽视风险,因此大大增加危机暴发的可能性。

3. 证券市场危机受社会心理因素的影响更强

社会心理因素不仅可能导致危机的发生,还会导致危机发生后的迅速加剧以及随后一系列的连锁反应,使得危机的消解变得更为困难。心理学的研究表明,人们具有损失规避的倾向②,即便采取某种行动使得情况恶化的可能性比回避这种损失的可能性更高,他们也愿意赌一把。因此,当面临即将到来的重大风险时,尽管理性的选择是采取一切可能的办法去回避损失,但是事实却相反,面对可能的损失预期人们往往选择"赌最后一把"或者"孤注一掷",并且损失预期越强烈,这种逆向行为的可能性就越高。③ 因此,如果

---

① "公地危机"从"公地悲剧"引申而来。公地悲剧出现于共同拥有的资源由众多人使用的情形之中。其中,每一个人在为自己的利益而最大限度地利用该公共资源时都能获益,但如果所有的人都如此行事,就会出现资源遭破坏的灾难性局面。〔德〕柯武刚、史漫飞:《制度经济学——社会秩序与公共政策》,韩朝华译,商务印书馆 2000 年版,第 139 页。该词汇首先由美国学者哈定在《公地的悲剧》一文中提出。"公地危机"是想表明:系统性风险预防中存在类似的问题,即每个上市公司从自身利益出发,往往选择回避监测、预警的责任,从而使得整个社会被暴露在这种风险之中,进而可能导致社会公众遭受灾难性的后果。

② 关于损失规避的相关理论,参见〔美〕斯科特·普劳斯:《决策与判断》,施俊琦、王星译,人民邮电出版社 2004 年版,第 84—90 页;〔美〕丹尼尔·卡尼曼:《思考,快与慢》,胡晓姣、李爱民、何梦莹译,中信出版社 2012 年版,第四部分:选择与风险。

③ "中海油巨亏案"就是这一现象的最佳脚注。该公司总裁陈久霖在原油期货交易过程中发生亏损时,他并没有选择及时将损失控制在初期可控的范围内,而是毫不顾及整个经济环境,孤注一掷继续加大仓位赌原油价格下跌,最终导致难以弥补的巨亏。参见《悲情陈久霖·弃卒的启示》,http://money.163.com/09/0604/09/5AV2L6R002524TH.html,访问时间:2016 年 6 月 9 日。

不能在危机初期就尽快介入以防止这种预期,原本可控的危机会因为这种面对损失的非理性的决策行为而造成更大的灾难。同时,因这种预期在公众中的蔓延而带来的恐慌情绪本身亦足以使得原本并不严重的问题衍化为一场重大危机。研究还表明,在危机发生后,受社会心理因素的影响,人们的风险恐慌程度会显著上升,这种风险恐慌情绪会进一步加剧市场下跌和延缓市场的恢复进程。① 所以,市场的恐慌情绪或者说社会的心理因素应当作为监管者采取危机救助措施时的重要考量因素。

(二) 证券市场危机监管

1. 证券市场危机监管的产生与界定

市场经济国家(地区)的许多组织和监管机构都要求证券市场加强危机监管,例如,伦敦证券交易所就规定,要求上市公司必须建立危机监管体制,并定期提交有关报告。企业危机管理在20世纪90年代初期才传入我国境内,我国对于危机与危机管理的系统理论研究起步较晚,特别是对其作为决策科学的一个重要分支进行实证性研究尚属空白。② 然而,在实践中,一些有识之士却早已开始带头在企业实行"危机管理",并取得了一些成效。例如,海尔集团的生存理论是"永远战战兢兢,永远如履薄冰"。小天鹅集团在增强危机意识方面也做得比较成功。他们将自己的管理方式定义为"末日管理",即企业经营者和所有员工都要正确认识市场和竞争,要充分意识到企业有末日、产品有末日;昨天的成功不能成为今天的骄傲,企业最好的时候往往是最不好的开始。他们用这种忧患意识激励全体员工始终进行深层次的质量攻关和产品开发,不断在用户服务方面下功夫,使产品在激烈的市场竞争中立于不败之地。华为公司原总裁任正非写的《华为的冬天》和《北国之春》,也是强调危机意识、居安思危的生动例子。任正非在书中提道:"华为的危机以及萎缩、破产是一定会到来的","危机并不遥远,死亡却是永恒的,这一天一定会到来,你一定要相信。从哲学上、从任何自然规律上来说,我们都不能抗拒,只是如果我们能够清醒认识到我们存在的问题,我们就能延缓这个时候的到来"。③

可见,在我国建立和完善证券市场危机监管法律制度已经十分必要和紧迫,这也是完善我国证券监管法的一个重要方面。所谓证券市场危机监管,

---

① 参见〔美〕露西·F.阿科特、理查德·迪弗斯:《行为金融:心理、决策和市场》,戴国强等译,机械工业出版社2012年版,第14章。
② 刘李胜主编:《上市公司危机管理》,中国时代经济出版社2009年版,第4页。
③ 以上海尔集团、小天鹅集团和华为公司的例子,均转引自刘李胜主编:《上市公司危机管理》,中国时代经济出版社2009年版,第4页。

是指通过对证券市场危机监测、危机预控、危机决策和危机应急处置,从而达到避免危机、减少危机产生的危害,甚至将危机转化为发展机遇的一系列监管活动的总和。规制这一系列监管活动的法律规范的总和则构成证券市场危机监管法制度。

2. 证券市场危机的种类及其监管

(1) 单个证券市场经营主体危机和证券市场系统性危机。根据危机涉及的范围,可以将证券市场危机划分为单个证券市场经营主体危机和证券市场系统性危机。单个证券市场经营主体危机所产生的后果仅限于一家证券市场经营主体,例如单个上市公司因严重违反法律而造成的危机事件。证券市场系统性危机所产生的后果具有辐射性,往往波及在业务或者股权结构上相关联的其他上市公司或其他证券经营机构,乃至整个宏观经济。① 其核心特点在于波及面广,受影响者多。

区分单个证券市场经营主体危机和证券市场系统性危机的意义在于它们有着不同的监管要求。由于证券市场系统性危机的可预见性弱,对监管能力提出了更大的挑战。正因为两者在表现形式、后果严重程度上存在显著差异,从监管的角度而言,需要采用不同的监管方式和理念。尤其需要重视证券市场系统性危机的监管,以避免宏观经济波动。

(2) 证券市场内部危机和证券市场外部危机。证券市场内部危机是指在证券市场系统内部发生的危机,包括上述单个证券市场经营主体危机和证券市场系统性危机。证券市场外部危机则是指发生在证券市场外部的可能引发证券市场危机的各类事件,例如,国家政策的变动、恐怖主义袭击、战争等军事行为、无法预期的社会经济总体不利变动、生物和化学物质导致的灾难、自然灾难、对网络或信息系统的攻击或物理性损伤导致大规模的严重的系统崩溃等。

证券市场危机监管的法律制度主要是以证券市场内部危机为规制对象。

在中国证券市场运行的主体主要包括:中国证监会;中国证券业协会;上海和深圳证券交易所;中国证券登记结算公司;中央国债登记结算公司;上市公司;以证券公司、基金管理公司为代表的机构投资者以及个人投资者;相关的中介服务机构等。

根据上述主体,可以将证券市场内部危机大致概括如下:

---

① 这里需要说明的是,"系统性危机"这一概念有两种不同角度的解释。第一种解释是基于危机来源的角度使用这一概念,它是指来源于市场、环境、制度、法律等企业整体外部经营环境发生变化所带来的企业危机,以区别于来源于企业自身的危机。这个意义上的"系统性危机"实际上来源于风险管理理论中的"系统性风险"这一概念。第二种解释则是从危机后果的波及面角度来使用"系统性危机"这一概念,亦即此处采用的概念。

就上海和深圳证券交易所、中国证券登记结算公司和中央国债登记结算公司而言,他们具有双重主体性质,一方面他们是自律监管主体,另一方面他们又是证券市场运行的金融基础服务设施,起到保障证券的发行、交易和结算正常进行的作用,这类主体一旦运行不畅或受阻,就可能造成整个证券市场的瘫痪,从而发生危机。故证券市场这类自律监管主体自身也可能成为危机的来源。

就上市公司而言,其危机来源可以具体细分为人力资源危机、产品和质量危机、战略危机、财务危机、组织结构危机、企业文化危机等种类。其中最为常见的是产品和质量危机及财务危机,但是从更深层次角度分析,这两类危机往往是人力资源危机、战略危机和组织结构危机甚至是企业文化危机的表现或者结果。

就机构投资者而言,特别是在证券市场中占有很大份额的机构,如果在一天的交易结束时,它们不能结清自身或客户委托的重大交易,这将很可能带来系统性的风险。其中主要包括结算或清算份额占市场总份额5%以上的机构,如重要的证券公司、基金管理公司等。

本书对证券市场危机监管的研究,注重证券市场危机的全过程监管,即事前、事中和事后,故将从危机预防(事前)和危机应急处置(事中和事后)两个方面来论述。

第二节 证券市场危机预防(事前)监管

一、证券市场危机预防监管的理论基础

在证券监管法的研究中,对于证券市场日常监管的讨论一般均着眼于广义上的合规性监管。广义的合规性监管一般由三个部分组成:一是工商行政部门对证券市场经营主体经营行为的一般性监管;二是各行业的行政监管部门,如金融、食品、药品行业等,对企业在特殊行业中的经营行为的合规性监管;三是证券监管部门对于上市公司在资本市场的证券发行和交易等行为的监管。合规性监管是现代政府干预经济的主要手段,是一种最基本的监管形式,显然,这并不意味着它是对证券市场唯一的监管形式,更不是一种直接的危机预防监管。近代以来,证券市场重大危机给我们的经济带来严重冲击的历史反复提醒我们应当注重危机预防的监管。

诚如英国著名危机管理专家迈克尔里杰斯特所说:"预防是解决危机的

最好方法。"①危机预防在各种危机管理理论中的核心地位毋庸置疑。然而，传统理论研究普遍预设了危机预防的任务应当由企业自身承担这一前提，这也解释了为什么一直以来危机管理都深受管理学界的青睐而鲜受法学界关注的原因。正因如此，在法学领域主张一种以危机预防为着眼点的监管路径，必定会受到诸多质疑，因为这种带有侵入性的监管路径无疑已经在政府干预经济的边界上徘徊，稍有不慎便有陷入政府过度干预经济的嫌疑。

质疑者用以支持其观点的一个重要逻辑是：在合规经营的前提下，承担风险对任何寻求利润的行为都是必不可缺的。承担的风险越大，取得利润才有可能更高。对于这一点，早期古典经济学家，如萨伊，在对"利润"这一概念进行研究时就已经有所提及，并提出了利润是企业家承担风险的奖励的观点。而在制度经济学者奈特看来，风险（不确定性）就是利润的来源："如果变化的规律是众所周知的，就像在多数情况下那样，利润就不可能产生。……正是基于这一事实，我们才说对未来的一无所知是变化的必要条件，由这种变化产生的误差，才是利润的来源。……要对利润有一个满意的解释，我们似乎要……转向未来的不确定性，即一种可以大致用日常语言和商业用语中的'风险'一词来称谓的情况。"②

然而，危机预防监管背后的理念却与这一逻辑之间存在着某种冲突。如本章第一节中所述，由于风险是危机的诱因，危机预防监管必定会涉及政府对于证券市场经营主体承担风险大小的限制。换句话说，政府介入证券市场经营主体的危机预防在某种程度上也就意味着政府对上述市场经营主体盈利潜力的一种限制。正是基于这一点使得危机预防的监管路径与倾向于经济自由化的思潮格格不入。

现实状况是，这种以牺牲市场经营主体一定程度的盈利能力为代价而限制证券业承担风险的大小、预防危机的监管措施在金融领域中早已是常态。《巴塞尔协议》对于银行各种比率的限制在本质上即属于此。同样，我国建立在《证券公司风险控制指标管理办法》基础上的以净资本为核心的风险监控与预警制度亦属此类。这些都是典型的以危机预防为目标的监管，与一般的合规性监管的理念并不完全相同。

除上述金融行业外，危机预防仍然被一些人认为是公司的内部事务，政府不应当予以过多干预。一般认为，金融行业因为其高度的系统性而天然地被认为有政府介入其风险控制的必要。其实，在现代社会，金融业以外的其

---

① 周永生编著：《现代企业危机管理》，复旦大学出版社 2007 年版，第 61 页。
② 参见〔美〕弗兰克·H. 奈特：《风险、不确定性与利润》，安佳译，商务印书馆 2010 年版，第二章。

他上市公司承担的风险亦并非只是仅仅涉及其自身。20 世纪 90 年代至今，风险的社会化、国际化与证券化已成为现代社会风险的三项显著特征。① 在前文论述证券市场危机的特点时已经提到，证券市场分散风险这一功能使之更有可能采取以社会利益为代价的冒险行动，而只有适度的干预增加冒险的成本才能够降低证券市场经营主体冒险的内驱力。这便是政府干预证券市场危机预防的第一个理由。

对于成本和收益的考量是促使政府对证券市场危机预防进行监管的第二个原因。大型证券市场经营主体如果在遭遇危机时需要政府大量资金的救助，那么只要政府能够通过事前危机预防监管降低危机发生的可能性从而有效降低未来救助的期望成本，从纳税人角度来看，这种预防措施在经济上就是合理的。从另一个角度来说，证券市场经营主体获得危机救助的前提必然是接受危机预防监管。证券市场经营主体不可能一方面期望在遭遇危机时寻求政府的救助，另一方面又强烈抵触在平时出于对于危机预防目的而进行的较为严苛监管。否则，证券市场经营主体显然将面临重大的道德风险。破解政府危机救助带来的证券市场经营主体道德风险的必要手段之一，就是通过危机预防监管，在危机发生之前赋予证券市场经营主体（及其经营管理层）谨慎经营、控制风险的责任。

对于证券市场危机预防的政府介入还有第三个更重要的理由。在证券市场面临的诸多风险中，例如，日常经营风险、市场风险、汇率风险、流动性风险等，有许多是可以通过多样化经营、商业保险或者自我保险、利用期货市场进行套期保值等一种或多种风险控制措施，或多或少地予以分散的。可以说，反对政府危机预防监管者所设想的风险就是属于这种类型的风险。但是，除上述风险之外，还有一类风险，它是仅凭单个证券市场经营主体自身没有办法应对的，那就是系统性风险。本来系统性风险被认为主要是金融领域特有的问题。然而，伴随着自 20 世纪 70 年代以来高速发展的金融创新，金融工程带来的衍生金融产品深刻地改变了整个市场结构，它们打破了金融市场和商品市场的藩篱，并使得金融行业和非金融行业所面对的风险之间的差别也不再那么泾渭分明。所有企业都在一个系统中运转，因此都需要面对系统性风险。系统性风险的最大特征在于其不可分散性。这一特征强烈地预示着需要具有协调整个市场的能力的主体的介入。

对此，进一步的理由有以下两个方面：一方面，对系统性风险的监测和预防具有显著的"搭便车"和"外部不经济"（External diseconomy）的特征。如果

---

① 宋明哲：《现代风险管理》，台湾五南图书出版股份有限公司 2006 年版，第 11 页。

某家证券市场经营主体设立部门专门监测系统性风险，那么这种对于系统性危机的监测不但会使得其他证券市场经营主体从中受益，而同时这家公司又无法通过自身努力分散这种风险，这种行为显然是不经济的。因此，任何一家单独证券市场经营主体都没有足够的动力去试图消弭系统性风险。这就造成了建立在单个证券市场经营主体的风险控制体系中，对于系统性风险的监测和预防处于真空地带的现象。另一方面，系统性风险的监测、预警需要的信息、技术、资源和能力都远远超出任何单一证券市场经营主体的能力。这种监测需要建立在信息协调和共享的基础之上，而对于系统性风险的预防有时需要借助于强有力的行政措施，因此需要政府的主动介入。

上述讨论表明政府介入证券市场危机预防无疑是必要的。但是，这种介入必须谨慎地在社会经济安全与企业的经济自由之间寻求平衡点，而不能成为政府肆意僭越企业自主经营行为的理由。正因如此，政府的危机预防监管应当仅限于证券市场自身无法解决的范围。比如，在非系统性风险上，危机预防的责任主要在于证券市场经营主体本身。当然，对于危机所带来的负外部性特别高的企业，基于证券市场经营主体的冒险动力以及成本—收益这两方面因素的综合考量，政府应当参与监督其完善自身风险控制措施，以减小政府和整个社会为其因风险控制失败而造成的危机所带来的包括救助成本在内的各种损失。

而在系统性风险上，政府应当承担起最主要的风险监测、预警责任，因为这已经超出了单个证券市场经营主体的能力，且这种风险造成的危机后果极其严重。对于这种风险控制的真空将会给整体经济带来灾难性的后果，政府有审慎预防的必要。

对于上述前者称之为内部（风险）控制监管，后者则称之为系统性风险监管。这两者共同构成了证券市场危机预防监管制度的内容。这个结论既是政府介入危机预防的合理性基础，又是政府介入证券市场经营活动的界限，是在危机预防和企业追求利润最大化之间寻求平衡的结果。

二、证券市场危机预防监管的主要措施

（一）证券市场经营主体内部（风险）控制监管

证券市场经营主体内部控制监管，是指监管者以信息公开为基础而采取的对证券市场经营主体内部风险控制的一系列监管措施。本书以上市公司为例讨论证券市场经营主体内部（风险）控制监管。首先，上市公司内部控制监管主要适用于非系统性风险，背后的监管理念是在以上市公司为风险控制

责任主体的基础上,加强对上市公司内部控制有效性的外部监督,主要手段则是强制信息公开。其次,限制高管薪酬以抑制企业过度追求高风险业务是一项最新的监管趋势,这种监管趋势标志着监管者对于企业追求风险背后的激励机制的最新关注。再次,通过上市公司投资者关系管理实施危机公关,也是实现上市公司内部风险控制的有效手段。最后,也可以通过制定指引性标准的方式引导上市公司完善风险控制措施。以法律风险为例,我国于2012年出台了针对企业法律工作领域发布的第一个国家标准《企业法律风险管理指南》(GB/T27914-2011),供企业在防范法律风险时作为参考。本书主要从信息公开和限制高管薪酬以及上市公司投资者关系管理等方面来讨论上市公司内部控制监管。

1. 内部(风险)控制情况信息公开

上市公司内部控制信息公开,是指监管者对上市公司的内部控制作出强行性或者指引性标准,由会计师事务所等机构根据该标准进行外部监督,并且对监督结果进行强制性信息公开的制度。对于内部控制的关注直接源于世界能源巨头安然公司和通信巨头世通公司的破产案例。作为这一事件的反思和应对,2002年通过的《萨班斯法案》第404节对内部控制审计作出了强制性规定。根据该法案,SEC在2004年批准了由该法案新设的公众公司会计检查委员会(PCAOB)提出的审计准则第2号。根据估算,该要求可能使上市公司的年度审计费用增加30%—100%。一些估算认为,大公司遵守该法案的年成本高达3500万美元。许多普通公司表示,实施该法案的成本为510万美元,此后每年遵守这一法案的平均年成本为370万美元。① 甚至美国前财政部长约翰·保尔森都在公开场合多次表示该审计准则将严重损害美国资本市场的国际竞争力。2007年,SEC终于撤销该准则,并通过审计准则第5号作为替代,大大降低了信息公开的成本。其中最主要的措施之一在于区别对待不同的公司,使得内部控制审计得以适应于不同规模和复杂性的公司。②

在我国,最早提及内部控制审计的规范是1996年《电力企业内部控制制度审计试行办法》,随后1997年及1998年又分别出台了《教育系统企业内部控制制度评审实施办法(试行)》及《煤炭企业内部控制审计实施办法》。但是在那个阶段,所谓的内部审计的含义与现在所指大有不同。在这些文件中,

---

① 〔美〕肯尼斯·A.金、约翰·R.诺夫辛格:《公司治理:中国视角》,严若森译,中国人民大学出版社2008年版,第146页。
② 参见 Louis Loss, Joel Seligman, *Troy Paredes*: *Fundamentals of Securities Regulation*, 6th edition, Wolters Kluwer Law & Business, 2011, pp. 684—688.

内部控制仅仅指合法合规经营、财务管理健全、职责明晰等属于一般合规性监管范畴的事项,还没有包含风险管理的概念。因此,虽然它们名为内部控制审计,但不能算作我国以内部(风险)控制情况信息公开作为危机预防监管措施的开端。

2006年,财政部一则《公开选聘企业内部控制标准委员会咨询专家的通知》拉开了我国建立包含风险控制在内的真正意义上的内部(风险)控制情况信息披露制度的帷幕。2008年,财政部会同证监会、审计署、银监会、保监会共同制定了《企业内部控制基本规范》(财会[2008]7号)。根据该规范第2条的规定,其适用范围是"中华人民共和国境内设立的大中型企业。小企业和其他单位可以参照本规范建立与实施内部控制"。该规范原本计划于2009年7月1日开始在上市公司中实施,但由于准备尚不充分,财政部决定推迟实施时间。2010年,上述五部委又联合发布了《企业内部控制配套指引》(财会[2010]11号),其中包括18个应用指引、1个评价指引和1个审计指引。这18个指引涵盖了内部环境、风险评估、信息与沟通、内部监督、资金活动、销售与收款、采购与付款、存货管理与成本核算、固定资产管理、无形资产管理、工程项目、人力资源、税务管理、关联交易、财务报告、全面预算、合同管理、信息系统、研发管理、剩余物资管理、担保管理,最终形成了一套完整的内部控制体系。根据财政部的解释,《企业内部控制基本规范》是强制性规范,而《企业内部控制配套指引》只具有指导性和示范性。[1] 该套体系首先于2011年1月1日在境内外同时上市的69家公司实施。同时,财政部、证监会又选择了200多家在境内主板上市的公司进行试点。[2] 自2012年1月1日起,该体系在上海证券交易所、深圳证券交易所主板上市公司开始全面分类分批实施。[3]

财政部在其解释公告中明确表示,该套内部控制体系和风险控制是统一的,并且建议将二者职能分离的公司,"将内部控制建设和风险管理工作有机结合起来,避免职能交叉、资源浪费、重复劳动,降低企业管理成本,提高工作效率和效果"[4]。因此,该套体系完全属于以内部风险控制披露为手段的危机预防监管的范畴。目前,该套体系刚开始全面实施,其对我国上市公司带来的成本和可能的效益尚有待于观察。但是在今后的实施过程中,考虑分类披露、分类监管的实施方式有可能成为新的趋势。众多上市公司之间规模大

---

[1] 财政部《企业内部控制规范体系实施中相关问题解释第1号》。
[2] 同上。
[3] 《财政部办公厅、证监会办公厅关于2012年主板上市公司分类分批实施企业内部控制规范体系的通知》(财办会[2012]30号)。
[4] 财政部《企业内部控制规范体系实施中相关问题解释第1号》第4条。

小和复杂程度差异很大。对于规模较小的公司，过于严苛的内部控制要求可能并不经济。

引入内部控制审计这一监管措施还会引发另一个新的法律问题，即公司管理层的法律责任。在美国，《萨班斯法案》通过之前，大多数州的公司法都允许公司管理层信赖由会计师出具的外部风险评估和内部控制等专业性的意见。意即公司管理层可以对外部专业意见主张合理信赖，并无须承担因此意见中的错误而给公司或者股东带来的损失。但是，《萨班斯法案》明确规定要"强调公司管理层建立和维护内部控制系统及相应控制程序充分有效的责任"，似乎表明对于内部控制系统有效性的责任已经转移到了管理层身上，对于外部专业意见的信赖已不能成为免除责任的理由。[1] 在我国开始实施《企业内部控制基本规范》及相应配套指引之后，亦存在着类似的法律问题。《企业内部控制基本规范》第12条第1款规定："董事会负责内部控制的建立健全和有效实施……"这实际上将包括风险控制在内的内部控制责任赋予了董事会。尽管该规范亦提及了可以由会计师事务所提供内部控制咨询意见，但是若出现了内部控制体系不健全而导致的损失，董事会能否主张合理信赖咨询意见而免责尚存疑问。单从理论上看，董事会作为内部控制的责任主体应当不能因此主张免责。这种理解也有利于危机预防的私力实施，即引入民事责任作为强化内部控制、预防危机的机制。有效的民事责任的惩罚机制可以加强董事会完善内部控制的动力，从而提高上市公司预防危机的能力。

2. 限制高管薪酬

讨论危机预防不能忽视的另一个问题是产生危机背后的激励机制。内部控制最终需要通过高管的决策行为才能得以实现，如果高管有足够的动力去忽视这些风险而采取更冒险的经营策略，那么，任何内部控制都不能达到预期效果。从这个意义上讲，高管的决策激励机制是上市公司承担过大风险的根源之一。行为金融学的研究已经证实，经理层有时候会表现出异乎寻常的过度自信。有研究表明经理人倾向于高估自己的运营能力。毫无疑问，这种过度自信促使经理层采取更为冒险的经营策略。而公司的治理机制和对经理层的选拔和监管都倾向于鼓励和奖赏这种过度自信的行为，其中最重要的激励因素就是慷慨的报酬。[2] 这种激励是如此之强烈，甚至可以说如果不能有效抑制对经理层冒险的激励，其他风险控制措施都不能发挥有效的危机预防作用。

---

[1] 参见〔美〕露西·F.阿科特、理查德·迪弗斯：《行为金融：心理、决策和市场》，戴国强等译，机械工业出版社2012年版，第14章。

[2] 同上书，第263—273页。

需要明确的是，所谓限制高管薪酬并不是指政府应当为薪酬设置一个上限，而是泛指政府应当通过立法的方式介入高管薪酬的形成过程，其目的在于优化薪酬的组成结构从而正确激励高管谨慎决策，而非对薪酬数额进行强制干预。这里关注的是如何从改善激励机制的角度防范上市公司危机，与收入分配是否公平的问题并无太大关联。

在美国，高管薪酬飙升的现象始于20世纪70年代以后。起初，高管薪酬相当于普通工人的40倍，与20世纪30年代的情况相比并没有巨大差别。然而，从那时起到21世纪初，CEO的平均薪酬已经达到了普通工人的367倍。① 假设在理想化状态下，每家公司的盈利状况取决于高管的素质，同时每个CEO的能力水平是可以衡量的，这就形成了一个"高管市场"。这样一来，公司为了获取最好的高管，在高管市场上相互竞价。由于高素质高管的严重稀缺性，因此他们就会获得非常高的薪酬。然而，这个理想状态的假设在现实中并不成立。这种高涨的薪金及其组成在客观上给公司治理带来的最大危害在于，它促使高管们的过度自信，使他们采取激进而冒险的经营策略，从而大大增加了上市公司因为承担过度的风险而陷入危机的可能性。

耶鲁大学金融学教授罗伯特·希勒对政府介入大型公司管理层薪酬的决策以预防危机发生的合理性作出了令人信服的解释。他认为政府介入的作用在于分散一种特定的道德风险。高管们相信自己的公司规模足够大，一旦自己的公司破产会给整个社会经济造成直接冲击，政府绝不会允许这种情况的发生，即政府一定会出面兜底。因此，他们不但不会顾及决策的风险究竟有多大，相反，还会对赌博性的交易产生巨大兴趣，因为这样可以使公司股价暴涨而使自己获益。即便赌博失败了，政府也会出面收拾残局，自己不会有巨大损失；而一旦成功，则可一夜暴富。这是任何理性的人都会选择的作法。② 除此之外，基于股权的薪酬激励还会诱导作为内幕知情人的高管延迟发布对于公司的利空消息，他们有足够的动力将负面消息延迟至他们行使期权之后再公布，这就会使得当投资公众意识到公司出现危机时往往已为时过晚，危机已经从星星之火演变成燎原之势，此时投资公众的损失已无可挽回。

金融危机后，西方国家开始意识到高管薪酬在金融危机中扮演的重要助推作用，并开始采取一系列的措施。2009年，美国将对那些接受政府援助的美国金融公司高管年薪设定50万美元的最高限额。美国联邦储备委员会的"金融机构薪酬政策监管方案"计划通过评估、审查全美数千家银行或金融企

---

① 参见〔美〕保罗·克鲁格曼：《一个自由主义者的良知》，刘波译，中信出版社2012年版，第154—161页。

② 参见〔美〕罗伯特·希勒：《金融与好的社会》，束宇译，中信出版社2012年版，第30—32页。

业的薪酬安排，遏制金融业冒险行为，避免金融危机悲剧重演。欧盟委员会鼓励各成员国效仿"奥巴马式限薪令"，限制接受政府救助金融机构高管的薪酬。法国设置了金融业薪酬监察员，其主要职责是监察金融从业人员的薪酬情况。英国政府也宣布将审查银行薪酬机制。①

英国2010年通过的《多德弗兰克法案》则不仅仅针对金融行业，而是针对所有上市公司的高管薪酬机制作出了全新的规范，试图通过约束高管薪酬决定机制而削弱其采取冒险经营的动力，从而预防危机的再次发生。法案中设置了第951—956条共6个条文以应对这一问题。这些条文都是对1934年《证券交易法》的补充。其中最重要的规定为第954条，该条在1934年《证券交易法》中增添了10(D)条款。该条款的作用在于使得经理层不能因为其掩盖财务信息的行为(无论是有意还是疏忽)而获得经济上的奖励，这意味着如果高管获得高额的激励性薪酬，那么这些薪酬必须基于真实准确的财务表现。这项措施可以在一定程度上削减经理层通过不负责的手段美化经营成果的行为。它可以被视为延迟支付的一种小小变革。这里的延迟支付是指将高管薪酬的很大一部分延迟至离职若干年后支付。② 该项措施的核心在于引导高管从公司长远利益出发谨慎决策，因为若高管离职后几年内公司因为其在任期间的冒险行为而陷入破产境地，则其将拿不到这部分薪酬。在这种激励下，高管更有可能对公司面对的潜在风险作出正确评估，避免公司因为其过于激进的经营策略而陷入危机。

引人注目的是，薪酬延迟支付制度已被纳入我国最新的薪酬规范中。2012年7月中国保险监督管理委员会制定的《保险公司薪酬管理规范指引（试行）》（保监发〔2012〕63号）第12条规定："保险公司应当在薪酬管理制度中规定绩效薪酬延期支付制度……"第13条规定："保险公司董事、监事、高管人员和关键岗位人员绩效薪酬应当实行延期支付，延期支付比例不低于40%。其中，董事长和总经理不低于50%。保险公司应当根据风险的持续时间确定绩效薪酬支付期限，原则上不少于3年。支付期限为3年的，不延期部分在绩效考核结果确定当年支付，延期部分于考核结果确定的下两个年度同期平均支付。支付期限超过3年的，延期支付部分遵循等分原则。"第14条则规定："发生绩效薪酬延期支付制度规定情形的风险及损失的，保险公司应当停发相关责任人员未支付的绩效薪酬。"

可见，保监会的该项指引完全借鉴了严格意义上的延迟支付制度。这可

---

① 参见张宏、周仁俊：《金融企业高管薪酬监管的最新进展及其思考》，载《金融理论与实践》2010年第1期。
② 参见〔美〕罗伯特·希勒：《金融与好的社会》，束宇译，中信出版社2012年版，第30—32页。

以被看做我国政府介入高管薪酬决策过程的一个重要举措。仍需要进一步考虑的问题是,是否应当将这项措施推广至所有上市公司,或是只需选取其中具有系统重要性的大型公司实施? 如何保障它的有效实施? 无论如何,根据前述分析,应当认识到高管薪酬决策的国家介入是完全必要的。作为上市公司危机背后的主要根源之一,它不但是危机预防的必要措施,更重要的是它不能完全通过市场自身调节解决——恰恰相反,正如历史告诉我们的,市场机制只会将其变得更糟。

3. 上市公司投资者关系管理

通过上市公司投资者关系管理,实施上市公司危机公关,使上市公司与投资公众在信息畅通的情况下,能够融洽情感,遇有危机情况更容易沟通并取得机构投资者和广大公众投资者的谅解与支持。

在上市公司危机监管中,公司与投资者良好的关系往往发挥着意想不到的作用。比如,当一家上市公司面临危机,此时通过与其中一些重要机构投资者的沟通,并取得其理解和支持,通常这些机构投资者的表态或者行动会支撑起上市公司股价的稳定,而股价的稳定本身就向市场传递了信任和支持的信息,这对于上市公司顺利渡过危机无疑会起到良好的作用。

由于上市公司投资者关系管理涉及的问题较多,故本书将在后面列专章进行讨论,在此不多加赘述。

(二) 证券市场经营主体系统性风险监管

危机预防监管的第二个维度是对系统性风险的监管。系统性风险又称为不可分散风险,而与非系统性风险相对应。对于系统风险更深入的研究多见于金融法领域,其中一种较为全面的定义认为,系统风险是指由类似于市场或者机构危机导致的经济冲击引发的一连串的市场或者机构危机,或者给金融机构造成一系列的重大损失并导致资本价格的上涨或者资本可得性的下降,通常以金融市场价格的剧烈波动为标志。①

上市公司之间错综复杂的股权结构、交易关系、关联关系、经济行为的同质性使得上市公司之间、上市公司与整个国民经济之间的关系比以往任何时候都趋于紧密,牵一发而动全身。这种经济现实强烈要求我们在对单个上市

---

① 参见 Steven L. Schwarcz, "Systemic Risk", 97 Geo. L. J. 193。原文如下:" definition of systemic risk: the risk that (i) an economic shock such as market or institutional failure triggers (through a panic or otherwise) either (X) the failure of a chain of markets or institutions or (Y) a chain of significant losses to financial institutions, (ii) resulting in increases in the cost of capital or decreases in its availability, often evidenced by substantial financial-market price volatility."

公司危机监管的基础上,必须对于由上市公司之间的高度关联性所产生的潜在的系统性危机有着清晰的认识。传统的监管理念假设只要单个主体不存在危机隐患,则整个系统就是安全的。但是越来越多的研究表明,整个系统很可能在单个主体都显示正常的时候就已经出现危机征兆。在金融法上,这种关注系统性危机的监管理念被称为宏观监管。然而事实上,宏观审慎的监管思路不应仅仅局限于金融行业,对上市公司系统性危机的宏观监管亦应当纳入监管者的视野。

宏观审慎监管是相对于微观审慎监管的一种监管理念。其对应的英文表述为"macroprudential",这是一个新近创造的单词。① 它最早于1979年出现在巴塞尔委员会的前身库克委员会(Cooke Committee)的一次国际会议上。该委员会认为:"当微观经济问题开始形成宏观经济问题时,微观审慎性问题变成了所谓的宏观审慎性问题。"②然而,基于20世纪80年代全球性的去监管化浪潮,该理念在当时并没有引起足够关注。该理念真正得到全球金融监管层的认可源于本轮金融危机爆发后人们对过去监管理念的反思。宏观审慎监管与微观审慎监管之间的主要区别在于它们的目标上。将它们从金融领域引申到由所有上市公司构成的系统,可以认为宏观审慎监管关注防范上市公司的整体失败,避免或降低因资本市场不稳定而引致的宏观经济成本;而微观审慎监管则重在防止单个上市公司的危机,保护投资者的利益。

宏观审慎监管关注的是两个维度的问题。第一个维度是特定时间内风险如何在整个市场内传播,第二个维度是风险如何随时间推移变化。第一个维度又称为"跨行业维度",第二个维度又称为"时间维度"。尤其值得关注的是第二个维度,它主要表现为宏观经济的顺周期性。在经济繁荣时,整个市场充满乐观情绪,经济繁荣直接表现在以公允价值计量的资产价格的急剧上升上,这会促使上市公司为提高利润率而追逐高风险的资产,也会促使金融机构提供过多的"流动性"(liquidity),整个市场因此在繁荣中逐渐走向过度扩张,为系统性危机埋下伏笔。这种现象与制度设计具有密切联系:信用评级、公允价值会计准则、逐日盯市制度和巴塞尔新资本协议内部评级法等,这些顺周期行为和制度会与实体经济相互作用,放大经济波动,产生加速效应,在危机时会加剧经济和金融市场的下挫幅度。③ 宏观审慎监管的理念也提

---

① Piet Clement,"The Term 'Macroprudential':Origins and Evolution",*BIS Quarterly Review*,2010.
② 史建平、高宇:《宏观审慎监管理论研究综述》,载《国际金融研究》2011年第8期。
③ 薛build波、刘兰设、刘长霞、李玉:《宏观审慎监管:有效防范系统性风险的必由之路》,载《金融发展研究》2010年第6期。

醒监管者:不要让政府的规则和政策成为危机的源头,在制定规则和政策时,要充分考虑到它们对经济的综合影响。

第三节　证券市场危机应急处置(事中和事后)监管

一、证券市场危机应急处置政府介入的合理性

危机预防的目的在于使证券市场避免可能发生的危机,但是一些突发情况可能在谁都没有意料到的情况下使证券市场陷入危机。例如,整个行业被别国认定存在倾销行为而被征收惩罚性关税,或者新的技术出现使得原有产业变得不再有经济价值等。证券市场经营主体因种种原因陷入危机之后,如何处理使之在给社会造成的冲击最小的同时,又符合经济效益的要求便是首要问题。其中,政府应当扮演何种角色,便是本节讨论的主题。

作为以盈利为目的的证券市场经营主体,其所遭遇的危机中最常见的还是因经营失败而带来的危机。这种经营危机的背后所体现的往往是一种失败的商业模式或者被超越的科技水平,而政府动用大量宝贵的公共资源去救助一种失败的商业模式或者落后的科技显然是不符合市场经济规律的。在这种情况下,使之根据《破产法》的程序退出是正常的选择。正因如此,政府不应当去救助所有陷于危机的证券市场经营主体无疑已是一项共识。

但是并不是所有危机都源于经营失败或者落后的科技。即便是由于错误的经营策略,也并不意味着应当完全排除政府介入。有人想当然地认为,在这种情况下让证券市场经营主体破产是一种正常的优胜劣汰现象,因此这种危机带来的社会动荡即便严重,也是市场经济必要的阵痛,从长期来看有利于经济的发展。这种观点是值得商榷的。凯恩斯在其《货币改革论》中,一针见血地道出了这种以长期角度看待经济危机处理的问题所在:"……讲长期是对处理当前事务的误导。在长期,我们都死了。如果在暴风雨的季节,经济学家们告诉人们,暴风雨在长期中会过去,海洋将恢复平静,这未免把他们自己的任务定得太过于容易和无用了。"当大型证券市场经营主体由于错误的经营策略(例如,过度扩张)而陷入危机,而危机的后果可能像多米诺骨牌一样扩散开来,数以万计的劳动者失去岗位,许多家庭失去经济来源,成千上万的上游供应商和下游销售商因牵连而陷入危机,甚至使整个行业毁于一旦,资本市场受到冲击,乃至总体国民经济受到影响时,相信很少有人会站在一片废墟上依然坚定地认为当初不制止第一块骨牌倒下的决策是明智的。在这种危机的关头,问题已经不是该不该介入,而是怎样的介入方式最有效,

同时尽可能地兼顾分配公平。政府的救助不是在奖赏造成危机的证券市场经营主体,而是要最大限度地减少危害。要达到这一目标,就必须有一系列制度设计的配合。在危机过后,我们需要深刻反思是如何走到这一步的,但是无论如何,造成危机的那些错误不应当成为不予救助的理由。

当然,这并不意味着救助者只能是政府。根据政府介入程度的不同,可以将危机应急处置机制划分为三类。政府直接介入和完全市场化的应急处置机制是其中两个极端,而第三种是介于两者之间的方式,可称之为准市场化的危机应急处置机制。这三种方式中最理想的当属完全市场化的危机应急处置机制。例如,近年来在我国市场上兴起的另类资产投资,就是以收购陷入危机的企业或者金融资产为其提供"流动性"并帮助其改善盈利能力,等待恢复盈利水平后再将其出售获利作为主要投资手段。这种投资思路可以追溯到 J. P. 摩根和他的父亲,摩根帝国正是用这种投资方式建成的。但是此类方式并不足以应对现代经济带来的严重危机。通用汽车公司和克莱斯勒汽车公司的遭遇就是最典型的例证,在次贷危机最剧烈的时刻,市场上根本找不到有实力并有意愿的买家,而让其破产会导致美国整个汽车业的崩溃。在这种规模的危机面前,政府的直接介入难以避免。准市场化的危机应急处置机制介于两者之间,是一种兼具行政和市场因素的危机处理机制。市场化的应急处置机制不属于本书讨论的范围,本书仅就政府直接介入和准市场化应急处置这两种机制做进一步研究。

二、证券市场危机处理制度的主要措施

(一)政府直接介入的危机处理机制

1. 证券市场经营主体接管制度

接管制度是指行政机关根据法律、法规的授权,在符合特定情形时接收特定对象并予以管理的行为。接管的结果是行政机关取得接管对象的管理控制权。管理控制权的程度根据具体情况有所不同,可以仅仅是经营管理权,也可能包括股东会的职权在内一并接管。①

对于接管的法律性质,曾经有过三种不同的观点,分别认为其属于行政处罚、行政事实行为以及行政强制措施。② 在 2011 年《行政强制法》出台后,

---

① 这里需要注意的是,接管制度与托管制度的区别,托管制度是作为准市场化危机应急处置机制的措施之一,具体内容将在下文讨论。
② 吴卫军、石俊峰:《论行政接管的法律规制》,载于《行政法学研究》2006 年第 1 期。

接管应当属于行政法上的强制措施已不存在疑问。① 接管的目的主要在避免危机的扩散,保护社会公众利益。在证券法上接管就被用于制止证券公司等证券市场经营主体的违法经营行为。

由于接管制度的行政干预性较强,一般只在危机具有高度传染性的金融行业使用。我国现行金融立法中已经有许多法律法规涉及了接管制度,主要包括:

(1) 银行、信托业。我国 1995 年《商业银行法》就对银行的接管作出了规定,这也是我国对接管的最早规定。2003 年修订时主要是将接管主体由原来的人民银行变为了银监会,其他规定没有发生变化。其规定适用接管的条件为"已经或者可能发生信用危机,严重影响存款人的利益时"。这一表述也成为整个银行信托业接管条件的经典表述。《银行业监督管理法》第 38 条同样规定了接管制度,但是除接管外还增添了"促成重组"这一措施。并且,由于《银行业监督管理法》适用于"对在中华人民共和国境内设立的金融资产管理公司、信托投资公司、财务公司、金融租赁公司以及经国务院银行业监督管理机构批准设立的其他金融机构",接管制度也适用于这些机构。相应地,银监会在其部门规章《信托公司管理办法》的第 55 条、《金融租赁公司管理办法》的第 43 条和《企业集团财务公司管理办法》的第 55 条都作出了类似规定。1995 年 10 月,中国人民银行依法接管严重资不抵债的中银信托投资公司,这是我国境内实行接管的第一家金融机构。接管一年期满后,经批准由广东发展银行收购中银信托投资公司,其债权债务由广东发展银行承接。②

尚在制定过程中的"银行业金融机构破产条例"中最核心的内容即为银行业金融机构的破产接管制度,该条例接近一半的篇幅都是在对接管问题作出规定。这主要是基于以下两方面的原因:一方面,该草案制定时的原则是,在不能保证商业银行不破产的前提下,尽力避免破产。所以,预期的程序是以行政接管为主,尽量避免真正进入破产程序。③ 另一方面,关于破产程序的规定,新修订的《企业破产法》已经较为详尽,但对于接管问题,现有法律的规定非常缺乏,因此需要在"破产条例草案"中具体加以规定。

(2) 保险业。保险法上的接管制度着眼点在于保险公司的偿付能力。我国《保险法》第 144 条规定:保险公司有下列情形之一的,国务院保险监督管理机构可以对其实行接管:① 公司的偿付能力严重不足的;② 违反本法规

---

① 《行政强制法》第 2 条第 2 款规定:"行政强制措施,是指行政机关在行政管理过程中,为制止违法行为、防止证据损毁、避免危害发生、控制危险扩大等情形,依法对公民的人身自由实施暂时性限制,或者对公民、法人或者其他组织的财物实施暂时性控制的行为。"
② 吴弘、胡伟:《市场监管法论》,北京大学出版社 2006 年版,第 122 页。
③ 参见《银行业金融机构破产条例初稿形成力避破产》,载《华夏时报》2009 年 6 月 26 日。

定,损害社会公共利益,可能严重危及或者已经严重危及公司的偿付能力的。被接管的保险公司的债权债务关系不因接管而变化。

(3) 证券期货业。与前述两个行业相比,证券期货行业的接管制度相对复杂。我国《证券法》第 153 条规定,证券公司违法经营或者出现重大风险,严重危害证券市场秩序、损害投资者利益的,国务院证券监督管理机构可以对该证券公司采取责令停业整顿、指定其他机构托管、接管或者撤销等监管措施。国务院颁布的《证券公司监督管理条例》第 70 条[1]和《证券公司风险处置条例》第 8 条[2]对哪些行为构成可以被接管的违法行为作出了规定。

2012 年修订的《证券投资基金法》新增了第 27 条,从而将接管和托管制度引入了基金行业。该条作为 2015 年修订后的现行《证券投资基金法》第 26 条规定:公开募集基金的基金管理人违法经营或者出现重大风险,严重危害证券市场秩序、损害基金份额持有人利益的,国务院证券监督管理机构可以对该基金管理人采取责令停业整顿、指定其他机构托管、接管、取消基金管理资格或者撤销等监管措施。

同样在期货领域,《期货交易管理条例》(2017 年修订)第 56 条规定:期货公司违法经营或者出现重大风险,严重危害期货市场秩序、损害客户利益的,国务院期货监督管理机构可以对该期货公司采取责令停业整顿、指定其他机构托管或者接管等监管措施。

相比之下,证券期货行业的制度与银行、保险行业的制度有三个明显的区别。首先,它不仅仅采取接管制度,还采取更具市场化的托管制度,并且将两种制度并列作为可选的方案。其次,接管或托管的目的不仅限于危机处理,还包括制止违法经营行为。最后,证监会可以指定机构作为接管和托管主体,而对于银行、保险业,法律均只规定由监管机构进行接管。这些区别与 2002 年我国证券行业风险的集中爆发及随后的监管反思有着密不可分的关系。同时也与传统上认为证券公司危机比银行、保险机构危机相对而言对市场的冲击要小有关,因此可以采取更为市场化的托管措施。不过将来存款保险制度建立后这一差别可能就会有所改变。

---

[1] 《证券公司监督管理条例》第 70 条规定:国务院证券监督管理机构对治理结构不健全、内部控制不完善、经营管理混乱、设立账外账或者进行账外经营、拒不执行监督管理决定、违法违规的证券公司,应当责令其限期改正,并可以采取下列措施:……对证券公司进行临时接管……

[2] 《证券公司风险处置条例》第 8 条规定:"证券公司有下列情形之一的,国务院证券监督管理机构可以对其证券经纪等涉及客户的业务进行托管;情节严重的,可以对该证券公司进行接管:(一) 治理混乱,管理失控;(二) 挪用客户资产并且不能自行弥补;(三) 在证券交易结算中多次发生交收违约或者交收违约数额较大;(四) 风险控制指标不符合规定,发生重大财务危机;(五) 其他可能影响证券公司持续经营的情形。"

需要指出的是,现行证券期货行业对于接管的立法与《行政强制法》第17条的规定之间存在冲突。该条第1款规定:"行政强制措施由法律、法规规定的行政机关在法定职权范围内实施。行政强制措施权不得委托。"而前述法律中多次提及证券监管机构可以"指定其他机构接管"。这个问题值得关注。

2. 注资或国有化

注资或国有化是最极端的危机救助措施。往往只有在情况极其恶劣和紧迫,不采取此种措施就有可能导致大范围的经济或金融危机或者已经爆发这种危机的情况下才能考虑。由于需要巨额的资金,往往需要通过掌握财政权的政府机关并经立法机关的批准方可启动。

"次贷危机"引发了西方国家对企业的注资和国有化的浪潮。英国政府购买了阿比国民银行、巴克莱银行、汇丰银行、苏格兰皇家银行、渣打银行等大型金融机构的优先股并成为这些金融机构的最大股东,相当于将金融机构半国有化。即便是由于历史原因而对国有化具有极度敏感的德国也于2009通过《救援兼并法》,允许政府对陷入困境的银行实行国有化。[①]

其中,美国政府对通用汽车的救助案例最具样本价值。[②] 美国政府最初用于救助通用汽车的资金本质上是替后来投资者"垫付"的。在危机发生的时候,公众对公司丧失了信心,不愿意向其提供救助资金,因此只能由政府承担救助者的角色。在公司重新步入良性经营轨道之后,政府再通过资本市场收回资金。政府在整个过程中实际上扮演了投资银行的角色,起到了危机缓冲垫的作用。

对于各种国有化措施的批评主要集中在以下三个方面:(1)质疑政府经营国有化后企业的能力。(2)认为救助措施向部分利益团体倾斜。(3)在西方国家,还有对于国有化措施违宪的担忧。毫无疑问,国有化措施不意味着政府必须参与企业经营。因此,更重要的考量是上述第二项批评。实际上,这也是无法回避的问题。救助行为必然使得受到救助的那部分群体获得利益。理论上,如果不予以救助给社会带来的损失会大于这部分利益。但是这种衡量在客观上似乎难以进行。其中一个重要原因是无法评估不予救助的后果。这种救助或多或少涉及政治上的考虑,因此不能完全通过经济上的衡量予以解释。从证券监管法的角度来看,应当关注的是如何尽量平衡各方利

---

① 金碚、刘戒骄:《西方国家应对金融危机的国有化措施分析》,载《经济研究》2009年第11期。
② 该案例详见 Joseph H. Smolinsky,"Retooling General Motors:Defending an Innovative Use of The Bankruptcy Code to Save America's Auto Industry",6 Brook. J. Corp. Fin & Com. L 103.

益,力求实质公平,并以实现社会公共利益的最大化为己任。

(二) 准市场化的危机处理机制

所谓准市场化的危机应急处置机制,是指由国家出资设立专门的机构以承担危机应急处置职能,或者由行政机关负责组织其他市场主体参与危机应急处置的机制。这种机制同时兼具行政和市场的因素。一方面,它的设立、运行、资金、组织、协调等工作或多或少需要政府的参与;另一方面,这些机构和主体具有一定的独立性,其资金来源不完全依赖于财政。可见,它既不同于政府直接参与的危机处理,也不同于彻底的市场化危机处理,故称之为准市场化的危机处理机制。

准市场化的危机应急处置机制与市场化的危机应急处置机制的主要不同之处在于其参与危机处理的出发点不同。无论是投资银行等证券金融机构还是会计师事务所、律师事务所等证券服务机构,其之所以参与危机处理,要么是基于未来收益的考虑,要么是出于参与处置而获取工作报酬的目的。而准市场化机构参与危机处置则是基于法定义务,即使参与应急处置意味着损失也不能逃避,因为其介入的目的在于保护社会公众利益,维护市场稳定。

准市场化的危机应急处置机制与政府直接介入的危机应急处置机制的主要区别在于:前者是一项常设的制度,而后者是一种临时性的措施。事实上,政府救助本就不应该制度化,因为政府不能给市场参与者传递其一定会施予援手的承诺,否则一切风险控制措施都将成为空谈。而与之相反,市场参与者对于准市场化机构有着明确的预期。另外,就专门机构而言,救助资金来源主要来源于相关市场参与者平时缴纳的资金,在此限度内的救助行动无须动用财政资金。

以下讨论准市场化危机应急处置机制的三项基本制度,即应急处置专门机构、平准基金和证券市场经营机构托管制度。

1. 应急处置专门机构

国家可以通过出资设立专门的机构承担某一行业危机处理的责任。这种机构的典型代表即为基于银行业的存款保险制度和证券业的证券投资保护基金制度而设立的专门机构。我国的存款保险制度目前尚在制定过程中,而证券投资保护基金制度在 2005 年以后即已施行。

世界上最早的证券投资者保护基金诞生于美国。1970 年,美国爆发了证券公司的倒闭风潮,国会随之建立了证券投资者保护公司(Securities Investor Protection Corporation,简称 SIPC)。目的主要在于对在破产的证券公司中有资金或者证券的客户进行补偿。目前已有加拿大、英国、德国、欧盟、澳大利亚、日本、新加坡等国家建立了类似的制度。① 我国 2005 年修订的《证券法》第 134 条规定："国家设立证券投资者保护基金。证券投资者保护基金由证券公司缴纳的资金及其他依法筹集的资金组成,其筹集、管理和使用的具体办法由国务院规定。"根据此条规定,证监会、财政部、人民银行于 2005 年 7 月共同制定了《证券投资者保护基金管理办法》,并于 2016 年进行了修订,该法第 7 条规定基金公司的职责为:(1) 筹集、管理和运作基金;(2) 监测证券公司风险,参与证券公司风险处置工作;(3) 证券公司被撤销、关闭和破产或被证监会采取行政接管、托管经营等强制性监管措施时,按照国家有关政策规定对债权人予以偿付;(4) 组织、参与被撤销、关闭或破产证券公司的清算工作;(5) 管理和处分受偿资产,维护基金权益;(6) 发现证券公司经营管理中出现可能危及投资者利益和证券市场安全的重大风险时,向证监会提出监管、处置建议;对证券公司运营中存在的风险隐患会同有关部门建立纠正机制;(7) 国务院批准的其他职责。上述职责可以概括为四大类:基金管理、风险预防、危机处理、损失偿付。当然,在发生危机后证券投资者保护基金公司究竟应当发挥何种作用在现行立法中尚不明确。它究竟是以何种身份介入风险处置工作,是一个需要通过实践来探索的问题。

在我国,曾经还专门由财政部出资设立了四大国有资产管理有限公司来处置四大国有商业银行的不良资产。在实践中,它们也扮演了危机应急处置机构的角色。例如,2004 年,华融资产管理公司托管了崩盘后的德隆系下的德恒证券、恒信证券和中富证券;同年,信达资产管理公司托管了汉唐证券和辽宁证券,而东方资产管理公司托管了闽发证券。现在,四大资产管理公司已经完成市场化转型而转变为金融控股公司。由于历史经验优势,它们仍将在一定程度上继续参与不良资产处理的工作。我国的资产管理公司在一定程度上类似于美国所谓的"政府支持实体"(Government-sponsored Entities,简称 GSEs)这一概念,典型的例子就是美国的"房地美"和"房利美"。它们虽然进行着市场化的商业运作,但是它们的设立、运营甚至一些经营政策的决定都需要受到政府的干预。这种类 GSEs 机构的参与可能是将来应对上市公司危机处理比较理想的一种模式。

2. 平准基金

平准基金又称干预基金,是政府通过监管机构或自律组织等,以法定方式建立,通过对市场的逆向操作,处置非理性的证券市场剧烈波动,以达到稳定市场目的的基金。比如在上市公司股票非理性暴跌、股票投资价值凸显时

---

① 洪艳蓉:《证券投资者保护基金的功能与运作机制——基于比较法的制度完善》,载《河北法学》2007 年第 3 期。

买进,在股市泡沫泛滥、市场投机气氛狂热时卖出,从而抚平股市非理性波动,达到稳定证券市场的目的。平准基金是一种非营利的政策性基金,其根本职责是实现市场的稳定,防止暴涨暴跌。为此,其组建、操作、评价、管理的全过程都直接受政府的指令,为监管机构服务,成为处置市场危机的一种重要手段。需要强调的是,平准基金不是造市基金,而是证券市场发生危机时的应急救助措施。在国际上,市场中的平准基金在19世纪20年代就已经出现。境外很多市场中设有平准基金,如我国台湾地区证券市场中的平准(安保)基金在市场剧烈震荡时就会进场护盘。①

3. 证券市场经营机构托管制度

法律上的托管制度起源于国际法。《联合国宪章》第12章名为"国际托管制度"(International Trusteeship System)。在企业领域,托管制度有几种不同的用法,包括对于企业股权的托管,对于企业经营权的托管等。最早大规模的企业托管源于德国。在德国统一后,为解决民主德国原有的大量的国有企业的问题,德国设立了"托管局",颁布了《托管法》,从而将所有国有企业的所有权均划入托管局名下,它的最终目的是以此种方式实现这些企业的私有化。②

关于证券市场经营机构托管制度,分析对上市公司的托管比较具有典型意义。在我国,最早提出将托管制度引入一般上市公司危机处理的文件是2005年证监会发布的《证监会关于提高上市公司质量意见的通知》。其中,第25条规定:"地方各级人民政府要切实承担起处置本地区上市公司风险的责任,建立健全上市公司风险处置应急机制,及时采取有效措施,维护上市公司的经营秩序、财产安全和社会稳定,必要时可对陷入危机、可能对社会稳定造成重大影响的上市公司组织实施托管。"秉承上述文件精神,"上市公司监管条例(征求意见稿)"第7条规定:"地方各级人民政府承担处置本地区上市公司风险的责任,建立和健全上市公司风险处置应急机制。"第92条规定:"上市公司陷入重大危机、股东大会和董事会不能正常履行职责、可能对社会稳定造成重大影响时,其注册地省级人民政府可以在一定期限内对其组织实施托管。根据前款规定对上市公司组织实施托管的,应当成立专门的托管组织,负责保障公司财产安全,维护公司日常经营管理正常进行,组织召开股东大会,改选公司董事会,依法进行信息披露。"

对于政府介入上市公司危机处置这一行为,有学者提出了以下五个方面质疑:(1)政府兜底会造成上市公司道德风险。政府的兜底保障会使得经营

---

① 吴弘、胡伟:《市场监管法论》,北京大学出版社2006年版,第126页。
② 乔文豹、唐建辉:《德国企业托管制度及其借鉴》,载《外国经济与管理》1997年第9期。

者在经营过程中更为不负责任,因此更有可能导致危机的产生。(2) 政府救助违反优胜劣汰的市场经济法则。企业经营失败、破产是市场经济的必然现象,政府的接管有违市场经济规律,不利于市场经济的自动更新功能的发挥和实现。(3) 政府救助事实上构成对上市公司的一种补贴,既是对公共资源的一种错误配置,也是对其他市场参与者的不公。从终极意义上讲,将会使得市场竞争变得毫无意义,因为竞争的失败者反而会得到政府的救助从而受益。(4) 政府救助会阻碍风险处置的市场化转变进程。(5) 政府救助过程缺乏透明性,同时也难以进行司法监督,若救助措施不当而导致利益相关者权益受损通常难以获得司法救济。①

实际上,上述质疑并没有建立在对托管制度含义的准确理解之上,它将托管制度和前述政府直接介入的接管制度甚至是注资和国有化手段混为一体。在托管制度下,政府并不是危机处理的积极参与者,而仅仅是以一个组织者的身份介入危机处理的过程中。直接参与危机处理的是行政引导下的托管组织。因此,它丝毫不意味着政府必须向陷入危机的上市公司注入财政资金。恰恰相反,如果经过评估该上市公司的危机是由于技术落后或者重大财务造假等违法行为所致,政府根本不会也没义务去浪费财政资金救助它。托管组织最重要的作用在于稳定危机,防止危机给社会造成过分冲击。所以,托管制度并不等于政府兜底,它是一项较为有效的准市场化的危机处置制度。

当然,不可否认的是,托管制度仍存在许多法律上的问题。其中最核心的当属托管制度与《破产法》之间的协调问题。从表面上看,《破产法》中在法院监督下的破产管理人与托管组织之间的职能存在着冲突,但实际上两者的功能和角色相去甚远,不存在矛盾关系。《破产法》上的管理人是法院在裁定受理破产申请的同时指定的,在破产程序进行的过程中承担财产的管理、处分等职责的机构或者个人。管理人介入破产程序的前提是已经向法院提出了破产申请。但是托管组织是为了应对上市公司当下面临的危机,此时的上市公司不一定已经陷入资不抵债的境地,只是由于某种突发情形而遭遇暂时的危机;如果妥善处理,则可能根本不会走上破产之路。

最后,必须对于托管制度的适用作出严格的限制,以防止以此作为不当干预上市公司的工具。"上市公司监管条例(征求意见稿)"对于托管制度的适用规定了三个前提:(1) 上市公司陷入重大危机;(2) 股东大会和董事会不能正常履行职责;(3) 可能对社会稳定造成重大影响。在这三个条件中,尤

---

① 时建中:《上市公司风险处置中行政干预的界限——评〈上市公司监管条例(征求意见稿)〉第七条第二款和第九十二条》,载《中国发展观察》2008年第1期。

其应当强调的是第二个条件,即托管制度只能在上市公司陷入重大危机并且其内部机制失灵的情况下,作为必要的补充手段介入。当然,我们无论如何都不可能对何为"重大危机"作出严格的法律规定,因此,防止政府以此为借口不当干预上市公司正常经营的主要手段还在于司法救济。政府对于上市公司的托管行为属于具体行政行为而非事实行政行为。所谓事实行政行为,是指由行政主体实施的不产生法律上的效果的行为。在托管过程中,尽管政府是以组织者而非直接参与者的形式参与危机处理的,但是首先需要政府的托管决定,而这个决定是针对特定企业作出的具有处分性的具体行政行为。因此,如果利益相关者认为政府对该上市公司的托管决定不符合规定,则可以通过行政复议和行政诉讼的方式予以阻止。若造成损失,则根据《行政赔偿法》的规定,对于不当托管决定而造成利益相关者损失的,其可以获得赔偿。

(三) 上市公司危机市场退出规制

上市公司危机市场退出,是指经历过危机的上市公司作为市场主体而停止经营、清理或转让债权债务、关闭机构及其分支机构、丧失独立法人资格的过程。① 广义的上市公司危机市场退出还包括上市公司退出证券市场,即所谓的退市,但退市并不一定丧失主体资格。上市公司危机市场退出制度安排的根本目的是为了维护市场体系的安全与稳定,是对已完全陷入困境的上市公司所采取的最终治理措施,是对其风险的转移和吸收。通过市场退出机制避免因个别企业的危机而引起更大的市场波动。如果经营恶化的企业不及时退出市场,就会因风险具有扩散性和传染性,引起不良的连锁反应。而果断退出可能会一时引起局部震荡或不安,却维护了市场大局的稳定。② 上市公司危机市场退出主要有以下方式:

第一,上市公司退市。退市又称"终止上市",是指上市公司股票因各种原因不再在特定的证券交易所挂牌,从而退出特定证券交易所的一种法律行为。英美国家一般将退市分为以下三种情形:(1) 上市公司因不符合上市标准被交易所宣布退市,这是上市公司的被迫退市;(2) 原来在多个市场上挂牌交易的公司,经证券交易所批准,上市公司主动提出撤回在其中的一个或多个市场上的上市;(3) 上市公司的股票或资产被非上市公司或其他投资者收购,从而上市公司转为非上市公司。③ 上市公司有序地退出市场,如证券

---

① 参见乔炳亚:《论我国中央银行对金融机构市场退出的监管》,载《金融研究》1997 年第 6 期。
② 吴弘、胡伟:《市场监管法论》,北京大学出版社 2006 年版,第 127 页。
③ 许民新:《境外上市公司的退市规定以及对我国的启示》,载《国际金融》2001 年第 9 期。

从主板市场退出到二板市场,再退出到柜台交易市场等,有利于减少社会成本,有效地转移投资风险,保证证券市场的健康发展。① 退市机制的存在,给全部的上市公司以压力,特别是对那些接近退市边缘的上市公司以巨大压力,是它们及时整改,提高管理水平和营利能力,使上市公司的整体质量得以提高。② 这样十分有利于上市公司的危机预防,然而,危机一旦真正发生,则仅有退市制度还不够,还需要通过诸如解散、破产等应急措施加以处置。

第二,解散。解散包括自愿解散和强制解散。作为危机处置的方式主要是运用其中的强制解散措施,是指在危机发生的过程中公司非因自己的意志,而是基于法律规定、政府有关部门的决定或者因法院的裁判而发生的公司解散,即法定解散、行政命令解散和司法解散三种形式。③ 其中,行政命令解散更为常用,是在公司违反有关法律、法规或者损害社会公共利益,由行政主管机关依职权命令公司解散的情形。强制解散的主要手段有二:其一,吊销证照,即监管机关依法吊销营业或经营许可证照使其丧失继续从事生产经营资格的一种危机处置措施。如《商业银行法》规定,商业银行因违法被吊销经营许可证而撤销的,由监管机构依法及时成立清算组进行清算,并清偿债务。其二,责令关闭,即上市公司严重违反工商管理、市场经营、税收、劳动、环境保护等法律法规的规定,有关行政机关为维护社会秩序,作出行政决定以终止该公司的主体资格,使其不能进入市场进行生产活动的一种危机处置措施。解散及其清算应按法定程序进行。例如,我国《商业银行法》规定,商业银行因分立、合并或因公司章程规定事由解散的,应向监管机构提出申请,并附解散理由和债务清偿计划,经监管机构批准后解散,其成立清算组进行清算的过程,受监管机构监督。

第三,破产。以破产方式处置上市公司危机,可谓是最迫不得已的方式,这是因为破产上市公司的债务人将蒙受重大损失,投资公众对证券市场的信心也将受到重大打击,甚至整个证券市场都可能受到重创。因而破产是各国监管机构都尽力避免的危机处置方式,同时关键时刻又是不得不用的一种有效手段。我国广东省国际信托投资公司曾是全国为数不多的几家对外融资窗口企业之一,但由于其内部管理混乱,经营严重违法,造成巨额支付危机,最终在1998年10月被宣布解散清算。在清算过程中,发现该公司仅有资产214.7亿元,负债则高达361.65亿元,严重资不抵债。经申请,1999年1月16日,广东省高级人民法院裁定,广东国际信托投资公司及其全资四家子公

---

① 参见卢东斌:《完善社会主义市场退出机制》,载《求是》2002年第2期。
② 参见李东方:《上市公司监管法论》,中国政法大学出版社2013年版,第538页。
③ 参见李东方:《公司法学》(第2版),中国政法大学出版社2016年版,第452—453页。

司因不能清偿到期境内外债务,符合法定破产条件,裁定进入破产还债程序,由法院指定的清算组接管破产企业。①

上市公司肩负着比普通公司更为重要的使命,因为其不仅承担着为股东们追求利润最大化的任务和对利益相关人的社会责任,同时它还是整个证券市场的基石,它的安危直接关乎一国的经济命脉。因此,从预防和有效应急处置及其市场退出的角度对上市公司危机进行法律规制势在必行。但是,上市公司作为追求经济效益最大化的市场经济主体,具有选择高风险以获取高利润的自主经营权,政府对危机的预防和应急处置显然不能以牺牲其对利润的合理追求为代价。在制定应对危机预防和应急处置法律法规和政策时,必须充分考虑到它们对经济的影响,一定要防止政府实施的规则和政策成为危机的源头。

有关证券经营机构(证券公司)风险处置的专门问题,将在本书第九章第四节"证券经营机构的风险监管与风险处置"中进行讨论,后面这一讨论属于对证券市场风险处置的实证研究,是本章延伸的"田野考察"部分。

---

① 吴弘、胡伟:《市场监管法论》,北京大学出版社 2006 年版,第 129 页。

下篇
证券监管法专论

第七章　证券发行与上市监管

第一节　证券发行监管与我国证券发行制度变革

一、证券发行要论

（一）证券发行的概念和法律特征

对于证券发行概念的揭示，学术界提法各异。比如，证券发行是指证券集资决策、证券发行制度、证券发行活动和证券发行管理的总和；证券发行是指符合条件的公司或政府以筹集资金为直接目的，向社会公众或特定投资者以同一条件销售股票或债券的行为；证券发行是一个整体概念，它所包含的是公司初次申请发行证券，初次发行证券公司申请挂牌上市，已经上市公司发行新股及已上市公司大股东转让大批股份等交易行为；证券发行是指经批准符合条件的证券发行人，按照一定程序将有关证券发售给投资者的行为；证券发行是指证券发行主体以筹集资金为目的的第一次将证券销售给投资人的活动，包括募集、制作、交付、直接销售或委托中介机构承销代销证券的一系列活动；证券发行是指证券的发行人将自己所发行的证券出售给投资者的行为；等等。[①] 但较为流行的看法认为，证券发行是指发行人或承销机构对非特定人以同一条件进行证券要约和销售的行为。[②] 我国《证券法》未对证券发行作直接定义，但国务院发布的《股票发行与交易管理暂行条例》对股票公开发行、承销、要约、要约邀请等作了定义。依照该《条例》的规定，股票公开发行是指发行人通过证券经营机构向发行人以外的社会公众就发行人的股票作出的要约邀请、要约或者销售行为。而《上海市证券交易管理办法》亦将发行定义为"以同一条件向公众招募及发售证券的行为"。依上述定义，证券发行由证券募集和证券发售两种行为构成。

与此不同的观点是，证券募集与证券发行是两个独立的法律概念。[③] 在

[①] 李东方主编：《证券法学》（第3版），中国政法大学出版社2017年版，第27页。
[②] 成涛、鲍瑞坚主编：《证券法通论》，中国大百科全书出版社（上海分社）1993年版，第31页。
[③] 参阅杨志华：《证券法律制度研究》，中国政法大学出版社1995年版，第51页。

英文中，募集为"recruit，subscribers"，发行为"issue"。考察外国证券立法可知，所谓募集是指发起人于公司成立前或发行公司于发行前，对非特定人公开招募股份或公司债的行为。换言之，募集是证券发行人以发售证券为目的，而向非特定人作出的一种要约或要约邀请。在要约邀请的情况下，相对人的购股申请系要约行为，承诺由发行人作出，即发行人有权决定是否接受相对人的申请。而发行则是指发行人于募集后制作并交付有价证券的行为，即发行是证券发行人在作出承诺以后，为履行义务而作成证券并交付给相对人的单独法律行为。单从行为本身的性质而言，发行与募集是不同的，但是从一件事物的全过程来看，募集又是在为发行做准备，而在时间顺序上募集行为发生在发行行为之前，并以发行为必要前提。所以，如果把发行看作是一个程序或一个阶段，那么，发行前的一系列行为，如决策、申请、审核、募集等都可包括其中，募集只是发行程序的一个组成部分或一个阶段而已。也正是从这个意义上讲，将募集包括在发行之中才有一定道理。为论述方便，本章所讨论的发行，也是从这个意义上而言的。

证券发行具有以下法律特征：

(1) 证券发行的主体是符合法定条件的组织或政府。现代各国（或地区）证券法通常都对证券发行人规定了严格的条件限制和资格限制，我国也是如此。我国《证券法》第 10 条就规定："公开发行证券，必须符合法律、行政法规规定的条件……"这里所谓的"条件"即包括了发行主体应当符合的条件。就股票而言，我国《证券法》和《股票发行与交易管理暂行条例》作了比较详细的规定。① 其中最主要的是关于股票发行人必须是具有股票发行资格的股份有限公司的规定；另外，关于设立股份有限公司申请公开发行股票必须符合的七大条件的规定和关于对原有企业改组设立股份有限公司申请公开发行股票以及股份有限公司增资公开发行股票必须满足的其他条件的规定也是其中的主要内容。就债券和证券投资基金而言，我国先后颁布的《国库券条例》《公司法》《企业债券管理条例》《公司债券发行与交易管理办法》《证券投资法》和《证券法》等法律、法规，都有关于对政府债券、企业债券（包括可转换公司债券）、金融债券和证券投资基金的发行人严格的资格限制和条件限制的规定。一般来说，发行主体主要包括以下五类：① 股份公司。对拟设立的股份有限公司而言，发行股票的目的是为了达到法定注册资本从而设立公司；而对已经成立的股份有限公司而言，发行股票和债券的目的则是为了扩大资金来源，满足生产经营发展的需要。② 企业。非股份公司的企

---

① 见《证券法》第 10—15 条，《股票发行与交易管理暂行条例》第 7—10 条。

业经过批准,可通过在证券市场上发行企业债券等方式筹集资金。③ 金融机构。商业银行、政策性银行和非银行金融机构为筹措资金,经过批准可公开发行金融债券。④ 证券投资基金发行人。证券投资基金发行人通过发行基金券,将投资者的资金集中,由基金托管人托管,基金管理人管理,主要从事证券等金融工具投资,并由投资者按出资比例分享所得利益和分担投资风险。⑤ 政府。中央政府为筹措经济建设所需资金或弥补财政赤字,在证券市场上发行国库券、国家重点建设债券、财政债券等。地方政府可为本地公用事业的建设发行地方政府债券。

(2) 证券发行的客体是有价证券。我国《证券法》规定的证券即有价证券,它具体包括股票、公司债券、政府债券及国务院依法认定的其他证券。从资本形态来看,证券是一种虚拟资本,它不直接对应于公司的特定财产;证券权利以投资收益请求权为核心,其相关权利则较为广泛,如股票所包括的公司主要管理人员的选择权和其他重大事项的决策权等,再如债券所包含的清偿请求权和证券投资基金券所代表的信托受益人权利等。

(3) 证券发行的目的在于筹集资金或者调整股权结构。作为公司而言,其设立与生产经营均离不开资金,获得这些资金的一条途径是向银行申请贷款,另一条重要途径就是通过发行股票或者公司债券的方式吸收社会资金来解决企业资金不足的问题。此外,股份有限公司为调整公司资本结构,也可以通过发行股票的方式来进行。作为国家而言,其出于内政、外交、军事、经济建设等原因需要支出大量资金,当国家财政支出大于收入时,需要以整个社会为筹资对象发行公债。地方政府、公共社团等基于市政建设、文化进步、公共安全、自然资源保护等需要,也常以发行债券作为筹资渠道。因此,筹集社会闲置、分散资金用于企业的生产经营和国家的基本建设是证券发行的根本目的。

(4) 证券发行程序法定原则。由于证券发行的要约多为特定发行人向不特定多数人的要约,或者说证券发行是发行人向社会公众投资者筹资的行为,因此,证券发行行为牵涉面广、影响大,蕴含着巨大的信用和投资风险。各国证券法均规定了证券发行程序法定原则,以保证整个证券发行过程的公开性和公正性。证券发行的法定程序一般包括证券发行的准备、审批、核准或登记注册、信息公开等。

(二) 证券发行的类别

按照不同的分类标准,可以对证券发行进行以下分类:

(1) 依证券发行是否通过发行中介机构分为直接发行和间接发行。

直接发行指证券发行人不通过证券承销商,而由自己办理发行事宜,自己承担发行风险的发行方式。直接发行表现为发行人直接和投资者签订证券购销合同。该发行方式的长处在于发行费用低廉,但往往要求发行人具备较高的知名度和良好信誉。如果证券未能全部发售出去,发行人有认购其余额的义务,故这种发行方式的不足在于时间较长,风险过高。在证券市场发展的初期一般采用直接发行方式,现代证券市场已经很少采用这种方式。但近年来随着计算机互联网的发展和普及,又为直接发行方式创造了条件。

间接发行必须借助于证券承销商的帮助来完成,它表现为发行人和证券商之间签订证券承销合同。间接发行分为证券包销和证券代销。间接发行的长处表现在,由于证券承销商有丰富的发行经验,有众多的发行网点,因此,证券发行一般都能够顺利及时地完成。而且在证券包销的情况下,发行人无须承担发行风险。间接发行的不足之处就是发行人必须支付较高昂的承销费用,从而增大了发行成本。间接发行是现代各国普遍采用的证券发行方式。

(2) 依发行对象是否特定分为公募发行和私募发行。

公募发行是以非特定公众投资者为对象,公开募集发行证券的发行方式。公募发行涉及投资者的范围甚广。因而,从保护投资者利益的角度出发,对发行者有较为严格的要求,各国公司法和证券法一般都规定公募发行应向证券监管机构提出审核申请,并依法公开相关信息及财务资料,以供投资者判断。

私募发行则是以特定少数投资者为发行对象,私募发行人多为资本雄厚、社会信誉较高的银行、保险公司和股份有限公司。有些国家的证券法律规定对私募发行实行注册豁免。在西方成熟的证券市场中,随着保险公司、养老基金和共同基金等机构投资者的迅速增长,私募发行亦呈逐年增长的趋势。目前在我国境内上市外资股(B股)的上市发行均采用私募方式进行,而境外上市外资股则既有公募发行,也有私募发行。

(3) 依发行目的分为设立发行和增资发行。

依我国《公司法》第 77 条之规定,股份公司的设立采取发起设立和募集设立两种方式。发起设立是指由发起人认购应发行的全部股份而设立公司。而募集设立则是指由发起人认购公司应发行股份的一部分,其余部分向社会公众公开募集而设立公司。无论是发起设立还是募集设立,在设立公司时向发起人和社会公众发行股份均被视为设立发行,设立发行属于初次发行。

所谓增资发行是指已成立的股份有限公司因生产经营需要,追加资本而发行股份。增资发行依认购股份者是否缴纳股款,分为以下三种情况:① 有偿增资。这是指投资者对所认购股份,按面值或市价缴纳现金或实物的增资方式,包括股东配股、第三人配股和公募发行。② 无偿增资。这是指将股份有限公司的公积金、盈余及资产重估增值转为资本发行股份,按照比例无偿分配给股东。③ 有偿无偿混合增资。这是指公司增发新股时,采取将投资者缴纳股款的有偿增资和不缴纳股款的无偿增资相结合的方式。

(4) 根据发行证券的种类不同,主要可分为股票发行、债券发行和基金单位发行三种类型。

股票发行是指股份有限公司以募集设立或增资扩股为直接目的,按法定的程序向社会投资者出售股票,它是证券发行的基本类型。债券发行则是指符合发行条件的政府组织、金融机构或企业部门,以借入资金为目的,按法定程序向投资者出售债券。按照不同的发行主体,债券发行又可分为政府债券发行、金融债券发行和企业债券发行三类。基金单位发行是指符合条件的基金管理公司以筹集受托资金和进行投资管理为目的,按照法定程序向社会投资者公开发售基金单位。

(5) 其他分类。

证券发行还存在着其他多种分类,例如,依发行价格与证券票面金额关系分为溢价发行、平价发行和折价发行;依发行条件确定方式不同分为议价发行和招标发行;依发行地域范围不同分为国内发行和国外发行等。

(三) 证券发行市场

证券发行是证券交易的前提,没有证券发行,就不可能有证券交易。为证券发行而建立起来的市场称为证券的一级市场,也就是证券发行市场。对于发行市场通常将其定义为证券发行人以证券形式,即发行股票或债券来吸收闲散资金,并使之转换成生产资本的场所。随着现代计算机网络和通信技术的不断进步,证券发行市场已经突破了有形场所概念的限制,成为一个时间与空间合一、存在状态上从有形走向无形的概念。

证券发行市场作为证券市场不可分割的重要组成部分,其主要功能是:第一,筹资功能。证券发行市场的筹资功能是指生产者通过证券发行将社会闲散资金转化为生产资金。在市场经济运行过程中,社会的资金闲置与企业的营运资金不足是并存的,而证券发行市场的诞生,则为资金的需求者和供给者提供了一种条件,即运用证券信用方式,通过发行证券实现资金的合理流动,将储蓄转化为投资。由于在证券交易市场投资者之间是相互融通资金,而在发行市场上则是生产者向投资者直接筹资,因此,从筹资的意义上讲,证券发行市场更直接、更深刻地促进了经济增长。第二,产权复合功能。证券发行市场将货币转变为生产资本,将货币的所有者转化为资本所有者,这主要表现在股票发行的后果上。股票的发行为产权的分割、融合与重组创造了条件。在没有证券市场的情况下,人们积累的货币资产转化为投资并不必然导致产权的分割。而股票的发行则使投资者通过购买股票,首先取得或占有金融资产,借以间接占有物质资产,并获得股息或红利等收益,形成股票所有者共同的复合产权结构。在发行市场股票的每一次发行,都必将引起产权结构的巨大变化。

二、证券发行审核制度

证券发行审核制度的建立和完善,对保障投资者的利益,提高上市公司的质量,促进证券市场的健康发展,均具有十分重要的意义。因此,如何建立一个较为科学的、符合我国实际的审核制度,是摆在证券监管部门和证券理论界、实务界面前的重要课题。基于我国证券发行核准制给证券业,特别是给证券发行市场准入带来的种种弊端,对我国证券发行审核制度的改革已显得十分迫切。为此,中共第十八届三中全会通过的《关于全面深化改革若干重大问题的决定》明确提出了"推进股票发行注册制改革"的要求。2014年5月9日国务院发布的《关于进一步促进资本市场健康发展的若干意见》再次提出"积极稳妥推进股票发行注册制改革"。2015年中国股市危机暴露出来的问题,对股票发行注册制改革提出了新的挑战。我国《证券法》重大修改的立法进程也受到了一定的影响,但是2016年第十二届全国人大四次会议通过的"十三五规划"明确提出,"创造条件实施股票发行注册制"。可见,中国证券发行审核制必将朝着注册制的方向进行改革。我们的任务是不仅要积极创造股票注册制的市场条件,而且还要积极思考并设计出合理的相关制度。在法治文明、诚信机制与市场生态均与发达国家资本市场存在重大差异的中国,探寻核准制向注册制变革的路径,既要借鉴外国的先进经验,更要联系中国证券发行审核制的历史背景和现实实践,从而制定出适合中国国情的证券发行审核制度。本书正是从这两个方面展开研究,以期对《证券法》中有关证券发行审核制度的修订有所裨益。

(一) 对世界几种主要证券发行审核制的考察及其利弊分析

证券发行审核制度是证券监管的核心与基础,它的安排如何直接决定证券市场的健康发展与否。世界各国(或地区)对证券发行的审核,主要有三种不同的制度。一是"公开原则"(Full Disclosure)指导下的注册制;二是"实质管理原则"(Substantive Regulation)指导下的核准制;三是审批制。其中,第一种主要以美国联邦证券法为代表;第二种则以美国部分州的证券法(即"蓝天法")和欧陆国家的公司法为代表,而第三种主要由一些市场经济起步较晚的发展中国家采用,如我国在《证券法》实施以前就一直采用审批制。无论是注册制,还是核准制和审批制,其实质都体现了各国(或地区)政府对证券发行的干预,只是程度上的不同而已。

1. 证券发行注册制及其利弊分析

(1) 制度考察。注册制,也称"申报制"或"完全公开主义",是指发行人为了发行证券,必须将与发行证券有关的各种资料向证券监管部门申报,并通过相关媒体向社会公众披露,其申报和披露的资料及相关信息不得存有虚假、误导和遗漏。证券监管部门的主要职责是最大程度地保障投资者得到相关的证券信息,而不对发行人及其所发行的证券有无价值进行评审。

公开原则的基本理念来源于美国法学家路易斯·D. 布兰代斯,他认为:"公开制度作为现代社会与产业弊病的矫正手段而被推崇","太阳是最有效的防腐剂,光亮是最有能力的警察"。① 证券发行审核制度的理论基础即根据这一思想形成,该理论认为,证券投资者与其他市场经济主体一样都是具有谋求自身利益最大化理性的经济人,在法律允许的意思自治的范围内,都会自觉地趋利避害。因此,在市场经济条件下的证券市场,只要市场信息及时、完全和真实地公开,投资者自己会对证券的价值作出判断和选择。监管者的职责只是保证信息公开、完整、准确,并禁止信息滥用。因此,信息公开原则成为证券监管法律制度的一项基本指导思想,这种思想反映在发行审核制度中,即为注册制。

注册制发端于英国,而制度化于美国。据文献记载,从1929年9月1日至1932年7月1日之间,在纽约证券交易所登记的股票市场总价值从历史最高点的近90亿美元跌到低于16亿美元,在不到3年时间内损失74亿美元。根据一份国会报告,美国在1920年到1933年间发行了价值50亿美元的新股票。到1933年时,已有一半股票一文不值。② 投资者的信心跌至有史以来的最低点。罗斯福总统迫于压力,于1933年5月29日给国会写信,表明他的立法思想。他认为:"联邦政府不能也不应该去确认或担保新发行的证券信誉良好,价值稳定,或者作为资产将有利可图。我们的任务只是坚持每种在州际新发售的证券必须完全公开信息,并且不允许与发行相关的任何重要信息在公开前泄露。"在这一思想的指导下,1933年美国《证券法》对发行者设置了提供真实信息的义务。该法的立法宗旨在于,监管机关以对诚信经营活动最小的妨碍,保护公众投资者。1933年《证券法》主要针对发行

---

① Louis D. Brandeis, *Other People's Money*, Harper Torch Books, 1967, p. 67.
② 高如星等:《美国证券法》,法律出版社2000年版,第1页。

市场,它要求发行公司出售新发行的证券时,必须真实、详尽地向投资者提供本公司的财务状况及其他有关的情况资料,以抑制证券销售中的弄虚作假及其他舞弊行为,从而使投资者能够在掌握真实信息的情况下做自己的投资选择。由于该法把发行公司提供信息的真实性放在首要位置加以强调,因而它又被称为"证券真实法"(Truth Securities Act)。

证券发行注册制的基本要求是:其一,发行人在准备发行证券时,必须将依法公开的各种资料完全、准确地向证券监管机关呈报并申请注册。美国发行人采用 S-1 表格(Form S-1),非美国发行人采用 F-1 表格(Form F-1)。这两个表格类似于我国证监会颁布的招股说明书披露准则,表格的核心部分是招股说明书。除了招股说明书以外,发行人还需要提供一系列附件,如章程、承销协议、其他重要合同等。附件不是招股说明书的组成部分,但是,附件是注册表的组成部分,需要提交给美国证监会审阅,放在美国证监会网站供公众查询。其二,证券监管机关的职责是按照信息公开原则,对申报文件的全面性、准确性、真实性和及时性进行形式上的审查。而发行人的盈利能力、发展前景、发行数量与发行价格等实质性问题则均不作为审查的内容。其三,提交申报文件后,经过法定期间,主管机关如未提出异议,申请即自动生效。主管机关如果提出异议,则发行人有义务对申请文件进行解释或补正。其四,证券发行注册的目的是向投资者提供会对其投资证券判断产生实质影响的信息,以便其在充分知情的情况下作出投资决定。只要发行的公开方式适当,则投资风险由投资者自负。

(2)利弊分析。注册制作为一种法律制度,其表现出来的价值观念反映了市场经济的自由性、主体活动的自主性和政府干预经济的规范性和效率性。这是一项较为理想的证券监管制度,在这项制度安排下,优胜劣汰由市场自动完成,而证券监管机构由于只对申请文件作形式审查,工作量大为降低,效率原则也由此得到了充分体现。这种制度的具体优势如下:

发行人有均等利用市场资金的机会,实现了发行人之间的公平与公正。该制度只对发行人有信息公开的要求,没有其他实质条件的限制,发行人提交申报文件后,经过法定时间,如果没有异议即可进入市场发行证券。因此,这种制度事实上没有对公司进入市场设定严格的市场准入规则,使所有公司获得了公平自由竞争的机会。

证券监管机构注重对发行人信息披露真实性的审查,而非对发行人实质要件的审查,因而降低了审核发行的工作量,实现了市场的效率。由于不对发行人进行实质审查,也不对发行证券的品质进行判断,监管机构在审核上所投入与花费的时间、人力、物力将大大减少。发行人筹集资金的时间也会因此缩短,筹集资金的成本同时会降低,如果是经营发展被资金所困的公司,更有利于其发展与竞争。

有利于培育投资者,使市场更加完善。监管机构不对发行人的证券品质、有无投资价值进行评判,这一切都交给了投资者,由投资者根据发行人披露的信息在市场上进行理性的投资选择。如此,投资者在走向成熟的同时,也潜移默化地对市场产生了巨大的力量,即无形中形成了一种对发行人的约束机制,取消一部分业绩不良或者没有发展前途的发行人利用资金的权利。

最大程度地减少了政府对市场运行的干预,防止了因政府不当干预带来的风险。该制度强调市场的力量,政府无权配置资源,防止了权力滥用与干预不当带来的问题。这种制度下的责任方向也是清楚的,投资者不会将投资的损失归咎于政府,其归责机制是:发行人要对公开文件中的不实陈述所导致的投资者的损失承担责任,投资者对自身投资决策失误自负责任。

然而,注册制也存在弊端,具体表现如下:

该制度是建立在投资者有能力作出合理、正确判断这一假设基础之上的,即注册制假定投资者只要获得有关证券发行的相关信息,就能够自我保护,并把一些不良证券剔除掉。而事实上这一假设并非完全成立,大多数投资者并不具备充分的证券投资知识和经验,因此基于信息充分公开即推论可保护投资者是有悖事实的。如果投资者作出盲目错误的选择,社会正义将受到破坏,进而也影响了证券市场的效率和秩序。

该制度以有效资本市场存在为前提,这个前提同样是难以成立的。注册制假定全面、真实、及时地公开与发行相关的一切信息,它就能够迅速地反映在证券市场的交易价格上,信息与价格之间存在着因果关系,对投资者的投资起引导的作用。事实上市场并非总处于有效状态。

该制度易造成证券的滥发行,存在浪费资金资源的可能。注册制之下,发行人发行证券较为容易,在市场存在一部分投资者不能根据公开的信息进行投资判断的情况下,他们的投资则带有很大的盲目性,如果他们购买的证券毫无价值,一方面会使自身的利益受损,另一方面在市场资金有限的情况下使得一部分资金资源被浪费掉了。

通过对注册制的利弊分析可以看出,仅仅靠信息完全公开并不能完全保护投资者利益。采用注册制需要一系列的基础条件,诸如发育良好的市场环境、成熟的投资者、发行人的自律等,而这些在很多国家并不具备或者不完全具备。

2. 证券发行核准制及其利弊分析

(1) 制度考察。核准制,也叫实质管理主义(Substantive Regulation),是指证券发行不但要满足信息公开的条件,而且还必须符合法律规定的实质条件并经证券监管部门实质审查并核准。一般而言,核准制要求的实质条件包括:股东出资是否公开,股本结构是否合理,财务状况是否良好,所营事业是否前景看好等。证券主管机关除了进行注册制所要求的形式审查外,还必须对上述各项实质条件进行实体审查,然后在此基础上作出是否核准证券发行人核准申请的决定。这使证券发行带有较明显的国家干预色彩。但在核准制下证券发行价格,发行方式基本上由发行人和承销商自行确定。

核准制为美国部分州的"蓝天法"①和欧洲国家及我国台湾地区的公司、证券交易规定所采用。考察上述相关法律,可将证券发行核准制的基本内容概括为以下几点:

核准制同样重视对发行者提供的各种信息的审查,证券发行者必须提供完整、真实的与发行证券相关的信息。例如,我国台湾地区"公司法"规定,公司公开发行新股时,应将下列事项申请主管机关核准:公司名称;原定股份总额、每股金额及其他发行条件;发行新股总额、每股金额及其他发行文件;最近三年的营业报告书、资产负债表、财产目录、损益表、盈余分派或亏损弥补的议案等各项表册;营业计划书;发行特别股者,其种类、股款、每股金额等;代收股款的银行或邮局的名称地址;有承销机构或代销机构者,其名称及约定事项;发行新股决议之议事录等。② 该法还规定,公司董事会应备置认股书,于主管机构核准发行后30日内,将认股书公告并发行。③

发行者资格确认。公司连续多年亏损、资不抵债者不得公开发行新股。对于已发行的特别股份约定股息,未能按期支付者,不得发行具有优先权的特别股。④

证券发行的实质审核。主要审核发行者的营业性质是否合法、资本结构是否合理、公司是否具有发展前景、管理人员是否具备相应的素质与能力以及公司是否具有竞争力等,并据此作出发行者是否符合实质条件,从而决定是否批准其发行证券。

在核准制条件下,发行者的证券发行权利是由主管机构以法定方式授予

---

① 堪萨斯州率先于1911年制定了美国第一部"有牙齿"的证券制定法,该立法瞄准的是"通过出售蓝天中的建设地块而轻易攫取资财"的发起人,故称"蓝天法"。见〔美〕路易斯·罗思、乔尔·塞利格曼:《美国证券监管法基础》,张路等译,法律出版社2008年版,第6页。
② 我国台湾地区"公司法"第268条。
③ 我国台湾地区"公司法"第273条。
④ 我国台湾地区"公司法"第269条。

而取得的。申请发行者只有取得主管机构的批准文件后,才可据此进行有关证券募集和发行活动。

事后审查和撤销权。发行者在获取发行证券后,如果被主管机构发现其核准事项有违法或存在舞弊、虚假等情形,主管机构有权在事后对已发出的核准文件予以撤销,并对发行者或有关当事者追究相应责任。

证券市场作为高风险的市场,并非所有投资者均有足够的能力对市场上披露的信息作出准确的判断和正确的选择,因此,政府的职责在于通过制度上的安排,来尽可能地排除品质较差的证券进入市场,以减少市场风险,弥补公众投资者在个人能力上的不足。可见,核准制是政府为了保证市场交易安全和维护公共利益而制定的一项具有强制力的证券监管法律制度。"尽管法律经常通过严格的规则和凝滞不变的程序阻碍经济活动;但是其基本上对经济活动提供了可预见性或支持性的保障措施,以精微的形式保证合理的预算。"①核准制立法以维护公共利益和社会安全为本位,不重视行为个体的自由权。因此,在很大程度上带有政府干预的特征,只不过这种干预是借助法律的形式来完成的。②

(2) 利弊分析。证券发行市场的主体之间缺乏对等的谈判能力,不能实现公平交易,对此市场自身难以有效解决,并且证券的发行涉及公共利益和社会安全。基于这样的立法哲学进行的制度设计必然注重政府的作用,追求实质公平与正义,关注整体的利益,为此形成了核准制。核准制具有以下优点:

为投资者提供了双重的保障。由于核准制吸取了注册制的公开主义的精髓,并使其成为核准制的主要内容之一,在此基础上通过实质审核过滤掉一部分发行人,使投资者投资的证券具有一定水准。因而使投资者获得了双重保障,也就是,一方面由于有法定发行实质条件的衡量,使所发行的证券具有了一定的投资价值;另一方面,由于投资公众可以获得发行人公开的信息资料,了解公司状况,这有利于投资者作出投资判断。

核准制由于可以对上市证券作实质审查,因此,可以大量排除不良证券之发行,从而减少投资者的投资风险。剔除不良证券,还有利于避免资金资源的浪费。

壮大投资者队伍。核准制通过政府的介入在限制发行人发行自由、保障证券品质的同时,稳定了市场的秩序、维护了投资者的利益,从而维持了公众

---

① 〔英〕罗杰·科特威尔:《法律社会学导论》,潘大松、刘丽君等译,第 78 页,华夏出版社 1989 年版。转引自杨志华:《证券法律制度》,中国政法大学出版社 1995 年版,第 70 页。
② 杨志华:《证券法律制度》,中国政法大学出版社 1995 年版,第 70 页。

对市场的一种信心,这对于壮大投资者队伍,谋求证券市场的长远发展意义重大。

然而,核准制的缺陷也是显而易见的,主要表现在以下几点:

不利于提高效率。一方面,就发行人而言,从申请到核准再到发行,等到把资金筹集上来,时间周期十分漫长,这往往不能适应公司设立和增资的及时之需,影响公司的竞争与发展。另一方面,就监管机构而言,由于对每一件申请都必须逐一进行审核,必然假以时日,耗费大量的财力与精力,随着直接融资数量的增加,监管机构要么增加人员,要么积压大量的申请文件,无论哪一种结果都影响会监管机构的效率。这与各国精简政府机构的原则亦不相符。

扩大了证券监管部门的寻租空间。核准制给具体行使审核权的办事人员带来了寻租的空间,容易滋生权钱交易。一旦审核人员滥用权力,发行人机会均等的公平原则将受到破坏。[1]

审核机构在某些情况下可能会出现核准失误。核准制以监管机构审核正确为假设,这种假设并不总能成立。监管机构的具体审核是通过人员完成的,审核人员数量有限,而审核对象涉及各行各业,审核过程中不可避免地会存在失误或者考虑不周全的地方,也就是说,审核机构的价值判断未必完全正确。这样就可能导致符合条件的公司无法从证券市场筹集到资金,从而有碍于企业的经营与发展。同时也会给投资者造成负面影响。

挫伤发行人竞争、进取的积极性。核准制条件下,发行人能否获准发行,由监管机构授权决定,一旦发行人达到发行条件,发行人便拥有了利用市场资金的资格。这与注册制之下发行人靠信息公开、竞相提高管理水平与经营能力吸引投资者,争取市场资金的利用,显然存在着差异。而且,对不同行业、不同发展阶段、规模大小不同的发行人适用同一发行标准,对发行人过于机械。同时实质条件的合理性也会随着时间的推移、市场的发展、环境的变化而失去,而不断地调整实质条件显然又破坏了法律的稳定性。

容易使投资者产生误解,形成一种依赖心理。由于有监管机构事先对发行者的申请进行实质性审查,这样就容易给投资者产生一种误区,即误以为

---

[1] 王小石案件就是这方面的典型例证。王小石原系中国证监会发行监管部发审委工作处助理调研员,主要负责中国证监会股票发行申请的辅助工作,掌握每次发行审核委员会参会审核人员的名单。2002年3月至9月间,王小石利用其工作的便利条件,通过时任东北证券有限责任公司工作人员林碧的介绍,接受福建凤竹纺织科技股份有限公司的请托,通过证监会发行监管部其他工作人员职务上的行为,为凤竹公司在申请首次发行股票的过程中谋取不正当利益。为此,王小石收受请托人通过林碧给予的贿赂款人民币72.6万元。此案暴露出证监会前发审委工作存在的问题和弊端。

政府对发行者所申请发行证券的安全性和收益性等问题已作出保证,从而使其疏于进行自我判断。在这种情况下,一方面不利于培养投资者成熟的投资心理和提高其投资技能;另一方面,也加大了证券投资者的投资风险,因为当发行人以某种非法手段获得核准时,一旦东窗事发,投资者必然会面临遭受重大经济损失的风险。不仅如此,公众投资者在这种突如其来的重大投资风险面前,还往往会将投资风险直接归因于政府主管机构的审核失误,这种状况有可能诱发产生一些非理性行为,从而给整个证券市场秩序,甚至整个社会秩序造成混乱。

由于注册制和核准制都存在着各自的优势和不足,因此近年来,在一些国家和地区出现了两种立法逐步融合的趋势。比如美国《证券法》在证券发行审核制度上采取注册制,但其在一些州的证券法中却采行审核核准制,注重对证券发行实质要件的审查。英国《公司法》虽然只规定"公开说明书"(prospectus)制度,但是由于伦敦证券交易所拥有上市证券审查权,由此可对上市证券进行实质性的审查,从而排除不良证券。因而,这也体现出实质审查主义的特征。而一向采用核准制的我国台湾地区,却在1988年修改后的证券交易规定中,将核准制改为核准与注册相结合的体制。上述例证表明两种不同类型的审核制度已有日益融合的趋势。这也从一个侧面反映出两大法系国家和地区在比较的基础上各自看到了对方的优点和自身的不足,并进而借鉴、移植对方的法律制度进行法制改革。目前我国证券发行注册制改革也应当本着吸取注册制和核准制着各自优势的指导思想,而不是生搬硬套注册制,放弃核准制的长处。

(二)我国证券发行审核制度的演变

我国证券发行审核制度经历了从审批制到核准制的演变,目前正经历着注册制的变革。

1. 审批制

作为发行审核制度第三种模式的审批制,也称"严格实质管理主义"(Strict Substantive Regulation),就是在证券发行实质管理的内容中加入计划管理的因素。即证券发行不仅要满足信息公开的各项条件,而且还要通过在计划指标前提下的更为严格的实质性审查。这里所谓的计划指标,主要是指证券发行额度指标,政府每年制定证券发行额度,然后按一定规则将此额度分配给各部门、各地区。例如,1995年度的额度为55亿元,1996年度为150

亿元,1997年度为300亿元。① 发行人要发行证券,第一步就是必须取得所在部门或所在地区的发行额度,并在发行时不得超过此额度,这使证券发行带有强烈的计划性。我国在《证券法》实施前对证券发行一直采用审批制。如我国《股票发行与交易管理暂行条例》就规定:在国家下达的(股票)发行规模内,地方政府对地方企业的(股票)发行申请进行审批,中央企业主管部门在与申请人所在地方政府协商后对中央企业的发行申请进行审批。② 由此可见,在《证券法》颁布以前,我国实行的是严格的审批制。就股票发行而言,当时的做法是,证券监管部门确定了股票发行总额之后,将额度下发给省级地方政府和中央部委,而最终哪些企业能够拥有这些额度,则要由地方政府和中央部委说了算。也就是说,当时名义上从事推荐上市工作的是证券公司,而真正的推荐人却是地方政府和中央部委办。不过,他们只需将额度进行行政性分配,却不用对上市公司的质量承担法律责任;再加上分配额度的过程缺乏透明度,因而其中出现了不少腐败问题。同时亦使诸如红光实业、大庆联谊等劣质企业得以通过虚假包装而从容上市,使投资者蒙受重大经济损失。

在《证券法》颁布以前,我国在证券发行上实行严格的审批制是有深刻的社会和经济背景的。具体而言,有以下三点原因③:第一,我国证券市场起步晚,投机气氛浓,在投资者缺乏理性而盲目入市的情况下,造成股票市盈率高,公司的股票一旦上市就意味着可获取巨额融资,因而使大量企业一哄而上,都急于挤入上市公司之列。在这种背景下,若不进行额度管理,市场扩容过快,势必导致市场失血。因此只能按计划限量发行,使供给扩容与需求扩容相协调。第二,我国证券市场负有为国有大中型企业股份制改造的重任,因此为了保证较多的国有企业发行上市,也只有通过额度管理,对发行企业在一定程度上根据所有制性质而区别对待。第三,由于我国地区之间经济发展极不平衡,借助额度分配制度,就能适当照顾中西部地区、民族地区的企业发行上市,促进当地经济的发展。

在审批制度中,所谓的更为严格的实质性审查是指在发行审查过程中,发行人即使具备了证券监管机关所严格要求的各项符合法律规定的形式要件和实质要件,监管机关也可以出于某些政策上的考虑而不予批准其发行证券。可见,审批制较核准制带有更浓的国家干预色彩,就其本质而言仍然是

---

① 刘任远:《通道制瓶颈》,http://finance.sina.com.cn/t/2002091/1409258019.html,访问时间:2014年9月25日。
② 《股票发行与交易管理暂行条例》第12条第2项。
③ 参见周友苏主编:《证券法通论》,四川人民出版社1999年版,第180页。

一种计划经济的管理模式。在审批制下,证券监管部门不仅决定着证券发行的审批,而且还要决定证券发行的数量、价格和方式,从而导致证券发行人和承销商没有多少自主权,市场的灵活度极小。总之,审批制是监管部门运用计划管理的方式和国家赋予的行政权力来审查和核批发行人的发行申请,发行人是否可以发行股票,监管部门拥有绝对的权力。

其实,就审批制这一概念本身而言,并不无当,因为无论是注册制、核准制还是审批制,都需要证券监管机构按行政程序进行批核或审核。问题在于,股票发行中的审批制,是与额度管理以及由此滋生的过度膨胀的行政权力结合在一起的,这种行政权力运用于证券发行审核制中,就表现为:由于发行股票必须首先获得指标,这就使监管部门得以把发行指标作为一种资源来根据自己的意志而加以安排,然而,这种安排却很可能是极为主观或功利的。虽然监管部门要审核发行人申报的材料是否符合法定条件,但作出审批的决定与否,往往取决于地方政府、产业部门或有关行政决策首脑的指示或推荐。当没有上级部门或首脑的干预时,监管部门在运用是否批准的决定权上则拥有绝对的权力,发行人对不批准的决定没有任何异议权和补救权。可见,发行审批的程序不是为了方便发行人和提高申报效率、减少审批环节、节省申报成本、满足市场需要而制定,而主要是根据监管部门的监管方便而制定。

2. 从审批制到核准制

我国发行审批制度的缺陷,集中地体现在发行额度管理上。所谓额度管理,是指企业发行股票受发行规模的制约,故又称额度控制。其主要内容是,原国务院证券委根据有关部门提出的计划,结合全国经济发展情况提出计划建议,经国家计委综合平衡后,报国务院审批;再由原国务院证券委向各省、自治区、直辖市及计划单列市和国务院有关部门下达发行额度,各地、各部门在所分配到的发行额度内,选择股份制企业进行公开发行股票的准备和申报。由于额度意味着能够获得实际的资源和利益,因此,各地区、各部门便想尽办法去最大限度地争取额度,由于一些企业一方面隶属于部委或其总公司,另一方面又由当地政府领导,这些企业就可以从两方面获得额度,满足其发行规模的需要。形成额度分配方式上的条块分割。

如前所述,发行额度管理制度对于政府的监管目标虽然具有一定的现实意义,但是发行额度管理的制度性缺陷却是十分明显的。主要表现在:

(1) 有违市场经济公平竞争的原则。额度分配方式上的条块分割,即按部门和行政区划切块分配指标,势必造成某些部门和地区够条件的公司不能发行股票,而另一些部门和地区条件不够理想的公司却可以发行上市,从而违背了市场经济公平竞争的原则和优胜劣汰的规律。

(2) 政府拥有的额度控制权,使证券审批中的寻租空间人为地扩大。由于发行额度成为一种稀缺的资源,争取到发行额度就相当于获得了一笔低成本甚至无成本资金,致使企业将注意力集中于追逐发行额度上,而忽视企业自身的规范建设。这样就造成争取到发行额度而最终上市的企业不一定是最需要上市或者是最符合条件的,甚至可能是条件很差的企业。股票发行额度造成了非公平竞争的市场环境,使大量资源用于寻租上,这种寻租活动所造成的浪费,即意味着社会福利的净损失。此外,它还会形成对非生产性利润的追逐,造成不正之风与腐败行为。地方政府出于使本地经济振兴的目的而选择一些二流企业上市,也使我国上市公司的整体水平欠佳。

(3) 上市公司小型化。在1996年以前我国实行"控制总量,分配额度"的情况下,地方政府为了用足额度,倾向于发行小盘股,目的在于能够多发行上市几家公司。据统计,截至1995年年底,总资产少于20亿元、股东权益少于10亿元的公司共273家,占上市公司数的86%。这样就违背了国家的产业政策,因为归属于基础产业、主导产业的大型、骨干企业与小盘股是难以联系的。同时发行额度管理还必然导致以下两个方面的问题,即一方面,上市公司小型化使股票市场稳定性差,小盘股股价易被操纵,小盘股容易成为市场炒作的对象,加剧了股市波动,使股市充满了投机氛围。另一方面,符合条件且亟须上市的大型企业却因所需发行规模太大而难以发行上市,这不仅阻碍了大型企业利用证券市场融资的通道,而且使上市公司整体上在宏观经济结构中的地位和作用有限,从而不利于促进整个国民经济的发展。

(4) 申请上市公司行为异化,使发行审核在额度管理的体制下流于形式。申请上市公司通过缩小股本来规避额度控制和相关的法律、法规。比如,某企业获得3000万元的发行额度,按照法律规定,25%是社会公众持股的下限,那么,在企业的最大总股本只能为1.2亿元。假如首次公开募股前企业总股本已达到2.4亿元,不符合发行规定。此时,企业采取的办法是缩小股本规模:把募股前的总股本由2.4亿元缩减为1.2亿元,缩股比例为2∶1,其余的1.2亿元计入资本公积金。这样就可能产生两个方面的问题:一是企业为了缩小总股本以达到发行额度,企业完全可能使其在资产评估时压低国有资产价值,从而使国有资产流失的可能性增大;二是由于缩股而聚积了大量的公积金,企业在上市后,为了扩大总股本,可将上述公积金采取送股的方式达此目的,这就在事实上规避了额度的限制,使额度控制失去作用。

(5) 提前决定股票发行额度所产生的信息误导,必然加剧市场投机与波动。由于股票发行额度提前决定下来,因此股票发行难于与股市的波动同步。换言之,"牛市"来临时,发行量不能自动增加,而当"熊市"来临时,股票也只能按既定的额度来发行。企业不能选择最好的发行时机和发行价格，也不能随行就市来调整发行的数量。可见，提前决定股票发行额度的信息干扰了市场正常运作，使本来应由市场决定的股票发行量而改由行政方式下达给市场，这种计划性的行政手段与证券市场运行机制相违背，不能促使投资者形成稳定、长期的预期。

为了消除上述弊端，对审批制进行变革是十分重要的。1997年，国务院证券委颁发了新的股票发行规定，实施"总量控制，限报家数"的管理办法。在总发行规模限定之下，使各地区、各部门可分配的额度淡化，只下达申报发行家数，以促进各地推荐大型企业、重点企业发行上市。尽管如此，但额度管理的基础仍然没有动摇。

《证券法》在起草和审核的过程中，参考和借鉴了国外证券发行审核制的有关做法，顺应我国证券市场发展的需要，确立了审批制和核准制并行的证券发行审核制度。1998年《证券法》第10条规定：公开发行证券，必须符合法律、行政法规规定的条件，并依法根据国务院证券监督管理机构或者国务院授权的部门核准或者审批；未经依法核准或者审批，任何单位和个人不得向社会公开发行证券。《证券法》确立的这一审核制度，标志着我国在走向成熟证券市场发行审核制度的道路上迈出了重要的一步。

《证券法》以国家基本法的形式确立了我国股票发行采用核准制，该法规定："公开发行股票，必须依照公司法规定的条件，报经国务院证券监督管理机构核准。发行人必须向国务院证券监督管理机构提交公司法规定的申请文件和国务院证券监督管理机构规定的有关文件。"[1]同时还规定："国务院证券监督管理机构设发行审核委员会，依法审核股票发行申请。"[2]在证券法起草过程中，有不少人提出应当在《证券法》中明确作出取消额度管理的规定。然而最终出台的《证券法》对额度管理问题采取了回避的做法，即既未像《股票发行与交易管理暂行条例》那样规定额度管理，亦未明文作出禁止性规定。这主要是考虑到当时我国证券市场的资金来源有限，市场扩容不能过快等客观情况，政府有必要对证券市场的发展规模和发展速度进行适当的宏观调控，而额度管理仍不失为宏观调控的有效手段，因此，立法上对此采取回避的做法，就既兼顾了当时的实际情况，又考虑了未来证券市场发展的需要，具有一定的灵活性。

1998年《证券法》颁布、实施以后，为了保证股票发行审核工作的公开、公平、公正，提高发行审核工作的质量和透明度，根据《证券法》第14条的规

---

[1] 1998年《证券法》第11条第1款。
[2] 1998年《证券法》第14条第1款。

定,经国务院批准,中国证监会于1999年9月16日发布《股票发行审核委员会条例》。此《条例》以法规的形式,确立了股票发行审核委员会的法律地位,其目的,一是为了与核准制的推行相适应,以保证核准工作的质量,二是通过吸收证券监督管理机构以外的专家参与,增强工作透明度,适当制约中国证监会在证券发行审核中的权力。

为了进一步规范证券发行审核活动,国务院于2000年3月16日批准了中国证监会发布的《中国证监会股票发行核准程序》。该《程序》表明,以后发行公司发行股票,证券监管部门将统一按该《程序》进行核准,对于符合条件的发行公司即核准其股票上市,从而完全取消了股票发行额度的管理制度。这意味着一家公司能否上市不是取决于这家公司能否从所属政府部门或地方政府手中拿到上市指标,而是取决于公司本身的质量。应当说,这样的制度安排,愿望是好的。

1998年《证券法》及其上述相应的制度安排,无疑实现了我国证券发行从审批制到核准制度的过渡。

(三)对我国证券发行核准制运行的检讨

1. 对2005年《证券法》修改之前核准制运行的检讨

从1998年确立核准制到2005年《证券法》修改之前,核准制实施七年多的情况来看,当时的发行审核制度尚未完全走出以往审批制的窠臼。这主要表现在,在核准制下发行额度虽已不复存在,但是监管层推出核准制下的配套办法"通道制",本质上仍然带有某些计划经济的色彩,它扭曲了券商的竞争机制。所谓通道制,是指"证券公司自行排队、限报家数",每家证券公司一次只能推荐一定数量的企业申请发行股票,由证券公司将拟推荐的企业逐一排队,按序推荐。具有主承销资格的券商拥有的通道数最多8条,最少1条。这就意味着,最大的券商同时推荐企业的家数最多也不过8家。① 这样一来,一家证券公司能否推荐公司上市,除了取决于其所推荐的企业的质量好坏以外,还要看有否推荐指标。通道制实际上是把上市指标交给了券商,这比以前为了争取上市指标所进行的跑"部"前进要进步得多。但是,随着证券市场的发展,通道制自身显露出诸多问题,这主要表现在通道作为券商的垄断资源,导致了承销市场从买方市场成为卖方市场,部分竞争力低下的券商可以在事前未进行充分尽职调查的情况下,凭借通道资源而获得一些承销项目。通道制在相当程度上阻碍了券商业务做大做强,不利于承销市场的优胜

---

① 刘任远:《通道制瓶颈》,http://finance.sina.com.cn/t/2002091/1409258019.html,访问时间:2014年9月25日。

劣汰,不利于证券行业应对国际竞争,也直接导致一些券商在发行承销中的"粗放经营",责任不到位,未能真正承担起对发行人应有的督导责任。

对核准制进行检讨的另一个重要方面乃是发行审核委员会(以下简称"发审委")。在"主承销商推荐,发审委审核"的核准制中,发审委在推动发审体制从审批制向核准制的转变过程中,发挥了重要的积极作用。然而在实践中,发审委的现行活动模式也暴露出许多制度缺陷,这主要表现在:第一,按照《股票发行审核委员会条例》的规定,发审委对股票发行申请实行无记名投票制度,这一制度有可能导致个别委员在审核工作中表现出较大的随意性,从而不能客观公正地履行职责。第二,发行人能否通过发行审核,某种程度上取决于与会发审委委员的主观判断,使得发审委对一些条件类似的发行企业所形成的审核结果存在较大差异;发行审核的权力集中于发审委且缺少社会监督的压力与制衡机制,发审委一票定终身,但上市公司出了问题,又不承担任何责任;发审委权责不统一,易产生寻租的可能性,增加了发行的交易成本,降低了发行市场的效率,甚至影响到发审委和监管部门的公众形象。第三,发审委委员身份保密制度的存在,使股票发行审核工作缺乏相应的透明度,社会公众对80名发审委委员的身份大多一无所知,就此而言,发行申请人往往是在被动的、毫不知情的情况下将命运交由他人摆布,这对发行申请人是不公平的。第四,发审委委员全部为兼职,并且总体人数较多,对审核标准的掌握程度和适用标准存在一定差异,致使发审委审核与证监会相关部门的初审工作不能很好地衔接和沟通,审核结果的公平性和质量得不到充分保证。

基于上述认识,当时证券发行审核制度进行了一项重要改革:实行上市保荐制,取消通道制。2003年12月28日,中国证监会发布了《证券发行上市保荐制度暂行办法》,规定我国在证券发行方面将实行保荐制度,这无疑是我国证券发行方式的又一次变革。保荐制度是鼓励证券公司进行市场竞争,而通道制则是通过对券商的限制实现对上市公司数量乃至扩容节奏的控制,同时也是平衡各券商之间利益分配的一种手段。通道制分配方面的平均化和通道制本身的垄断性,已经对证券业的竞争机制形成了实质性的阻碍。通道制所带来的后果最终是使实力强的券商与实力弱的券商在业绩上拉不开距离。据统计,2002年全年共发行股票118家(含增发),全行业平均通道周转率不到50%,平均每家券商主承销2至3家。2002年,单一券商股票主承销数目最多的为8家,比最后一名仅多7家。前三名券商的主承销家数仅占当年股票发行总家数的18%,各券商在承销数量上非常接近。① 显然,通道制已经落后于证券市场的发展速度,并且亦不能满足为市场提供优质资源的作用了。为了充分体现竞争机制,使证券发行环节的市场机制得到充分发挥,在实施保荐制度之后,通道制终被取消。

2. 对2005年《证券法》修改以来核准制的改革

2005年,我国对《证券法》进行了较大修改,发行核准制虽然未作根本性变动,但是,通过部门规章在具体制度方面却作了进一步的完善。2006年5月中国证监会先后发布《发行审核委员会办法》和《发行审核委员会工作细则》②,对发审委的工作进行改革。首先,将发审委会议表决由无记名投票改为记名投票,而且投票委员应当表明肯定或否定某公司股票上市发行与否的理由,保留工作底稿,以便明确责任主体,建立发审委委员问责制,从而有利于防范发审委成员的道德风险。其次,增加发审委工作的透明度,取消现行有关发审委委员身份保密的规定,只对具体参与讨论的委员暂时加以保密。最后,减少发审委委员人数,调整发审委人员的构成成分,设置专职委员,使发审委有足够的时间和精力进行发行审核工作,从而保证审核工作的质量。

至此,我国证券发行审核制经过不断的修正,现在的核准制度其实已经结合了注册制的成分。证券发行审核流程全面公开,预披露时间大大提前,证券发行的透明度全面提高;以信息披露为核心的监管体制正在确立,盈利能力在新股发行审核中逐步淡化,信息披露是否真实、准确、完整成为发行审核的关注重点。③ 这也为我国证券发行审核制最终走向注册制奠定了制度基础。

三、现行证券发行制度的变革

(一)我国股票发行注册制改革

1.《证券法》修改使我国股票发行注册制改革与立法相衔接④

《证券法》自1998年制定以来,我国证券市场发生了巨大变化。截至

---

① 《通道制缺陷制约保荐制施行专家建议应予取消》,http://newsl.jrj.com.cn/news/2003-11-04/000000679088.html,访问时间:2013年11月4日。
② 《发行审核委员会工作细则》有4个附件,前3个附件须由发行审核委员会委员在工作时签署,第4个附件由发行人签署。这4个附件依次是:《发行审核委员会委员承诺函》《发行审核委员会委员与发行人接触事项的有关说明》《发行审核委员会审核工作底稿》和《发行人保证不影响和干扰发审委审核的承诺函》。由此亦反映出发行审核委员会工作改革的一个方面。
③ 上海证券交易所法律部:《2012年证券市场法治述评》,载《证券法苑》(2013年第8卷),法律出版社2013年版,第451页。
④ 相关数据和背景资料,参见全国人大财政经济委员会:《关于〈中华人民共和国证券法(修订草案)〉的说明》。

2018年年底,共有境内上市公司3569家,总市值43.49万亿元,分别是2014年底的1.37倍、1.17倍。2018年期末投资者数量为1.46亿户,总成交金额为96.54万亿元。① 现行《证券法》的许多内容已难以完全适应证券市场发展的新形势,主要表现在:证券发行管制过多过严,发行方式单一,直接融资比重过低,资本市场服务实体经济的作用未能有效发挥;证券范围过窄,市场层次单一,证券跨境发行和交易活动缺乏必要的制度安排,不能适应市场创新发展和打击非法证券活动的需要;市场约束机制不健全,对投资者保护不力,信息披露质量不高,监管执法手段不足,欺诈发行、虚假陈述、内幕交易等损害投资者合法权益的行为时有发生。因此,修订并完善《证券法》势在必行。这次《证券法》修订②以党的十八届三中、四中全会精神为指导,着力满足股票发行注册制改革的立法需求,确保重大改革于法有据,实现立法和改革决策相衔接,立法主动适应改革发展实践需要,从而更好地发挥市场在配置资源中的决定性作用,进一步完善资本市场的融资功能。

2015年,中国股市发生了一系列股票价格异常波动的危机。③ 这场股价异常波动从2015年6月中旬开始到8月底结束,前后经历两轮暴跌。2015年6月15日至7月9日,大盘首轮暴跌。上证指数在18个交易日内暴跌1803点,最大跌幅近35%;8月18日至8月26日,大盘再度暴跌。上证指数在7个交易日内暴跌1155点,最大跌幅约29%。从6月15日至8月26日,共计52个交易日,其中有21个交易日指数大幅下跌或暴跌,有17次千股跌停,其中有数次逾两千只个股跌停。股市震荡导致的市值急剧蒸发,使得危机迅速从股票交易市场向上市公司传导,并引发连锁反应。由于上市公司大股东存在许多股票质押融资的情形,而股票市值的快速蒸发,使得质押率急剧上升,迫使大股东面临立刻补仓的问题。而在交易所停牌可以暂时阻止股价持续下跌,因此,停牌也就成为上市公司大股东避免陷入补仓困境的一种有效手段。截至7月7日开盘前,在沪深两市2781家上市公司中,已有764家公司以各种名义停牌。至7月7日晚,又新增近200家公司申请停牌。④

---

① http://data.eastmoney.com/soft/cjsj/yzgptjnew.html,访问时间:2019年3月14日。
② 《证券法》自1998年12月制定以来,2004年8月、2013年6月、2014年8月分别进行了个别条款的修N改,2005年10月进行了较大修订。目前我国正在对《证券法》进行第二次大修订。"《证券法》修订草案"于2015年4月进行了一审,修订草案在推进股票发行注册制改革、健全多层次的资本市场、完善投资者保护制度、推动证券行业的创新发展、加强事中事后监管等多个方面进行了完善。2017年4月,"《证券法》修订草案"被提请全国人大常委会进行二审;2018年,全国人大常委会将《证券法》的修订列入本届全国人大修法工作计划中。
③ 这里的股市危机特指2015年在中国证券市场上发生的一系列股市价格异常波动而引发的股票市场危机。
④ 参见《2015年的股灾启示》,https://gupiao.baidu.com/article/kx1009718,访问时间:2017年9月17日。

股市出现了千股跌停、千股停牌的反常现象。对于这次股票价格异常波动有人称之为"股灾",也有称之为"股市危机",本书认为从法律规制的角度而言,称"股市危机"比较规范。

这次股票市场上发生的危机充分反映了我国证券市场多方面的不成熟,即不成熟的交易者、不完备的交易制度、不完善的市场体系等,也充分暴露了我国证券监管制度的缺陷和证券监管机构监管有漏洞、监管不适应、监管不得力等问题。此外,还反映出我国目前尚不具备实行股票注册制的条件,这直接影响了《证券法》修订的进程和股票注册制的及时出台。

2015年12月27日十二届全国人大常委会第十八次会议通过了《关于授权国务院在实施股票发行注册制改革中调整适用〈中华人民共和国证券法〉有关规定的决定》,自2016年3月1日起施行,实施期限为两年。决定具体指出:授权国务院对拟在上海证券交易所、深圳证券交易所上市交易的股票的公开发行,调整适用《中华人民共和国证券法》关于股票公开发行核准制度的有关规定,实行注册制度,具体实施方案由国务院作出规定,报全国人大常委会备案。

然而,2016年3月,国务院《政府工作报告》只字未提注册制,反而多次强调防范风险。这引发舆论界的关注,有人甚至质疑这一改革是否会被取消。其实,与《政府工作报告》同时由十二届全国人大四次会议通过的《关于国民经济和社会发展第十三个五年规划纲要》中明确提出"创造条件实施股票发行注册制"。可见,股票注册制没写入2016年《政府工作报告》,并不意味着将其取消。当然,基于上述股市危机反映出的问题,注册制实施需要延缓,需要创造一些条件才能够适时推出。因此,我们的任务是不仅要积极创造股票注册制的市场条件,而且还要积极思考并设计出严密的法律制度。

2. "《证券法》修订草案"①关于股票发行注册制的主要内容及其评价。

(1) 主要内容。首先需要说明的是,"《证券法》修订草案"仅规定股票发行实行注册制,而债券及其他证券的发行仍然实行核准制。其核心内容如下:

第一,注册程序。公开发行股票,由证券交易所负责审核注册文件。审核程序应当公开,依法接受监督(第22条)。交易所出具同意意见的,应当向证券监管机构报送注册文件和审核意见,证券监管机构10日内没有提出异议的,注册生效(第23条)。

第二,发行条件包括:发行人具有符合法律规定的组织机构;发行人最近

---

① 参见2015年4月"《证券法》修订草案"的相关条款。

三年财务会计报告被出具标准无保留意见;发行人及其控股股东、实际控制人最近三年内没有贪污、贿赂、侵占财产、挪用财产或者破坏社会主义市场经济秩序的犯罪记录(第20条)。

第三,发行注册的中止和终止。有下列情形之一的,中止注册:发行人涉嫌违反证券法律法规,正在接受调查的;发行人变更与本次发行有关的证券经营机构、证券服务机构及注册文件签字人的;发行人提交的有关文件已过有效期,需要补充提交的;发行人可能存在不符合注册条件,需要进一步核实的。上述情形消除后,应当恢复注册审核(第25条)。有下列情形之一的,终止注册:发行人撤回注册申请或者保荐人撤回发行保荐书的;发行人未在规定的期限内对注册文件作出解释说明或者补充、修改,且无正当理由的;发行人需要更换保荐人或者其他与本次发行有关的证券经营机构、证券服务机构,逾期未更换的;注册文件存在虚假记载、误导性陈述或者重大遗漏的;发行人阻碍或者拒绝法律规定的检查、核查的;发行人被宣告破产或者依法终止的(第26条)。

(2)评价。对于"《证券法》修订草案"中规定的股票发行注册制,本书作如下评价①:

第一,在股票注册的程序方面:(1)取消股票发行审核委员会制度,彻底革除了发审委所存在的各种弊端,也堵死了因发行审核权而产生的"寻租"空间。在取消发审委的同时,改由证券交易所行使审核权,负责对注册文件的齐备性、一致性、可理解性进行审核。(2)证监会行使监督权,即证监会不再对发行人进行任何实质审查,仅对交易所的审核进行监督,并且10日内没有提出异议的注册生效。当然,注册生效不表明证监会对股票的投资价值或者投资收益作出实质性判断或者保证,也不表明证监会对注册文件的真实性、准确性、完整性作出保证。

可见,我国股票发行注册制的设计是交易所与证监会审监分立、相互制约的模式。然而,任何制度设计都难以尽善尽美,证券交易所行使审核权又会存在以下几个问题:第一,目前我国有沪深两个交易所,审核时宽严尺度及自由裁量权的行使难以统一。第二,随着我国经济的发展将来还可能增加交易所,交易所之间的竞争,会加剧审核宽严的不一。第三,设立公司制证券交易所的法律空间在证券法中已经预留,一旦公司制的交易所设立,从营利的角度出发必然会加大对发行公司和上市公司客户量的争夺,在此背景下其核准的标准把握,不得不让人提出质疑。与其如此,还不如由中国证监会直接

---

① 参见李东方:《证券发行注册制改革的法律问题研究——兼评"证券法修订草案"中的股票注册制》,载《国家行政学院学报》2015年第3期。

行使注册的审核权,美国证监会(SEC)就行使这一职权。退一步讲,即使依然坚持交易所行使注册审核权,了解其存在的以上不足之处也是十分有意义的,这可以让人们提高警惕,尽可能扬其长而避其短。

第二,在发行条件方面:(1)规定切实可行,注册机构能够把握的积极条件,发行人具有符合法律规定的公司组织机构、最近三年财务会计报告被出具为标准无保留意见。而对于那种难以把握或者处于变动不居的积极条件予以取消,即取消对发行人财务状况及持续盈利能力等盈利性要求。(2)规定在一定程度上能够反映人性善恶及贪婪与否的消极条件(或称消极资格),即发行人及其控股股东、实际控制人最近3年内没有贪污、贿赂、侵占财产、挪用财产或者破坏社会主义市场经济秩序的犯罪记录。消极资格的规定具有相当的合理性和操作性,这种消极资格的规定相当于发行人及其控股股东、实际控制人有犯罪前科未经过相当的考验期而禁止其取得发行人资格。这类似于公安机关破案,在暂时没有线索的情况下首先排查具有犯罪前科的人员具有相当的合理性,在某种程度上符合"江山易改,本性难移"的民间生活道理。由于有档案记录,操作起来也远比把握积极条件容易得多,况且积极条件容易造假,而且积极条件反映的是审核时段的情况,因而是阶段性、暂时性的,根本无法真正把握。

第三,在信息披露方面:信息公开是证券发行注册制的核心理念,为了保证所公开信息的真实性、准确性和完整性,必须明确参与各方各自应尽的责任。因此,注册制要求:发行人注册文件及补充修改情况、解释说明等,均应当公开;发行人报送的注册文件,应当充分披露投资者作出价值判断和投资决策所必需的信息,并且其内容应当真实、准确、完整;保荐人则应当对发行人的注册文件进行审慎核查,对发行人是否符合发行注册条件提出明确意见,保证注册文件的真实、准确、完整,持续督导发行人规范运作;证券服务机构及其从业人员应当恪守职业道德和执业规范,勤勉尽责,保证出具文件的真实、准确、完整;负责承销的证券经营机构应当对发行文件的真实性、准确性、完整性进行核查。

证券服务机构与发行人签订服务合同,并向其收取相关服务费。而根据法律规定,其不仅要为发行人服务,而且还要对社会投资公众和政府负责,即保证出具文件的真实、准确、完整。这实际上是代表社会投资公众和政府对发行人的相关行为进行监督。有句俗话叫"收人钱财,替人消灾",由于服务费是发行人支付,在这种情况下,一方面证券服务机构"收人钱财",另一方面又要求其对发行人进行严格监督,实属不易。相反,在实践中证券服务机构与发行人共同造假、沆瀣一气的现实案例倒是不少。为解决这一问题,本书认为,可考虑由监管机构出面向发行人收取一定比例的经费建立基金,证券服务机构的服务费改由基金机构支付,而非现行的由发行人支付。

第四,关于公开发行豁免注册制度。证券发行注册豁免制度的必要性在于:一是投资者本身足够成熟,不需要常规发行注册程序的保护;二是通过成本收益比较,在某些情形下,相比收益而言,注册的成本太高从而不值得维持。① 在我国资本市场的实践中,私募发行、众筹发行、小额发行等已经在不同程度上开展,然而,我国现行《证券法》却缺少必要的制度供给。"《证券法》修订草案"因而回应了这一现实需求,规定了向合格投资者发行、众筹发行、小额发行、实施股权激励计划或员工持股计划等豁免注册的情形。合格投资者发行、众筹发行、小额发行的合法化与规范化,无疑增加了我国发行市场(一级市场)的多层次性,突破了以往我们主要关注交易市场(二级市场)多层次性的局限。

(二) 对我国证券发行注册制改革的系统性把握

2015年的股市危机给我们的一个重要启示就是证券发行制度的改革要具有全局性观念,注重系统性的把握。对此笔者有如下思考和建议:

1. 将中小投资者利益的保护确立为注册制改革的指导思想并建立和完善其具体制度

之所以将中小投资者利益保护确立为注册制改革的指导思想,是因为股票发行一旦实行注册制,申请股票发行的股份公司会大量增加,这就难免鱼龙混杂,如果制度设计的指导思想失当,必然使中小投资者的投资风险加剧。而中小投资者又天然处于一种弱势的地位,主要体现在以下三个方面:第一,证券市场存在的信息偏在使中小投资者处于不利的地位。证券发行人是处于信息的源头,或者说是信息的制造者,证券经营机构则具有很强的信息发现和信息获取能力,甚至有时还直接成为信息源之一。它们都处于信息流的上游,获取的信息内容真、获取信息的时间早,在利用信息获取利益中处于主动地位;相反,中小投资者,则处于信息传播的末端,并且所获取信息的真实度还可能较低,处于较为被动的接受地位。第二,中小投资者所拥有的股权是由多项权能组成的权利束,其中最直接体现财产价值的部分是资产收益,但是在资产收益实际取得之前,股东对该收益只享有请求权,而不是现实的支配权。这种请求权,最初属于一种抽象的期待权,被称为抽象的股利分派请求权,并不直接导致股息、红利方面的收益。只有在经过股东会决议批

---

① 肖百灵:《证券发行注册豁免制度前瞻》,载《证券市场导报》2014年第6期。

准确定分红后,此请求权才变为具体的分红请求权,并成为纯粹地对公司的一种债权。① 而在证券市场中,分散的广大的中小投资者对上述股东会决议难以实际加以控制,从而导致中小投资者享有的请求权弱于发行人对公司财产享支配权。发行人一上市"脸就变",这也是其中的一个重要原因。第三,中小投资者是证券市场风险后果的主要承担者。证券市场的风险源很多,以风险所发生的市场运行环节为标准,可以分为发行风险、交易风险、结算风险等。注册制的实行使发行证券的门槛降低,证券发行风险必然增大,其可能造成发行失败、交易萎缩、证券贬值、市值缩水、市场崩盘等后果。如上所述,中小投资者处于证券信息源的末端,识别风险能力最弱,止损能力最差,一旦风险来临,往往血本无归。证券市场的风险,就意味着中小投资者利益的损失。

基于上述中小投资者的弱势地位,在注册制下尤其需要对其特别加以保护。现行《证券法》关于投资者保护的规定分散在各章,且有诸多缺失。这次"《证券法》修订草案"将"投资者保护"专设一章,其中创设了多项加强对投资者保护的新制度。比如,上市公司应当在章程中明确分配现金股利的具体安排和决策程序,依法保障股东的资产收益权。而主要针对证券公开发行对中小投资者进行保护的内容主要有两项:第一,公开发行债券的,应当按照证券监督管理机构的规定,设立债券持有人会议,并应当在募集说明书中说明债券持有人会议的召集程序、会议规则和其他重要事项。发行人应当为债券持有人聘请债券受托管理人,并订立债券受托管理协议。受托管理人应当由本次发行的承销机构或者其他经证券监督管理机构认可的机构担任。第二,因欺诈发行等重大违法行为给投资者造成损失的,发行人的控股股东、实际控制人、相关的证券经营机构、证券服务机构以及中国证监会认可的投资者保护机构可以就赔偿事宜与投资者达成协议,予以先期赔付。先期赔付后,可以依法向发行人以及其他连带责任人进行追偿。② 这些新创设的具体制度都是对上述投资者利益保护原则的具体落实。

2. 在改革注册制的同时改革中国证监会

《证券法》相较于《公司法》而言,其以强制性监管规范为主,实质上是证券监管法,属于经济法的范畴。③ 在证券监管法律制度中,证券监督管理机构发挥着龙头的作用,对它的制度安排是各国证券法的重中之重,这项制度

---

① 郑玉波:《公司法》(修订版),台湾三民书局1980年版,第159页。
② 参见2015年4月"《证券法》修订草案"第八章"投资者保护"的相关规定。
③ 关于证券法的经济法属性,见李东方:《证券监管法律制度研究》,北京大学出版社2002年版,第三章的相关内容。

安排的合理性直接关乎一国证券市场运行的有序性和投资公众利益的保障性。然而,从 2015 年公布的"《证券法》修订草案"来看,证券监管机构的立法改革并未纳入其中。对此笔者深感疑虑,固然轰轰烈烈的"注册制"改革是重头戏,但是证券监管机构不进行相应改革,似乎《证券法》改革的牛鼻子并未被牵动。在笔者看来,对中国证监会不作立法改革,注册制也搞不好。注册审核制度是发行市场的要律,证监会制度则是整个证券市场监管的关键,二者相辅相成,就目前的情况而言,需进行同步改革。

第一,注册制背景下中国证监会为什么要改革？如前所述,目前证监会事业单位的属性,就一定程度而言,可以保证其在行使证券监管权上具有一定的独立性。证监会及其派出机构根据授权行使政府监管权,可以避免行政组织规模无限扩大,有助于增加监管灵活性,提高监管效率,节省监管费用。尤其是证券监管具有较强的专业性和技术性,授权证监会负责证券市场监管,也符合行政事务社会化的发展趋势。[①] 但是,这种授权行使监管职权的模式在监管权力的分配上,存在一些固有的缺陷。一方面,《证券法》授予证监会的职责范围相当广泛,一旦监管权力行使不当,容易发生监管失当的问题。另一方面,随着证券发行注册制的实施,证券发行门槛降低,很多新现象、新问题会层出不穷,由此需要监管部门履行新的监管职责。由于目前中国证监会属于正部级事业单位,其职权来自法律、行政法规授权,如果法律、行政法规未明确授权对特定事项的监管权,在法理上证监会就没有对这些新现象、新问题进行监管的权力,这就会造成监管缺位的问题。另外,从未来我国宏观金融发展的角度来看,中国证监会事业单位的属性也已经越来越不能满足我国证券监管的需求,因而有必要从政府独立监管机构的视角,对中国证监会的主体性质和法律地位进行重新定位。

第二,注册制背景下中国证监会改革的具体内容。[②] 这主要包括:"中国证监会"法定。将"中国证监会"定性为法定特设监管机构。落实委员会制。经费来源上可实行将部分注册费用、交易费用以及其他费用的收入作为该机构的经费来源。完善对证券监管权的程序性制约制度。具体而言,需从以下三个方面着手:首先,加快《行政程序法》的立法进度,这不仅是证券监管领域监管执法的需求,同时也是我国各个领域依法行政的需要。其次,完善《证券法》中对我国证券监管机构所规定的监督与制约制度。[③] 最后,复议和诉讼。

[①] 叶林:《证券法》(第 3 版),中国人民大学出版社 2008 年版,第 454 页。
[②] 见本书第三章第四节的详细论述。
[③] 具体内容参见李东方:《证券监管法律制度研究》,北京大学出版社 2002 年版,第 98—99 页。另参见《中华人民共和国证券法》第 9、23、78、71、181、182、187、43、74、78、199、200、202、207、227、228、202、235 条。

当事人对中国证监会处罚决定不服的,可以依法申请复议,或者依法直接向人民法院提起诉讼。通过行政复议和行政诉讼的途径,以使上级行政机关和审判机关对证券监管机关的具体行政行为予以监督和制约。在证券业监管中进行司法权的合理介入,使司法权与行政权能够达致良性互动。①

3. 建议证券发行注册统一适用于股票和债券市场

《证券法》调整的证券应当实行统一的发行制度,注册制应当适用于所有的证券品种。一般就投资原理而言,对公司债券的投资风险性要小于对股票的投资,而"《证券法》修订草案"对股票发行实行较为宽松的注册制,对公司债券发行反而采取较为严厉的核准制,应当说,这种制度安排不具合理性。究其原因,实际上是立法机关为确保注册制改革的顺利出台,减少争议,寻求最大公约数,而对于目前落后于市场经济发展需要的现行体制的妥协。② 为了进一步说明这个问题,有必要对我国现行债券发行情况进行一番分析。公司债券在我国因主管部门的不同而有三种名称,并且适用各自的监管体系。债券市场多机构的分散监管容易造成监管机构之间出现监管寻租和利益冲突的现象,从而导致监管的"囚徒困境",成为阻碍债券市场乃至整个证券市场良性发展的制度障碍。③ 具体内容如下:(1) 证监会监管的称为"公司债券",主要以上市公司为发行主体,所募集的资金由公司按募集说明书自主决定使用。2007 年,证监会制定《公司债券发行试点办法》,正式开启证券交易所内的"公司债券"市场,经 2014 年 11 月 15 日中国证券监督管理委员会第 65 次主席办公会议审议通过《公司债券发行与交易管理办法》,之前的相关文件废止。(2) 国家发展和改革委员会(以下简称"发改委")监管的称为企业债券,主要以中央国企、地方重点企业为发债主体,所募集的资金主要投向国家重点项目或基础设施建设。目前主要适用 1993 年国务院制定的《企业债券管理条例》(根据 2011 年 1 月 8 日《国务院关于废止和修改部分行政法规的决定》修订)和发改委发布的若干通知。(3) 中国人民银行(以下简称"央行")领导下受银行间交易商协会(以下简称"交易商协会")监管的称为非金融企业债务融资工具(以下简称"中期票据"),主要以非金融企业为发债主体,所募集的资金由公司自主决定使用。作为 2008 年 4 月新启动的市场,央行在《银行间债券市场非金融企业债务融资工具管理办法》中下放债券发行

---

① 李东方、王爱宾:《证券业监管中司法权的介入及其与行政权的互动》,载《西南政法大学学报》2009 年第 2 期。
② 李东方:《证券发行注册制改革的法律问题研究——兼评"证券法修订草案"中的股票注册制》,载《国家行政学院学报》2015 年第 3 期。
③ 刘晓剑、邢森杰:《基于博弈论的债券市场监管主体重构分析》,载《湖南大学学报》(社会科学版)2012 年第 4 期。

核准权,规定企业发行债务融资工具应在交易商协会注册。①

上述债券市场多机构分散监管与监管标准不统一的弊端主要体现在:第一,在多机构分散监管的条件下,容易造成各监管机构从本部门利益出发来处理问题,争夺监管权力,形成监管竞争,造成在发行市场上由一个部门审核的债券不能在其他部门监管的交易所流通等。比如,公司债券由中国证监会监管,其没有被允许在由央行监管的银行间证券市场发行和流通,由于投资者的数量不足,资产不够雄厚,严重地限制了该类型债券的功能。② 第二,在多机构分散监管的条件下,还会带来监管重复,降低监管效率,大大增加债券发行成本的不良后果。以金融债券为例,在债券的发行市场,金融机构发行债券时,发行者的资格由银监会进行审查,而最终能否被批准发行由市场监管部门负责,这种双重审批意味着双重监管。由此必然延长债券的发行时间,使监管的效率降低,当然也增加了债券发行人的发债成本。在债券的交易市场,监管的机构有两个,即央行对商业银行柜台债券市场和银行间债券市场进行监管,以及证监会依据《证券法》等法律、法规对交易所债券市场进行管理。两个监管机构分别独立监管交易市场及其基础设施。这些基础设施包括债券产品、市场主体、托管结算后台等。这种双主体分割的监管体制在造成监管重复的同时,又造成了监管空白,使整个证券市场的监管效率低下。③ 第三,政出多门,监管标准多样性,容易造成监管套利等损害公平竞争的不良行为。债券发行人作为基于"经济人"追求利益最大化的本性,必然会选择监管条件较为宽松的部门申请发行债券,这样不仅缺乏发行人之间的公平性,而且还容易产生"劣币驱逐良币"的现象,造成监管套利等现象,影响债券市场健康发展。

由此可见,在我国要实现统一的证券发行注册制,第一步是要将上述三类债券由目前的分散监管统合起来,交由中国证监会统一行使监管权,在这个前提下才谈得上将来债券与股票统一适用注册制。我国的市场经济发展到今天,特别是中共十八届三中全会提出"使市场在资源配置中起决定性作用和更好发挥政府作用",债券市场监管权的统一这个坎已经到了该迈过去的时候了。否则就是立法没有跟上实践需要的步伐,延缓了证券市场前进的步伐。退一步而言,如果基于种种原因这次《证券法》修订的结果依然是股票实行发行注册制,而债券停留在核准制,那么也应该尽早结束双轨制的过

---

① 见《银行间债券市场非金融企业债务融资工具管理办法》第4条。
② 冯果、刘秀芬:《优化债券市场监管体系的法律思考》,载《江西财经大学学报》2016年第5期。
③ 同上。

渡期。

4. 注册制的制度设计重心应当立足于事中、事后和信息公开监管

注册制的内核并非放松监管,而是监管的重点和时间段发生了变化,即从过去试图对股票的投资价值或者投资收益作实质性判断,从过去市场准入设置高门槛的事前监管,转向事中事后监管和对信息公开的监管。实践中有一种误解,认为学习美国的注册制就是放弃监管,其实,在招股说明书审核方面,美国证监会比中国证监会的监管可能还更严,提出的问题可能更多、更尖锐。美国证监会所提的问题大致可以分为三类:一是常规性问题,有提醒性质的,也有"对格式"对出来的问题,还有属于几乎每次都会被问到的问题。二是了解性的问题,有的时候,招股说明书的某些披露不清楚,或美国证监会负责审阅的人对相关行业的情况不太熟悉,就此会提出一些问题,对披露的内容和背景作进一步的了解。三是要求性或质疑性的问题,美国证监会认为公司的披露不充分,相关的审阅人可能会直接要求公司作出披露,或者质疑公司为什么没有作出相应的披露,视公司回复的情况再作进一步要求。①美国证监会提一两轮审核意见的很多,提十几轮审核意见的也不在少数。②可见,美国的注册制绝不等于放弃监管。而且,英美等强调放松管制的国家,也都在吸收核准制的合理部分。③ 因为注册制和核准制各自都有优势,也有不足,世界上那些具有代表性的国家和地区的证券立法,近年来都在通过不同的形式将注册制和核准制进行有机结合的变革。我国证券发行审核制度当然没有必要从一个极端走向另一个极端,而是要集二者的优势为我所用。④ 实际上,我国股票发行注册制按照证券交易所审核,而由中国证监会备案监督的审监分立、相互制约模式的设计,就是综合了注册制与核准制有机结合的证券发行审核制度。⑤

注册制改革的重点在于信息披露制度的改革,对此,笔者有以下几个方面的思考⑥:

首先,在注册制下,发行人的股票是否能够顺利发行,主要取决于投资者是否购买。换言之,市场入口处的把关者主要是投资者,由投资者自身来对股票的价值作出判断。因此,发行人及相关中介机构需要争取的对象也是投

---

① 金幼芳、李有星:《论证券发行注册的理想与现实》,载《证券法苑》(2014年第11卷),法律出版社2014年版,第253页。
② 刘君:《美国证券公开发行如何做到"注册制"》,载《中国证券报》2013年11月20日。
③ 李东方:《证券监管法律制度研究》,北京大学出版社2002年版,第118页。
④ 李东方:《上市公司监管法论》,中国政法大学出版社2013年版,第461页。
⑤ 李东方:《证券发行注册制改革的法律问题研究——兼评"证券法修订草案"中的股票注册制》,载《国家行政学院学报》2015年第3期。
⑥ 同上。

资者而非证券监管机构,信息披露重心需要指向投资者。从这个角度来看,核准制是以政府核准为导向来建立的信息披露制度;注册制是以投资者判断为导向来建立的信息披露制度。① 所以,在注册制下,监管机构的监管应当以合规性审查为主,不对发行人及其证券进行价值判断,不对发行人及其证券优劣作出评价,更不对发行人提供发行保证。发行人只要充分披露了相关信息,就应当让市场和投资者自行对其是否具有投资价值作出判断。或者说,对发行人资质和相关信息的审查,从实质审核转化为以合规性为主的审查。

其次,信息披露的监管措施、披露形式和公开手段的多样性。

第一,证监会对信息披露的监管措施应具有多样性,同时应尽量避免因信息披露义务过重给企业带来的负担。在注册制下,监管措施并非核准制那样单一。对此,"《证券法》修订草案"规定监管机构可以采取以下监管措施:责令改正;监管谈话;出具警示函;责令公开说明、责令参加培训或者责令定期报告;认定董事、监事、高级管理人员为不适当人选。与此同时,在监管过程中,避免因信息披露义务过重给企业带来负担也是必须注意的。我国注册制的推行也要在保障投资者的利益的同时,考虑发行人的承受能力,给予不同的发行人以多样化的选择标准,尽量避免因信息披露义务过重而给企业带来的沉重负担。②

第二,充分运用互联网技术手段,提高信息披露效率。当今互联网已成为证券市场信息传播的首要途径,电子化信息披露系统也成为信息披露有效性的基础保障,电子化信息披露不仅降低了企业信息披露的成本,而且方便公众查阅相关信息。

第三,改良信息披露的形式和程序。除了强制性信息披露外,还应当鼓励发行人自愿披露与投资决策有关的信息。考虑到我国发行人的不同情况以及投资者多为"社会公众股股东"的实际情况,因而在信息披露的格式上可作适当的灵活处理,逐步建立起对"社会公众股股东"投资决策有用的差异化信息披露机制,相关信息应当做到语言简明、清晰、易懂,便于投资者阅读理解。③

第四,政府监管机构与自律监管机构在信息披露监管方面要形成合力,相辅相成。证监会应当与证券交易所和中介机构在发行信息披露监管上形

---

① 周友苏、杨照鑫:《注册制改革背景下我国股票发行信息披露制度的反思与重构》,载《经济体制改革》2015 年第 1 期。
② 同上。
③ 同上。

成合力,不能相互替代,更不能够相互抵销。注册制意味着政府监管机构在发行准入方面把关功能的减弱,但是并不意味着发行监管本质上的弱化,这就需要通过政府监管机构调整监管方式来弥补,同时还需要通过加强市场约束来弥补。政府监管机构与证券交易所、中介机构在发行信息披露审查上的合力,首先是证券交易所应当担负起审查的作用。其次是政府监管机构对发行人披露信息的审查,应当以保荐人、会计师、律师等的尽职调查和专业意见为前提,强化对发行的市场约束。最后是明确有过错的证券公司、律师事务所、会计师事务所等中介机构对发行人的违法行为和损害后果承担连带责任等方式来避免中介机构与发行人合谋造假的现象。

5. 注册制背景下需进一步完善强制退市制度

退市制度分为自愿退市和强制退市两种情形。自愿退市主要取决于上市公司自身的意思自治,但是要处理好对中小股东利益的保护问题,防止大股东的权力(权利)滥用。这里研究的是与注册制改革配套的退市制度,只包括强制退市制度。强制退市制度是注册制推进非常重要的配套制度,也是完善信息披露制度的重要举措。随着注册制的推进,严格的信息披露措施必然会增大发行环节和公司的透明度,那些依靠包装或造假的发行公司就可能被市场淘汰,强制退市也就成为其应当承受的后果。注册制在降低门槛"入口"的同时,还应当维护"出口"的畅通,否则大量参差不齐的公司进入,难免泥沙俱下,由于劣质上市公司的股票交易价格往往起点很低,容易被炒作,在许多情况下优质公司反而竞争不过,导致"劣币驱逐良币"的怪现象。[①] 因此,对于劣质上市公司必须按照市场规律将其淘汰出局。

对于在注册制背景下完善我国强制退市制度,本书认为主要从以下五个方面进行完善:(1)证券监管机构在强制退市方面不做价值判断;(2)在强制退市的过程中,中国证监会应适度、适当行使监管权;(3)保障强制退市权的独立行使;(4)退市标准以数量标准为主,质量标准为辅;(5)进一步完善强制退市中对"重大违法性"的认定标准。对于这五个方面的具体内容,将在本书第八章"上市公司监管"第四节"上市公司强制退市监管"中进行论述。

6. 明确规定对证券交易所注册审核和强制退市决定不服的救济途径

无论是对拟发行股票公司的注册审核进行否决,还是对已上市公司作出退市决定,均不以拟发行股票公司或被退市公司的意志为转移,而是证券交易所的单方面法律行为。在相对人不服的情况下,法律应当安排相对人享有相应的权利救济途径。由于注册审核和强制退市的决定均由证券交易所作

[①] 李东方:《上市公司监管法论》,中国政法大学出版社2013年版,第536—537页。

出,证券交易所的机构性质属于自律监管机构,而非一级行政机关。这里就涉及相对人是提起行政复议、行政诉讼,还是一般的民事诉讼的问题。这里需要考查交易所上述决定的性质,该决定具有强制力,与一般行政机关作出的行政决定具有同等效力。而且该决定取决于交易所的意志,是一种单方面意思表示,不取决于相对人的意志。交易所上述权力的来源,出自法律的直接授权或行政机关的授权。

因此,拟发行股票公司或被退市公司对证券交易所注册审核和强制退市决定不服的,有权向中国证监会提请行政复议,同时也可以选择向人民法院直接提起行政诉讼。

拟发行股票公司通过证券交易所注册审核,但是备案审查过程中被中国证监会否决的,一方面可依据《中国证券监督管理委员会行政复议办法》向证监会行政复议机构提起行政复议,另一方面也可以选择直接向人民法院提起行政诉讼。

7. 完善相关法律责任制度

注册制须在良性的证券法律系统下运行,完善证券发行及信息披露的法律责任追究机制,可在证券注册发行"入口"的后端为注册制提供有力保障。在《证券法》修改过程中,可通过加大对虚假陈述等市场违法行为的惩戒力度,通过行政处分、刑事责任和民事责任相结合的方式来保证信息披露的真实性、完整性和有效性。[1]

除了加大对虚假陈述法律责任的追究之外,对其他证券违法行为的惩戒对于注册制的良性运行同样重要,这里着重讨论一下证券民事侵权责任制度的问题。笔者建议将证券侵权责任纳入《侵权责任法》中进行规范,主要有以下两个方面的理由:

第一,这是由证券法的性质决定的。证券法从性质上讲属于经济法,具有十分突出的国家干预性,其以公法规范为主。[2] 因而其法律责任形式也以与之相对应的行政责任为主,所以,我国现行《证券法》"法律责任"一章中主要规定行政责任的现状是无可厚非的,这恰恰反映了证券法的经济法属性。

第二,这是由证券民事侵权责任的特殊性决定的。证券侵权民事责任主要基于虚假陈述、内幕交易、操纵市场和欺诈客户等侵权行为而发生,这类侵权行为一旦发生,侵害的对象一般都会具有公众性、类别性,这与一对一的普通民事侵权不同。其与环境污染侵权行为的侵害对象比较相似,而环境污染

---

[1] 李东方:《证券发行注册制改革的法律问题研究——兼评"证券法修订草案"中的股票注册制》,载《国家行政学院学报》2015年第3期。
[2] 参见李东方:《证券监管法律制度研究》,北京大学出版社2002年版,第53—67页。

责任即为我国现行《侵权责任法》规定的七种特殊责任之一。其实,2009年《侵权责任法》在要不要规定证券侵权民事责任制度方面曾引发了非常激烈的争议,但最终因为问题复杂而未能作出规定。① 本书认为,此项立法工作应当继续完成,在我国《侵权责任法》规定的七种特殊责任之外,再增加证券侵权责任。证券侵权责任制度的主要内容,一是将虚假陈述、内幕交易、操纵市场和欺诈客户等侵权行为作为证券侵权民事责任的侵权行为,二是采取过错推定和举证责任倒置的原则。因为现代资本市场是一个高度专业化、技术化的市场,所有证据由投资者举证很不现实,只有采取过错推定和举证责任倒置的方式才能够有效保护投资者的利益。

8. 完善与证券民事法律责任制度相配套的证券民事诉讼制度

第一,在证券法体系内部建立和完善证券民事诉讼制度。注册制改革意味着政府监管在证券业的某些领域有所为有所不为,在不为的领域就需要建立和完善相应的法律机制,使投资者在其利益受到发行人不法侵害的时候能够依法获得权利救济,这不仅要完善上述证券法律责任制度,而且还需要建立、完善与之相配套的民事程序法律制度,证券民事诉讼程序法就是其中一项有效的手段。与政府监管的"公共执行"机制相对应,通过证券民事诉讼实现损害赔偿的机制在国外被形象地称为"私人执行"。证券民事诉讼这种私人执行机制能够赋予市场参与者更多的救济机会②,起到公共执行所起不到的作用。证券民事诉讼程序法在属性上应当属于诉讼法的范畴,然而,由于证券民事诉讼有着其自身的特殊性,因而有必要在证券法律体系中对证券民事诉讼进行规范。证券民事诉讼的特殊性具体表现如下:(1)在诉讼主体上,一方面由于原告多为中小投资者,因而人数众多且比较分散;另一方面由于原告所针对的被告及案件事实具有同一性,因而证券民事诉讼具有集团性和扩散性。(2)诉的标的与诉讼标的物均具有特殊性和复杂性。在证券民事诉讼中,诉讼标的既有原被告平等主体之间实体私法上的权利义务关系,还涉及国家金融秩序的体现公共利益的公法关系。证券民事诉讼中的标的物证券,是指代表特定的财产权益,可均分且可转让或者交易的凭证。③ 证券作为一种商品,其特殊性在于证券价格取决于证券市场的特定信息,因而具有很大的不确定性。(3)案件是非判断的专业性很强,裁判人员及其原被告的委托代理人均需具备相应的证券专业知识和能力。

上述证券民事诉讼的特殊性决定了一般的民事诉讼程序不能完全适用,

---

① 王利明:《证券法应明晰证券侵权责任制度》,载《证券时报》2011年11月28日。
② 沈贵明:《证券诉讼的证券法规范》,载《法学论坛》2013年第4期。
③ 李东方主编:《证券法学》(第3版),中国政法大学出版社2017年版,第6页。

需要法律为其配置不同于一般民事诉讼的特殊规则。兼具实体法和程序法特性的证券法恰好能够为证券民事诉讼规则的植入提供融洽的制度空间。证券法中的诉讼程序规则与民事诉讼法中的程序规则是特别法与一般法的关系,具有优先适用性。基于上述理由,2015年"《证券法》修订草案"在证券民事诉讼程序上进行了以下几个方面的改革:①(1) 发行人的董事、监事、高级管理人员执行公司职务时违反法律、行政法规或者公司章程的规定,给公司造成损失,中国证监会认可的投资者保护机构持有该公司股份的,可以为公司的利益以自己的名义向人民法院提起诉讼,持股比例和持股期限不受《公司法》规定的限制。(2) 债券发行人未能按期兑付债券本息的,债券受托管理人可以以自己的名义代表债券持有人提起、参加民事诉讼或者清算程序。(3) 投资者提起虚假陈述、内幕交易、操纵市场等证券民事赔偿诉讼时,当事人一方人数众多的,可以依法推选代表人进行诉讼。(4) 中国证监会构认可的投资者保护机构可以作为代表人参加诉讼或者清算程序。(5) 人民法院作出的生效判决、裁定,对全体投资者发生效力,但明确表示不受判决约束的除外。这些改革措施不仅在一定程度上适应了证券民事诉讼的特殊需要,而且还体现了便捷、高效、节约救济成本和司法资源的基本原则,从而使投资者更好地维护自己的合法权益。这也为注册制的实施提供了民事法律责任追究的程序保障。

第二,适时修改《民事诉讼法》以满足我国证券民事诉讼的需要。在证券法体系中,虽然可以规定一些特殊的证券民事诉讼规则,但这都是在《民事诉讼法》基本制度的框架内作出的特别规定而不能有根本性的突破。比如,在证券民事诉讼主体方面,基于目前我国《民事诉讼法》基本制度的限制,上述"《证券法》修订草案"关于证券民事诉讼的主体制度只能囿于代表人诉讼的框架范围内,而对于如同美国的集团诉讼②制度便不在考虑之列,因为我国《民事诉讼法》没有这一基本制度。尽管集团诉讼有不足,但是其优势也是明显的,有对其进行探讨和结合我国国情进行改造的必要,条件成熟的时候可考虑修改我国的《民事诉讼法》而将其引入。

2015年中国股市危机反映出的问题,对股票发行注册制改革提出了新的挑战,使得注册制的实施需要延缓,需要创造一些条件才能够适时推出。因此,我们的任务是不仅要积极创造股票注册制的市场条件,而且还要积极思考并设计出合理的相关制度。通过上述思考可以看出,注册制改革是一个

---

① 参见2015年4月"《证券法》修订草案"第172、175—176条的相关规定。
② 参见郭雳:《美国证券集团诉讼的制度反思》,载《北大法律评论》(2009年第10卷·第2辑),第426—446页。

系统工程,需要诸多配套制度与之相辅相成,在证券法律体系中如果仅仅去建立一个"股票注册制"是注定行不通的。甚至在《证券法》之外还需要《行政程序法》《民事诉讼法》等其他部门法的建立或者完善才能够使证券发行注册制不仅能够建立,而且还能够良好运行。

第二节 证券上市监管

一、证券上市监管概述

一般认为,证券上市是指发行公司与证券交易所之间订立上市契约,使发行公司能将其发行之有价证券,在证券交易所的集中交易市场买卖,而证券交易所得向发行公司收取上市费用的法律行为。[1] 凡在证券交易所内交易的有价证券统称为上市证券,主要包括股票、债券、证券投资基金券等。对于上市的股票而言,其对应的发行公司被称为上市公司。证券上市是联结证券发行市场和交易市场的纽带,它使证券持有人与其他证券投资者在证券交易所相互移转证券成为可能。对于上市公司而言,一方面,由于证券上市需满足一定的标准和条件,获准上市是对上市公司业绩、管理水平等实力的肯定,因此,证券上市能大大提高上市公司的市场地位和社会形象。同时,证券上市加强了证券的流通性,便于公司筹措资金。另外,股票上市后,上市公司因股权分散程度高,使其减少了因证券过度集中而为少数投资人控制的弊端,为公司的科学管理提供了股权结构基础。另一方面,因上市公司有价证券之上市,使该公司变成大众公司,从而使该公司及相关人士的责任加重,"故为建立公正证券市场,需对上市之证券品质加以管理,此有赖于证券主管机关对于上市,订定各种严格之规范,并以公权力介入私法契约,以达到监督之效果"[2]。对于证券监管机关而言,证券上市可使其通过对上市公司证券上市条件、上市程序的监管和通过上市公司法定信息披露制度以及二级市场交易情况对所有上市公司、投资者、证券商进行监管,比较容易及时发现、解决市场问题和隐患,从而达到维护证券交易秩序和保障投资公众利益之目的。

二、证券上市条件

证券上市条件的监管是指一国政府通过制定法律来规定公司发行的股

---

[1] 吴光明:《证券交易法论》,台湾三民书局1996年版,第165页。
[2] 同上。

票或债券在证券交易所集中竞价交易所必须达到的条件而实施对证券上市的监督和管理。因此,各国都规定了证券上市交易的条件。

对于证券上市的条件,国外一般由证券交易所来制定,可以从纵向和横向两个角度来考察外国证券交易所上市的条件。从纵向看,上市条件的历史演变,受一国企业经营与管理及其认识水平的限制;从横向看,各国证券交易所上市条件的差异,与该交易所所处国家的历史进程和经济发展水平密切相关。因此,不同的证券交易所其所确定的证券上市条件是不可能完全相同的。甚至同一个国家的不同证券交易所也会在证券上市条件上存在一定的差异。

在我国,证券上市的条件是由上海证券交易所和深圳证券交易所根据相关的法律、法规来制定相应的上市规则。

(一)股票上市的条件

股票上市的条件经历了一个不断发展和完善的过程。发展时期不同,对股票上市条件的要求也不相同。在证券交易活动开展的初期,公司经营者通常认为,公司的经营活动、盈余状况、所控制的财产以及与此相关的事务纯属公司的内部事务,因此,他们一般都不愿将自己公司的经营状况对外公开。直到 20 世纪 30 年代,申请上市的公司才开始愿意接受证券交易所要求公开其财务状况的政策。至此,股票上市的条件才逐步完善起来。

从各国(地区)证券交易所对股票上市条件的规定来看,尽管不同国家(地区)的不同时期,同一国家(地区)的不同交易所的具体规定各不相同,但就其共性而言,可概括出以下基本内容:

第一,经营条件。经营条件通常包括一定的经营年限、财产净值占资本总额的比率、连续盈利能力、偿债能力等指标。这些指标主要用来考察上市公司的经营是否具有收益性和是否具备稳定性。如英国证券交易所协会规定,申请上市的公司需有 3 年以上经营并且连续盈利的记录;纽约证券交易所规定,申请上市公司上一年度的税前利润总额不应低于 250 万美元,并且近两年来的税前利润总额均不低于 200 万美元。我国香港联交所《上市规则》规定,发行人发行后的预期市值须为 1 亿港元或以上;我国台湾地区证券交易所要求申请上市的公司近一年的流动资产与流动负债比率达 100% 以上;而我国上海和深圳证券交易所 2014 年修订的《股票上市规则》则要求发行人首次公开发行股票后申请其股票在交易所上市,必须股本总额不少于人民币 5000 万元,公司最近 3 年无重大违法行为,财务会计报告无虚假记载。

第二,规模条件。公司资本必须达到一定数额或股票发行量达到一定规模时,才可向证券交易所申请股票上市。如美国纽约证券交易所规定,申请股票上市的公司的有形资产净值不低于1800万美元,公众股东持有的股份数额不应少于110万股。上市股票只有达到一定规模才能形成交易,才能形成证券市场。

第三,股权分散条件。股权分散即要求股东人数众多,并且达到规定的数量。如果股东较少,股权集中在少数人手中,股票市场便极易被这些少数大股东所操纵,在这种情况下,即使股票的发行规模再大,也同样会严重影响股票的上市交易。因此,纽约证券交易所规定,申请上市公司的股东总人数应在2200人以上。我国香港联交所规定,申请上市公司已发行股份总额中至少应有25%由公司关联人员以外的公众人士持有。我国台湾地区证券交易所"股份有限公司有价证券上市审查准则"规定,第一类上市股票记名股东人数应在2000人以上,其中持有1000股至5万股的股东不得少于1000人,且其所持股份合计应占发行股份总额20%以上或满1000万股。我国《股票上市规则》对股权分散的条件也作了严格的规定:公开发行的股份达到公司股份总数的25%以上;公司股本总额超过人民币4亿元的,公开发行股份的比例为10%以上。

第四,其他条件。主要包括上市信息披露的准确性与完整性;相关财务报表无虚假记载并且经注册会计师认证;证券制作符合标准格式、对证券转让未加限制;有若干上市推荐人;上市目标明确、公司制度健全以及在证券市场中无违法行为等。

(二)债券上市的条件

债券上市依照上市程序不同,可以划分为授权上市和认可上市两种。授权上市是指由证券已公开发行的公司提出申请,并经证券交易所依照规定程序而批准的债券上市。授权上市的条件和程序较为严格,证券交易所要对申请债券上市的发行公司进行严格的资格审查,并有权否决不符合本证券交易所上市条件的上市申请,也有权在公司债券上市后终止其继续在本交易所上市。

认可上市是指直接经证券交易所认可后就可以进入本证券交易所上市。认可上市的债券仅限于各种政府债券,如国库券。这种债券可以豁免申请而直接成为证券交易所的交易对象,证券交易所也无权拒绝或终止这种债券的上市。如中国人民银行深圳分行于1991年颁布的《深圳证券交易所业务规则》第6条就规定:"国债和深圳市人民政府发行的债券或经主管机关批准豁免的证券在本所上市,免于申请、上市审查及收费等一应事项。"由于政府债券可以豁免申请而成为证券交易所交易对象,没有严格的审查条件和审查程序,因此,该种债券上市的条件并无讨论的实际意义。而对公司债券和金融债券而言,则必须符合一定的条件方可在证券交易所上市交易。其目的一是保证上市交易债券应有的信誉,二是确保投资者的利益不受损害。各国证券交易所对债券上市条件的审查主要包括债券的发行量、期限、信用等级和发行者的投资规模、偿还本金利息的能力等内容,这与股票上市条件的一般要求基本相同。例如,根据我国《证券法》的规定,公司申请公司债券上市交易,应当符合下列条件[①]:(1) 公司债券的期限为 1 年以上。公司债券一般为中长期债券,如果期限过短,不仅达不到筹集中长期建设资金的发行目的,而且也难以实现上市交易的目的。(2) 公司债券实际发行额不少于人民币 5000 万元。如果公司债券发行额过少,或者虽然预期发行额大,但实际发行额少,不但影响其交易,而且也说明公司值得信赖的程度较差。因此,公司债券实际发行额的多少,直接关系到公司债券上市后的交易情况,同时也反映出投资者对该公司的信赖程度。(3) 公司申请其债券上市时仍符合法定的公司债券发行条件。公司债券发行的法定条件,依《证券法》第 16 条第 1 款的规定,具体包括:股份有限公司的净资产额不低于人民币 3000 万元,有限责任公司的净资产额不低于人民币 6000 万元;累计债券总额不超过公司净资产额的 40%;最近 3 年平均可分配利润足以支付公司债券 1 年的利息;筹集的资金投向符合国家产业政策;债券的利率不超过国务院限定的利率水平;国务院规定的其他条件。

三、证券上市程序

证券上市程序监管是指一国政府通过证券立法,规定证券发行者在其证券上市过程中必须履行的法定义务,从而达到对证券上市实施监管的目的。各国证券法或者证券交易法一般都会对证券上市程序作出基本规定,各证券交易所再根据具体情况作出补充规定。但是,证券交易所的补充规定不得与证券法或证券交易法的规定相抵触,有的补充规定还必须获得政府监管机构的批准。证券交易所必须遵循证券上市程序办理证券上市。一般而言,证券上市交易应当遵循的法定程序包括以下内容:

(1) 上市申请。上市申请是公司股票或公司债券上市的前提。上市申请可分为强制申请和自愿申请两种。除少数国家在证券市场发展初期曾经采用过强制申请外,绝大多数国家均实行自愿申请,即由发行公司自行决定

[①] 《中华人民共和国证券法》第 57 条。

是否申请其证券上市,在我国也是这样。

(2) 上市审核。各国关于证券上市的审查制度可分为许可上市与申报上市两种。许可上市是指发行者必须向政府主管部门申请,经政府主管部门许可后才能上市;申报上市是指证券交易所拥有证券上市的决定权,发行者只需向政府主管部门申报即可。多数国家采用申报上市制。2005年我国《证券法》修改之前,上市审核权由中国证监会掌握,修订后的《证券法》则改由证券交易所行使这项权力。之所以将核准证券上市交易的最后决定权下放到证券交易所,是因为证券上市行为是一种市场行为,由证券交易所根据各方面情况审核决定证券上市交易,更加符合市场决定资源配置的指导思想。而且,由证券交易所对上市申请进行审核,还可以使证券监督管理机构从大量的事务中解脱出来,集中精力加强对证券市场的监管。例如,就股票而言,发行人申请其股票上市交易,须经证券交易所审核。审核的内容主要包括[①]:上市报告书;申请股票上市的股东大会决议;公司章程;公司营业执照;依法经会计师事务所审计的公司最近3年的财务会计报告;法律意见书和上市保荐书;最近一次的招股说明书;证券交易所上市规则规定的其他文件。

(3) 订立上市协议。上市公司应与证券交易所签订上市协议,目的在于明确双方的权利义务关系。上市公司须承诺接受证券交易所的管理,遵守交易所的股票上市规则,履行上市协议中约定的义务。上市协议主要包括以下内容:上市费用的项目和数额;双方的权利与义务;公司证券事务负责人;上市公司定期报告、临时报告的报告程序;股票停牌事宜;协议双方违反上市协议的处理;仲裁条款;交易所认为需要在上市协议中规定的其他条款。

(4) 上市公告。根据我国《证券法》第53条的规定,股票上市交易申请经证券交易所审核同意后,签订上市协议的公司应当在规定的期限内公告股票上市的有关文件,并将该文件置备于指定场所供公众查阅,以方便投资者作出投资决策。上市公司除必须公告上市申请文件外,还应公告下列事项:股票获准在证券交易所交易的日期;持有公司股份最多的前10名股东的名单和持股数额;公司的实际控制人;董事、监事、高级管理人员的姓名及其持有本公司股票和债券的情况。

(5) 挂牌交易。挂牌交易是证券上市的最后一道程序。证券在交易所挂牌交易,标志着该证券正式上市,除法定持股人在持股期限内不得转让股票外,其他持股人均可通过证券交易所转让其股票,转让之后也可再行买入。

---

① 《中华人民共和国证券法》第52条。

所有二级市场的投资者均可买卖挂牌交易的证券。

证券上市后,随着时间的推移以及市场条件的变化,原本符合上市条件的证券可能因其发行主体的变化或交易过程中发生的变化而不再符合上市条件,这时证交所或证券监管部门就有必要采取暂停或终止其上市的措施,以保护投资公众的利益和维护证券市场的正常秩序。由于暂停或终止上市的监管规范属于上市公司退市制度的范围,故其相关内容将在本书第八章"上市公司监管"第四节"上市公司强制退市监管"中进行讨论。

第八章 上市公司监管

上市公司是证券市场的核心主体,从某种程度上讲,证券市场(特别是证券交易市场)的一切活动,主要是围绕着上市公司证券的发行和交易而展开的,因而对上市公司的适度监管成为证券监管法的重要组成部分。实际上,本书在前面诸多章节中的讨论,就是关于上市公司监管法律制度的内容,为了避免内容上的重复,本章只讨论前文未涉及的上市公司投资者关系管理、上市公司社会责任、上市公司收购监管以及上市公司强制退市监管等内容。

第一节 上市公司投资者关系管理

本节从论述投资者关系管理的相关理论着手,深入剖析了中国上市公司投资者关系管理的现状及其存在的问题。这些问题主要是:上市公司对投资者关系管理的认识和定位不明确;多数上市公司未设立投资者关系管理部门,投资者关系管理人才缺乏;上市公司信息披露内容的数量和质量还有待提高;对中小投资者关注程度不高等。本书着重提出了中国上市公司投资者关系管理制度完善的措施,主要包括:明确公权监管部门定位,完善投资者关系管理规范;建立投资者关系协会等行业自律组织,发挥自律监管的作用;建立并完善上市公司信用、声誉评价制度,促使上市公司自我完善;发挥中介组织作用,特别是媒体的监督作用。同时对中国股票发行注册制实施之后投资者关系管理制度可能发生的变化作了深入的分析。

一、投资者关系管理的研究现状与相关理论

(一)中国上市公司投资者关系管理研究的现状

关于上市公司投资者关系和上市公司投资者关系管理(Investor Relationship Management,简称IRM),目前学界多从管理学、金融学、经济学等学科角度出发对上市公司投资者关系管理的管理模式、评价体系、影响因素等内容进行研究,特别是通过对投资者关系管理与上市公司价值变动、公司治理的关系进行实证性的分析验证,进而得出上市公司投资者关系管理在

提升上市公司价值、完善公司治理、增加股东权益等方面的正向作用。而对于投资者关系管理对投资者利益的影响及公权干预部门的角色定位等诸多问题,缺乏深入的研究。

实际上,从中国资本市场发展的整体角度出发,上市公司投资者关系管理不仅同公司自身价值、公司治理等因素密切相关,而且还涉及投资者利益保护、公权部门监管、中介机构作用等诸多方面。投资者关系管理已经成为上市公司日常经营管理中不可忽视的重要内容。本书围绕上市公司、投资者、中介机构及公权监管部门等主体,重点阐述上市公司投资者关系管理对公司治理、投资者利益保护的作用及影响,并就公权监管部门在上市公司投资者关系管理中的角色定位问题进行探讨。

(二) 投资者关系与投资者关系管理内涵辨析

1. 投资者关系

上市公司投资者关系是指上市公司与股东、债权人,以及上市公司与潜在的投资者之间的关系。但是,上市公司与中介机构的关系也不可忽视,证券市场上投资者众多,上市公司需要借助媒体、咨询公司、证券公司等中介机构向投资者传递上市公司股权变动、重大经营决策、财务状况等信息。而投资者也需要中介机构对上市公司的信息进行筛选、分类、分析和传达,以快速准确对上市公司的基本情况作出分析判断。中介机构在上市公司与投资者之间起着桥梁和纽带的作用。在某种程度上,可以说,上市公司投资者关系实际上是上市公司与中介机构的关系。中介机构信息传导作用的效果直接影响着投资者对上市公司的分析和判断。因此,上市公司投资者关系不仅包含上市公司与投资者之间的关系,而且还应当包括上述二者与中介机构之间的关系。

2. 投资者关系管理

依据美国投资者关系协会(National Investor Relations Institute,简称NIRI)关于投资者关系管理的定义,投资者关系管理是指公司的战略管理职责,它运用金融、市场营销学和沟通方法来管理公司与金融机构以及其他投资者之间的信息交流,以实现企业的价值最大化。加拿大投资者关系协会(Canadian Investor Relations Institute,简称 CIRI)成立于 1990 年,该组织对投资者关系管理的定义是:投资者关系是公司综合运用金融、市场营销和沟通方法,向已有的投资者和潜在的投资者介绍公司的经营和发展前景,以便其在获得充分信息的前提下作出投资决策。① 我国香港投资者关系协会(Hong Kong Investor Relations Association,简称 HKIRA)对投资者关系管理的定义是,投资者关系是指通过相关和必要信息的交流沟通,使得投资群体能够对公司股份和证券的公允价值作出可靠的判断。② 而我国证监会于 2005 年 7 月发布的《上市公司与投资者关系工作指引》(以下简称《工作指引》)第 2 条则规定:"投资者关系工作是指公司通过信息披露与交流,加强与投资者及潜在投资者之间的沟通,增进投资者对公司的了解和认同,提升公司治理水平,以实现公司整体利益最大化和保护投资者合法权益的重要工作。"

虽然各国关于投资者关系管理的定义存在差别,但是从总体上讲,投资者关系管理具有以下特征:(1) 投资者关系管理的主体主要包括公司和投资者及潜在投资者;(2) 投资者关系管理的内容是加强公司与投资者之间的信息沟通和交流;(3) 投资者关系管理的主观目标在于增进投资者对公司的了解,以实现公司利益最大化。

综上所述,可以对上市公司投资者关系管理的内涵作如下界定,即上市公司投资者关系管理是指上市公司综合运用金融、市场营销、网络等手段,或者借助中介机构的媒介作用,实现上市公司与投资者之间的沟通与交流,帮助投资者作出合理的投资判断和决策,以实现公司利益的最大化。

3. 上市公司投资者关系管理的分类

根据上市公司投资者关系管理行为的不同,可以区分为被动型投资者关系管理和主动型投资者关系管理。被动型投资者关系管理一般是指依据法律强制性规定或公司章程明确约定所进行的投资者关系管理工作。例如,在中国《证券法》中,第 65、66、67 条分别对上市公司中期报告、年度报告、临时报告的内容和程序作了明确的规定。因此,上市公司对上述中期报告、年度报告和临时报告的发布和披露具有强制性的义务。

主动型投资者关系管理一般是上市公司为了公司经营和战略需要,通过召开说明会、参加投资者见面会、走访投资者等行为,主动向投资者提供公司经营管理和战略方面的信息,增进公司管理层与投资者之间的了解和信任。对于主动型的投资者关系管理,在法律上并无强制性规定,它的形成和发展更多地受到了企业经营理念和公司文化的影响。

---

① 杨华:《投资者关系管理与公司价值创造》,中国财政经济出版社 2005 年版,第 3 页。
② "Investor relations is the communication of the relevant and necessary information by which the investment community can consistently make an informed judgment about the fair value of a company's shares and securities." See http://www.hkira.com/eng/about/vision.php.

在现代上市公司,特别是大型跨国企业,主动型投资者关系管理已经成为投资者关系管理的主流,投资者关系管理中的强制性色彩已经逐步淡化。从本质上讲,投资者关系管理对上市公司应当是自愿性而非强制性的选择。

(三) 上市公司投资者关系管理的目的、意义及其原则

1. 上市公司投资者关系管理的目的

按照上述《工作指引》第 2 条的规定,投资者关系管理工作的目的是:(1) 促进公司与投资者之间的良性关系,增进投资者对公司的进一步了解和熟悉;(2) 建立稳定和优质的投资者基础,获得长期的市场支持;(3) 形成服务投资者、尊重投资者的企业文化;(4) 促进公司整体利益最大化和股东财富增长并举的投资理念;(5) 增加公司信息披露透明度,改善公司治理。

2. 上市公司投资者关系管理的意义

从宏观角度来说,上市公司投资者关系管理的意义在于为上市公司和投资者架设沟通和交流的桥梁,通过两者之间良性的信息互动与交流,达到上市公司利益与投资者利益的动态平衡,实现双方利益的最大化。具体来说,主要包括以下四个方面:

(1) 从上市公司角度出发,投资者关系管理有助于改善公司治理结构,提升公司价值。良好的公司治理结构是公司得以健康持续经营的基础。从广义的公司治理概念来看,公司治理包括内部治理和外部治理。内部治理主要是关于公司内部组织机构的制度安排,在中国由股东会、董事会、监事会构成。外部治理是指公司投资者(股东、债权人等)通过外部市场对管理层进行控制,以确保投资者收益的非正式制度安排。① 由于上市公司的公众性特点,不同的投资者成分构成对上市公司治理机制产生作用的路径和效果便不相同。

从上市公司内部治理的角度来看,上市公司投资者管理关系主要为上市公司管理层与股东之间的关系。在传统公司法理论中,股份公司治理结构围绕股东会、董事会、监事会而展开,主要目的在于实现以上三者权力的分工与制衡,在股东所有权与管理层管理权之间寻求利益平衡的临界点。在现代上市公司董事会中心主义盛行的背景下,以公司董事会为代表的公司管理层权力不断扩大。而股东由于其固有的信息不对称劣势,通过定期举行股东会等形式并不能对公司管理层的权力形成有效约束。由于缺少必要的沟通和交流,如果公司股东和管理层就公司战略方向、经营策略等问题产生分歧,容易

---

① 李建伟:《公司法学》,中国人民大学出版社 2008 年版,第 338 页。

导致大股东与大股东之间、大股东与小股东之间、大股东与公司管理层之间的矛盾和冲突,严重情况下可能会引起公司僵局的出现,不利于公司的持续经营。

因此,在公司内部治理层面,上市公司投资者关系管理的意义在于加强公司信息披露的及时性、准确性和有效性,减少股东与公司管理层之间信息不对称问题的存在,特别是就公司战略方向、重大经营决策等问题能够在公司股东和管理层之间及时沟通并达成谅解。对于管理层来说,在作出决策前会慎重考虑各方面因素,防止公司管理层决策冒进或自我寻租行为;对于股东来说,也会减少因为对公司管理层不信任而产生的"用脚投票"现象。同时,上市公司完善的信息披露制度也会为公司树立起良好的声誉,吸引更多的投资者购买上市公司股票,从而推高公司股价,提升上市公司价值。①

从上市公司外部治理的角度来看,上市公司投资者关系管理还包括上市公司与债权人的关系。由于现代企业融资方式的多样化,除了股权融资和向商业银行借贷之外,向公开市场发行债券已经成为许多上市公司重要的融资方式。② 由于债券发行程序简单,发行周期短,对公司股权结构影响小,因此颇受上市公司青睐。在现代上市公司中,债权人作为利益相关方已经成为影响公司经营及治理状况的重要因素,因此有必要将债权人纳入现代公司治理研究视域之内。

同股票公开发行上市相比,上市公司债券发行强制信息披露约束较少,公司债权人对上市公司债券融资用途也缺乏有效的监督。而上市公司投资者关系管理的重要意义在于通过积极的信息披露,加强债权人对债券融资范围和用途的监督,从而对上市公司关联交易和管理层自我寻租等行为形成制约。同时信息披露制度的存在也增加了上市公司的透明度,使债权人对公司财务状况和发展前景可以有更清晰的了解和判断,从而减少上市公司债券融资难度,降低公司融资成本。

(2) 从投资者角度来说,公司投资者关系管理在主观上实现公司利益最大化的同时,在客观上也对投资者特别是中小投资者的利益保护起到促进作用。在证券市场,依据投资者主体不同,可以划分为个人投资者和机构投资

---

① 对于上市公司投资者关系管理水平与公司价值之间关系,已经有学者做了相应的实证研究。研究结果表明:"具有良好的投资者关系管理的上市公司通常具有较强的盈利能力和股本扩张能力,投资者也愿意为投资者关系管理水平高的公司支付溢价,投资者关系管理能提升上市公司价值。"参见李心丹、肖斌卿、张兵、朱洪亮:《投资者关系管理能提升上市公司价值吗?——基于中国A股上市公司投资者关系管理调查的实证研究》,载《管理世界》2007年第9期。

② 在中国,上市公司可以在银行间债券市场或证券市场发行企业(公司)债券。

者。个人投资者一般是指在资本市场上购买股票、债券等有价证券的自然人。而机构投资者与其相对,包括证券中介机构、证券投资基金、养老基金、社会保险基金及保险公司等。机构投资者由于资金规模较大,信息获取渠道广泛,专业化水平较高,能够对公司管理层施加较大的影响力。在英美等发达国家,随着机构投资者规模的扩大和对董事会影响力的增强,有人认为:"美国的公司治理制度正在从由经理人事实上执掌全权、不受监督制约的'管理人资本主义'向由投资者控制、监督经理层的'投资人资本主义'转化,机构投资者已经一改历史上对企业管理的被动、旁观的态度,开始向积极参与企业战略管理的方向演变。"[1]在此背景下,投资者关系管理制度的建立实际上是向机构投资者提供了更多的信息供给渠道,方便机构投资者对公司作全面深入的了解。机构投资者通过对这些信息的搜集和分析,作出专业的投资判断和决策,并通过其他正式或非正式的渠道向公司管理层施压,从而影响公司治理结构,改变公司决策进程,确保自身利益的实现。

在资本市场中,包括个人投资者在内的中小投资者的利益需要得到更多的关注和保护。相较于机构投资者而言,单个个人投资者资金规模相对较小,获取信息渠道匮乏,专业化水平较低,在同上市公司及机构投资者的利益博弈中易处于劣势地位。投资者关系管理制度的建立,使个人投资者能够获得更多的上市公司信息,在进行投资决策时更加理性,避免因为不可知因素而遭受损失。

总之,上市公司主动进行投资者关系管理工作,其目的并非仅仅是处理公司与股东、公司与债权人之间的关系,而是通过积极主动的信息披露和沟通交流,在主观价值目标上实现公司利益的最大化。另外,通过上市公司与投资者进行的沟通交流,可以帮助投资者对上市公司的基本情况有更加合理的判断,在客观上对投资者利益保护也起到了促进作用。[2]

(3) 从证券市场发展的角度来看,投资者关系管理的意义在于提高上市公司整体质量,减少投机现象,促进资本市场良性发展。在证券市场,上市公

---

[1] 李维安、李滨:《机构投资者介入公司治理效果的实证研究——基于 CCGINK 的经验研究》,载《南开管理评论》2008 年第 1 期。
[2] 有学者认为,投资者关系管理在投资者利益保护方面的作用主要体现为:(1) 弱化代理问题,有效地制约大股东的掏空行为和内部人控制行为;(2) 降低信息不对称风险,提升上市公司的透明度,提高投资者决策的准确性,有效防止内部人的机会主义行为;(3) 降低投资者获取公司信息的成本,通过加深对公司的了解来降低投资者的非理性行为。实证方面,"基于 A 股 399 家样本上市公司研究发现,上市公司的投资者利益保护水平与投资者关系管理是具有显著的正相关性,即上市公司 IRM 水平越好,其对投资者利益保护得越好"。参见南京大学工程管理学院、南京大学金融工程研究中心、中国上市公司投资者关系管理研究中心:《中国上市公司投资者关系管理 2009 年度报告》,第 156—167 页。

司管理层和投资者实际上处于利益博弈的动态平衡中。上市公司管理层滥用管理权的行为及控股股东滥用控制权的行为,往往会导致投资者利益受到损害。而投资者关系管理在上市公司和投资者之间架设了沟通的桥梁,使得投资者能够根据上市公司提供的信息作出更加理性的分析和判断。上市公司为了实现自身利益最大化,通过加强信息披露的方式增加了公司透明度。优质的上市公司因其完善的公司治理结构、良好的财务状况、高效的管理团队而受到投资者的关注和青睐。在优胜劣汰的竞争机制下,投资者关系管理制度的普遍建立将有利于上市公司质量的普遍提升。

投资者关系管理对资本市场的投机现象也会起到一定的抑制作用。首先应当认识到,投机现象对资本市场的发展有其积极性的一面。"这是因为,如果金融市场上只有长线投资者,市场就没有流动性,价格也不能被发现。投机者寻求风险收益使交易得以连续进行。"①但是过度投机的不良后果也是显而易见的。在弥漫着投机氛围的资本市场中,具有长期发展价值的优质上市公司资源不被人所重视,反而是那些业绩差强人意的上市公司的股票得到了投资者的青睐。在"庄家"引导下,大量中小投资者蜂拥而入购买这些上市公司股票,使得股价虚高。随后庄家又在高位大量抛售公司股票,导致股价大幅下跌,股市泡沫破灭。不少中小投资者血本无归,而那些大的投机家们则赚得盆满钵满。长此以往,这种不健康的炒作投机行为必定会给证券市场的发展造成严重损害。

当然,过度投机现象出现的原因复杂。除了中国证券市场上固有的制度缺陷外,过度投机现象还与上市公司的透明度相关。在上市公司透明度不高的情况下,投资者无法对上市公司的价值有合理准确的判断。因此,在避险心理的驱动下,投资者会选择短期而非长期持有上市公司股票,使得股票换手率偏高,导致证券市场投机风气的盛行。而投资者关系管理的意义在于提高了上市公司的信息透明度,使得投资者能够更好地了解公司的基本情况,参与公司治理,从而对公司的价值作出更加客观准确的判断。在追求长期稳定利益的目标下,长期持有这些信息透明度高的上市公司股票会成为越来越多投资者的选择,从而有效抑制股票过度投机现象。②

(4) 上市公司投资者关系管理是上市公司危机预防的一个重要方面。

---

① 吴敬琏:《当代中国经济改革教程》,上海远东出版社 2010 年版,第 207 页。
② 有学者以 2004—2006 年的深圳证券交易所 A 股为样本,研究上市公司信息透明度对公司股票流动性的影响及对投资者投机行为的影响。实证研究结果表明:"提高上市公司透明度对减少投资者投机行为、持续稳定发展资本市场具有积极作用。"参见蔡传里、许家林:《上市公司信息透明度对股票流动性的影响——来自深市上市公司 2004~2006 年的经验证据》,载《经济与管理研究》2010 年第 8 期。

危机公关本身就是投资者关系管理的一个分支。所谓危机公关,是指上市公司遇到危机时,通过一系列的活动来获得投资公众的谅解,进而挽回不良影响和避免危机发生的一项工作。危机公关的基本原则实际上是上市公司投资者关系管理面临危机特殊情况下的基本原则,这些原则是①:① 预防第一原则。危机预防从事前做起,建立危机应急预案,在危机的诱因还没有演变成危机之前就将其平息。② 主动面对原则。当危机发生时,公司应立即承担第一消息来源的职责,主动配合媒体的采访和公众的提问,掌握对外发布信息的主动权。③ 快速反应原则。危机一旦发生,会马上引起公众的注意,公司必须以最快的速度调集人员、设备、资金,以便迅速查明情况进行处理,实施危机监管计划。④ 单一口径原则。在危机处置过程中,公司应指定专人,即新闻发言人,与外界沟通。对于同一危机事件,如果公司内部传出不同的声音,这是危机监管的大忌,它暴露出公司内部的"矛盾",可能由此引发新的危机。⑤ 绝对领导原则。没有权威必然引发混乱,危机刚一出现时便赋予危机事件处理者充分的权力,对危机实行"集权管理"。⑥ 媒体友好原则。媒体是危机信息传播的主要渠道,向公众传播危机信息也是传媒的责任和义务。公司应当在平时就与媒体,尤其是主流媒体建立战略性的合作关系,监控好舆论导向,及时公布信息,有效引导舆论方向。

3. 上市公司投资者关系管理的基本原则

按照《工作指引》第 4 条的规定,投资者关系管理工作的基本原则是:(1) 充分披露信息原则。除强制的信息披露以外,公司可主动披露投资者关心的其他相关信息。(2) 合规披露信息原则。公司应遵守国家法律、法规及证券监管部门、证券交易所对上市公司信息披露的规定,保证信息披露真实、准确、完整、及时。在开展投资者关系工作时应注意尚未公布信息及其他内部信息的保密,一旦出现泄密的情形,公司应当按有关规定及时予以披露。(3) 投资者机会均等原则。公司应公平对待公司的所有股东及潜在投资者,避免进行选择性信息披露。(4) 诚实守信原则。公司的投资者关系工作应客观、真实和准确,避免过度宣传和误导。(5) 高效低耗原则。选择投资者关系工作方式时,公司应充分考虑提高沟通效率,降低沟通成本。(6) 互动沟通原则。公司应主动听取投资者的意见、建议,实现公司与投资者之间的双向沟通,形成良性互动。

---

① 参见邢会强、詹昊:《上市公司投资者关系》,法律出版社 2007 年版,第 102—104 页。

二、投资者关系管理的内容、沟通渠道、运行模式分析

(一)中国上市公司投资者关系管理的主要内容

上市公司投资者关系管理的内容是指上市公司在投资者关系管理方面的职责及所应从事的主要工作。依照《工作指引》第22条的规定,上市公司投资者关系工作包括的主要职责是:(1)分析研究。统计分析投资者和潜在投资者的数量、构成及变动情况;持续关注投资者及媒体的意见、建议和报道等各类信息并及时反馈给公司董事会及管理层。(2)沟通与联络。整合投资者所需信息并予以发布;举办分析师说明会等会议及路演活动,接受分析师、投资者和媒体的咨询;接待投资者来访,与机构投资者及中小投资者保持经常联络,提高投资者对公司的参与度。(3)公共关系。建立并维护与证券交易所、行业协会、媒体以及其他上市公司和相关机构之间良好的公共关系;在涉讼、重大重组、关键人员的变动、股票交易异动以及经营环境重大变动等重大事项发生后配合公司相关部门提出并实施有效处理方案,积极维护公司的公共形象。(4)有利于改善投资者关系的其他工作。该《工作指引》第6条规定,投资者关系工作中上市公司与投资者沟通的内容主要包括:(1)公司的发展战略,包括公司的发展方向、发展规划、竞争战略和经营方针等;(2)法定信息披露及其说明,包括定期报告和临时公告等;(3)公司依法可以披露的经营管理信息,包括生产经营状况、财务状况、新产品或新技术的研究开发、经营业绩、股利分配等;(4)公司依法可以披露的重大事项,包括公司的重大投资及其变化、资产重组、收购兼并、对外合作、对外担保、重大合同、关联交易、重大诉讼或仲裁、管理层变动以及大股东变化等信息;(5)企业文化建设;(6)公司的其他相关信息。

另外,上市公司在特殊阶段还会有特殊的投资者关系管理内容,主要包括:IPO中的投资者关系管理;增发或配股再次融资中的投资者关系管理;重组和收购中的投资者关系管理;重大危机事故处理中的投资者关系管理等。①

(二)中国上市公司投资者关系管理的沟通渠道

投资者关系管理中常用的沟通渠道包括正式沟通渠道和非正式沟通渠道两种。正式的沟通渠道包括年报、中期报告、季报、股东会议(年度会议和临时会议)。非正式的沟通渠道分为私人沟通和公开沟通两类。私人沟通包

---

① 唐国琼、朱伟:《论上市公司投资者关系管理》,载《中央财经大学学报》2003年第11期。

括给分析师和基金经理邮寄信息、回答投资者询问、对分析师的报告提供反馈、与特定投资者的见面等。公开沟通包括通过新闻媒介发布的新闻稿件以及公开的新闻发布会等。①

在上述投资者关系管理沟通渠道中,需要注意投资者关系网站在上市公司投资者关系管理中的重要作用。投资者关系网站集中了上市公司治理结构、公司经营状况、年报、季报等信息,包括中小投资者在内的投资者可以更加方便快捷地从中获取上市公司信息,节约了大量信息获取成本。因此,在大型上市公司投资者关系管理中,投资者关系网站建设已经成为不可或缺的组成部分。

关于上市公司投资者关系管理的沟通内容,一般认为,除了个人隐私、商业秘密等法律规定不得披露的信息外,都可以作为上市公司与投资者沟通的信息内容。具体来说,包括以下几种②:(1)上市公司发展战略,包括上市公司未来的战略定位、规划、产业发展方向等方面的内容。(2)上市公司日常经营信息,包括上市公司主要股东、董事、监事人员变更、公司资产负债情况、担保状况、主营业务盈利状况等。此类信息一般通过年报、季报等定期报告的形式发布。(3)上市公司突发事件,如因战争、地震、洪灾等不可抗力因素造成公司盈利状况的大幅度下降。此类信息一般通过临时报告的形式发布。(4)其他上市公司相关信息,如上市公司社会责任信息报告及公司文化建设信息等。

(三)中国上市公司投资者关系管理的运行模式与信息披露

一般来说,上市公司投资者关系管理的主体包括上市公司、投资者(包括潜在投资者)、中介机构及公权监管部门。

(1)上市公司与投资者之间的关系是上市公司投资者关系管理中最基本的关系,决定着投资者关系管理运作的目的和模式。在上市公司中,一般有专门的投资者关系管理部门处理与投资者之间的沟通事宜。中国上市公司投资者关系管理工作主要由董事会秘书负责。③

(2)中介机构的范围较为广泛,除了在证券市场中较为常见的会计师事务所、律师事务所、资产评估机构及证券公司外,还应当包括新闻媒体、公关咨询公司等。其共同特点是在上市公司和投资者之间起到信息处理、分析和传导的作用,一方面可以帮助投资者更加方便准确地获取上市公司信息,另

---

① 刘华:《上市公司投资者关系沟通渠道调查与分析》,载《商业时代》2012年第11期。
② 参见《工作指引》第6条的规定。
③ 《工作指引》第19条规定,公司应确定由董事会秘书负责投资者关系工作。

一方面也可以使上市公司能够更加系统科学地了解投资者需求。

（3）对上市公司的公共权力干预包括政府公权和社会自律监管机构的社会公权两种公权干预。其中，政府公权干预具有国家公法性，它是指国家证券监管机关按照法律、法规及各种行政命令来规范和约束上市公司的相关行为，该规范和约束具有强制力。而社会公权干预具有社会公法性，它是指证券业协会、证券交易所以及上市公司协会等自律组织，通过制定章程、规则来对相关市场主体进行规制，这种自律监管权的行使具有社会公法的性质。比如，深圳证券交易所曾经发布《深圳证券交易所上市公司投资者关系管理指引》（现已失效），用以系统规范上市公司投资者关系管理工作，这种规范就具有社会公法属性，深圳证券交易所实施的就是一种社会公权干预。故本书所谓公权均包含政府公权和社会公权。

以证监会、证券交易所[①]为代表的公权监管部门在上市公司投资者关系管理中的作用主要体现在三方面：对于上市公司强制性的信息披露，直接进行约束和监管；对于上市公司非强制性的信息披露，通过发布通知、指引的方式进行引导；通过发布预警、公告等引导投资者理性投资。

通过以上三点分析，可以归纳出投资者关系管理的运行模式主要是上市公司与投资者之间相互作用，这是投资者关系管理中最基础的关系。在这一基础关系之上中介机构为上述二者提供日常服务，而公权监管部门则对上述三者进行必要的干预，这种干预包括制定相关规则和特定情形下的监管。

在投资者关系管理的运行过程中，信息披露是关键。上市公司信息披露可以分为强制性信息披露和自愿性信息披露。强制性信息披露一般涉及上市公司治理结构、重大经营决策信息及公司财务报表等，其信息披露的内容及形式均有相关法律文件明确规定。如果上市公司不能满足强制信息披露要求，即上市公司未履行信息披露义务或者履行信息披露义务有重大瑕疵的，依照我国《证券法》第193条的规定，证券监督管理部门可以对上市公司采取责令改正、警告、罚款等行政处罚措施。强制性信息披露作为最低信息披露标准，其意义在于满足上市公司最低限度的公开要求，保护投资者及其他利益相关方利益。

自愿性信息披露的范围较为广泛，除了强制性信息披露的事项以及涉及个人隐私、商业秘密等法律规定不得对外披露的事项外，都可以作为公司自

[①] 在我国，证券交易所在"监管功能上逐步异化为中国证监会行政监管权的延伸"，具有较强的行政性色彩。因此，证券交易所在我国投资者关系管理运作模式中也应当视为监管部门的重要组成部分。本书认为，即使证券交易所没有成为上述证监会行政权的延伸，其作为自律监管机构行使自律监管权也是正当的，即正当行使社会公权。参见彭冰、曹里加：《证券交易所监管功能研究——从企业组织的视角》，载《中国法学》2005年第1期。

愿信息披露的内容,如上市公司战略规划、员工平均薪酬、公司盈利预测等。在现代上市公司,信息披露特别是自愿性信息披露是投资者关系管理的核心。自愿性的信息披露可以帮助投资者更为全面深入地了解上市公司,从而对投资决策作出更加合理准确的判断,降低上市公司与投资者信息不对称程度,有利于公司未来价值的提升。

需要注意的是,上市公司投资者关系管理所需要沟通的信息虽然涵盖了上市公司信息披露的主要内容,但是两者并不完全等同。首先,从信息发布主体方面来说,上市公司投资者关系管理中的信息发布主体是上市公司,而信息披露的信息发布主体除了上市公司外,还包括上市公司收购方、实际控制人、控股股东、一致行动人等。[1] 其次,从对象方面来说,上市公司投资者关系管理的对象主要是投资者,而信息披露的对象则比较广泛,所有资本市场的参与者都可以视为信息披露的对象。再次,从内容方面来说,投资者关系管理的内容除了以信息披露为主的沟通与联络外,还包括投资者分析、媒体关系处理及突发事件应对等内容。最后,从形式方面来说,投资者关系管理可以通过召开股东会等公开形式进行,也可以通过一对一的私人沟通方式进行;而信息披露一般通过公开方式进行。另外,投资者关系管理是上市公司和投资者之间的双向互动,而信息披露一般是上市公司向投资者单向的披露工作。

三、中国上市公司投资者关系管理的现状及其存在的问题

在中国,1999 年开始就有一些公司在首次公开发行和增发时开展了路演等投资者关系管理工作,主动将公司的发展战略、发展前景、经营状况等信息与投资者进行沟通和交流,这是中国上市公司开始重视投资者关系管理的开端。[2] 经过二十年的发展,多数上市公司已经建立了相应的投资者关系管理体系。但是从投资者关系管理的理念、沟通的内容和质量等方面看,中国

---

[1] 如我国《上市公司收购管理办法》第 13 条规定:"通过证券交易所的证券交易,投资者及其一致行动人拥有权益的股份达到一个上市公司已发行股份的 5%时,应当在该事实发生之日起 3 日内编制权益变动报告书,向中国证监会、证券交易所提交书面报告,抄报该上市公司所在地的中国证监会派出机构(以下简称派出机构),通知该上市公司,并予公告;在上述期限内,不得再行买卖该上市公司的股票。前述投资者及其一致行动人拥有权益的股份达到一个上市公司已发行股份的 5%后,通过证券交易所的证券交易,其拥有权益的股份占该上市公司已发行股份的比例每增加或者减少 5%,应当依照前款规定进行报告和公告。在报告期限内和作出报告、公告后 2 日内,不得再行买卖该上市公司的股票。"

[2] 杨华:《投资者关系管理与公司价值创造》,中国财政经济出版社 2005 年版,第 186 页。

投资者关系管理的发展水平同西方成熟的资本市场相比仍有较大差距。①具体来说,包括以下几点:

1. 上市公司对投资者关系管理的认识和定位不明确

长期以来,中国证券市场具有较强的政策市特征,上市公司一般为国企或者具有地方政府支持背景,上市仅仅被这些公司作为融资的手段和工具,缺少对投资者负责的理念。近几年虽然大量的民营资本开始进入资本市场,但是这些民营资本由于其自身的家族企业色彩浓厚,大股东对上市公司拥有较强的控制权,缺少进行投资者关系管理的动力。在此背景下,投资者关系管理并未被上市公司所重视,上市公司在投资者关系管理中常常处于被动地位,高层参与投资者关系管理的积极性较低。除了公布半年报、年报,召开股东会等常规信息披露方式外,有一半以上的上市公司并不会主动与基金经理和分析师联系。② 上市公司遇到突发事件时,往往由于公司高层重视程度不够、与投资者沟通渠道不顺畅而丧失处理危机的最佳时机。投资者关系管理更多地成为这些上市公司的"形象工程",难以发挥其在改善公司治理、投资者利益保护等方面的积极作用。

2. 多数上市公司未设立投资者关系管理部门,投资者关系管理人才缺乏

根据证监会的相关规定,现阶段中国上市公司投资者关系管理工作主要由董事会秘书负责。而在中国上市公司治理结构中,董事会秘书还承担着资料管理、会议筹备、对外沟通协调等多项职能。投资者关系管理事务繁多,需要主管人员具有较强的沟通能力,对财务、会计、法律知识也要有较多的了解,仅仅依靠董事会秘书难以满足投资者关系管理的日常需要。因此,对于一些大型上市公司,有必要设立投资者关系管理部门,培养专业投资者关系管理人才。但是在中国,目前只有少数公司建立了投资者关系管理部门,专业的投资者关系管理人才更是凤毛麟角。③

---

① 根据南京大学中国投资者关系管理指数(CIRINJU)显示,2004 年至 2009 年,中国上市公司投资者关系管理水平并未见实质性提升,甚至出现了少许下滑的趋势,上市公司在投资者关系管理水平上也出现两极分化的现象。参见南京大学工程管理学院、南京大学金融工程研究中心、中国上市公司投资者关系管理研究中心:《中国上市公司投资者关系管理 2009 年度报告》,第 7—9 页。
② 南京大学工程管理学院、南京大学金融工程研究中心、中国上市公司投资者关系管理研究中心:《中国上市公司投资者关系管理 2009 年度报告》,第 25 页。
③ 2009 年数据显示,只有 19.56%的公司设立了投资者关系管理部门,60%的上市公司没有进行过任何投资者关系管理培训工作。参见南京大学工程管理学院、南京大学金融工程研究中心、中国上市公司投资者关系管理研究中心:《中国上市公司投资者关系管理 2009 年度报告》,第 27—28 页。

3. 上市公司信息披露内容的数量和质量有待提高

信息披露特别是自愿性信息披露是上市公司投资者关系管理的核心。但是很多上市公司除了法律规定的强制性信息披露外，很少自愿披露其他相关信息。2009年的一项调查报告显示，11.68%的上市公司表示其信息披露内容重点在于强制性信息，仅有3.41%的上市公司表示其信息披露内容重点在于自愿性信息。① 实质上，法定信息披露是上市公司最低程度的信息披露，仅凭公司季报、年报等信息披露难以对公司情况作全面深入了解。自愿性信息披露的缺乏导致中国上市公司信息披露的整体质量不高，难以满足投资者的信息需求。

4. 上市公司与投资者沟通渠道日益多样化，但存在对中小投资者关注程度不高的问题

在学者对上市公司进行关于沟通方式的调查时，发现企业官方网站和分析师电话会议的沟通方式受到最多上市公司的青睐，分别有61%和45%的上市公司采用这两种方式，但是可以看到沟通方式的多样化已经成为一种趋势，选择路演、网上路演的上市公司也占了相当的比重。同时，有接近16%的受访者选择了反向路演的沟通方式。一对一和一对多的沟通也逐渐普及。②

但是问题仍然存在，机构投资者和分析师成为上市公司沟通的重点，对广大中小投资者关注程度不够。例如，上市公司网站和电子邮箱是中小投资者获取信息的重要渠道，上市公司电子邮箱的反馈情况可以客观地反映上市公司如何与投资者尤其是中小投资者互动的情况。但是响应性测试表明，中国上市公司与中小投资者之间通过电子邮箱沟通的渠道并不顺畅。③

四、中国上市公司投资者关系管理的制度完善

目前中国整体资本市场发展还不成熟，上市公司投资者关系的理念和制度建设薄弱。上市公司投资者关系管理中的问题主要集中于上市公司对投资者关系管理的认识和定位不明确，信息披露质量不高，沟通渠道不顺畅等方面。这些问题仅仅依靠上市公司自身很难得到解决，需要公权干预部门进行必要的引导和约束。因此，从公权干预层面出发，中国上市公司投资者关系管理的制度完善主要从以下几个方面入手：

---

① 南京大学工程管理学院、南京大学金融工程研究中心、中国上市公司投资者关系管理研究中心：《中国上市公司投资者关系管理2009年度报告》，第16页。
② 同上书，第19页。
③ 同上书，第20—22页。

1. 明确公权监管部门定位,完善投资者关系管理规范

就中国上市公司投资者关系管理的相关问题,2003年深圳证券交易所发布《深圳证券交易所上市公司投资者关系管理指引》(现已失效),这是中国第一个系统规范上市公司投资者关系管理工作的规范。随后,2005年证监会发布了《工作指引》,2010年深圳证券交易所发布了《深圳证券交易所主板上市公司规范运作指引》及《深圳证券交易所中小企业板上市公司规范运作指引》,2012年上海证券交易所发布了《关于进一步加强上市公司投资者关系管理工作的通知》,另外还有一些规定散见于其他行政法规、部门规章及行业规范中。总体上来说,中国关于投资者关系管理的规范呈现以下特点:(1)高位阶的规范较少,低位阶的规范较多;(2)指引性规范较多,强制性规范较少;(3)对除信息披露以外的其他投资者关系管理工作重视程度不够。

如上所述,上市公司投资者关系管理中的信息披露主要包括强制性信息披露和自愿性信息披露,其中自愿性信息披露是上市公司投资者关系管理的核心。对于自愿性信息披露,从公司意思自治的角度,监管部门对自愿性信息披露的内容不应作过多规制,而应以引导性规范为主。但是对于自愿性信息披露的形式,可以作一些强制性规定。例如,规定设立专门的投资者关系管理部门,明确规定将上市公司投资者关系管理工作纳入上市公司日常考核工作中,强制要求设立投资者关系管理工作网站,强制要求在年报中披露投资者关系管理情况等。

对于上市公司在投资者关系管理中违反强制性信息披露规范的行为,则应当依照法律规定对上市公司及其负责人采取警告、罚款等行政处罚措施,必要时可以追究其刑事责任。

2. 建立投资者关系协会等行业自律组织,发挥自律监管的作用

在国外成熟资本市场中,投资者关系协会在上市公司投资者关系管理方面发挥了重要作用。以美国投资者关系协会为例,其主要成员由企业管理者和投资者关系顾问组成,是负责企业管理层、投资公司和金融界之间交流和沟通的专业协会。职责主要包括:帮助市场了解监管意图,并对具体工作方法进行指导;对会员进行理论和实务方面的教育和培训;建立以投资者关系管理为核心的网络,为从业人员提供交流的平台等。[①]

投资者关系协会的重要作用在于可以为上市公司投资者关系管理工作提供经验和指导,帮助上市公司建立完善的投资者关系管理体系。在中国,虽然目前上市公司投资者关系协会负责部分类似投资者关系管理的事务,但

[①] 杨华:《投资者关系管理与公司价值创造》,中国财政经济出版社2005年版,第137页。

是从专业性和效果角度来说,投资者关系协会的建立仍有必要,有利于中国投资者关系管理工作的开展。作为自律性组织,投资者关系协会也可以被赋予认定投资者关系管理资质的权力,如规定董秘等投资者关系管理工作人员需经过投资者关系管理培训,使得投资者关系管理从业人员的素质得到不断提高。

3. 建立并完善上市公司信用、声誉评价制度,促使上市公司自我完善

在资本市场中,信用和声誉对上市公司具有重要意义。信用程度低、声誉评价不良的上市公司在资本市场中往往难以得到投资者认可,导致上市公司管理和筹资难度的增加。而信用程度较高、声誉评价良好的上市公司往往会成为投资者竞相投资的对象。在中国,上市公司信用体系建设还不完善,上市公司财务欺诈、内幕交易等案例层出不穷。因此,有必要在中国建立并完善上市公司信用和声誉评价制度,发挥信用评级公司和证券交易所在信用和声誉评价方面的作用,作为投资者进行投资活动的参考,促使上市公司自我完善。

4. 发挥中介机构作用,特别是媒体的监督作用

中介机构范围很广,除了律师事务所、会计师事务所之外,咨询公司、公关公司、证券公司,甚至媒体都可以作为上市公司投资者关系管理工作的中介机构,因为这些机构在上市公司投资者关系管理工作中都会或多或少地承担信息传递、分析或处理的功能,共同为上市公司和投资者服务。在现代上市公司中,由于信息量巨大,如果不依赖中介机构,投资者特别是中小投资者显然无法处理来自上市公司的各种信息。因此,鼓励资本市场中介机构的发展,发挥中介机构的作用是上市公司投资者关系管理工作的重要一环。

需要特别强调的是,媒体在上市公司投资者关系管理中发挥重要作用。对于包括个人投资者在内的中小投资者来说,由于缺乏机构投资者专业的信息获取能力和分析能力,仅仅依据上市公司信息披露等并不能够有效获取信息。而此时媒体对上市公司的分析和报道往往成为投资者进行投资的依据。特别是在上市公司发生突发事件时,媒体基于其信息优势,可以及时将相关信息传导至投资者。对于这些上市公司来说,媒体报道是头顶上的"达摩克里斯之剑",往往会对公司的业绩和股价造成重要影响。所以,重视和加强媒体的监督作用对加强上市公司投资者关系管理工作具有十分重要的意义。

五、股票发行注册制实施之后投资者关系管理制度的因应

历史进入到 2016 年,中国股票发行注册制改革已经提上具体日程,实施注册制以后,股票发行审核的理念和方式将会发生很大变化,审核的重点在于信息披露的齐备性、一致性和可理解性,不再对企业发展前景和投资价值

作判断,信息披露的真实性、准确性、完整性均由发行人和中介机构负责。①
在这一背景下,投资者关系管理制度大致将呈现如下发展趋势:

1. 信息披露将成为上市公司争取长期投资者和潜在客户的重要营销方式

在注册制下公司上市的准入门槛降低,上市公司数量大幅度增长,上市公司股票不再是投资者争相抢购的稀缺金融产品。相反,上市公司需要在证券市场上拥有稳定的投资者,投资者作为金融消费者如同产品消费领域的消费者一样,成为上市公司在证券市场中的"上帝",上市公司必然通过投资者关系管理机制,将以往单向的信息披露转变为公司与投资者的互动沟通,公司也同时进一步了解投资者信息需求。即一方面,公司向投资者披露公司相关信息,提高公司透明度,保障投资者的知情权;另一方面,投资者向上市公司反馈信息,使公司了解投资者的信息需求,公司采纳投资者提出的合理化建议,由此增加在资本市场的竞争力。在达到投资者与公司的双赢的前提下投资者必然容易成为该上市公司的长期投资者,潜在客户成为现实投资者,在投资者关系管理过程中信息披露在某种意义上成为上市公司乐意主动采取的一种重要营销方式。

2. 注册制实施之后有望实现从"大股东投资者关系管理"到"公司投资者关系管理"

中国现阶段的投资者关系管理在很大程度上可谓"大股东投资者关系管理",即上市公司大股东利用信息优势,按照自身的偏好和利益进行信息披露,往往使公司信息披露的信息含量大大降低,从而失去投资指导作用,投资公众很难根据此类披露信息作出正确的投资决策。中国《证券法》将在修改之后,单设一章"信息披露",在注册制背景下特别强调信息披露的齐备性、一致性和可理解性,法律要求上市公司"应当语言简明、清晰、通俗、易懂"地披露公司信息,加强风险揭示。② 在法律和公权力监管部门的外力作用下,核准制下的"大股东投资者关系管理"有望逐渐发展为注册制下的"公司投资者关系管理"。"公司投资者关系管理"能够有效遏制大股东发布信息的任意性,提高上市公司信息披露水平,营造公平的投资环境。

3. 在注册制背景下投资者关系管理将从关系维护到价值创造并重

目前中国上市公司投资者关系管理职能主要体现在有效地管理投资者预期、获得投资者的信任、积极倾听和采纳广大股东和投资者的合理化建议

---

① 《注册制授权一锤定音 明年3月1日起施行》,http://www.p5w.net/forex/news/201512/t20151228_1309500.htm,访问时间:2015年12月29日。
② 参见《证券法》修订草案第六章"信息披露",第131条。

等方面。这种职能要求必然导致在市场行情低迷、股票价格低于市场价值时,公司加大投资者关系管理力度;而在市场行情高涨、股票价格高于市场价值时,放松对投资者关系的维护。实际上,投资者关系管理职能应当是上市公司通过建立与投资者之间的良好关系去实现公司的长期价值,而不是将其作为应急手段去实现公司短期价值。① 在注册制条件下,公权力监管机构不再对企业的发展前景和投资价值作任何实质性判断,上市公司信息披露成为吸引投资者、实现公司价值的主要途径。因此,投资者关系管理应当从只注重公司与投资者的关系维护到同时注重创造公司的长期价值。

六、结　语

上市公司投资者关系管理在中国还是新事物,对于投资者关系管理在完善公司治理、提升公司价值等方面的作用,上市公司对此认识还不够深刻。中国上市公司投资者关系管理还存在如下主要问题:上市公司对投资者关系管理的认识和定位不明确;多数上市公司未设立投资者关系管理部门,投资者关系管理人才缺乏;上市公司信息披露内容的数量和质量还有待提高;对中小投资者关注程度不高等。这些问题也是中国上市公司投资者关系管理制度建设较为落后的重要原因。

为此,必须完善这一制度,完善的措施主要包括:明确公权力监管部门定位,完善投资者关系管理规范;建立投资者关系协会等行业自律组织,发挥自律监管的作用;建立并完善上市公司信用、声誉评价制度,促使上市公司自我完善;发挥中介组织作用,特别是媒体的监督作用。

中国股票发行注册制实施之后必然会给上市公司投资者关系管理制度带来深远影响,投资者关系管理制度必须与时俱进,积极回应新的证券市场。

总之,投资者关系管理制度作为保护中小投资者利益的重要手段,公权监管部门应积极发挥其引导监督职能,通过制定投资者关系管理规范,在上市公司利益和投资者利益之间寻求恰当的平衡,从而促进中国资本市场的良性发展。

第二节　上市公司社会责任

我国在 2005 年对《公司法》的修订中将公司社会责任正式写入其中,但在实践中,许多公司对公司社会责任制度采取了较为消极的态度,相对于普

---

① 参见马连福等:《注册制度下投资者关系管理的新变化》,载《证券市场导报》2014 年 9 月号。

通公司而言,上市公司的社会公共性更强,因而其承担的社会责任更大,更具有典型性。如何进一步增强公司社会责任制度的可操作性,是我国当前立法者、政府部门和企业界十分关注的问题。① 因此,研究如何完善上市公司社会责任制度,从而进一步增强上市公司社会责任的实现途径,具有十分重要的现实意义。本书认为,上市公司社会责任的特殊性主要体现在以下两个方面:第一,上市公司由于其股票、债券等可以公开上市交易,因此其社会公众属性更强。因此,对于上市公司来说,其公司社会责任还应包括维护资本市场稳定等内容。第二,普通公司社会责任的对象是股东之外的其他利益相关者,但是,就上市公司而言,其中的大量个人投资者,他们对上市公司的经营监督管理权漠不关心,他们在意的是其金融利益,从这个角度来讲,这些个人投资者属于金融消费者,他们也是公司社会责任的对象。本节着重讨论我国上市公司社会责任制度完善的途径主要从两个方面着手:一是在实体内容上,需要在立法层面对公司社会责任进行框架性的构建和设计,完善公司治理结构;二是在外部形式上,从严格规范上市公司社会责任披露格式出发,确保社会责任信息披露的有效性,同时,通过社会责任指数的引导性作用,促使更多的上市公司主动履行自身的社会责任。

本节仅针对上市公司的社会责任展开研究。为叙述方便,以下所称公司社会责任一般即指上市公司社会责任。

一、上市公司社会责任的含义、性质及其特点

(一)上市公司社会责任的含义

对上市公司社会责任的定义可以分别从其外延和内涵上进行区分界定。按照外延式的界定方法,公司社会责任可以被具体化为公司对社会负责的一系列行为或任务。以外延式方法界定企业社会责任的范例较多,如美国经济开发委员会对公司社会责任进行的表达。在1971年6月发表的一篇题为《商事公司的社会责任》的报告中,美国经济开发委员会列举了为数众多的(达58种)旨在促进社会进步的行为,并要求公司付诸实施。这些行为涉及10个方面的领域,它们是:经济增长与效率;教育;用工与培训;公民权与机会均等;城市改建与开发;污染防治;资源保护与再生;文化与艺术;医疗服务;对政府的支持。同时,他们又将上述行为划分为两个种类:一是自愿性的行为,这些行为由企业主动实施并由企业在其实施中发挥主导作用;二是非自愿性的行为,这些行为则由政府借助激励机制的引导,或者通过法律、法规

---

① 见刘俊海:《中国资本市场法治前沿》,北京大学出版社2012年版,第351页。

的强行规定而得以落实。①

而内涵式界定方法则试图从公司社会责任的本质属性入手对公司社会责任的含义作出界定。在英美学者中，存在两种观点：一种观点是在"公司责任"的属概念下把握"公司社会责任"的含义。按照布鲁梅尔（Brummer）的观点，公司责任可以划分为四种，即公司经济、法律、道德和社会责任。② 另一种观点则将公司社会责任几乎等同于公司责任。如卡罗尔（Carroll）认为，公司社会责任乃社会寄希望于公司履行之义务；社会不仅要求公司实现其经济上的使命，而且期望其能够遵法度、重伦理、行公益。因此，完整的公司社会责任，为公司的经济责任、法律责任、伦理责任和得自主决定其履行与否的责任（即慈善责任）之和。③

上述外延和内涵式界定方法试图从不同角度出发，对公司社会责任作出明确的定义，但是两种界定方法都存在缺陷。对公司社会责任的界定应当从内涵和外延两方面结合进行考察。从内涵方面来说，公司社会责任应为公司责任的下位概念，公司社会责任的本质应为公司除了向股东承担的责任之外所应承担的责任。鉴于公司对股东责任与公司社会责任之间存在天然的紧张关系④，因此，在公司立法中，有必要对前者的范围作出相对明确的界定⑤，从而获得对公司社会责任更为清晰的认识。从外延方面来说，本书赞同美国经济开发委员会的列举式公司社会责任内容，但是有必要对其做一定限制，即任一项公司社会责任的履行都不应背离公司股东的根本利益。总之，公司社会责任是指公司向股东以外的相关利益方所应承担的责任，包括对消费者、雇员、供应商、社区、环境等应承担的责任等。

（二）上市公司社会责任的性质

关于公司社会责任性质的争论，主要集中于两个方面：一是公司社会责任与义务的关系；二是公司社会责任是道德责任还是法律责任。以下分别讨论。

关于公司社会责任与义务的关系，从法理的角度，目前主要有两种观点：一种观点认为，公司社会责任从内容上分为两个递进的层次：(1) 由法律所规定的公司对社会应做的事，即法律义务；(2) 由于公司威胁、侵犯社会利益

---

① 卢代富：《企业社会责任的经济学与法学分析》，法律出版社2002年版，第70—71页。
② 同上书，第71页。
③ 同上书，第76页。
④ 本质上即公司利益与社会公共利益的冲突。
⑤ 这里我们对责任做广义上的理解，不仅包括公司对股东的义务，也包括公司在损害股东利益的情况下所应向股东承担的责任等。

而应承担的第二性义务,既可能是补偿性的,也可能是惩罚性的,表现为对责任主体的一种不利后果。① 此为广义上的观点。另一种观点认为,公司社会责任中的"责任"仅指"第一性义务",即一方基于他方主体的某种关系而负有的责任,不包括"第二性义务",即负有关系责任(义务)的主体不履行其关系责任所应承担的否定性后果。企业社会责任不仅要求企业负有不威胁、不侵犯社会公共利益的消极不作为义务,更要求企业应为维护和增进社会公共利益的积极作为义务,而后者才是企业社会责任的真谛。② 此为狭义上的观点。

本书认为,关于公司社会责任性质的考察,不应当仅仅从法理角度出发。实际上,在人们的日常语境和公司社会责任实践中,关于责任的认定往往较为模糊,公司社会责任和义务之间并没有清晰的界限。因此,从公司社会责任的实际适用语境出发,应对公司社会责任做广义上的理解,即公司社会责任不仅包括了公司对社会公众承担的义务(包括积极义务和消极义务),也包括在违反上述义务情况下所应承担的不利后果。

关于公司社会责任是道德责任还是法律责任的争论,目前学界已经形成初步意见,认为公司社会责任是道德责任和法律责任的统一体。但是在公司社会责任中何者占主导地位,仍有不同观点。一种观点认为,公司社会责任中的法律责任是前提,道德责任是补充。法律责任是企业行为的前提,在责任体系中占据最高的位阶。当道德责任超越法律责任跃居为首要位阶时,企业的经营效率必然下降。③ 而另一种观点认为:"企业的法律义务也是社会对企业的要求,由于其已由法律保障实施,所以人们今天所理解和期待的公司社会责任,主要是道德责任。"④

实际上,从历史发展的角度来看,公司社会责任中道德责任与法律责任是处在不断变动中的。在资本主义经济发展的初期,公司以股东和公司利益最大化为经营目标,公司社会责任思想还处在萌芽时期,这时候公司主动承担社会责任更多的只是道德责任,没有法律上的明确约束。随着公司规模逐渐扩大,对经济社会生活的介入也日渐深入。特别是一些诸如环境污染、压榨劳工现象的发生,促使法律对公司的一些行为作出强制性规定,防止公司为其个体利益而损害社会公共利益。但是这依然不是最终阶段,随着公司社会责任理念的普及,越来越多的公司会自愿主动履行自己的社会责任。此时

---

① 李平龙:《公司社会责任法律内涵解读》,载《社会科学家》2005 年第 1 期。
② 王玲:《论企业社会责任的涵义、性质、特征和内容》,载《法学家》2006 年第 1 期。
③ 刘继峰、吕家毅:《企业社会责任内涵的扩展与协调》,载《法学评论》2004 年第 5 期。
④ 史际春、肖竹、冯辉:《论公司社会责任:法律义务、道德责任及其他》,载《首都师范大学学报》(社会科学版)2008 年第 2 期。

的社会责任又主要是道德责任,而法律责任只是最低限度的补充。

(三) 上市公司社会责任的特点

1. 关于公司社会责任的主体

一般认为,公司社会责任的主体包括公司和经营者。理由是,现代企业一般都是拥有独立财产和具有独立人格的法人,都具有主体资格,企业法人能够而且应该成为责任主体。既然企业有履行社会责任的义务,那么企业经营者就应该履行该义务。企业对社会的义务转化为企业经营者对社会的义务。①

2. 关于公司社会责任的对象

公司社会责任的目的是为了维护社会公共利益,所以公司社会责任的对象应当是社会公众。但是社会公众是较为抽象的概念,具体来说,公司社会责任的对象应包括除股东之外②的其他利益相关方,包括债权人、雇员、消费者(包括金融消费者,即大量的散户投资者)、供应商等。这里需要注意的是,政府能否成为公司社会责任的相对方。有学者认为,公司对国家或政府的责任与社会利益有着直接的牵连,但它与公司社会责任毕竟是两种不同的公司责任形态。因为前者以国家或政府本位为出发点,后者则以社会本位为着眼点,旨在维护和提升社会利益。在某些时候,由于国家或政府的偏好或有限理性,国家或政府对自身利益的追求将不可避免地与社会利益发生偏差。③

3. 上市公司社会责任的特殊性

上市公司由于其在资本市场中的地位,因此具有了一些不同于一般公司的社会责任内容。上市公司社会责任的特殊性由以下两个方面来决定:

第一,社会公众性所决定的特殊性。上市公司由于其股票、债券等可以公开上市交易,因此其社会公众属性更强。因此,对于上市公司来说,公司社会责任还应包括维护资本市场稳定等内容。上市公司不得通过操纵市场、内幕交易、虚假陈述等手段为公司、管理层、股东等特定群体谋求不正当利益,对投资公众(上述金融消费者)、债权人等利益相关方的利益造成损害,进而造成资本市场的波动。另外,上市公司还应注重信息披露,通过发布社会责任报告等形式对其社会责任的履行状况进行及时披露,提升公司的声誉价值。

---

① 王玲:《论企业社会责任的涵义、性质、特征和内容》,载《法学家》2006年第1期。
② 就上市公司而言,大量的散户投资者属于金融消费者,他们也应当属于上市公司社会责任的对象。
③ 卢代富:《企业社会责任的经济学与法学分析》,法律出版社2002年版,第98页。

第二，上市公司股票金融属性所决定的特殊性。普通公司社会责任的对象是股东之外的其他利益相关者，但是，就上市公司而言，其中的大量个人投资者，即散户，他们对上市公司的经营监督管理权漠不关心，他们在意的是其金融利益，即投资回报。从这个角度来讲，那些投资于上市公司的散户属于金融消费者，所以，他们和其他利益相关者的地位没有多少区别，也是公司社会责任的对象。

二、上市公司社会责任的实践

（一）国际社会上市公司社会责任的实践

国际社会的公司社会责任实践，最早由非政府组织的社会责任国际组织（Social Accountability International，简称 SAI）发起。该组织于1997年8月设计了社会责任8000（SA8000）标准和认证体系，并根据 ISO 指南62（质量体系评估和认证机构的基本要求）评估认可认证机构。截至2017年12月31日，全世界有3475家公司获得 SA8000 标准的认证，涉及61个国家。其中，意大利公司有1309家，中国公司有606家，以色列公司有63家，美国公司仅有1家。①

2002年国际标准化组织（ISO）成立顾问组，从事企业社会责任国际标准的可行性研究。ISO 于2004年4月提出《社会责任工作报告》，向全世界征求意见。2004年6月，ISO 在瑞典召开社会责任国际研讨会，有66个成员国（其中33个为发展中国家）的355名代表出席会议。会议认为，制定社会责任国际标准的条件尚不具备，但可以制定具有指导性的国际社会责任导则。并且，自2004年6月开始，ISO 将"公司社会责任"（CSR）的提法易为外延更广的"社会责任"。2005年3月，ISO 社会责任导则工作组在巴西召开第一次工作会议，中国派6名代表出席会议。②

另外，值得关注的是，联合国也十分重视强化公司的社会责任。在1999年1月31日举行的"世界经济论坛"上，时任联合国秘书长安南首次提出了"全球协议"（Global Compact）新构想。2000年7月26日，全球协议正式启动。全球协议的宗旨是，促使全球协议及其原则成为企业经营战略和经营策略的一部分，推动主要利害关系人之间的合作，并建立有助于联合国目标实现的伙伴关系。③ 换言之，全球协议力图推动有社会责任感的法人公民

---

① http://www.saasaccreditation.org/certfacilitieslist.htm，访问时间：2019年3月18日。
② http://www.socialfunds.com/news/artickcgi/article832.html，访问时间：2006年5月2日。
③ http://www.unglobalcompact.org/Portal/，访问时间：2006年5月3日。

(responsible corporate citizenship)运动,从而使企业成为迎接经济全球化挑战、解决全球化问题的重要力量。安南号召公司领导者加入全球协议,从而与联合国机构、劳动者和民间组织一起支持人权、劳动者保护和环境保护中的九项原则。①

(二)我国上市公司的社会责任实践

自从 2002 年 1 月 7 日中国证监会与国家经贸委发布《上市公司治理准则》,特别是新《公司法》规定公司社会责任以来,越来越多的上市公司增强了承担公司社会责任、增进利益相关者利益的意识,并付诸实际行动。一些上市公司在其公司章程中增加公司社会责任的条款。一些上市公司在其年度报告中也专门披露其实际履行公司社会责任的情况。例如,某上市公司在其年度报告中专设"利益相关者"一节,宣称:"本公司将尊重银行及其他债权人、职工、消费者、供应商、社区等利益相关者的合法权益,坚持可持续发展战略,关注所在社区的福利、环境保护、公益事业等问题,重视公司的社会责任。"一些上市公司的民间组织也积极推进公司社会责任的实践。例如,山东省董事会秘书协会吁请山东省境内的上市公司树立诚信形象,平等对待非股东利害关系人。2002 年,中国企业家协会起草了《诚信经营自律宣言》。《诚信经营自律宣言》第 19 条指出:公司应当承担社会责任,关心环境保护,促进可持续发展。应当采取措施预防废水、废气、废料、噪声污染土壤、空气和社会环境,以增进社会福利。严禁以直接排放污染或者牺牲社会环境为代价牟取商业利益。全国工商联也积极鼓励非公有制企业投身于光彩事业,积极承担社会责任。②

三、我国公司社会责任的立法与公司社会责任的内容及其信息披露制度

(一)我国上市公司社会责任的立法

中国证监会与国家经贸委在其 2002 年 1 月 7 日发布的《上市公司治理准则》第 6 章用 6 个条款专门规定了"利益相关者"。这是我国最早对上市公

---

① 这九项原则源于《世界人权宣言》《国际劳工组织关于工作中的基本原则与权利的宣言》和《里约环境与发展宣言》。在这九项原则中,有两项与人权相关,有四项与劳动标准相关,有三项与环境保护相关。具体内容是:① 公司应当在其影响所及的范围内支持与尊重国际人权保护事业;② 公司确保其自身不参与践踏人权的行为;③ 公司尊重工人的结社自由和集体谈判权利;④ 公司消除各种形式的强迫性劳动;⑤ 公司有效地废除童工;⑥ 公司消除招聘和职业上的歧视;⑦ 公司对环境挑战采取预防性策略;⑧ 公司积极承担更大的环保责任;⑨ 鼓励公司开发和推广环保技术。

② 转引自刘俊海:《中国资本市场法治前沿》,北京大学出版社 2012 年版,第 360—361 页。

司社会责任作出规定的规范性文件。其中,第83条作为一个总括性条款,首次在中国证监会的部门文件中引入了"利益相关者"的概念,该条规定"上市公司应尊重银行及其他债权人、职工、消费者、供应商、社区等利益相关者的合法权利"。第82条从公司可持续健康发展的角度出发,规定"上市公司应与利益相关者积极合作,共同推动公司持续、健康的发展"。第83条则一方面从正面要求上市公司"应为维护利益相关者的权益提供必要的条件",另一方面又从反面规定,当利益相关者"合法权益受到侵害时,利益相关者应有机会和途径获得赔偿"。第84条规定了上市公司对其债权人的社会责任,即"上市公司应向银行及其他债权人提供必要的信息,以便其对公司的经营状况和财务状况作出判断和进行决策"。第85条是对上市公司职工权益保护的规定:"上市公司应鼓励职工通过与董事会、监事会和经理人员的直接沟通和交流,反映职工对公司经营、财务状况以及涉及职工利益的重大决策的意见。"第86条则明确提出了上市公司对其他利益相关者的社会责任:"上市公司在保持公司持续发展、实现股东利益最大化的同时,应关注所在社区的福利、环境保护、公益事业等问题,重视公司的社会责任。"这一规范性文件对我国上市公司社会责任的制度建设具有标志性的意义。

《公司法》第5条规定:"公司从事经营活动,必须遵守法律、行政法规,遵守社会公德、商业道德,诚实守信,接受政府和社会公众的监督,承担社会责任。"这使我国公司社会责任上升到基本法律层面的规制当中。这一规定不仅在中国公司法制史上具有重要的里程碑意义,在世界公司法中目前也是居于领先的地位。

(二)上市公司社会责任的内容

上市公司社会责任的内容依照利益相关者的不同,大致包括以下内容:

1. 对雇员的责任

雇员作为公司人力资本的所有者,在现代公司中的地位和作用越来越重要。首先,现代公司的竞争最终都归结为人力资源的竞争,拥有知识和技能的雇员是公司竞争取胜的决定性因素。其次,雇员的知识和技能只是一种潜在的生产力,要将这种潜力发挥出来,必须给以一定的激励,创造适宜的环境和条件。再次,公司雇员作为一种人力资本,具有一定的专用性。这种专用性将雇员与公司紧紧地联结在一起,只有保护好雇员工作的积极性,才能使公司充满活力。最后,随着现代公司治理方式的不断发展,在这些公司中,雇员不仅成为人力资本的所有者,而且成为非人力资本的所有者,从而成为公司的所有者。因此,为了保障公司雇员的利益,而且也为了促进公司的永续发展,各国无一例外地将公司对雇员的责任列为公司社会责任的一项主要内容。①

企业对雇员的责任体现在诸多方面,既包括在劳动法意义上保证雇员实现其就业和择业权、劳动报酬获取权、休息休假权、劳动安全卫生保障权、职业技能培训享受权、社会保险和社会福利待遇取得权等劳动权利的法律义务,也包括企业按照高于法律规定的标准对雇员负担的道德义务。②

2. 对消费者(包括金融消费者)的责任

消费者是公司产品和服务的最终享有者,但是由于消费者地域分散、单个消费者力量薄弱,在与公司的博弈中处于弱势地位。他们在遇到公司产品和服务质量问题时,往往不能得到有效的救济,所以,各国法律都对消费者权益作出特别保护。公司在履行社会责任时,应积极注重产品和服务质量,解决消费者的后顾之忧,树立良好的企业形象,否则可能会因违反《产品质量法》和《侵权责任法》而受到法律制裁。

上市公司对消费者的责任主要包括:第一,保障安全的责任。客户在购买、使用产品和接受服务时享有人身、财产安全不受损害的权利。第二,使客户知情的责任。客户往往是根据自己的需要、偏好和知识等,作出对自己最有利的选择。客户要作出最有利于自己的选择,必须对有关产品或服务的真实情况有所了解,为此需要享有知情权。第三,保障客户的自主选择权。也就是说,客户享有自主选择产品或服务的权利。第四,保障客户求偿的权利。客户因购买、使用产品或接受服务受到人身、财产损害的,享有依法获得赔偿的权利。③

对于金融消费者的责任,主要体现在对大量散户的责任上,在证券市场上他们的利益最容易受到侵害,上市公司应主动维护好与这部分投资者的关系,他们是上市公司投资者关系管理中重点维系和接受帮助的主体之一。

3. 对债权人的责任

企业在生产经营中由于涉及借款、购买、销售等事宜,必然会与其他单位或个人产生债权债务关系。公司经营状况、财务状况的变动都会影响到债权人利益的实现,因此,债权人作为利益相关方也应当纳入公司社会责任的范畴中。事实上,大型公司往往由于其规模庞大、产业链复杂、财务信息不透明,广大中小债权人在同公司的博弈中往往处于劣势地位。一旦发生诸如供

---

① 陈明添:《公司的社会责任——对传统公司法基本理念的修正》,载《东南学术》2003 年第 6 期。
② 卢代富:《企业社会责任的经济学与法学分析》,法律出版社 2002 年版,第 102 页。
③ 陈明添:《公司的社会责任——对传统公司法基本理念的修正》,载《东南学术》2003 年第 6 期。

应产品质量不合格、拖欠账款等情况,往往会引发这些中小企业的经营和财务危机。因此,对任一债权人都应合法、善意、无过失地进行交易行为,切实履行合同,应当是公司社会责任的重要内容之一。

对于上市公司而言,由于其发行的债券等有价凭证可以上市交易,上市公司的债权人更具有广泛性,因此,上市公司应积极完善信息公开机制,提高信息公开质量,确保债权人在信息透明的情况下作出理性的投资决策。这是上市公司对债权人社会责任的应有之义。

4. 对同业者的责任

同业者是指在一定时间和空间范围内从事相同或近似产品生产或服务提供的经营者。在现代市场经济背景下,同业者之间往往会就市场客户资源展开激烈的竞争,甚至会采取种种不正当竞争手段打击对手,从而对正常的市场秩序造成严重损害。因此,世界各国监管当局都会通过制定反不正当竞争法、反垄断法及一些竞争政策等规范市场竞争,维护市场正常竞争秩序。对于公司而言,同业者的存在同公司利益存在着密切的相关性,因此,作为利益相关方也应纳入公司社会责任的内容中。公司对同业者的社会责任主要是禁止采用不正当手段损害其他同业者的义务。相关的立法内容已经在反不正当竞争法、反垄断法中有所体现。

5. 对社区的责任

这是公司以其所在社区或者所在社区的居民为相对方的责任。公司的经营活动不仅直接影响到与公司从事交易者的利益,而且对公司所在社区及其居民亦有重大影响:第一,公司为当地居民提供就业机会,增加居民收入。公司经营状况良好,当地就可以有较多的就业岗位,居民收入会增加,福利会提高;公司经营不好,当地居民的生活水平就会下降。第二,公司的生产经营直接影响当地的环境,对居民的健康产生影响。第三,公司的扩张也会对社区居民带来影响。比如公司扩建可能要动迁居民,开发新项目或许会带来污染,大量招募外地员工会加剧当地公共交通、教育、住房、用水、用电、饮食等方面的矛盾,给当地居民生活带来不便等。所以,公司应对其所在的社区及其居民承担一定的社会责任。[1]

6. 环境责任

对环境和资源的保护与合理利用是企业对环境和资源所有现实和潜在的受益人所担负的一种责任,是一种典型的社会责任。[2] 过去百年来一些大的环境污染事件已经对人类的活动敲响了警钟,环境问题已经受到了公司和

---

[1] 卢代富:《企业社会责任的经济学与法学分析》,法律出版社 2002 年版,第 103—104 页。
[2] 王玲:《论企业社会责任的涵义、性质、特征和内容》,载《法学家》2006 年第 1 期。

社会公众越来越多的重视。许多公司已经将环境责任视为自身公司战略的一部分。公司的环境责任主要体现在两个方面：一是公司在生产经营中应当严格遵循当地法律的强制性规定，积极主动减少污染物排放，增加环保技术和材料在产品中的应用等。二是倡导公司制定比环境法强制性要求更高的环境保护标准，并且自觉履行。

7. 社会福利及公益责任

公司的这项责任的内容最为广泛，包括了向社会公益事业诸如医院、社会福利院、贫困地区等提供捐赠，招聘残疾人、生活困难的人、缺乏就业竞争力的人到公司工作，为教育机构提供鼓励和培养学生的各种奖学金和助学金等，举办与公司营业范围有关的各种公益性的社会教育宣传活动等等，均属此列。公司对社会公益活动的责任是一项较为传统的公司社会责任。①

(三) 上市公司社会责任信息披露制度

上市公司社会责任报告的发布是衡量上市公司社会责任的一个重要标志，也是社会公众了解上市公司社会责任履行状况的直接来源。完善的社会责任信息披露制度可以帮助利益相关方及时获取上市公司社会责任履行的信息，从而对自身利益的实现和未来企业发展方向作出更加准确的判断，同时也可以促使上市公司在劳工关系、消费者权益保护、环境保护和投资者关系管理等方面进一步完善自我，提升公司的声誉价值。

在我国，上市公司社会责任信息披露制度的建立依托于上述《上市公司治理准则》和《公司法》的相关规定。这一制度的具体体现目前是在两个证券交易所制定的自律性规范文件中，即《深圳证券交易所上市公司社会责任指引》和《上海证券交易所上市公司环境信息披露指引》。2008年深圳证券交易所在《关于做好上市公司2008年年度报告工作的通知》中明确指出："纳入'深证100指数'的上市公司应当按照本所《上市公司社会责任指引》的规定，披露社会责任报告，同时鼓励其他公司披露社会责任报告。社会责任报告应当经公司董事会审议通过，并以单独报告的形式在披露年报的同时在指定网站对外披露。"同年，上海证券交易所发布了《关于加强上市公司社会责任承担工作暨发布〈上海证券交易所上市公司环境信息披露指引〉的通知》和《关于做好上市公司2008年年报工作的通知》，后者规定在上海证券交易所上市的"上证公司治理板块"样本公司、发行境外上市资本股的公司及金融类公司，应在2008年年报同时披露社会责任报告。上述两个文件在证券交易所

---

① 陈明添：《公司的社会责任——对传统公司法基本理念的修正》，载《东南学术》2003年第6期。

层面首次对特定上市公司规定了强制性的社会责任披露要求。

上述法律文件及两个证券交易所自律性规范文件的发布实施对我国上市公司社会责任的披露起到了积极的推动作用。除了部分强制性公司社会责任披露的上市公司外,越来越多的公司开始参与到自愿性的社会责任信息披露中。据统计,在2011年新增的79份社会责任报告中,有强制发布要求的公司报告数量为23份,另外56份是无强制发布要求而自愿发布的。这表明公司自愿发布报告成为社会责任报告发布数量增长很重要的一个方面。①

但是,当前我国上市公司社会责任披露仍存在一些问题,突出表现在以下方面②:

第一,上市公司在社会责任报告信息披露中整体表现偏低,而且企业之间社会责任信息披露差异较大,其中有近八成企业发布管制方面的社会责任报告,而只有少数企业发布环境专项报告。③ 另外,大多数上市公司还存在着披露制度不完善、社会责任透明度不够等问题。

第二,报告信息披露不完整。大多数社会责任报告内容不够丰满,实质性信息量较少,形式大于实质,缺少实际案例支撑。报告同质化严重,甚至很多公司的发展战略和企业愿景如出一辙。

第三,财务信息和非财务信息重叠或混淆。多数社会责任报告中披露内容与公司年度报告的内容有交叉或重叠。这一方面是因为某些公司对社会责任和非财务信息的认识和理解不够,另一方面也与社会责任绩效难以量化有关。

第四,信息披露实质性较差。报告信息陈旧,关键性不强且无特色、可信度不足现象依然存在,某些对于公司本身和所处行业来说较为关键的指标在报告中未被提及,目前广受关注的责任议题在报告中较少披露,如公司的碳信息、水信息及绿色办公措施等。

第五,报告平衡性有待提升。绝大多数公司"报喜不报忧",负面信息披露较少。绝大多数上市公司的社会责任报告中少有提及社会责任履行中存在的差距和不足,鲜见对改进措施或重大负面事件的披露。

四、我国上市公司社会责任制度的完善途径

我国目前对上市公司社会责任的法律规制多数是原则性、指引性的规

---

① 陈佳贵、黄群慧、彭华岗、钟宏武等:《中国企业社会责任研究报告(2001)》,社会科学文献出版社2011年版,第281页。
② 同上书,第280—282页。
③ 黄群慧、钟宏武、张蒽、汪杰等:《中国企业社会责任研究报告(2017)》,社会科学文献出版社2017年版,第174页。

范,缺少操作性、强制性和可诉性的规范,导致在我国公司社会责任的履行更多地依赖于公司自身的道德觉悟和社会责任心。这种非制度化的公司社会责任实际上是不可持续的,难以在维护社会公共利益方面发挥重要作用。笔者注意到,即使是作为规范上市公司组织和行为、维护证券市场秩序的"《上市公司监督管理条例》(征求意见稿)",不仅没有解决上述问题,甚至并未明确要求上市公司承担社会责任。这或许与起草者对公司社会责任的理念带有疑惑有关,但无论如何是一种遗憾。

完善我国上市公司社会责任制度,一是在实体内容上,需要在立法层面对公司社会责任进行框架性的构建和设计,完善公司治理结构;二是在外部形式上,从严格规范上市公司社会责任披露格式出发,确保社会责任信息披露的有效性。同时,通过社会责任指数的引导性作用,促使更多的上市公司主动履行自身的社会责任。

(一)进一步完善上市公司治理结构

目前在我国上市公司中,已经建立了包括股东会、董事会、监事会在内的较为完善的公司治理结构。但是在公司治理效果上,却不尽如人意。一方面,一些上市公司一股独大,股东控制董事会、监事会的现象屡见不鲜,独立董事成为虚设;另一方面,在一些股权较为分散的公司,以董事会为代表的管理层成为事实上的公司最高决策机关,股东会和监事会不能对董事会的行为形成有效制约。对于公司社会责任履行来说,最重要的是如何通过完善的公司治理,在实现股东利益最大化的同时追求社会公共利益目标的实现。

首先,改革董事制度,将利益相关方引入董事会。目前我国只有国有独资企业中引入了职工董事制度,未来可以考虑在更多的上市公司特别是在一些大型上市公司中引入职工董事制度,以形成对董事会决策的有效制约。另外,发挥独立董事制度的作用。由于现行独立董事一般由股东提名,因此其利益倾向性明显。未来可以考虑中立性质的机构参与独立董事提名。

其次,发挥监事制度的监督作用。在我国,监事虽然是名义上的公司监督机关,但是实际上在我国监事会很多情况下都成为"橡皮工具",在公司治理中并没有发挥其应有的作用。因此,有必要明确监事权限,增加职工监事及其他利益相关者监事数量,强化监事的监督作用。

最后,关于建立专门的公司社会责任委员会的设想。有学者认为:"在董事会中设立社会责任委员会,相较于让利益相关者直接进入董事会的方式,是对公司治理基本结构触动更少,但对落实公司社会责任却可能更为有效的方式。"理由在于:(1)董事会社会责任委员会的设立,可以使公司商业决策的社会影响评估日常化;(2)董事会社会责任委员会的设立,可以使公司商业决策的社会影响评估专业化;(3)董事会社会责任委员会的设立及其评估,可以成为董事主张就社会责任影响注意义务免责的重要依据;(4)董事会社会责任委员会的设立,是大型公司董事会内部机构发展、职能分化的趋势使然。①

(二) 在公司社会责任方面增加董事义务

关于在公司社会责任方面增加董事义务,最值得关注的是 2006 年英国《公司法》的修正案,该修正案已将公司社会责任的内容纳入董事义务之中。主要变动体现在:第一,将董事的一般义务从"为了公司的最大利益行事"改为"为了公司成员的整体权益而将最大可能地促进公司成功的方式行事"。这既表达了董事善意行事的动机,又表达了董事善意行事的目的,使"公司成员的整体权益"和"促进公司成功"统一于董事注意义务(即我国公司法上的勤勉义务)之中。第二,在董事一般义务的效力问题上,英国《公司法》扩大了目的范围的解释,将"公司目的是或包括公司成员权益以外的目的"视同为了其成员的权益而促进公司成功所要达到的那些目的。因此,董事在为了公司的成功而努力时,不仅要考虑股东整体利益,而且要考虑其他利益相关者的利益,包括股东(成员)之外的雇员、消费者、客户、供应商等。第三,在某些情形下,将董事上述义务的效力及于董事对待债权人利益上。② 因此,在我国未来《公司法》立法中,可以考虑将董事义务的对象由股东扩展至利益相关者,从而有利于公司社会责任的履行。

(三) 完善上市公司社会责任信息披露制度

当前我国上市公司社会责任信息披露制度尚不完善,自愿主动性披露较少,而且多数形式大于内容,言之无物。造成此类现象的原因除了股东利益与其他利益相关者利益存在矛盾和冲突外,缺乏强制性的规范约束也是上市公司社会责任披露不积极的重要原因之一。虽然从本质上来说,公司社会责任主要属于自愿性的内容,但是由于上市公司的公众属性,因此可以在披露形式上做一些强制性要求。目前在披露形式上对上市社会责任披露作出要求的文件主要包括《深圳证券交易所上市公司社会责任指引》《上海证券交易所上市公司环境信息披露指引》及《上海证券交易所〈公司履行社会责任报

---

① 蒋大兴:《公司社会责任何以成为有牙的老虎?——董事会社会责任委员会之设计》,载《清华法学》2009 年第 4 期。
② 王保树:《公司社会责任对公司法理论的影响》,载《法学研究》2010 年第 3 期。

告〉编制指引》等,但这些文件仅仅对社会责任报告的内容和形式做了简单的规定。许多上市公司只是根据上述指引,在形式上编制社会责任报告,并未对公司社会责任报告做进一步的细化补充,导致这些上市公司社会责任报告流于形式,披露效果大打折扣。

因此,在披露范围上,未来可以考虑将更多的上市公司纳入强制性公司社会责任披露范围中,促使更多的上市公司履行自己的社会责任。另外,在披露形式上,证券交易所可以参考《全球报告倡议组织可持续发展报告指南(GRI)》《金融服务业补充指南》及《中国企业社会责任报告编写指南》等文件,出台更为细致的关于社会责任报告内容及格式规定,从而增加上市公司有效信息披露内容。

(四)上市公司社会责任指数编制

2007年12月12日,深圳证券信息有限公司宣布与天津泰达股份有限公司联合推出国内资本市场第一只社会责任型指数——泰达环保指数,该指数已于2008年起正式发布。该指数从A股市场与环保相关的10个行业中,采用40家为环保作出较大贡献的相关上市公司编制成泰达环保指数。上海证券交易所与中证指数有限公司也于2009年8月5日正式发布上证社会责任指数,该指数从已披露社会责任报告的上证公司治理板块样本股中挑选100只每股社会贡献值最高的公司股票组成样本股进行编制。

推出社会责任指数可以提升那些积极履行社会责任上市公司的形象和声誉,从而鼓励和促进更多上市公司积极履行社会责任,同时为投资者提供新的投资标的指数,促进社会责任投资的发展。但是截至2017年年底,我国已经有101只社会责任证券投资基金,建立了社会责任投资指数的基金公司在整个基金业所占比例显著提高。①

五、小 结

我国现行《公司法》第5条第1款规定:"公司从事经营活动,必须遵守法律、行政法规,遵守社会公德、商业道德,诚实守信,接受政府和社会公众的监督,承担社会责任。"如果说,此"公司社会责任"规定相对于普通公司而言更多的是属于宣示性条款,那么,对于上市公司而言,基于其超强的社会公共性,公司社会责任仅仅停留在宣誓性层面是远远不够的,即上市公司社会责任应当通过相关立法,使社会责任的宣誓目的具有可操作性、强制性和可

---

① 参见《中国证券投资基金业协会ESG责任投资专题调研报告》。

诉性。

如前所述,普通公司社会责任的对象是股东之外的其他利益相关者,但是,上市公司中的散户属于金融消费者,所以,他们和其他利益相关者的地位没有多少区别,也是公司社会责任的对象。同时,上市公司发生的各类社会关系也是证券法调整的主要对象。上述两点就决定了上市公司社会责任的立法必然涉及《证券法》,本书建议在 2015 年"《证券法》修订草案"中增加上市公司社会责任条款,主要内容包括:第一,订立上市公司履行社会责任报告编制及披露指引;第二,建立上市公司社会责任指数编制制度。将现有证券交易所的一些有效做法提升到基本法的层面进行制度化。对违背这些制度的行为人,将追究其相应的法律责任,使上市公司社会责任的落实具有可操作性和可诉性。

第三节 上市公司收购监管

上市公司收购是一种特殊的股权转让和证券交易活动。从股权转让的角度来看,上市公司收购应当属于《公司法》上的股权特殊转让的内容;如果从上市公司收购行为与证券交易市场密切联系的角度来看,它又属于《证券法》规范的内容,是证券监管法的重要组成部分。收购者通过证券市场的股票交易或者其他合法途径,取得被收购公司即目标公司依法发行在外的有表决权股份,进而取得对目标公司的控制权或者合并该公司。目标公司控制权的变更,直接关系到目标公司的股东、经营者、雇员、债权人和收购公司及其股东的利益,乃至证券市场的稳定。其中目标公司和收购公司的中小股东是公司收购中极易受损害的群体,如何有效保护这一群体的利益,是各国上市公司收购监管立法的核心。尽管我国现行立法在这方面作出了很大努力,但仍有许多不足之处。下面从我国上市公司收购法律制度的相关基础理论出发,通过对我国现行上市公司收购制度体系的检讨,从而提出在《证券法》修改过程中完善上市公司收购监管制度的思考。由于 2015 年《证券法》修订草案"第五章"上市公司的收购与重大资产交易"对现行"上市公司的收购"制度作了较大修改,本节将对其进行评述,评述的方式为穿插于本节的各个相关部分。

一、上市公司收购的内涵梳理

"上市公司收购"的本意是指"收购上市公司",即上市公司是被收购的客体。更严格地讲,其内涵是指收购上市公司的股票,从而取得对上市公司的控制权。即上市公司的股票是被收购的客体,收购人购买的标的物是上市公司的股票而不是上市公司本身,因为上市公司作为企业法人是证券市场的主体而不是客体。然而,"上市公司收购"的这一表达,无论是在实务界还是在理论界均已约定俗成。这种方式已经成为公司并购形式之一,是资产重组、产权交易的重要方式之一。广义的上市公司收购,除要约收购以外,还包括协议收购、认购股份及其他合法方式收购。

我国《证券法》第 85 条规定:"投资者可以采取要约收购、协议收购及其他合法方式收购上市公司。"可见,从我国《证券法》对上市公司收购采纳广义的含义,即我国上市公司收购可以采取要约收购或者协议收购及其他合法的方式进行收购。中国证监会 2002 年 9 月 28 日发布的《上市公司收购管理办法》对上市公司收购作出了较为明确的定义,第 2 条规定:"本办法所称上市公司收购,是指收购人通过在证券交易所的股份转让活动持有一个上市公司的股份达到一定比例,通过证券交易所股份转让活动以外的其他合法途径控制一个上市公司的股份达到一定程度,导致其获得或者可能获得对该公司的实际控制权的行为。"由于此定义只是以"直接持有"作为标准,不能满足现实中"信托""母公司持有""代持"等间接持有的实际情况或者可能性,因而证监会在 2006 年 7 月 31 日发布的《上市公司收购管理办法》(2014 年 7 月 7 日修订)回避了对上市公司收购的定义,在第 5 条第 1 款只是规定:"收购人可以通过取得股份的方式成为一个上市公司的控股股东,可以通过投资关系、协议、其他安排的途径成为一个上市公司的实际控制人,也可以同时采取上述方式和途径取得上市公司控制权。"可见,我国《证券法》和《上市公司收购管理办法》最终放弃对"上市公司收购"的界定。对此,有学者认为,准确定义"上市公司收购"不易,我国现行《证券法》不明确界定"上市公司收购"这一概念是明智的。因此,建议维持《证券法》第 85 条"投资者可以采取要约收购、协议收购及其他合法方式收购上市公司"的规定不变,而不用在即将修订的《证券法》中明确界定"上市公司收购"的概念。① 的确,《证券法》修订草案"依然未给"上市公司收购"下定义,是将现行《证券法》第 85 条修改为:"投资者可以采取要约收购、协议收购、认购股份及其他合法方式收购上市公司。"②即只增加了"认购股份"的具体收购方式。

概括而言,上市公司收购具有以下法律特征:

(1) 上市公司收购是一种特殊的股权转让和证券交易行为,因而受到证

---

① 西北政法大学课题组:《上市公司收购法律制度完善研究》,载《证券法苑》(2014 年第 10 卷),法律出版社 2014 年版,第 257 页。
② 2015 年 4 月 20 日公布的"《证券法》修订草案"第 108 条。

券法和反垄断法的特别调整。通常上市公司的股票都具有自由流通性,因而,意图取得上市公司控制权的投资者,可以利用上市公司股票的流动性,通过大量购买行为,使上市公司股票集中掌握在自己手里,从而取得对某一上市公司的控制权。所以上市公司收购是指在证券交易市场上对某一上市公司股票的大量购买行为,本质上属于证券交易行为。

虽然上市公司收购的外在形式表现为一般的股票交易,但收购人的目的却与一般购买股票的投资者不同。上市公司收购人的目的是为了取得对目标公司的控制权,因而,必须采取收购大量股票的手段,才能够实现其收购目的。大量收购股票的行为在证券市场上往往会伴随出现被收购公司股票剧烈波动、操纵市场和内幕交易等现象。因此,证券法在对证券交易作一般规定之外,专门对上市公司收购,主要是收购人的行为,给予特别调整,如我国《证券法》就单列"上市公司的收购"专章进行特别规制。并且,对上市公司收购特别调整的法律,以强制性法律规范为主。这里强制性法律规范有两种表现形式:一种是如上所述的,通过证券立法进行的强制性规范,如依照我国《证券法》规定,持有上市公司发行在外股票 5%以上的大股东,其持有公司股票每发生 5%的增减,必须履行法定信息披露义务,且在一定期限内禁止其继续购买该上市公司股票的规则。另一种是在证券立法之外,通过反垄断立法的形式来进行规制,如国外反垄断法在公司购并方面颁布和执行的国家审查规则。我国《反垄断法》也主要是从审查"经营者集中"等方面强行规范上市公司收购中的垄断行为。

(2) 上市公司收购的主体是不特定的证券投资者。各国证券法律一般都规定,收购人可以是目标公司发起人以外的任何人,既包括上市公司,也包括非上市公司;既包括法人也包括自然人及其他组织。应当指出的是,上市公司不能成为自己的收购人①,否则会出现"自己收购自己""自己购买自己股份"的悖论。② 因为回购股份往往会对公司及股东产生以下后果:第一,公司利用发行股票筹集的资金去购买自己的股票,实际上减少了公司注册资本,违背了资本充实和资本不变原则;第二,公司回购股份后如不予以注销,公司成为自身的股东,使公司资本和财产的所有权关系发生混淆,容易造成公司管理上的混乱;第三,公司大批购进和抛售自己的股票,容易发生操纵市场、内幕交易等行为,损害其他股东的利益。因此,在我国,对公司持有自身股份的态度是原则禁止、例外允许。③

---

① 公司收购自己的股份,又称股份回购是指公司作为受让人从本公司股东手中买回股份。
② 韩斌:《上市公司收购概念析论》,参见《法学》1997 年第 9 期。
③ 见我国《公司法》第 142 条的规定。

（3）上市公司收购的对象是上市公司已经依法发行在外的股票。所谓发行在外的股票,是指由上市公司以外的投资者持有的公司发行的股票,它不包括公司持有的库存股票和公司以自己名义直接持有的本公司发行在外的股票。① 在我国证券实践中,股票种类比较复杂。我国在接受国外证券法关于股票的传统分类的同时,还根据我国特有的经济及社会现状,创设了若干中国特有的股票形式。前者如记名股票与不记名股票、普通股票与优先股股票等,后者如国家股股票,法人股股票和社会公众股股票,以及 A 股普通股股票和 B 股普通股股票等类别股股票,还有流通股股票与非流通股股票等。因此,我国上市公司收购制度中所称的"发行在外的股票",应当包括上市公司发行的各种股票,而不应当仅限于流通股股票或者社会公众股股票。当然,随着我国股权分置改革任务的完成,上述的非流通股实际上已不复存在。而境外上市的外资股如 H 股、N 股由于要到另一国家或地区上市,其必须受上市所在地的法律管辖,并受所在证券交易所有关自律性规则的约束,因此不能成为我国上市公司收购的对象。最后需要强调的是,股票按照股东是否对股份有限公司的经营管理享有表决权,可将股票划分为表决权股股票和无表决权股股票。上市公司收购的根本目的是取得控制权,取得控制权的股票必须要有表决权,为了明确这一点,《证券法》修订草案对现行法"第四章"中"已发行的股份"均改为"已发行的有表决权股份",突出"有表决权",其增加的其他条款内容亦作相同表述。②

（4）上市公司收购的目的是为了对目标公司进行控股或者兼并。收购人购买目标公司股票的行为既区别于一般的投资行为,也区别于一般的投机炒作行为,它是为了实现对目标公司的控股或者兼并而实施的行为。

所谓控股,即投资者通过购买上市公司的股份达到对该上市公司享有控制权的程度。③ 由于各国公司法一般都规定了股份有限公司实行一股一票制度和资本多数决的原则,股东的表决权取决于其持股的数量。因此,某投资者（股东）的持股数量一旦达到某种程度,即可拥有对公司经营决策的控制权。至于持有上市公司多少股份才可被认为具有某种程度的控股权,目前,各个国家的规定不尽相同,如美国规定为 5%,日本、加拿大规定为 10%,英

---

① 参见《股票发行与交易管理暂行条例》第 81 条。
② 见 2015 年 4 月 20 日公布的"《证券法》修订草案",第 109、111、120、122、123 条。
③ 我国《上市公司收购管理办法》第 84 条对上市公司的控制权作了较为全面的界定,即有下列情形之一的,为拥有上市公司控制权:① 投资者为上市公司持股 50% 以上的控股股东;② 投资者可以实际支配上市公司股份表决权超过 30%;③ 投资者通过实际支配上市公司股份表决权能够决定公司董事会半数以上成员选任;④ 投资者依其可实际支配的上市公司股份表决权足以对公司股东大会的决议产生重大影响;⑤ 中国证监会认定的其他情形。徐兆宏:《我国上市公司协议收购法律制度》,载《财经研究》1996 年第 10 期。

国规定为35％、30％,而我国《证券法》则规定为30％以上。① 所谓兼并,是指投资者将上市公司的全部资产收购为自己所有,使得上市公司的产权发生转移的行为。《证券法》第99条规定:"收购行为完成后,收购人与被收购公司合并,并将该公司解散的,被解散公司的原有股票由收购人依法更换。"该条所称的公司合并是指目标公司的全部财产、债权和债务被收购人概括承受,成为收购人的财产、债权和债务,而目标公司则予以解散,不再享有独立的主体资格,目标公司的股东成为收购人的股东。

综上所述,上市公司收购监管制度实际是国家旨在保护社会公众投资者利益,规范大股东买卖上市公司股票的特殊规则体系,大股东买卖上市股票行为无论是否构成对上市公司的控制权,均受到这一规则体系的限制与规范。

二、对我国上市公司收购中信息公开监管制度的完善思考

信息公开监管在上市公司收购监管中居于核心地位,主要包括股份大量持有与增减信息公开监管、要约收购、协议收购和重大资产交易中的信息公开监管。②

(一)股份大量持有与增减信息公开监管

1. 股份大量持有信息披露规则③

股份大量持有信息披露规则,是指通过证券交易所的证券交易,投资者及其一致行动人持有上市公司一定比例的股份及在该比例后每增减一定比例的股份须报告与公告的规则。目前,各国或地区证券法确定的应履行大额持股信息披露义务的持股比例标准主要有5％和10％两种。依据我国《证券法》,通过证券交易所的证券交易,在下列情形下须履行信息披露义务:投资者及其一致行动人持有上市公司一定比例的股份达5％时;投资者及其一致行动人持有上市公司一定比例的股份达5％后,其所持该上市公司的股份比例每增加或者减少5％时。

披露的义务主体是投资者及其一致行动人;信息披露的时限是事实发生之日起3日内;披露的文件是权益变动报告书。对于持股介于5％到20％之间又不是第一大股东或者实际控制人的,要求其编制简式权益变动报告书,

---

① 这主要是参考我国《证券法》第88条将"30％"作为公开收购的触发点。
② 其中的"重大资产交易"是这次《证券法》修订草案第五章新增加的内容,即第二节"上市公司的重大资产交易"属于本书需要讨论的问题。
③ 参见《证券法》第86条的规定。

简要披露信息,仅需要报告;对于持股介于20%到30%之间或者持股介于5%到20%之间又是第一大股东或者实际控制人的,要求编制详式权益变动报告书,进行详细披露;对成为公司第一大股东或者实际控制人并且持股20%以上的,还要求其聘请财务顾问对权益变动报告书所披露的内容出具核查意见。

信息披露前投资者及其一致行动人的义务是将情况通知证券监督管理机构、证券交易所,最初持股达5%时还应通知上市公司;信息披露期间投资者及其一致行动人的义务是不得买卖该上市公司的股票,其中持股达到5%后发生5%的增减变化的,限制买卖的期间延长到公告后2日。

股份大量持有信息披露规则具有如下的意义:第一,让目标公司股东注意到公司控制权发生变化的可能性,从而在重新估计持有股份价值的基础上作出投资决策。由于各个上市公司的股权结构不同,持股达到5%或者持股比例增减变化达5%,并非一定会影响上市公司的控制权。但是,持股达到5%或者持股比例变化达5%,属于上市公司股权结构的较大变化,将此信息予以披露,可以提示投资者和证券监管机构,注意观察大股东的持股情况,注意可能发生的上市公司控制权的改变。第二,可以及时确定收购人持有的股份是否将要达到强制要约收购义务30%的触发点。第三,这种信息公开,有利于防范内幕交易和操纵市场行为,保护中小投资者的权益。第四,有利于发挥稳定作用。可以避免突发性收购对公司股东和管理层产生的负面影响,保护公司的稳定和持续经营发展。

2. 股份大量增减信息披露的台阶规则[①]

增减股份的台阶规则是指投资者及其一致行动人在持股达一定比例后,增减股份的比例受到限制,并确定增减最短间隔时间的规则。依据《证券法》,投资者及其一致行动人在持股达5%后,每一次增加或者减少5%时,应当在事实发生之日起3日内进行报告与公告,在报告期限内和作出报告、公告后2日内,不得再行买卖该上市公司的股票。这意味着持股达5%后,投资者及其一致行动人每一次可以买进或者卖出股份的量最大是5%,并且每一次变动后须停止5天的交易。

《证券法》确立股份大量增减信息披露台阶规则的意义在于:控制大股东买卖股票的节奏,让投资者有充分的时间来接收和消化信息,并尽可能作出理性的选择;同时,在立法上阻止了隐蔽的或突然的上市公司收购行为。

---

① 参见《证券法》第86条第2款的规定。

3. 对我国上述信息公开监管制度的相关争议与检讨

第一,是否提高临界点的问题。在我国,一直存在将股份持有信息披露临界点由5%提高到10%的呼声。其理由是:我国的证券市场股权相对集中,股份大众化程度还较低,上市公司、证券机构、证券监管部门及广大投资公众的知识、经验、资金厚度、心理承受力等各方面还需要一段相当的成熟期,这决定了对股东履行持股披露义务的起点不宜过低,建议将《证券法》规定的5%提高到10%。应当说,我国《证券法》将5%作为股份持有信息披露的临界点还是比较合适的,尚无充分依据证明将其提高到10%对我国上市公司收购信息公开监管带来改善。从"《证券法》修订草案"第109条的规定来看,我国立法机关也依然保持原来的态度。美国《威廉姆斯法》在最初颁布时是规定为10%,在经过证券市场的不断发展和检验之后,在20世纪70年代修改为5%。①

第二,关于锁定期的长短问题。我国现行《证券法》规定信息披露的时限是事实发生之日起3日内,而持股达到临界点后每增加或减少5%时须停止5天(3+2)的交易,业界称之为锁定期。锁定期的长短各有利弊,规定较长的锁定期有利于市场消化收购信息,追求的是安全价值;规定较短的锁定期则有利于市场交易的活跃,追求的是效率价值。而既安全又有效率是良法需要兼顾的双重价值,对此"《证券法》修订草案"第109条规定了4天(2+2)的锁定期。②

(二)协议收购中的信息公开监管

有关协议收购信息公开监管的内容,我国现行《证券法》对其规定比较粗略简单,仅在第94条第2款、第3款进行了规定,即以协议收购方式收购上市公司时,达成协议后,收购人必须在3日内将该收购协议向国务院证券监督管理机构及证券交易所作出书面报告,并予公告。在公告前不得履行收购协议。

对于上述规定,有三个方面值得检讨:第一,该规定没有明确书面报告和公告的内容包括哪些要件,从而使收购人所提交的书面报告和公告具有随意性或不确定性。第二,有学者认为,"达成协议后"收购人向相关机构报告、公告,这可能为内幕交易和市场操纵行为提供条件,因而主张在收购双方达成

---

① 西北政法大学课题组:《上市公司收购法律制度完善研究》,载《证券法苑》(2014年第10卷),法律出版社2014年版,第269页。
② 2015年4月20日公布的"《证券法》修订草案",第109条的具体规定是:持有一个上市公司已发行的有表决权股份达到5%时,应当在该事实发生之日起2日内,通知该上市公司,并予公告。在该事实发生之日至公告后2日内,不得再行买卖该上市公司的股票。

意向书时就应以适当方式进行预披露,在达成协议后再进行二次披露。笔者也赞成这一主张,理由是添加预披露虽然会给收购人增加一些成本,但是这一成本的付出对于避免发生内幕交易和市场操纵行为的风险还是值得的。第三,《证券法》规定"达成协议后"报告、公告的时限是 3 日内,而"《证券法》修订草案"将这一时限缩短为"2 日内",并且取消了向证监会报告的义务,只需"通知上市公司,并予公告"。[①] 这反映出一为提高效率,二为简政放权的立法精神。

(三)重大资产交易中的信息公开监管

在证券市场之外通过购买上市公司重大资产也可以取得上市公司的控制权,现行《证券法》认为这种方式由于不是在证券市场上通过购买被收购公司股票的方法实现,因而未将其纳入《证券法》中上市公司收购的范畴。这种认识的结果,使得通过购买上市公司重大资产而取得上市公司控制权的行为脱离了《证券法》的监管,易使这种交易处于暗箱操作状态,显然不利于维护中小投资者的合法权益和证券市场的秩序。所以,有必要将上市公司的重大资产交易纳入《证券法》的监管,特别是对其交易信息披露的监管。基于此,这次"《证券法》修订草案"在第五章新增加一节内容,即第二节"上市公司的重大资产交易",以弥补上述不足,值得肯定。关于重大资产交易中的信息公开监管,"《证券法》修订草案"主要从以下三个方面提出了规制方案[②]:

第一,重大资产交易报告书和财务顾问报告的公告。(1)上市公司在日常经营活动之外,12 个月内购买、出售重大资产金额超过公司资产总额 30% 的,应当由股东大会作出决议,并在会议召开 15 日前公告重大资产交易报告书。(2)购买、出售的重大资产金额超过公司资产总额 50% 的,上市公司还应当聘请证券经营机构出具财务顾问报告,与重大资产交易报告书同时公告。

第二,分立、合并事项的信息公开监管。上市公司分立或者被其他公司合并,除应当依法公告外,还应当同时向证监会报告。证监会发现上市公司分立、合并报告书、财务顾问报告不符合法律、行政法规和证监会规定的,应当及时告知上市公司,上市公司不得召开股东大会审议分立、合并事项。

第三,重大资产交易、合并或者分立信息公开监管。上市公司重大资产

---

① 2015 年 4 月 20 日公布的"《证券法》修订草案"第 117 条第 2 款规定:以协议方式收购上市公司时,达成协议后,收购人应当在 2 日内通知上市公司,并予公告。在公告前不得履行收购协议。

② 参见 2015 年 4 月 20 日公布的"《证券法》修订草案",第 128、129、131 条的规定。

交易、合并或者分立,信息披露义务人未按照规定披露信息,或者披露的信息涉嫌存在虚假记载、误导性陈述或者重大遗漏的,证监会可以责令上市公司作出公开说明、聘请证券经营机构或证券服务机构补充核查并披露专业意见,在公开说明、披露专业意见之前,上市公司应当暂停重大资产交易、合并或者分立。

三、对我国上市公司要约收购监管制度的完善思考

(一)上市公司要约收购的理论分析

我国现行《证券法》上使用的"要约收购"一词,其实是不准确的,因为协议收购中也存在要约,所以,使用"要约收购"会与协议收购中的要约相混同,应使用"公开收购"表述才是准确的。但是已经约定俗成,本书也沿用这种表述。

从《证券法》有关上市公司要约收购制度的内容来看,其要约收购制度属于强制要约收购。强制要约收购,是指投资者及其一致行动人通过证券交易所的证券交易而控制一定比例上市公司的股份,继续进行收购的,必须向该上市公司所有股东发出收购上市公司全部或者部分股份的要约。

依据《证券法》的有关规定,通过证券交易所的证券交易,投资者及其一致行动人持有一个上市公司已发行股份达到30%时继续进行收购的,应当向上市公司所有股东发出收购上市公司全部或者部分股份的要约。收购上市公司部分股份的收购要约应当约定,被收购公司股东承诺出售的股份数额超过预定收购的股份数额的,收购人按比例进行收购。① 这表明,强制要约收购的触发点是30%,但仅仅达到这个触发点还不能触发强制要约义务,它还需要另外一个条件,即"继续进行收购的"。实际上,导致强制要约成为收购人的一项法律义务应该是"30%+1股"。收购要约的发出对象是被收购公司的所有股东。强制仅仅是要约方式的强制,而不是全面要约的强制,收购人可以选择全面要约收购,也可以选择部分要约收购。

强制要约收购的意义如下:

第一,所有股东获得平等的待遇,注重维护中小股东的利益。一旦收购人已经取得了目标公司的控制权,他就有义务发出要约,以不低于其为取得控制权所付的价格,收购公司其他股东所持有的股份,以避免大小股东之间的差别待遇。另外,上市公司还可能发行不同种类的股份,对此,《证券法》修订草案"特别规定,上市公司发行不同种类股份的,收购人可以针对不同种

---

① 参见《证券法》第88条的规定。

类股份提出不同的收购条件。① 从而考虑到了实际存在的持有不同种类股份股东的实际情况,有利于实现股东待遇的真正平等。

第二,赋予非控股股东以撤出公司的权利。非控股股东作出投资决定,是看好公司原经营者的才能和道德品质以及公司的发展前途,现在公司的控制权发生转移,非控股股东对新的经营者和公司原有的信任基础有可能丧失。既然他们无法影响控制权的转移,至少应有公平的机会撤出他们的投资。但是,如果他们一起在股市上出售股票,必然会引起股价下跌而蒙受损失。所以法律强制收购人发出收购要约,使这些股东有机会以公平的价格出售其股份,撤回投资。

第三,强制要约收购可以保护投资者对证券市场的信心,有助于资源的有效分配,提高被收购公司股东的收益。②

当然,强制要约收购增加了收购人的收购成本。

(二) 对我国要约收购监管制度的检讨与完善思考

1. 关于要约的变更和撤销以及预受股东的撤回权的问题

(1) 要约的变更。对于收购要约的变更,其他国家或地区的立法一般都采取允许的态度,但是以"不得为公开收购条件之不利变更"为前提。③ 如我国台湾地区的"证券交易法"第 43-2 条规定,公开收购人应以同一收购条件为公开收购,且不得为下列公开收购条件之变更:① 调降公开收购价格;② 降低预定公开收购有价证券数量;③ 缩短公开收购期间;④ 其他经主管机关规定之事项。违反前项应以同一收购条件公开收购者,公开收购人应于最高收购价格与对应卖人公开收购价格之差额乘以应募股数之限额内,对应卖人负损害赔偿责任。④

我国 2005 年《证券法》第 91 条也允许收购人变更收购要约,前提条件是"必须事先向国务院证券监督管理机构及证券交易所提出报告,经批准后,予以公告"。而上述监管机构据以"批准"的依据却未明确,不利于"依法行政""透明行政",笔者认为应当学习境外立法,明确规定"不得为公开收购条件之不利变更",如列举不得降低要约的价格、减少要约公告的股份数量、缩短公开收购期间、延长要约收购资金支付的期限等,最后以法律、法规规定的其他情形为兜底条款。《证券法》修订草案"第 114 条对《证券法》第 91 条作了较

---

① 2015 年 4 月 20 日公布的《证券法》修订草案"第 115 条。
② 张舫:《公司收购法律制度研究》,法律出版社 1998 年版,第 139 页。
③ 林纪东等编纂:《新编基本"六法"全书》,台湾五南图书出版公司 2005 年版,第捌—5—122 页。
④ 同上。

大改动，不仅列举了"不得为公开收购条件之不利变更"，而且取消了必须事先向国务院证券监督管理机构及证券交易所提出报告并经批准的要求，仅仅要求"及时公告"。①

(2) 收购要约的撤销。收购要约撤销，是指收购人公告收购要约后，将该收购要约取消，使收购要约的法律效力归于消灭的意思表示。收购人发出收购要约之后，依法必须进行相关信息披露，该上市公司的股东必然会依据这些信息进行分析、判断和决策。也就是说，这些披露的信息对该上市公司股票的交易将发生重要的影响。在这种情况下，如果收购人撤销收购要约，会对该上市公司股票的交易造成新的影响，有可能对广大中小股东造成严重损害，扰乱证券市场的正常运行。② 为了保护广大中小股东的利益，防止证券欺诈，维护证券市场的正常的运行，适当限制收购人撤销收购要约是必要的。然而，我国 2005 年《证券法》第 91 条规定："在收购要约确定的承诺期限内，收购人不得撤销其收购要约……"这种规定较为绝对化。应当预先考虑到以下两种情形：一是要约收购人发生死亡、解散、破产等情形，在这种情况下即使法律禁止撤销也毫无意义。二是其他竞争者发出竞争要约，这种情形下收购人撤销要约对投资者有益无害，应该允许撤销收购要约。所以，我国《证券法》应该规定收购要约不得撤销（即允许撤销）的例外情形。但遗憾的是，这次《证券法》修订草案"第 114 条第 1 款依然坚持"不得撤销其收购要约"。

(3) 预受股东的撤回权问题。所谓预受股东，又称应卖股东或者要约接纳者，是指在要约发布后，表示接受要约并按照规定将股票交给证券登记结算机构临时保管的股东。证券登记结算机构临时保管的预受要约的股票，在要约收购期间不得转让。③ 按照国际上通行的惯例，预受股东可以撤回对要约接受的意思表示。《上市公司收购管理办法》第 42 条第 2 款规定，预受是指被收购公司股东同意接受要约的初步意思表示，在要约收购期限内不可撤回之前不构成承诺。在要约收购期限届满 3 个交易日前，预受股东可以委托证券公司办理撤回预受要约的手续，证券登记结算机构根据预受要约股东的撤回申请解除对预受要约股票的临时保管。在要约收购期限届满前 3 个交易日内，预受股东不得撤回其对要约的接受。这是我国有关预受股东撤回权

---

① 2015 年 4 月 20 日公布的《证券法》修订草案"第 114 条第 2 款的规定是：收购人需要变更收购要约的，应当及时公告，载明具体变更事项，且不得存在下列情形：① 降低收购价格的；② 减少预定收购股份数额的；③ 缩短收购期限的；④ 国务院证券监督管理机构规定的其他情形。

② 证券法释义编写组：《中华人民共和国证券法释义》，中国法制出版社 2005 年版，第 143 页。

③ 参见《上市公司收购管理办法》第 42 条第 1 款。

的具体规定,然而,由于《上市公司收购管理办法》属于部门规章,法律位阶过低,无法解决在上市公司收购中预受股东行使撤回权与《合同法》的不吻合之处,因此,应当将这一制度上升到证券基本法的层面。

2. 关于要约中的定价原则和支付方式的问题

(1) 要约中的定价原则。根据《上市公司收购管理办法》第 35 条的有关规定,收购人要约收购价格不低于下列价格中较高者:① 在提示性公告日前 6 个月内,收购人买入该种股票所支付的最高价格;② 在提示性公告日前 30 个交易日内,该种股票的每日加权平均价格的算术平均值。可见,我国公开收购中要约定价的原则是通过拉长或者缩短相关期限的方式来确定定价的合理性,这类期限我国一般规定为 6 个月。这与欧盟或欧洲国家的规定基本相似。如欧盟《要约收购指令》要求"以公平合理的价格予以收购",而所谓"公平合理价格"为在强制要约发出前的 6—12 个月之间,要约收购人或其一致行动人收购同类证券的"最高价格"。在强制要约公开之后至要约接受期限届满之前,如果收购人及其一致行动人买卖该类证券的价格高于要约所确定的价格,那么收购人应当相应提高要约收购的价格,并且至少不能低于该类证券的"最高价格"。如果该类证券没有确定的价格存在,那么各成员国有权确定一个合理的价格。① 然而,我国现行《证券法》未规定收购定价原则,基于定价原则对于保护受要约人利益的重要性,应当将其纳入证券基本法的规制之中。

(2) 收购人的支付方式及其信息披露。根据《上市公司收购管理办法》第 36 条第 1 款的规定,收购人可以采用现金、证券、现金与证券相结合等合法方式支付收购上市公司的价款。另外,《上市公司收购管理办法》第 29 条还要求上市公司要约收购报告书中应有"支付安排"的披露事项。为了有利于让受要约人对收购条件更清晰明了,应当将收购人的支付方式以及将其作为要约收购报告书中信息披露事项,规定在证券基本法中。

3. 关于余股强制挤出制度安排的问题

所谓余股强制挤出制度,是指要约收购方在获得目标公司绝大多数股份的情况下,可强制收购余下全部股权,将剩余少数股东强制性挤出上市公司,以避免完成公开收购后少数余股股东因个人因素无法或不愿出售股权,从而阻碍被收购公司非公众化的实现目的。在现实的证券市场中,总是有一部分股东难以通知到,或者是出于种种原因扮演"钉子户"的角色。这部分股东即使只有 0.5%,也可能有成百上千人。非公众化执行后,这部分股东可能提

---

① 马其家:《欧盟证券强制要约收购规则及其启示》,载《河北法学》2008 年 01 期。

起诉讼。从其他国家的相关制度来看,行使余股强制挤出权所需的持股比例一般为 90%~95%。

目前在我国证券法体系中还没有余股强制挤出制度。关于全面要约收购成功后余股处置的相关规定主要体现在《证券法》第 97 条第 1 款的规定:"收购期限届满,被收购公司股权分布不符合上市条件的,该上市公司的股票应当由证券交易所依法终止上市交易;其余仍持有被收购公司股票的股东,有权向收购人以收购要约的同等条件出售其股票,收购人应当收购。"这项规定主要赋予余股股东向收购人出售其股票的权利,但并未赋予收购人对余股的强制购买权,且实质上规定了收购人购买余股的条件不低于收购要约条件,更多地体现了对余股股东权益的保护。

如果收购人发出强制要约,花费大量的成本收购上市公司的绝大部分股份,但对目标公司余下的小股东持有的极少数剩余股份,却无法强制购买,则收购人无法实现彻底收购的目的,这一方面使我国《证券法》在余股处置制度设计方面缺乏收购人与目标公司小股东保护权利义务的对等性;另一方面就资本市场的公平性而言,在客观上也要求顾及经由收购而持有绝大多数股票的收购方完全持股的愿望和目标,赋予收购方大股东强制购买余股股东所持有的目标公司极少数剩余股份的权利,即收购方应当享有对小股东所持股份的挤出权。这样,持有极少数剩余股份的余股股东的退出权与持有绝大多数股票的收购方大股东的挤出权就形成了平衡机制,赋予了双方各自选择"抛开"对方的权利。①

因此,本书建议我国《证券法》在修订过程中平衡收购人和剩余股东双方利益,一方面进一步完善第 97 条的规定,明确余股股东向收购人出售其股票的期限;另一方面,单独增加一条,专门规定收购人的余股强制挤出权。对于前者,"《证券法》修订草案"未作出变动,而对于后者,"《证券法》修订草案"增加了一条(第 122 条)规定,即收购要约期限届满后,收购人收购一个上市公司的非关联股东持有的有表决权股份超过 90%或者收购人收购一个上市公司有表决权股份超过 95%的,收购人有权以要约收购的同等条件收购其他股东有表决权的股份,其他股东应当出售。收购人行使前款规定权利的,应当在收购要约期限届满后 3 个月内向国务院证券监督管理机构和证券交易所作出书面报告,并予公告,将资金存放于证券登记结算机构。自公告作出之日起 30 日后,收购人可以向证券登记结算机构申请办理变更登记。

---

① 方重:《构建余股强制挤出机制》,载《中国金融》2015 年第 9 期。

4. 关于要约收购豁免的问题

我国《证券法》关于豁免的规定体现在第 96 条的"但书"规定中,即"但是,经国务院证券监督管理机构免除发出要约的除外"。对于豁免的具体条件未作任何规定,此规定过于简单。应该说,《证券法》将豁免决定权授予中国证监会,在积极发挥上市公司收购制度的功能的同时,让一线监管机构灵活运用豁免制度,符合国际上通行的做法,也符合我国现阶段上市公司收购的现实。① 但是,监管机构在无豁免标准的情况下,决策中的主观因素增大,难免在作出豁免决定时带来不确定性。因此有必要将豁免的具体情形在证券基本法中作出规定。"《证券法》修订草案"第 120 条就此规定了以下八种情形:(1) 投资者与出让人之间存在股权控制关系或者均受同一实际控制人控制,本次转让未导致上市公司的实际控制人发生变化;(2) 经上市公司股东大会非关联股东批准,收购人取得上市公司向其发行的新股,导致投资者持有上市公司已发行的有表决权股份超过规定比例,收购人承诺 3 年内不转让本次向其发行的新股,且公司股东大会同意收购人免于发出要约;(3) 因上市公司按照股东大会批准的确定价格向特定股东回购股份而减少股本,导致投资者持有该上市公司已发行的有表决权股份超过规定比例;(4) 因投资者操作失误导致其持有上市公司已发行的有表决权股份超过规定比例,投资者承诺不就其因操作失误而增持的股份行使表决权,且将依法转让给非关联方;(5) 投资者持有一个上市公司已发行的有表决权股份超过 30%的,自上述事实发生之日起 1 年后,每 12 个月内增持该公司已发行的有表决权股份不超过 2%,且未导致控制权发生变化;(6) 投资者持有一个上市公司已发行的有表决权股份超过 50%的,继续增加其在该公司持有的股份不影响该公司的上市地位;(7) 因继承导致投资者持有一个上市公司已发行的有表决权股份超过 30%;(8) 国务院证券监督管理机构规定的其他情形。在上述情形下,投资者虽然可以免于按照要约收购方式增持股份,但是通知和公告的义务不能免除,"应当在有关事实发生之日起 2 日内通知上市公司,并予公告"。

5. 关于要约收购失败监管的问题

按照《合同法》第 14 条的规定,要约是希望和他人订立合同的意思表示,并且该意思表示应当符合下列规定:内容具体确定;表明经受要约人承诺,要约人即受该意思表示约束。由此可见,在要约收购中,收购要约的发出并不代表收购的完成,它还有赖于受要约人作出承诺的约束后方可达成收购合

---

① 西北政法大学课题组:《上市公司收购法律制度完善研究》,载黄红元、徐明主编:《证券法苑》(2014 年第 10 卷),法律出版社 2014 年版,第 264 页。

同。这就使在要约收购中存在一种可能,即收购方无法按照收购要约的条件完成收购,主要体现为无法完成收购要约中的预约收购股份的数量,在这种情况下,通常称之为要约收购失败。对此1993年国务院发布的《股票条例》第51条曾对要约收购失败作出过规定:"收购要约期满,收购要约人持有的普通股未达到该公司发行在外的普通股总数的50%的,为收购失败;收购要约人除发出新的收购要约外,其以后每年购买的该公司发行在外的普通股,不得超过该公司发行在外的普通股总数的5%"。然而,后来制定的《证券法》及《上市公司收购管理办法》均未延续《股票条例》第51条的监管原则,从而使要约收购失败监管制度处于空缺的状态。《证券法》第97—100条规定的"收购行为完成"与"收购失败"无涉,而《上市公司收购管理办法》第31条第2款规定:"收购人作出要约收购提示性公告后,在公告要约收购报告书之前,拟自行取消收购计划的,应当公告原因;自公告之日起12个月内,该收购人不得再次对同一上市公司进行收购。"《上市公司收购管理办法》第78条规定的"发出收购要约的收购人在收购要约期限届满,不按照约定支付收购价款或者购买预受股份的,自该事实发生之日起3年内不得收购上市公司"也均是违约而非"收购失败"的含义。①

从证券市场实际出发,只要存在要约收购行为,就存在要约收购失败的可能性。而"如果收购失败后再频繁地发生收购与反收购,势必危及市场的稳定与秩序,诱发证券欺诈与过度投机,保护股东利益的宗旨就难以实现"。② 因此,对上市公司收购失败进行规制是证券立法应有之义。为此,我国可借鉴其他国家和地区的做法。首先,考察英美国家的制度,英国的《收购守则》第35号规则就规定一次要约失败后,要约人在12个月内不能再次进行类似的要约或相关的购买股份权益活动。美国虽没有强制要约收购的制度,但1934年《证券交易法》及SEC相应的法规通过对欺诈、操纵、欺骗等的禁止,从衡平法的角度禁止滥用要约收购或委托代理方式操纵股价、内幕交易等非法行为。其次,大陆法系的德国也通过其《证券收购法案》规定如收购失败或联邦金融监管局(BaFin)禁止公布要约,收购方在1年之内不得提出新的要约。③

---

① 有学者将《收购办法》第31、78条的规定视为"收购失败"是值得商榷的。持这一观点的论文,见西北政法大学课题组:《上市公司收购法律制度完善研究》,载《证券法苑》(2014年第10卷),法律出版社2014年版,第262—263页。
② 王肃元、周江洪:《上市公司收购中股东权的保护》,载《政法论坛》2000年第2期。
③ 郑彧:《上市公司收购法律制度研究:历史、现状、问题及变革》,载《证券法苑》(2013年第9卷),法律出版社2013年版,第801页。

四、小 结

2006年我国股权分置的改革基本完成,由此我国资本市场进入股份全流通或者后股改时代。① 在全流通的市场环境下,上市公司股份的大规模流通已成为现实可能,以上市公司股份为标的的收购行为、类型、目的与手段也在发生着巨大的变化。然而,我国上市公司收购监管制度在立法层面还存在诸多不适应现实需要的问题,这就需要我们从以下两个方面着手工作:一是填补立法空白,如上述上市公司收购中信息披露和要约收购监管中的若干制度补缺以及"《证券法》修订草案"中新增加的"上市公司的重大资产交易"。二是在这次《证券法》修改的过程中,将《上市公司收购管理办法》中若干行之有效的基础性制度上升到证券基本法的层面,避免因为法律位阶过低而无法消弭与其他基本法(如《合同法》《民法总则》等)的不吻合之处。同时将上述部门规章上升到证券基本法层面也有利于提高其权威性。

最后需要提及的是有关上市公司收购法律责任的修改。"《证券法》修订草案"的变化主要体现在将违法行为人行政责任的罚款上大幅度提高②,这比较符合我国经济发展的形势以及加大违法成本的立法精神。然而,在民事责任方面,"《证券法》修订草案"一方面在其"上市公司的收购"专章中规定(第127条),同时又在其"法律责任"专章中重复规定(第296条),显得累赘,且无实际意义。本书建议将现在的第296条中的"给被收购公司及其股东造成损失的,依法承担赔偿责任"规定删除,此民事责任的内容仅仅体现"上市公司的收购"专章中(第127条)即可,这也与其他各章均将民事责任安排在各专章之中相协调。

第四节 上市公司强制退市监管③

如本书第七章第一节的相关内容所述,退市制度分为自愿退市和强制退市两种情形。证券监管法主要是将强制退市制度纳入自己的研究范围。

一、强制退市权的社会公法属性

如本书基础理论部分所述,社会公法是本书将其与国家公法和私法相对

---

① 有关股权分置改革的由来、本质及其影响,参见李东方:《上市公司监管法论》,中国政法大学出版社2003年版,第519—532页。
② 参见2015年"《证券法》修订草案"第295—296条的规定。
③ 陈邹(现就职于上海证券交易所)对本节亦有重要贡献。

应的一种提法，它既不同于体现国家意志的国家公法，也不同于体现私人意思自治的私法，它是介于国家公法和私法之间的规范社会自律监管组织的一种公法。证券交易所所行使的上市公司强制退市权正是社会公法上的一种强制性权力。

(一) 强制退市权的历史演进模式

我国证券市场的发展经历了多个阶段，但自始至终国家权力占据着主导地位，在监管体制改革的路径依赖作用下，以会员结社、权利让渡方式生成社团自律权力缺乏成长空间，交易所的权力来源大多是行政权力的不断下放。我国证券交易所的强制退市权也经历了从无到有、从集权到放权的历史过程。1994年《公司法》实施，第一次从法律层面规定了上市公司的退市标准，赋予了证监会暂停上市和终止上市的决定权。1998年《证券法》第57条规定："国务院证券监督管理机构可以授权证券交易所依法暂停或者终止股票或者公司债券上市。"该规定为交易所行使退市权开了个头。2001年证监会发布《亏损上市公司暂停上市和终止上市实施办法》(已失效)，在退市决定权上规定："连续3年亏损上市公司的暂停上市，由证监会依法授权证券交易所决定，终止上市由证监会决定，而暂停上市的公司恢复上市由证监会发行审核委员会审核并经证监会核准。"同年，证监会发布《实施办法(修订)》(已失效)，授权交易所依法决定上市公司暂停上市和终止上市。2005年修订的《证券法》《公司法》，从法律层面将暂停、恢复、终止上市的权力赋予证券交易所，并赋予交易所有限的退市标准制定权。从我国的退市制度立法沿革来看，退市决策权、规则制定权不断由证监会向证券交易所下放。但限于我国证券市场整体改革发展的路径依赖以及我国交易所独立性的严重缺失，交易所的强制退市权仍然具有浓厚的公权力色彩，实践中，交易所的退市决定经常被认为是一种具体行政行为。

与中国不同，美国的证券交易所在证券监管中一直扮演着非常重要的角色。1933年之前，交易所的自律管理在证券监管中一直起着主导作用，直到市场失灵问题引发1929年股市崩盘。罗斯福新政将美国证券市场监管模式改造为政府主导型，SEC建立并加强了对证券交易所自律管理的国家干预，证券交易所逐渐扮演起"准行政机构"的角色。美国的证券监管体制变革历史是典型的政府干预克服市场失灵的历史，在强制退制度方面，强制退市权经历了由"私法权利"向"权力化"转变的过程。虽然交易所因会员同意而享有制定与执行退市规则的权力，但这种权力在1933年《证券法》与1934年

《证券交易法》以及1975年修正案的颁布之后发生了性质上的根本变化:交易所制定自律规则成为法律授权的行为,不能再简单地视为平等主体间的自律章程或民事权利的让渡;交易所制定的自律规则需要接受SEC的实质审查并得到批准,甚至SEC可以主动审查交易所的自律规则并要求变更,自律监管在一定程度上体现出了国家干预的意志;强制退市权的实施方面,除了交易所之外,SEC也可基于投资者保护的目的通过撤销注册等方式强制上市公司退市。[①]美国的证券监管从纯粹的自律权利逐步走向公权化,国家以授权或直接立法的方式将保护公共利益的意志深深地嵌入到了包括强制退市制度在内的自律监管规则之中。

(二) 强制退市权属性的经济法探讨

目前,证券交易所作为强制退市权的权力主体已经成为共识与国际通行做法,但是对交易所的强制退市权到底是一种什么性质的权力,学界众说纷纭,各国不同的体制变革史更加重了这种分歧。下面从经济法角度探讨强制退市权的法律属性。

1. 证券交易所的社会法人属性

"社会法是法律社会化的产物,是公法与私法相互渗透、结合、互动的结果,其核心部分为追求社会整体利益的经济法。"[②]经济法既不属于传统公法,也不属于传统私法范畴,而是带有两种法律混合形态的法。在经济法领域,像证券交易所这种"社会主体"得到了法理上的合理解释。交易所与一般意义上的私法人、公法人之间都有极大的不同:证券交易所的组织形态与一般的私法人不同,证券交易所的组织结构不仅仅是会员的集合,更重要的是证券交易所建造了一个市场,将众多的市场参与者组织在一起,证券交易所的地位处于政府与私人之间,具有中间性质与社会协调组织的特征。同时,证券交易所的自律管理分为对会员的自律管理和对市场参与者的管理,由于证券交易所营造的市场与公众利益有着极为密切的关系,证券交易所对市场参与者进行的管理更多体现社会性职能而不是单纯追求盈利或股东、社团成员利益最大化等私人目标,从自律管理的目标与客观功能来看,证券交易所与企业的员工管理、普通行业协会的会员管理有着本质的区别。证券交易所虽兼具盈利性,但却以社会利益为本位,承担着重要的公共职能,这不仅是理

[①] 美国1934年《证券交易法》第12节(j)条规定,SEC有权依法对违反法规的任意上市参与主体采取停止或者撤回措施。对于违规的发行人,证交会有权停止其证券活动达12个月;或是在通知进行听证后,决定撤销其证券上市注册。

[②] 郑少华:《社会经济法散论》,载《法商研究》2001年第4期。

论上的论证,更是客观现实。①

证券交易所与公法主体也有极大的不同,会员制证券交易所的成立并不来自国家组织法的规定或其他法律的授权,而是根据会员全体同意的组织章程设立,会员行为受自律章程的约束,市场参与者基于"对权利让渡的同意"服从证券交易所的管理,而不是受国家公法强制。另外,我国证券交易所作为事业单位的法律事实并不能说明证券交易所是公权力主体。事业单位在我国可以是证监会这样的行政机关,也可以是出版社这样的以营利为目的的商业公司,事业单位概念的核心要件实际上是"国有",我国计划经济下的国有组织都可以装入事业单位的篮子,甚至为淡化行政膨胀的事实也可以将许多行政机关改编为事业单位,比如证监会、商标局等。我国证券交易所的事业单位法律地位反映的只是国有产权的历史,并不能说明证券交易所就是国家公法主体并行使国家权力。

2. 证券交易所强制退市权的社会公法性

证券交易所强制上市公司退市的权力有以下两个来源:一是法律、行政法规、部门规章的规定,如《证券法》、国务院《关于进一步促进资本市场健康发展的若干意见》、证监会《关于改革完善并严格实施上市公司退市制度的若干意见》等;二是证券交易所制定的退市规则。在各国的通行做法中,后者是强制退市最主要的规范。前者属于典型的国家监管规范,具有国家公法性,后者是自律规范,具有社会公法性。此时证券交易所所行使的强制退市权,具有与国家公法下同等的强制力,即行为人必须服从或者遵守。

学界一般认为,证券交易所制定的强制退市规则是民法中的社会团体制定的私人规范,而且上市公司适用强制退市规则是基于上市协议的约定,证券交易所的退市规则具有私法性质。本书认为,这种观点基本正确但还不够深刻。一方面,证券交易所作为社会法人,连接国家与市场,补充国家监管的不足,国家也可以通过对证券交易所的干预间接作用于市场,大多数国家和地区都要求自律组织的规则必须根据国家的证券法授权而制定,可见自律监管在一定程度上也体现了国家实施干预的意志。② 另一方面,上市公司必须承诺遵守证券交易所现有的和将来作出的有关退市规定,没有讨价还价的余

---

① 如香港联合交易所在公司制改革后,公开声明:"香港交易所是肩负公众责任的商业机构,要同时负责营运中央市场,对市场整体利益必须慎加考量。在无碍社会及环境的情况下经营营利业务,才可实现业务的可持续发展。""香港交易所致力履行本身公众责任,以确保市场公平有序地运作,并审慎管理风险,切合公众利益特别是投资大众的利益。"参见香港联合交易所官方网站:http://sc.hkex.com.hk/TuniS/www.hkex.com.hk/chi/exchange/exchange_c.htm,访问时间:2016 年 1 月 25 日。

② 比如上市公司违反上市协议,触及退市规则,如果以私法性质论,则证券交易所有权放弃违约责任请求权,但现实中证券交易所依照规则强制退市是在履行法定的职责。

地,该现象若用格式合同理论解释的话,看不出在上市活动中必须因缔约效率限制缔约自由的必要,而对这种权利限制正当性的唯一的解释就是这种权利的让渡符合上市公司的自身利益或受到社会公共利益的约束,而后者是最主要的原因。证券交易所作为社会法人的社会利益本位性,要求私权利必须让位于社会利益,但市场主体仍然享有"用脚投票"的自由,上市公司完全可以主动退市。在这一点上,证券交易所自律规则与国家公法不同,国家公法普遍适用,不存在公民不同意就不适用的自由。

基于证券交易所的社会利益本位性,证券交易所的强制退市规则具有社会法的性质,但本书认为应更进一步以"社会公法"来定义更为贴切。理由如下:通常情况下,证券交易所不需要经上市公司同意就可以强制其退市,从权力的行使方式上来看,证券交易所的强制退市权具有单方意志性与强制性,与公法上的权力形式基本一致。而且,证券交易所强制退市规则对上市公司的强制力来源于上市公司的同意,在形成方式上与国家权力来自"社会契约"有一定的相似之处。因此,用"社会公法"来总结强制退市规则的属性是恰当的。

综上所述,强制退市权属于社会公法上的权力,具有以下三个特征:

第一,基础法律关系的私法性,即强制退市关系是民事法律关系,证券交易所与上市公司在平等地位上签订上市协议,证券交易所基于上市公司对遵守证券交易所规则这一约定义务的同意取得对上市公司的管理权,在触及退市条件时,证券交易所依据上市协议的约定不再提供上市服务。因此,从基础法律关系上来看,强制退市权具有私法性。

第二,社会利益本位性,这一属性体现在规则制定与权力行使两个方面。由于强制退市规则可不经过上市公司的同意而修订,在规则修订可能限制上市公司权利与自由时,规则制定与修改必须符合社会公共利益。强制退市权的行使不是为了谋求证券交易所的私利和特权,其终极目的在于促进社会公共利益的增加,社会利益应优先于证券交易所利益实现。比如证券交易所不能因为上市公司股本体量大、交易活跃能够为证券交易所带来更多的收入而不强制严重侵害投资者利益的上市公司退市,也不能因上市公司拖延缴纳上市费用违反上市协议而立刻将已上市公司强制退市,须基于投资者利益的考量给予上市公司宽限期或先穷尽其他救济途径。

第三,权力行使的程序性,由于证券交易所能单方面强制上市公司退市,对上市公司及其股东的财产价值造成直接的不利影响,因此应当受制于公法上的正当程序原则,在行使强制退市权时,遵循明确、正当的程序,接受政府与社会公众的监督,避免强制退市权成为证券交易所及其工作人员寻租、牟利的工具。

二、强制退市的权力配备分析

从上文对美国与我国的证券监管体制与强制退市权演变的分析中,可以总结出两种截然不同的演化路径:以美国为代表的"国家干预克服市场失灵问题的路径"以及我国"以引入市场机制克服政府失灵问题的路径"。这两种截然不同的路径殊途同归,都走向了自律监管与国家干预相结合的模式,区别在于行政力量与自律力量的强弱对比。这一问题进一步引出了权力如何配备是恰当的?国家权力采用何种方式干预强制退市是合适的?对这些问题的解答首先离不开对自律监管与国家干预之间关系的深入分析。

(一) 自律监管的固有缺陷与国家干预的正当性

证券交易所作为公共服务的提供者、监管者的同时也具有自利的倾向,虽然证券交易所经常被定义为非营利性机构,但这并不能够掩盖证券交易所获取盈利的可能性与必要性,尤其是在证券交易所公司化改制浪潮与市场竞争的压力下,这种自利倾向更加强烈。在内在结构利益冲突下,自律监管固有的缺陷就暴露了出来。首先,在缺乏国家干预的情形下,自律监管容易产生监管偏差。当某公司的上市能带来巨额用上市费或某些异常活跃的交易能够带来不菲的收入时,证券交易所很可能降低监管的标准或姑息纵容。① 而对于存在利益冲突的公司,证券交易所可能会选择较高的监管标准。其次,虽然严格的监管可能带来声誉的增加从而吸引客户资源,但监管收益往往是滞后且难以测度的,在面临财务压力或经济困难时,证券交易所很难抵挡住缩减监管投入的诱惑。监管标准方面,国内各证券交易所之间甚至国际证券交易所之间的竞争压力也会导致证券交易所在监管标准方面存在"朝向底部竞争"的可能。② 最后,证券交易所有可能为一己私利忽略社会公众利益,证券交易所由于受到上市公司、会员券商的利益缠绕,有可能影响自律规范代表的利益方向,证券交易所有可能袒护被监管者,以自律监管的名义为被监管者撑起保护伞。

---

① 比如像安然这样的大型上市公司,在没有被曝出财务丑闻时,交易所不会轻易采取强制退市措施,甚至为了吸引这样的公司上市,交易所可能会选择性地执行上市或退市标准中的低标准以维持上市公司的地位。See Jonathan Macey, Maureen O'Hara and David Pompilio, "Down and Out in the Stock Market: The Law and Economics of the Delisting Process", *Journal of Law and Economics*, 2008, (51): 683—713.

② See John C. Coffee, "Racing towards the Top? The Impact of Cross-Listing and Stock Market Competition On International Corporate Governance", 102 *Colum. L. Rev.* 1757, (Nov. 2002).

由于社会公众利益与证券交易所利益之间的冲突与平衡无法通过市场自身来解决,公众利益容易被忽视,需要国家公权力站在更高的公共利益的角度对利益冲突进行再平衡,美国、英国等原本以自律监管为主的国家都相继进行证券立法,采取行政监管与自律监管结合的二元监管模式,将社会公共利益本位导入证券监管的目标。

(二) 国家干预的适度性与我国的现实问题

经济法理论对市场缺陷和市场失灵分析的结果不仅揭示了政府干预的必要性,同时也为我们科学界定政府干预的范围提供了基本思路,即政府干预的范围应当局限在市场失灵领域。[1] 在我国的现实情况下,对政府干预的适度性的讨论更有理论与现实价值,政府干预不是"要不要"的问题,而是"要多少"的问题。证券监管中,我国政府失灵形成的原因更加复杂,危害也更为严重。

首先,我国证券市场的行政干预来自各个方面。作为国有企业掌控者的政府既是市场监管者又是市场参与者,基于保护国有资产以及地方利益的目的,中央及地方政府对证券监管时常横加干预,在一级市场上"公关上市",扭曲上市公司遴选机制;在面临退市时,政府通过重组等各种方式保持上市公司地位,扭曲淘汰机制,使有的上市公司对欺诈上市等行为有恃无恐。在二级市场上,由于许多投资者始终认为上市公司是"不沉的航母",炒作ST股、PT股之风不绝,二级市场的资产定价、资源再配置功能被扭曲。在外部权力干预下,制度改革很难一步到位。而正是由于担心处于政治序列更底端的证券交易所招架不住各种权力干预的考虑,证监会迟迟不敢将退市规则制定权与决策权完全下放至证券交易所。从制度有效实施的角度上讲,过去证监会把握强制退市的执行权在我国的现实情况下是具备一定合理性的。

但是,强制退市权力过于集中于证监会并不利于自律组织正当利益诉求的表达与自律监管机制优势的发挥。一方面,证券交易所作为市场主体的正当诉求得不到保护,证券交易所之间的竞争在加剧,一国之内的证券交易所之间、证券交易所与场外证券市场之间存在竞争,尤其是在国际化不断深入的形势下,国内证券交易所面临的最大竞争压力来自境外的证券交易所。因此,为了避免陷入竞争劣势与市场萎缩,证券交易所需要有足够的权利与空间进行制度创新、优化市场、提升自身竞争力,这就需要国家权力给予证券交

---

[1] 李东方:《上市公司监管法论》,中国政法大学出版社2013年版,第36页。

易所足够的独立性、自主性。另一方面,证券交易所的自律监管能够克服政府监管的不足。具体到强制退市,在专业性上,证券交易所从业人员更熟悉市场,对上市公司是否具备上市价值、是否会影响市场质量能够作出更加准确的判断;在灵活性与适应性上,证券交易所能够快速根据证券市场的变化,主动调整、修改退市规则;更为重要的是自律监管的阳光能够照耀到法律法规无法覆盖的监管死角以及行政权力不该介入的私权领域。[①] 在监管实施中,证券交易所能够及时了解情况,迅速行动,防患于未然,而行政执法往往是迟缓、滞后与结果导向的,无法起到事前预防的作用。因此,我国逐步引入自律监管机制并给予充分的尊重与保护显得尤为必要,只有对政府权力进行有效约束,才能为自律监管划出施展拳脚的空间。

(三)我国强制退市权的分配原则

1. 权力下放原则

在此用"权力下放"一词并非因本书支持证券交易所的"公权化",而是出于对我国证券市场监管权发展历史和我国现实情况的尊重,证券交易所对强制退市权的取得本是证监会权力下放的结果。另外,若将权力下放称之为"市场化",则离不开证券交易所具备较强独立地位的语境,而我国证券交易所缺乏独立性是公认的现实。本书认为,基于证券交易所作为一线监管者的专业、灵活、效率优势,应当将强制退市的标准制定权、决策权下放至证券交易所,充分尊重证券交易所作为一线监管者的角色与优势。另外,这样做更有以下深刻的现实意义:

首先,强制退市权下放至证券交易所,能够淡化政府作为"裁判员"的角色。我国股市在建立初期没有强制退市制度,事后建立强制退市制度势必引来既得利益者的阻挠,因此需要政府强制推进。但使用国家权力会影响政府自身利益,其改革效果可想而知。因此,从我国证券交易所独立性不断增强的长远角度看,将强制退市权下放至证券交易所是有利于证券市场不断走向公平、公正的。

其次,我国多层次资本市场的发展要求证券交易所应享有较为独立、完整的强制退市标准制定权。多层次资本市场的内涵不仅包括不同证券交易板块的企业上市时质量具备差异性,同时也要求已上市企业的质量底线也具备差异性,同一板块内的企业的整体质量应当处在一个相对接近的水平。在退市指标类型、指标数量要求方面的差别来自各证券交易所对自己板块中上

---

① 刘俊海:《现代证券法》,法律出版社2011年版,第292—293页。

市企业的质量、市场环境等基本情况的判断,证券交易所对退市的指标类型、指标的数量应享有创设、调整、取消的独立而完整的权力。

2. 行政监督原则

行政权力的干预无论是介入程度还是介入方式都应当是适当的,重点在于"确保自律组织行使其权力符合公众利益,监控和处理利益冲突可能引发的问题"①。美国对自律监管与国家干预关系的处理方法非常值得借鉴。曾任美国联邦最高法院大法官的道格拉斯有一段生动的描述:"证券交易所冲在前面,政府握着一把涂好了润滑油的、擦得干干净净的、子弹上了膛的手枪站在门后。政府随时可以使用手枪,尽管政府怀着永远不必使用手枪的希望。"②笔者在此要加以补充的是,这把"手枪"不仅指向证券市场的参与者,同时也指着证券交易所。

我国证券市场起步较晚,具有政府强力推动的历史背景,证券交易所的创设与运作存在浓厚的行政干预色彩,独立性较弱。然而,随着国家金融管制的放松、电子化技术的发展,证券交易所的竞争范围扩展到了全球,我国证券交易所面临的国际竞争压力越来越大,现在证券交易所要重点面对的是发展、竞争问题,行政权的直接控制正成为证券交易所顺应市场发展的一大障碍。此外,随着我国民营企业的不断壮大与上市数量的增多,证券交易所自身的服务对象结构也发生了重大的变化,而且证券交易所经过二十多年的发展,监管人员经验不断积累与监管人才的不断引进,监管能力已经产生了质的飞跃,政府对证券交易所建立初期的那种"控制交易所为国企融资服务"以及"不信任交易所的监管能力"的观念应当及时转变,理顺新形势下证监会与证券交易所的关系,严格区分自律监管与行政监管的不同性质,充分尊重证券交易所的社会法人属性与自律地位,从直接的控制转变为间接的监督。证监会应通过对证券交易所的规则监督、行为监督产生对市场的间接干预效果,使保护社会公共利益的目标得以贯彻。

3. 法律保障原则

我国强制退市制度在很长一段时期内没能建立、完善并得到有效实施的很重要的一个原因是政府权力的不当干预,证券市场功能定位错误致使强制退市制度不受重视,影响了退市制度的建立与完善,而各级政府对上市公司的保护主义也使得强制退市制度的执行步履维艰。

行政化是我国证券市场的一个典型特征,政府处于超强势地位,当政府

---

① IOSCO: Objectives and Principles of Securities Regulation, 2003.
② W. O. Douglas, *Democracy and Finance*, Yale Univ. Press, 1940, p. 82. 转引自方流芳:《证券交易所的法律地位——反思"与国际惯例接轨"》,载《政法论坛》2007年第1期。

行政权力与证券市场规则发生冲突时,政府"特权"往往演化为"超市场规则",证券监管者也只能配合政府意图运作。政府对上市公司退市也带有明显的"自利"倾向,退市政策的制定也会自然向国企"偏袒",而将中小投资者的利益放在其次,作为政府控制下的证监会与证券交易所很难制定出"不留余地"的强制退市法规与规则。① 另外,在现有分税制下,某些上市公司作为本地面向全国的"圈钱窗口",独有的融资机制以及对地方经济的影响力使得各个地方政府都难以割舍。② 而且,国有企业一旦因退市发生严重的资产减值,相关责任人与官员将面临国有资产损失的追责。因此,一旦上市公司有退市的可能,地方政府就会调配各种资源,以补贴、免除债务、资产重组等各种手段保护本地公司的上市地位,甚至将重组作为政府的一项常规性工作。③ 这种情况下,尽管已经制定了上市公司退市制度,监管者在制度执行上也往往感到无力。

因此,在我国国有企业仍然占上市公司总数较大比例的情况下,政府权力对退市制度干预仍然会在较长一段时期内存在,证券交易所作为自律组织比起证监会更容易受到权力的不当干扰而偏离监管目标。因此,法律对强制退市权的保障是证监会与证券交易所有效执行强制退市制度的重要条件。

三、强制退市基本目标与裁量权问题

强制退市的制度目标问题在学界存在争论,没有形成较为统一的认识。另外,强制退市的制度目标之间并非并行不悖的,存在着矛盾关系。证券监管机构与证券交易所对证券市场的监管都是必要的,但两者的出发点与目标并不完全一致。从证券市场发展的一般规律来看,证券交易所作为证券买卖、价格发现、融资的平台,在事实上决定了证券交易所为维持交易秩序产生了监管市场的需求,要使市场长期运行,作为中介平台的证券交易所本身就有动力维持一个公平、有序的交易环境,证券交易所充当对证券市场规则维护的一线监管者的角色,既是职责所在,又是市场所需。④ 政府的监管是证

---

① 比如在退市政策制定方面,证监会一直难以出台严厉的退市制度,尽管退市问题在1997年就被提出,但制度改革总是为符合退市条件的公司留出"退路",对亏损公司先后采取了"特别处理"(ST)和"特别转让"(PT)两种措施,给予其通过重组、会计调整等方式实现"苟延残喘"的机会。
② 翟浩:《上市公司退市——理论分析和制度构建》,2012年华东政法大学博士学位论文。
③ 比如1997年,上海就开始实施政府推动的导向重组,在全国率先建立了上市公司资产重组领导小组。2002年之前,上海135家上市公司中大约80%的公司实施过资产重组。
④ 赵岗、朱忠明、王博林:《中国证券业监管发展与改革研究》,中国发展出版社2015年版,第219页。

券市场自我监管的保证与补充内容,证券市场的外部性与市场失灵产生了对政府监管的需求。

(一)证券交易所作为强制退市主体的基本目标

证券交易所若单纯地作为经济利益主体或商业主体,确保自身盈利与提升市场声誉是其制定强制退市制度的基本目标,市场主体逐利的行为客观上也起到了完善市场的作用。

1. 确保自身盈利

证券交易所为证券交易提供集中统一的市场,包括场地、计算机服务器、交易系统等基础设施,证券交易所不仅需要投入高额的成本建设与完善基础设施,同时对于日常的系统维护与交易监管也要付出高额的成本。只有上市公司的交易活跃度达到一定的程度,交易产生的收入才能覆盖成本甚至产生利润。因此,上市公司的股本规模、公众持股的数量、交投活跃度等与上市公司的实际质量没有直接关联的指标被各国证券交易所都纳入了强制退市的指标之中。交易量这一指标虽然代表着市场对上市公司是否看好,但并不真实代表上市公司的质量,交易量的大小还受到宏观经济环境、股票面值、市场参与者投资策略的影响。[①] 这些并不完全准确反映上市公司质量的指标的引入,本质原因在于这些指标能保证上市公司为证券交易所带来超越成本的收入。

在我国,证券交易所的独立性一直得不到重视,在强制退市指标方面表现得尤为明显。以上海证券交易所为例,直到2012年修订《上市规则》才引入了股票成交量、股票收盘价两个指标,证券交易所追求盈利的目的开始显现。我国证券交易所虽然在法律上定位为会员制事业单位法人,但与一般事业单位法人不同,证券交易所在资金方面完全自收自支,而且盈余不需上缴财政。证券交易所追求经营利润的动力比一般事业单位要强,在资金使用上更加关注效率和投资回报。

2. 提升市场竞争力

美国哥伦比亚大学法学院教授约翰·科菲指出了监管与竞争之间的关系,他认为美国纽约股票交易所起到了"公众投资者监护人"的作用,但这种角色的出现并不是自然的,是其为了在和其他证券交易所的竞争中获胜而逐

---

① 如美国证券市场的参与者多为机构,交易策略倾向于价值投资与长期持有,我国证券市场是典型的散户市场,投机性强且交易活跃,因此在交易量要求上,我国主板的标准高出纽交所近十倍。

渐形成的。① 为了取得竞争优势,纽约证券交易所必须树立自己的信誉,它采取了严格监管方式,这虽然在很大程度是出于自利因素所致,但却客观上符合了证券市场发展的需求。实证研究确实表明,严格的证券监管确实能够提升市场信心,吸引更多的投资者入场。② 此外,严格的监管也会带来更多的上市公司,约翰·科菲认为美国跨国上市公司的增多正是证券监管带来的经济效益。"跨国上市是外国公司将自己与美国市场自我绑定的一种形式,他们接受了美国证券法相对严格的监管,目的是为了想要证明其公司的优质性和所披露信息的可靠性。"③

证券交易所不仅为发行人、上市公司提供服务并据此获得报酬,更加重要的是证券交易所的监管规则、采取的监管措施会向市场传达一种信号。证券交易所通过规定严格的强制退市制度,把违法违规公司和不具备上市价值的公司清除出市场,证明证券交易所交易规则具备较高的执行力与可信度。证券交易所信用与声誉的提高能够增强证券交易所在整个市场中的竞争力,吸引更多投资者、资金与上市资源,形成良性发展。

(二)国家干预强制退市的基本目标

基于公共利益的目的,国家干预才有了介入市场自治的法律正当性。本书认为,公共利益从微观与宏观界分的角度可以拆解为两个方面,即市场参与者的利益与社会经济效率。我国证券市场发展初期由政府主导,根本目的是为国有企业融资解困,从当时的经济发展严重依赖国有企业的历史实际来看,利用股市为国企"输血"客观上也起到了促进经济效率的作用。但随着民企的壮大,股市的功能发生异化,政府权力与证券监管者对低效国企上市地位的保护阻碍了资源的优化配置。另外,我国证券市场的行政监管,最大的失误就是行政监管的重心一直放在为国有公司融资解困上面,而忽略了市场监管的核心应该是保护证券投资者的利益。④ 因此,我国在强制退市制度构建的基本目标上,应由"保护国企利益"向保护投资者与促进经济效率转变。

---

① 尽管美国纽约证券交易所是世界第一大证券交易所,但其在 19 世纪晚期并不拥有事实上的垄断地位,仅在国内就受到了附近的波士顿股票交易所等的有力竞争。See John C. Coffee, Jr., "The Rise of Dispersed Ownership: The Roles of Law and the State in the Separation of Ownership and Control", 111 *Yale Law Journal*, 1—82 (2001), pp. 34—39.

② See Robert Prentice, "Whither Securities Regulation? Some Behavioral Observation Regarding Proposals for its Future", 51 DUKE. L. J. 1397, 1419—20 (2002).

③ See John C. Coffee, "Racing towards the Top? The Impact of Cross-Listing and Stock Market Competition On International Corporate Governance", 102 *Colum. L. Rev.* 1757, (Nov. 2002).

④ 赵岗、朱忠明、王博林:《中国证券业监管发展与改革研究》,中国发展出版社 2015 年版,第 210 页。

1. 保护公众投资者利益

国家权力介入证券市场的基本目的是保护投资者利益，尤其是公众投资者的利益。"现代股份公司的一个重要特征是所有权与控制权的分离，如果控制者的收益主要来自其个人货币收益的话，那么所有者与控制者的利益就会存在着极大的对立。"[1] 利益冲突的格局严重偏向居于强势地位的上市公司控制者，证券市场公共利益的核心在于维护处于弱势地位的公众投资者利益。

强制退市制度对公众投资者的保护作用经常受到质疑，有学者认为强制退市会使投资者蒙受损失，认为退市制度的唯一受益者是证券交易所。[2] 也有学者认为，强制退市制度与投资者保护之间没有直接关联性，就特定投资者而言，所持股票被退市的风险属于当然的投资风险。[3] 这些观点从表面上看具有一定的合理性，但如果以整体性眼光去看待投资者的概念，把眼光放得更广、更远些，可能就不会轻易得出上述结论。强制退市虽然影响了被退市上市公司既有股东所持股票的价值，但市场的净化降低了整体风险与系统风险发生的可能。而且，如果任由绩效差的公司继续在市场上融资，损害的将是更多潜在投资者的利益，退市制度能够提前控制防止潜在损失的发生。

2. 促进社会经济效率

证券市场是一个资本嫁接的平台，将资金分配到资金利用效率更高的上市公司是经济效率目标在证券市场中的体现。强制退市制度的执行能够让投资者认识到证券市场不是"保险箱"，警示作用能够极为强烈地影响投资者的投资决策，在资金分配上促进资源的优化配置，从而促进社会整体的经济效率。

强制退市的警示作用不仅能够引导资金的流动，更为重要的是能够"压迫"企业提高对资金的利用效率。上市公司必须优化公司内部治理结构，杜绝利益输送与"掏空上市公司"这类资金利用效率为零的行为。上市公司还必须提高资金的利用效率为股东带来收益或展现优良业绩来维护股价与市场声誉，避免因投资者不认可导致股价过低被退市。退市的压力也能够在一定程度上改变国有企业股东以行政机制行使股权的思维惯性和行为习惯。

此外，强制退市制度对社会经济效率的促进作用还在于对证券市场风险的控制，降低证券市场风险外部性效应对社会整体经济效率的不利影响。证

---

[1] 〔美〕阿道夫·A.伯利、加纳德·C.米恩斯：《现代公司与私有财产》，甘华鸣等译，商务印书馆 2003 年版，第 154 页。
[2] 王佐发：《我们需要什么样的退市制度》，载《证券法苑》2012 年第 2 期。
[3] 井涛：《退市法律研究》，上海交通大学出版社 2004 年版，第 35 页。

券市场是高风险行业,具有内在不稳定性。同时,证券市场与各行各业、数量庞大的公众投资者以及巨额的保险及福利基金之间存在着千丝万缕的关系,具有强烈的外部性,股市的风险积聚甚至崩溃会影响整个社会经济的各个方面。① 劣质上市公司越多,证券市场的风险越大,强制退市的作用与意义不止于清除劣质公司,更是为了降低市场风险。

(三) 基本目标的关系与自由裁量权

上述基本目标之间不是并行不悖的。证券交易所盈利的增多能够为严格的监管提供物质基础,从而提升市场竞争力,市场竞争力的提升又会带来更多的上市资源、投资者与资金,但过于追求利润则会导致监管偏差,反而降低证券交易所竞争力。国家干预的两个基本目标是社会利益在宏观、微观两个方面的具体表现,具有较高的统一性。证券交易所的盈利目标与社会利益之间存在着一定的矛盾,提升竞争力目标由于在客观上能够起到净化市场、保护投资者、优化资源配置的作用,与社会公共利益目标之间具有较高的统一性。在上述基本目标的优先顺序中,社会公共利益的目标应当优先,证券交易所提升自身竞争力次之,盈利目标劣后。从制度目的论的角度来讲,国家权力对市场干预的目的只能基于公共利益目的,而且若证券交易所自律监管能够满足公共利益的需要,则国家权力没有介入市场的必要。当证券交易所将劣后目标置于优先目标之前时,国家则有必要对证券交易所进行干预。

那么,对于"上述价值目标在现实案件中以什么样的顺序得到实现"这一事实由谁来判断或裁量的问题是必须要厘清的。为体现对公共利益的保护,在退市规则的实施中,证券监管机构或者证券交易所在特殊情况下为保护投资者利益有权立即暂停或终止股票上市,如纽约证券交易所关于退市程序的规则中就有相关规定,是一种完全的自由裁量权。② 美国 SEC 对于证券交易所不采取退市措施的上市公司,出于保护投资者的必要性也可以暂停或者取消证券注册的效力以达到退市的效果。可以看出,在强制退市的裁量权分配上,证券交易所有决定"退市"的实质裁量权,但在"不退市"方面受 SEC 自由裁量权的限制,SEC 会判断证券交易所不采取退市措施是否忽视了保护投资者利益这一优先目标,并且每年会对证券交易所做至少一次维持上市情况的现场检查,SEC 的自由裁量权实际上起到了对证券交易所非常强的监督与制约作用。

另外,美国的强制退市裁量权分配的制度设计还引发了笔者对退市标准

---

① 李东方:《证券监管法律制度研究》,北京大学出版社 2002 年版,第 32 页。
② Listed Company Manual,804.00 Procedure for Delisting.

的思考,即"保护投资者利益"能否作为一个独立的退市标准,这是一个值得思考的问题。我国现行规则采取的是列举的方法,证监会或者证券交易所在退市问题上都不具有以"保护投资者利益"为目的的自由裁量空间,不利于在迅速变化的复杂市场中保护投资者利益。

四、注册制改革背景下的强制退市制度完善建议

随着注册制的推进,严格的信息公开措施必然会增大发行环节和公司的透明度,那些依靠包装或造假的发行公司就可能被市场淘汰,退市也就成为其应当承受的后果。因此,对于劣质上市公司必须按照市场规律将其淘汰出局,这就依赖于更加完善的强制退市制度。

(一)注册制与强制退市制度的关系

第一,注册制下有多少公司可以上市交易取决于证券交易所的容量,证券交易所的容量由三项能力决定:一是硬件技术能力,即电子化交易系统的承受能力。二是监管能力。如果上市公司的数量迅速扩容,目前的监管力量未必能够应付,仅信息披露监管就是一个巨大的负担,而且在以信息披露为核心的注册制下,对监管人员的监管经验要求极高,即使证券交易所招募更多的监管人员也未必能够实现有效监管,有可能引发监管崩盘。三是市场资金承受能力。我国股市目前非常脆弱,凡 IPO 开闸必然会有大幅下跌的压力,市场承受能力也是衡量注册制能否成功的一个重要因素。在注册制下,如果没有严格的强制退市制度打开"泄压阀",证券交易所只能采取发行与上市的节奏控制,有节奏控制的注册制必然是"伪注册制"。[1]

第二,上市审核与强制退市是"上市权"的正反两个方面,证券交易所在这两个环节中对公司是否具有上市价值都进行实质性审查。但在核准制下,由于发行与上市的捆绑,证券交易所在上市过程中没有权力对上市公司的价值进行实质审查,而是在证监会通过发行审核后,证券交易所被动接受其上市,证券交易所的"上市权"是不完整的。因此,注册制改革必须将上市审核权"还政"于证券交易所,强制退市制度在权力方面的提前下放对注册制起着"倒逼"改革的作用。[2]

第三,证券交易所自身也追求自身市场整体质量与市场竞争力的提升,

---

[1] 王涌:《人民需要一场正心诚意的改革》,http://help.3g.163.com/16/0215/08/BFRR8G7700964JJI.html,访问日期:2015 年 2 月 15 日。
[2] 我国自 2013 年开始,IPO 重启、新三板扩容、中小投资者保护顶层设计出炉、《退市意见》出台等,这些看似零散的制度都是注册制改革配套措施的建立与完善,这些措施从一定意义上都是"倒逼"注册制出台的"先着"。

证券交易所可以采取两个方式：一是提高上市标准，根据我国《证券法》的规定，证券交易所可以制定比公开发行标准更高的上市标准；二是提高强制退市的标准，从市场退出方面提高对上市公司的要求。上市标准与强制退市标准是有机联动的，证券交易所可以根据经济情况、市场诚信度等来调节两者之间的差距，进而调节市场整体质量与市场容量。

（二）完善强制退市制度的建议

1. 证监会在强制退市方面不做价值判断

在注册制下，证监会在上市与强制退市两个环节中的角色应当保持一致。在公开发行方面，证监会不对证券的价值做实质性审查，而应当将重点放在信息披露是否真实、完整、准确上，为证券交易所、投资者依据真实的信息判断证券价值提供保障，证券交易所对是否允许已公开发行的证券上市交易进行实质性判断。① 在退市方面，证监会同样不应当对上市公司的价值进行判断，而只需要对重大违法行为及时作出认定、处罚或移送司法机关，由证券交易所对上市公司是否还具备上市价值进行实质判断。

2. 证监会应以对利益冲突监督为主

证监会应当重点监管证券交易所的利益冲突行为，即防止证券交易所在作出上市、强制退市决定时将证券交易所的利益置于优先地位，证监会不仅应当对证券交易所的"退市"决定进行正当性审查，如被强制退市的公司与证券交易所之间是否存在利益冲突关系，同时更要对不作为行为进行审查。在手段上，应当坚持行政监督原则，法律应授权证监会对证券交易所的自律规则进行实质性审查，证监会有权建议证券交易所将有利于保护投资者利益的规定写入上市规则中。同时，证监会对证券交易所的强制退市行为有监督矫正的权力。本书认为，在发行审核权与上市审核权分离的基本条件下，证券注册应继续作为一种行政许可权由证监会掌握，在证券交易所因利益冲突出现不作为时，证监会可以撤销证券注册效力使上市公司不再具备上市条件，或者由法律赋予证监会以特殊、紧急情况下的暂停、终止上市权以保护公共利益。

---

① 在注册制下，证券监督管理机关与证券交易所是否对上市公司的质量与价值进行实质性审查是值得探讨的。美国的证券发行注册制由两个环节的审核构成：第一环节是美国 SEC 的发行审核，核心是"审"而不"否"（不因质量优劣而否决申请）；第二环节是交易所的实质审核，核心是"双否"，即对首次上市和持续上市运用实质判断和行使否决权。我国的注册制改革从《证券法》修订草案的现有规定来看，只规定了注册生效不代表证监会对股票价值做实质性判断或保证，但对交易所没有表明态度，从交易所自身利益的角度考虑应做实质审查。

在强制退市制度的权力分配上,证监会应当从台前转到幕后,以监督者的身份行使对证券交易所制定的规则是否符合公共利益与法定程序的审查权、对强制退市决定作出的理由是否正当以及程序是否合法的监督权,不再直接制定与强制退市有关的各种《实施办法》《指导意见》等行政规章。

3. 保障强制退市权的独立行使

首先,证券交易所的强制退市规则制定权、执行权应当得到《证券法》的完整授权,证监会的监督权与特殊情况下的强制退市决定权也应由《证券法》规定,以高层级的立法保护强制退市权的行使免受行政机关的不当干预。

其次,《证券法》应立法保障证监会与证券交易所的独立地位。一方面,与美国 SEC 直接对国会负责不同,我国证监会目前是国务院的直属事业单位,缺乏独立性[①],在证监会直接领导下的证券交易所同样存在独立性不足问题。我国机构独立性问题缺失的根本原因在于人事权与预算权受到政府的过度控制。证监会与证券交易所未来的改革方向应当是在人事与预算上逐渐脱离国务院的管辖。在人事方面,《证券法》可规定证监会、证券交易所主管人员的人事任免不受任何不当干预,除发生滥用职权、玩忽职守等违法行为或其他不当行为外,不得被免职。证券交易所的另外一种改革途径就是实行公司化,将证券交易所高级管理人员的任免权交给股东。在预算权方面,证券交易所可以自收自支,受行政影响较小能够保证一定的独立性,在证监会无法摆脱财政预算限制的条件下,将强制退市权完全下放至证券交易所是较为妥当的。

4. 丰富指标,并以数量标准为主,质量标准为辅

我国的强制退市指标设计应当不断丰富,增加诸如关联担保额、资金占用比例、资产迅速减值等指标。根据退市标准所涉及的主观判断成分的多少,可将退市标准分为数量标准与质量标准。在我国的强制退市制度演进历程中,规则的不确定性、主观性给上市公司逃避退市提供了太多的空间。因此在指标设计方面,应当以数量标准为主,缩小人为操作空间,对所有上市公司公平适用。但数量标准比较容易被上市公司通过会计手段、股市操纵、关联交易等手段加以规避,因此必须完善质量标准来辅助判断,如引入权威意见评估证券价值要求退市的标准,通过证券交易所对上市公司的上市价值做

[①] 有关中国证监会改革的内容,见本书第三章第四节"证券监管机构及其监管权的独立性研究"的相关内容。

实质性判断的自由裁量补充数量标准的不足。①

5. 进一步完善重大违法退市

第一，拓宽重大违法的概念范围，不局限于"证券违法行为"。本书认为，何种违法行为能够导致退市应以"与上市地位相关性"和"公共利益"标准进行判断。首先，上市公司违法行为并不局限于违反《证券法》的"证券违法行为"，如果上市公司从事构成严重犯罪的经营行为亦应强制退市。其次，从事"证券违法行为"也不局限于欺诈上市和信息披露违法，上市公司本身作为能够构成单位犯罪的主体也能够实施操纵市场这类的证券违法行为。最后，重大违法行为违反的法律规范的范围不仅包括法律、行政法规、部门规章，还应当包括证券交易所自律规则，由于证券交易所的上市规则与上市地位、公共利益密切相关，严重违反上市规则的上市公司理应被强制退市。

第二，关于"重大性"的判断问题，本书认为这是造成重大违法强制退市规定成为"纸面法律"的最为重要的原因。因为对重大性的判断具有过宽的主观性，今后应当细化、量化对"重大性"的规定，如证券交易所可以根据市场诚信情况，规定被公开谴责超过三次的行为、暂停上市公司在宽限期满内仍不披露的行为、违规披露但不构成不披露重要信息罪并超过三次的行为或行为违规在限期内拒不改正的行为都视为重大违法。

五、上市公司退市中投资公众利益的保护机制

虽然上市公司退市、股票摘牌是针对上市公司的，但是，退市在客观上必然殃及二级市场投资者，特别是中小投资者，他们往往会成为真正的受害者。证券市场的内在逻辑是，在股票依法发行后，发行人自行负责其经营风险与收益，投资者自行负担其投资风险。投资者依据自己的理性判断作出投资决策，并由此承担可能产生的风险。但投资者风险自负的前提是市场已具备公开、公正、公平的市场条件，即投资者有权也应得到其所投资的上市公司真实、充分的信息。然而，中小投资者本应享有的这一权利却受到了侵害：这些公司经虚假包装，隐瞒了公司的真实财务状况后得以上市，上市后又通过连续作假账等手段欺骗股东，最终因财务状况恶化而不得不面临退市。在这种情况下，要求中小投资者来承担投资风险，显失公平。投资公众的这种风险损失应当有适当的救济途径。

---

① 纽约交易所的持续上市标准除股本与分布标准、财务标准与价格标准外，出现以下情况的，纽交所也可以依照程序强制退市：经营资产或经营范围减少；破产或清算；经交易所认定的权威意见认定证券失去投资价值；证券注册不再生效；违反协议；因为赎回、支付或整体替换；操作违反公共利益；其他可能导致摘牌的因素。

1. 明确退市责任人的法律责任，完善民事赔偿制度

针对上市公司在退市活动中出现的违法和侵权行为，应当追究相关责任人的法律责任。责任人除了可能被追究刑事责任和行政责任之外，因上市公司退市而受到侵害的投资者还可以通过民事诉讼追究责任人的民事法律责任。但是，目前我国证券民事赔偿制度很不完备，完善民事赔偿制度是退市中保护投资公众利益机制的重要一环。

完善退市中的民事赔偿制度应当从实体法和程序法两个方面着手：

(1) 实体法方面。按照民事侵权责任构成的四个要件，要确定行为主体的主观过错、违法行为、损害后果及违法行为与损害后果之间的因果关系。在上述四个要件中有两点需要强调，一是确定侵权主体及其过错：存在违法行为的上市公司；该上市公司的控股股东、实际控制人有过错的，应当承担连带责任；保荐人、会计师、律师等中介机构对于造假上市、披露虚假信息等没有尽到相应的职责而存在过错行为的，应当与该上市公司承担连带责任。二是确定侵权行为与损害后果之间的因果关系：如果中小股东在投资决策前所获得的是虚假信息，或者被上述侵权主体所欺骗、误导而购买该公司股票，并因此而遭受投资损失的，可以确定违法行为和损害结果存在因果关系。

(2) 程序法方面。这主要是通过完善民事诉讼法律制度以及通过最高人民法院专门就退市民事赔偿诉讼作出相应的司法解释，从司法程序上保护中小投资者的诉讼权利。

2. 建立股本保险制度

有学者提出尝试建立股本保险制度，即由商业保险公司提供股本保险，使之充当二级市场投资者最终保护人的角色。一旦某个上市公司被强制退市，且它所具有的违法行为又给投资者造成了损失，此时受损失的投资者可向保险公司索赔。通过这样的制度安排，一方面可以稳定广大投资者对股市的信心，另一方面也有利于克服中小股东对上市公司软约束的问题。一旦由保险公司肩负起被终止上市公司投资者的赔偿责任，它就会有动力利用其拥有的风险管理、投资理财、营销企业等方面的专家去监控上市公司的经营状况，也有利于弥补当前我国对上市公司监管不力的缺陷。①

---

① 戴念念：《论上市公司退市机制的完善》，载《中南财经政法大学学报》2002年第2期。

第九章　证券经营机构监管

　　证券经营机构是证券市场不可或缺的组成部分,它是证券市场构成的主体要素之一。无论是证券的发行还是流通,一般均通过证券经营机构来进行。因此,在证券投资者和证券发行者之间,证券经营机构起着沟通二者的桥梁作用,它在证券流通中处于枢纽地位。同时,证券经营机构在促进证券市场的社会分工和专业化发展,以及推动证券市场的优化运作,分散融资风险,降低社会融资成本等方面亦有着不可低估的作用。正是由于证券经营机构在证券市场中的重要作用,因而各国的证券监管法都将证券经营机构纳入了规制的范围。

第一节　证券经营机构的一般理论

一、证券经营机构的概念辨析

　　一般认为,证券经营机构是指依法从事证券经纪、承销、经营等业务的营利性金融组织。这类组织通常又被称为证券商。由于各国(地区)证券制度的历史发展不同,证券市场的发育程度不同,因此,各国(地区)关于证券经营机构的概念也有很大的差别。

　　在美国,证券立法中未给证券经营机构作出一个总体的定义,而是分别使用证券综合商(broker-dealer)、经纪商(broker)、自营商(dealer)、代理人(agent)等概念。美国1934年《证券交易法》中对经纪商和自营商分别作出如下定义:经纪商是"除银行外以他人名义从事证券交易的任何人",自营商则"以自己的名义、个人或团体信用从事证券买卖,但不得以其作为常规业务的一部分"。后来美国于1956年制定《统一证券法》,该法所使用的证券经营机构的概念与1934年《证券交易法》中证券经营机构的概念相类似,但不包括代理人、证券发行人、银行以及储备机构或者信托公司。该法规定,所谓代理人,是指代表一个证券商或者证券发行人,从事或者目的在于从事证券交易的任何个人,但代理人本身不是证券商。日本、韩国的证券商为证券公司。日本与韩国的《证券交易法》通过对证券公司和"证券经营业务"内容的界定,间接明确证券商概念。① 日本、韩国禁止自然人以证券商身份从事证券业务。泰国《证券法》规定,证券商为经主管机构核准经营证券业务的有限公司。②

我国《证券法》颁布之前,我国立法对证券经营机构的定义不尽一致。中国人民银行于 1990 年 10 月 12 日颁布的《证券公司管理暂行办法》将证券经营机构规定为依法设立的、专门从事证券业务、具有独立企业法人地位的金融机构。中国人民银行于同年 11 月 27 日颁布的《关于证券交易营业部管理暂行办法》则规定了证券经营机构的另一种组织形态——证券交易营业部。所谓证券交易营业部,是指依法经中国人民银行批准、由金融机构设置的专门经营证券交易业务的对外营业场所。而中国人民银行深圳经济特区分行于 1991 年 6 月 12 日发布的《深圳证券机构管理暂行规定》则将证券经营机构规定为:"依本办法规定设立的,专门经营或兼营证券业务的机构及其相关业务的组织。"1998 年 12 月 29 日全国人大正式颁布《中华人民共和国证券法》,该法借鉴日本《证券交易法》,将证券经营机构统称为"证券公司",规定证券经营机构必须采取公司形式并冠以"证券有限责任公司或者证券股份有限公司"字样。根据该法,证券公司是指依照公司法规定和经国务院证券监督管理机构审查批准的从事证券经营业务的有限责任公司或者股份有限公司。③ 立法者从国情出发,统筹考虑体制和法律协调等因素,在 2015 年"《证券法》修订草案"中扩大了证券经营业务的主体范围;将原"证券公司"一章改为"证券经营机构",规定证券经营机构包括证券公司、证券合伙企业,以及经国务院证券监督管理机构按照规定核准经营证券业务的其他机构。④ 将证券投资咨询机构、财务顾问机构纳入证券经营机构的范围,并为其他金融机构从事证券业务提供法律依据,体现了在新的市场经济条件下,放松对证券业管制的立法思想。

二、证券经营机构的法律特征

如前所述,证券经营机构是以经营证券为业,在证券的发行和交易中居于枢纽地位;其证券经营行为涉及广大投资者的切身利益,具有广泛的涉众性。其不同于普通的市场主体。证券经营机构具有以下法律特征:

---

① 参见日本《证券交易法》第 2 条第 8、9 款;韩国《证券交易法》第 2 条第 8、9 款。
② 参见《异军突起——亚洲六国证券市场》,上海三联书店 1996 年版,第 393 页。
③ 1998 年《证券法》第 118 条;2005 年修订的《证券法》改为第 123 条。
④ 具体内容见 2015 年《证券法》修订草案第 212 条的规定:本法所称证券经营机构,是指依照《公司法》《合伙企业法》和《证券法》规定设立的证券公司、证券合伙企业,以及经国务院证券监督管理机构按照规定核准经营证券业务的其他机构。

（一）实行严格的市场准入制度

世界各国对证券经营机构的市场准入均实行国家干预,这种干预体现在两个方面:

(1) 对证券经营机构的市场准入要么实行注册制,要么实行许可制或审批制。证券市场是一个充满风险的市场,证券经营机构以经营证券为业,风险与其经营相伴,防范风险必须从源头,即从市场准入时开始防范。对此,我国实行较为严格的审批制,比如现行《证券法》第122条以及对该条进行修订的2015年"《证券法》修订草案"第214条均体现出我国对证券经营机构市场准入的审批制立法精神。[①]

(2) 对证券经营机构的市场准入规定严格的设立条件。依照现行《证券法》的规定,证券公司为有限责任公司或股份有限公司,其设立必须满足《公司法》规定的有关设立有限责任公司或股份有限公司的条件,同时还必须满足《证券法》规定的设立条件。这使得证券公司设立的条件远远高于单纯依照《公司法》而设立的普通公司。2015年"《证券法》修订草案"一旦通过,则其中的证券合伙企业的设立同样是一方面必须满足《合伙企业法》规定的有关设立合伙企业的条件,同时还必须满足《证券法》规定的设立条件。这主要是为了保证证券经营机构设立的高起点,增强其抵御风险的能力。

（二）业务范围的法定性

我国实行市场经济制度之后,企业经营的业务范围有了很大的自主性,就一般企业而言,业务范围是"法无禁止即可为"。但是对于证券经营机构而言,业务一般属于金融服务领域,服务对象以证券发行人、公众公司、证券投资者为主,涉及的金额大、风险高、公众性强。因此,证券经营机构的业务范围必须由法律作出明确规定,具有法定性。比如,现行《证券法》第125条以及对该条进行修订的2015年"《证券法》修订草案"第219条均体现出我国对

[①] 现行《证券法》第122条规定,设立证券公司,必须经国务院证券监督管理机构审查批准。未经国务院证券监督管理机构批准,任何单位和个人不得经营证券业务。2015年"《证券法》修订草案"第214条规定,设立证券公司、证券合伙企业,应当经国务院证券监督管理机构批准。未经国务院证券监督管理机构批准,任何单位和个人不得经营或者变相经营证券业务,不得使用"证券"或者"证券公司"字样或者近似名称开展证券业务活动。

证券经营机构业务范围的强制性规定。① 换言之,证券经营机构业务范围的法定性体现在:一是《证券法》的明文规定,二是以政府证券监管机构的"批准"或"核准"为前提。

(三) 风险防范措施底线的法定性

市场经济是竞争经济,有竞争就会有风险,所谓商场如战场。但是,对于商业风险的防范,普通商主体是自由的,其对风险防范的成本投入以及防范的方式都是可以自行决定的,法律一般不加干预。然而,在证券市场,证券经营机构既是风险的承受者,有时也是风险的制造者,因此对于证券经营机构的风险防范,除了其自身的作为,法律还规定了其风险防范措施的底线,以期有效地控制风险,保护投资者利益,维护证券市场的安全与稳定。证券经营机构法定的风险防范制度主要包括:风险控制指标管理制度、风险准备金制度、内部控制制度、业务风险监管和投资者保护基金制度等。证券经营机构风险监管制度的相关具体内容将在本章第四节详细论述。

(四) 对证券经营机构的从业人员实行准入制

对证券经营机构的从业人员实行准入制,是指对证券从业人员实行资格证书和任职资格制度。第一,证券经营机构的普通从业人员需要通过全国性质的资格认证考试,发给国家金融机构进行认证的资格证书。并且,因违法行为或者违纪行为被开除的证券交易所、证券登记结算机构、证券服务机构、证券公司的从业人员和被开除的国家机关工作人员,不得被聘为证券公司的从业人员。② 第二,对于证券公司的董事、监事、高级管理人员,法律要求其具有履行职责所需的经营管理能力,并在任职前取得国务院证券监督管理机构核准的任职资格。③

三、证券经营机构的分类

纵观世界各国关于证券经营机构的分类,种类繁多,其中美国堪称世界

---

① 《证券法》第 125 条规定:"经国务院证券监督管理机构批准,证券公司可以经营下列部分或者全部业务:(一) 证券经纪;(二) 证券投资咨询;(三) 与证券交易、证券投资活动有关的财务顾问;(四) 证券承销与保荐;(五) 证券自营;(六) 证券资产管理;(七) 其他证券业务。"2015 年《证券法》修订草案第 219 条规定:"经国务院证券监督管理机构核准,证券经营机构可以经营下列部分或者全部证券业务:(一) 证券承销;(二) 证券保荐;(三) 证券经纪;(四) 证券融资、融券;(五) 证券登记、结算和托管;(六) 证券做市交易;(七) 证券产品销售;(八) 证券投资咨询;(九) 证券财务顾问;(十) 其他证券业务。"
② 见《证券法》第 132 条。
③ 见《证券法》第 131 条第 1 款。

之最。在美国,证券经营机构主要分为以下种类:(1) 综合经纪商(integrated securities houses)。综合经纪商是经营多种证券业务的证券商,他们可向客户提供证券行纪或居间、证券承销、证券投资顾问等多种服务,同时还可进行证券的自营交易。(2) 专业会员(specialist),也称为专家经纪商。专业会员既可接受其他经纪商的委托,也可自行买卖证券,但其只能固定在交易厅内各交易站周围买卖某一种或几种特定的证券。根据法律,专业会员负有维持证券市场"流动性"和"持续性"的职责。(3) 佣金经纪商(commission broker)。其直接接受公众投资者的委托进行证券买卖并收取佣金。(4) 场内经纪商(floor broker)。场内经纪商是证券交易所的会员,在交易厅内执行买卖上市证券的指令并收取佣金。场内经纪商并不对公众投资者直接负责,其客户是佣金经纪商,因此,又有经纪商的经纪商(broker's broker)之称。(5) 零数自营商(odd-lot dealer)。零数自营商经营不足一个成交单位的零数买卖,其交易对象为佣金经纪商。(6) 注册交易商(registered broker),又称为场内自营商(floor broker)。注册交易商以个人身份取得交易所会员资格,为自己买卖证券。(7) 做市商(market-maker)。见本书第七章第二节的相关内容。(8) 债券经纪商(bond broker)。在纽约证券交易所内,股票和债券分别在两个不同的室内进行交易。债券经纪商接受投资者委托,在债券交易室从事债券交易,同时也兼营其他证券业务。由于美国的债券多在场外市场交易,所以债券经纪商并不多。(9) 折扣经纪商(discount broker)。折扣经纪商只接受客户委托完成证券交易,此外不提供其他服务,因此,又被称为"无额外服务经纪商"(no rills order executor)。(10) 媒介经纪商(interdealer broker)。媒介经纪商只在美国联邦公债市场上活动,其代自营商寻找交易对象,并提供信息和交易系统。(11) 投机证券商(risk arbitrageur),又称为风险套利者。投机证券商为自己的利益进行证券交易,通常是在公司权力更替之前大量购进股票,等到发生控制权争夺时再高价卖出,获取巨额赢利。投机证券商不一定具有证券交易所会员或场外交易市场证券商的资格。

在我国,1998 年《证券法》将证券经营机构分为经纪类证券公司和综合类证券公司,并由国务院证券监督管理机构按照其分类颁发营业许可证。① 经纪类证券公司亦即证券经纪商,是指在证券交易中接受客户委托买卖证券,从事中介业务的证券公司。经纪类证券公司在证券市场上的法律地位,相当于民法中的行纪人。证券经纪商与客户签订的委托买卖证券合同,相当于民法中的行纪合同,因此,证券经纪商与客户之间的权利义务应当适用行

---

① 参见 1998 年《证券法》第 119 条。

纪关系当事人的权利义务。根据1998年《证券法》的规定,经纪类证券公司只允许从事证券经纪业务,而不得从事承销或自营类的证券业务,也不得从事证券投资咨询等类业务。《证券法》还规定,经纪类证券公司必须在其名称中标明"经纪"字样。① 事实上,在我国,经纪类证券公司是证券市场的主要力量,是证券公司中数量最多、最活跃的一部分。综合类证券公司即综合证券商,是指兼营证券承销、自营、经纪业务的证券商。综合证券商制度是自证券市场产生以来各国在理论上争论不休的问题,在实践中也呈现出多样性。有的国家允许自营业务和经纪业务兼营,而另一些国家则严格禁止证券自营商兼营经纪业务和证券经纪商兼营自营业务。即使是同样实行综合证券商制度的国家,其方式也不相同,即有的国家对混合操作不作禁止规定,有的国家则严格禁止自营和经纪业务混合操作,强调分业经营。

在法理上,证券分业主义的法律价值取向是保护证券市场的稳定和投资者的利益。分业主义认为,如果实行兼业,自营和经纪混合操作,可能出现证券公司"自己代理"的情况,即以自己作为一方交易人来与自己所代理的客户作相对交易。自己代理行为的最大缺陷就在于代理人始终处于双方利益冲突之中,既有所代理的委托人的利益,又有自身的利益。利益冲突的结果往往是代理人可能出于谋求自身利益最大化的动机而作出损害委托人利益的行为,并由此破坏证券市场公正、公平、公开的"三公"原则。实行证券兼业主义的国家,则主要是从维护证券市场的连续性、流动性为价值理念。二者本都无可厚非,但采纳证券兼业主义,则必须完善相应的法律规定和监控管理体制。我国1998年《证券法》第132条第1款规定:"综合类证券公司必须将其经纪业务和自营业务分开办理,业务人员、财务账户均应分开,不得混合操作。"可见,在我国一方面从维护市场的连续性和流动性出发,而采兼业主义;另一方面为了克服兼业制可能带来的不公平现象,又严格禁止经纪业务和自营业务混合操作。

2005年《证券法》对证券公司采兼业主义进一步深化,直接取消了经纪类证券公司和综合类证券公司的分类,在证券公司的名称上无区分地统一称为证券公司。但是,通过规定不同证券公司的注册资本来确立其具体的业务范围,即根据注册资本的大小,由证券监管机构批准其经营下列证券业务的种类:证券经纪;证券投资咨询;与证券交易、证券投资活动有关的财务顾问;证券承销与保荐;证券自营;证券资产管理;其他证券业务。② 这种立法上的修改,大大提高了证券公司根据自己的实际经营状况而灵活改变证券经

---

① 参见1998年《证券法》第120、130条。
② 参见2005年《证券法》第125、127条。

营范围的工商变更成本和时间成本,有利于实现证券监管法的效益价值和高效原则。而 2015 年"《证券法》修订草案"保持了证券公司这种不分类模式,只是在证券公司之外,增加了证券合伙企业,以及经国务院证券监督管理机构按照规定核准经营证券业务的其他机构,进一步拓宽了证券经营机构的主体范围。①

四、证券业与银行业的分业与合业监管

本书第二章第六节就"金融分合业经营与监管及其对证券监管体制的影响"进行过探讨,但是,证券业与银行业的分业与合业监管有其特殊之处,并且这种分合对证券经营机构监管的制度安排有着十分密切的关系,故有必要进一步进行专门研究。另外,这里所谓的证券业是指狭义的证券业(见本书第二章第一节"证券业"中对狭义证券业的解释)。

一般来说,银行业主要从事存贷款业务,实现间接融资功能,运行于货币市场;证券业主要从事证券承销、经纪等业务,实现直接融资功能,运行于资本市场。然而,各国金融体系以及金融制度发展的历史表明,银行业与证券业的分离与融合,始终是金融结构调整和金融制度变迁的基本特征之一。由于这种"银证分离与融合"与政府对证券业尤其是证券经营机构的监管及其制度安排密切相关,并直接影响到证券市场的结构与发展。因此,对证券业与银行业究竟是采取分业监管还是合业监管一直存在争论,并且这一争论贯穿于各国证券市场发展的始末,并构成证券监管法律制度的一个重要组成部分。

(一)两业分合的两种模式

在证券业与银行业分合的模式上,在实践中主要有两种类型:一种类型是以美国、日本等国为代表的证券业与银行业分业监管模式,另一种类型是以德国等欧洲大陆国家为代表的证券业与银行业合业监管模式。

1. 分业监管模式

1929 年以前,美国基本上是银行业与证券业合业经营,也就是说,美国的商业银行完全可以从事证券业务。1929 年至 1933 年世界经济危机期间,美国的银行系统陷于瘫痪,大量商业银行破产倒闭,美国国会经过详细调查后认为,产生这次金融体系濒于崩溃的经济危机的根本原因在于美国的商业银行大量从事证券业务,而证券市场存在的投机性和高风险性,致使一旦证

---

① 参见 2015 年"《证券法》修订草案"第 212 条。

券市场出现大的动荡或危机,就必然危及整个商业银行的命运。于是美国国会在 1933 年通过了《格拉斯—斯蒂格尔法案》(Glass-Steagall Act)。① 该法案明确规定:严格实行银行业与证券业的分业经营与分业监管,商业银行业务须同证券公司的投资银行业务分开,禁止商业银行拥有自己的证券公司或设立从事证券投资业务的分支机构;官员不得在两业同时任职,并建立银行存款保险制度,从而确定了分业监管的初步框架。

受美国分业监管立法的影响,日本、比利时、加拿大等国也先后制定了分业监管的制度。例如,1948 年日本《证券交易法》明确规定了银行与证券分离的原则,严禁银行办理证券业务,证券业务由证券公司经营。同时,规定证券公司不得从事证券以外的业务。②

2. 合业监管模式

欧洲大陆国家大多实行银行业与证券业合业经营、混业监管的模式,其中以德国最为典型。在德国,银行业与证券业始终融为一体,并且集中体现在其商业银行作为"全能银行"或"综合银行"的制度体系(Universal Banking System or Full Banking System)上。德国银行可以从事广泛的金融业务。除存款、信贷、支付清算等商业银行业务外,还全面从事证券业务,包括包销、代销新发行的有价证券,自行或代客买卖有价证券,以及清算与过户等业务。上述有价证券包括政府债券和公司的股票、债券。③ 德国联邦银行与银行监督局作为颇具权威且高效运作的金融监管主体,负责依法对"全能银行"予以监督,并协调银行业与证券业并行过程中可能出现的种种矛盾。④

(二)两业分合监管的理论比较

理论界对于证券业与银行业分合两种监管模式优劣的争论主要集中于风险防范,效率提高和信息对称等方面。⑤

1. 风险防范方面

分业论者认为,分业监管不仅有助于减缓证券市场波动与过度投机,而且能够降低证券市场危机的外部负效应,减弱其对整个金融体系信用制度的冲击,主要理由如下:第一,银行资金过多流入股市而使实体部门资金匮乏,

---

① 自 20 世纪 80 年代以来,美国逐步放松了对银行业和证券业的分业监管,出现了融合经营、合业监管的趋势,并于 1999 年 11 月正式废除了此项法案。
② 参见日本《证券交易法》第 65 条。
③ 甘培根、林志琪编著:《外国银行制度与业务》,中央广播电视大学出版社 1985 年版,第 81 页。
④ 巴曙松:《资本市场发展与金融结构调整》,载《当代经济科学》1998 年第 1 期。
⑤ 傅斌:《论我国证券业与银行业的分合取向》,载《财经问题研究》1997 年第 2 期。

当资金供需矛盾激化时常会迫使央行扩大基础货币投放量,引发通胀。第二,利益导向与竞争促使投资银行向商业银行领域拓展业务,证券抵押贷款,在证券代理买卖中向客户融资交易,使信用风险成倍扩张。一旦信用链条断裂,必然出现:经济形势恶化→投资者抛售股票→股市危机→银行危机→经济危机的恶性循环。① 第三,若银行出于利润最大化动机而介入投资银行业务,由于获利归银行而亏损归存款者的风险收益的不对称性,将驱使大量短期储蓄资金用于长期资本市场,结果导致证券市场因巨额银行资本渗入而出现虚假繁荣并增加泡沫程度和投机性,同时亟须资金的产业部门却得不到贷款。可见,由于商业银行面对社会公众并承担社会经济体系的中枢功能,因此,它参与高风险的证券市场有违资金安全性与流动性的首要要求。

合业论者则认为:第一,银行参与证券市场并不一定会带来风险,因为银行经营风险的高低,不在于其经营项目的内容,而在于管理水平及风险控制能力。相反,银行通过参与证券市场,还可以作为使银行降低经营风险的有效工具。最有力的例证就是德国一直实行全能银行制度,而其银行倒闭的数量并不比实行证银分业的美、日、英等国多。第二,由于直接融资有其独到的优点,使各大公司踊跃到证券市场直接融资,从而降低了银行的盈利空间,因此,分业管理会使商业银行因市场缩小而陷入困境。第三,拥有金融专才和丰富经验的商业银行比一般机构投资者更具理性,因而可改善证券市场资金结构,增强投资者信心,起到平稳市场的作用。第四,银行介入证券市场有利于其多元化经营,从而降低总经营风险,银行广泛的客户关系及其长期了解也使得潜在风险得以缓解。

2. 提高效率方面

分业论者认为,现代产业的发展,分工愈来愈细,效率也愈来愈高。银行业与证券业进行专业化分工,有助于提高效率、增进效益。而证券业与银行业合业,则有可能使广大中小券商在竞争中破产倒闭,从而限制和减少了竞争,并由此产生证券行业的垄断。垄断是公平和效率的"天敌",由于银行可依仗其雄厚的资金实力和遍及国内外的网络而垄断整个金融业,最终会产生损害效率的结果。而分业则是对自由竞争的有效维护。合业论者则认为,有效分工是通过市场自由竞争而形成,分工是市场运行的结果而非初始状态,强制性分工只能损害效率。而且,竞争中自然产生的垄断具有经济的合理性,表明规模经济的内在要求,故合业无损于效率,而是相反。

---

① 郑振龙:《各国股票市场比较研究》,中国发展出版社 1996 年版,第 117 页。

3. 信息对称方面

一般认为,在金融领域由于存在普遍的信息不对称状况,商业银行对亟须资金的企业信息的掌握处于劣势,而合业经营则有助于全面把握客户的财务、信誉与经营水平,提高信息完全性,从而增加银行行为的成功率。

(三) 两业监管的发展趋势:再度融合

20 世纪 80 年代以来,金融改革与金融创新的浪潮日益高涨,国际资本流动日趋活跃,国际证券投资规模不断扩大,全球金融市场的联系更加紧密,金融领域的竞争也更趋激烈。各国金融监管当局在内在要求与外在压力的推动下,逐渐放松了对于银行业与证券业的分业监管,出现了融合经营、合业监管的势头。在美国,银行现已被允许发行和经营政府债券。1987 年以后,联邦储备委员会和货币监理官颁布的一系列管理决议使得一些规模较大的货币中心银行获准承销商业票据、证券化的抵押性金融工具,甚至许多公司的债券、股票,以及贷款给私人证券投资者。尽管上述承销业务的大部分是在分支机构中进行的,以规避《银行条例》中关于银行不得主要从事证券业务的规定,但美国大银行在海外的包销已被允许。近年来,美国一些较大的银行甚至成为美国国内承销市场的主角。尤其值得一提的是,1999 年 11 月,美国正式废除了《格拉斯—斯蒂格尔法案》,使商业银行和证券投资银行可以更密切地结合在一起,使得证券投资银行的资金来源更加广泛。

日本也开始放宽对银行从事证券业务的限制。1997 年,日本政府先后向国会提交了"《日本银行法》修改案""《禁止垄断法》修改案"等,后来这两个"修改案"均获通过,其中心内容是允许设立金融控股公司,放开对金融界各行业经营范围的限制。

美、日等西方国家近年来对于两业分业经营方面的放松管制,根本原因在于:一是抵御外国银行对本国银行业的入侵;二是增强本国银行在国际市场上的竞争力。这反映了社会资金配置方式的内在要求。出于技术创新、竞争和金融市场内在的一体化倾向,在市场主体已有较强风险控制能力,监管主体亦得以有效控制市场波动的条件下,银行业与证券业的融合与协调有助于提高金融市场的运行效率和市场经济条件下的资金配置效率,具有合理性和客观现实性。

(四) 我国两业分合模式的选择

在我国,关于银行业与证券业分合问题的争论也始终没有停止过。一些人以如下理由赞成银行从事证券业务[①]:一方面,从银行的角度来看,银行从事证券业务可以向客户提供各种金融服务,使客户获得最佳的投资机会;金融业务的多样化可以使银行减少风险;我国中央银行对金融业的监管能力较强,可以防范全国性的金融危机;随着改革开放的深入,我国银行业也在逐渐放开,允许银行从事证券业务有利于我国银行与外国银行竞争。另一方面,从证券市场的角度来看,银行从事证券业的理由首先是由于我国的证券发行以债券为主,特别是以中期国债为主,价格波动小,经营风险低,不容易发生全国性的证券危机;其次,是国有商业银行已建立起遍布全国的营业网络,依托银行发展证券市场业务有利于证券市场的迅速发展。

相反意见则认为:(1)银行与证券合业经营,必然使风险过于集中,这样不符合分散风险的原则。一旦发生银行信用危机或证券危机,二者相互作用,可能引发大规模的金融危机。(2)由银行经营证券业务,容易形成市场垄断,这与竞争原则相悖,不利于为投资者提供优良服务。(3)从银行职能看,专业银行肩负国民经济宏观调控、贯彻国家政策和重大决策的重要职能,银行业是否稳定直接关系到国民经济是否能够稳步发展的大局。

本书认为,一国金融体制的基本结构是由该国的国情和历史条件所决定的,在世界范围内,不可能有一种统一的或固定的模式。在我国,判断证券业与银行业的关系主要应当对以下因素进行考量:银行兼营证券业务的风险性,以及该风险性可能对国民经济造成的影响;证券流通机制的通畅与证券市场的健康发展;对大众投资者利益的保护及其对证券市场稳定性的影响。基于此,1998年我国《证券法》选择分业制度是符合我国银行业与证券业当时实际发展状况的[②],是与我国当时正处于社会主义市场经济体制改革阶段的国情相适应的,是中国在那段时期内的较佳选择,在短期内中国不会完全步美、日的后尘,而全面转向合业模式。但是,随着我国市场经济发展的加深和证券市场的进一步开放,仍然完全坚持银行业与证券业的分立,不利于提高经济效益和我国金融业的国际竞争力。在此背景下,有必要进行改革,并且修订不合时宜的法律。考虑到银行资金入市属于银行监管范畴,受《商业银行法》等法律的调整,没有必要在《证券法》中规定,而且对于其他渠道流入的违规资金都应限制。参照中共十六届三中全会《关于完善社会主义市场经济体制若干问题的决定》提出的"拓宽合规资金入市渠道""建立健全货币市场、资本市场、保险市场有机结合、协调发展的机制"等内容以及《国务院关于

---

① 徐杰:《中国商业银行与证券业务的法律规范》,1997年中国民法经济法年会论文。
② 1998年《证券法》第133条第1款明确规定:"禁止银行资金违规流入股市。"

推进资本市场改革开放和稳定发展的若干意见》鼓励合规资金入市[①],2005年《证券法》将原《证券法》第 133 条第 1 款"禁止银行资金违规流入股市"修订为"依法拓宽资金入市渠道,禁止违规资金流入股市"。这就为商业银行乃至保险、信托业的合规资金流入股市开辟了空间。

第二节　证券经营机构的准入监管

一、证券经营机构的准入体制

世界各国实行的证券经营机构准入体制可以分为注册制和许可制(或审批制)两类。

（一）注册制

美国作为实行注册制的代表,对证券商实行注册登记管理。注册制要求证券商提供全面、准确、真实的资料并符合法定设立要求,而不需通过政府监管机构的专门审批。美国《证券交易法》为证券商的设立与注册制定了一个综合性的法律框架。该法第 15 条 A 款规定,任何证券经纪商或自营商,使用邮政或其他手段从事跨州的证券业务,必须在 SEC 注册登记。同时,A 款包括了豁免注册登记的范围。该法第 15 条 B 款规定,证券商必须在 SEC 登记(填写表格 BD),并且应成为已注册登记的全国性自律管理机构(目前即全国证券商协会)的会员。所谓的证券商的"关联"人士必须在自律管理机构(而非 SEC)注册登记(填写表格 U-4)。该法第 3 条指明"关联"人士的范畴[②],并列举所谓"法定不合格"人员与机构的各类情况及处罚措施;第 19 条指明该类人员与机构重新注册登记的申请处理,目的在于防止任何可能操作投资者的个人和机构从事证券业务。此外,还规定了对"关联"人士的资格考试制度。如果证券商停止证券业务并撤销登记,必须公开财务报表及所欠客户资金的细目,以确保投资者利益得到保障。总之,在注册制背后体现的乃是以诚实信用和自由竞争为理念的自由市场原则,对证券商数量的限制则依靠市场机制和证券交易所的席位限额来实现。上述注册登记制度在形式上,以政府监管机构强调对证券商作为法人实体的注册管理,而以自律监管机构着重对证券从业人员的资格管理,政府监管和自律监管相辅相成,提高了监

---

① 见时任全国人大财政经济委员会副主任委员周正庆于 2005 年 4 月 24 日在第十届全国人大常委会第十五次会议上所作的《关于〈中华人民共和国证券法(修订草案)〉的说明》。

② "关联"人士包括:证券商的任何官员、董事、职员,或任何受证券商经常控制或控制证券商的任何人。

管效率;而在内容上,其对投资者利益的保护则是监管制度和证券立法的核心所在。

(二) 许可制(或审批制)

实行许可制的国家,证券经营机构的设立条件、程序均比实行注册制的国家要严格、复杂,带有明显的政府干预特征。在实行许可制的国家里,要从事证券业务不仅要符合法律规定的设立条件,而且还必须获得法律规定的主管机关的许可。由于证券经营机构无论是在证券发行市场,还是在证券交易市场其所处的地位均至关重要,证券经营机构的优劣直接关系到证券市场是否能够稳定、健康、高效地运行,一个管理混乱、违法经营、资金实力薄弱的证券经营机构一旦作用于证券市场,则必然会产生和助长投机行为,扰乱证券市场的稳定。另外,各国证券交易多在证券交易所进行,一些国家和地区甚至禁止证券场外交易。而证券交易所席位有限,不仅公众投资者不可能进入场内进行交易,符合法定条件的申请人也不能都取得从事证券业务的许可。因此,必须由主管机关对证券经营机构的数量加以控制。所以,现在大多数国家都采取许可制来设立证券经营机构,即通过有关主管机关审核申请人是否符合证券法规定的设立条件,并根据国家发展证券市场的需要决定是否批准。日本是实施许可制的典型国家。日本证券经营机构在经营业务之前必须向大藏省提出申请。大藏省根据不同的经营业务种类授予不同准许。日本《证券交易法》规定:未取得大藏大臣许可的股份公司,不得经营证券业。许可制实质上是证券业的行业进入壁垒,应当说它在某种程度上对证券业的自由竞争是有一定阻碍作用的,也可以说,这是许可制带来的副作用之一。

我国设立证券经营机构,采取的是许可制或称审批制,在《证券法》颁布之前,设立证券公司或证券交易营业部由中国人民银行批准,现在有权颁发证券经营许可证的机关则是国务院证券监督管理机构,即中国证券监督管理委员会。《证券法》第 122 条明确规定,设立证券公司,必须经国务院证券监督管理机构审查批准。未经国务院证券监督管理机构批准,任何单位和个人不得经营证券业务。我国《证券法》采取了先设立后申领业务许可证的做法。《证券法》规定,证券公司的设立必须首先统一满足规定的 7 项条件,然后各个公司再根据营业需要和资本的多少申领相关的经营证券业务许可证。[①]设立证券公司的基本程序是:中国证监会应当自受理证券公司设立申请之日起 6 个月内,依照法定条件和法定程序并根据审慎监管原则进行审查,作出

---

① 参见《证券法》第 124、125 条。

批准或者不予批准的决定,并通知申请人;不予批准的,应当说明理由。证券公司设立申请获得批准的,申请人应当在规定的期限内向公司登记机关申请设立登记,领取营业执照。证券公司应当自领取营业执照之日起15日内,向中国证监会申请经营证券业务许可证。未取得经营证券业务许可证,证券公司不得经营证券业务。①

二、证券经营机构设立的条件

对于证券经营机构的设立条件,日本法的规定较具代表性,其《证券交易法》规定,大藏大臣通过证券业务许可时的审核标准主要包括:申请者拥有足以顺利开展业务的财产基础;具有良好的收支前景;人员构成须具备可保证其公正且恰当实现其经营业务的知识及经验;且须拥有充分的社会信用。②其他国家和地区的证券立法对设立证券经营机构也基本上是从财力和人员条件以及风险控制等方面来进行规范的。

1. 最低资本额限制

这一限制旨在维护证券经营机构债权人利益并维持金融机构的经营稳定性和风险承受力。如我国香港特别行政区《证券条例》第65条B规定,所有注册证券商的资本净值和流动资金幅度必须符合以下列最低限额:证券经营机构为资本净值500万港币,流动资本幅度50万港币;独自经营商号为资本净值100万港币,流动资金幅度10万港币;合伙商号为资本净值每位公司合伙人500万港币,每位其他合伙人100万港币,流动资金幅度为资本净值的100%。

在我国《证券法》颁布之前,设立证券公司必须拥有不少于人民币1000万元的实收货币资本金,设立证券交易营业部必须拥有不少于人民币500万元的证券营运资金,设立证券交易代办点必须拥有不少于50万元的证券营运资金,设立证券交易代办点必须拥有不少于50万元的证券营运资金。而1998年《证券法》则将证券公司的注册资金的最低限额作了如下规定:综合类证券公司的注册资本最低限额为人民币5亿元,经纪类证券公司注册资本最低限额为人民币5000万元。③

2005年修订后的《证券法》,取消综合类证券公司和经纪类证券公司的名称,对于设立证券公司的最低注册资本分为以下三个档次:第一,注册资本最低限额为人民币5000万元,证券公司可以经营证券经纪以及证券投资咨

---

① 见《证券法》第128条。
② 参见日本《证券交易法》第31条。
③ 见1998年《证券法》第121、122条。

询、与证券交易、证券投资活动有关的财务顾问。第二,注册资本最低限额为人民币1亿元,证券公司可以经营下列业务之一:证券承销与保荐、证券自营、证券资产管理及其他证券业务。第三,注册资本最低限额为人民币5亿元,证券公司可以经营下列业务中两项以上:证券承销与保荐、证券自营、证券资产管理、其他证券业务。证券公司的注册资本应当是实缴资本。国务院证券监督管理机构根据审慎监管原则和各项业务的风险程度,可以调整注册资本最低限额,但不得少于上述规定的限额。① 通过这种制度变革,其积极意义在于:(1)使证券公司转换业务范围更加方便,不受原来是综合类证券公司,还是经纪类证券公司的限制,只需变更注册资本就可以依法从事自己希望从事的证券业务了。这有利于证券公司开展个性化经营,根据自己的特长选取合适的业务项目经营,最大地发挥自己的竞争优势,促进整个证券业的结构优化。(2)防止证券公司不问经营需要与否,为获取经营全套业务的资格,而一味地盲目增资扩股,导致资金黑洞的出现。(3)有利于对证券公司的统一监管,而不再像过去因种类不同实行不同的管理模式。②

2015年"《证券法》修订草案"对上述注册资本的最低限额又作了更为简化的修订,只规定了一个档次,即注册资本或者出资额最低限额为人民币3000万元。但是,这里规定的注册资本或者出资额最低限额人民币3000万元,只能经营《证券法》列出的十个业务内容中的一种③,证券公司或者证券合伙企业如需增加业务种类,则每增加一项,即经营两项或者两项以上证券业务的,注册资本或者出资额最低限额应当合并计算。④

2. 主要股东或者合伙人和从业人员资格的限制

第一,法律之所以要针对证券经营机构的主要股东或者合伙人进行资格限制,是为了证券经营机构有较高的资本信用和较强的抗风险能力。比如,我国《证券法》就明确要求,证券公司的主要股东具有持续盈利能力,信誉良好,最近3年无重大违法违规记录,净资产不低于人民币2亿元。⑤ 第二,关于从业人员资格的限制。这是指法律规定的证券经营机构的主要管理人员及其业务人员应当具备的起码资格。证券经营机构的业务性质,决定了其从业人员应当具备证券专业知识和从事证券业务的经验。证券从业人员的素

---

① 参见2005年《证券法》第125、127条。
② 参见李东方主编:《证券法学》(第2版),中国政法大学出版社2012年版,第253页。
③ 这十种证券业务包括:(一)证券承销;(二)证券保荐;(三)证券经纪;(四)证券融资、融券;(五)证券登记、结算和托管;(六)证券做市交易;(七)证券产品销售;(八)证券投资咨询;(九)证券财务顾问;(十)其他证券业务。见2015年《证券法》修订草案"第219条的规定。
④ 参见2015年"《证券法》修订草案"第216、219条。
⑤ 参见《证券法》第124条。

质高低不仅关系到一国证券市场能否健康发展，而且其直接关系到能否有效地保障投资者的利益。证券公司高管人员和从业人员的品行、业务能力直接关系着证券公司能否规范经营的问题，甚至关系着整个证券市场行为是否规范的问题。如果高管人员和从业人员品行不端，违法经营，可能还会危及证券市场的安全与稳健。所以，各国法律均对证券公司高管人员和从业人员进行严格的管理。管理措施之一就是从源头管理入市从业资格。①

在英国，证券从业人员的注册由自律性机构证券与期货管理局负责。该局设有考试中心，即伦敦证券培训中心，负责证券从业人员的资格考试。而在美国，其证券从业人员的资格确认工作由全美证券商协会负责。该协会设有考试委员会，委员由各交易所选派。考试题目由各委员提出，并由委员会综合，最后送证券交易委员会确定。考察英美等发达国家证券从业人员资格管理的制度，其中最核心的一项内容就是从业人员的资格考试制度。

关于证券公司的董事、监事和经理等高级管理人员应具备的条件，我国《证券法》第131条规定："证券公司的董事、监事、高级管理人员，应当正直诚实，品行良好，熟悉证券法律、行政法规，具有履行职责所需的经营管理能力，并在任职前取得国务院证券监督管理机构核准的任职资格。有《中华人民共和国公司法》第146条规定的情形或者下列情形之一的，不得担任证券公司的董事、监事、高级管理人员：（一）因违法行为或者违纪行为被解除职务的证券交易所、证券登记结算机构的负责人或者证券公司的董事、监事、高级管理人员，自被解除职务之日起未逾5年；（二）因违法行为或者违纪行为被撤销资格的律师、注册会计师或者投资咨询机构、财务顾问机构、资信评级机构、资产评估机构、验证机构的专业人员，自被撤销资格之日起未逾5年。"同时，《证券法》第152条规定："证券公司的董事、监事、高级管理人员未能勤勉尽责，致使证券公司存在重大违法违规行为或者重大风险的，国务院证券监督管理机构可以撤销其任职资格，并责令公司予以更换。"

3. 风险管理与内部控制制度

具备完善的风险管理与内部控制制度是证券经营机构不可或缺的条件，《证券法》正是将"有完善的风险管理与内部控制制度"作为证券公司设立的必备条件。② 关于风险管理与内部控制制度的相关问题，本章专设一节"证券经营机构的风险监管"，将详细讨论此问题，在此不加赘述。

---

① 李东方主编：《证券法学》（第2版），中国政法大学出版社2012年版，第254页。
② 参见《证券法》第124条。

第三节 证券经营机构的业务监管

如前文论述证券经营机构法律特征时所述,证券经营机构具有业务范围的法定性,因而证券监管法必然将证券经营机构的相关业务监管纳入自己的调整范围。

一、我国证券经营机构业务监管制度的立法完善

我国证券经营机构业务监管制度的立法完善,集中体现在2015年"《证券法》修订草案"对证券公司原有业务的条文修改和立法指导思想上。现行《证券法》对证券业务范围的规定较为狭窄,对证券公司管制过多,影响了行业竞争力和创新发展。"《证券法》修订草案"根据证券业的实践情况和长远发展的需要,按照放松管制、加强监管,推动行业创新发展的原则对有关规定进行了系统性修改和相应的制度创新。① 明确证券经营机构的范围,探索实施牌照管理。金融业的综合经营和功能监管是一种发展方向。但是,目前,我国还不具备完全摒弃机构监管、实施功能监管的条件。在本次修订《证券法》时可以为下一步金融改革预留空间,以适应综合经营和功能监管的现实需要和发展要求。对于如何推进证券业功能监管的改革,目前有两种观点:一种观点认为,应维持现状,但要加强监管机构之间的合作与协调。另一种观点认为,应确立机构监管与功能监管相结合的原则,核心业务由独立法人经营,非核心业务允许其他金融机构申请牌照兼营,证券监管机构统一发放牌照,委托兼营机构的主管部门代为管,但保留现场监管权。② "《证券法》修订草案"基本上采纳了第二种观点,在不改变现行机构监管体制的前提下作出了如下变革:

第一,将"证券公司"一章改为"证券经营机构",扩大经营证券业务的主体范围。规定证券经营机构包括证券公司、证券合伙企业以及证券监管机构按照规定批准经营证券业务的其他机构,将证券投资咨询机构、财务顾问机构纳入证券经营机构的范围,并为其他金融机构从事证券业务提供法律依据。

第二,区分业务类别,实施证券业务牌照管理。将证券业务区分为"核心证券业务"和"其他证券业务"两类。前者包括:证券承销、保荐、经纪和融资

---

① 参见周正庆2005年4月24日在第十届全国人大常委会第十五次会议上所作《关于〈中华人民共和国证券法(修订草案)〉的说明》。
② 同上。

融券业务,这类"核心业务"由证券公司、证券合伙企业经营[①];后者包括:证券投资咨询、财务顾问、资产管理业务等,这类"其他证券业务"可以由经证券监管机构批准的其他机构申请经营。上述两类业务统一由证券监管机构核发牌照。

第三,机构监管与业务监管相结合。证券公司、证券合伙企业的设立、变更适用证券法,由证券监管机构审批。证券公司、证券合伙企业依照法律、行政法规以及有关监管部门或者自律性组织的规定,经营其他业务的,应当向国务院证券监督管理机构报告。[②] 其他证券经营机构的设立、变更适用其他法律、行政法规,由主管的监管机构审批;从事证券业务的证券经营机构,统一适用证券法关于业务规则、行为准则、监督管理的规定。

二、证券公司核心证券业务的法律监管

"核心证券业务"包括证券承销、保荐、经纪和融资融券业务,并且这类"核心业务"由证券公司、证券合伙企业经营。这些证券业务也是证券监管法所重点规范的对象。故本书仅讨论证券公司核心证券业务的法律监管。

(一) 证券承销监管

1. 证券承销的概念及其法律特征

证券承销是指按照协议约定,以包销或代销方式为发行人销售证券的行为。《证券法》第 28 条第 1 款规定,发行人向不特定对象公开发行的证券,法律、行政法规规定应当由证券公司承销的,发行人应当同证券公司签订承销协议。证券承销业务采取代销或者包销方式。2015 年"《证券法》修订草案"则突出了发行人自主决定是否需要选择承销商承销所发行的证券,将该条修订为:发行证券可以由发行人自行销售,也可以委托证券经营机构承销。[③]

上述"发行人自行销售"证券,即为直接发行。它是指发行人不借助任何媒介,而是由自己销售证券的发行方式。直接发行的好处在于发行人可以充分利用自己的信用和市场资源,降低发行成本。凡由承销商来发行的,即为间接发行。它是指发行人借助一定的媒介来销售证券的发行方式。承销商是指按照承销协议,以包销或代销方式为发行人销售证券的证券经营机构。证券承销,是证券发行人借助证券经营机构来发行证券的行为,即属于证券的间接发行。间接发行的优势在于,发行人可以借助承销商的良好信誉和专

---

① 见 2015 年"《证券法》修订草案"第 219 条第 3 款的规定。
② 见 2015 年"《证券法》修订草案"第 219 条第 5 款的规定。
③ 见 2015 年"《证券法》修订草案"第 42 条。

业品质使发行成功,但不足之处是会给发行人增加发行成本。

证券承销的法律特征如下:

第一,私法特征。证券承销是承销商以承销协议为基础,为发行人销售证券的行为。股份有限公司通过公开发行证券的方式,募集社会资本,以达到筹集设立资金或增资的目的。作为发行人的股份有限公司,只有将发行的证券顺利地销售出去,才能实现募集资本的目的。承销协议是发行人与承销商建立证券承销法律关系的基础。按照承销协议的约定,发行人有权要求承销商销售证券,同时有义务向承销商支付佣金。承销商有义务为发行人承销证券,同时有权收取发行费用。承销商既非证券的所有人,又非资金的所有者,销售证券的依据来源于和发行人之间签订的承销协议。承销商在发行市场中处于中介地位,是联系发行人和投资者的纽带。

根据证券经营机构在承销过程中承担的责任和风险的不同,证券承销方式分为包销和代销两种。包销是指证券经营机构将发行人的证券按照协议全部购入或者在承销期结束时将售后剩余证券全部自行购入的承销方式。代销是指证券经营机构代发行人发售证券,在承销期结束时,将未售出的证券全部退还给发行人的承销方式。①

第二,公法特征。证券承销行为涉众性强,与社会公共利益联系密切,因而承销商肩负特定的法定义务和责任。有关其法定义务的具体内容见下文详述。

2. 承销商应当承担的法定义务

第一,积极行为义务。主要包括:(1) 报送方案。证券经营机构实施证券承销前,应当向中国证监会报送发行与承销方案。(2) 遵守期限。证券代销和包销的最长期限不得超过 90 日。证券经营机构必须在此期限内完成承销行为。法律规定承销期限,旨在督促证券经营机构尽快销售证券,免得拖延。否则,对发行人和证券投资者都不利。(3) 协商确定发行价格。股票发行采取溢价发行的,发行价格由发行人与承销的证券经营机构协商确定。(4) 核查文件。证券经营机构承销证券,应当对公开发行募集文件的真实性、准确性、完整性进行核查。发现含有虚假记载、误导性陈述或者重大遗漏的,不得进行销售活动;已经销售的,必须立即停止销售活动,并采取纠正措施。(5) 披露信息。按照《证券发行与承销管理办法》的规定,发行人和主承销商在发行过程中,应当按照中国证监会规定的要求编制信息披露文件,履行信息披露义务。发行人和承销商在发行过程中披露的信息,应当真实、准

---

① 见李东方主编:《证券法学》(第 3 版),中国政法大学出版社 2017 年版,第 75 页。

确、完整、及时，不得有虚假记载、误导性陈述或者重大遗漏。发行人和主承销商向公众投资者进行推介时，向公众投资者提供的发行人信息的内容及完整性应与向网下投资者提供的信息保持一致。发行人和主承销商在推介过程中不得夸大宣传，或以虚假广告等不正当手段诱导、误导投资者，不得披露除招股意向书等公开信息以外的发行人其他信息。承销商应当保留推介、定价、配售等承销过程中的相关资料至少3年并存档备查，包括推介宣传材料、路演现场录音等，如实、全面反映询价、定价和配售过程。① （6）进行报告。按照《证券发行与承销管理办法》的规定，投资者申购缴款结束后，发行人和主承销商应当聘请具有证券、期货相关业务资格的会计师事务所对申购和募集的资金进行验证，并出具验资报告；还应当聘请律师事务所对网下发行过程、配售行为、参与定价和配售的投资者资质条件及其与发行人和承销商的关联关系、资金划拨等事项进行见证，并出具专项法律意见书。证券上市后10日内，主承销商应当将验资报告、专项法律意见随同承销总结报告等文件一并报中国证监会。②

　　第二，禁止行为义务。主要包括：(1) 禁止不正当招揽业务。通过为发行人承销证券而收取佣金是证券经营机构获利的一个重要渠道。与从事证券自营业务相比，证券承销业务具有风险低、收入稳定的特点。所以，证券经营机构都愿意在证券承销上扩展业务。为防止不正当竞争行为的发生，我国《证券法》明确规定，公开发行证券的发行人有权依法自主选择承销的证券公司，证券公司不得以不正当竞争手段招揽证券承销业务。2015年"《证券法》修订草案"同样规定，公开发行证券，发行人以及承销的证券经营机构不得以不正当竞争手段招揽承销业务，开展销售活动。③ 根据证券监管的要求，证券经营机构不得以不当许诺、诋毁同行、借助行政干预等不正当竞争手段招揽承销业务，也不得以提供透支、回扣或者中国证监会认定的其他不正当手段诱使他人申购股票。该要求一方面保障了发行人选择证券经营机构的自主权，另一方面明确了证券经营机构公平竞争的法定义务。④ (2) 禁止预留证券。证券经营机构对其所代销、包销的证券应当保证先行出售给认购人，证券经营机构不得为本公司预留所代销的证券和预先购入并留存所包销的证券。证券经营机构以包销方式承销股票，不得为取得股票而故意使股票在承销期结束时有剩余，包括采用故意囤积或截留、缩短承销期、减少销售网

---

① 参见《证券发行与承销管理办法》(2018年修正)第四章"信息披露"。
② 见《证券发行与承销管理办法》(2018年修正)第27条。
③ 分别参见《证券法》第29条和2015年"《证券法》修订草案"第49条第2项的规定。
④ 李东方主编：《证券法学》(第3版)，中国政法大学出版社2017年版，第85页。

点、限制认购申请表发放数量等手段预留。设定这一法定义务在于避免在证券价格预期看好的情况下,因承销商利用承销优势地位为自己预留证券而与证券投资者的利益发生冲突,使证券投资者蒙受损失。(3) 不得违反发行公告披露的原则和方式组织开展询价、申购、配售等活动。这是 2015 年"《证券法》修订草案"第 49 条第 3 项根据证券承销实践需要而作出的修订。这一修订的立法目的在于,要求承销商及相关人员不得泄露询价和定价信息;不得以任何方式操纵发行定价;不得劝诱网下投资者抬高报价,不得干扰网下投资者正常报价和申购;不得以自有资金或者变相通过自有资金参与网下配售;不得与网下投资者互相串通,协商报价和配售;不得收取网下投资者回扣或其他相关利益。①

(二) 保荐业务监管

发行人申请首次公开发行并拟在证券交易所上市交易的股票,可转换为股票的公司债券应当聘请具有保荐资格的证券公司担任保荐人。② 保荐业务虽然是证券公司与发行人之间的一种私法合同关系,但是由于涉及证券的公开发行和上市,基于维护资本市场的公共利益,立法机关将其纳入证券监管法的规范。保荐人应当遵守业务规则和行业规范,诚实守信,勤勉尽责,对发行人的注册文件进行审慎核查,对发行人是否符合发行注册条件提出明确意见,保证注册文件的真实、准确、完整,持续督导发行人规范运作。③ 证券监管法赋予证券公司从事保荐业务的法定义务主要是④:

第一,对首次公开发行股票的发行人在发行前进行辅导。保荐机构在推荐发行人首次公开发行股票前,应当对发行人进行辅导,对发行人的董事、监事和高级管理人员,持有 5% 以上股份的股东和实际控制人(或者其法定代表人)进行系统的法规知识、证券市场知识培训,使其全面掌握发行上市、规范运作等方面的有关法律法规和规则,知悉信息披露和履行承诺等方面的责任和义务,树立进入证券市场的诚信意识、自律意识和法制意识。保荐机构辅导工作完成后,应由发行人所在地的中国证监会派出机构进行辅导验收。

第二,履行对保荐对象的尽职调查义务。应当按照法律、行政法规和中国证监会的规定,对发行人及其发起人、大股东、实际控制人进行尽职调查、审慎核查。对发行人申请文件、证券发行募集文件中有证券服务机构及其签

---

① 李东方主编:《证券法学》(第 3 版),中国政法大学出版社 2017 年版,第 85 页。
② 分别参见《证券法》第 11 条和 2015 年"《证券法》修订草案"第 28 条的规定。
③ 见《证券法》第 11 条第 2 款。
④ 参见《证券发行上市保荐业务管理办法》第三章"保荐职责"的相关内容。

字人员出具专业意见的内容,保荐机构应当结合尽职调查过程中获得的信息对其进行审慎核查,对发行人提供的资料和披露的内容进行独立判断。

第三,确定保荐对象满足公开发行证券和上市条件。保荐机构应当确信发行人符合法律、行政法规和中国证监会的有关规定,方可推荐其证券发行上市。保荐机构决定推荐发行人证券发行上市的,可以根据发行人的委托,组织编制申请文件并出具推荐文件。确定保荐对象所有的上市文件符合《证券法》和相关法律、法规所规定的上市规则,以及证券交易所的自律性规则;保证发行和上市文件所载资料均完整、准确、无重大遗漏且无误导成分。

第四,对保荐工作中的重要事项进行承诺。在发行保荐书和上市保荐书中,保荐机构应当就下列重要事项作出承诺:(1)有充分理由确信发行人符合法律法规及中国证监会有关证券发行上市的相关规定;(2)有充分理由确信发行人申请文件和信息披露资料不存在虚假记载、误导性陈述或者重大遗漏;(3)有充分理由确信发行人及其董事在申请文件和信息披露资料中表达意见的依据充分合理;(4)有充分理由确信申请文件和信息披露资料与证券服务机构发表的意见不存在实质性差异;(5)保证所指定的保荐代表人及本保荐机构的相关人员已勤勉尽责,对发行人申请文件和信息披露资料进行了尽职调查、审慎核查;(6)保证保荐书、与履行保荐职责有关的其他文件不存在虚假记载、误导性陈述或者重大遗漏;(7)保证对发行人提供的专业服务和出具的专业意见符合法律、行政法规、中国证监会的规定和行业规范;(8)自愿接受中国证监会依照本办法采取的监管措施;(9)中国证监会规定的其他事项。

第五,发行人证券上市后,保荐机构应尽持续督导义务。发行人证券上市后,保荐机构应当持续督导发行人履行规范运作、信守承诺、信息披露等义务。审阅信息披露文件及向中国证监会、证券交易所提交的其他文件,并承担下列工作:(1)督导发行人有效执行并完善防止控股股东、实际控制人、其他关联方违规占用发行人资源的制度;(2)督导发行人有效执行并完善防止其董事、监事、高级管理人员利用职务之便损害发行人利益的内控制度;(3)督导发行人有效执行并完善保障关联交易公允性和合规性的制度,并对关联交易发表意见;(4)持续关注发行人募集资金的专户存储、投资项目的实施等承诺事项;(5)持续关注发行人为他人提供担保等事项,并发表意见;(6)中国证监会、证券交易所规定及保荐协议约定的其他工作。

(三)证券经纪业务监管

1. 证券经纪的概念及其法律性质

证券经纪,是指在证券经纪业务活动中,证券公司执行客户委托,以自己的名义从事证券交易的行为。证券经纪的法律性质为行纪性质。理由如下：根据我国《证券法》的规定，进入证券交易所参与集中交易的，必须是证券交易所的会员。投资者应当与证券公司签订证券交易委托协议，并在证券公司开立证券交易账户，以书面、电话以及其他方式，委托该证券公司代其买卖证券。① 目前，我国证券交易所实行的是会员制，证券交易所的会员由证券公司组成，这就决定了一般公众投资者不可能成为其会员。不是会员，或者说没有会员资格，也就不能以自己的名义在证券交易所参与集中交易。一般投资者只能够委托证券公司进行证券交易，证券公司也只能以自己的名义进行交易，而不能以委托人名义进行交易。由此可见，我国的证券公司在办理经纪业务时，与客户的关系当属行纪关系，而非一般的民事委托代理关系。这一行纪关系的具体过程是，证券公司根据投资者的委托，按照证券交易规则提出交易申报，参与证券交易所场内的集中交易，并根据成交结果承担相应的清算交收责任；证券登记结算机构根据成交结果，按照清算交收规则，与证券公司进行证券和资金的清算交收，并为证券公司客户办理证券的登记过户手续。② 可见，客户只与证券公司发生直接的法律关系，而不与交易对方发生直接的法律关系。在此情况下，交易纠纷只存在于客户与证券公司之间，客户与客户之间没有法律上的权利义务关系。明确证券公司与客户委托关系的行纪性质，便于确定双方的权利和义务，划清双方法律责任的分担界限。③

2. 证券公司应当承担的证券监管法义务④

第一，积极行为义务。主要包括以下内容：

（1）证券公司客户的交易结算资金应当存放在商业银行，以每个客户的名义单独立户管理。这里的客户交易结算资金，包括客户为保证足额交收而存入的资金，出售有价证券所得减去经纪佣金和其他正当费用后的所有款项，持有证券所获得的股息、现金股利、债券利息，上述资金获得的利息等资金。客户交易结算资金、证券公司自营资金、其他用于证券交易资金则统称为证券交易结算资金。⑤ 2015 年"《证券法》修订草案"进一步完善了对客户交易结算资金存管制度。要求证券经营机构应当采取有效措施确保客户交易结算资金安全、完整。国务院证券监督管理机构应当建立、健全证券经营机构客户交易结算资金安全存管监控制度，指定专门机构履行监控职责；证

---

① 见《证券法》第 110、111 条。
② 见《证券法》第 112 条。
③ 李东方主编：《证券法学》（第 3 版），中国政法大学出版社 2017 年版，第 266 页。
④ 参见《证券法》第 79、139—147 条。
⑤ 李东方主编：《证券法学》（第 3 版），中国政法大学出版社 2017 年版，第 267 页。

券经营机构、商业银行应当按照规定向指定专门机构报送客户交易结算资金信息。①

(2) 证券公司办理经纪业务,应当置备统一制定的证券买卖委托书,供委托人使用。采取其他委托方式的,必须作出委托记录。客户的证券买卖委托,不论是否成交,其委托记录应当按照规定的期限,保存于证券公司。

(3) 证券公司接受证券买卖的委托,应当根据委托书载明的证券名称、买卖数量、出价方式、价格幅度等,按照交易规则代理买卖证券,如实进行交易记录;买卖成交后,应当按照规定制作买卖成交报告单交付客户。证券交易中确认交易行为及其交易结果的对账单必须真实,并由交易经办人员以外的审核人员逐笔审核,保证账面证券余额与实际持有的证券相一致。

(4) 证券公司应当妥善保存客户开户资料、委托记录、交易记录和与内部管理、业务经营有关的各项资料,任何人不得隐匿、伪造、篡改或者毁损。上述资料的保存期限不得少于 20 年。

第二,禁止行为义务。主要包括以下内容:

(1) 证券公司不得将客户的交易结算资金和证券归入其自有财产。禁止任何单位或者个人以任何形式挪用客户的交易结算资金和证券。证券公司破产或者清算时,客户的交易结算资金和证券不属于其破产财产或者清算财产。非因客户本身的债务或者法律规定的其他情形,不得查封、冻结、扣划或者强制执行客户的交易结算资金和证券。

(2) 禁止全权委托、承诺和私下接受委托。证券公司办理经纪业务,不得接受客户的全权委托而决定证券买卖、选择证券种类、决定买卖数量或者买卖价格。全权委托,使得证券公司取得了自由发挥的空间,可以更方便地处理客户的资金和证券。借助全权委托,证券公司可以很容易地集中大规模的资金或证券,从而为其可能操纵证券市场价格,或者与自己的自营业务进行反向操作,谋取私利,带来了便利。如果不加以限制,会刺激证券公司的过度投机行为,损害投资者利益,导致市场风险的出现。可见,全权委托对证券市场的危害极大。证券公司不得以任何方式对客户证券买卖的收益或者赔偿证券买卖的损失作出承诺。证券市场是瞬息万变,不存在绝对的获胜法则。证券公司如果在交易前向客户作出保证能够获取收益或减少损失的承诺,即违背了市场规律的,是不可信的。证券公司向客户承诺的真实目的,是为了使客户不能作出理智的投资选择而非法获取更大的利益。证券公司在代理客户买卖证券时,要收取佣金,为了获取更多的佣金,就可能怂恿客户作

---

① 见 2015 年"《证券法》修订草案"第 126 条。

无谓的"炒单"。证券公司及其从业人员不得未经过其依法设立的营业场所私下接受客户委托买卖证券。证券公司的营业场所,是指证券公司依法设立的直接受理客户证券买卖委托、经办委托事项的证券公司的营业柜台,包括记录、存储、传输客户证券买卖委托指令的电脑系统。① 证券公司及其从业人员,私下接受客户委托买卖证券,经常伴有买卖纠纷和贿赂、内幕交易等违法犯罪行为,弊端甚多。因此,必须禁止私下接受客户委托买卖证券的行为。

(3) 禁止欺诈客户。禁止证券公司及其从业人员从事下列损害客户利益的欺诈行为:违背客户的委托为其买卖证券;不在规定时间内向客户提供交易的书面确认文件;挪用客户所委托买卖的证券或者客户账户上的资金;未经客户的委托,擅自为客户买卖证券,或者假借客户的名义买卖证券;为牟取佣金收入,诱使客户进行不必要的证券买卖;利用传播媒介或者通过其他方式提供、传播虚假或者误导投资者的信息以及其他违背客户真实意思表示,损害客户利益的行为。欺诈客户行为给客户造成损失的,行为人应当依法承担赔偿责任。

(四) 融资融券业务监管

1. 融资融券业务的概念及其积极意义

融资融券业务,是指在证券交易所或者国务院批准的其他证券交易场所进行的证券交易中,证券公司向客户出借资金供其买入证券或者出借证券供其卖出,并由客户交存相应担保物的经营活动。② 融资融券交易是资本市场发展应具有的基本功能,很多国家资本市场都建立了证券融资融券交易制度,通过融资融券可增加市场流动性,提供风险回避手段,提高资金利用率。融资融券交易又称信用交易。

按照我国 1998 年《证券法》的规定,股票只能采取现货方式交易,禁止买空卖空行为。那时我国的股票交易机制是单边的做多机制,是典型的"单边市"。"单边市"的制度性缺陷表现为:对于证券公司来说,既缺少融资的渠道,也缺少回避风险的途径;对于证券市场来说,缺少新的证券交易品种,难以活跃市场。③ 为避免"单边市"引发的大量"泡沫"行为的发生,造成市场剧烈的波动以及股票价格大幅度背离价值的现象的出现,2005 年修订的《证券法》规定,"证券交易以现货和国务院规定的其他方式进行交易"。"证券公司

---

① 《证券法释义》编写组:《中华人民共和国证券法释义》,中国法制出版社 2005 年版,第 227 页。
② 见《证券公司监督管理条例》第 48 条。
③ 参见李东方主编:《证券法学》(第 3 版),中国政法大学出版社 2017 年版,第 271 页。

为客户买卖证券提供融资融券服务,应当按照国务院的规定并经国务院证券监督管理机构准。"①即允许依法进行融资融券交易,增加做空机制。其中,融资是证券公司向客户出借资金,供其买入证券,客户到期偿还本息;融券是证券公司向客户出借证券,供其卖出,客户到期返还相同种类和数量的证券并支付利息。融资融券交易,提供了融资渠道和避险工具,增加了做空机制,有利于活跃市场,也有利于避免"单边市"可能引发的大量诱空行为。

2. 证券经营机构从事融资融券业务应当承担的证券监管法义务[2]

第一,公司从业条件。证券公司经营融资融券业务,应当具备下列条件:证券公司治理结构健全,内部控制有效;风险控制指标符合规定,财务状况、合规状况良好;有经营融资融券业务所需的专业人员、技术条件、资金和证券;有完善的融资融券业务管理制度和实施方案;国务院证券监督管理机构规定的其他条件。

第二,融资融券合同与账户管理。证券公司从事融资融券业务,应当与客户签订融资融券合同,并按照国务院证券监督管理机构的规定,以证券公司的名义在证券登记结算机构开立客户证券担保账户,在指定商业银行开立客户资金担保账户。客户资金担保账户内的资金应当存放在指定的商业银行,以每个客户的名义单独立户管理。在以证券公司名义开立的客户证券担保账户和客户资金担保账户内,应当为每一客户单独开立授信账户。

第三,使用自有资金和证券。证券公司向客户融资,应当使用自有资金或者依法筹集的资金;向客户融券,应当使用自有证券或者依法取得处分权的证券。自有资金或者证券不足的,可以向证券金融公司借入。[3]

第四,客户保证金的存管。证券公司向客户融资融券时,客户应当交存一定比例的保证金。保证金可以用证券充抵。客户交存的保证金以及通过融资融券交易买入的全部证券和卖出证券所得的全部资金,均为对证券公司的担保物,应当存入证券公司客户证券担保账户或者客户资金担保账户并记入该客户授信账户。

客户交存保证金的比例,由国务院证券监督管理机构授权的单位规定。证券公司可以向客户融出的证券和融出资金可以买入证券的种类,可充抵保证金的有价证券的种类和折算率,融资融券的期限,最低维持担保比例和补交差额的期限,由证券交易所规定。上述被授权单位或者证券交易所作出的相关规定,应当向国务院证券监督管理机构备案,且不得违反国家货币政策。

---

[1] 分别参见 2005 年修订的《证券法》第 42、142 条。
[2] 参见《证券公司监督管理条例》第 49—56 条。
[3] 根据《证券公司监督管理条例》第 56 条的规定,证券金融公司的设立和解散由国务院决定。

第五,对客户证券担保账户内的证券和资金尽信托义务。客户证券担保账户内的证券和客户资金担保账户内的资金为信托财产。证券公司不得违背受托义务侵占客户担保账户内的证券或者资金。非依法定情形证券公司不得动用客户担保账户内的证券或者资金。

证券公司应当逐日计算客户担保物价值与其债务的比例。当该比例低于规定的最低维持担保比例时,证券公司应当通知客户在一定的期限内补交差额。客户未能按期交足差额,或者到期未偿还融资融券债务的,证券公司应当立即按照约定处分其担保物。

第四节　证券经营机构的风险监管与风险处置

证券经营机构的风险监管与处置适当与否,直接影响到整个证券市场的风险与危机。证券经营机构既可能是证券市场风险与危机的制造者,更可能是风险与危机的承受者或者说受害者。因此,对其实行风险监管,建立起完备的证券经营机构风险监管法律制度,可以有效地控制风险,保护投资者利益,维护证券市场的安全与稳定。

一、我国证券经营机构风险监管的制度沿革

我国证券经营机构的风险监管起步较晚,2006年,中国证监会以2005年修订的《证券法》为依据,发布《证券公司风险控制指标管理办法》,其目的在于建立以净资本和流动性为核心的风险控制指标体系,加强证券公司风险监管,督促证券公司加强内部控制、提升风险管理水平、防范风险。[①] 2015年中国股市危机使证券监管机构进一步意识到加强证券经营机构风险管控的重要性。2016年6月,中国证监会再次(期间于2008年修订过一次)对《证券公司风险控制指标管理办法》进行修订,通过资本杠杆率对证券公司的资金杠杆进行约束,并综合考虑了流动性风险监管的指标要求,构建风险覆盖率、资本杠杆率、流动性覆盖率及净稳定资金率四个核心指标,从而建立起了较为科学合理的风控指标体系。以净资本为核心指标的监督体系,是借鉴其他国家先进经验的进步之举。欧盟、美国等国家均通过净资本指标对证券公司进行风险监控。[②] 此外,2014年2月,中国证券业协会发布了《证券公司全面风险管理规范》和《证券公司流动性风险管理指引》。这两个文件的意义在于:推动证券公司建立全面风险管理体系和流动性管理指标。全面风险管理

---

① 见2016年中国证监会修订发布的《证券公司风险控制指标管理办法》第1条。
② 罗培新、卢文道等:《最新证券法解读》,北京大学出版社2006年版,第212页。

强调"全员""全风险"和"全流程",是一个由准确识别、审慎评估、动态监控到及时应对的全流程管理。作为政府监管机构的证监会和作为自律监管机构的证券业协会,各自出台的上述规范性文件,使我国证券公司的风险管理体系日趋完善。

二、证券经营机构的风险监管制度的基本内容

证券经营机构风险监管法律制度的框架主要包括:风险控制指标管理制度、风险准备金制度、内部控制制度、业务风险监管和投资者保护基金制度。其中,业务风险监管制度的相关内容已在本章第三节"证券经营机构的业务监管"中进行了论述,在此不再赘述。

(一) 风险控制指标管理制度

1. 风险控制指标管理制度的基本内容[①]

《证券公司风险控制指标管理办法》确立了风险控制指标管理制度的基本内容。其内容的核心在于制定了风险控制指标标准,主要包括:

第一,净资本指标标准。净资本是衡量证券公司资本充足和流动性状况的重要指标,是根据证券公司的业务范围、经营状况和资产流动性情况对净资产进行调整后的资产价值,表明证券公司可以随时变现用以满足支付需要的资金数额。为此,上述办法根据证券公司的业务内容规定了净资本指标的四种标准:(1)证券公司经营证券经纪业务的,其净资本不得低于人民币2000万元;(2)证券公司经营证券承销与保荐、证券自营、证券资产管理、其他证券业务等业务之一的,其净资本不得低于人民币5000万元;(3)证券公司经营证券经纪业务,同时经营证券承销与保荐、证券自营、证券资产管理、其他证券业务等业务之一的,其净资本不得低于人民币1亿元;(4)证券公司经营证券承销与保荐、证券自营、证券资产管理、其他证券业务中两项及两项以上的,其净资本不得低于人民币2亿元。

第二,持续风控指标标准。证券公司必须持续符合下列风险控制指标标准:(1)风险覆盖率不得低于100%;(2)资本杠杆率不得低于8%;(3)流动性覆盖率不得低于100%;(4)净稳定资金率不得低于100%。其中,风险覆盖率=净资本/各项风险资本准备之和×100%;资本杠杆率=核心净资本/表内外资产总额×100%;流动性覆盖率=优质流动性资产/未来30天现金净流出量×100%;净稳定资金率=可用稳定资金/所需稳定资金×100%。

[①] 参见《证券公司风险控制指标管理办法》第16—20条。

证券公司应当按照中国证监会规定的证券公司风险资本准备计算标准计算市场风险、信用风险、操作风险资本准备。[①] 中国证监会可以根据特定产品或业务的风险特征,以及监督检查结果,要求证券公司计算特定风险资本准备。

证券公司经营证券自营业务、为客户提供融资或融券服务的,应当符合中国证监会对该项业务的风险控制指标标准。证券公司可以结合自身实际情况,在不低于中国证监会规定标准的基础上,确定相应的风险控制指标标准。

2. 监督管理[②]

第一,报表和信息披露监管。设有子公司的证券公司应当以母公司数据为基础,编制风险控制指标监管报表。中国证监会及其派出机构可以根据监管需要,要求证券公司以合并数据为基础,编制风险控制指标监管报表。派出机构可以根据监管需要,要求辖区内单个、部分或者全部证券公司在一定阶段内按周或者按日编制并报送各项风险控制指标监管报表。

证券公司应当在每月结束之日起7个工作日内,向中国证监会及其派出机构报送月度风险控制指标监管报表。证券公司经营管理的主要负责人、首席风险官、财务负责人,应当对公司月度风险控制指标监管报表签署确认意见。在证券公司风险控制指标监管报表上签字的人员,应当保证风险控制指标 监管报表真实、准确、完整,不存在虚假记载、误导性陈述和重大遗漏。

第二,证券监管措施。证券公司的净资本或者其他风险控制指标不符合规定的,证券监督管理机构应当责令其限期改正;逾期未改正,或者其行为严重危及该证券公司的稳健运行、损害客户合法权益的,证监会可以区别情形,对其采取下列措施:限制业务活动,责令暂停部分业务,停止批准新业务;停止批准增设、收购营业性分支机构;限制分配红利,限制向董事、监事、高级管理人员支付报酬、提供福利;限制转让财产或者在财产上设定其他权利;责令更换董事、监事、高级管理人员或者限制其权利;责令控股股东转让股权或者限制有关股东行使股东权利;撤销有关业务许可。证券公司整改后,应当向国务院证券监督管理机构提交报告。国务院证券监督管理机构经验收,符合有关风险控制指标的,应当自验收完毕之日起3日内解除对其采取的前款规定的有关措施。

[①] 所谓风险资本准备,是指证券公司在开展各项业务等过程中,因市场风险、信用风险、操作风险等可能引起的非预期损失所需要的资本。证券公司应当按照一定标准计算风险资本准备并与净资本建立对应关系,确保风险资本准备有对应的净资本支撑。见《证券公司风险控制指标管理办法》第36条。

[②] 参见《证券公司风险控制指标管理办法》第22—35条;《证券法》第150条。

根据《证券公司风险控制指标管理办法》的机关规定,证券公司未按照监管部门要求报送风险控制指标监管报表,或者风险控制指标监管报表存在重大错报、漏报以及虚假报送情况,中国证监会及其派出机构可以根据情况采取出具警示函、责令改正、监管谈话、责令处分有关人员等监管措施。证券公司净资本或者其他风险控制指标不符合规定标准的,派出机构应当责令公司限期改正,在5个工作日制定并报送整改计划,整改期限最长不超过20个工作日;证券公司未按时报送整改计划的,派出机构应当立即限制其业务活动。在整改期内,中国证监会及其派出机构应当区别情形,对证券公司采取下列措施:停止批准新业务;停止批准增设、收购营业性分支机构;限制分配红利;限制转让财产或在财产上设定其他权利。证券公司整改后,经派出机构验收符合有关风险控制指标的,中国证监会及其派出机构应当自验收完毕之日起3个工作日内解除对其采取的有关措施。证券公司未按期完成整改的,自整改期限到期的次日起,派出机构应当区别情形,对其采取下列措施:限制业务活动;责令暂停部分业务;限制向董事、监事、高级管理人员支付报酬、提供福利;责令更换董事、监事、高级管理人员或者限制其权利;责令控股股东转让股权或者限制有关股东行使股东权利;认定董事、监事、高级管理人员为不适当人选;中国证监会及其派出机构认为有必要采取的其他措施。证券公司未按期完成整改、风险控制指标情况继续恶化,严重危及该证券公司的稳健运行的,中国证监会可以撤销其有关业务许可。

证券公司风险控制指标无法达标,严重危害证券市场秩序、损害投资者利益的,中国证监会可以区别情形,对其采取下列措施:责令停业整顿;指定其他机构托管、接管;撤销经营证券业务许可;撤销。这些措施相当于证券公司的风险处置措施,对此将在下文"证券经营机构风险处置"中进一步论述。

(二)风险准备金制度

风险准备金,即营业保证金,是指证券公司按照法定的比例提取和缴纳的,用于弥补证券交易损失,承担法律责任的准备金。设置风险准备金的根本目的在于:在证券交易中证券公司一旦出现违规操作或者其他不法行为,给投资者造成损害,即可以此风险准备金来承担法律责任,从而达到保护投资者合法利益的目的,也有利于证券市场的稳定。

我国《证券法》第135条规定,证券公司从每年的税后利润中提取交易风险准备金,用于弥补证券交易的损失。按照这一规定,风险准备金应当从证券公司每年的税后利润中提取。那么,这就意味着只有当证券公司盈利,而且是有税后利润时才需提取风险准备金;公司在亏损时则无须提取。这样一来,必然会使投资者的利益难以得到根本性保护。因为公司不管是否盈利,都可能存在损害投资者利益的行为,尤其是证券公司盈利不佳或亏损时,往往更容易导致投资者利益受损。① 基于这一认识,2015年"《证券法》修订草案"将现行《证券法》的规定修改为,证券经营机构从每年的业务收入中计提风险准备金,用于弥补证券业务的损失②;并将"税后利润中提取"删除,要求从业务收入中提取,即证券公司只要有业务收入,就要提取风险准备金。这一修改更有利于保护投资者的利益,也更有利于降低证券市场的风险。

(三) 内部控制制度

证券经营机构承担着证券承销、保荐、经纪、融资、融券、登记、结算和托管、做市交易等重要业务功能。证券经营机构是证券市场上极其活跃的因子,既是发行人、上市公司与投资者之间的联结者,又是证券交易所与证券大市场的联结者。正是由于证券经营机构具备上述独特的执业优势,如果不建立完备的内部控制制度,其往往容易发生违法挪用客户结算资金、违规炒作股票、非法融资、欺诈客户、虚假陈述、操纵市场、内幕交易等行为,从而损害投资者合法权益、扰乱证券市场秩序。

内部控制制度的主要内容如下:

1. 在公司治理结构和公司高管方面应当满足法律规定的特殊要求③

这些特殊要求如下:(1)证券公司经营证券经纪业务、证券资产管理业务、融资融券业务和证券承销与保荐业务中两种以上业务的,其董事会应当设薪酬与提名委员会、审计委员会和风险控制委员会,行使公司章程规定的职权。证券公司董事会设薪酬与提名委员会、审计委员会的,委员会负责人由独立董事担任。(2)证券公司设董事会秘书,负责股东会和董事会会议的筹备、文件的保管以及股东资料的管理,按照规定或者根据国务院证券监督管理机构、股东等有关单位或者个人的要求,依法提供有关资料,办理信息报送或者信息披露事项。董事会秘书为证券公司高级管理人员。(3)证券公司设立行使证券公司经营管理职权的机构,应当在公司章程中明确其名称、组成、职责和议事规则,该机构的成员为证券公司高级管理人员。(4)证券公司设合规负责人,对证券公司经营管理行为的合法合规性进行审查、监督或者检查。合规负责人为证券公司高级管理人员,由董事会决定聘任,并应当经国务院证券监督管理机构认可。合规负责人不得在证券公司兼任负责

---

① 参见李东方主编:《证券法学》(第3版),中国政法大学出版社2017年版,第283页。
② 见2015年"《证券法》修订草案"第223条。
③ 参见《证券公司监督管理条例》第20—25条。

经营管理的职务。合规负责人发现违法违规行为,应当向公司章程规定的机构报告,同时按照规定向国务院证券监督管理机构或者有关自律组织报告。证券公司解聘合规负责人,应当有正当理由,并自解聘之日起3个工作日内将解聘的事实和理由书面报告国务院证券监督管理机构。(5)证券公司的董事、监事、高级管理人员和境内分支机构负责人应当在任职前取得经国务院证券监督管理机构核准的任职资格。证券公司不得聘任、选任未取得任职资格的人员担任上述规定的职务;已经聘任、选任的,有关聘任、选任的决议、决定无效。(6)证券公司的法定代表人或者高级管理人员离任的,证券公司应当对其进行审计,并自其离任之日起2个月内将审计报告报送国务院证券监督管理机构;证券公司的法定代表人或者经营管理的主要负责人离任的,应当聘请具有证券、期货相关业务资格的会计师事务所对其进行审计。上述规定的审计报告未报送国务院证券监督管理机构的,离任人员不得在其他证券公司任职。

2. 避免经营过程中的利益冲突

证券经营机构应当采取有效隔离措施防范本机构与客户之间、不同客户之间、不同业务之间的利益冲突,控制敏感信息在相互存在利益冲突的业务之间不当流动和使用,防范内幕交易、利用未公开信息交易等违法行为。证券经营机构采取隔离措施难以避免利益冲突的,应当向客户披露利益冲突;披露仍难以有效处理利益冲突的,应当采取限制相关业务等措施。

3. 确保客户交易结算资金安全、完整

客户的交易结算资金应当存放在商业银行,以每个客户的名义单独立户管理。严禁证券经营机构挪用客户的资金和证券,客户存于证券经营机构证券公司的资金和证券,所有权归客户所有,证券经营机构无权支配和处分。因此,证券经营机构未经客户的委托不得买卖、挪用、出借客户账户上的证券,或者将客户的证券用于质押,也不得挪用客户账户上的资金和证券。证券经营机构破产或者清算时,客户的资金和证券不属于其破产财产或者清算财产。非因客户本身的债务或者法律规定的其他情形,不得查封、冻结、扣划或者强制执行客户的资金和证券。

4. 客户信息利用与保护

证券经营机构应当建立客户信息查询制度,确保客户能够查询其账户信息、委托记录、交易记录以及其他与接受服务或者购买产品有关的重要信息。证券经营机构应当妥善保存客户开户资料、委托记录、交易记录以及与内部管理、业务经营有关的各项资料,任何人不得泄露、隐匿、伪造、篡改或者毁损。

(四)投资者保护基金制度

投资者保护基金制度是 2005 年《证券法》中新设立的一项制度。证券投资者保护基金,是指依法筹集形成的、在防范和处置证券公司风险中用于保护证券投资者利益的资金。《证券法》第 134 条规定:"国家设立证券投资者保护基金。证券投资者保护基金由证券公司缴纳的资金及其他依法筹集的资金组成,其筹集、管理和使用的具体办法由国务院规定。"设立这一制度既是为了加强对投资者,特别是中小投资者保护的力度,同时也是为了建立一种防范和处置证券经营机构风险的长效机制。

政府设立国有独资的中国证券投资者保护基金有限责任公司(以下简称"基金公司"),负责基金的筹集、管理和使用。基金主要用于按照国家有关政策规定对债权人予以偿付。基金按照取之于市场、用之于市场的原则筹集。基金的筹集方式、标准,由中国证监会商财政部、中国人民银行决定。基金公司依据国家有关法律、法规及规范性文件独立运作,基金公司董事会对基金的合规使用及安全负责。

投资者保护基金制度的主要内容如下[①]:

1. 基金公司的职责和组织机构

第一,基金公司的职责。基金公司应当与证监会建立证券公司信息共享机制,证监会定期向基金公司通报关于证券公司财务、业务等的经营管理信息。证监会认定存在风险隐患的证券公司,应按照规定直接向基金公司报送财务、业务等经营管理信息和资料。基金公司的职责为:筹集、管理和运作基金;监测证券公司风险,参与证券公司风险处置工作;证券公司被撤销、被关闭、破产或被证监会实施行政接管、托管经营等强制性监管措施时,按照国家有关政策规定对债权人予以偿付;组织、参与被撤销、关闭或破产证券公司的清算工作;管理和处分受偿资产,维护基金权益;发现证券公司经营管理中出现可能危及投资者利益和证券市场安全的重大风险时,向证监会提出监管、处置建议;对证券公司运营中存在的风险隐患会同有关部门建立纠正机制;国务院批准的其他职责。

第二,基金公司的组织机构。(1)设立董事会。董事会由 9 名董事组成。其中 4 人为执行董事,其他为非执行董事。董事长人选由证监会商财政部、中国人民银行确定后,报国务院备案。(2)董事会职权。董事会为基金公司的决策机构,负责制定基本管理制度,决定内部管理机构设置,聘任或者

---

① 参见《证券投资基金管理办法》(2016 年修订)的相关条款。

解聘高级管理人员,对基金的筹集、管理和使用等重大事项作出决定,并行使基金公司章程规定的其他职权。(3)董事会议事规则。基金公司董事会按季召开例会。董事长或三分之一以上的董事联名提议时,可以召开临时董事会会议。董事会会议由全体董事三分之二以上出席方可举行。董事会会议决议,由全体董事二分之一以上表决通过方为有效。(4)总经理及其职权。设总经理1人,副总经理若干人。总经理负责主持公司的经营管理工作,执行董事会决议。总经理、副总经理由证监会提名,董事会聘任或者解聘。

2. 基金筹集

基金筹集主要涉及基金的来源:(1)上海、深圳证券交易所在风险基金分别达到规定的上限后,交易经手费的20%纳入基金。(2)所有在中国境内注册的证券公司,按其营业收入的0.5%—5%缴纳基金;经营管理或运作水平较差、风险较高的证券公司,应当按较高比例缴纳基金。各证券公司的具体缴纳比例由基金公司根据证券公司风险状况确定后,报证监会批准,并按年进行调整。证券公司缴纳的基金在其营业成本中列支。(3)发行股票、可转债等证券时,申购冻结资金的利息收入。(4)依法向有关责任方追偿所得和从证券公司破产清算中受偿收入。(5)国内外机构、组织及个人的捐赠。(6)其他合法收入。

3. 基金使用

基金的具体用途一般发生在以下情形时动用:证券公司被撤销、被关闭、破产或被证监会实施行政接管、托管经营等强制性监管措施时,按照国家有关政策的规定对债权人予以偿付。遇有其他特殊情形,经国务院批准亦可使用。为处置证券公司风险需要动用基金的,证监会根据证券公司的风险状况制定风险处置方案,基金公司制定基金使用方案,报经国务院批准后,由基金公司办理发放基金的具体事宜。基金公司使用基金偿付证券公司债权人后,取得相应的受偿权,依法参与证券公司的清算。

4. 监管措施

对基金公司的监管措施主要包括:(1)基金公司应依法合规运作,按照安全、稳健的原则履行对基金的管理职责,保证基金的安全。基金的资金运用限于银行存款、购买政府债券、中央银行票据、中央企业债券、信用等级较高的金融机构发行的金融债券以及国务院批准的其他资金运用形式。(2)基金公司日常运营费用按照国家有关规定列支,具体支取范围、标准及预决算等由基金公司董事会制定,报财政部审批。(3)证监会负责基金公司的业务监管,监督基金的筹集、管理与使用。财政部负责基金公司的国有资产管理和财务监督。中国人民银行负责对基金公司向其借用再贷款资金的合规使用情况进行检查监督。(4) 基金公司应建立科学的业绩考评制度,并将考核结果定期报送证监会、财政部、中国人民银行。(5) 基金公司应建立信息报告制度,编制基金筹集、管理、使用的月报信息,报送证监会、财政部、中国人民银行。基金公司每年应向财政部专题报告财务收支及预算、决算执行情况,接受财政部的监督检查。基金公司每年应向中国人民银行专题报告再贷款资金的使用情况,接受中国人民银行的监督检查。(6) 证监会应按年度向国务院报告基金公司运作和证券公司风险处置情况,同时抄送财政部、中国人民银行。(7) 证券公司、托管清算机构应按规定用途使用基金,不得将基金挪作他用。基金公司对使用基金的情况进行检查,并可委托中介机构进行专项审计。接受检查的证券公司或托管清算机构及有关单位、个人应予以配合。(8) 基金公司、证券公司及托管清算机构①应妥善保管基金的收划款凭证、兑付清单及原始凭证,确保原始档案的完整性,并建立基金核算台账。(9) 证监会负责监督证券公司按期足额缴纳基金以及按期向基金公司如实报送财务、业务等经营管理信息、资料和基金公司监测风险所需的涉及客户资金安全的数据、材料。证券公司违反上述规定的,证监会应按有关规定进行处理。(10) 对挪用、侵占或骗取基金的违法行为,依法严厉打击;对有关人员的失职行为,依法追究其责任;涉嫌犯罪的,移送司法机关依法追究其刑事责任。

三、证券经营机构的风险处置

上述证券经营机构的各项风险监管措施,主要作用在于风险预防。一旦证券经营机构发生风险,则面临的是如何处置和化解证券风险的问题。证券经营机构风险处置的相关基础理论与本书总论部分第六章"证券市场危机监管"中的相关理论是一致的。二者是特殊和一般的关系,故探讨证券经营机构风险处置的相关问题,需结合前述一般理论,特别是第六章第三节"证券市场危机应急处置"与本节联系更为紧密。所以,在此仅讨论证券经营机构特殊的风险处置问题。

(一) 证券经营机构风险处置的指导思想

如本书第二章"证券监管法的基础理论"部分所述,证券业属于高风险的行业,具有内在不稳定性。证券交易系统是一个牵一发发动全身的系统,任何一家证券经营机构出现交易结算危机或者因竞争失败而倒闭都可能影响

---

① 所谓托管清算机构,是指证券公司被行政接管、托管经营、撤销、关闭或破产时,对证券公司实施行政接管的接管组、实施托管经营的托管组或依法成立的行政清理组。

整个交易系统的正常运行。证券业的外部效应引起的是整个证券市场乃至整个金融业的危机,其所付出的社会代价无疑是沉重的。因此,需要政府监管机构出面依法对处置证券经营机构的风险进行组织、协调和监督。并且,不能单靠证券监管机构,在我国还需要证监会会同中国人民银行、财政部、公安部、国务院其他金融监督管理机构以及省级人民政府建立处置证券经营机构风险的协调配合,建立起快速反应机制。

在处置证券经营机构的风险过程中,还需要发挥好地方人民政府(特别是证券经营机构所在地的地方人民政府)的作用,有关地方人民政府应当制定维护社会稳定的预案,化解不稳定因素,维护被处置证券经营机构的营业秩序。地方人民政府应当支持和配合公安部门查处证券经营机构风险处置中涉嫌犯罪的案件。采取有效措施维护社会稳定。

(二)证券经营机构风险处置措施

由于在《证券法》中,证券经营机构即为证券公司,《证券公司风险处置条例》中相关的风险处置措施也是针对证券公司而言的,为了不产生歧义,以下风险处置措施中所涉及的证券经营机构均指证券公司。

1. 停业整顿、托管、接管、行政重组[①]

证监会发现证券经营机构存在重大风险隐患,可以派出风险监控现场工作组对证券经营机构进行专项检查,对证券经营机构划拨资金、处置资产、调配人员、使用印章、订立以及履行合同等经营、管理活动进行监控,并及时向有关地方人民政府通报情况。根据证券经营机构发生风险的具体情况,相机采取停业整顿、托管、接管、行政重组等风险处置措施。

(1)停业整顿。证券经营机构风险控制指标不符合有关规定,且在规定期限内未能完成整改的,中国证监会可以责令证券公司停止部分或者全部业务进行整顿。停业整顿的期限不超过3个月。证券经纪业务被责令停业整顿的,证券经营机构在规定的期限内可以将其证券经纪业务委托给中国证监会认可的证券公司管理,或者将客户转移到其他证券经营机构。证券经营机构逾期未按照要求委托证券经纪业务或者未转移客户的,证监会应当将客户转移到其他证券经营机构。总之,为了维护投资者的利益,在处置证券经营机构风险过程中,应当保障证券经纪业务正常进行。

(2)托管。证券公司有下列情形之一的,证监会可以对其证券经纪等涉及客户的业务进行托管;情节严重的,可以对该证券经营机构进行接管;治理

[①] 参见《证券公司风险处置条例》第6—18条。

混乱,管理失控;挪用客户资产并且不能自行弥补;在证券交易结算中多次发生交收违约或者交收违约数额较大;风险控制指标不符合规定,发生重大财务危机;其他可能影响证券公司持续经营的情形。

证监会决定对证券经营机构中证券经纪等涉及客户的业务进行托管的,应当按照规定程序选择证券经营机构等专业机构成立托管组,行使被托管证券经营机构的证券经纪等涉及客户的业务的经营管理权。托管组自托管之日起履行下列职责:保障证券经营机构证券经纪业务正常合规运行,必要时依照规定垫付营运资金和客户的交易结算资金;采取有效措施维护托管期间客户资产的安全;核查证券经营机构存在的风险,及时向证监会报告业务运行中出现的紧急情况,并提出解决方案;国务院证券监督管理机构要求履行的其他职责。

托管期限一般不超过12个月。满12个月,确需继续托管的,证监会可以决定延长托管期限,但延长托管期限最长不得超过12个月。被托管证券经营机构应当承担托管费用和托管期间的营运费用。证监会应当对托管费用和托管期间的营运费用进行审核。托管组不承担被托管证券经营机构的亏损。

(3) 接管。证监会决定对证券经营机构进行接管的,应当按照规定程序组织专业人员成立接管组,行使被接管证券经营机构的经营管理权,接管组负责人行使被接管证券经营机构法定代表人职权,被接管证券公司的股东会或者股东大会、董事会、监事会以及经理、副经理停止履行职责。接管组自接管之日起履行下列职责:接管证券公司的财产、印章和账簿、文书等资料;决定证券公司的管理事务;保障证券公司证券经纪业务正常合规运行,完善内控制度;清查证券公司财产,依法保全、追收资产;控制证券公司风险,提出风险化解方案;核查证券公司有关人员的违法行为;国务院证券监督管理机构要求履行的其他职责。

接管期限一般不超过12个月。满12个月确需继续接管的,证监会可以决定延长接管期限,但延长接管期限最长不得超过12个月。

(4) 行政重组。所谓行政重组,是指证监会为了维护公共利益,在证券经营机构出现重大风险,或者被停业整顿、托管、接管的情况下,强制性要求证券经营机构进行注资,或者进行股权、债务、资产重组,合并或者其他方式的重组。证监会对证券经营机构的行政重组进行协调和指导。作为一种行政行为,行政重组目前已在行政管理实践中客观存在并得到普遍运用。但是,考察我国现有立法,除了《证券公司风险处置条例》对于行政重组有所涉

及外,尚未见其他法律、法规对此有明确具体的规定。① 行政重组的条件、方式及期限如下:

第一,行政重组的条件。证券经营机构出现重大风险,但具备下列条件的,可以由证监会对其进行行政重组:财务信息真实、完整;省级人民政府或者有关方面予以支持;整改措施具体,有可行的重组计划。被停业整顿、托管、接管的证券公司,具备上述规定条件的,也可以由证监会对其进行行政重组。

第二,行政重组的方式与期限。证券公司进行行政重组,可以采取注资、股权重组、债务重组、资产重组、合并或者其他方式。行政重组期限一般不超过12个月。满12个月行政重组未完成的,国务院证券监督管理机构可以决定延长行政重组期限,但延长行政重组期限最长不得超过6个月。

证监会对证券经营机构作出上述责令停业整顿、托管、接管、行政重组的处置决定,应当予以公告,并将公告张贴于被处置证券经营机构的营业场所。处置决定包括被处置证券公司的名称、处置措施、事由以及范围等有关事项。处置决定的公告日期为处置日,处置决定自公告之时生效。

证券经营机构被责令停业整顿、托管、接管、行政重组的,债权债务关系不因处置决定而变化。证券经营机构经停业整顿、托管、接管或者行政重组在规定期限内达到正常经营条件的,经证监会批准,可以恢复正常经营。在规定期限内仍达不到正常经营条件,但能够清偿到期债务的,证监会依法撤销其证券业务许可。被撤销证券业务许可的证券经营机构应当停止经营证券业务,按照客户自愿的原则将客户安置到其他证券经营机构,安置过程中相关各方应当采取必要措施保证客户证券交易的正常进行。被撤销证券业务许可的证券经营机构有未安置客户等情形的,证监会可以成立行政清理组,清理账户、安置客户、转让证券类资产。

2. 撤销②

撤销,是指证监会依法取消证券经营机构的资格并由此产生的一系列善后措施。主要内容如下:

(1)撤销的条件。第一,直接撤销。证券经营机构同时有下列情形的,证监会可以直接撤销该证券经营机构:① 违法经营情节特别严重、存在巨大经营风险;② 不能清偿到期债务,并且资产不足以清偿全部债务或者明显缺乏清偿能力;③ 需要动用证券投资者保护基金。第二,附条件撤销。证券经

---

① 吴卫军、杨杰:《论行政重组的法律定性——以〈证券公司风险处置条例〉为例的分析》,载《中国证券期货》2011年第1期。

② 参见《证券公司风险处置条例》第19—36条。

营机构经停业整顿、托管、接管或者行政重组在规定期限内仍达不到正常经营条件,并且有上述第②或者③项情形的,证监会应当撤销该证券经营机构。

(2)撤销的主要措施:

第一,成立行政清理组。证监会撤销证券经营机构,应当作出撤销决定,并按照规定程序选择律师事务所、会计师事务所等专业机构成立行政清理组,对该证券经营机构进行行政清理。

第二,行政清理组的职责。具体包括:管理证券公司的财产、印章和账簿、文书等资料;清理账户,核实资产负债有关情况,对符合国家规定的债权进行登记;协助甄别确认、收购符合国家规定的债权;协助证券投资者保护基金管理机构弥补客户的交易结算资金;按照客户自愿的原则安置客户;转让证券类资产[①];国务院证券监督管理机构要求履行的其他职责。行政清理期间,行政清理组负责人行使被撤销证券公司法定代表人职权。被撤销证券公司的股东会或者股东大会、董事会、监事会以及经理、副经理停止履行职责。行政清理期间,被撤销证券公司的股东不得自行组织清算,不得参与行政清理工作。

第三,对客户及债权人善后保护措施。① 行政清理期间,被撤销证券经营机构的证券经纪等涉及客户的业务,由证监会按照规定程序选择证券经营机构等专业机构进行托管。② 证券经营机构的债权债务关系不因其被撤销而变化。自证券经营机构被撤销之日起,证券经营机构的债务停止计算利息。③ 行政清理组清理被撤销证券经营机构账户的结果,应当经具有证券、期货相关业务资格的会计师事务所审计,并报证监会认定。行政清理组根据证监会认定的账户清理结果,向证券投资者保护基金管理机构申请弥补客户的交易结算资金的资金。④ 行政清理组应当自成立之日起 10 日内,将债权人需要登记的相关事项予以公告。符合国家有关规定的债权人应当自公告之日起 90 日内,持相关证明材料向行政清理组申报债权,行政清理组按照规定登记;无正当理由逾期申报的,不予登记。已登记债权经甄别确认符合国家收购规定的,行政清理组应当及时按照国家有关规定申请收购资金并协助收购;经甄别确认不符合国家收购规定的,行政清理组应当告知申报的债权人。

---

① 所谓证券类资产,是指证券经营机构为维持证券经纪业务正常进行所必需的计算机信息管理系统、交易系统、通信网络系统、交易席位等资产。见《证券公司风险处置条例》第 22 条第 3 款。

3. 破产清算和重整①

证券经营机构破产清算和重整提起的前提条件是依据《企业破产法》第 2 条的规定。② 主要有以下三种情形：

第一，破产清算的前提条件。证券经营机构被依法撤销、关闭时，不能清偿到期债务，并且资产不足以清偿全部债务或者明显缺乏清偿能力的，行政清理工作完成后，证监会或者其委托的行政清理组依照《企业破产法》的有关规定，可以向人民法院申请对被撤销、关闭证券经营机构进行破产清算。

第二，重整的前提条件。证券经营机构有不能清偿到期债务，并且资产不足以清偿全部债务或者明显缺乏清偿能力或者有明显丧失清偿能力可能的，证监会可以直接向人民法院申请对该证券经营机构进行重整。

第三，证券经营机构或债权人依法自行申请。证券经营机构或者其债权人依照《企业破产法》的有关规定，可以向人民法院提出对证券经营机构进行破产清算或者重整的申请，但应当依照《证券法》第 129 条的规定报经证监会批准。

(三) 证券经营机构风险处置过程中的监督协调③

证券经营机构的风险处置是一系体统性很强的工作，在风险处置过程中不仅需要主管机关证监会的监督协调，而且还需要公安部门、地方政府的介入。同时，还需要相关义务主体的积极配合。除此之外，出于公平、公正和杜绝隐患的需要，某一类机构或者人员被禁止参与风险处置工作。

1. 证监会的监管

证监会在处置证券经营机构风险工作中，主要履行下列监管职责：(1) 制订证券经营机构风险处置方案并组织实施。(2) 派驻风险处置现场工作组，对被处置证券经营机构、托管组、接管组、行政清理组、管理人以及参与风险处置的其他机构和人员进行监督和指导。(3) 协调证券交易所、证券登记结算机构、证券投资者保护基金管理机构，保障被处置证券经营机构证券经纪业务正常进行。(4) 对证券经营机构的违法行为立案稽查并予以处罚。(5) 及时向公安机关等通报涉嫌刑事犯罪的情况，按照有关规定移送涉嫌犯罪的案件。(6) 向有关地方人民政府通报证券经营机构风险状况以及影响社会稳定的情况。(7) 证监会依法对证券经营机构采取停业整顿、托管、接

---

① 参见《证券公司风险处置条例》第 37—47 条。
② 《企业破产法》第 2 条规定，企业法人不能清偿到期债务，并且资产不足以清偿全部债务或者明显缺乏清偿能力的，依照本法规定清理债务。企业法人有前款规定情形，或者有明显丧失清偿能力可能的，可以依照本法规定进行重整。
③ 参见《证券公司风险处置条例》第 48—58 条。

管、行政重组以及撤销等处置措施时,可以向人民法院提出申请中止以该证券经营机构以及其分支机构为被告、第三人或者被执行人的民事诉讼程序或者执行程序。证券经营机构设立或者实际控制的关联公司,其资产、人员、财务或者业务与被处置证券经营机构混合的,证监会可以向人民法院提出申请中止以该关联公司为被告、第三人或者被执行人的民事诉讼程序或者执行程序。(8)被处置证券经营机构或者其关联客户可能转移、隐匿违法资金、证券,或者证券经营机构违反相关法律规定可能对债务进行个别清偿的,证监会可以禁止相关资金账户、证券账户的资金和证券转出。

2. 公安部门的介入

处置证券经营机构风险的过程中,发现涉嫌犯罪的案件,属公安机关管辖的,应当由国务院公安部门统一组织依法查处,有关地方人民政府应当予以支持和配合。风险处置现场工作组、行政清理组和管理人需要从公安机关扣押资料中查询、复制与其工作有关资料的,公安机关应当支持和配合。证券经营机构进入破产程序的,公安机关应当依法将冻结的涉案资产移送给受理破产案件的人民法院,并留存必需的相关证据材料。

3. 地方政府的配合

被处置证券经营机构以及其分支机构所在地人民政府,应当按照国家有关规定配合证券经营机构风险处置工作,制定维护社会稳定的预案,排查、预防和化解不稳定因素,维护被处置证券经营机构正常的营业秩序。

被处置证券经营机构以及其分支机构所在地人民政府,应当组织相关单位的人员成立个人债权甄别确认小组,按照国家规定对已登记的个人债权进行甄别确认。

4. 其他义务主体的配合

(1) 证券投资者保护基金管理机构。该机构应当按照国家规定,收购债权、弥补客户的交易结算资金。该机构可以对证券投资者保护基金的使用情况进行检查。

(2) 托管组、接管组、行政清理组以及其他相关主体。托管组、接管组、行政清理组以及被责令停业整顿、托管和行政重组的证券经营机构,应当按照规定向证监会报告工作情况。托管组、接管组、行政清理组以及其工作人员应当勤勉尽责,忠实履行职责。被处置证券经营机构的股东以及债权人有证据证明托管组、接管组、行政清理组以及其工作人员未依法履行职责的,可以向证监会投诉。经调查核实,由证监会责令托管组、接管组、行政清理组以及其工作人员改正或者对其予以更换。

(3) 被处置证券经营机构的相关主体。被处置证券经营机构的股东、实际控制人、债权人以及与被处置证券经营机构有关的机构和人员,应当配合证券经营机构风险处置工作。被处置证券经营机构的董事、监事、高级管理人员以及其他有关人员应当妥善保管其使用和管理的证券经营机构财产、印章和账簿、文书等资料以及其他物品,按照要求向托管组、接管组、行政清理组或者管理人移交,并配合风险处置现场工作组、托管组、接管组、行政清理组的调查工作。

5. 禁入主体

有下列情形之一的机构或者人员,禁止参与处置证券经营机构风险工作:曾受过刑事处罚或者涉嫌犯罪正在被立案侦查、起诉;涉嫌严重违法正在被行政管理部门立案稽查或者曾因严重违法行为受到行政处罚未逾3年;仍处于证券市场禁入期;内部控制薄弱、存在重大风险隐患;与被处置证券经营机构处置事项有利害关系;国务院证券监督管理机构认定不宜参与处置证券经营机构风险工作的其他情形。

第十章　证券服务机构监管[①]

第一节　证券服务机构监管概要

在我国,证券服务机构是指经国务院证券监督管理机构和其他有关主管部门批准从事证券业务的投资咨询机构、财务顾问机构、资信评级机构、资产评估机构、会计师事务所和律师事务所等专业服务机构。证券服务机构在证券发行与交易中通常是以独立的第三方对证券发行人或交易双方的财务、经营状况和所涉及法律事项进行审计、评估、见证,以确保证券发行、上市、交易信息披露的真实性、准确性与完整性,它实际上构成了信息披露监管的第一道关卡。[②] 为充分发挥它们的专业监督作用,我国《证券法》以专章的形式对证券服务机构监管进行了规范,其基本内容归纳如下[③]:

(1) 投资咨询机构、财务顾问机构、资信评级机构、资产评估机构、会计师事务所从事证券服务业务,必须经国务院证券监督管理机构和有关主管部门批准。

(2) 投资咨询机构、财务顾问机构、资信评级机构从事证券服务业务的人员,必须具备证券专业知识和从事证券业务或者证券服务业务 2 年以上经验。

(3) 投资咨询机构及其从业人员从事证券服务业务不得有下列行为:代理委托人从事证券投资;与委托人约定分享证券投资收益或者分担证券投资损失;买卖本咨询机构提供服务的上市公司股票;利用传播媒介或者通过其他方式提供、传播虚假或者误导投资者的信息;法律、行政法规禁止的其他行为。有上述所列行为之一,给投资者造成损失的,依法承担赔偿责任。

(4) 从事证券服务业务的投资咨询机构和资信评级机构,应当按照国务院有关主管部门规定的标准或者收费办法收取服务费用。

(5) 《证券法》在 2005 年的修订过程中,加强了对证券服务机构的责任

---

① 刘牧晗(现供职于最高人民法院)和孙立涛(现供职于腾讯金融研究中心)对本章内容均有贡献。
② 李东方主编:《证券法学》(第 3 版),中国政法大学出版社 2017 年版,第 306 页。
③ 详见《证券法》第 8 章。

约束机制,明确要求证券服务机构对整个社会公众负有勤勉尽责义务,一旦出现信息欺诈,有过错的证券服务机构与发行人要承担连带赔偿责任。①

从提出问题和解决问题的角度出发,本章以下仅就证券投资咨询机构中的特殊问题和证券信用评级机构监管进行研究。前者所谓特殊问题,主要是指"我国证券分析师的法律监管"。

第二节 证券投资咨询机构监管的特殊问题研究

一、证券投资咨询机构监管要论

证券投资咨询机构是专门为投资者或客户提供证券投资分析和预测或者建议等直接或间接有偿咨询服务活动的机构,该机构的组织形式一般为依照我国《公司法》设立的从事证券投资咨询业务的有限责任公司或者股份有限公司。主要包括:证券投资咨询公司,从事证券投资咨询业务的证券经营机构、信息服务公司、信息网络公司、财务顾问公司、资产管理公司、投资公司以及中国证监会认定的其他从事证券投资咨询业务的公司。

证券投资咨询机构可分为专门从事投资咨询业务的独立投资咨询机构和兼营投资咨询业务的证券经营机构及其他金融机构两类。证券投资咨询机构从事投资咨询业务及服务方式包括:(1) 接受投资人或者客户委托,提供证券投资咨询服务;(2) 举办有关证券、期货投资咨询的讲座、报告会、分析会等;(3) 在报刊上发表证券、期货投资咨询的文章、评论、报告,以及通过电台、电视台等公众传播媒体提供证券、期货投资咨询服务;(4) 通过电话、传真、电脑网络等电信设备系统,提供证券、期货投资咨询服务;(5) 中国证券监督管理委员会认定的其他形式。②

目前,证券投资咨询机构提供服务主要包括以下 5 类:(1) 为机构投资者提供投资咨询服务;(2) 为上市公司提供财务顾问服务;(3) 为投资者提供一对一投资顾问和理财咨询服务;(4) 为市场参与者提供证券信息和数据服务;(5) 面向广大中小投资者提供会员制投资咨询服务。③

---

① 见《证券法》第 173 条。该条规定,证券服务机构为证券的发行、上市、交易等证券业务活动制作、出具审计报告、资产评估报告、财务顾问报告、资信评级报告或者法律意见书等文件,应当勤勉尽责,对所依据的文件资料内容的真实性、准确性、完整性进行核查和验证。其制作、出具的文件有虚假记载、误导性陈述或者重大遗漏,给他人造成损失的,应当与发行人、上市公司承担连带赔偿责任,但是能够证明自己没有过错的除外。
② 见《证券、期货投资咨询管理暂行办法》第 2 条。
③ 深圳证券交易所综合研究所市场研究小组:《我国证券投资咨询问题研究》(深证综研字第 0156 号研究报告),http://www.docin.com/p-301896074.html,访问时间:2014 年 9 月 26 日。

证券公司提供的投资咨询业务主要有两类:一是公司层面的证券研究业务,主要是为公司内部的经纪、投行、自营和资产管理等业务提供支持和为公司外部的基金公司、社保基金、核心客户、媒体提供研究分析报告;二是公司营业部门终端服务环节为资金量较大的客户提供买卖证券的分析建议,为中小投资者提供投资顾问服务等。

专门的独立证券投资咨询机构提供的投资咨询业务包括:(1)针对特定顾客提供的投资顾问服务;(2)针对非特定投资者以举办讲座或报告会、提供声讯服务或研究报告期刊、在报刊上发表咨询文章,以及与电台、电视台等媒体联合开办咨询节目等形式提供的咨询服务;(3)从事财务顾问、投资银行、证券咨询、理财培训、信托计划、投资顾问等业务。①

2010年10月,中国证监会颁布了《证券投资顾问业务暂行规定》(以下简称《暂行规定》),加强了证券投资顾问业务的规范。《暂行规定》将投资顾问业务定义为"证券公司、证券投资咨询机构接受客户委托,按照约定,向客户提供涉及证券及证券相关产品的投资建议服务,辅助客户作出投资决策,并直接或间接获取经济利益的经营活动",并明确证券投资顾问业务是证券投资咨询业务一种基本形式。根据《暂行规定》对证券投资顾问业务的定义,它实际上是将面向不特定公众的投资咨询服务与针对特定客户提供的投资顾问服务加以区分,将证券投资咨询服务区分为一般性投资咨询服务和投资顾问服务,二者区别如下:

	一般性投资咨询服务	投资顾问服务
服务对象	非特定公众	特定的顾客
服务形式	一对多,通过公共媒介发布研究报告、投资建议、或举办讲座等公开方式	一对一,非公开方式
提供服务的法律基础	通常是服务提供者主动、自愿地提供,与受众不存在合约。	通常是客户提出服务要求,双方协商签订服务协议
是否向受众收费	无偿	通常是有偿服务
是否承担适合性义务②	不承担	承担

国外证券投资咨询机构通常被称为证券投资顾问,其主要业务包括投资

---

① 李延振、徐茂龙:《关于推进证券投资咨询制度变革的若干思考》,载《证券市场导报》2010年1月号。

② 适合性义务就是要求服务提供者根据顾客的知识、经验、财务状况、投资目标和风险承受能力提供适合其需要的投资建议,推荐适合其需要的投资产品和投资策略。《暂行规定》第11、15条实际上就是要求证券投资顾问承担适合性义务。

顾问业务和资产管理业务。而我国禁止证券咨询机构从事资产管理业务,对证券投资咨询机构业务的限制过于严格。① 目前证券分析师对我国证券市场的股价影响甚大,对其监管存在诸多问题。

二、我国证券分析师的法律监管

证券分析师行业在我国证券市场尚未形成规模,而诸多涉及证券分析师案件的裁判结果似乎又对其要求过苛。在考察我国证券分析师行业具体现状及其应当发挥的重要职能的基础上,为引导其健康发展和良性运作,在我国现有的有关证券分析师的立法和理论框架下,应当尽快强化和完善证券分析师的行业自律和政府监管,同时对司法权的介入应当持谨慎、保守的态度,从而建立起以行业自律为主导、政府监管为辅助、司法救济为保障的证券分析师规范模式。

1997 年 3 月,《亚太经济时报》在头版头条登载了一篇题为《湘中药自信潜力无穷》的署名文章。作者熊某在文章中断定湘中药股价上涨四五倍的股评(该股评信息来源于湘中药董事长在参加人大会议期间接受香港《商报》的采访,但股评中并未给予交代)。山东投资者张某根据该文于 1997 年 3 月 20 日起进行投资并损失近 8 万元。张某向法院提起诉讼,要求该文作者熊某及刊载该文章的《亚太经济时报》赔偿其损失。二审法院于 2001 年 6 月作出终审判决,作者熊某对张某赔偿损失,刊载该文的《亚太经济时报》承担连带责任。"湘中药股评案"由此成为全国首例股评作者与股评刊登媒体被判承担损害赔偿责任的案件,在证券市场尤其是证券投资咨询业界产生了极大反响,引发了对在中国建立证券分析师制度的诸多讨论。就个案而言,结果已尘埃落定,从判决结束至今,尽管成立了证券分析师专业委员会,修订了《中国证券业协会证券分析师职业道德守则》,我国证券分析师的行业发展和制度建设似乎陷入了喧嚣讨论后的沉寂,但远未如期待般的规范和完善。本文的初衷即为从这一案例出发对我国证券分析师的自律规范、执业监管以及责任承担等方面进行反思,并在具体的制度构建层面予以探讨。

(一)证券分析师的地位及对其规制的必要性

对上述案例进行讨论时涉及的首要问题即为股评作者熊某是否证券分析师?证券分析师是否等同于股评家?证券分析师与证券投资咨询人员有

---

① 深圳证券交易所综合研究所市场研究小组:《我国证券投资咨询问题研究》(深证综研字第 0156 号研究报告),http://www.docin.com/p-301896074.html,访问时间:2014 年 9 月 26 日。

无区别以及有何区别？实际上，诸多疑问具有相同的指向，亦即何谓证券分析师？

在我国，对于证券分析师及与其相关的人员的称谓相当混乱，股评家、投资咨询人员、研究员、理财专家、投资顾问等，不一而足。似乎很少有人去深究他们之间的区别，也并未有多少人意识到他们之间实际上而且也应当有所区别。造成前述疑问以及混乱的原因可以追溯到证券分析师行业发展最初的状况，似乎从其发展之初，证券分析师就与股评家、证券投资咨询从业者等混为一谈。理论界对证券分析师发展进程的介绍无一例外均采用下列表述：20世纪80年代后期，在一些大城市的一级半市场上，有人开始通过口头传递信息、指导操作，这是中国证券咨询行业的萌芽。20世纪90年代初期，随着证券媒体的创办和发展，这些人通过媒体发表文章和见解，逐渐形成了一个较为稳定的股评群体。1998年4月，中国证监会颁布并实施了《证券咨询从业人员管理暂行办法》，对股评人士实行资格认证，对股评人士的管理自此步入正规化。① 而且，在相关的法律、法规中亦很少有专门涉及证券分析师的规定，仅2005年修订后的《中国证券业协会证券分析师职业道德守则》第3条对证券分析师予以界定："本守则所称证券分析师是指取得中国证券业协会颁发的证券投资咨询执业资格、并在中国证监会批准的证券投资咨询机构从事证券投资咨询业务的人员。"但这一界定仍未彰显证券分析师与证券投资咨询人员的区分，对解决上述问题并无贡献。

实际上，正如证券分析师委员会副会长林义相所言："健全的分析师制度，首先要有一个概念上的界定，还要有具体的执业标准，有特有的分析方法，有一定知识能力的积累，有一个道德规范，有一个资格认定。并不是从事证券咨询服务的人员不论素质如何，均可以冠以分析师的称呼的。"前述混淆相关概念，既是对证券分析师业务范围的片面认识，也是对其资格要求的降低，并不利于证券分析师行业的规范、良性发展。毫无疑问，发达资本市场对证券分析师的界定对于我们澄清认识具有借鉴意义。具有美国和加拿大证券分析师协会职能的投资管理与研究协会（AIMR）在其章程中定义："职业投资分析人是指从事作为投资决策过程的一部分，对财务、经济、统计资料进行评价或者应用的个人"，而"投资决策过程就是指财务分析、投资管理、证券分析或其他类似的专门实务"。日本证券分析师协会（SIIJ）在其《证券分析师

---

① 参见史美伦：《真正的分析师少得可怜》，载《证券日报》2002年6月24日；刘超：《中国证券分析师行业的现状与发展思路》，载《浙江金融》2006年第12期；周红樱：《证券分析师行业管理的中外比较》，载《企业经济》2004年第9期；陈俊丽：《构建我国证券分析师制度的理论探讨》，载《天中学刊》2003年第6期；等等。关于证券分析师发展历史的介绍，均采取与书中相同的说法。

职业行为准则》(1987)中定义:"证券分析业务是指对与证券投资相关的各种信息的分析和投资价值评价,以及基于此所做的投资信息的提供、投资推荐或投资管理。"由此可见,仅就业务范围这一方面而言,证券分析师并不仅仅包括那些基于企业调研进行单个证券分析评价的狭义证券分析师,还包括那些从事证券组合运用和管理的投资组合管理人、基金管理人、提供投资建议的投资顾问,甚至包括经济学家、企业战略家、技术(图表)分析师等一系列广泛的职业人。[1] 而这些界定远非证券投资咨询人员或股评家等概念所能涵盖。

实际上,我国证券分析师理论中概念界定的不足及其人员范围划分的模糊,与其本身的角色定位及其对证券市场的重要影响极不相称。证券分析师是证券市场中的专业分析人员,其作用在于通过其优于一般投资者的信息收集途径和专业分析能力,向市场参与者提供合理反映证券内在价值的价格信息,从而减弱证券市场的价格偏离,促进市场的有效性。[2]尤其在发达资本市场中,证券分析师更是具有举足轻重的作用,美国 Dirks v. SEC 一案是 FD 条例颁布以前规制证券分析师问题最重要的司法渊源。美国联邦最高法院在 Dirks v. SEC 一案中总结说,分析师是"维护一个健康市场所不可缺少的"。法院在 Dirks 案的分析中,引用了 SEC 承认证券分析师重要作用的赞同意见:"分析师的作用,在整个市场中的价值,是不能被否定的,在定价方面的市场效率,通过他们主动发现并分析的信息而显著地得到提高,因此分析师的工作是所有投资者利益的反映。"[3]

基于上述角色定位,可以看到证券分析师无论是对上市公司管理层还是对市场投资者在证券市场中的行为均具有重要影响。尽管实证考察和分析数据均表示,证券分析师,尤其是卖方证券分析师,会受其所在的投资银行以及作为其服务对象的上市公司等多方面利益冲突的影响。但实际上,证券分析师,尤其是业绩预测会对上市公司管理层产生巨大压力。一方面,证券分析师在多数情况下并非完全理性,往往会作出过度乐观的盈利预测,而证券市场中的股价对证券分析师的盈利预测具有极高的敏感度,为迎合盈利预测并保持较高股价,上市公司管理层往往会变更财务决策和资源配置,采取危险的公司发展战略和投资行为,甚至会利用违规的财会手段来虚增公司盈利。另一方面,作为专业分析人士的证券分析师,会被投资者认为掌握着"不同寻常"的信息渠道和专业分析能力,能够对上市公司的内在价值进行客观

---

[1] 李启亚等:《证券分析师国际经验及其启示》,载《中国证券报》2000 年 7 月 13 日。
[2] 金雪军、蔡健琦:《证券分析师行为及其市场影响》,载《证券市场导报》2003 年 8 月号。
[3] Dirks v. Securities and Exchange Commission,463 U. S. 646,658(1983)。

判断和精准预测,从而对其产生过分的信任和依赖,尤其是明星分析师的投资建议更是被视为"圭臬"。2001年安然丑闻的爆发即与此不无关系。卖方分析师作出利好判断,上市公司采取虚假财务会计手段迎合该盈利预测,投资者盲目信任而买进。

由此可见,证券分析师基于其在证券市场中的特殊地位、角色和功能以及其所在机构的实力和声誉,会对上市公司管理层以及市场投资者产生重要影响,而且此种影响不可避免地会涉及整个证券市场的有效性问题,因此,对证券分析师个体行为及其行业发展的规范和监管便显得极为重要。简单地说,对证券行业以及行业中个体行为的规范和监管,其方式不外乎司法救济、政府监管、行业自律三种。就我国证券分析师行业而言,对其究竟采何种规范路径或监管模式,始能符合其具体现状并可促其良性发展,即为本书欲着力探讨的重点。

(二) 证券分析师民事责任之反思

"湘中药股评案",作为全国首例股评作者与股评刊登媒体被判承担损害赔偿责任的案件,具有重要意义,但不可否认的是本案中二审法院以侵权责任为法律基础判决被告承担民事责任的做法亦备受诟病。在我国现有的法律框架下对于证券分析师追究民事责任确实存在诸多困境,其中侵权责任本身的理论缺陷以及对于证券分析师的要求过苛、保护不足等现实问题均值得我们继续探讨。

有关证券分析师及其所在机构的法律责任的规定散见于《证券法》《刑法》《证券、期货投资咨询管理暂行办法》《证券、期货投资咨询管理暂行办法实施细则》《关于规范面向公众开展的证券投资咨询业务行为若干问题的通知》《关于对证券经营机构及其营业部从事证券咨询及证券信息传播业务加强管理的通知》以及最高人民法院《有关审理证券市场虚假陈述引发的民事赔偿案件的若干规定》等法律、法规及司法解释。从上述规定可以看到,有关证券分析师的法律责任多为刑事和行政责任,民事责任的相关规定极为缺乏。而且,在为数不多的相关规定中亦仅对"社会中介机构"略有涉及,更无对"证券分析师"民事责任的专门规定。其中,仅《关于规范面向公众开展的证券投资咨询业务行为若干问题的通知》第 7 条中难得一见地提及"证券投资咨询执业人员"[①]。但显然该规定极为笼统,且法律位阶相当低下,远不足以担当起构建证券分析师民事责任法律基础的重任。

---

① 该条第 3 款规定:"投资者或者客户因证券投资咨询机构、证券投资咨询执业人员的执业活动违法或者犯罪而遭受损失的,可依法提起民事诉讼,请求损害赔偿。"

证券分析师的民事责任,尤其是证券分析师在报刊上或者通过电台、电视台等传播媒体向不特定的公众提供证券投资咨询服务时的民事责任性质问题,尚无定论。目前大致存在三种意见:(1)契约说,亦即违约责任说。① 该说认为证券分析师向股票市场投资者传播股评信息,是一种提供证券投资咨询服务的行为,而股民以某种方式使用该股评信息时,双方即形成一种服务合同关系。但实际上,这一意见很难克服合同相对性理论的局限,在解释证券分析师对不特定第三人的民事责任问题上显得过于牵强。(2)侵权责任说。该说认为,证券分析师作出提供不实信息、进行虚假预测等行为时违反的是一种法定义务,此时的民事责任理应为侵权责任。本书所讨论的"湘中药股评案"即采纳这一意见。(3)独立类型说。该说认为,证券交易上的民事责任属一独立类型,作为证券法上之问题不必强行纳入民法范围予以探讨。但实际上,在具体操作来解决实际问题时,对于证券分析师的民事责任问题仍难摆脱违约或侵权之窠臼。

尽管如前所述,在证券分析师民事责任性质问题上存在诸多意见,但详细考察理论界的意见还是可以发现,更多人倾向于认同侵权责任之说。② 但实际上,以侵权责任为基础来解决证券分析师的民事责任问题仍然存在诸多不足,我国尚未建立起完整的侵权行为法体系,理论和实践方面均存在尚需探讨的问题,而证券市场中的侵权行为基于其自身的特殊性,其责任认定较一般的民事侵权行为更具难度:(1)认定证券分析师的民事责任时,投资者的何种权益受到侵犯难以界定。是知情权,自由决策权,选择权,抑或收益权? 理论上存在着解释上的难度。尽管德国侵权行为法规定,违反自己的义务造成他人利益受到损失,则是侵权。至于侵犯的是什么权利,则在所不问。③ 但在我国理论框架下,这一问题似乎难以回避。(2)证券分析师过错认定上存有困难。证券市场本身即极具风险,而证券分析师所提供的投资分析、投资建议等服务,本质上是一种对未来的预测,具有很大的或然性。是否预测不实即等同于过错? 在证券分析师信息来源存在问题或者证券分析师与相关市场主体共同侵权场合,在多大程度上认定证券分析师的过错? 这些问题实际上关涉投资者利益保护和证券分析师执业保护的博弈和平衡,是必

---

① 在上海首例证券咨询欺诈案——六股民诉上海鑫建科技有限公司一案中,上海市第一中级人民法院即依据《合同法》有关规定作出判决。
② 相同观点参见张斌:《证券分析师民事责任解析》,载《证券市场导报》2002年7月号;刘志皎:《证券分析师制度研究》,中国优秀硕士论文数据库2007;龙飞:《证券投资咨询中的民事责任研究》,中国优秀硕士论文数据库2007。
③ 参见江平先生2002年3月24日在中国证券业协会证券分析师专业委员会主办的"'湘中药股评案'及相关法律问题学术座谈会"中的发言。

须面对和解决的问题。(3)因果关系认定的困难。因果关系在侵权行为法中,几乎是一个哥德巴赫猜想式的难题,在传统民法体系中,存在着相当因果关系说、条件说、因果关系两分说等。学说的林立一方面说明思想的活跃,另一方面也表明在这一问题认定上所存在的分歧和困难。就证券侵权而言,因果关系的认定更加困难。证券分析师的投资意见是否影响了证券市场?如果有影响,影响程度如何?投资者是否根据证券分析师的投资意见进行操作?等等。诸多问题不仅是理论上的难题,实践中亦很难把握。美国将证券侵权中的因果关系分为交易因果关系和损失因果关系,前者采信赖要件说、欺诈市场理论等学说,后者采直接后果说、某些因果关系说、风险实现说等理论①,似乎具有借鉴意义,但其本身仍具有难以克服的复杂性。美国有关证券分析师的诉讼案件多以和解方式结案,亦表明了对此认定的困难。(4)损害范围认定的困难。困难主要存在于如何区分导致股价变化的侵权因素和其他因素以及各自的影响程度。这不仅是因果关系原则的必然要求,同样也是界定损害赔偿范围时必须解决的问题。比如,投资者遭受的损失中是否要扣除大盘损失?如果扣除,如何确定大盘损失?

因此,在我国现有的理论和立法框架下,依司法程序追究其民事责任的方式来解决证券分析师的违法、违规行为,在这一方式自身范畴内即存在着诸多不周延之处。

(三)建立行业自律为主、政府监管为辅的规范模式

尽管对投资者利益的保护和对个体损害的充分救济在终极意义上需要依赖司法上民事责任的追究和落实予以实现,但理论和实践的双重困境使得我们不得不理性看待这一问题。实际上,为达致既规范证券分析师行为、保护投资者利益,同时又保证充分发挥证券分析师功能、促进其行业良性运作的目标,除却司法救济这一方式自身的缺陷需要克服外,一个更为重要的问题是,如何建立证券分析师行业自律、政府监管和司法救济之间在制度和实践中的协调和配合机制?

1. 行业自律为主、政府监管为辅规范模式的必要性分析

在相关行业自律和政府监管制度缺失的情况下,突兀地过分强调证券分析师民事责任的承担,至少存在以下两个方面的不足:其一,我国证券市场尚为"弱式有效市场",买卖双方之间存在严重的信息差异,需要证券分析师通过发挥调查分析、投资咨询等职能进行金融商品的质量评价和信息传递,从

---

① 于莹:《证券法中的民事责任》,中国法制出版社2004年版,第145页—176页。

而引导投资者理性投资,促进资本市场健康发展。侵权责任过于宽泛地认定,会引发投资者滥诉、法院自由裁量权过度的问题,同时使得证券分析师动辄得咎,难以形成充分发挥证券分析师职能、促进其行业良性发展的法律环境。其二,疏于事前的行业自律和政府监管,往往会使得证券分析师的"道德风险"和"欠缺独立性"问题缺少有效规制,而民事责任被动触发和事后追究的特性同样会造成对投资者保护不足的问题。所以,就证券分析师的个人行为规范和行业发展促进而言,应当建立起以自律规范为主和政府监管为辅的机制,司法救济宜以谨慎介入的方式充当最后的"保护人"角色。

从证券分析师自身的职业特性来看,强调对其进行行业自律和政府监管亦极为必要。首先,证券分析师与其客户之间的关系是一种典型的委托代理关系,而通过机制设置来保证能够以投资者利益为目标而提供分析意见指导投资,则是证券分析师职能实现的关键。事实上,各国证券分析师主管部门都非常强调职业道德规范的重要性,以期在良好职业道德规范下尽可能降低由于委托代理问题所带来的道德危机风险。① 其次,综观各国证券市场的实践,可以看到,利益冲突是导致证券分析师行业困境的最主要、最本质的原因。证券分析师本身的职业角色,使得其在执业过程中要面临多个方面的利益冲突。这些客观存在的利益冲突主要包括证券分析师与其所在的证券公司的利益冲突、与所分析的上市公司管理层的利益冲突、与机构投资者的利益冲突以及因证券分析师个人投资所产生的利益冲突。分析师和所在公司、投资者、上市公司管理层等之间的相互影响和互动会对整个市场的资本配置和价格变动产生影响,而同时,分析师行为所导致的局部市场无效又为构建基于分析师推荐的投资策略提供了可能性。② 这种两难境况使得处于不可避免的利益冲突之下的证券分析师的客观性和独立性必须置于相应完备的自律制度设计下始有实现的可能。另外,以自律规范为主体的制度体系,可以使证券分析师行业内部充分发挥自身的专业优势行使自我监管职能;而且,自己参与拟定的自律规范更易于接受和执行,从而降低监管成本。最后,自律性规范相对灵活,可以避免外部规定的僵化和滞后,迅速回应资本市场的复杂变化。

但值得注意的是,我国资本市场发展尚不成熟,由此导致我国起步较晚的证券分析师行业具有其自身的特殊性,即证券分析师并不注重基本面分析的价值推荐,而更倾向于短线技术分析的"投机"型。而且,证券分析师致力于搜集和分析的信息,在多数情况下并不是有关上市公司内在价值的财务信

---

① 王俊:《中美证券分析师职业道德规范比较研究》,载《证券市场导报》2001 年 11 月号。
② 王宇熹、陈伟忠、肖峻:《国外证券分析师理论研究综述》,载《证券市场导报》2005 年 7 月号。

息,而往往是与客户"合谋"操纵股票价格的内幕信息,甚至充当"黑嘴"恶意炒作无基本面价值支撑的虚假信息,上述问题仅靠行业自律难以解决。如前所述,证券分析师在资本市场中具有重要的作用,处于多重利益冲突之中并对证券市场的其他参与主体影响甚巨。证券分析师的行为不可避免地受到来自外部(如所在机构和服务客户利益等)和自身内部(如专业能力、心理和情感因素等)条件的约束和影响。因此,对该行业的规范不仅是一个道德上的自律问题,也是一个法律上的强制性问题;而且,任何自律性规范的有效实施,亦均需要政府强制性监管的支撑。

另外,考察各国证券市场的监管体系,亦可得出对证券分析师行业进行自律规范和政府监管的必要性。总体上可以将世界各国的证券监管模式归为三种类型,即政府主导型、自律主导型和中间型。其中,政府主导型以美国为代表,它的证券监管机构主要由两个层次组成:第一个层次是由政府介入并经法律确认的证券业监管机构,包括证券交易委员会和各州的证券监管机构;第二个层次是各种自律性监管机构,包括证券交易所和全国证券交易商协会等组织。自律主导型以英国为代表,英国的证券自我监管体系分为两个层次:第一个层次是证券交易所的监管;第二个层次是由证券交易所协会、收购与合并问题专门小组和证券业理事会三个机构组成,其他政府部门如贸易部、公司注册署等也实施相应监督管理。法国对证券业的监管既强调政府的直接干预,又注重自律机构的自律监管,它的监管机构主要有证券交易所管理委员会、证券经纪人协会和证券交易所协会三家。[1] 由此可见,无论采何种模式的监管体系,对证券市场的监管均需要行业自律和政府监管的相互配合协调。

具体到证券分析师的行业监管而言,国外发达资本市场,尤其是证券分析师监管制度最为成熟的美国,即实行以行业自律为主、司法行政为辅的监管模式,而且证券分析师自律规范中最为核心的"防火墙"制度即源于1968年美国证监会诉美林证券案。[2] 我国证券分析师行业起步较晚,尚未形成固定的、运作良好的规范模式,但就现有资源而言仍具有行业自律的传统。我国证券分析师行业的管理,一直以来均由1991年成立的中国证券业协会负责,并于2000年7月成立了证券分析师专业委员会,2002年12月更名为证券分析师委员会,进一步健全机构、有效履行证券分析师的行业自律职能。同时,我国亦不乏对证券分析师行业施以政府监管的规范和实务先例,前者如证监会颁布《证券从业人员资格管理暂行规定》《证券、期货投资咨询管理

---

[1] 李东方:《证券监管法律制度研究》,北京大学出版社2002年版,第82—92页。
[2] 有关该制度的原初表述详见 Merrill Lynch's Statement of Policy。

暂行办法》《证券、期货投资咨询管理暂行办法实施细则》《关于规范面向公众开展的证券投资咨询业务行为若干问题的通知》等规范性文件对与证券分析师相关行业予以规制;后者更非鲜见,如 2008 年 11 月 22 日中国证监会即铁腕处置了北京首放投资顾问有限公司操纵市场案,没收该公司法人代表1.25 亿元非法所得,罚款 1.25 亿元,并对其采取终身市场禁入措施,同时撤销该公司的证券投资咨询资格。[①] 该案件即为典型的证券投资咨询公司及其从业人员采用先行买入证券、后公布荐股报告再卖出证券的手法操纵市场,损害投资者的利益的情况。

2. 证券分析师的行业自律和政府监管具体制度的设置

我国证券分析师行业尚处于起步阶段,就其行业自律和政府监管而言存在诸多亟待完善的方面。前文基于我国证券分析师行业之现状,并借鉴发达资本市场国家尤其是美国的经验,力图论证对我国证券分析师采取行业自律为主导、政府监管为辅助的规范模式的必要及合理之处,同时拟在下文对有关行业自律和政府监管的几个重要方面的具体制度架构予以论述。

(1) 建立专门的证券分析师资格考试制度,提高市场准入门槛。证券市场本身的风险特性和证券分析师的特殊职能,均要求证券分析师具有较高的专业技能。发达资本市场国家对证券分析师的资格认定均采取严格的标准,以期保证证券分析师具有发挥其职能的专业素质。如日本 SAAJ 组织的考试即为两级,美国 NASD 规定的考试也包括两级,英国甚至严格到从普通的经纪人考试、证券从业人员资格考试、证券咨询资格考试到证券分析师资格考试设置了四个等级,并逐级扩展加深,其中证券分析师资格考试要求最高。

我国尚未建立专门的证券分析师资格考试认证制度,中国证监会发布的涉及资格考试的相关法规有《证券从业人员资格管理暂行规定》《证券、期货投资咨询管理暂行办法》《证券、期货投资咨询管理暂行办法实施细则》《证券经营机构高级管理人员任职资格管理暂行办法》《期货从业人员资格管理办法》以及《〈证券投资基金管理暂行办法〉实施准则第六号——基金从业人员资格管理暂行规定》等,但上述规定适用于所有的证券、期货、基金从业人员,并非专门针对证券分析人员。相对过低的专业知识技能要求并不能与证券分析师所承担的职能相适应,从而导致我国证券分析师良莠不齐、鱼龙混杂,不利于提升我国证券分析师的行业声誉和国际竞争力,故极有必要借鉴发达资本市场国家的做法,建立我国专门的证券分析师资格考试制度,提高市场准入门槛。

[①] 陆媛:《证监会铁腕处置北京首放和武汉新兰德操纵市场案》,载《第一财经日报》2008 年 11 月 22 日。

(2) 引入买方分析师、独立分析师制度,完善行业结构,加强行业内部的制约和监督。我国证券分析师行业尚未形成规模,所谓的证券分析师,多指卖方证券分析师。但实际上,证券分析师因其身份不同可以划分为不同类别。IOSCO 在其 2003 年的研究报告 "Reporter on Analyst Conflicts of Interest"中将证券分析师分为卖方分析师、买方分析师和独立分析师三种类型。① 卖方分析师一般受聘于单独进行买卖的证券经纪公司,而且这些证券经纪公司同时还可能经营投资银行业务,它的研究报告主要供个人和机构投资者使用;买方分析师一般服务于如共同基金、对冲基金或投资咨询公司等投资管理机构,它的研究报告主要为所属公司的管理者进行投资决策时使用;独立分析师,一般和承销、认购他们调查的研究公司所发行证券的机构没有任何联系,往往通过征订或者其他方式出售其研究报告。② 独立分析师源于其自身的独立性,所作出的分析评价和投资建议更具有客观性,也更具有参考性。而买方分析师基于其所处的职业定位,更能够对卖方分析师形成制约,美国华尔街一系列证券分析师不当操作丑闻,多数系由买方分析师看出端倪而暴露的。

卖方分析师由于处于其服务客户、所在投资机构、上市公司等多重复杂关系之中,天然地具有利益冲突倾向,极易丧失其应有的独立性和客观性。如果在整体行业内仅其一家独大,投资者仅可依赖卖方分析师所作的调查分析和投资建议作出投资判断,其存在的道德危机和缺少独立性的天然缺陷更容易造成资本市场的无序运作和投资者利益损失,阻碍资本市场的稳健发展。故我国亦极有必要引入买方分析师、独立分析师制度,完善证券分析师的行业结构,加强行业内部的掣肘和相互监督,从而强化资本市场的有效性。

(3) 建立并完善"防火墙"、强制信息披露等相关制度,对利益冲突予以监管和规范。如前所述,证券分析师,尤其是卖方证券分析师与被分析的目标公司、与其所在的投资银行等之间产生利益关联,是完成其职业角色不可回避的问题。在证券分析师的分析框架从经典金融理论中定义的"理性经济人"发展到了行为金融理论中定义的"正常经济人"的背景下,问题的关键不是如何消除或者隐蔽这些不可避免的利益冲突,而是在承认利益冲突客观存在的前提下,通过制度设计来对其进行规制,最大限度地降低利益冲突所可能带来的不良后果。而在利益冲突规制方面,美国国会通过的《2002 年萨班斯—奥克斯利法案》(以下简称《SOX 法案》)无疑为我们提供了借鉴的典范。

首先,建立并完善我国证券分析师行业监管中的"防火墙"制度。"防火

---

① IOSCO:"Reporter on Analyst of Interest",http//www.iosco.org.
② 胡奕明:《证券分析师研究报告》,清华大学出版社 2005 年版,第 3 页。

墙"制度是英美等国证券制度中的一个特定术语,是指综合性券商将其内部可能发生利益冲突的各项职能相互隔离,以防止敏感信息在这些职能部门之间相互流动所设计的一种制度。该制度最早源于1968年美国SEC诉美林证券案,并于1974年斯雷德诉谢尔逊公司案[①] SEC的顾问意见中,首次肯定已建立充分有效的"防火墙"制度可以作为利益冲突案件中的抗辩理由。美国对"防火墙"制度的立法许可最早体现于1980年美国SEC制定的14e-3规则。1988年《内幕交易与证券欺诈实施法》明确规定了"防火墙"制度。2001年的纽约州司法部诉美林证券案,推动建立了分析师公开露面、分析师薪酬和汇报途径、分析师自我交易等方面的制度规范。安然事件的发生及针对该事件制定的2002年《SOX法案》则进一步具体化了这一制度的各项要求,并使得对证券分析师的监管更具针对性和明确性。该法案第五章501节(a)中就有关"防火墙"制度的规定中要求禁止公开发布由经纪人和交易商雇佣的从事投资银行业务的人员提供的研究报告,以及非直接从事投资研究的人员提供的研究报告;由经纪人和交易商雇佣的非从事投资银行业务的官员负责对证券分析师的监管和评价;要求经纪人和交易商,以及他们雇佣从事投资银行业务的人员,不得因证券分析师对发行人提出了不利的或相反的研究结论,并因该结论影响到经纪人、交易商同发行人的关系而对证券分析师进行报复和威胁,但经纪人和交易商非因上述原因根据本公司的纪律对证券分析师进行处分不受本条限制;在一定期限内担任或即将担任公开发行股票承销商或做市商的经纪人和交易商不得公开发布有关该股票或发行人的研究报告;在执业的经纪人和交易商内部建立制度架构体系,将证券分析师划分为复核、强制、监察等不同的工作部门,以避免参与投资银行业务的人员存有潜在的偏见等。

  我国相关法律、法规中明确规定证券分析行业"防火墙"制度的仅有证监会于2001年10月11日发布的《关于规范面向公众开展的证券投资咨询业务行为若干问题的通知》。该《通知》第5条规定:"证券公司应当建立起研究咨询业务与自营、受托投资管理、财务顾问和投资银行等业务之间的'防火墙'和相应的管理制度,从事面向社会公众开展的证券投资咨询业务的人员必须专职在研究咨询部门工作,并由所在机构将其名单向中国证监会和机构注册地的中国证监会派出机构备案。专业证券投资咨询机构应当建立起研究咨询业务与财务顾问等证券类业务之间的'防火墙'和相应的管理制度,应当在业务、财务、人员、营业场所等方面与其关联企业分离。从事面向社会公

[①] Slade V. Shearson, Hammill & Co. 517 F. 2d. 398(2d. Cir. 1974).

众开展的证券投资咨询业务的人员必须专职在研究咨询部门工作,并由所在机构将其名单向中国证监会和机构注册地的中国证监会派出机构备案。"这一规定显然过于笼统而欠缺可操作性,极有必要借鉴美国《SOX法案》,对我国证券分析行业的"防火墙"制度予以具体化,建立"持有期""静默期"、证券分析师公开露面、分析师薪酬和汇报途径、分析师自我交易等方面的制度规范。

其次,建立并完善我国证券分析师行业监管中的强制信息披露制度。阳光是最好的防腐剂,证券法的核心就是披露。① 有关证券分析师利益冲突的信息披露义务规定,美国《公平信息披露法》《SOX法案》以及国际证监会组织《处理卖方证券分析师利益冲突的原则声明》、我国香港特别行政区证监会的《证券及期货事务监察委员会持牌人或注册人操守准则》均有所涉及。其中,尤以《SOX法案》的规定更具针对性。该法案第501节(b)规定证券分析师、经纪人和交易商在研究报告公布的同时,披露已知的和应当知晓的利益冲突事项,包括:① 证券分析师所投资的股票或债券是否在研究报告中提及,以及投资的范围。② 对于那些在研究报告中提及的发行证券公司,以及那些被SEC豁免可不予披露(与其相关的重大非公开信息,如该公司是未来潜在的投资银行交易对象)的发行证券公司,须披露经纪人或交易商,或相关人员(包括证券分析师)是否从该公司获取了利益。③ 在分析及研究报告中向投资者推荐证券的,须披露该证券的发行公司在目前或报告发布一年前是否为该经纪人或交易商的客户。如果是,则还须披露该经纪人或交易商向该发行证券公司提供服务的类型。④ 证券分析师是否因研究报告而获得了来自该经纪人或交易商的投资银行方面的收入(而该收入来源于被分析研究的发行证券公司)。⑤ 其他SEC、行业协会或交易所认定对投资者、分析师或交易商重要的利息冲突信息②。另外,我国香港特别行政区证监会《证券及期货事务监察委员会持牌人或注册人操守准则》第16.3条(f)项对披露亦给予了原则性的要求,即"披露的清晰度、具体程度及显眼程度就实际及潜在的利益冲突的披露应是完整、适时、清晰、准确、具体及显眼的披露"③,同时就披露的事项、要求、方法以及相关责任均作出了规定。

但我国有关证券分析师的信息披露义务的规定相当缺乏,《证券法》中有关信息披露的规定,其主体主要是上市公司,并未涉及证券分析师有关利益

---

① 朱伟一:《美国证券法判例解析》,中国法制出版社2002年版,第1页。
② 《2002年萨班斯—奥克斯利法案》(中英对照本),ZETA—CIA研究中心译,法律出版社2004年版,第222页。
③ 参见深交所综合所翻译的香港证监会《证券及期货事务监察委员会持牌人或注册人操守准则》。

冲突的披露。仅有上述证监会发布的《关于规范面向公众开展的证券投资咨询业务行为若干问题的通知》的第 4 条中规定："证券投资咨询机构或其执业人员在预测证券品种的走势或对投资证券的可行性提出建议时,应明确表明在自己所知情的范围内本机构、本人以及财产上的利害关系人与所评价或推荐的证券是否有利害关系。"该规定与美国及 IOSCO 的相关规定相比较,存在下列不足之处,应予完善:法律位阶过低,规范力度不够;规定过于简单,披露内容仅涉及"利害关系"问题,不足以覆盖可以造成利益冲突的影响因素;与上述有关"放火墙"制度的规定一样,过于笼统,缺乏操作上的可行性,如未明确何时披露、何地披露等程序方面的要求。

(4) 完善证券分析师职业伦理约束,强化对证券分析师的自律规范。证券市场监管机构制定的各种法令,大多数都是针对市场参与者的外在行为或其结果提出的标准,仅是明确禁止或最低限度不许做的事情,考虑到证券市场复杂的利害关系以及交易的多样化,只靠法律规制还是有限的,更需要职业伦理的约束。在证券监管体系相当完备的美国证券市场中,仍时不时有证券分析师违法违规丑闻发生。在我国弱式有效证券市场环境下,证券分析师职业道德规范体系的建立和完善、证券分析师职业道德意识的培养和强化,尤为必要。

我国证券业协会于 2000 年制定了《中国证券分析师职业道德守则》,并于 2005 年将其修订为《中国证券业协会证券分析师职业道德守则》,内容由原来的 4 章 19 条充实为 5 章 32 条;除进一步要求证券分析师应继续恪守独立诚信、谨慎客观、勤勉尽职、公正公平的原则,提供专业服务,不断提高证券分析师的整体社会形象和地位之外,增加了"职业责任"一章,要求证券分析师应承担不断提升专业胜任能力、进行投资者教育等责任;同时还增加了发生利益冲突时的执业回避、证券分析师与所在执业机构的关系以及知识产权方面的规定。但值得注意的是,职业道德规范实际上应当具有相当程度的细致性,触角应当延及证券分析师执业的各个方面并具有实践层面上的可操作性。如美国 AIMR 制定的《操守规则》中有关职业行为准则的规定,包括了基本职责、与职业的关系和责任、与雇主的关系和责任、与客户和潜在客户的关系和责任以及与公众的关系和责任五个方面,几乎涵盖了证券分析师执业过程中的各个方面,而且其规范中涉及对客户了解程度的要求、分析报告的编写等问题,细致程度可见一斑。仅就分析研究报告的编写而言,与美国同行相比,我国的证券分析师所编写的研究报告缺乏很多内容,而且格式规范也不够。其中,主要差异是:没有给出研究报告的对象和使用要点,对券商和投资者利益可能冲突的信息披露不够,不提供预测数据及其计算方法、数据来源等,没有对 EPS 和股价进行预测,也没有对所分析股票的风险进行评级,并给出以及分析推理出的"买""卖"等投资建议。① 上述分析表明,我国证券分析师的自律规范有待于进一步的细化并在具体执业行为中予以落实。

我国于 2000 年 7 月正式成立了证券分析师专业委员会,并于 2002 年 12 月更名为证券分析师委员会,作为证券分析师行业的自律性组织,证券分析师委员会应当发挥其应有的职能,重点关注和研究证券投资咨询公司的业务拓展、证券分析师制度建设以及证券分析人员的自律监督等问题,以期加强证券分析师的行业自律和规范发展,全面提升我国证券分析师的执业水平、行业声誉以及国际竞争力。

综上所述,我国证券分析师行业发展虽已初露端倪,但由于起步较晚并处于相对特殊的资本市场环境,其责任设置、行业自律以及政府监管的各个方面均存在理论和实践上的双重缺陷。而如上文所述,司法权过于宽泛地介入证券分析师的执业过程会引发投资者滥诉、法院自由裁量权过度等问题,同时又会使得证券分析师动辄得咎,难以形成充分发挥证券分析师职能、促进其行业良性发展的法律环境。因此,在证券分析师的监管体系中,应当建立起证券分析师行业管理和司法规制的清晰边界和协调互动。司法的谨慎介入应当与行业自律和政府监管密切结合,严格地说应当是在完善行业自律和政府监管机制的前提下,始可以司法介入的方式来保障证券分析师民事法律责任的实现,为投资者设置最后的救济防线。在面临国际证券市场快速发展和加入世贸组织后外国同行竞争加剧双重挑战的背景下,我国证券分析师行业的有效规范和良性发展,有待于行业自我建设和自律规范的进一步完善、政府的制度支持和有效监管,以及证券分析师侵权责任理论和实践的发展,并在此基础上逐渐建立起成熟的以行业自律为主导、政府监管为辅助、司法救济为保障的规范模式。

第三节 证券信用评级机构监管

我国应加强对信用评级监管的研究论证,加紧对信用评级监管体制的健全完善,以实现对信用评级的有效监管。在监管模式选择上,建议我国信用评级监管选择通过全面立法的方式形成政府主导型的监管模式。在监管法律、法规体系的完善上,有必要制定一部基本的监管法律规范。该部基本的监管法律规范应该确立基本的信用评级监管体制,特别是确立基本的市场准

---

① 胡奕明等:《中国证券分析师信息分析与运用能力的调查》,上海证券交易所与上海财经大学联合研究课题。

入制度、评级业务规则和法律责任制度。

信用评级是指由特殊的专业评级机构基于一定的信息收集和科学方法加工,对被评价主体或者其金融工具的偿还能力和偿还意愿进行评估,并以一系列具有特定意义的符号来表达其评级结果供投资人及其他相关方使用的活动。[1] 信用评级机构是金融市场的重要参与主体。信用评级活动有利于节约交易成本、促进交易效率、降低交易风险,对投资者、融资主体、监管部门有着重要的意义。但利之所在,弊必从焉。在 2008 年由美国次贷危机引发的全球金融危机中,信用评级行业暴露出了许多严重问题,评级机构的声誉遭受了前所未有的重创和质疑。有鉴于 2008 年金融危机的深刻教训,此后各国监管当局将信用评级监管提到了空前的重视高度。信用评级的历史发展表明:信用评级的健康发展和信用评级质量的有效保证,需要评级机构自身改进创新、市场自律约束和政府部门有效监管这三者的合力。我国信用评级监管法律制度虽有一定的基础,但仍存在很多问题。本节拟在比较并借鉴国外信用评级监管先行国家的监管经验的基础上,对我国信用评级监管法律制度的建立与完善进行探讨。

一、信用评级监管模式选择

信用评级监管模式的选择是信用评级监管体制完善的重要问题之一。从国外信用评级监管模式的选择来看,美国对信用评级的监管体现了浓厚的政府主导色彩。主要表现在:第一,安然事件、世界通用财务丑闻发生后,美国加强了对信用评级监管的研究和论证,直接催生了针对信用评级监管的专门性法案——《2006 信用评级机构改革法案》。[2] 该法案对信用评级机构注册成为 NRSRO、利益冲突防范、信息披露、公司治理等方面作了比较全面的规定。同时,该法案赋予了美国证监会对信用评级实施监管的权力。第二,依《2006 信用评级机构改革法案》,美国 SEC 获得了对信用评级机构实施监管的广泛权力,开始全面地负责对信用评级实施监管。第三,次贷危机发生后,美国 SEC 采取了一系列针对信用评级行业的整顿行动。这一系列整顿的基本思路是加强立法,制定规则,并直接监督评级机构对监管规则的遵守。

---

[1] 信用评级行业起源于美国。"信用评级"一词为我国信用评级行业产生和发展过程中,针对美国信用评级行业中英语词组"credit rating"所作出的对应性的词组翻译。除了"信用评级"外,我国在不同的立法和著述中还存在"资信评级""资信评估"这样的汉语词组。而观其用词语境和实质所指,三者并无大异。本节对"信用评级""资信评级"和"资信评估"不作严格的语义区分,统一使用"信用评级"一词。

[2] See"Credit Rating Agency Reform Act of 2006", PL 109—291 (S 3850), September 29, 2006.

欧盟对信用评级监管的思路经历了由自律性监管到政府主导监管的转变。安然事件发生以后，欧盟委员会请求证券监管委员会（CESR）就是否有必要对评级机构进行监管以及采取何种措施进行监管问题提出建议。CESR于 2005 年 3 月向欧盟委员会提交的报告认为①，国际证监会组织（IOSCO）发布的有关评级机构的行为原则和行为准则能够有效提高评级机构的公正性和透明度，建议不采用欧盟立法的手段实施监管，而是选择通过督促评级机构遵守 IOSCO 制定的有关准则来达到监管的目的。欧盟采纳了该报告的监管思路。随后，CESR 与在欧盟地区从事评级业务的几家主要的评级机构达成了一个督促评级机构实施 IOSCO 准则的"自律性框架"。② 2006 年 12 月，CESR 向欧盟委员会提交了《关于信用评级机构遵守 IOSCO 规范的合规性报告》。③ 次贷危机后，欧盟对评级机构的关注更为密切。如何对评级机构实施监管，是维持"自律性监管"思路还是通过全面立法形成政府主导型监管的争论，变得激烈起来。2008 年 5 月，CESR 向欧盟委员会提交的《关于信用评级机构遵守 IOSCO 规范的合规性以及信用评级机构在结构金融中的作用的报告》认为④，信用评级机构在次贷危机中的行为表现堪忧，但并无证据表明对信用评级行业施以直接的立法监管会取得理想的监管效果。CESR 建议欧盟委员会采取行动建立一个自律性组织来制定评级机构业务标准并监督评级机构对这些标准的合规操作。该自律性组织应争取来自各地区、各领域的投资者、发行人和投资公司的代表广泛参与和支持。该自律性组织通过制定行为标准并督促信用评级机构合规操作，特别是在避免利益冲突、加强评级透明度、提高评级程序质量方面的合规操作，来保证评级公正性。该报

---

① See "Technical Advice to the European Commission on Possible Measures Concerning Credit Rating Agencies"，CESR，March 2005.
② 该"自律性框架"以评级机构自愿参与为前提。截至 2006 年 12 月，有四家评级机构（Moody's, Standard and Poor's, Fitch Ratings, Dominion Bond Rating Service Limited）参与了该"自律性框架"。该"自律性框架"的基本要点为：(1) 评级机构每年度向 CESR 寄送一份公开性信函，说明其对 IOSCO 准则的遵守情况，以及其业务规范中有悖 IOSCO 准则之处及具体情况；(2) CESR 与评级机构每年度举行"年度会议"，讨论有关评级机构贯彻 IOSCO 准则的相关情况和有关事项；(3) 加盟 CESR 的成员国资本市场中有关发行人发生重大事件时，评级机构应向该成员国作出解释。参见 "CESR's Report to the European Commission on the Compliance of Credit Rating Agencies with the IOSCO Code"，CESR，December 2006。
③ 该报告对信用评级机构遵守 IOSCO 准则的情况作了评估，认为信用评级机构在很大程度上遵守了 IOSCO 准则，但仍有很多方面包括一些至关重要的方面，仍存在有悖 IOSCO 准则之处，信用评级机构应当致力于在这些方面作出积极有效的改进。参见 "CESR's Report to the European Commission on the Compliance of Credit Rating Agencies with the IOSCO Code"，CESR，December 2006。
④ See "CESR's Second Report to the European Commission on the Compliance of Credit Rating Agencies with the IOSCO Code and the Role of Credit Rating Agencies in Structured Finance"，CESR，May 2008.

告对全面立法监管作了分析但并不推荐,认为只有前述"自律性组织"自律管理不可行的情况下方可慎重选择全面立法监管。2008 年 6 月欧洲证券市场专家小组(ESME)向欧盟委员会提交的《关于信用评级机构作用的报告》[1]对外部监管作用和可能取得的效果也持保守估计,认为评级机构监管的重心仍在于推动和促进评级机构的自律。但最终结果上,欧盟委员会选择了通过全面立法形成政府主导型监管思路,于 2008 年 11 月向欧盟议会和欧盟理事会提出了《关于信用评级机构监管的立法建议》。[2] 2009 年 11 月欧盟发布了《关于信用评级机构监管法规》。[3] 该法规对信用评级的市场准入和业务规范作了广泛细致的规定,并要求成员国遵循法规规定建立信用评级监管机构,对信用评级实行全面监管。

从美国和欧盟的信用评级监管来看,目前二者均试图通过全面立法形成政府主导型的监管模式。事实上,政府监管和自律组织监管各有其优势,亦各有其不足之处。从政府监管来看,政府监管的优势在于行政监管以国家权力为后盾,具有无可比拟的权威性和强制性,同时由于其站在公共管理的角度,具有更大的独立性和更值得期待的公正性。政府监管的劣势在于政府监管需要较高的立法成本和执法成本,其灵活性和专业性不足,且因其监管需要受到法律授权的严格限制,监管手段单一并易僵化。一方面,从自律组织监管来看,其优势在于监管具有良好的专业知识支撑,更具灵活性,能有效降低监管成本,并且在广度和深度上能有所扩张。[4] 但另一方面,自律组织监管存在固有缺陷,自律组织监管存在利益冲突,其公正性、独立性难以保证,同时其监管措施的强制性不足也易使其监管乏力。

在现有形势下,本书建议我国信用评级监管选择通过全面立法的方式形成政府主导型的监管模式。理由为:第一,加强对信用评级行业的监管具有现实紧迫性,通过立法方式形成政府主导型的监管从时间上来看会较快地形成有效监管的局面。第二,从其他领域监管体制建构经验来看,我国通过以行业自律为主实现有效监管的成功经验不足。第三,行业自律管理需要一个

---

[1] See "Role of Credit Rating Agencies: ESME's Report to the European Commission", ESME, June 2008.
[2] See "Proposal for a Regulation of the European Parliament and of the Council on Credit Rating Agencies", Commission of the European Communities, November 2008.
[3] See "Regulation (EC) No 1060/2009 of the European Parliament and of the Council on Credit Rating Agencies", the European Parliament and the Council of the European Union, November 2009.
[4] 政府监管行为严格受法律授权限制,而立法因其应有的"保守性"和"严谨性"只宜对最需进行规范的地方作出最为必要的规定。自律组织的监管权力部分来源于会员的授权,其通过章程或自律规则制定方式可以对会员的监管广度和深度作更大的扩展。

较长的培育和成熟时间,同时,行业自律组织因其固有缺陷也需要对其实施"再监管"。在监管体制的建立初期,宜通过立法建立以政府部门监管为主导的格局,在暂时满足现时评级行业监管基本需要的同时,加快对行业自律组织的建立和扶持,并逐步引导行业自律管理。当然,政府主导型的监管并不意味着只由政府"单打独斗"。"行政监管的权威性、强制性和独立性等是行业自律所不可比拟的,而行业自律的灵活性、适时性和民主性则是行政监管所不及的。"[1]构建一个有效的监管体制应该将政府监管和行业自律监管有效结合起来,充分发挥二者的优势,有效克服各自的不足,扬长避短,形成分工明确、协调有力、衔接有序的监管体系。

二、信用评级机构监管的立法完善

从现行关于信用评级机构监管的法律、法规体系看,我国信用评级机构监管立法处于一种较为滞后的状态。现行法律对信用评级机构监管的规定非常粗疏。有关信用评级机构监管的规范立法位阶较低,同时,相关规定也不够全面,缺乏系统性。现阶段加紧信用评级监管立法工作具有现实紧迫性。一方面,我国信用评级行业发展现状和监管现状要求加强信用评级监管立法工作。经过二十几年的发展,我国信用评级行业有了一定规模,但同时也出现了评级机构质量不高、评级行为不规范、恶性竞争严重等问题。信用评级监管立法的相对落后使得信用评级监管缺乏明确的法律依据和法律授权,造成信用评级监管实践处于混乱和乏力的状态。另一方面,国外信用评级监管的经验教训警示我们应该加紧信用评级监管立法工作。在2008年全球性金融危机中,各主要受震荡国家均认识到加强和改进信用评级监管的必要性,纷纷采取有力行动加强监管。在此背景下,我国也应加强评级监管立法,尽快完善信用评级监管法律法规体系,使信用评级机构的评级行为有明确的法律指引,使相关监管部门的监管工作有明确的法律依据。

在完善评级监管法律法规体系过程中,有必要制定一部基本的监管法律规范。关于该部基本监管法律规范的立法位阶,将其定位于行政法规的位阶层面较为合适。关于该部基本的监管法律规范的内容,本书认为,应该包括如下基本要点:第一,确立基本的监管体制,明确监管部门、监管职责、监管措施;第二,确立基本的市场准入制度;第三,确立基本的评级业务规则;第四,确立基本的法律责任制度。以下本书拟对评级机构市场准入监管、评级机构业务行为监管、评级机构法律责任制度的完善三个方面进行框架性研讨。

---

[1] 高西庆:《更新监管理念 强化行业自律功能》,载《中国金融》2002年第9期。

(一)评级机构市场准入监管

信用评级监管的第一道防线即为市场准入。信用评级市场准入监管应解决的具体问题为:以何种方式把好市场准入这一关?具备什么样的条件可以进入信用评级市场?

美国信用评级市场准入监管颇具代表性,其历史发展脉络值得认真地梳理和检讨。美国证券管理当局对市场准入施以国家权力干预可上溯到1975年美国SEC开始使用"全国认可统计评级机构"概念,并将具备"NRSRO资格"的评级机构的评级结果运用到金融监管实践中。① 美国SEC最初施行的"NRSRO制度"的特点有三:第一,不是从"规定哪些主体在具备什么条件下可以进行哪些评级业务的角度"着力于市场准入监管,而是从"认可哪些评级机构的评级结果具备'公信力'并得到'全国认可'可以被广泛适用和信赖的角度"来着力对评级机构的市场进入设置"门槛"。第二,通过"无异议函"(No Action)的方式认可哪些机构可以符合"NRSRO资格",但这一程序缺乏明确的规则公示,其透明度和认可标准在很长时间内处于模糊不清的状况。② 第三,实际上得到"NRSRO"认可的评级机构数量很少。美国SEC施行的"NRSRO制度"有其积极意义,也有其消极影响。经过几十年的市场格局进化,穆迪、标准普尔、惠誉三家评级机构在市场份额度中占据绝对优势地位的局面逐渐形成并日益得到巩固和强化。③ 安然事件和世界通讯财务欺诈丑闻的相继发生,使得人们对三家评级机构在评级市场中处于绝对优势的情况进行了反思,同时对美国SEC认可"NRSRO"程序的透明度和科学性的批评越来越尖锐。为解决以"无异议函"方式指定"NRSRO"这一做法的透明度不高并对其他评级机构进入市场造成壁垒的问题,2006年9月美国颁布的《2006信用评级机构改革法案》对信用评级机构的市场准入制度作了较大修改。基本内容为:第一,评级机构可以通过一个明确的程序申请注册成为"NRSRO";第二,明确规定可以成为"NRSRO"应该具备的基本条件;第三,

---

① 1975年,美国SEC要求银行在进行资本管理和账务管理中引入对具备"NRSRO资格"的评级机构的评级结果的使用。同时,美国SEC将穆迪、标准普尔、惠誉三家评级机构列为"全国认可统计评级机构"。之后,管理当局又陆续在其他监管问题和相关法律中使用借助"NRSRO制度"。参见 Caitlin M. Mulligan, "From AAA to F: How the Credit Rating Agencies Failed America and What Can Be Done to Protect Investors", *Boston College Law Review*, September 2009。

② See Tom Hurst, "The Role of Credit Rating Agencies in the Current Worldwide Financial Crisis", *Company Lawyer*, 2009。

③ 如今,当年被指定为"NRSRO"三大评级机构的市场份额已经超过90%。参见 U. S. SEC Commissioner Paul S. Atkins, "Speech by SEC Commissioner: Remarks to the Institute of International Bankers", March 3, 2008。

明确申请成为"NRSRO"应提交的文件和资料;第四,在评级机构依照该法案向美国 SEC 提交注册为"NRSRO"申请时,美国 SEC 负有依该法案规定将其注册为"NRSRO"的法定义务,除非美国 SEC 有依据认定评级机构存在法案规定的不适合注册为"NRSRO"情形。该法案的颁布和实施,在一定程度上起到了减少进入评级行业壁垒的作用。截至该法生效时①,共有 5 家评级机构被美国 SEC 认可符合"NRSRO 资格",而截至 2009 年 2 月 1 日,共有 10 家评级机构被注册为"NRSRO"。②

次贷危机前,欧盟对评级机构准入并未实施特殊监管,着力点主要在于督促进入评级市场的评级机构遵守 IOSCO 准则。次贷危机引发全球金融危机后,欧盟对评级机构的市场准入监管加强。2009 年 11 月欧盟发布的《关于信用评级机构监管法规》③明确要求评级机构进入欧盟评级市场从事评级业务需进行注册登记并进行相关信息披露。

由此可见,以何种方式把握市场准入,美国监管当局经历了一个由"认可某些评级机构评级结果的使用"到"设定明确条件进行注册"④的转变过程。欧盟监管当局经历了一个由较为自由放任到立法明确规定注册条件和程序的过程。从国外对信用评级市场准入监管的着眼点来看,其关注的重点和争论的焦点主要是:第一,怎样通过市场准入监管促进评级行业的适度竞争并进而刺激评级机构提高评级质量;第二,怎样把好市场准入这一关以实现对评级机构相关情况和评级行业整体情况的充分了解并进而实施有效管理。

我国信用评级行业的发展历史较为短暂。现行监管实践对市场准入监管呈现多头监管、各自为政的状况。中国人民银行、证监会、保监会⑤等都对评级机构的市场准入施加过监管控制,但中国人民银行、证监会、保监会等更多的是从评级机构进入本机构所管理领域的角度进行准入控制。同时,在市场准入监管过程中隐含着三种对市场准入的控制方式,即在信用评级机构的设立环节设立控制,在信用评级机构从事业务范围上设立控制,在信用评级机构评级结果的使用上设立控制。这一现状主要存在以下问题:第一,信用评级机构设立环节准入监管虚化,信用评级机构业务范围准入被分割给各相

---

① 该法生效时间为 2007 年 7 月 26 日。
② See Timothy E. Lynch, "Deeply and Persistently Conflicted: Credit Rating Agencies in the Current Regulatory Environment", *Case Western Reserve Law Review*, Winter, 2009.
③ "Regulation (EC) No 1060/2009 of the European Parliament and of the Council on Credit Rating Agencies", the European Parliament and the Council of the European Union, November 2009.
④ 此处的注册仍然不是评级机构"设立"的注册,而是评级机构成为"NOSRO"的注册。
⑤ 如本书第三章第四节的相关注释所述,中国银监会和中国保监会虽然已经成为历史。但是,为了叙述的方便,本书依然分别沿用原来的名称,且保持原有的逻辑。

关主管部门;第二,对信用评级行业市场准入的控制方式缺乏统一和一贯的指导思想;第三,对信用评级行业市场准入控制缺乏宏观的把握和规划。

　　上述我国信用评级市场存在的问题,使得信用评级行业在整体角度和宏观层面缺乏规划,在具体的市场准入中程序烦琐和重复。① 针对这些问题,本书认为可从以下方面考虑市场准入监管的完善:首先,建立统一的评级机构设立准入制度。我国信用评级行业总体上仍处于初级阶段。国家权力应该在多大程度上干预市场主体进入评级市场,应该设置何种条件的门槛以大体控制评级行业中评级机构的数量规模,没有明确的法律依据。同时,由于信用评级机构设立准入尚无法定的主管部门,在整个信用评级行业发展上,缺乏主管部门承担统筹和规划的职能。这造成评级机构在设立上处于盲目性。因此,本书认为,有必要建立统一的评级机构设立准入制度。其基本内容为:第一,明定信用评级机构设立准入的主管部门,设立信用评级机构需经主管部门批准;第二,对设立信用评级机构的基本条件作出明确的规定②;第三,对信用评级机构设立的程序作出明确的规定③。其次,建立规范的评级机构业务准入制度。目前,信用评级机构业务范围准入被分割给各相关监管部门。各相关监管部门在设置评级机构进入本部门管理领域的条件和要求时,有些方面存在共性,导致重复和烦琐,有些方面过于强调本部门监管领域的特性,悖于信用评级本身所具有的普遍规律性。同时,各相关监管部门在对评级机构进入本部门监管领域施加准入控制时,涉及行政许可的"创设权"和"规定权",存在是否具有法律依据和法律授权问题。因此,有必要建立规范的评级机构业务准入制度。其基本要点为:第一,评级机构的业务范围原则上应由评级机构的设立主管部门批准。这有利于降低对评级机构业务准入监管的行政成本,提高监管效率,有利于降低评级机构的业务准入成本,有利于避免信用评级市场的条块分割。第二,评级机构的业务种类因其特殊性确实需要由其他相关监管部门批准的,其他相关部门的该项权力应具有明确的法律授权。作出授权的"法律"的效力等级以限于狭义的法律和行政法规为宜。

---

①　一家评级机构在进入证券业领域从事证券市场资信评级业务时需要向中国证监会提交申请并符合中国证监会规定的特殊条件,在进入银行业领域进行金融产品信用评级、借款企业信用评级需要向中国人民银行提供材料并具备特殊条件。这种做法是否必需?是否在一定程度范围造成叠床架屋?在法律上是否有明确有效的法律依据、符合法律授权?都有值得思考之处。
②　主要应包括评级机构的法人性质、组织形式、资本要求、组织机构和管理制度、硬件设施保障、管理人员任职要求和工作人员从业要求等方面。
③　主要应包括申请文件和资料的提交、主管部门的审查、主管部门的批准、经营许可证的颁发等方面。

（二）评级机构业务行为监管

信用评级机构业务行为的规范与否，直接关系到评级结果的公正性和准确性。对信用评级机构业务行为加强监管，使评级机构独立、客观、公正地从事评级业务，是信用评级监管的关键。

安然事件发生后，美国开始重视对评级机构业务行为的监管。2003年1月，美国SEC遵循《萨班斯法案》要求，提交了《关于评级机构在证券市场中的地位和作用的报告》。[①] 2006年9月，美国颁布了《2006信用评级机构改革法案》。[②] 2007年6月，美国SEC颁布了该法案的实施细则——《对注册为NRSRO的信用评级机构的监管》。[③] 次贷危机发生后，美国SEC对三大评级机构开展了调查，并于2008年7月发布了调查报告。[④] 在调查中美国SEC发现三大评级机构存在一些严重的问题，如信息披露不到位、评级程序存在严重缺陷、对利益冲突缺乏有效治理等。随后，美国SEC对如何监管信用评级，特别是如何加强评级机构业务行为监管，进行了广泛的立法研究。2009年2月，美国SEC发布了《对有关NRSRO法律规则的修正》。[⑤] 该修正法案的基本要点为：第一，信用评级机构申请成为NRSRO，需要遵循修正法案的要求，提供其在结构金融产品和其他债务证券评级中有关业务表现数据和评级程序、评级方法的信息披露。第二，NRSRO应当遵循修正法案的要

[①] 在该报告中，美国SEC对评级行业中的不正当竞争、评级透明度不足、利益冲突问题作了分析。在结论上，该报告认为有必要对相关问题作进一步的调查，在广泛开展讨论和征询意见后提出立法建议。参见"Report on the Role and Function of Credit Rating Agencies in the Operation of the Securities Markets: as Required by Section 702(b) of the Sarbanes-Oxley Act of 2002", U.S. SEC, January 2003。

[②] 该法案对评级机构业务行为的监管涉及信息披露、评级程序改进、非公开信息资料保护、利益冲突治理、禁止性行为、合规监察人员设置、财务情况报告等诸多方面。同时，该法案赋予美国SEC依该法案制定相关规则的权力。参见"Credit Rating Agency Reform Act of 2006", PL 109—291 (S 3850), September 29, 2006。

[③] 关于评级机构业务行为的监管，该实施细则的基本要点包括：(1) 评级机构应依照规定进行信息披露，内容包括评级业务表现统计、确定评级结果的方法和程序、防止非公开信息滥用的方法和程序、评级机构组织结构、职业道德准则、存在的利益冲突、管理利益冲突的程序、评级分析人员信息、合规监察人员信息、大客户名单、经审计后的财务情况、公司收入情况、评级分析人员报酬情况等方面；(2) 评级机构应制作并完好保存评级记录；(3) 评级机构应依照规定向SEC提交年度报告及相关资料；(4) 评级机构应依照规定建立防止非公开信息资料滥用的相关制度；(5) 评级机构应依照规定建立防范和管理利益冲突的相关制度；(6) 以列举方式明确规定评级机构的禁止性行为。参见"Oversight of Credit Rating Agencies Registered as Nationally Recognized Statistical Rating Organizations", U.S. SEC, June 2007。

[④] "Summary Report of Issues Identified in the Commission Staff's Examinations of Select Credit Rating Agencies", U.S. SEC, July 2008。

[⑤] "Amendments to Rules for Nationally Recognized Statistical Rating Organizations", U.S. SEC, February 2009。

求制作、保留相关记录。第三,信用评级机构应当遵循修正法案的要求在其网站上公开其 10% 比例的历史评级样本,其新的评级变动需要于限期内公示。第四,NRSRO 应当遵循修正法案的要求向美国 SEC 提交年度报告和相关资料。该修正法案旨在通过进一步加强信息披露和提高透明度要求来监管评级机构的业务行为,进而促进利益冲突问题的解决和评级质量的改进等。

IOSCO 对评级机构业务规范的关注和促进则更多地表现在制定信用评级机构行为准则上。2003 年 9 月,IOSCO 下属的技术委员会发布了《信用评级机构的行为原则》①,2004 年 12 月又发布了《信用评级机构基本行为准则》②。该行业准则旨在通过对信用评级机构业务合规性情况的监督和披露,促进评级机构规范评级行为。IOSCO 要求评级机构披露其对该行为准则条款的执行情况。评级机构应该说明其对《信用评级机构基本行为准则》的遵守情况。对其自身业务行为有违《信用评级机构基本行为准则》之处,评级机构应当说明,并对相悖之处的存在理由和相悖之处不影响《信用评级机构基本行为准则》所欲达到目标的实现作出解释。针对次贷危机和由此引发的金融危机,IOSCO 于 2008 年 5 月发布了《关于信用评级机构在结构金融市场中的作用的最终报告》③,该报告同时提出了对《信用评级机构基本行为准则》的修正,对评级机构的业务规范提出了更高的要求。

安然事件发生之后,欧盟对评级机构业务行为监管的关注也开始加强。在 2005 年 3 月向欧盟委员会提交的《对信用评级机构可采取措施的建议》中④,CESR 分析了"潜在利益冲突、评级结果的公正性、评级机构与发行人之间的关系、评级结果在商业合约和欧洲立法中的应用等问题"。⑤ 在结论上,CESR 主张通过督促评级机构遵守 IOSCO 制定的有关评级机构的行为原则和基本行为准则来达到监管的目的。2006 年 12 月,CESR 向欧盟委员会提

---

① "IOSCO Statement of Principles Regarding the Activities of Credit Rating Agencies",Technical Committee of IOSCO,September 2003.
② 该行为准则的基本要点是:第一,为保证评级程序的质量和公正,评级机构应该遵守的基本准则;第二,为保证评级的独立性并有效避免利益冲突,评级机构应该遵守的基本准则;第三,评级机构对投资公众和发行人负有的责任;第四,信息披露准则以及与市场参与主体的沟通。参见"Code of Conduct Fundamentals for Credit Rating Agencies",Technical Committee of IOSCO,December 2004.
③ "Final Report: The Role of Credit Rating Agencies in Structured Finance Markets",Technical Committee of IOSCO,May 2008.
④ "Technical Advice to the European Commission on Possible Measures Concerning Credit Rating Agencies",CESR,March 2005.
⑤ 张维、邱勇、熊熊:《国际资信评级监管模式及其借鉴》,载《国际金融研究》2007 年第 9 期。

交了《关于信用评级机构遵守 IOSCO 规范的合规性报告》。① 在该份报告中,CESR 认为评级机构在总体上遵守了 IOSCO 准则,但仍有很多方面不符合 IOSCO 准则的要求,应该督促评级机构在这些方面作出改进。次贷危机引发全球金融危机后,CESR 于 2008 年 5 月向欧盟委员会提交了《关于信用评级机构遵守 IOSCO 规范的合规性以及信用评级机构在结构金融中的作用的报告》②,该份报告对信用评级机构遵守 IOSCO 准则的情况作了新的评估。CESR 认为,信用评级机构在次贷危机中的行为表现堪忧,建议欧盟委员会建立一个自律性组织,由该自律性组织通过制定业务行为标准并督促信用评级机构合规操作来保证评级公正性。2008 年 6 月,受欧洲委员会委托,欧洲证券市场专家小组(ESME)向欧盟委员会提交了《关于信用评级机构作用的报告》。③ 在该份报告中,ESME 对欧盟委员会提出的咨询问题作了回答,同时就信用评级方法和程序、公司治理、评级透明度、业务表现评估、公司文化培植、外部监管等方面提出了建议。2009 年 11 月,欧盟发布了《关于信用评级机构监管法规》④,该法规第二编对评级机构业务规则作出了比较全面的规定。

从美国、欧盟以及 IOSCO 近来所采取的监管行动来看,信用评级业务行为监管的核心问题是如何确保信用评级的公正性和独立性。从历史发展看,特别是从 2008 年由次贷危机引发的全球金融危机来看,影响信用评级公正性和独立性的关键在于评级机构的利益冲突问题。利益冲突问题是信用评级行业发展模式中的固有问题。20 世纪 70 年代以来,美国信用评级行业收费模式发生了根本性改变,由原来的向评级结果订购者收费模式转向向发行人收费模式。经过几十年的发展,"发行人付费模式"已经成为美国评级行业的基本运营模式。关于"发行人付费模式"是否会使评级机构为招揽评级业务而向发行人提高评级的要求妥协进而导致评级虚高,存在着广泛的争论。评级机构和一些学者创造出的"声誉资本机制"观点曾盛行一时,占得上风。这种观点认为,信用评级的功能在于向资本市场参与主体提供有关发行人债

---

① "CESR's Report to the European Commission on the Compliance of Credit Rating Agencies with the IOSCO Code", CESR, December 2006.
② "CESR's Second Report to the European Commission on the Compliance of Credit Rating Agencies with the IOSCO Code and the Role of Credit Rating Agencies in Structured Finance", CESR, May 2008.
③ "Role of Credit Rating Agencies: ESME's Report to the European Commission", ESME, June 2008.
④ "Regulation (EC) No 1060/2009 of the European Parliament and of the Council on Credit Rating Agencies", the European Parliament and the Council of the European Union, November 2009.

券的高质量的信用评估,评级机构业务的保持和扩大源于其发布的评级具有良好质量的声誉。这种良好声誉是评级机构的无形但巨大的"资本"。评级机构基于市场规则约束,出于维护自身良好声誉的目的和对损失良好声誉的担忧,本身即有追求和维护评级质量的动机和激励。因此,信用评级机构能够较好地处理"发行人付费模式"与公正独立评级之间的冲突。但是这种观点在近年来却因评级机构糟糕的现实表现而失去市场。从评级机构的历史表现来看,评级机构确实存在因为受到"发行者付费"这种利益冲突影响而作出不准确的或令人生疑的评级结果的行为。[1] 而在 2008 年美国次贷危机中,评级机构对于利益冲突的管理和防范亦暴露出了严重问题。[2] 从理论上讲,"声誉资本机制"也有其固有的缺陷,并不能完全站得住脚。首先,维护良好声誉是评级机构存在和发展的目标需求之一,但并非是评级机构唯一的、全部的目标需求。在评级机构众多目标需求之中,维护良好声誉并不必然保证评级机构永远将其置于其他目标需求之上。其次,"声誉资本机制"发挥良好作用的假设前提为:外部存在良好机制能够对评级机构"良好表现"和"恶劣表现"作出敏感反映并将信号传递给使用评级结果的市场参与主体(如投资者);同时,市场参与主体能够敏锐感知这种信号并及时、有效地作出"择优汰劣"的选择,以最终实现评级机构因其表现不同而优胜劣汰。但事实上,这种假设前提是不充分、不可靠的。[3] 最后,"声誉资本机制"发挥良好作用需要评级机构确实建立了能够有效避免和管理利益冲突的配套制度和机制,以使其维护良好声誉的初衷能够切实得到有力的贯彻和全面的落实。遗憾的是,现实中这些配套制度和机制或者发挥不力,或者本身即具有缺陷。[4]

---

[1] Richard Cantor,Frank Packer,"The Credit Rating Industry",FED. RES. BANK N. Y. Q. REV.,Summer-Fall,1994.转引自 Timothy E. Lynch,"Deeply and Persistently Conflicted:Credit Rating Agencies in the Current Regulatory Environment",*Case Western Reserve Law Review*,Winter,2009。

[2] See "Summary Report of Issues Identified in the Commission Staff's Examinations of Select Credit Rating Agencies",U. S. SEC,July 2008.

[3] 比如,市场对评级机构维持自身声誉的检验具有滞后性,如果评级机构维持自身声誉的检验需要以发生大的危机为代价,那么,这个代价则未免太大,是否必要和值得,有待商榷。美国监管当局对评级机构的业绩表现也缺乏有效的评级结果检验制度予以及时、有效地跟踪评价。投资者因为自身知识和信息的局限性以及对评级机构的盲目依赖,对评级机构业绩表现更是缺乏足够的敏感性。

[4] 比如,评级机构为确保评级分析人员客观公正地进行评级,曾试图建立对评级分析人员的酬劳以其评级的专业表现(经验证的评级结果的准确性)为基础,而非以所评项目的规模或来源于发行人或他方的可能影响其评级客观性的干预为基础这样的机制。但根据美国 SEC 的调查报告,在三大评级机构中,虽然评级分析人员的工资通常基于其职位、资历及经验,但其奖金等额外报酬则基于其个人业绩表现和公司盈利。

如何有效解决利益冲突问题,综观美国、欧盟及 IOSCO 近年来采取的行动,着力的重点主要在于:第一,制定避免和管理利益冲突的强制性规范并督促评级机构遵守;第二,加强评级机构公司治理,提高评级程序质量;第三,加强评级机构信息披露,提高透明度。然而,监管当局目前暂未决定是否改革"发行人付费模式",其监管思路在于:绕过对"发行人付费模式"的改革,通过前述三个方面的若干措施来防范和化解利益冲突,促进评级机构的公正性和独立性。

基于评级机构在资本市场中的角色和评级结果的功能,我国亦有必要对评级机构的业务行为进行必要的国家权力干预,通过一定的法律监管,使评级机构在从事评级业务过程中遵循必要的一般性规则。当然,国家权力干预的程度及法律监管的广度和深度,是需要严格论证、审慎把握的问题。本书认为,对评级机构业务行为的监管,应以促进评级行为的公正与独立为重点,通过加强公司治理和提高透明度等途径,对评级机构业务行为的一般规则作出规定,以确保评级机构有效防范利益冲突和有效提高评级质量。

(三) 评级机构法律责任制度的完善

信用评级机构法律责任制度是信用评级监管法律制度的重要组成部分。评级机构法律责任的合理设定,对促进评级机构合法从事评级业务,追究评级机构违法评级行为,有效保护相关方合法权益,均具有重要意义。

关于评级机构法律责任的研究,在国内较为稀缺。[①] 美国因其信用评级行业发展时间较长,监管实践相对丰富,出现了一些有关案例和研究成果。因中美两国国家结构形式、法系、法制传统等方面迥然不同,行政责任、刑事责任制度方面差别甚大,在借鉴和移植上存在很大障碍,本书仅对美国评级机构民事责任制度进行探讨。

美国自评级行业产生以来,因为评级机构评级而引发的民事诉讼案件数量很有限。[②] 2008 年次贷危机前,评级机构因评级行为而致承担民事责任的案例更极为少见。究其原因,主要在于在美国现行法律框架下对评级机构民事责任的追究存在着很大的法律障碍。第一,评级机构巧妙而成功地从美国宪法第一修正案对言论和出版自由的保护规定中寻求到了庇护。在被诉案件中,评级机构经常以其为出版机构、评级结果只是"意见"作为理由进行抗辩。而法院对这种抗辩多持支持态度,认为评级机构从性质上属于出版机

---

① 在国内,以评级机构法律责任为研究对象,比较深入的研究成果是学者盛世平所著的《美国证券评级机构的法律责任》一书。
② 参见盛世平:《美国证券评级机构的法律责任》,南京大学出版社 2005 年版,第 6 页。

构,其评级结果为一种"意见",本质上为一种"自由言论"。基于宪法修正案对言论自由和出版自由的保护,评级机构的评级行为不应承担这种"民事责任"。除非受害人有充足证据证明金融信息出版机构基于"实际恶意"(actual malice)而公布了对其不利或者有害的言论,否则受害人无权对出版机构提起诉讼,法院亦不得作出限制其出版自由的判决。① 而实际上,受害人很难采集到充分的证据。第二,美国为判例法国家,而其判例法制度对一些中介机构承担法律责任所采取的一贯立场是:法院应该尽量避免让中介机构"对一群不特定的多数人在一段不确定的时间内承担金额不确定的索赔责任"。②

美国次贷危机发生后,针对评级机构的民事案件引起了广泛关注。法院、律师群体以及学者广泛地参与了相关讨论,或试图从美国现行有效的法律中寻求案件的解决依据,或试图从立法建议和制度改革的角度寻求评级机构民事责任的改进和突破。从现行有效的法律中寻求案件解决的思路主要有:第一,主张评级机构因其自身特点,不应受到宪法第一修正案的保护。因为评级机构在评级中对发行人收取报酬,同时参与所评项目的交易设计,其评级结果被管理当局和投资者视为具有"融资工具准生证明"或"基准"的效力,这些特点使评级机构与普通的新闻出版商相异。评级机构在评级中扮演的角色并非新闻出版机构,其评级结果也不应视为出于言论自由的所谓"意见"。因此评级机构的评级行为和评级结果不应受到宪法第一修正案的保护。③ 第二,援引1933年《证券法》和1934年《证券交易法》相关规定,适用"控制人责任"制度("Control Person" Liability),使信用评级机构承担相应的民事责任。④ 从立法建议和制度改革的角度寻求评级机构民事责任改进的思路主要有:第一,设立评级结果检验制度,对评级机构一定时间段内的评级结果进行检验和统计,根据评级机构的"评级表现"对其课以一定的"制裁"负担。⑤ 第二,设计一种"要么披露,要么吐出利润"的法律制度,即评级机构应当将其对某一评级项目的"低评级质量"事先进行披露;否则,如果事后事实

---

① See Larry P. Ellsworth, Keith V. Porapaiboon, "Credit Rating Agencies in the Spotlight: A New Casualty of the Mortgage Meltdown", *Business Law Today*, March/April, 2009.
② Ultramares Corp. v. Touche, 255 N. Y. 170; 174 N. Y. 441(1931),转引自盛世平:《美国证券评级机构的法律责任》,南京大学出版社2005年版,第9页。
③ See Theresa Nagy, "Credit Rating Agencies and the First Amendment: Applying Constitutional Journalistic Protections to Subprime Mortgage Litigation", *Minnesota Law Review*, November 2009.
④ See Lisbeth Freeman, "Who's Guarding the Gate? Credit-rating Agency Liability as 'Control Person' in the Subprime Credit Crisis", *Vermont Law Review*, Spring 2009.
⑤ See Deryn Darcy, "Credit Rating Agencies and the Credit Crisis: How the 'Issuer Pays' Conflict Contributed and What Can Regulators Might Do About It", *Columbia Business Law Review*, 2009.

表明其评级低于一定的"最低质量水平要求",评级机构应当"吐出"其从该评级项目中获得的利润。①

从历史发展来看,在次贷危机之前,美国法院对"评级机构承担因评级而致的民事责任"总体上持一种不予支持的立场。次贷危机发生后,对评级机构是否应该为其"评级虚高"承担民事责任的讨论渐有深入,司法实践中个别法院的裁判立场开始倾向于保护投资者而让评级机构承担民事责任。② 美国针对评级机构的监管立法对民事责任问题尚未涉及,但美国 SEC 曾于2009 年 10 月就修改美国 1933 年《证券法》相关条款使信用评级机构承担民事责任问题向公众征询意见。③ 美国下一步的监管对策中将如何回应这一问题,值得关注。

我国目前对于信用评级机构及其从业人员法律责任的规定主要散见于《证券法》《证券市场资信评级业务管理暂行办法》、最高人民法院《关于审理证券市场因虚假陈述引发的民事赔偿案件的若干规定》以及《刑法》等法律法规之中。评级机构法律责任制度现状为:第一,以行政责任规定为主,民事责任规定次之,刑事责任略有涉及。第二,在行政责任规定方面,其法律渊源主要为《证券法》和《证券市场资信评级业务管理暂行办法》。两部法律法规明确中国证监会对评级机构实施行政处罚作出了授权。对评级机构实施行政处罚、追究行政责任的权力现主要集中于中国证监会。在行政责任形式方面,主要有包括警告、罚款、没收违法所得或业务所得、暂停或者撤销证券服务业务许可等。第三,在民事责任规定方面,主要表现为《证券法》第 173 条的规定。总体上,关于民事责任的规定较为粗疏,不够全面。同时该条的适用限于评级机构"为证券业务活动制作、出具资信评级报告"的情形,适用范围较狭窄。近年来,评级机构的评级业务不断拓展,不仅包括传统的债项评级,还进一步拓展到对债务人评级。该条适用范围狭窄对评级机构民事责任的追究和适用有些力不从心。第四,在刑事责任方面,相关规定对评级机构及其工作人员的责任规定于目前来看,考虑到刑法的谦抑性,已为足够。

本书认为,评级机构法律责任制度的完善应以民事责任方面为重点。关

---

① See John Patrick Hunt,"Credit Rating Agencies and the 'Worldwide Credit Crisis': the Limits of Reputation, the Insufficiency of Reform, and a Proposal for Improvement", *Columbia Business Law Review*, 2009.
② See John Crawford,"Hitting the Sweet Spot by Accident: How Recent Lower Court Cases Help Realign Incentives in the Credit Rating Industry", CONN templations, Fall 2009.
③ See Robert S. Risoleo, "Sullivan & Cromwell LLP Client Publication, Credit Rating Agencies, Dated November 19,2009", Practising Law Institute, February 2010.

于信用评级民事责任的请求权基础,由于英美法系和大陆法系存在差异,我国在借鉴美国信用评级机构法律责任的立法经验时,应当结合本国法律现状,予以整理归纳。根据我国的基本民法理论,信用评级民事法律责任可类型化为两类:其一为违约责任,其二为侵权责任。① 信用评级民事责任的追究,可适用如下一般规则:(1) 在信用评级报告是基于合同关系作出的情形下,信用评级报告出现不实陈述致使合同相对方财产遭受损失的,存在违约责任与侵权责任的竞合,合同相对方既可以违约为由主张违约责任,也可以侵权为由主张侵权责任。(2) 在不存在直接合同关系的情形下,信用评级报告出现不实陈述致使被评级人、投资者财产遭受损失的,因不实陈述致损的被评级人、投资者仅得以侵权责任追究之。

三、结 论

信用评级行业以其担负的经济社会功能,在不同的历史阶段,较好地满足了当时经济社会发展的需求。但是,信用评级行业在为经济社会作出贡献的同时,也出现了许多问题。基于信用评级机构的社会角色以及信用评级结果的社会功能,为保护投资者利益,防范资本市场风险,保证评级市场的适度、有序竞争,有必要对信用评级行业实施必要的监管。美国次贷危机的发生和全球金融海啸的肆虐更是促使各国监管当局吸取教训,将信用评级监管上升到空前的重视高度。

目前,我国信用评级监管法律制度虽有一定的基础,但也存在很多问题。我国应加强对信用评级监管的研究论证,加紧对信用评级监管体制的完善,以实现对信用评级的有效监管,保护投资者利益和促进金融市场的稳定。在监管模式选择上,本书建议我国信用评级监管选择通过全面立法的方式形成政府主导型的监管模式。在信用评级监管法律法规体系的完善上,有必要制定一部基本的监管法律规范。该部基本监管法律规范的立法位阶,以行政法规为宜。内容应该包括如下基本要点:第一,确立基本的监管体制,明确监管部门、监管职责、监管措施。第二,确立基本的市场准入制度。由主管部门负责信用评级机构的设立准入和业务准入。评级机构某些业务确需由其他监管部门负责准入监管的,应以法律或行政法规明确授权此项权力。第三,确立基本的评级业务规则。在对评级机构业务行为的法律监管上,应以促进评

---

① 参见盛世平:《美国证券评级机构的法律责任》,南京大学出版社2005年版。该书对美国评级机构被诉的几大诉因及相关案件情况作了细致梳理,总结美国证券评级机构被诉的诉因主要包括:违约之诉和专业人士失职之诉、诽谤之诉、产品责任之诉、故意干扰他人合同关系之诉等。这些涉诉案例类型中,违约之诉的请求权基础可归为违约责任请求权;诽谤之诉、产品责任之诉、故意干扰他人合同关系之诉的请求权基础可归为侵权损害赔偿请求权。

级行为的公正性与独立性为重点,通过加强公司治理和提高透明度等途径,对评级机构的业务行为准则作出一般性规定,以确保评级机构有效防范利益冲突和有效提高评级质量。第四,确立基本的法律责任制度。关于评级机构违法行为的法律责任,应作出系统的、全面的规定。

第十一章　证券交易市场监管

证券交易市场一般分为证券交易所市场(stock exchange market)与场外交易市场(over-the-counter market)两类。按 Prof. Louis Loss 的说法,二者不同之处在于前者为集中之中央"拍卖"市场,后者则为分散之"谈判"市场。① 证券交易所市场是集中的、有形的证券交易市场,在流通市场中居核心地位,甚至在有些国家,它是唯一合法的证券流通市场。因此,证券监管法规范证券交易市场的主要对象必然是证券交易所。同时,由于单一的证券交易所满足不了证券多品种交易的要求,证券场外交易作为证券交易所的补充,日益显示出其强大的生命力,因此,证券监管法不得不将其纳入自己的规制范围。在场外交易市场中,"新三板"转板上市制度具有特殊性,故本章专列一节对其进行讨论。另外,无论是证券交易所,还是场外交易市场,都面临着日益向国际化方向发展的趋势,所以,证券市场的国际化与监管亦为本章所研究的对象。

另外需要说明的是,证券交易所和证券登记结算机构均属于金融市场基础设施,金融基础设施是对国家经济发展有重大影响、涉及金融稳定运行的基础硬件设施和制度安排,金融基础设施建设是一个国家金融业健康发展的先导性、战略性、全局性工程。但是,长期以来,无论是决策层,还是学术界,特别是法学界,对金融基础设施及其制度建设研究不够,没有构建起我国金融、资本市场基础设施建设的基础理论和学科体系,形成制约我国金融市场基础设施建设的理论瓶颈。② 本章和第十二章将证券交易所和证券登记结算机构监管纳入本书的研究范围,既是研究证券监管法的应有之意,也是试图为构建我国金融市场基础设施建设的理论体系贡献一份力量。

---

① See Louis Loss, *Fundamentals of Securities Regulation*, Little Brown, 1983, p.788.
② 有关中国金融市场基础设施法治体系建设研究的最新成果参见"新时代中国金融市场基础设施法治体系建设论坛——中国法学会证券法学研究会 2018 年年会"的会议成果。

第一节 证券交易所的法律监管

一、证券交易所的基本理论

(一)证券交易所的定义及其特征

对于证券交易所的界定,有一种观点认为,交易所和购物中心或者跳蚤市场的经济职能没有什么实质差别,它们都是将买卖双方聚集在一起而减少彼此发现对方的搜寻成本。[①] 当然,这只是一种形象的比喻,证券交易所的经济职能远比购物中心或者跳蚤市场复杂得多。证券交易所是按照证券法律、法规之规定,设置场所及设备,以供给有价证券集中交易市场为目的之法人。[②] 我国现行《证券法》第 102 条第 1 款规定,证券交易所是为证券集中交易提供场所和设施,组织和监督证券交易,实行自律管理的法人。2015 年"《证券法》修订草案"则规定,证券交易所、国务院批准的其他证券交易场所是为证券集中交易提供场所和设施,组织和监督证券交易,实行自律管理的法人。证券交易所的组织形式,可以采取会员制或者公司制。[③] 根据上述学理和相关法律的定义,可以将证券交易所的基本特征概括为以下几个方面:

(1)证券交易所是依照法律要求的形式而设立的场所。

证券交易所的设立属要式法律行为,即民事法律行为的当事人必须按照法律要求的形式,其民事行为方为有效,凡其不具备法律规定的形式的行为则不能成立。证券交易所的设立必须符合法律规定并按法定程序办理,否则其设立无效。各国法律之所以这样规定,目的在于实现政府对证券交易市场的干预,加强政府对证券交易市场的调控和监管。我国《证券法》规定,证券交易所的设立和解散,由国务院决定。证券交易所必须在其名称中标明证券交易所字样。其他任何单位或者个人不得使用证券交易所或者近似的名称。[④] 任何个人或组织均不得采用类似证券交易所的集中竞价交易方式进行证券交易。

(2)证券交易所作为证券交易市场的重要组成部分,不仅具有经济学意义上"市场"的一般属性,而且还享有法律上的主体资格。

---

① D R. Fischel, Organized Exchanges and the Regulation of Dual Class Common Stock(有组织的交易所和双重普通股的规制), 54 U. CHI. L. REV. 119, 121 n. 9 (1987).
② 我国台湾"证券交易法"第 11 条,转引自吴光明:《证券交易法论》,台湾三民书局 1996 年版,第 147 页。
③ 见 2015 年"《证券法》修订草案"第 177、183 条。
④ 见《中华人民共和国证券法》第 102、104 条。

证券交易所的设立,一般采用公司制和会员制两种组织形式。无论采取哪一种具体的组织形式,证券交易所都将在法律上享有权利和承担义务,具备作为法律主体的主要特征并以法律主体的身份介入证券交易活动。正是由于证券交易所是法律主体,它才可能成为在一定程度上监督和管理证券市场的有效机构。

(3) 证券交易所仅以证券作为交易对象。

在市场经济高度发达的现代社会,大规模交易活动除证券交易外,某些商品交易也需要借助类似于证券交易所的交易市场。一般来说,交易所分为证券交易所和商品交易所两种。其中,证券交易所是进行有价证券买卖的市场,商品交易所则是进行某些商品大宗交易的场所。由于有价证券是一种资本证券,与普通商品在表现形式和所反映的权利属性等方面均存在差别,这在客观上导致了有价证券和普通商品在交易环节上的区别。因此,证券交易所不能进行商品交易,商品交易所同样也不能进行证券交易。

(4) 证券交易所是组织化的证券交易市场。

证券交易所不仅有严密的组织形式和组织机构,而且有严格的交易规则和交易制度。一方面,证券交易所的活动必须遵守国家法律统一定立的交易规则,证券交易所无权修改或拒不执行法定规则;另一方面,证券交易所的活动必须遵守有关行业协会或证券交易所自行定立的"自律规范",不得违反自律规范而参与证券交易活动。否则,行为人将受到相应的制裁。

(5) 证券交易所是为证券的集中交易提供服务的有形场所。

证券交易所是证券交易市场的重要组成部分,但与同属证券交易市场的场外交易市场相比较,却有明显的不同。场外交易市场可以没有交易大厅,没有交易柜台,也可以没有现代证券交易所惯常采用的电子通信等设备。证券交易所有固定的场所和完备的设施,不仅是相关法律的强制性要求,而且强制性要求的目的是为了保证证券交易活动安全、合理和迅速地完成。因此,拥有固定的有形场所是证券交易所的基本特征之一。

(6) 证券交易所作为自律监管机构,行使的监管权具有社会公法属性。

有关证券交易所行使的自律监管权具有社会公法属性,已分别在本书第二章"证券监管法的基础理论"和第八章第四节"上市公司强制退市监管"里作了详细论述,在此不再赘述。

(二) 证券交易所的基本功能

1. 创造证券市场交易的流动性与连续性,实现社会资金的有效配置

交易流动性,通常意义上是指投资者根据市场的基本供给和需求情况,

以合理的价格迅速成交的市场能力。① 提供证券交易的流动性既是交易所的核心经济功能,也是其安身立命、参与并赢得竞争的根本,流动性是也证券交易所存在的一个基本前提。因而,交易所常被称为"流动性提供者"。流动性离不开连续性,我国台湾学者陈春山认为连续交易性市场具有四种特性:买卖频繁;进出报价差距甚小;买卖极易完成;出售时之价格波动甚为微小。② 在证券交易所里,既有大宗的卖出,也有大宗的买进。由于供求高度集中,在交易所开市期间,大宗交易可迅速成交,受交易所"涨跌幅停板"制度的限制,每日的成交价格也不会涨跌过大,这便是所谓证券市场的连续性。

由于证券交易所是进行各种证券买卖的集中场所,上市公司可通过它发行和出售股票以筹集生产资金,社会投资公众可通过买卖证券获得收益,这就能够把社会各方面的闲散资金广泛动员起来用于长期投资。另外,在交易所内,公众投资者对价格极为敏感,当某些上市公司呈现盈利增长时,会导致资金大量流入,从而促进该上市公司高速成长;而经营不善、利润下降的上市公司,股价则出现下跌情况。此外,由于公众投资者必然会关注上市公司的发展潜力及其创业前景,因此当某些新兴产业公司上市后,其良好的发展前景和盈利预期会吸引大量资金,从而加速这些新兴产业的发展。

2. 形成公平合理价格之功能③

交易所内的证券交易价格是在充分竞争的前提下,由买卖双方公开形成的,它不仅是交易所内双方公开竞价的结果,同时也是计算机联结各交易厅、综合披露市场相关信息的结果。证券交易所和交易所的会员都无权决定任何一种证券的价格。

3. 经济景气预测之功能

当大众投资者预测经济景气时,则股价上涨,或预期某上市公司会有营利,必先购进股票;反之,必卖出股票,故经由股价之变动,可预测整个经济发展的情况。④ 正是基于这一原因,股市对经济景气预测功能被有的学者比喻为"晴雨表"。⑤

4. 监管功能

证券交易所是监督和管理整个证券交易市场的有效机构。证券交易所作为一个法人机构,它可以根据法律、法规以及自律规范赋予自己的各项职权,来监管证券市场上的各种不良行为,维护证券交易秩序,为证券交易公

---

① 屠光绍主编:《交易体制:原理与变革》,上海人民出版社 2000 年版,第 37 页。
② 陈春山:《证券交易法论》,台湾五南图书出版公司 2001 年版,第 204 页。
③ 同上。
④ 同上书,第 205 页。
⑤ 〔美〕汉密尔顿:《股市晴雨表》,曾海东、朱玉译,机械工业出版社 2010 年版,第 3 页。

5. 风险控制功能

证券交易所本身即为证券交易市场,同时又具有监管功能,因而便于采取一系列措施控制市场风险。例如,按照规定,证券交易所应当为组织公平的集中交易提供保障,公布证券交易即时行情,并按交易日制作证券市场行情表,予以公布。未经证券交易所许可,任何单位和个人不得发布证券交易即时行情。因突发性事件而影响证券交易的正常进行时,证券交易所可以采取技术性停牌的措施;因不可抗力的突发性事件或者为维护证券交易的正常秩序,证券交易所可以决定临时停市。证券交易所对证券交易实行实时监控,并按照国务院证券监督管理机构的要求,对异常的交易情况提出报告。证券交易所根据需要,可以对出现重大异常交易情况的证券账户限制交易,并报国务院证券监督管理机构备案。[①] 此外,证券交易所还必须从其收取的交易费用、会员费和席位费中提取一定比例的金额设立风险基金,使用专款专用抵御风险。通过采用上述有效措施,就能够发挥交易所控制证券市场风险的功能。

(三) 证券交易所的组织形式

证券交易所以何种形式设立,对于发挥其功能是至关重要的。从西方各国证券交易所创立以来的历史和演进过程考察,证券交易所有两种基本组织形式:一是公司制证券交易所,就是以股份有限公司形式成立的并以营利为目的的法人团体。它通常是由金融机构、公司等投资者共同出资组建而成的。在公司章程中对作为股东的证券经纪商和证券自营商的名额、资格和公司存续期限均作出明确规定,并通过股东大会选举管理机构,同时强调必须遵守本国公司法、证券法的规定,在政府监管机关的监督和管理下,吸收各类证券在交易市场内自由地买卖并集中交割。其性质有官商合办和民营两种。二是会员制交易所,就是由证券公司、投资公司等证券商以会员身份组成,不以营利为目的,具有社团组织性质的证券交易所。会员大会和理事会是会员制证券交易所的权力机构。从国外情况看,过去采取公司制的证券交易所数量较少,但是,这一情况自 20 世纪 90 年代以来发生了改变。[②] 也就是说,目前,世界上多数国家证券交易所的发展趋势是采取公司制,还有的国家和地区也允许根据证券交易所的具体情况,分别采取会员制和公司制组织结构。我国目前采取的是单一会员制交易所。公司制和会员制证券交易所各有特

---

① 参见李东方主编:《证券法学》(第 2 版),中国政法大学出版社 2012 年版,第 211—212 页。
② 同上书,第 213 页。

点,各有利弊,各国应当根据自身具体情况采取相应的模式。

公司制证券交易所主要具有如下特点:第一,公司制证券交易所是企业法人、公司法人,其内部设置股东大会、董事会、监事会和总经理等公司领导机构。第二,公司制证券交易所是由股东出资设立的,出资的目的在于营利。因此,证券交易所税后利润,除用于保证证券交易场所和设施的正常运行和更新外,应当给股东分配盈余。由于公司制证券交易所要考虑向出资者回报的问题,因此其收取的佣金相对也较高,这无疑会加重入场交易的证券公司的交易成本。第三,证券发行公司和证券商有义务向证券交易所分别缴纳证券上市费和证券成交的其他费用,具体收费比例按照证券交易所的规定执行,亦可以采取合同方式约定。在公司制证券交易所中,股东情况比较复杂,不仅证券公司可以出资成为股东,其他机构也可以出资成为股东。股东不具有当然的入场交易权。入场交易权与交易所的所有权、控制权无关。是否可以入场交易,取决于其是否具有证券公司资格和是否已缴费。即使是股东,如不具有证券公司资格或者未缴费,也无权入场交易。第四,公司制证券交易所不直接参与证券交易,主要职责是为证券商从事证券交易活动提供所需的物质条件和相关服务,制定公平合理的交易规则,维护证券交易市场秩序。

公司制证券交易所的优越性在于:第一,出资来自股东,特别是股份公司制的交易所,有利于形成一定的经营规模,反而能降低交易成本。第二,企业化的经营管理模式,自主空间大,有利于交易所的市场化,有利于向证券商提供较为完备的交易设施和服务。第三,符合发展趋势,有利于提升国际竞争力。

公司制证券交易所存在的不足在于:第一,从交易的风险看,公司制交易所对客户因违约所造成的损失要负赔偿责任,因此,对交易主体而言,承担的风险较小,而对交易所来说则承担的风险较大。第二,由于公司制证券交易所昂贵的上市费用和佣金,这就可能导致有的证券交易参加者将上市证券转入场外交易市场去交易。第三,从设立交易所的目的来看,证券交易所应采取中立立场,体现公益原则,从而向证券投资者提供公平、公正和低成本的交易平台。但是,由于公司制证券交易所的收入主要来源于交易双方的证券交易成交量,即成交量的多寡直接影响到交易所收益的多寡,因此,证券交易所为了增加收入,可能人为地促使某些证券交易活动的发生,并由此造成在证券交易所操纵下的证券投机,进而危害证券交易市场的正常秩序。在公益方面,交易所还有一个对证券市场行使自律监管权的重要使命,在其履行自律监管职能的过程中很容易与公司的营利目的发生冲突,这种冲突主要表现如下:(1)交易所为了实现营利的目的,可能放松监管以提高自身收益。可能的表现是:降低上市标准,放松对已经上市公司的持续性监管;交易所可能不愿意暂停或者终止那些交易非常活跃的股票的上市交易,以确保或者增加交易所的股票的交易量,提高其经营收入;交易所也可能放松对市场参与者的监管,不愿意对市场参与者或者异常交易行为开展调查或者采取其他严厉的执行措施。[1] (2) 在监管方面减少人力、物力的投入。公司制交易所基于成本和收益的考虑,可能减少监管人力和经费的付出。(3) 在竞业冲突的情况下,公司制交易所可能滥用其自律监管权。在更加市场化的运营条件下,公司制交易所很有可能与自己的监管对象包括上市公司或者证券经纪商成为合作的伙伴或者竞争的对手。遇此情形,交易所有可能滥用自己的自律监管权,使其竞争对手在竞争中处于不利的地位。[2] 从某种程度上可以说,公司制下交易所的公司利益与公益之间的利益冲突是公司制交易所最大的问题所在。

会员制证券交易所不同于公司制证券交易所,它具有如下特点:第一,会员制证券交易所是非营利法人。[3] 其成员为会员,而非投资者或者股东,其最高权力机关为会员大会而非股东大会,其执行机构则称为理事会而非董事会。第二,会员制证券交易所公益性较强。如我国台湾地区"证券交易法"第113条规定,会员制证券交易所至少应置董事三人、监事一人,依章程之规定,由会员选任之,但董事中至少有三分之一就非会员之专家选任之。可见,会员制具有较强的公益性色彩,我国台湾地区"证券交易法"第103条亦规定其为非营利性之为目的之社团法人,其较重公众之利益,不以营利为重。[4] 第三,收入与财产积累在交易所存续期间,不得分配给会员。我国《证券法》第105条的规定,证券交易所可以自行支配的各项费用收入,应当首先用于保证其证券交易场所和设施的正常运行并逐步改善。实行会员制的证券交易所的财产积累归会员所有,其权益由会员共同享有,在其存续期间,不得将其财产积累分配给会员。在此值得注意的是,我国《证券法》并未明确禁止会员制证券交易所进行营利,只是明确要求财产积累归全体会员共同所有和享有,在交易所存续期间,不得分配给会员。这是我国为应对交易所日益激烈的国际竞争,提升本国交易所竞争力的创新性规定。它不拘泥于会员制证

---

[1] 冯果、田春雷:《临渊羡鱼,莫如退而结网——关于我国证券交易所组织形式改革的一点反思》,载《法学评论》2009年第5期。
[2] 谢增毅:《证券交易所自律监管的全球考察:困境与出路》,载王保树主编:《商事法论集》(第11卷),法律出版社2006年版,第182页。
[3] 根据2017年通过并施行的《中华人民共和国民法总则》第87条的规定,非营利法人是指为公益目的或者其他非营利目的成立,不向出资人、设立人或者会员分配所取得利润的法人。非营利法人包括事业单位、社会团体、基金会、社会服务机构等。
[4] 陈春山:《证券交易法论》,台湾五南图书出版公司2001年版,第217页。

交易所不得营利的传统,顺应国际发展趋势,赋予证券交易所更多的发展空间。① 第四,会员有退出的自由。在公司制证券交易所中,每一股东依其出资额行使表决权,股份只能转让,没有退股的自由。在会员制证券交易所中,会员缴纳会费的数额不能决定其表决权,每一会员的表决权相等,并且他们可以自由退出。② 第五,会员制证券交易所强调以自律方式进行管理。所谓自律方式是指证券交易所通过自行确定规则的方式来达到对证券交易所的管理,立法机关和政府多不直接进行干预。但是,中国沪深两个证券交易所由于产生的历史背景特殊,在政府不直接干预方面是个例外。

会员制证券交易所同样有利弊之分。利处在于:第一,由于会员制证券交易所系非营利法人,因此证券上市费用和证券交易佣金较为低廉,有利于减轻证券公司的负担、降低交易成本,有利于扩大证券交易所交易的规模和数量,防止上市证券流入场外市场进行交易。第二,交易所的会员与前述公司制下的股东不同,会员制交易所不存在向会员进行投资回报的压力,这就有利于防止交易所怂恿不当交易或者进行过度投机交易。第三,会员制证券交易所更有利于会员加强自律。会员是交易所的组成成员,入场交易的证券公司必须取得会员资格,会员一旦违反交易所的章程或规则,会员大会就有权取消其资格。而在公司制证券交易所中,成员资格取决于其是否出资,只要是出资股东便是交易所成员,即使其违反交易所的章程或规则也不能轻易取消其资格。③ 第四,会员制交易所的非营利性目的较好地避免了交易所利益与公益之间的利益冲突,某种程度上可以说,这是会员制交易所最大的优势所在。

弊处在于:第一,由于参与证券交易活动的双方都只限于取得证券交易所会员资格的证券商,非会员证券商若要进入某证券交易所进行交易,须事先征得原有会员的同意④,结果无疑会形成一种市场垄断,从而不利于形成公平竞争的环境,也有碍于证券交易服务质量的提高。会员控制下的交易所,制定的规则往往是以维护该规则制定时会员的利益为出发点的,既会限制本交易所会员以外的交易商参与竞争,也会限制会员之间的竞争,从而使规则制定时的会员享有垄断利益。⑤ 第二,证券交易所的会员一方面它是证

---

① 李东方主编:《证券法学》(第 2 版),中国政法大学出版社 2012 年版,第 213 页。
② 陈甦主编:《证券法专题研究》,高等教育出版社 2006 年版,第 165 页。
③ 李东方主编:《证券法学》(第 2 版),中国政法大学出版社 2012 年版,第 214 页。
④ 在实践中,几乎所有的交易所都会严格限制新会员的加入。实行公司制改制前的纽约证券交易所自 1953 年以来,会员的数量基本未变,一直为 13566 名会员。参见 http://www.nyse.com/about/members/1089312755132.html,访问时间:2014 年 12 月 7 日。
⑤ 陈甦主编:《证券法专题研究》,高等教育出版社 2006 年版,第 166 页。

券商,另一方面它又是证券交易活动的直接参加者,因此,证券商受营利性的驱动就有可能导致其在证券交易过程中产生道德风险。第三,由于会员制证券交易所业绩的好坏与会员的收益不挂钩,缺少激励机制,因而会员对于证券交易所经营业绩的好坏不如公司制交易所的股东那么极度关心。第四,与公司制交易所相比,会员制证券交易不利于在证券交易的国际竞争中取得优势地位。原因有二:一是如所所述,会员缺乏营利的激励机制,导致交易所整体缺乏活力和创造力;二是由于受会员席位的限制,制约了证券交易所的发展规模。而公司制交易所甚至可以整体上市,股东和公司规模均可以十分巨大。

总之,公司制和会员制证券交易所各有利弊。在我国,根据《证券法》和相关法律、法规的规定,我国的证券交易所大致可以归为会员制交易所,之所以使用"大致"一词,是因为它与一般的会员制交易所相比,对政府的依附性太强,缺少独立性。随着我国市场经济和证券业的发展,同时,在国际竞争和世界许多国家证券交易所公司化改革的大背景下[①],理论界和实务界均有对我国证券交易所进行改革的呼声。这也是本书必须进行的一项研究。

二、对中国证券交易所改革的思考

(一)中国证券交易所现状的法律定位

在论及我国证券交易所改革之前,有必要对我国证券交易所法律性质的现状有一个准确的定位。一般认为,我国证券交易所实行的是会员制交易所模式。但是,由于我国证券市场"人造性"[②]太强,中国证券交易所并非真正意义上的会员制交易所。按照1998年《证券法》第95条的规定,证券交易所是提供证券集中竞价交易的不以营利为目的法人。2005年修订后的《证券法》第102条第1款将上述规定修改为:证券交易所是为证券集中交易提供场所和设施,组织和监督证券交易,实行自律管理的法人。可见,修订前后的《证券法》都没有明确证券交易所是否属于会员制法人,只是确认了证券交

---

① 自20世纪90年代以来,传统的会员制证券交易所,在全世界范围内发生了组织形式向公司制改革的变化。伴随证券交易所的改制浪潮,作为描述该浪潮的一个新兴词汇"非互助化"(demutualization)成为国际证券业的一个热门词汇。一般认为,证券交易所从会员制转向公司制,主要经历了三个方面的变化:(1)在所有权结构上,由会员所有转变为股东所有,从会员所有权、控制权与证券交易所设施和服务的使用权有机统一,转变为这些权利的相对分离;(2)在组织结构上,由互助性组织转变为非互助性组织,由一人一票转变为资本多数决;(3)在经营目标上,由注册为不以营利为目的的法人,转变为公开声称营利性并追求股东利益最大化的商事组织。见李东方主编:《证券法学》(第3版),中国政法大学出版社2017年版,第239页。
② 见本书第二章第一节有关中国证券市场"人造性"的论述。

所属于特许法人和自律法人的法律性质。我们只能从现行法律规定的部分条款看出我国交易所具备会员制交易所的某些特征。例如《证券法》第105条第1款规定，实行会员制的证券交易所的财产积累归会员所有，其权益由会员共同享有，在其存续期间，不得将其财产积累分配给会员；第110条规定，进入证券交易所参与集中交易的，必须是证券交易所的会员等。当然，判断中国证券交易所是不是真正意义上的会员制交易所，既不是仅仅从证券法在其定义中有无明确规定"会员制"来判断，也不是从部分法条规定的部分内容来判断，而是要综合考察该项制度产生及运行的具体内容。

第一，从会员制证券交易所的产生来看，会员制证券交易所是证券交易商们为了交易的安全、高效，维护共同利益自愿发起的互助型组织，会员之间遵守共同制定的规则，改善交易条件，共同维护市场秩序。其创立之初源于会员的发起活动，是一种自始带有意思自治的私法活动。但是，我国的证券交易所却是由政府直接一手缔造，不具有私法意义上的社团发起行为。

第二，从交易所设立的出资和财产权属来看，我国证券交易所的会员并没有对交易所出资，证券法也没有明确规定成为会员的条件必须以向交易所实缴或者认缴出资为前提。而实际上，会员对交易所出资、拥有交易所所有权是会员制交易所最基本的特征之一。上海证券交易所成立时，会员须缴纳席位费，席位费的一部分是注册资金的来源；深圳证券交易所目前以全部席位费作为实收资本。席位费并不能完全等同于出资，因而会员是否对交易所拥有所有权是一个疑问。①

第三，从交易所的控制权来看，政府控制明显，交易所自身缺乏独立性。本来会员大会是会员制交易所的最高权力机构和决策机构，但是，我国证券交易所的会员大会有名无实，大权旁落。"中国证监会对于交易所享有绝对的控制权，这些权力可以概括为对交易所的人事控制权，章程和规则的批准和要求修改权，业务的审批权以及日常的监督权等四项重大权力。""交易所从人事、规则到业务无不受到政府的严格控制和监督，交易所并无多少自主性和独立性。"②证券交易所实行自律监管，是证券市场基础性、本原性机制的有机组成部分，也是市场自治的应有之意。然而，我国交易所目前的组织形式和内部治理的现状，使其很难甚至无法真正承担起自律监管的职能。③

---

① 冯果、田春雷：《临渊羡鱼，莫如退而结网——关于我国证券交易所组织形式改革的一点反思》，载《法学评论》2009年第5期。
② 谢增毅：《政府对证券交易所的监管论》，载《法学杂志》2006年第3期。
③ 罗培新等：《最新证券法解读》，北京大学出版社2006年版，第176页。

(二) 中国证券交易所的改革应从市场需要出发

如果用党的十八届三中全会"使市场在资源配置中起决定性作用和更好发挥政府作用"这一标准来衡量我国现在证券交易所的法律结构,显然是"发挥政府作用"过度了。"发挥"过度的弊端本书已经进行了分析,因此,对其制度进行改革势在必行,改革的方向应当从我国的市场需要着手。

1. 中国证券交易所改革的制度空间

1998年《证券法》第95条规定,证券交易所是提供证券集中竞价交易场所的不以营利为目的的法人。以其为基本遵循的2001年《证券交易所管理办法》第3条作出相应规定,证券交易所是指依本办法规定条件设立的,不以营利为目的,为证券的集中和有组织的交易提供场所、设施,履行国家有关法律、法规、规章、政策规定的职责,实行自律性管理的法人。它们均突出了证券交易所"不以营利为目的",在这种前提下设立以营利为目的的公司制证券交易所,显然没有法律依据,而只能是会员制的证券交易所。2005年修订的《证券法》第102条第1款将原95条修改为:证券交易所是为证券集中交易提供场所和设施,组织和监督证券交易,实行自律管理的法人。2017年《证券交易所管理办法》第2条则将原第3条修改为,证券交易所是指经国务院决定设立的证券交易所。二者均将其中的"不以营利为目的"去掉了,这就为设立公司制证券交易所提供了制度空间。2015年《证券法》修订草案"更是明确规定,证券交易所的组织形式,可以采取会员制或者公司制。所以,在我国证券交易所设立成怎样的组织形式,或者说改革成哪种形式的证券交易所,已经没有太大法律障碍了。

2. 证券交易所改革道路的选择

关于我国证券交易所改革道路的选择,主要有两种观点:第一种观点认为:鉴于我国证券交易所有会员制证券交易所的一些特征,我国证券交易所的发展不应该逾越会员制这一阶段,而是要从各方面将我国的证券交易所改革成为真正意义上的会员制证券交易所。[1] 第二种观点认为:借鉴外国交易所公司化改革经验,跨越真正意义上的会员制证券交易所,直接对我国证券交易所进行股份公司形式的改造。[2]

本书认为,我国证券交易所改革的发展方向应该分两步走。第一步是解决目前存在的问题,第二步是在条件成熟的时候与国际接轨,采行股份公司

---

[1] 北京大学光华管理学院—上海证券有限责任公司联合课题组:《证券交易所管理市场职能的法律性质研究》,载《上证研究》(2003年法制专辑),复旦大学出版社2003年版,第50页。
[2] 参见于绪刚:《交易所非互助化及其对自律的影响》,北京大学出版社2001年版,第201页。

制交易所。

第一步解决目前存在的问题,并不是说一定要把我国现在的证券交易所改造成典型意义上的会员制交易所。事实上,我国证券交易所的现状,决定了它没有必要也难以成为典型的会员制交易所。这是因为会员制证券交易所的产生是会员根据自身利益需要而自发结社的产物。但是在我国,如前所述,作为交易所存在基础的证券市场本身都属于"人造"市场,在此背景下会员制证券交易所产生的前提条件不具备,相应地,我国证券交易所也必然是由政府直接介入而建立起来。再者,我国证券交易所现有的财产权属性结构难以实现真正的会员制,我国证券交易所有相当一部分的产权是属于政府的,如果采取真正会员制,政府财产权利难以退出。相反,如果采用股份公司制交易所的组织形式,就不存在政府退出财产权的问题,只需作价入股准确公平地界定政府在公司制交易所享有的股权即可。还有一个理由是中国证监会与证券交易所的关系问题,现实状况是中国证监会几乎完全控制着交易所,如果今后证券交易所完全由会员证券商所有和控制,估计无法为政府监管部门和立法部门所接受。在坚持证券交易所政企分离的原则下,证券交易所采取公司制,政府相关部门可以通过持股介入的方式,对证券交易所的运行和发展施以必要的调控。[①] 当然,实行股份化时也可以将交易所的现有国有资产评估作价,然后退出,使政府在产权形式方面与交易所完全无涉。如此一来,政府对交易所的监管只是一种依法的外部监管。

基于以上分析,我国证券交易所改革的第一步,并不必拘泥于某一种模式,改革的依据和标准就是符合市场经济的需要,能够"使市场在资源配置中起决定性作用"。据此,首先应当将我国证券交易所改造成为真正自主、自治、自律的独立法人,这也是将来证券交易所公司化改革的基本前提性。改革的措施是通过健全内部治理结构,交易所的理事会人选应该直接由会员大会选举产生,理事长和副理事长应该由理事会选举,理顺理事会和经理的关系,改变目前经理由证监会任免的做法,由理事会聘任或者解聘总经理、副总经理。由此完善人事任免权、业务开展权和财产支配权,避免证监会的不当控制。然而,令人遗憾的是,从 2017 年修订后的《证券交易所管理办法》来看,不仅没有给交易所放权,相反进一步加强了政府对交易所的控制。比如,在交易所新设监事会制度,要求"监事会决议应当在会议结束后两个工作日内向中国证监会报告"[②]。

其次,打破目前我国证券市场沪深两个交易所垄断割据的状态,促进交

[①] 陈甦主编:《证券法专题研究》,高等教育出版社 2006 年版,第 172 页。
[②] 见 2017 年《证券交易所管理办法》第 32 条第 2 款的规定。

易所之间展开有效竞争。因为"在缺乏竞争的背景下,市场机制对证券交易所的调节作用就会难以发挥,其改进服务、加强监管、降低收费的动力也会大大降低"①。目前,我国沪深两个交易所不具有在市场条件下的竞争关系,二者均属在政府部门统一领导下的垄断割据市场。从会员(即证券商或证券公司)和两个交易所的关系来看,上交所的会员同时也是深交所的会员,因此,交易所不必为吸引优质的会员、也不必为其会员提供优质的服务而展开竞争。另外,从证券的交易环节考察,在上交所上市交易的股票不能在深交所上市交易,反之亦然。并且,公司股票从一家交易所退市后,也不可能再到另一家交易所重新上市交易,两家交易所就证券交易而言彼此是封闭的,当然,彼此之间也就不存在竞争关系。可见,我国的两个证券交易所之间并没有实质的竞争关系,两者只是在政府的严格监管之下,依照政府的意志进行适当分工。②

除了上述两个交易所之间不具有竞争关系之外,在较为严格的法律限制条件下,各交易所本身的竞争力和创新力也受到扼制。这主要体现在证券上市的环节:选择上市公司与证券交易品种,交易所均无自主权。(1)关于对上市公司的选择。《证券法》第 50 条对公司的上市条件设定了最低门槛,证券交易所无权通过自行设定上市条件来吸引和选择上市公司。而且,长期以来,决定发行公司股票在哪家交易所上市,并不是证券交易所可以主动争取的,而只能听命于证监会的决定。③(2)关于对证券交易品种的选择。2001年《证券交易所管理办法》第 13 条明确规定,"证券交易所上市新的证券交易品种,应当报证监会批准",尽管 2017 年《证券交易所管理办法》在第 9 条规定,"证券交易所可以根据证券市场发展的需要,推动交易品种和交易方式的创新",试图以此鼓励交易所进行金融创新。但是,其第 10 条第 2 项又转而规定,"涉及上市新的证券交易品种或者对现有上市证券交易品种作出较大调整的报中国证监会批准",依然没有放开交易所自主选择证券交易品种的限制。上市条件属于证券交易所的经营策略问题,而交易品种则属于交易所的自主金融创新问题,按理二者均应当允许证券交易所行使自主权,使其能够具备市场竞争力。

三、对证券交易所的监管

考察世界各国的证券交易所,无论是会员制还是公司制的证券交易所,

---

① 陈甦主编:《证券法专题研究》,高等教育出版社 2006 年版,第 163 页。
② 同上书,第 162 页。
③ 同上。

基于其涉及社会公共利益的本质属性，因而均受到所在国政府的监管。只是监管的模式和程度不同而已。

（一）证券交易所的监管模式

世界各国对证券交易所的监管，其模式大致可分为三种。

1. 政府主导型监管模式

目前，欧洲大陆多数国家采取这种监管模式，故也称为"欧陆模式"。这类模式的最大特点是强调政府权力对证券交易所的外部监管。法国是这类监管模式的重要代表之一。在法国，由证券交易所管理委员会实施对证券交易所的监管。该管理委员会的主要职责是：提出修改各种有关证券规章制度的议案；审查证券交易所的不公正行为；负责监督证券市场的营业活动；决定证券交易所的交易程序；确保上市公司及时公布有关信息并审核其真实性；决定报价的承认和撤销；核定佣金标准和比率。

2. 自律型监管模式

这类监管模式特别强调证券交易所和证券商的自我约束。英国是这类模式的代表。英国证券业自律型监管模式的体系，是由"证券商协会""证券业理事会"以及"收购与合并问题专门小组"三个机构组成的。其中，证券商协会的职能主要监管伦敦和其他证券交易所内的业务。它所制定的《证券交易所管理条例和规则》是各种证券交易的主要依据。证券业理事会是于1978年由英格兰银行提议成立的新自律组织，由10个以上专业协会的代表组成。它虽然是一种非官方组织，但在修改及执行若干重要的证券交易规则中，却能起到十分重要的作用。收购与合并问题专门小组，虽然不是一个权力机构，但是，它制定的《伦敦市场收购与合并准则》乃是英国证券市场上市公司收购与合并的基本规范。上述三个自律性机构与政府机构是各自独立的，但在查处证券交易违法活动方面却需要经常与政府机构密切配合，从而形成了一种与政府机构在工作上相互配合的自律型管理模式。

3. 复合型监管模式

这类监管模式既强调政府机构对证券交易所的监管，也重视证券交易所的自律监管。美国、加拿大、日本、韩国等国采取此类模式，其中以美国为代表。在1934年以前，美国尚无证券交易的专门政府监督管理机构，政府很少管制证券交易所，自我监管是其主要特征。但是在世界经济危机之后，联邦政府和各州政府纷纷颁布有关法律法规，以期实现证券交易所的稳定发展。正是根据1934年颁布的《证券交易法》的规定，联邦政府成立了专门监管全国证券活动的最高机构——证券交易管理委员会，对包括全国所有证券交所在内的整个证券市场实施监督和管理。美国政府在实施国家对证券交易所行政干预的同时,也为诸如证券商同业公会等自律性组织保留了相当大的自治权。

综上可知,几种监管模式在制度安排上虽各不相同,但其目的却是共同的,即它们均是为了有效地防范证券风险,保护公众投资者的正当利益,维护证券市场的正常秩序。这说明,用政府的公共权力干预包括证券交易所在内的证券市场,通过建立适度的政府调控机制而加强对证券交易的监管力度是现代证券市场发展的必然要求。

我国对证券交易所的监管,属于复合型模式,但是更侧重政府的统一监管。如《证券法》明确规定证券交易所的设立和解散由国务院决定;证券交易所章程的制定和修改,必须报国务院证券监督管理机构批准;证券交易所设总经理由国务院证券监督管理机构任命;证券交易所采取技术性停牌或者临时停市,必须及时报告国务院证券监督管理机构;证券交易所风险基金提取使用办法以及制定的业务规则、会员管理规章、交易所从业人员规则均须报国务院证券管理机构批准等。另外,我国《证券法》还规定了证券交易所对证券交易履行一线监管职能。这些规定均体现了我国《证券法》规定国家对证券市场实行统一监管的立法原则。同时,我国也要求证券交易所发挥自律监管的职能,但是目前证券交易所的自律机制尚未完善,还需要进行如前所述的诸多制度变革。

(二)证券交易所的设立监管

各国证券法对证券交易所的设立尽管具体规定不同,但是,证券交易所的设立必须经国家证券监管机关许可这一基本原则却是相同的。

各国设立证券交易所须经国家证券监管机关许可的制度,可归纳为以下三种不同的表现形式:

(1)以美国为代表的注册制,又称登记制。

按照美国1934年《证券交易法》的规定,除交易量过少,经联邦证券管理委员会豁免外,其他证券交易所都必须向联邦证券管理委员会登记注册。[①]登记注册时,须提交拟设立的证交所能够遵守法律和联邦证券管理委员会有关规定的书面承诺。经联邦证券管理委员会对交易所的组织、规章制度在法律上是否符合要求进行确认后,交易所方可注册营业。韩国证券交易所的设立程序类似于美国,韩国证券交易法规定,证券交易所在其总部所在地登记

---

① 美国《证券交易法》第5、6条。

注册后即告成立。登记注册时必须明确:证券交易所的名称;总部和分部所在地;会员的名称、住所;高级职员的名称和住所;公告办法;设立目的以及总统令规定的其他事项。注册制强调对设立证券交易所形式要件的审查。

(2) 以日本为代表的特许(许可)制。

按照日本《证券交易法》的规定,证券公司设立交易所须经大藏省的特许,同时大藏省对交易所的规章、制度有核批权。① 按照规定,在日本设立证券交易所,第一步是要向大藏省提交相关的文件,大藏省通过审查认为符合要求的即许可设立;若经过审查认为不符合要求,而拒发许可通知时,须列明理由,许可设立后,若复查不合格,还可以撤销许可。由此可见,特许制是对设立证券交易所的条件进行实质性审查。有学者认为,这种实质性审查与立法指导思想上的公法色彩有关。②

(3) 以我国为代表的审批制。

在我国,证券交易所的设立和解散,由国务院决定。也就是说,只有国务院才是设立证券交易所的审批机关,其他任何地方政府和组织均无权批准成立证券交易所。证券交易所在证券市场中的地位极为重要,它的设立不仅涉及证券市场的兴衰,而且直接关系到国家金融秩序乃至整个国民经济秩序的稳定与否,因此,设立证券交易所属于国民经济生活中具有重大影响的举动,因而,法律规定必须由国务院直接决定。

从某种意义上讲,证券交易所既是投资的场所,也是投机的场所,换言之,证券交易所不仅为投资者提供了投资的渠道,而且也给投机者提供了冒险的场所。可以说证券交易所的发展史,也是同证券欺诈、内幕交易、操纵市场等违规违法行为作斗争的历史。因此,通过立法来确定证券交易所的法律地位与行为规则,加强对证券交易所的法律监管,规范证券商及其从业人员的行为,制裁证券交易市场中出现的各种违规违法行为,是证券监管法律制度的一个重要方面。

(三) 证券交易所的业务规范

各国的证券监管机关一般是以审查证券交易所制定的各项规则来监督和管理证券交易所,与此同时,又通过交易所执行经其审查过的规则而达到间接地监管证券市场的目的。

我国《证券法》及《证券交易所管理办法》都规定,证券交易所应当按照法律、法规的规定制定各项规则,并报证监会批准。这些规则包括上市规则、交

---

① 日本《证券交易法》第81条第2款。
② 张俊浩:《民法学原理》,中国政法大学出版社2000年版,第199页。

易规则及会员管理规则等。

上市规则主要包括①：证券上市的条件、程序和披露要求；信息披露的主体、内容及具体要求；证券停牌、复牌的标准和程序；暂停上市、恢复上市、终止上市、重新上市的条件和程序；对违反上市规则行为的处理规定；其他需要在上市规则中规定的事项。

交易规则主要包括②：证券交易的基本原则；证券交易的场所、品种和时间；证券交易方式、交易流程、风险控制和规范事项；证券交易监督；清算交割事项；交易纠纷的解决；暂停、恢复与取消交易；交易异常情况的认定和处理；投资者准入和适当性管理的基本要求；对违反交易规则行为的处理规定；证券交易信息的提供和管理；指数的编制方法和公布方式；其他需要在交易规则中规定的事项。

会员管理规则主要包括③：会员资格的取得和管理；席位与交易单元管理；与证券交易业务有关的会员合规管理及风险控制要求；会员客户交易行为管理、适当性管理及投资者教育要求；会员业务报告制度；对会员的日常管理和监督检查；对会员采取的收取惩罚性违约金、取消会员资格等自律监管措施和纪律处分；其他需要在会员管理规则中规定的事项。

第二节　场外交易市场的法律监管

证券交易所不应成为证券市场证券交易的垄断者。单一的市场结构不利于企业的融资和投资者的投资选择，不利于市场的繁荣，也不利于防范与化解市场的风险。除了在证券交易所之间开展竞争，还应该在交易所之外，建立和完善其他交易市场，满足企业融资和投资者投资的需求，并使证券交易所面临其他交易系统的竞争压力。④ 早在 2003 年 10 月，党的十六届三中全会通过的《中共中央关于完善社会主义市场经济体制若干问题的决定》中就专门强调"建立多层次的资本市场体系"。党的十八届三中全会又将健全多层次资本市场体系确定为证券市场的改革任务，《国民经济和社会发展第十三个五年规划纲要》也指出，要"发展多层次股权融资市场"。经过十余年

---

① 见 2017 年《证券交易所管理办法》第 57 条对 2001 年《证券交易所管理办法》第 51 条的修订。
② 见 2017 年《证券交易所管理办法》第 36 条对 2001 年《证券交易所管理办法》第 30 条的修订。
③ 见 2017 年《证券交易所管理办法》第 45 条对 2001 年《证券交易所管理办法》第 40 条的修订。
④ 陈甦主编：《证券法专题研究》，高等教育出版社 2006 年版，第 163 页。

的探索,我国多层次资本市场体系初具规模,资本市场发生了深刻变化;我国证券交易市场日益壮大,全国中小企业股转系统(以下简称全国股转系统或"新三板")扩容至全国和区域性股权转让市场都得到了前所未有的发展。为了场外交易市场稳步前行,必然将其纳入证券监管法规制的范围。

一、场外交易市场的基本理论

(一)场外交易市场的概念分析

场外交易市场在美国称之为"Over-the-Counter-Market"(简称 OTC 市场),而在我国台湾地区则称之为店头市场或柜台买卖。所谓店头市场或柜台买卖,是指在证券商营业处所买卖有价证券而形成的市场,这种买卖不是在集中交易市场以竞价方式买卖,而是在证券商营业处所,专设柜台进行交易。① 此店头市场的概念,较美国 OTC 市场的内涵范围要小。美国所谓 OTC 市场,是指除证券交易所之外的一切证券交易场所,即它不以在证券商营业处所进行的交易为限。②

我国台湾学者陈春山认为,店头市场与证券交易所有以下五点区别③:(1)证券交易所必须有集中交易的固定地点,而店头市场,则是在证券商营业处所进行买卖;(2)证券交易所为竞价买卖,而店头市场为义价买卖;(3)证券交易所进行的买卖,一般较少由自营商为中介,然而,店头市场上的证券交易通常须经过自营商代理,店头市场往往被称为自营商之市场;(4)在美国证券商往往于证券交易所有固定的场所供其买卖,而于店头市场,证券商往往在其营业处所,利用其资讯而为买卖之要约;(5)证券交易所有屏幕传递瞬时所形成的交易,而店头市场则只有在每日的报纸中,报道市场交易者的要约情形,但不可能是过去连续交易情况的报道。

随着历史的推进,特别是 20 世纪 70 年代以来,现代通信技术与计算机网络在证券交易市场得到广泛应用。在证券交易所之外,由电话、电传、计算机网络构成新的市场,替代证券公司交易柜台,而形成电讯或计算机网络交易市场。因此,店头市场或柜台买卖市场的概念已不能涵盖现代场外市场的全部内容。场外交易市场应当表述为:场外交易市场泛指在证券交易所以外的一切场所,就其表现形式而言,包括交易者之间的直接证券交易市场、证券经营机构的证券交易柜台以及证券自动报价、交易与清算系统等。

---

① 陈春山:《证券交易法论》,台湾五南图书出版公司 2001 年版,第 269 页。
② 同上。
③ 同上书,第 269—270 页。

(二) 对国外场外交易市场的考察

1. 美国 OTC 市场

20 世纪 70 年代以前，美国的场外交易市场一直处于分散、无序的状态之中，随着证券交易量的迅猛增加，传统的交易方式已无法适应现实的需要。1971 年 2 月，美国全国证券商协会（National Association of Securities Dealers Inc.，简称 NASD）设立了全国证券交易商协会自动报价系统（National Association of Securities Dealer's Automated Quotation System，简称 NASDAQ），又称纳斯达克市场。NASDAQ 将电子计算机技术引入场外交易市场，用中心计算机设备、租赁电话线及设在各会员处的计算机终端，将遍布全国，乃至全世界的证券商连接起来，形成现代化的电子证券场外交易市场。经过 30 多年的发展，至今在 NASDAQ 上市的公司数量已远远超过世界上任何一家证券市场。NASDAQ 像其他有组织的证券市场一样，也制定了公司上市准则，NASDAQ 通过电子系统对交易活动进行检测并按时发布交易报告，且设有订单指令发送及执行系统和限价订单指令系统。为了促进 NASDAQ 的良性发展，如证券交易所的二级市场一样，NASDAQ 亦有自己的指数，即全美证券交易商协会自动报价指数，纳斯达克指数适用于 3000 多家场外交易公司。该指数分为 7 类：综合指数；银行业；保险业；其他金融业；工业；运输业；公用事业。纳斯达克指数的基期是 1971 年 2 月 5 日，基期指数为 100。该指数计算方法类似于标准普尔指数和纽约证券交易所指数。

1992 年 1 月，NASDAQ 证券市场在伦敦设立分部，这是其迈向国际化的重要开端。在国际业务方面，NASDAQ 证券市场的美国预托证券（ADRS）及外国证券的交易始终保持发展趋势，至今 NASDAQ 证券市场已成为外国公司在美国上市的主要场所，其发行的外国公司股票数量超过纽约证券交易所和美国证券交易所的总和。大批外国公司选择在 NASDAQ 证券市场上市，究其原因乃在于该交易市场率先采用了计算机技术并建立了具有竞争力的"做市商"制度，因而它能够适应各种不同规模、不同种类以及处于不同发展阶段公司的上市要求。因此，NASDAQ 证券市场又是众多规模较小的新兴公司上市的场所。这些公司通常来自信息和生物技术等发展迅速的行业。此外，还有大量投资者是通过养老计划基金和互助基金间接拥有 NASDAQ 上市的股票。由于 NASDAQ 证券市场自身管理较为完善，并且能够提供高效的服务，因此，机构投资者在该交易市场所占比重呈逐年上升趋势。

2. 日本 OTC 市场

日本的场外交易市场习惯称为柜台交易市场。与美国的 NASDAQ 证券市场相比,日本的证券场外交易市场具有自己的显著特点,这主要体现在它具有"预备市场"的功能,即一些在柜台交易市场交易的公司股票,可以被推荐到证券交易所挂牌交易。这有利于提高证券交易所上市的上市公司的优良程度。

在监管方面,日本OTC市场主要由日本全国证券业协会进行日常监管,该协会通过制定一系列自律规范并监督执行以达到监管的目的。日本《证券交易法》赋予证券业协会相当大的自律监管权限,在东京和大阪该协会均设立了"株式店头市场监管专门委员会",具体负责市场监管工作,其主要职能为:及时监督OTC市场的交易情况,在行情异常情况下采取相应措施;专设OTC市场交易室,负责调查分析交易价格、交易额及异常价格形成的原因、核查有无涉及操纵内幕交易等不法行为。1976年由日本全国证券业协会理事会颁布的《关于在OTC交易及其交易规则》和《关于OTC股票注册及价格制定规则》是日本场外交易市场的重要规范,其主要内容包括以下三个方面的内容:第一,有关上柜①的程序规范。证券商在详细核查公司经营及财务状况后向证券业协会进行推荐,并提交相关资料,经协会审阅并认为该公司符合上柜条件的,则该证券商必须将申请书及所有正式文件提交给日本证券业协会审核,申请书中还必须附有其他证券商共同签署的意见;经协会正式审核批准后,即可公告发行和注册。公司在注册后,一旦其运行不符合特定要求时,则证券业协会有权对该公司作出下柜的决定。第二,证券商行为的规范。证券商只能接受固定价格交易的订单,并应尽力为投资者争取交易当时的最佳报价;证券商应当向投资者讲清OTC的风险,确信该客户能够对此风险有判断能力并愿意承担此类风险。第三,有关禁止从事内幕交易的规范。

(三)现代场外交易市场的特点评析

现代场外交易市场的特点是与证券交易所相比较而言的,具体表现如下:

1. 无固定的交易场所

在场外交易发展的早期阶段,人们到一些约定俗成的固定地点,如某家咖啡馆、某棵梧桐树下去买卖证券。但是现代场外交易市场正逐渐失去固定交易地点的特征,特别是随着通信技术和计算机网络事业的迅猛发展,场外交易已进入办公室、家庭之中,使普通投资者可以在任何地方参与证券买卖,

---

① 上柜,是指在证券场外交易市场挂牌,以便与在证券交易所的上市相区别。

从而形成现代场外交易没有交易大厅、没有固定交易地点的特点。

2. 交易的证券种类繁多

许多不能在证券交易所交易的证券可以在证券场外交易市场交易。其中,主要以定期还本付息的债券和未能在证券交易所登记上市的股票为主。在场外交易的证券种类中,债券占有相当大的比重。由于债券具有偿还性,众多的流通债券中每年都有一部分被偿还,同时又会有新的债券不断地被发行,如果债券在证券交易所交易,仅上市下市业务的办理,交易所就不堪重负。可以说,如果没有场外交易市场,众多的债券就不可能流通交易。未登记上市交易的股票,可能是已批准上市发行,但不够证券交易所的上市标准,这些股票只能在场外交易市场进行交易;也可能是符合上市标准,但不必要或不愿意在证券交易所上市的股票,这些股票的吸引力大,多为团体投资者抢购持有。从发展的趋势来看,在场外交易市场交易的证券种类呈日益上升的趋势。

3. 交易方式灵活

投资者既可自己在场外交易市场上直接交易,亦可委托证券商进行交易,证券商则可自由选用自营买卖或代客买卖的方式执行客户的委托。证券交易由投资者与证券商之间、证券商相互之间以直接议价的方式进行。灵活的交易方式对投资者富有吸引力,加之电子通信技术的广泛运用,使得在场外交易市场进行证券交易简便、快捷、大大提高了证券流通的效率。

4. 建立了"做市商"(Market-maker)制度

可以说,现代场外交易市场中,最显著的特点之一就是建立和完善了"做市商"制度。在做市商制度下,交易双方无须等待对方的出现,一方报价以后,只要由"做市商"出面承担另一方的责任,交易就算完成。"做市商"极大地提高了资金的流动性,保证了在场外交易市场挂牌的每一只股票在任何时候都有活跃交投。

通过以上对现代场外交易市场特点的分析可以看出,在整个证券市场中,场内、场外二个交易市场实为互补的关系,二者缺一不可。例如,相对于两个交易市场而言,上柜者多为未能达到上市要求但已符合上柜条件的中小型企业,此外还包括一些已上市的但交投不活跃的股票和债券。上市者则多为有较高知名度且股票交易较活跃的大中型企业,上柜虽说不是上市的必要条件,但它事实上为上市起了"预备"作用,证券商作为上柜推荐人,在公司一旦具备上市条件时就可将其股票推荐到证券交易所上市。反过来,已上市的,但交易不够活跃的股票亦可到场外交易市场寻求出路。此外,现代证券交易实行电子联网系统报价以后,场内和场外两个市场在交易手段上的差别已消失殆尽,二者的区别只在于证券交易所是通过经纪人委托成交,场外交易是通过证券商的柜台直接成交。其实在集中报价、分散成交、统一结算之下,场外交易市场已实现了在OTC中心有效监控下的地区性或全国性联网,从而使场外交易市场更具组织性和可监管性,亦大大提高了市场的透明度和证券的流通功能。

二、我国场外交易市场及其监管

(一)我国场外交易市场的产生与发展

20世纪80年代初,我国企业开始进行股份制改造,这些进行股份制改造的企业,多数是向本企业内部职工发行股票和债券,少数企业向社会发行股票。最初采取记名凭证式的办法来发售企业的股票和债券,后来,多数企业采用无记名凭证式。随着股票和债券发售数量与范围的扩大,地下证券交易也开始萌生。这种原始状态的地下证券交易最先是走街串巷式的,但是到1986年,在东南沿海各大城市都形成了较为固定的场所,这些场所多数是在城市中的一些闲置的宽阔地带。从维护社会治安的角度出发,各地政府多次取缔这些自发形成的地下交易市场,但是成效不大,甚至是越取缔越发展。地下证券交易的发展,在促进证券的流通的同时,也的确造成了一系列的社会问题。因此,用一种什么样的形式来取代这种地下证券交易,成为政府和社会公众的共同要求。1986年8月,沈阳率先设立了证券交易柜台,允许各类国库券公开交易;1986年9月,中国工商银行上海信托投资公司静安证券部也开设证券交易柜台,"飞乐""延中"两支股票登台亮相,在此挂牌交易。随后在国内几个主要大城市,陆续出现了十几家这样的证券交易柜台。

20世纪90年代初,沪、深证券交易所的建立一度取代了证券柜台交易,由于各地能够到沪、深证券交易所挂牌交易的证券毕竟是少数,因此,沪、深证券交易所的建立并不意味着证券交易与流通问题已得到根本解决,大多数股份公司的证券流通问题仍然存在困难。

我国证券交易市场发展到1999年,除上海、深圳两个证券交易所外,还有由中国证券市场研究设计中心在1990年3月开始筹建,1990年12月正式开通运行的全国证券交易自动报价系统(STAQ)和由中国证券交易系统有限公司创办并由该公司管理和运作的全国电子交易系统(NET)两个法人股交易系统,26家区域性证券交易中心,以及97家证券公司和330家证券营业机构开设的2000多个证券营业部。根据《股票条例》的规定,"证券交易场所"是指经批准设立的、进行证券交易的证券交易所和证券交易报价系统。①而 STAQ 和 NET 系统似未依法经过批准,因此,在 1999 年作为"非法场外交易所"被清理整顿,其他区域性证券交易中心亦一律关闭。

为了解决原 STAQ、NET 系统挂牌公司的股份转让及沪、深交易所主板上市公司退市的股份转让问题,中国证券业协会于 2001 年 6 月 12 日发布了《证券公司代办股份转让服务业务试点办法》,并选择了 6 家证券公司从事代办股份转让服务业务,形成了"代办股份转让市场",即"老三板"。由于"老三板"挂牌的股票品种少,且多数质量较低,再次转到主板上市难度也很大,因而长期被冷落。为了改变我国资本市场柜台交易的落后局面,同时为更多高科技成长型企业提供股份流动的机会,2006 年年初北京中关村科技园区建立新的股份转让系统,因与"老三板"有明显不同,被称为"新三板"。

"新三板"的诞生在一定程度上促进了场外市场的发展,但是由于其制度的设计原因,始终存在流通性不强、融资能力弱、参与人数少、关注度小等问题。2009 年 10 月 30 日创业板的推出,场外市场建设的呼声渐高。随着我国经济社会的发展,建立全国统一的场外交易市场的必要性越来越凸显出来。由于这个市场建在哪个地方,就会对该地区经济社会的发展有巨大的推动作用,因此,各地都积极争取,力图在本地建设统一的全国性场外交易市场。天津、重庆、成都、武汉、广州等地无不希望把全国性场外交易市场设立在本地。

在综合考虑各种因素基础上,全国中小企业股份转让系统有限责任公司(以下简称全国股转公司)作为全国股转系统的运营机构,于 2012 年 8 月 22 日获证监会同意组建,同年 9 月 20 日在国家工商行政管理总局注册,注册资本 30 亿元,2013 年 1 月 16 日正式揭牌运营,由证监会直接管理。公司的宗旨是坚持公开、公平、公正的原则,完善市场功能,改进市场服务,维护市场秩序,推动市场创新,保护投资者及其他市场参与主体的合法权益,推动市场健康发展,有效服务实体经济。②

全国股转系统是继沪、深交易所之后第三家全国性证券交易场所,因而业界也习惯称之为"北京证券交易所"。其在场所性质和法律定位上,属于全国性的场外证券交易所,是多层次资本市场体系的重要组成部分。作为全国性场外证券交易场所,"北京证券交易所"(全国股转系统)定位于非上市公众公司发行和公开转让股份的市场平台,为非上市公众公司提供股票交易、发行融资、并购重组等资本市场服务,为市场参与人提供信息、技术和培

---

① 《股票发行与交易管理暂行条例》第 81 条第 16 项。
② 参见全国中小企业股份转让系统有限责任公司编著:《新三板挂牌公司规范发展指南》,中国金融出版社 2017 年版,第 1—2 页。

训等服务。

至此,中国的多层次资本市场包括:沪深主板,深市中小板、创业板(二板市场)、"新三板"(全国性场外证券交易市场)和区域性股权交易市场。

就场外交易市场而言,包括"新三板"和区域股权交易市场;其中"新三板"(全国性场外证券交易市场,即全国中小企业股份转让系统),是中国证监会批准设立的,是全国性的;区域股权交易市场被定位于省级行政区划级别,为中小微企业提供股权、债权转让和融资服务的股权交易市场,故称为区域性股权交易市场。

综上所述,我国的场外交易市场,在证券市场发展初期对于推动国有企业的股份制改造起到了积极的推动作用,同时,也的确存在过严重的问题,这集中表现在场外交易曾经无法可依,各自为政,违规现象严重,致使交易混乱,使投资者的合法权益得不到有效的保护。进入2000年后,场外交易市场的法治建设得到加强并且开始走上法治的轨道。当然,距离良法善治的目标尚远,还需付出巨大的努力。

(二) 对我国场外交易市场法律监管的思考

我国场外交易市场的出现符合市场经济发展的历史潮流,但由于其起步较晚,缺少应有的规范和监管,因此,在实际运行过程中,存在着种种不容忽视的问题。本书认为,对我国场外交易市场的监管,首先要解决以下两个方面的问题:

1. 在证券立法上应明确场外交易市场的合法地位

在我国证券法立法过程中,对是否规定场外交易市场有过认识上的曲折,曾经有过两种截然不同的观点:一种观点认为,《证券法》对此不宜作出规定。主要理由是政府曾决定将各地的证券交易中心一律关闭,《证券法》很难再作规定,即使作出规定,也只能是严格限制或禁止场外交易。而另一种观点则认为,《证券法》应当对场外交易作出规定,确立场外交易市场的合法地位,通过法律规范、引导其发展。当然,这种争论早已过去,现在比较一致的观点是在《证券法》的修改过程中确立场外证券市场的法律地位。其理由主要包括:第一,《证券法》作为国家规范证券市场的基本法律,应着眼于证券市场的全局,而不仅仅是只对证券交易所进行规范,证券交易所只是证券市场的重要组成部分之一。第二,社会对场外证券交易存在着巨大的需求,大多数股份有限公司的股票和债券以及许多国债都不能上市交易,场外交易既可以适应多种形式多层次的交易需要,又可以充当证券交易所的"预备市场",使我国证券市场朝着多层次方向发展。第三,场外交易市场有利于推动我国的股份制改革。第四,美国、英国、日本等许多发达国家的证券法都确立了场外交易市场的合法地位,并且进行了框架性的规范。

从证券立法的角度来看,证券交易所和场外交易市场都是证券市场必不可少的组成部分,对场外交易尤其是现代场外交易市场的发展进行立法上的框架性规定是完全必要的。为此,我国2015年"《证券法》修订草案"对场外交易市场的法律制度终于作出了规定:将现行《证券法》第5章"证券交易所",修订为第9章"证券交易场所",以5条(第177—181条)的内容对场外交易市场进行框架性的规范。①

2. 制定和进一步完善监管场外交易市场的行政法规或政府规章

场外交易市场监管法规应主要包括如下内容:(1)证券商设立交易柜台的资格。(2)场外交易市场的业务规则。(3)交易证券的条件。并不是所有发行的证券都可以在场外交易市场进行交易,证券在场外交易市场交易也须符合一定的条件。(4)证券商在场外交易市场从事证券交易的行为规范。证券商一方面是场外交易市场的设立者,另一方面又是市场交易行为的参与者,因此,应当对其行为进行严格规范,即证券商不得从事操纵市场、内幕交易、不当劝诱和其他影响市场行情从中渔利的行为。目前,我国已经制定的涉及场外交易市场的国务院规范性文件和中国证监会部门规章主要包括:(1)国务院规范性文件如《国务院关于全国中小企业股份转让系统有关问题的决定》(国发〔2013〕49号)。(2)中国证监会部门规章如《全国中小企业股份转让系统有限责任公司管理暂行办法》(2013年1月31日证监会令第89号公布,2017年12月7日修改)、《关于进一步推进全国中小企业股份转让系统发展的若干意见》(2015年11月16日证监会公告第26号)、《非上市公众公司监督管理办法》(2013年12月26日证监会令第96号)。

以上两个方面是政府对场外交易市场实施监管的前提条件,除此之外,还应当发挥证券业协会这类自律组织以及"新三板"等场外交易所自身作为

---

① 2015年"《证券法》修订草案"对场外交易市场框架性规范的具体内容如下:第177条规定,证券交易所、国务院批准的其他证券交易场所是为证券集中交易提供场所和设施,组织和监督证券交易,实行自律管理的法人。证券交易所、国务院批准的其他证券交易场所的设立、变更和解散由国务院决定。第178条规定,国务院批准的其他证券交易场所的监管、组织机构、自律管理等,适用本章有关证券交易所的规定。第179条规定,证券交易所、国务院批准的其他证券交易场所可以根据证券品种、行业特点、公司规模等因素设立不同的市场层次。证券交易所、国务院批准的其他证券交易场所设立公开交易市场的,应当经国务院证券监督管理机构批准。证券交易所、国务院批准的其他证券交易场所可以设立非公开交易市场,组织证券的非公开交易。第180条规定,国务院证券监督管理机构批准的证券交易场所可以组织证券的非公开交易。第181条规定,除国务院和国务院证券监督管理机构批准的证券交易场所外,组织股权等财产权益交易的其他交易场所应当遵守国务院的有关规定。

自律管理组织对场外交易市场的监管作用,通过制定相应的规则规范证券商的行为①,使外交易市场的交易活动规范而有序地进行,杜绝场外交易市场上的各种不良现象,使之成为我国证券市场的有效组成部分。

第三节 "新三板"转板上市监管②

如上所述,"新三板"与沪、深交易所均属全国性的证券交易场所,但是,"新三板"本质上属于场外交易市场,其与沪、深交易所具有完全不同的挂牌制度、信息披露方式、投资者适当性门槛以及交易方式等,从而形成了"新三板"独有的现实特征,即呈现出投资风险较大、流动性差、信息不对称严重等特点,容易导致市场内的逆向选择,不利于优质企业脱颖而出。与此同时,在"新三板"挂牌的企业不乏符合上市标准的优质企业,只是高昂的 IPO 成本令其对场内市场望而却步,因此有必要构建交易成本更低的转板上市机制。由于资本市场具有非常强烈的外部性效应,风险传导与扩散迅速,对转板上市必须以制度完备为前提,以防止不良企业利用转板机制欺诈上市,损害投资者的利益。目前,理论界和实务界对推出"新三板"转板上市制度的呼声很高,但是在基础理论与具体制度构建方面的研究还不够深入,本节试图在这方面做些探索。

一、"新三板"转板上市制度的内涵及其特点

学界对于"转板制度"的概念已基本达成共识:"转板制度是指为规范转板行为,维护市场秩序,针对转板的基本要素要求,包括转板市场、对象、形式、规则、原则、条件、程序、信息披露等方面的规则安排,并形成完整的制度规范。"③"新三板"转板上市制度概念属于转板制度概念的下位概念,外延较转板制度要小。

"新三板"转板上市是指"新三板"挂牌企业在发展壮大并达到主板、中小板、创业板或其他特别板块的准入标准或者符合有关转板上市的特别规定

---

① 例如,《全国中小企业股份转让系统业务规则(试行)》就是"新三板"为规范全国中小企业股份转让系统运行,维护市场正常秩序,保护投资者合法权益,根据《公司法》《证券法》《国务院关于全国中小企业股份转让系统有关问题的决定》以及《非上市公众公司监督管理办法》《全国中小企业股份转让系统有限责任公司管理暂行办法》等法律、行政法规、部门规章而制定的业务规则。
② 胡晓萌(现就职于上海市高级人民法院民事审判庭)对本节亦有重要贡献。
③ 刘国胜:《我国资本市场结构下"转板"机制的探寻——以二十年资本市场立法为路径》,载《改革与战略》2011 年第 9 期。

时,自愿选择在"新三板"摘牌并向沪、深交易所申请其股票在上述板块上市交易的行为。"新三板"转板上市制度是对"新三板"转板上市的原则、对象、标准、程序、信息披露等方面的规则设计与安排。

本书认为,"新三板"转板上市制度具有以下特点:

第一,转板公司由非上市公众公司转变为上市公众公司,公众性大大增强。"新三板"转板上市用"上市"一词是为了与"挂牌"相区别,虽然在英语中,挂牌与上市都可以翻译为"list",但是上市意味着公司公众化程度的大幅提升。"新三板"挂牌公司虽然在法律性质上属于公众公司,但其公众性主要表现在法律规定上而不是实质意义上。若以股东人数来审视,绝大多数挂牌公司的股东不足 200 人,若以证券发行的公开性来审视,无论首发还是增发都属于定向发行,能够参与发行的投资者因投资者适当性与定向发行对象数量的限制,投资者类型与数量都大大受限。"上市"则意味着公司所面对的投资者范围得到极大扩张,股东数量与股票流动性也会有巨幅提升。

第二,"新三板"转板上市是上市行为,不包括股票发行行为。长期以来,我国对转板方式都没有统一的定论,在理论与实践中不少人将从"新三板"通过 IPO 方式进入沪、深交易所上市的行为也称为转板,这显然是拓宽了"转板上市"概念的外延。① "新三板"转板上市是企业将在"新三板"市场交易的存量股票转移到沪、深交易所交易,而不包括公开发行股票的行为。在程序上,根据《公司法》的要求,公司若公开发行股票必须经过证监会审核,但《证券法》则给转板上市留出了余地,发行监管权与上市监管权分属证监会与证券交易所,转板上市公司可按照交易所的上市审核程序进行申请,而不需要证监会进行发行审核。

第三,"新三板"转板上市仅指"新三板"挂牌企业股票的单向转板。转板上市的是挂牌企业的股票,而不包括债券。转板上市仅指挂牌企业股票单向地从"新三板"市场向沪、深交易所的转移,而不包括从沪、深交易所退市、主动降板两种转板形式。另外,由于"新三板"转板上市制度是一项国内法律制度,受法律管辖的限制,转板上市的最终场所仅限于沪、深交易所的主板、中小板、创业板及其他特别板块(如目前上海证券交易所正在筹备设立的战略新兴板),不包括境外证券交易所。

第四,"新三板"转板上市并不具有强制性,与退市转板不同,退市转板可

---

① 目前,从"新三板"转到沪、深交易所的企业共有 55 家,其中,在创业板完成上市的有 27 家,在中小板完成上市的有 9 家,在主板完成上市的有 19 家,如在创业板完成上市的双杰电气、康斯特、合纵科技,以及在此之前上市的北陆药业、世纪瑞尔、佳讯飞鸿、紫光华宇、博晖创新、东土科技、安控科技 7 家企业和在中小板上市的久其软件。这些企业全部都是通过 IPO 方式实现上市,并非利用转板上市的便利,严格意义上说并非转板上市。

以分为强制性的转板与主动转板,"新三板"转板上市是企业的自主、自愿行为。"新三板"挂牌企业在达到转板上市条件后,可以根据自身的经营状况、股东意愿、转板上市的成本收益等考虑,自愿选择是否申请转板上市。

二、"新三板"转板上市面临的法律障碍

(一)缺乏细化的规范性文件

有关"新三板"转板上市的规范性条文散见于《公司法》《证券法》《首次公开发行股票并上市管理办法》《国务院关于全国中小企业股份转让系统有关问题的决定》等规范性文件中,专门的规定仅有《国务院关于全国中小企业股份转让系统有关问题的决定》第2条:"在全国股份转让系统挂牌的公司,达到股票上市条件的,可以直接向证券交易所申请上市交易。"该条规定只是原则性规定,相关细则与具体标准、程序都没有任何明文规定,不具备可操作性。

(二)缺乏高位阶的规范性文件

首先,"新三板"转板上市关系到挂牌公司、投资者的基本权利,需要高位阶的立法进行特别规定。如我国《公司法》对于重大事项的股东表决作出了特别规定,其中股东大会就公司上市的表决一般是对公开发行这一增资事项与公司上市合并进行表决,但对公司上市这一单独的重大事项是否采取多数通过没有任何规定;公司上市后原股东会面临股份限售的问题,股东的财产转让权将受到限制;而且,公司上市要求隐名股东必须浮出水面成为直接持股人,隐名股东的委托代理权利也会受到限制。诸如此类的问题牵涉到挂牌公司、股东的基本民事权利,需要由高位阶的规范性文件进行调整。

其次,拟转板上市的"新三板"挂牌公司在上市过程中有可能出现欺诈上市、虚假信息披露等损害投资者利益的问题。转板上市由于会产生股票公开转让的效果,属于面向不特定公众的公开行为,上市过程中的欺诈行为、虚假披露等行为会影响到广大投资者的实际利益,根据《证券法》的规范理应受到行政甚至刑事处罚。因此,涉及对违法转板上市这一违反公众利益行为的行政处罚应当由全国人大、国务院进行授权,仅仅是对转板上市中的欺诈、虚假表示行为作出特别规定或授权适用IPO中欺诈发行的相关责任规定。

最后,"新三板"转板上市关系到沪深交易所与全国股转系统之间的利益平衡,沪、深交易所出于收取上市费用、交易手续费等利益考虑,会欢迎挂牌企业前来上市,甚至会主动降低上市标准来吸引企业。"新三板"方面则可能

会因不希望优质企业流失而降低自身交易活跃度等考虑，为转板上市设置障碍。若由沪、深交易所与"新三板"来主导转板上市规则的制定，可能会因各方局限于自身利益的考虑而忽视市场的整体利益，这就需要在证监会或国务院层面进行统筹协调，维护证券市场的稳定，协调各方利益，保护挂牌企业的自主权。

(三) 独立的上市标准缺位构成实质性阻碍

我国目前的上市标准是与公开发行一同捆绑的，不存在除了"公开发行并上市"的其他上市途径。《证券法》第 50 条规定："股份有限公司申请股票上市，应当符合下列条件：(一) 股票经国务院证券监督管理机构核准已公开发行……"上海证券交易所与深圳证券交易所据此出台的《主板股票上市规则》与《创业板股票上市规则》都不约而同地在第 5 章第 1 节规定了首次公开发行并上市的条件——"股票已公开发行"。然而，在"新三板"挂牌的企业根据现行规定，无论是挂牌时发行还是挂牌后再次发行都不属于公开发行。根据《非上市公众公司监督管理办法》第 2、4、39 条的规定，"新三板"挂牌公司属于非上市公众公司，在发行方式上只能定向发行；若公开发行，则要求遵守《证券法》与证监会的相关规定，必须经过证监会核准并采取保荐承销方式发行。这样一来，与 IPO 程序无异，而当前的上市标准从上市成本方面对转板上市制度的构建与实施构成了实质性障碍。

三、对建立"新三板"转板上市制度的具体思考

目前，我国政府已经形成了转板上市的基本思路，但是由于缺乏统一、细化、内在逻辑协调的转板上市具体规则而未能付诸实施。因此，对于转板上市的研究应当重点放在具体规则的构建，形成与原有资本市场规则体系融洽、协调的转板上市制度。

(一) 变通适用"公开发行"规定，简化核准程序

目前，上市标准被"公开发行"标准所替代，这对"新三板"转板上市制度的构建构成了实质性障碍。作为证券上市前提的证券发行通常都是公开发行，但是从理论上来看，非公开发行的证券未必不能上市，国外就存在私募证券上市交易的情况，国内也曾出现过定向募集股份有限公司申请股票上市的

案例,股份有限公司申请内部职工股上市交易的情况也相当普遍。[①] 根据目前的上市规则体系,解决公开发行这一障碍的方法有两种:一是修改《证券法》以及沪、深两市的上市规则,为转板上市制度单独制定一套上市标准与程序,二是变通适用"公开发行"规则。

第一种方法,即修改《证券法》第 50 条,取消公开发行作为上市的基本条件,单列 1 款规定"非上市公众公司转板上市的具体标准由交易所另行规定"。沪、深交易所的上市规则据此进行相应修改,以证券交易所作为转板上市的审核主体,制定转板上市的具体标准。这种做法的优点有两个:一是符合公开发行核准权与上市核准权分离和注册制改革的趋势;二是这种从上到下的授权与系统性立法有助于形成完整的转板上市规则体系,以高位阶规范性文件来确保转板上市的法律地位。但缺点也较明显,对《证券法》进行修改需经过完整的修法程序,烦琐的修法程序会延误转板上市制度建立的大好时机,影响市场对转板上市制度的良好预期与拟转板上市公司的发展。

第二种方法,即变通适用"公开发行"并对低层级的行政法规、部门规章与自律规则进行相应修改,证监会对挂牌公司定向发行使发行对象累计超过 200 人的"公开发行"简化核准程序。根据《证券法》第 10 条的规定,公开发行是指向不特定对象发行或向特定对象发行累计超过 200 人的行为;根据《非上市公众公司监督管理办法》第 39 条的规定,"新三板"的定向发行每次发行对象不超过 35 人,累计不得超过 200 人,超过 200 人的需要报证监会审核并进行信息披露。因此,根据现行法律、行政法规,挂牌公司定向增发使发行对象累计超过 200 人是有法律依据的,但是在核准程序上较为烦琐,相当于一次小型的 IPO。

对这种产生公开发行效果的定向发行的监管审核并非不能简化核准程序。首先,挂牌公司股票可以公开转让,即使发行对象累计不超过 200 人,通过公开转让也能够导致股东人数超过 200 人,挂牌公司完全可以多发行股份然后再向其他投资者转让,而且私募基金的集合投资参与"新三板"股份定向发行,实质上也能导致发行对象超过 200 人。因此,这一规定实质上是被架空的,公开发行的认定应当采取灵活态度,在资本形成与投资者保护之间取得平衡,通过加强信息披露等方面的监管保护投资者利益。此外,"新三板"挂牌公司根据《非上市公众公司监督管理办法》的规定已经属于公众公司,在挂牌前已经进行了公司治理结构的规范工作,挂牌后也按照"新三板"的要求进行信息披露,基本符合了证监会审核覆盖的要点,因此挂牌公司的公开发

[①] 叶林:《证券法教程》,法律出版社 2005 年版,第 197 页。

行可以适当简化核准程序。①

综上,本书认为采取后一种方式更加现实可行,只需要简化发行核准程序,不需要对相关规则进行大规模的修订,能够以比较高效的方式为转板上市打开通道。而且,我国目前正在推行发行注册制改革,证监会对于发行审核的程序与审批方式将发生根本性的变化,公开发行与上市之间的捆绑必将被打破,公开发行后可以选择不上市或选择在"新三板"挂牌,甚至在挂牌期间公开发行都将成为可能。在转板上市制度设计方面,降低公开发行的条件、简化公开发行程序是符合改革的方向的。

(二)明确创业板为转板上市板块

转板上市制度的基本条件之一是多层次资本市场具有合理的结构,根据股票地位和重要性的不同,证券市场划分出多个层次,上市公司的规模决定股票的地位和重要性,不同的资本市场层次一定程度上也是根据上市(挂牌)公司的规模来划分的。② 我国"企业数量非常多,企业类型也是各种各样,其融资需求必然也千变万化。因此,企业的融资需求就会划分出多个层次"③。不同层次的股票市场在很大程度上就是为满足企业融资需求的不同层次而产生的。"新三板"挂牌公司在成长到一定规模之后,会产生更高层次的融资需求,需要向更高的板块转移,但是向哪个板块转移目前并不明确。根据《证监会关于进一步推进全国中小企业股份转让系统发展的若干意见》的规定,监管部门的改革方向是研究推出向创业板转板的试点,我们认为这是符合我国资本市场实际情况的。

首先,我国的创业板市场与"新三板"在服务对象与功能方面有一定的重叠,能够很好地对接"新三板",同时在企业规模、上市标准、融资便利性上与"新三板"之间存在渐进性。创业板定位于为暂时无法在主板上市的创业型企业、中小企业和高科技产业企业等需要进行融资和发展的企业提供融资途径和成长空间的证券交易市场,但是目前创业板上市的难度较"新三板"挂牌难度大很多,二板市场上市企业具有明显的主板化倾向,导致真正的中小企

---

① 《非上市公众公司监督管理办法》第41条规定:"公司董事会应当依法就本次股票发行的具体方案作出决议,并提请股东大会批准,股东大会决议必须经出席会议的股东所持表决权的三分之二以上通过。申请向特定对象发行股票导致股东累计超过200人的股份有限公司,董事会和股东大会决议中还应当包括以下内容:(一)按照中国证监会的相关规定修改公司章程;(二)按照法律、行政法规和公司章程的规定建立健全公司治理机制;(三)履行信息披露义务,按照相关规定披露定向发行说明书、发行情况报告书、年度报告、半年度报告及其他信息披露内容。"

② 张异冉:《论我国多层次股票市场转板制度的构建》,载《南方金融》2014年第12期。

③ 周小川:《资本市场的多层次特性》,载《金融市场研究》2013年第7期。

业无法到创业板融资,这也是场外市场火爆的原因之一。① 如果股票公开发行注册制确立后,大量符合主板条件的大企业会选择到主板上市,"退而求其次"的上市选择也不再会成为主流,创业板服务中小企业与科技创新型企业的功能定位将得到归位,创业板目前已经形成的投资者基础与先进的融资环境也将对"新三板"挂牌公司产生巨大的吸引力。

其次,投资转板上市公司具有较大风险,创业板目前的投资者适当性标准符合投资者保护的需要。能够转板上市的公司虽然符合创业板的法定上市标准,但是仍然属于创新型、创业型的高风险企业,需要设置较高的投资者准入门槛,从而将不具有证券投资经验的投资者与这类企业进行隔离。目前主板的投资者适当性标准非常低,这是与主板上市企业的低风险相适应的,如果转板上市制度允许"新三板"企业直接上市到主板,明显不符合"适当的证券卖给适当的投资者"的投资者保护原则。而创业板则对投资者设置了2年证券投资经验的限制,这类投资者有一定的投资经验与投资分析能力,具备一定的风险承受能力。

(三) 转板上市的条件

1. 在"新三板"挂牌期限达到一定年限

新三板挂牌企业拟转板上市的,必须满足一定的挂牌期限要求。2014年5月19日,时任证监会主席肖钢就当前资本市场改革发展提出"十一条要求",其中提到将"研究在创业板建立单独层次,支持尚未盈利的互联网和高新技术企业在新三板挂牌一年后到创业板上市",对转板上市的条件提出了期限方面的规划。② 在境外资本市场的转板上市制度设计方面,同样有期限方面的要求。如在美国,从 OTCBB 转板上市,同时进行 IPO 或已经在 OTCBB 挂牌并规范运作满 4 年的,可以适用一般上市标准,同时向 SEC 提交 Form S-A;不符合上述条件的,将适用更加严格的上市新规定,同时提交 Form S-A。从新加坡凯利板转板升级至主板至少需要在凯利板上市 2 年。在我国台湾柜台市场的挂牌公司若转板升级,则必须在柜台市场交易 1 年以上。③ 本书认为,转板上市应当设置挂牌期限达到 1 年以上条件的限制,在

---

① 创业板市场主板化的原因在于我国的 IPO 实行严格的核准制,监管机构出于对市场稳定、投资者保护的考虑,在实际操作中提高了对经营指标、盈利能力的要求,一些具有强大发展潜力的创新型企业无法获得上市机会。为提高上市成功率,不少符合主板上市标准的大公司主动"降低身价"到创业板上市。
② 《新三板转创业板路径打通,八成挂牌企业成转板后备军》,载中国经济网:http://finance.ce.cn/rolling/201405/21/t20140521_2846576.shtml,访问时间:2016 年 1 月 21 日。
③ 蒋建蓉、钱康宁等:《我国多层次资本市场转板机制研究——渐进式构建转板通道》,载《中国证券》2013 年第 11 期。

目前背景下有以下几个理由：

第一，企业进入资本市场后应当不断学习并适应公开市场的游戏规则，建立符合现代公司法要求的公司治理结构，转板上市前的持续督导能够起到上市辅导的作用。挂牌企业转板上市前在"新三板"挂牌一定的时间有利于企业提前做好公司治理的规范工作，完善信息披露与财务管理机制，通过诚信经营获取良好的声誉基础与诚信记录。这就需要挂牌公司在主办券商的持续督导与公众监督下，公司的董事、监事、高级管理人员转变公司管理理念，从"一言堂"的治理方式转变为民主决策，重视其他投资者利益。我国"新三板"目前采取了主办券商督导制度，推荐挂牌券商在企业挂牌后负有持续督导义务，设置挂牌期限能够满足上市辅导制度的要求，可以将挂牌后的持续督导视为上市前辅导。①

第二，在转板上市前挂牌一定的期限，有利于挂牌企业股权分散化。根据"新三板"2015年度的统计报告，5129家挂牌企业中，4194家股东人数小于50人，占比高达81.77%，而这些公司中，控股股东或实际控制人持股超过50%的挂牌公司占到大多数。② 挂牌公司若要满足上市条件必须调整股权结构，通过股票公开转让，使集中的股权结构分散化。然而，这一条件的满足受制于"新三板"的限售规则，至少需要半年时间，控股股东与实际控制人才能够转让出较多的股权。③ 因此，设置超过1年的挂牌期限限制也是与"新三板"承诺限售规则相协调的合理制度设计。

第三，设置期限限制是保证挂牌公司股票形成市场价格并作为上市参考价的必要前提。在我国的公开发行过程中，股票的定价目前采用的是询价方式，由于公开发行前公司股票没有市场化的公开交易，没有形成连续的股价曲线与市场认可的价格，因此询价时受制于同行业市盈率、净资产、现金流量等指标的限制。④ 询价制度本身也因为行政管制色彩浓厚、发行人与承销商

---

① 根据证监会《首次公开发行股票辅导工作办法》的规定，凡拟在中国境内首次公开发行股票的股份有限公司，在提出首次公开发行股票申请前，应按规定聘请辅导机构进行辅导，辅导期限至少为1年，所聘请的辅导机构应是具有主承销商资格的证券机构以及其他经有关部门认定的机构。
② 《全国股转系统2015年度统计快报》，http://www.neeq.cc/marketnewsMouth，访问时间：2016年1月20日。
③ 《全国中小企业股份转让系统业务规则(试行)》第2.8条规定：挂牌公司控股股东及实际控制人在挂牌前直接或间接持有的股票分三批解除转让限制，每批解除转让限制的数量均为其挂牌前所持股票的三分之一，解除转让限制的时间分别为挂牌之日、挂牌期满1年和2年。
④ 询价制度设立初期，发行价格以30倍、20倍市盈率作为发行价格上限。2009年，证监会取消发行市盈率上限。但是在2012年，证监会再次对市盈率上限作出规定，按同行业平均市盈率作为发行市盈率上限，一般不得超过同行业市盈率的25%。

的利益捆绑、发行人与投资者信息不对称等问题而饱受诟病。①"新三板"转板上市企业在上市时也面临着公开转让定价的问题,在"新三板"市场中形成的市场价格是非常重要的参考依据。因此,挂牌企业拟转板上市,必须在"新三板"市场中通过较长时间的公开转让形成稳定、连续、真实的价格曲线,这就要求挂牌企业必须在"新三板"挂牌较长时间来获得真实合理的股票定价。

第四,"新三板"市场具有独立的市场地位,对转板上市设置挂牌期限限制是对"新三板"市场独立性与市场活力的保护,防止"新三板"沦为单纯的上市"跳板"。证监会于 2015 年 11 月 16 日发布的《关于进一步推进全国中小企业股份转让系统发展的若干意见》指出:"要坚持全国股转系统独立市场地位,公司挂牌不是转板上市的过渡安排。但全国股转系统并非孤立市场,应着眼于建立多层次资本市场的有机联系,研究推出全国股转系统挂牌公司向创业板转板试点。""新三板"的独立市场地位与在多层次资本市场中的定位存在着一定的矛盾,转板制度虽能够打通各市场之间的连接通道,但是大量规模较大、业绩稳定的公司转板离开"新三板"将是对"新三板"市场的巨大打击。② 因此,必须在保障挂牌公司转板上市自主性与保护市场活跃度之间作出一个平衡,而设置一个较为合理的挂牌期限能最大限度地保护"新三板"的独立性与良好发展,如果一个有实力的挂牌企业不愿承受较长的等待期限,可以选择以 IPO 方式上市。

2. 财务与经营条件

根据上述关于明确创业板为"新三板"挂牌企业转板上市的目标板块的观点,转板上市的财务与经营条件应当适用创业板的相关标准而不应低于创业板现行标准,这是基于以下考虑:(1) 应当保持"新三板"和创业板之间的层级递进关系,如果在实体条件上给予转板上市以更低的标准,会从本质上拉低创业板上市标准,原本与"新三板"在功能、服务主体上就有较大重叠的创业板会与"新三板"有更大的重合,不利于板块间的差异性建设。(2) 应当保证创业板市场自身的企业质量,创业板市场的监管规则是根据市场内企业的风险程度有针对性制定的,如果降低转板上市的实体标准,风险与创业板规则不匹配的企业转移到创业板上市将会对现有的监管规则提出挑战,不利

---

① 李曙光:《新股发行注册制改革的若干重大问题探讨》,载《政法论坛》2015 年第 3 期。
② 我国台湾地区自 1992 年起开始有公司通过转板方式从柜台市场上转到台湾证券交易所上市。特别是 2000 年以来,台湾证券交易所修订了转板上市的审查准则和程序,大大便利了转板上市的企业。截至 2003 年,共有 217 家公司转板上市,大大超过了 IPO 数量,但是大批符合主板上市条件的上柜公司离开柜台市场有巨大的负面影响。转移到主板的上市公司一般都是成长起来的规模较大、业绩较为稳定的优秀企业。转板前,它们都是柜台市场交易最为活跃的公司;转板后,对柜台市场的交易活跃程度和规模增长有显著的制约作用。陈全伟:《台湾证券市场转板机制动因及影响》,载《证券市场导报》2004 年第 7 期。

于投资者的保护。(3) 应当公平对待 IPO 企业与转板上市企业,转板上市是在程序安排上做相应简化而不是在实体条件上给予优惠,否则对于通过 IPO 登陆创业板的企业而言是不公平的。因此,转板上市在财务与经营标准上应适用创业板目前的相关规定,并针对转板上市公司的不同情况在程序方面提高标准。

证监会 2014 年新修订的《首次公开发行股票并在创业板上市管理办法》与未修订前相比适当放宽了财务准入标准,取消了持续增长的硬性要求,在财务标准上已经有所降低,已经扩大了服务中小企业的覆盖面。① 但是在实际操作中,证监会出于对市场风险的控制与对投资者的保护目的,在实践中提高了审核标准,变相提高了上市门槛。但由于"新三板"转板上市申请是由证券交易所核准,交易所出于争夺上市资源的考虑,现存的较高实质性门槛的现状将会松动甚至被打破。另外,对于借壳挂牌到"新三板"然后走转板上市途径的,应当加强上市审核,在信息披露方面给予更高的要求,不仅需要披露借壳后的经营情况、财务情况,还要披露借壳前公司的情况。关于借壳挂牌公司转板上市的监管问题在后文将详细论述。

3. 公司治理条件——股权分散

综观国内外资本市场,在交易所上市必须满足以下条件:建立包括股东大会、董事会、监事会、独立董事、董秘在内的完整公司治理机构;股权清晰,控股股东和受控股股东、实际控制人支配的股东所持发行人的股份不存在重大权属纠纷等要求。除此之外,还应当满足股权分散的要求。因为如果股权集中在少数股东手中,股票市场极易被少数股东所操纵,在这种情况下即使股票发行的规模再大,也同样会严重影响股票的上市交易,不利于保护中小投资者利益。② 美国纽交所规定申请上市公司的美国居民股东人数应当在 2000 人以上,转板上市公司公众持股市值达到 1 亿美元;英国伦交所规定申请发行的证券必须全部上市,不允许存在非流通股,公众持股比例不得低于 25%;香港联交所规定申请上市公司已发行股份总额中至少应有 25% 由公司关联人员以外的公众人士持有。我国目前的上市标准虽然没有明确规定

---

① 《首次公开发行股票并在创业板上市管理办法》第 11 条第 1 款规定:"发行人申请首次公开发行股票应当符合下列条件:(一) 发行人是依法设立且持续经营 3 年以上的股份有限公司。有限责任公司按原账面净资产值折股整体变更为股份有限公司的,持续经营时间可以从有限责任公司成立之日起计算;(二) 最近 2 年连续盈利,最近两年净利润累计不少于 1000 万元;或者最近 1 年盈利,最近 1 年营业收入不少于 5000 万元。净利润以扣除非经常性损益前后孰低者为计算依据;(三) 最近一期末净资产不少于 2000 万元,且不存在未弥补亏损;(四) 发行后股本总额不少于 3000 万元。"第 14 条规定:"发行人最近两年内主营业务和董事、高级管理人员均没有发生重大变化,实际控制人没有发生变更。"

② 李东方:《上市公司监管法论》,中国政法大学出版 2013 年版,第 463 页。

拟上市公司的股东人数,但股权分散是上市标准中一个必要条件。根据《证券法》第 50 条的规定,股份有限公司申请股票上市的条件之一就是公开发行的股份达到公司股份总数的 25% 以上,公司股本总额超过 4 亿人民币的,公开发行股份的比例为 10% 以上。关于公众股的规定使得拟上市公司能够在公开发行过程中形成分散的股权结构,在上市时能够满足法律、交易所上市规则对股权结构的要求。

目前"新三板"挂牌公司的股权高度集中于控股股东手中,如果转板上市前这种情况没有改观,转板上市后将对创业板市场造成不利影响。"新三板"挂牌公司的转板上市由于不涉及新股发行,而且在转板上市后控股股东以及董事、监事、高级管理人员持股会被限售,能够公开转让的股票或公众股将会很少,难以满足上市公司股权分散的要求,公众持股比例决定着上市后可交易的股票数量;如果在上市前公众持股比例过低,则上市后可能产生因中小股东"惜售"而"哄抬"股价的问题。另外,公众持股比例也反映了公众投资者对公司的认同与欢迎程度。因此,挂牌公司在转板上市之前必须达到股权分散的条件,这就要求公司在"新三板"市场要进行多次定向发行,并且采用做市方式进行交易,使股票的交易具备较高的活跃度。多次定向发行能够不断稀释控股股东的股权,使之达到合理的比例,而活跃的股票交易能够引入更多的公众股东,使公司的股权结构趋于分散化、公众化。这就要求拟转板上市的挂牌公司必须以良好的发展前景、可观的营业收入与利润、健全的公司治理等来吸引公众投资者购买其股票。

(四) 确立转板上市保荐制度

《证券法》第 49 条第 1 款规定:"申请股票、可转换为股票的公司债券或者法律、行政法规规定实行保荐制度的其他证券上市交易,应当聘请具有保荐资格的机构担任保荐人。""新三板"挂牌公司转板上市在法律上属于上市行为,按照目前的法律规定同样需要保荐人推荐上市。保荐制度的设计在于通过保荐人对挂牌公司进行推荐和督导,核实挂牌公司上市文件中所载事项是否真实、准确、完整,督导挂牌公司规范运作并遵守上市规定,同时对挂牌公司的信息披露真实性与承诺承担连带责任。本书认为,从转板上市的公众性本质来看,应当采取保荐制度来保证信息披露的质量,挖掘转板上市公司真实的投资价值,理由如下:

第一,转板上市是涉及广大公众投资者利益的市场行为。挂牌公司转板上市虽然不涉及发行行为,但是一旦上市就意味着公司股票将在公开市场广泛流通,具有极强的公众性。在公开发行行为中,广大投资者认购股票是根据发行人披露的公开信息来对公司质量与股票的价格进行判断,挂牌公司股票单纯的上市流通虽然是投资者与股东间进行股票交易,但是广大投资者选择是否购买该股票以及报价的决策同样是依据公司所披露的信息来作出,一旦出现虚假、遗漏披露就会误导广大投资者。因此,挂牌公司转板上市的信息披露必须真实、准确、完整、及时,而要做到这一点仅靠挂牌公司的自律是不可靠的。

第二,采取保荐制度能够发现优质企业,保荐人对企业风险进行把关,以专业能力对企业投资价值作出判断。不具备持续盈利能力和投资价值的企业,不会被券商选中进行保荐,保荐制度能够以市场方式过滤掉一大批不具备转板条件与持续盈利能力的企业。而且,"新三板"挂牌公司多为创新型、创业型公司,投资风险较大,虽然达到转板上市标准的企业已经较为成熟,但是与主板上市企业相比仍然有很大的投资风险,尤其是创新型企业的经营模式与发展前景是普通投资者所难以理解与判断的,这就需要有专业的保荐人来进行分析与判断,给投资者提供专业、明了的投资信息以供投资决策。

(五)加强对借壳挂牌并转板的监管

借壳上市是指通过收购已有的上市公司控制权的方式取得实际的上市,借壳上市常常是为了规避某种或者某项特殊要求。① 在资本市场上,借壳上市是一种较 IPO 更为便捷的上市方式,在我国很多企业因为 IPO 排队的时间过长而选择借壳上市,也有部分企业由于自身不符合上市条件或"心怀叵测"选择借壳上市。借壳上市是一种市场行为,在为企业上市带来便利的同时也会给市场带来危害:在借壳上市中,壳公司的股价会飙升,容易引发内幕交易,同时这些壳公司一般都是 ST 公司或经营业绩非常差的公司,借壳导致的股价飙升扰乱估值基础,而且借壳上市也削弱了退市制度的实施效果。因此,我国证券监管机构对借壳上市是持否定态度的,对其监管也不断加强。中国证监会于 2012 年发布的《〈关于修改上市公司重大资产重组与配套融资相关规定的决定〉的问题与解答》进一步细化对借壳上市企业的监管,明确借壳参照 IPO 审核。

但是在"新三板"市场,由于监管较为宽松,买壳行为大行其道并形成了一个借壳挂牌市场,甚至形成了一个壳公司 2500 万元人民币的"市场价格"。② 转板上市制度实施后,如果没有严格的监管,将会为一些不符合上市

---

① 邓峰:《普通公司法》,中国人民大学出版社 2009 年版,第 261 页。
② 《新三板借壳调查,壳费半年涨一倍,2000 万起步》,载新华网:http://news.xinhuanet.com/finance/2015-09/16/c_128233586.htm,访问时间:2016 年 8 月 11 日。

标准或造假企业通过借壳挂牌,然后转板上市打开方便之门。在美国,很多中国企业上市通过"反向收购+私募融资+转板上市"途径,在 OTCBB 市场反向收购取得挂牌地位,绕开 1934 年《证券交易法》下成为报告公司的注册监管,在私募融资阶段,豁免 1933 年《证券法》关于公开发行的注册程序,最后通过转板方式转移至纳斯达克或纽交所上市,这一过程中不存在中介机构尽职调查、SEC 注册审核及承销商承销与询价,也不存在保荐人的保荐连带责任。[1] 但是这类通过反向收购并上市的公司质量不高,很多公司因存在财务造假行为而被摘牌,极大地影响了市场稳定。[2] 这类中概股的财务造假等问题被揭露出来之后,美国 SEC 修订了原有的转板上市规则,SEC 于 2004 年颁布了新的规则,反向收购完成时必须进行信息披露,向 SEC 提交 Form 8-K 注册为报告公司。在私募融资方面,SEC 将老股转售金额超过流通市值 33% 的行为视作新股发行,适用更加严格的信息披露标准与行业协会的管制。在转板方面,SEC 于 2011 年批准三大交易所更新上市规则,反向收购公司的转板上市除了必须符合一般的上市标准之外,还要求企业必须满足成熟期、流动性的要求。[3]

鉴于美国对反向收购然后转板上市的监管教训与经验,我国"新三板"转板上市制度的构建应当提前对这种行为进行防范,加强对"新三板"重大资产重组与挂牌公司收购行为的监管。一些企业由于企业资质、成立期限等问题不符合挂牌标准而选择借壳挂牌,而有些企业股东人数超过 200 人,需要向证监会申请核准,这些企业本来具有较大的规模与盈利能力,但是由于一些历史沿革因素,产权与股东结构不明晰,债权债务复杂,规范管理的成本较高,向证监会申请核准的难度较大,所以希望通过借壳挂牌然后转板上市的动机非常强烈。这些企业对挂牌公司的收购与重组应进行充分的信息披露,对存在不符合挂牌标准的企业应禁止其通过收购或反向收购方式借壳。

在具体制度设计上,本书认为可以采取以下几个措施:第一,规定"新三

---

[1] 王啸:《美国资本市场转板机制的得失之鉴——兼议多层次资本市场建设》,载黄红元、徐明编:《证券法苑》(2014 年第 1 期),法律出版社 2014 年版。

[2] 例如,中国高速频道 CCME 通过反向收购上市,2010 年转板至纳斯达克,但因 2009 年、2010 年的财务报表存在虚假问题而被纳斯达克摘牌。同样的案例还有双威教育、中国绿色农业开元汽车、中国海洋食品等。

[3] 成熟期的要求是反向收购交易完成后,必须在场外市场或国家级的证券交易市场交易 1 年以上,并向 SEC 及时提交经过审计的一个完整年度的财务报告,防止企业进行财务造假与财务粉饰行为。流动性的要求是股价必须在相当长的一段时间维持一定金额以上,纽交所、纳斯达克的要求是 4 美元,美国证券交易所要求是 3 美元,且在提交上市申请及交易所批准上市申请前 60 个交易日,至少 30 个交易日达到上述标准。这一举措是为了防止通过缩股或投机抬升股价来达到股价标准。忻尚伦:《SEC 加强海外借壳上市监管:反向并购企业"转板"门槛提高》,载《东方早报》2011 年 11 月 11 日。

板"挂牌公司因股份收购或重大资产重组导致实际控制人变更的,应当向证监会进行备案并进行详细的信息披露。第二,"新三板"应当提高对借壳上市的审查标准,将借壳上市的审查标准提高到与挂牌审核的标准相一致,通过严格监管,要求企业走正常的挂牌程序,接受"新三板"挂牌审核部门的挂牌审查。第三,严格按照《首次公开发行股票并在创业板上市管理办法》第 14 条"对最近两年内主营业务和董事、高级管理人员均没有发生重大变化,实际控制人没有发生变更"的规定对拟转板上市挂牌公司进行审查,严格控制借壳挂牌公司在短期内转板上市的监管套利行为。适用 2 年的规定可以与正常挂牌企业转板上市只要求挂牌 1 年的要求形成差异,从时间成本上引导企业通过正常挂牌然后转板的方式进行转板上市。

(六)调整现有的上市股份限售规定

资本市场具有价格发现和合理配置资源两项功能,这两项功能的实现有赖于股票的流通,但不论是在国内还是成熟的境外资本市场,对发行人、控股股东、战略投资者都有禁、限售期的规定,采取这种与证券流通相悖的制度安排主要基于两个考虑:第一,现代股份公司的一个重要特征是所有权与控制权的分离,所有者与控制者的利益存在着极大的对立。① 根据委托代理理论,内部控制人与股东之间的信息不对称容易引发内部人的逆向选择与道德风险。② 限售制度被看作是外部投资者识别内部人道德风险,消除信息不对称的信息发现过程。外部投资者可以在限售股的禁售期中逐渐发现公司的真实价值以及内部人的行为与其承诺是否相一致。③ 第二,限售制度能够将发行人、控股股东、董事、监事、高级管理人员的利益与公司、中小股东捆绑在一起,要求管理层与控制人在公司上市后兑现承诺、诚信经营,避免老股东在上市后大规模套现,圈钱走人而不顾公司的经营业绩与其他股东的利益。

在美国,上市公司股东在公司上市前获得的股份作为限售股,受 1933 年《证券法》第 144 条的约束。该条规定,上市公司持股超过 10%的大股东、公司董事、高管等关联方以及从关联方获得股票的人在卖出股票时,必须遵守

---

① 〔美〕阿道夫·A.伯利、加纳德·C.米恩斯:《现代公司与私有财产》,甘华鸣等译,商务印书馆 2003 年版,第 154 页。
② 逆向选择是公司的管理层出于追求自身利益最大化的考虑,在公司决策中选择作出不利于股东利益的决策;道德风险是指由于委托人无法观察到代理人的努力程度,因此代理人有偷懒的倾向,投资者不能够观察到控制者的全部行为,控制者管理层有机会通过损害所有者股东利益为自己牟利。
③ 杨志进:《首次公开发行限售、道德风险与企业绩效》,2012 年南京大学硕士学位论文。

严格的慢走和披露程序，我国《公司法》《证券法》也作出了相关规定。① 沪、深交易所《股票上市规则》的规定则更为严格，控股股东和实际控制人持有的股份3年内不得转让；发行前原股东承诺的限售期并不限于1年，控股股东、实际控制人需要承诺限售2年甚至3年以上；战略投资者配售的股份限售期通常是在法定限售期限基础上由投资协议约定。我国的限售规定相对于国外而言更加严格，更加注意对公司控制人的道德风险控制。

规定上市前必须进行一次公开发行的理由之一就是上市前发行的股份存在限售期的规定，如果不进行公开发行而直接上市，会导致没有任何股票可以在二级市场上流通。"新三板"转板上市后由于没有新股发行，上市前的股份根据《公司法》《证券法》以及沪、深交易所的《股票上市规则》可能面临全面限售，上市意味着股票"全面冻结"②。因此，必须调整现有的股份限售规定以适应转板上市的流通需要。本书认为，应当对《公司法》中关于限售的规定进行调整，取消上市前对所有已发行股份的限售规定，仅对挂牌公司的控股股东、实际控制人、董事、监事、高级管理人员以及做市商持有的库存股进行限售，允许原来在"新三板"的公众股东所持股份上市流通。这样既能够对上市公司的控制人道德风险进行控制，把控制人与公司利益、中小股东利益进行捆绑，同时又能够保证公司上市后有可流通的股份。

（七）转板上市股票初始价格的确定

在目前公开发行并上市制度下，上市公司通过上市前的公开发行询价能够使股票在上市后的初始价格得到确定，虽然发行价格不一定是公司股票真正价值的反应，而且在上市后的股票交易中经常会偏离这一基础价格，但发行价格是经过保荐人、承销商的专业分析，经过市场询价逐步被发现的市场价格，能够向市场传递公司质量好坏的信号并确立股票交易的价格基础。转板上市虽然不存在新股发行，但是存量股票在二级市场的公开转让也应当有一个初始价格。否则，投资者无论是在集合竞价还是连续竞价过程中都会无所适从。长时期内无法形成稳定价格，既影响上市公司进行间接融资，又影响市场的稳定。在美国，纽交所上市时必须有一个收盘价，如果上市之前有

---

① 《公司法》第141条规定："……公司公开发行股份前已发行的股份，自公司股票在证券交易所上市交易之日起一年内不得转让。公司董事、监事、高级管理人员应当向公司申报所持有的本公司的股份及其变动情况，在任职期间每年转让的股份不得超过其所持有本公司股份总数的25%；所持本公司股份自公司股票上市交易之日起1年内不得转让……"

② "新三板"挂牌时的限售是承诺限售而不是法定限售，在转板上市时仍然需要适用法定限售规则。根据《公司法》第141条的规定，转板上市会导致全面的限售。

公开发行的,承销价与上市后的交易价不得低于 4 美元。① "新三板"转板上市中,初始价格的确定应当结合我国"新三板"的具体制度与情况来设计相关规则,而目前对这一问题的研究属于空白。

  本书认为,转板上市股票初始价格应当本着市场化的原则进行确定,价格确定应当有确实的参考依据。目前,对股票的定价有两种方式:一是过去没有股票交易或者交易不足以形成市场价格的通过询价方式进行确定,二是以公司过去股票交易价格为基础进行定价。前者的成本较高,发行人、承销商的利益捆绑也会使股票定价高于公司股票的实际价值,而且由于询价中的行政干预色彩浓厚,形成的价格是否能够代表市场价也有待商榷。后者是以挂牌公司股票曾经有过大量且连续的交易为前提,在上市时无须再走路演、询价等烦琐程序,成本较低。本书认为,我国"新三板"转板上市初始价格的确定,可以将挂牌公司在发布转板上市决定公告停牌前 60 日做市商报价的平均成交价作为上市初始价格。理由如下:(1) 做市商报价交易方式能够通过专业分析与连续报价发现股票的内在价值与市场价格。做市商所进行的报价一方面是基于对公司价值的专业分析,另一方面是基于股票的市场供求情况,其所形成的价格不会因市场影响大幅偏离股票价值。而且,做市商的连续的报价与成交能够通过活跃的交易发现股票的市场价格。(2) 做市商报价应当以发布转板上市公告停牌前一定期限内成交价的平均价作为初始价格。以成交价的平均价作为初始价格能够避免交易日内股价的异常波动造成的价格偏差,由于"新三板"市场目前不设涨跌幅限制,股价的波动幅度较大,部分投资者的突击买入或卖出价格并不真正反映股票的实际价值。如果以一段时期内的最高价或最低价作为初始价格,会为原始股东、做市商、投机者进行价格操纵提供动机,以平均价作为初始价格虽然无法完全避免异常交易的影响,但能够在一定限度内缓解异常交易的影响。(3) 以做市成交价的平均价格确定初始价格不会损害新老股东的利益。初始价格只是为股票上市交易提供一个基准或参考,在二级市场上,老股东是否愿意卖出股票,投资者是否愿意买入股票取决于市场供求关系。老股东认为初始价格定价过低可以选择不卖出或委托高价成交,市场上的投资者认为初始价格过高可以选择不买入或委托低价成交。

  为了保证上市交易初始价格的真实性,保护二级市场投资者的利益,应

---

① Listed Company Manual,102.01B,参见纽交所网站:http://nysemanual.nyse.com/LCMTools
/PlatformViewer.asp? selectednode=chp_1_2_2_1&manual=%2Flcm%2Fsections%2Flcm-sections%2F,访问时间:2016 年 2 月 1 日。

当加强做市商监管、内幕交易与异常交易的监管,严厉打击市场操纵与突击买入的行为。初始价格虽然不会决定股票在二级市场上的交易价格,但是初始价格会在很大程度上影响投资者买入股票的报价决策,在套现获利的刺激下,转板上市公司的原有股东有很强的操纵初始价格的动机。因此,"新三板"必须对挂牌公司的做市商进行严格监管,加强异常交易的日常监控,在计算平均价格时剔除异常交易的成交价格。对内幕交易进行严格监管,防止内幕知情人突击入股,尤其是作为挂牌公司督导券商的做市商利用内幕信息提前低价收购股份并通过转板上市进行套利的行为。此外,应当加强信息披露,要求对转板上市前较长时期内的持股重大变动情况进行披露。

四、结　　论

在我国资本市场改革创新与证券法律制度进行改革的背景下,"新三板"率先实行了挂牌注册制,推出了场内分层、优先股试点等,并且在不断地进行制度创新方面的探索,成为我国多层次资本市场中制度变革最为活跃的板块,吸引了全国大量的企业前来挂牌交易,为场内市场培育了大量的优质企业资源。建立"新三板"转板上市制度,能够有效地降低企业上市的成本,降低资本市场与企业之间的"错配"给企业发展带来的不利影响,提升市场的整体效率。在构建"新三板"转板上市制度时,应当以降低企业上市成本为原则,简化上市程序,在具体规则建构上注重与原有法律体系的内部协调性,降低立法成本。此外,由于转板上市与IPO都能够实现公司公众化的效果,涉及广大投资者的利益,必须加强对转板上市的监管,防止出现欺诈上市等损害投资者利益的行为。

第四节　证券市场的国际化与监管

证券市场国际化是指证券市场跨越国界限制,使投资者和融资者可以跨市场配置资金,从而使证券市场在更广的范围内促进资金资源的优化配置,包括以下四种基本形式:本国投资者的资金进入国外的证券市场;国外投资者的资金进入本国证券市场;本国的证券进入国外证券市场;国外的证券进入本国证券市场。[①] 国际经济全球化的发展趋势,现代科学技术的广泛运用,使现代证券业越来越趋向全球性,证券市场趋向国际化。证券市场国际化表现在两个方面:一是随着现代信息技术的运用和国际金融中心的形成,

---

[①] 参见李文华:《中国证券市场国际化:市场基础与推进策略》,载《南方金融》2015年第12期。

世界各主要证券交易市场联结成网,形成全球昼夜 24 小时连续交易的世界证券市场体系。二是证券发行与上市的国际化。有价证券在他国发行与上市早在第二次世界大战以前就已出现。进入到 20 世纪 80 年代,金融自由化浪潮席卷西方,证券市场发展呈现自由化趋势。由于各国放松金融管制,放宽证券交易限制,证券市场国际化倾向更趋明显。我国证券市场也已步入世界证券市场国际化的行列,亟待建立健全相关国际证券监管法律制度。

一、对发达国家证券市场国际化的考察

由于各国经济体制、政治体制及文化传统等存在着种种差异,因而没有两个证券市场是以完全相同的方式发展起来的。证券市场的国际化亦如此。各国证券市场走向国际化的道路迥异,各国政府在推进其证券市场国际化过程中所实施的干预手段也有所区别。但是,通过对外国证券市场国际化发展过程的考察,我们可以总结出一些具有共性或者说具有普遍意义的做法和经验,从而发现证券市场国际化的一般规律。这对于指导我国证券市场的国际化发展具有十分重要的意义。

(一) 英国证券市场的国际化

英国完成工业革命比其他国家早,19 世纪 20—60 年代,英国一跃成为"世界工厂",并且凭借其贸易与海运的发达,终于积累了巨额的货币资本,从而在国内产业方面,企业供给生产设备的扩充资金大部分来自自有资本。因此,银行对国内产业投资较少,资本市场的投资主要面向海外投资,向外国发行债券。

1802 年,伦敦证券交易所开始营业。最初交易所的证券交易主要是公债,不久外国证券成为主要交易对象。后来伦敦证券交易所成为大企业股票交易的集中场所和世界性的海外投资中心。第一次世界大战以前,在伦敦证券交易所上市的证券中有 80% 是海外证券,这充分显示了伦敦在国际证券市场中的地位。第一次世界大战以后,由于世界经济危机的影响,海外投资停滞不前,对国内的投资比重则持续增长,以前一直占英国证券市场交易主体的外国证券急剧下降。第二次世界大战中,英国经济又一次遭到毁灭性打击。第二次世界大战以后英国经济才逐渐恢复,外国对英国的股票投资和英国对外国的股票投资亦发展起来,这期间欧洲的债券市场也蓬勃兴起,这些因素使英国证券市场的国际化程度得到相当大的提高。

1979 年,英国解除了外汇管制,国外资金可以不受限制地自由进出英

国,国内投资者对外投资活动开始活跃。英国金融业有着自律监管和分业监管的传统,但自1986年"金融大震动"后开始逐步向统一监管转变。1997年5月,英国成立了具有较高独立性的"金融服务局",作为英国统一的监管机构负责综合性监管。金融业是英国的支柱性产业,2008年全球性金融危机同样给英国的金融业以重创。英国金融监管当局重新考虑建立于"三驾马车"式金融监管体系,改革以往对金融机构尤其是银行"轻度监管"的做法,重新搭建金融监管新架构,以实现宏观审慎监管与微观审慎监管职能的有效结合。2009年,保守党上台后推行了更为系统和严格的改革方案,打破了英格兰银行、金融服务局（Financial Services Authority,简称FSA）、财政部"三权分立"的监管模式。FSA被分拆,其相关职能将由央行框架内的三个机构承担,英格兰银行被赋予全面监管的权力;在微观审慎监管层面,采用"双峰监管"模式（即以审慎监管和消费者保护并重的监管体系）,加强对金融消费者的保护,同时设立了特殊处理机制以应对突发事件。① 2008年金融危机之后,英国这场体系化的金融改革,顺应了世界证券业国际化、一体化的发展趋势,提高了英国证券业在国际证券市场上的地位,使英国证券市场成为国际化程度极高的证券市场。

（二）美国证券市场的国际化

美国证券市场的历史虽然没有欧洲各国的证券市场那么长,但其发展迅速,并与美国经济在世界经济中的主导地位相适应,其国际化程度相当高,是当今世界最大的证券市场。纽约证券交易所于1792年成立,历经二百多年的风雨历程,功能日趋完善,它不但经营政府债券、国内公司债券以及股票等,而且还经营外国债券及股票。任何外国人,只要信用可靠,均可在美国开设证券账户,进行证券交易。无论从国际证券筹资、国际证券投资,还是证券商的国际化方面来看,规模巨大的美国证券市场是一个开放程度很高的市场。为了加强同欧洲证券市场的协作,1985年6月30日,纽约证券交易所把早晨10点到下午4点的营业时间改为早上6点半到下午4点,因为伦敦和纽约之间的时差为5个小时,纽约交易所变更营业时间后,伦敦和纽约两地交易重复时间增加到1小时,这对欧洲投资者非常有利。1986年6月,纽约证券交易所与伦敦证券交易所设立了共同调整委员会以加强国际合作。目前以纽约、伦敦、东京三大交易所为中心的国际资本市场,可以实现每天24小时的关联作业。

---

① 黄志强:《英国金融监管改革新架构及其启示》,载《国际金融研究》2012年第5期。

而成立于1971年的美国场外交易市场NASDAQ市场,在短短四十多年的时间内迅速崛起,其国际化程度大有赶超纽约证券交易所之势。两个不同类型市场的相互竞争、相互补充,使美国证券市场成为全球最富吸引力的国际证券市场。

伴随着证券市场的发展以及对历次金融危机的处置,美国政府对证券市场的监管不断进行改革调整、与时俱进,使其证券监管法体系日臻完善。20世纪30年代股市的崩盘,促成了美国证券市场集中统一监管体制的产生,形成了以1933年《证券法》、1934年《证券交易法》为核心,以1939年《信托合同法》、1940年《投资公司法》和《投资顾问法》、1970年《证券投资者保护法》、1984年《内幕人士交易制裁法》、2002年《萨班斯—奥克斯利法案》以及2008年金融危机后的一系列金融监管改革法案等为辅助的证券监管法律体系。其较为完备的证券监管法体系奠定了美国适应全球证券监管需要和证券市场国际化的制度基础。

二、中国证券市场国际化的必要性分析

进入到21世纪,中国经济更加对外开放。加入世界贸易组织之后,国内商品市场率先对外开放,金融市场和货币经济领域的开放可以适当延缓,但必须承诺在一定的时间内完成。有学者曾经估计我国证券市场最早可能2010年之后开始对外完全开放,最晚可能在2020年之后。现在看来当时这一估计过于乐观,货币自由兑换、利率和汇率市场化等这些证券市场国际化的基本前提尚不具备,急于实现证券市场全面开放对我国金融秩序和经济发展会造成冲击。

但是,在国际经济全球化的推动下,国际资本流动越来越自由,越来越要求在全球范围内实现资源优化配置。而作为资金短缺、投资回报率较高的发展中国家,谁先开放证券市场,谁就可以先参与国际资源配置,先享受到国际资本流动的好处。因此,中国证券市场国际化的必要性是毫无疑问的。具体表现在以下几个方面:

1. 有利于解决我国经济增长过程中资金不足的问题

改革开放以来,特别是加入世贸组织以后,我国经济一直保持着较高的增长势头,近些年来尽管经济增长速度放慢,但仍然高于世界上大多数国家。而且,我国经济还会以较快的速度增长,但国内资金将难以满足巨大的投资需求,因此,引进外资具有重大意义。目前我国引进外资主要有如下几种方式:(1) 引进外国直接投资;(2) 对外发行外币债券和对外商业借款;(3) 发行外币股票,包括境内发行B股、在香港发行H股和红筹股以及在纽约、伦

敦、新加坡等国际股票市场发行股票。这几种引进外资的方式虽然对弥补我国经济增长过程中的资金缺口作用很大,但是它们都分别面临着各自的困境。首先,近年来由于我国经济增长速度放慢,外国直接投资流入开始出现下降势头,同时,我国还面临着与其他发展中国家在引进直接投资方面的激烈竞争。因此,我们一方面要积极地采取措施引进外国直接投资,另一方面也必须清醒地认识到在今后一段时期吸引外国直接投资大量流入我国的艰巨性。其次,东南亚金融危机之后,受国内部分金融机构破产倒闭的影响,国际评级机构降低了我国许多金融机构的信用等级,从而使我国对外借债成本大大提高;而且,国家外汇管理部门对外债规模实施了更为严格的控制。因此,对外发行外币债券和对外商业借款的引进外资方式有极大的局限性。最后,由于受各种因素的制约,发行外币股票的方式筹资,其筹资规模甚小。因此,面对目前引进外资的严峻形势,我们应该考虑采用新的引进外资方式,即通过进一步开放国内股票市场引进更多外国资金。我国作为经济增长迅速的发展中大国,投资回报率高,证券市场一旦开放,相信能够吸引大量的国际资金涌入。

2. 提高国内企业国际竞争力

我国证券市场一经开放,必将对国内企业产生以下直接影响:(1)增加企业的融资渠道,使其融资更为方便,从而可由此扩大生产规模或并购竞争对手,使生产成本大大降低,提高企业的竞争力。(2)在开放的证券市场,国内企业一旦被国际投资者收购,在整合后的企业内,控股的外方必然会引进新的经营机制和管理经验,从而使该企业逐渐升级为具备国际竞争力的国际性企业。(3)跨国公司通过证券市场收购国内企业之后,将其变成全球生产线的一个环节,从而使国内企业的产品可利用国际品牌而进入国际市场。证券市场开放对国内企业产生的上述影响,无疑将会大大提高国内企业的国际竞争力。

3. 加入世界贸易组织客观上要求逐步实施服务贸易自由化

20世纪70年代以来,经济国际化、自由化浪潮席卷全球。据英国《金融时报》报道,从1970年到1997年,取消商品和服务外汇管制的国家和地区从35个增加到137个。自20世纪80年代以来,金融国际化的制度安排被提上国际谈判的议事日程,乌拉圭回合谈判达成《服务贸易总协定》及其金融附录,确定了金融全面自由化的基本框架,其覆盖的金融业范围相当广泛,其中包括:可转让证券的交易;参与各类证券的发行,包括认购和公开、私下代理;提供与发行有关的服务;有价证券的管理;证券、衍生产品和其他可转让票据;投资和有价证券的研究和咨询等。1997年12月13日,世贸组织成员达成了《全球金融服务协议》,该协议详细地规定了世界贸易组织缔约国应履行的基本金融服务贸易自由化义务。从 1999 年 3 月起,其成员已全面开放金融市场,这对我国来说是一项巨大挑战。2001 年 11 月 10 日,在卡塔尔首都多哈举行的世界贸易组织(WTO)第四届部长级会议上,审议通过了中国加入 WTO 的决定。这一时刻的到来,标志着中国已全面融入世界经济的主流。在这样的历史背景下,我国在大力推动贸易自由化的同时,也必然要稳步地推动投资自由化、服务贸易自由化。这既是作为世界贸易组织成员所要承受的来自国际上的制度约束,也是恢复 GATT 缔约国地位,加入世界贸易组织获得相应权利的前提条件。我国加入世界贸易组织后,必然会在一定时期内面临向外资开放证券市场的问题。因此,证券市场的国际化既是我国进一步改革开放的要求,也是我国加入世界贸易组织必须采取的金融服务自由化措施和履行《服务贸易总协定》义务的必然选择。

4. 有利于加快建设我国现代化经济体系的进程

党的十九大提出"我国经济已由高速增长阶段转向高质量发展阶段",同时强调,"建设现代化经济体系是跨越关口的迫切要求和我国发展的战略目标"。[①] 证券市场开放之后,上市公司的经营行为将进一步规范化,证券业的各项法律制度亦将与国际接轨,这将进一步促进我国会计制度、外汇管理体制、金融监管制度等各项改革,从而加快我国现代化经济体系建设的进程,并最终建立起完备的社会主义市场经济制度。

三、我国证券市场国际化的政策、立法与实践

(一) 我国证券市场国际化的政策与立法

1. 政策

从 20 世纪 90 年代初沪、深两个全国性证券市场建立开始,我国证券市场的对外开放和国际化就被纳入政府顶层设计。1992 年国务院《关于进一步加强证券市场宏观管理的通知》提出:"我国证券市场要逐步加快开放步伐,目前我国证券市场有关法规尚不完善,各有关部门在制定与证券市场有关的对外开放政策时,要事先与证券委研究。选择若干企业到海外公开发行股票和上市,必须在证券委的统一安排下进行,并经证券委审批。"2003 年,党的十六大报告明确提出要"推进资本市场的改革开放和稳定发展"。为贯

[①] 见习近平总书记代表第十八届中央委员会于 2017 年 10 月 18 日在中国共产党第十九次全国代表大会上向大会所作的报告:《决胜全面建成小康社会 夺取新时代中国特色社会主义伟大胜利》。

彻落实党的十六大和十六届三中全会精神，2004年国务院《关于推进资本市场改革开放和稳定发展的若干意见》（简称"国九条"）从九个方面就推进资本市场改革开放和稳定发展作出部署。随着我国证券市场的进一步发展，市场影响的广度和深度也在不断扩大。为深入贯彻党的十八大和十八届二中、三中全会精神，认真落实党中央和国务院的决策部署，实现资本市场健康发展，2014年国务院《关于进一步促进资本市场健康发展的若干意见》第七部分从以下三个方面论述了"扩大资本市场开放"：第一，便利境内外主体跨境投融资，扩大合格境外机构投资者、合格境内机构投资者的范围，提高投资额度与上限，稳步开放境外个人直接投资境内资本市场，有序推进境内个人直接投资境外资本市场，建立健全个人跨境投融资权益保护制度。在符合外商投资产业政策的范围内，逐步放宽外资持有上市公司股份的限制，完善对收购兼并行为的国家安全审查和反垄断审查制度。第二，逐步提高证券期货行业对外开放水平，适时扩大外资参股或控股的境内证券期货经营机构的经营范围，鼓励境内证券期货经营机构实施"走出去"战略，增强国际竞争力。推动境内外交易所市场的连接，研究推进境内外基金互认和证券交易所产品互认，稳步探索B股市场改革。第三，加强跨境监管合作，完善跨境监管合作机制，加大跨境执法协查力度，形成适应开放型资本市场体系的跨境监管制度。深化与我国香港、澳门特别行政区和台湾地区的监管合作，加强与国际证券期货监管组织的合作，积极参与国际证券期货监管规则制定。

2. 基本法

我国证券市场国际化在立法上比较滞后，就基本法而言，《证券法》有关证券市场国际化的规定仅有零星条款①，体系化根本谈不上。

3. 部门规章和规范性文件

就部门规章和规范性文件而言，中国证监会及其他相关部门制定的相关文件主要包括：第一，有关B股的部门规章和规范性文件②；第二，有关境外

---

① 如《证券法》第129条第2款规定，证券公司在境外设立、收购或者参股证券经营机构，必须经国务院证券监督管理机构批准。第179条第2款规定，国务院证券监督管理机构可以和其他国家或者地区的证券监督管理机构建立监督管理合作机制，实施跨境监督管理。
② 有关B股的部门规章和规范性文件主要包括：《股份有限公司境内上市外资股规定的实施细则》[证委发(1996)19号]；《申请发行境内上市外资股(B股)公司报送材料标准格式》[1999年3月25日证监发(1999)17号]；《关于企业发行B股有关问题的通知》[1999年5月19日证监发行字(1999)52号]；《关于境内居民个人投资境内上市外资股若干问题的通知》[2001年2月21日证监发(2001)22号]；《关于发行境内上市外资股的公司审计有关问题的通知》[2007年9月12日证监会计字(2007)30号]。

上市的部门规章和规范性文件。① 这两个方面的内容基本上形成了目前我国证券市场国际化的具体操作规范。

4. 对基本法的修订

基于上述我国最高决策层对证券市场国际化重要性的认识和顶层框架性设计以及建立证券市场以来的理论与实践总结，2015年"《证券法》修订草案"以专章的形式，即第四章"跨境证券发行与交易"，明确境内企业境外发行实行备案制，境内上市或挂牌企业境外发行实行报告制，境外企业境内发行实行注册制，并完善跨境监管合作机制，在立法上对我国证券市场国际化进行了体系化的制度建设。

(二) 我国证券市场国际化的实践

在实践方面，依据上述国务院的顶层设计，中国证监会及其他相关部门通过制定具体的部门规章和规范性文件对我国证券市场国际化进行了具体落实。落实的主要内容如下：

1. 引进来，即引进外资和先进管理经验

第一，境内上市外资股。20世纪90年代初，为吸引国际资本、解决外汇短缺及企业发展急需资金的问题，我国推出境内上市外资股，简称B股。B股的正式名称是人民币特种股票。它是以人民币标明面值，以外币认购和买卖，在中国境内沪、深证券交易所上市交易。B股公司的注册地和上市地都在中国境内。B股市场于1992年建立，2001年2月19日前仅限外国投资者买卖，此后，B股市场对国内投资者开放。

第二，引入合格境外机构投资者制度(QFII)。合格境外机构投资者(即Qualified Foreign Institutional Investors，缩写为QFII)，是指符合证监会、人民银行和国家外汇管理局发布《合格境外机构投资者境内证券投资管理办法》

---

① 有关境外上市的部门规章和规范性文件主要包括：《关于批转证监会〈关于境内企业到境外公开发行股票和上市存在的问题的报告〉的通知》[证委发(1993)18号]；《关于执行〈到境外上市公司章程必备条款〉的通知》[1994年8月27日证券委、体改委证委发(1994)21号]；《关于落实国务院〈关于进一步加强在境外发行股票和上市管理的通知〉若干问题的通知》[1998年2月27日证监(1998)5号]；《关于进一步促进境外上市公司规范运作和深化改革的意见》[1999年3月29日经贸委、证监会国经贸企改(1999)230号]；《关于规范境内上市公司所属企业到境外上市有关问题的通知》[2004年7月21日证监(2004)67号]；《关于境外上市公司非境外上市股份集中登记存管有关事宜的通知》[2007年3月28日证监国合字(2007)10号]；《关于加强在境外发行证券与上市相关保密和档案管理工作的规定》[2009年10月20日证监会、国家保密局、国家档案局、证监会公告(2009)29号]；《关于股份有限公司境外发行股票和上市申报文件及审核程序的监管指引》[2012年12月20日证监会公告(2012)45号]；《关于境外上市外汇管理有关问题的通知》[2014年12月26日外汇局汇发(2014)54号]。

规定的条件,经中国证监会批准投资于中国证券市场,并取得国家外汇管理局额度批准的中国境外基金管理机构、保险公司、证券公司、其他资产管理机构。① 合格境外机构投资者是在我国资本项目未实现自由兑换的情况下外资绕过资本项目管制、在可控条件下进入境内证券市场的制度安排。2002年年底,《合格境外机构投资者境内证券投资暂行办法》(已废止)实施,QFII开始有限度地投资中国 A 股市场。截至 2015 年 9 月,共有 290 家外资机构获批 QFII 资格,获准额度 787.69 亿美元;共有 171 家外资机构获批人民币合格境外机构投资者(RQFII)资格,获准额度人民币 4115 亿元。截至 2015 年 6 月,QFII(含 RQFII)持有 A 股流通股的比例为 1.26%,持股市值约 6000 亿元人民币。②

第三,引进证券经营机构。2002 年证监会出台《外资参股证券公司设立规则》和《外资参股基金管理公司设立规则》,允许境外证券经营机构在华设立合资证券公司和合资基金管理公司从事国内证券业务。随着外方证券经营机构资格及持股比例放宽,合资证券、基金管理机构不断发展壮大。截至 2014 年年底,已批准设立 11 家合资证券公司,占全部证券公司的 9.09%;设立 46 家合资基金管理公司,占全部基金管理公司的 48.42%。③

2. 走出去,即向境外投资或设立机构

第一,利用境外市场直接融资。随着改革开放不断推进,大批企业开始走向海外,利用境外证券市场上市融资。1993—2014 年,我国企业利用境外证券市场股票融资累计达人民币 17292.9 亿元。④ 利用境外市场直接融资的积极意义表现在:境外上市使这些企业拓宽了融资渠道;促进了这些企业改革的进程及现代企业制度的建立;使这些企业置身于境外成熟证券市场运行规则的约束之下,提升了企业在国际上的知名度和竞争力;对于中国证券市场国际化具有十分重要的意义。

第二,建立合格境内机构投资者(QDII)制度。合格境内机构投资者(即 Qualified Domestic Institutional Investor,缩写为 QDII),是指符合《合格境内机构投资者境外证券投资管理试行办法》规定,经中国证监会批准在中国境内募集资金,运用所募集的部分或者全部资金以资产组合方式进行境外证券

---

① 参见 2006 年 8 月 24 日证监会、人民银行和国家外汇管理局发布的《合格境外机构投资者境内证券投资管理办法》(证监会令 36 号)第 2 条规定。
② 李文华:《中国证券市场国际化:市场基础与推进策略》,载《南方金融》2015 年第 12 期。
③ 中国证券监督管理委员会编:《2015 中国证券期货统计年鉴》,中国统计出版社 2015 年版,第 28、500 页。
④ 同上书,第 26 页。

投资管理的境内基金管理公司和证券公司等证券经营机构。① 在目前中国外汇管理体制下,参与合格境内机构投资者发起的各类理财产品,是中国境内投资者参与境外资本市场投资的合法途径。QDII 在中国的发展可在一定程度上缓解人民币升值压力,对境内市场资金面的影响是有限而且渐进的,而对于投资理念和证券经营机构的国际化影响则是深远的。

第三,国内证券经营机构开始走出去。2005 年《证券法》第 129 条第 2 款规定,经证监会批准,证券公司可以在境外设立、收购和参股证券经营机构。香港是内地证券公司进军海外的登陆场,成为内地证券经营机构走出去战略和国际化经营的重要平台。截至 2014 年 2 月底,在香港设立分支机构的内地证券公司已达 23 家,设立分支机构的基金管理公司达 22 家。②

3. 沪港通、深港通和沪伦通已成为或将成为境内外证券市场直接联系的通道

2014 年 4 月,证监会批复沪股与港股开展互联互通机制试点,即沪港股票市场交易互联互通机制(以下简称"沪港通")。沪港通为打通内地证券市场与外界直接联系通道、提升中国证券市场的国际化和对外开放的水平提供了新的渠道。所谓沪港通,是指上海证券交易所和香港联合交易所有限公司(以下简称"香港联合交易所")建立技术连接,使内地和香港投资者可以通过当地证券公司或经纪商买卖规定范围内的对方交易所上市的股票。沪港通包括沪股通和港股通两部分。沪股通,是指香港投资者委托香港经纪商,经由香港联合交易所设立的证券交易服务公司,向上海证券交易所进行申报,买卖规定范围内的上海证券交易所上市的股票。港股通,是指内地投资者委托内地证券公司,经由上海证券交易所设立的证券交易服务公司,向香港联合交易所进行申报,买卖规定范围内的香港联合交易所上市的股票。③

2016 年 12 月 5 日,深港通正式启动,如果沪港通是展开互联互通的第一步,那么,深港通开通则为第二步。深港通,是深港股票市场交易互联互通

---

① 参见 2007 年 6 月 18 日中国证监会发布的《合格境内机构投资者境外证券投资管理试行办法》(证监会令第 46 号)第 2 条规定。中国合格境内机构投资者参考名单:中国工商银行,中国建设银行,中国银行,中国交通银行,东亚银行内地分行,汇丰银行内地分行,招商银行,中信银行,恒生银行,美国花旗银行,渣打银行内地分行,兴业银行,中国民生银行,中国光大银行,中国银行(香港)有限公司内地分行,瑞士信贷银行上海分行,中国农业银行,华安国际配置基金。
② 李文华:《中国证券市场国际化:市场基础与推进策略》,载《南方金融》2015 年第 12 期。
③ 参见 2014 年 6 月 13 日中国证监会发布的《沪港股票市场交易互联互通机制试点若干规定》(证监会令第 101 号)第 2 条规定。

机制的简称,指深圳证券交易所和香港联合交易所有限公司建立技术连接,使内地和香港投资者可以通过当地证券公司或经纪商买卖规定范围内的对方交易所上市的股票。

沪港通、深港通是中国资本市场对外开放的重要内容,有利于加强三地资本市场联系,推动资本市场双向开放,具有以下三方面积极意义:(1)沪港通、深港通扩大了三地投资者的投资渠道,提升市场竞争力,从而增强中国资本市场的综合实力。(2)沪港通、深港通有助于提高上海、深圳与香港三地金融市场对国际投资者的吸引力,有利于改善上海、深圳市场的投资者结构,进一步推进上海、深圳国际金融中心建设;同时有利于香港发展成为内地投资者重要的境外投资市场,巩固和提升香港的国际金融中心地位。(3)沪港通、深港通既可方便内地投资者直接使用人民币投资香港市场,也可增加境外人民币资金的投资渠道,便利人民币在两地的有序流动,从而有利于推动人民币国际化,有利于香港发展成为离岸人民币业务中心。

沪港通推出后,有些境外证券市场提出了与我国证券市场建立互联互通机制的愿望,这反映了国际投资者对参与我国资本市场长远发展的兴趣和信心。伦敦方面较早提出了深化中英资本市场互利合作,探讨"沪伦通"可行机制的想法。在英方提出这一考虑后,上交所和伦交所以及相关市场机构在工作层面就未来合作的模式进行了商讨。

随着沪港通、深港通的实现,沪伦通的准备与推进,境内证券市场直接连接境外证券市场的通道正在一个个被打开,其对中国证券市场的国际化具有深远影响。

综上所述,在我国政府一系列顶层设计思想的指导下,我国证券市场的开放程度及与境外证券市场的联系有了较大的提高,但是应当看到我国证券市场依然相对封闭,离真正的证券市场国际化还有相当的距离,需要我们在理论和实践两个方面进一步努力探索。

四、国际金融危机带来的启示以及对我国证券市场国际化的思考

这里提到的国际金融危机是指1997年东南亚金融危机和2008年世界金融危机。对我国证券市场国际化的思考离不开对国际经济形势的考察,特别对国际金融危机的经验总结。

(一)东南亚金融危机

自1997年7月起,一场始于泰国、后迅速扩散到整个东南亚并波及世界

的东南亚金融危机,使许多东南亚国家和地区的汇市、股市轮番暴跌,金融系统乃至整个社会经济受到严重创伤。1997 年东南亚金融危机的爆发是由诸多原因造成的,主要在两个方面[①]:第一,泰国房地产经济泡沫的破裂形成大量不良债权。在 1997 年金融危机爆发之前,泰国的房地产市场由于本国和外国资金的大量注入造成了泰国房地产市场的虚假繁荣。1997 年泰国的房地产经济泡沫破裂,房地产价格和股票价格大幅度下跌,由此产生了巨大的不良债权。第二,泰国在危机爆发前出口减少,产生贸易逆差,国际对冲基金重创东南亚国家货币,大幅贬值。1997 年东南亚金融危机爆发之前,由于美元升值,泰铢又是长期盯住美元浮动,因此造成泰国的出口减少,经常项目逆差扩大。在此背景下,以索罗斯为首的国际对冲基金预期到泰铢的贬值,于是对泰铢发起了攻击,泰铢大幅度贬值。在对泰铢进行重创之后,对冲基金又对马来西亚、印度尼西亚、新加坡等国的货币进行了冲击,东南亚金融危机爆发,进而对全球金融也造成危害。

东南亚金融危机对所有正在寻求经济快速增长的发展中国家都具有重要的启示。因为东南亚国家所面临的诸如资金及外汇短缺、大量引进外资、出口竞争力低、商业银行资产质量低下、金融系统具有潜在风险、开放资本市场面临重大风险等一系列经济问题,几乎所有发展中国家都一样存在。

(二) 世界金融危机

2008 年世界金融危机是由美国次贷危机引发的一场全球性金融危机。2008 年美国次贷危机爆发的原因主要有三[②]:第一,贸易顺差国资金流入美国引起房地产市场泡沫,而长期的低利率政策则进一步加剧了美国房地产泡沫。以中国为代表的贸易顺差国积累了大量的外汇储备,这些国家用将外汇储备用以购买美国的债券,将资金注入美国市场。资金的流入推动了美国资本市场和房地产市场的繁荣。2008 年美国次贷危机爆发前,美联储长期实行低利率政策。美联储在 2001 年 1 月到 2003 年 6 月连续 13 次下调联邦基金利率。当美国经济在 2003 年开始反弹的时候,美联储并没有及时上调利率,长期的低利率政策进一步加剧了美国房地产泡沫。第二,美国金融机构

[①] 参见谷红:《从亚洲金融危机和 08 年金融危机的比较看对中国的启示》,载《中国外资》2013 年第 22 期。
[②] 同上。

大规模发行次级抵押贷款①,并且将次级抵押贷款创新为资产证券化之后发行,终而引发金融危机。美国的房地产放贷机构大量地发行次级贷款,抵押贷款公司又发行了以住房抵押贷款为支持的证券(MBS),并将 MBS 出售给了投资银行。投资银行又以 MBS 为基础发行了担保债务权证。这样形成一环扣一环的金融创新产品,当利率提升,次级房贷的债务人无力偿还贷款时,就会使得整个金融机构流动性不足,资金断裂,从而引发金融危机。第三,金融监管政策的过度宽松和制度缺失则是危机爆发的制度原因。在美国金融机构不断进行资产证券化和金融创新的过程中,美国金融监管机构并没有对金融创新中存在的风险进行有效地监管,制度建设没有跟上。监管制度和监管措施的欠缺放大了金融衍生产品的风险,一旦风险来临,金融危机就不可避免地爆发了。在 2008 年全球金融危机爆发后,世界经济受到了比 1997 年更严重的冲击,我国的出口业和外商直接投资以及银行业均受到一定的影响。

(三) 两次金融危机的启示与对我国证券市场国际化的思考

总体而言,中国在这两次危机中所受冲击相对不大,主要是因为我们对开放资本市场采取了谨慎的态度,但并不能因此就忽略我国也同样存在上述问题。特别是我国在推进证券市场国际化的进程中,更应当重视上述两次金融危机给我们的启示:

1. 落脚实体经济的发展,警惕泡沫经济的出现,保持适当的外汇储备,加强对金融创新的监管

金融业的发展是一种虚拟经济的发展,在带来巨大收益的同时,虚拟经济的风险也是巨大的。只有制造业、实业等实体经济得到切实的发展才能真正地增强一国经济的抗风险能力。1997 年的东南亚金融危机和 2008 年的全球金融危机中都存在虚拟经济的过度发展而造成经济泡沫放大的因素。因此,只有加强实体经济的发展才能够提高一国的抗风险能力。

---

① 次级抵押贷款(sub-premium mortgage,又称"次级按揭贷款"),是指一些贷款机构向信用程度较差和收入不高的借款人提供的贷款。美国抵押贷款市场的"次级"(subprime)及"优惠级"(prime)是以借款人的信用条件作为划分界限的。根据信用的高低,放贷机构对借款人区别对待,从而形成了两个层次的市场。信用低的人申请不到优惠贷款,只能在次级市场寻求贷款。两个层次的市场服务对象均为贷款购房者,但次级市场的贷款利率通常比优惠级抵押贷款高 2%~3%。在 2001 年经济衰退发生后,美国住房市场在超低利率刺激下高度繁荣,为经济复苏及其后来持续增长发挥了重要作用,次级抵押贷款市场迅速发展。但随着美国住房市场大幅降温,加上利率上升,很多次级抵押贷款市场的借款人无法按期偿还借款,导致一些放贷机构遭受严重损失甚至破产。2008 年美国次级抵押贷款危机引发了投资者对美国整个金融市场健康状况和经济增长前景的担忧,导致之后几年股市出现剧烈震荡。

(1) 在经济发展中要警惕泡沫经济的出现。不论是1997年的东南亚金融危机还是2008年的全球金融危机,在危机爆发前,危机发生国都出现了由于流动性过剩而引起的房地产泡沫。房地产泡沫的破裂也是两次危机爆发的一个重要的触发机制。因此,在我国的经济发展中,我们也要警惕这种由于流动性过剩带来的房地产泡沫。在房地产经济发展的过程中,要加强对住房实际使用量的监控。

(2) 保持适当的外汇储备以应对冲击。从我国历年外汇占款的变化看,我国的外汇占款在2000年之后进入了一个加速增长的时期。我国现在实行的是有管理的浮动汇率制度,在汇率完全浮动之前,我国保持一定量的外汇储备可以防止在资本账户开放后国际游资对于人民币的冲击。在1997年东南亚金融危机中,以泰国为首的东南亚国家正是由于本国的外汇储备不足以抵御对冲基金的冲击,而不得不放弃固定汇率制度。

(3) 加强金融机构对金融创新的监管。在1997年东南亚金融危机和2008年全球金融危机中都有由于金融监管不力而造成危机加剧的因素。尤其是1997年的东南亚金融危机中,大量"热钱"涌入东南亚国家的市场,推动泡沫增大,这对我国的警示意义是重大的。我国目前也是处在一个高速发展的时期,很多资金由于看好中国市场而想涌入中国,而由于我国是一个限制资本流动的国家,因此,这还没有给我国造成过大的冲击。但是不可否认,我国的资本项目将逐步开放,在那种情况下,我国一定要警惕短期资本的冲击行为,加强金融机构的监管。除了对于"热钱"的监管外,我国也要加强对金融创新的监管。我国的金融业尚处在一个发展阶段,各种金融创新的工具将在我国逐步使用,我国在金融创新的同时要吸取美国过度创新引发危机的教训,不断加强监管。

2. 谨慎开放资本市场,积极防范国际金融风险

东南亚国家于1993年至1997年基本全面开放资本市场,而且开放过度,这是促使其潜在金融危机转化为现实的重要原因。我国现已加入世界贸易组织,而世界贸易组织出于适应全球金融自由化的大趋势和西方发达国家的要求,积极推动世界金融一体化,因此,根据世贸组织的有关协议,逐步开放国内金融服务市场是世界贸易组织缔约国的基本义务,向国际资本开放证券市场也是履行国际义务。现在,国际上要求我国开放金融市场的压力很大,假如不继续扩大对外开放,我国就不可能真正成为世界经济金融领域中具有活力和影响力的成员。如何谨慎开放资本市场,积极防范国际金融风险成为我们面临的一项重大课题。本书认为,在一个市场机制不够健全、政府的经济管理部门和金融监管部门驾驭市场经济和控制金融风险能力不强的

国家,过快地开放资本市场,将会给该国的经济发展埋下巨大的风险隐患。我国应根据经济发展和经济体制改革的进展情况,谨慎地开放资本市场。当然,谨慎开放资本市场并不意味着关闭资本市场,随着国际资本市场全球化程度的提高,各国经济发展与资本流动将日益交融,一国不可能长期关闭资本市场。国际经验表明,国际资本的流动促进了各相关国家和地区的经济发展。我国应在循序渐进推进资本市场开放,享受资本市场开放带来的利益的同时,应当加快金融体制改革,注重培育国内资本市场的规范发展,提高监管人员的专业能力与市场从业人员的专业素质,建立健全金融市场体系,完善金融监管制度,提高防范和控制金融风险的能力。

3. 进一步加强证券市场的监管,审慎稳妥推进证券市场国际化

从东南亚金融危机的教训来看,国际投机家主要是通过证券市场和外汇市场进行风险投机活动,尤其是利用金融衍生工具从事投机活动以牟取暴利。目前我国证券市场对外国资本实行有限制开放,A、B股市场实行分离管理和交易制度,对于证券市场的稳定运行。有效防范国际投机资本侵扰我国证券市场发挥了重要作用。本书认为,在目前我国证券市场规模尚小,监管机制尚不够完善的条件下,A、B股市场的分离管理仍有必要,而不应匆忙并轨。

由于证券市场的资金流动性很强,为了避免国际游资对证券市场的冲击,许多国家都对外国资本进入本国的股市在数量上规定不得超过本国股市总值的一定比例。比如,马来西亚、菲律宾要求为40%～60%之间,而韩国甚至限制为15%。当下我国正在逐步推进证券市场国际化进程,应当吸取那些新兴证券市场国家对外开放证券市场的经验和教训,借鉴其成功的做法,在证券市场国际化方面不宜操之过急,而是应当大力培育和严格规范国内证券市场的发展,提高国内上市公司的质量,扩大国内证券市场的规模,为国内证券市场具备稳定的国际融资能力和进一步提高对外开放水平创造条件。在当前则是要继续有计划地选择推荐部分优秀企业到境外上市,在境外发行债券,积极利用国际资本市场进行长期筹资。

第十二章　证券登记结算法律制度

证券的运行始终是围绕着发行、交易和登记结算三大活动来进行的,证券登记结算法律制度是证券监管法的一项基本制度。证券登记结算法律制度是包括证券登记、存管和结算在内的一系列法律制度的统称,旨在提供证券权利的确认机制,调整证券变动中的利益冲突,进而确认证券权利的权属。

证券登记结算机构处于证券登记结算各项法律关系的中枢地位,其统领着证券登记、存管和结算机制,并且连接着证券发行和交易机制。对证券登记结算机构的法律监管和风险控制,关涉整个证券市场的安危。

本章重点研究证券登记结算制度的基本理论和证券登记结算机构监管两个专题。

第一节　证券登记结算制度的基本理论

一、证券持有制度的基本理论

证券市场在实物证券的流通时代,证券所有和证券持有几乎没有区别。因为证券持有人就是证券所有权人,证券所有权人也以占有实物证券的方式宣告其对证券的所有权,并借此得以主张证券上的各项权益。然而,在证券市场进入到无纸化流通时代,证券变成是记录在证券账户上的电子账簿信息,而证券账户由证券投资者委托的证券经营机构管理,无纸化证券的持有人并不一定是证券所有权人。因此,"在无纸化证券市场环境下,迫切需要研究证券持有、证券所有权人、证券投资者与证券持有人之间的关系,迫切需要研究无法直接占有证券的证券投资者的证券权益及其形式问题"[1]。与此同时,证券持有制度直接影响着证券登记、存管、清算、交收等多个环节的活动方式,并且涉及投资者与发行人、证券登记结算机构、存管人之间的多重法律关系。[2] 欲厘清证券登记结算的法律关系,必须首先讨论证券持有模式及其

---

[1] 王静:《无纸化证券与证券法的变革》,中国法制出版社 2009 年版,第 87 页。
[2] 董安生等:《证券持有模式及不同持有模式下持有人权利》,载《上海证券报》2005 年 12 月 27 日。

不同持有模式下持有人的证券权利。

(一)"存管"与"托管"辨析

在论述证券持有及后面的相关制度时,涉及"存管"与"托管"的表述问题,因此,有必要首先就"存管"与"托管"的概念进行辨析。1998年《证券法》在第七章、第十章规范证券登记结算机构时,使用的是证券"托管"。在6个条文中有6处关于证券"托管"的规定,而始终未使用"存管"二字。① 2005年修订的《证券法》则将上述的证券"托管"修改为"存管",也就是将1998年《证券法》中涉及证券"托管"的地方全部替换为证券"存管"。② 与此同时2005年修订的《证券法》在新增加的第153、154条两处使用了"托管"一词,但此"托管"与上述证券"托管"的含义迥异,它是指证券监管机构对证券公司采取的一种危机处置措施。③ 故在我国证券基本法律层面,已无证券"托管"用语,但是,中国证监会2009年修改、实施的《证券登记结算管理办法》在使用与《证券法》相一致的存管时,也同时使用了证券托管,并在该《办法》第78条分别对存管与托管作出如下解释:托管是指证券公司接受客户委托,代其保管证券并提供代收红利等权益维护服务的行为。存管则是指证券登记结算机构接受证券公司委托,集中保管证券公司的客户证券和自有证券,并提供代收红利等权益维护服务的行为。

根据中国证监会的这一规定,可见,"托管"与"存管",均含保管证券之意。这是一种建立在证券经营机构分散保管和中央证券存管机构集中保管基础上的托管存管二级体制。在2005年修订的《证券法》用"存管"替代"托管"之前,这种体制一般被称为"二级托管体制"。④ 本节依照中国证监会上述规定的解释分别使用"托管"和"存管"二词。即将证券经营机构行使的托管职能称之为"托管",而将证券登记结算机构行使的托管职能称之为"存管"。此时,证券登记结算机构亦可称为中央证券存管机构。

(二)从直接持有演变为间接持有

证券持有模式问题并不是证券市场的原生性问题,也不是一个关于证券本质属性的原生性问题。它是随着现代证券市场的发展,出现了非证券所有

---

① 这6处分别是第7章第146、147、148、150、153条各1处和第10章第167条1处。
② 2005年修订的《证券法》关于证券"存管"替代"托管"后,变更对应的条款依次是第155、156、157、159、162、179条。
③ 此含义下的"托管"用语,与本书第六章第三节"证券市场危机应急处置(事中和事后)监管"中相关论述所使用的"托管"语义相一致。
④ 范中超:《证券无纸化的法律问题》,中国政法大学出版社2009年版,第145页。

者持有证券(即证券经营机构持有或者证券登记结算机构存管)的情形后所提出的描述性法律术语。它是相对于证券所有者对证券的"直接持有"而言,将非证券所有者对证券的持有相对于证券所有者对证券的持有称为"间接持有"。在此语境下,人们把证券持有模式划分为证券直接持有模式和证券间接持有模式。①

证券权利最初是以实物证券的形式进行表彰,并由投资者以自己的名义直接持有证券并以交付实物证券的形式完成交易。实物证券分为无记名证券和记名证券。无记名证券是投资者直接向发行人主张证券权利的凭证,且由投资者自行持有该证券;一旦投资者需转让证券,则必须向受让人交付该证券。而记名证券则是投资者以自己的名义在发行人设置的证券持有人名册中登记,该名册明确记载投资者的身份和证券持有情况,投资者据此向发行人主张证券权利;一旦需要转让证券,则投资者必须背书、交付证券,且变更登记。在证券直接持有模式下,投资者以占有证券和在证券持有人名册中登记记载的事实即可直接向发行人主张证券权利。发行人与投资者之间具有直接的法律关系,这是传统证券直接持有模式的一个重要法律特征。

在 20 世纪 60 年代末至 70 年代早期,在纽约证券交易所,交易过程中转移实物证券变得耗时而低效,实物证券的登记也变得不可靠。为解决实物证券交割而产生的系统压力和交易所容量之间的矛盾,纽约证券交易所甚至不得不通过缩短交易周来解决矛盾。即便如此,纽约证券交易所和证券商依然被淹没在因空前数量的实物证券交割而产生的巨大压力中。证券交易的迅速发展,已经使有纸化条件下的结算系统,开始凸显出与现代证券交易要求不相协调。市场各方在这种现实的压力之下,不得不对传统的、以有纸化证券为基础的直接持有模式进行改革。② 于是,美国率先采取证券非移动化、无纸化和名义人登记等一系列改革措施,最终促成美国建立起现代成熟的证券间接持有模式,大大提高了证券登记结算的效率。③

间接持有模式,是指投资者将证券托管在与其签有托管协议的证券经营机构处,证券经营机构再以自己的名义将投资者的证券和自有证券一同存管于中央证券存管机构(Central Securities Depository,简称 CSD)。在实际操作中,往往存在受托管的证券经营机构还可能是下一层级证券经营机构的证券托管机构。对于证券投资者而言,在证券间接持有模式下,其证券投资者的

---

① 王静:《无纸化证券与证券法的变革》,中国法制出版社 2009 年版,第 89—90 页。
② 同上书,第 124 页。
③ 刘戈:《证券登记结算制度中的法律问题研究——以证券权利为基础》,吉林大学 2010 年博士学位论文。

名义不能在发行人和CSD处显示,其所购买的证券只能在发行人和CSD处显示为证券经营机构或其他中介机构为名义持有人。在此模式下,证券持有人对证券仅享有受益权,而且其证券上权益的享有只能通过其委托的证券经营机构才能够实现。同时,在名义上登记为证券所有者的中介机构则享有法律上的所有权。因此,对证券持有人而言,其证券上权益的实现是间接的,其证券所有者身份只能被证券经营机构所维护的证券账户里的电子簿记记录所证明。① 证券持有人与发行人之间不具有直接的法律关系。

证券间接持有模式是建立在以下三种制度安排的基础之上的:(1)名义人登记。投资者所持有的证券被登记在某一受托的证券经营机构名下,由该机构作为名义持有人持有证券,而投资者通过在证券经营机构开立的账户间接持有证券。(2)多级托管。在间接持有模式下,证券经营机构的中介参与隔断了投资者与发行人之间直接的法律关系,投资者无权直接向发行人主张证券权利,发行人只对证券间接持有人(即证券经营机构)负责。CSD是证券多级持有体系下位于最顶层的中介人,它是证券的登记所有人,有权向发行人主张证券权利。位于第二层的中介人是CSD的参与人,包括证券经营机构和银行等金融机构,它们与CSD签订存管协议,以自己的名义在CSD开设证券账户,为自己和自己的客户(包括投资者或下层中介人)存管证券。多级持有体系中任何相邻中介人之间都是依据托管协议通过账户管理证券,CSD则通过各层中介人的账户记录向下逐级传递证券上的各项权益,直至投资者。投资者位于多级持有体系的最底层,被称为权益所有人,只能向与其签订托管协议的直接中介人主张证券上的各项权益。② (3)证券混藏保管。无论是证券托管,还是证券存管,均含有物的保管关系。在物的保管关系中有"混藏"之概念,是指保管多人的同种类、同质之种类物加以混合,对于其中特定存托人不用返还其所存托之原物,而以返还其混合物中同数量之物。③ 由于实物证券是种类物,具有可替代性,应该允许证券经营机构或者CSD对集中保管的证券以混藏的方式保管。实现混藏保管之后,对提券人可以返还同种类、同数量的证券。

证券间接持有的有利方面主要体现在以下几点:(1)证券经营机构的托管服务为投资者参与复杂的证券发行与交易活动提供了便利。在间接持有模式下,投资者在证券经营机构处开设证券账户,证券经营机构负责证券账

---

① 王静:《无纸化证券与证券法的变革》,中国法制出版社2009年版,第126页。
② 刘戈:《证券登记结算制度中的法律问题研究——以证券权利为基础》,吉林大学2010年博士学位论文。
③ 史尚宽:《债法各论》,中国政法大学出版社2000年版,第538页。

户的维护、运营,以及代理投资者参与多级结算,而投资者只需作出投资决策,不用通晓复杂的金融操作与技术手段。此外,随着跨国证券交易的兴起,间接持有模式使投资者通过一个证券账户在不同国家或地区进行组合投资成为可能。一方面,由于跨国证券交易涉及复杂的结算参与、汇率转换等专业问题,普通投资者无法自行解决,只有通过专业的中介人才能实现。另一方面,证券托管也有利于证券经营机构拓展其他与托管相关的金融服务,这些服务包括融资、融券、担保品的管理以及投资咨询服务等。[1] (2) 大大提高了证券发行与交易的效率和安全性。在传统的直接持有模式下,证券的发行与交易必须通过证券的转移与换发来实现,这个过程耗费大量的人力、物力,且容易出差错。而间接持有模式是证券经营机构利用簿记系统托管投资者的证券,并通过贷记或借记账户来实现证券权利的流转[2],这样不仅大大提高了证券交易的效率和安全性,而且也大大增强了证券市场的流动性和证券价格的稳定性。(3) 大大提高了证券登记结算的效率。投资者通过多层的证券经营机构持有证券,下层证券经营机构总是以自己的名义向上层机构托管证券,证券通过各级结算最终到达投资者处,这种多级证券托管就能够减轻登记与结算的压力,从而提高证券登记结算的效率。

间接持有模式制度的不足表现为:(1) 间接持有制度使投资者与自己所投资公司(即发行人)联系的方式,成为一种间接方式。发行人必须经多级中介机构向投资者分配收益或者下发委托投票材料,这不仅会导致发行人与投资者联系的效率降低、成本增高,而且也会大大削弱作为股东的投资者监督公司董事、监事、高管经营人员行为的能力,在公司治理中不利于发挥股东的作用。(2) 间接持有制度使投资者对证券所有权的行使受到一定的限制。在间接持有模式下,投资者的证券持有情况及其他个人信息只登记在与其签订托管协议的直接证券经营机构的账户上,该机构的上一层中介机构、中央存管机构(或证券登记结算机构)、发行人均无从掌握。这是因为证券经营机构或者中央证券存管机构(或证券登记结算机构)均以自己的名义在发行人的登记簿上登记,名义上成为该证券的法定所有权人,因而投资者只能以权益所有人的身份向直接中介机构主张其证券权益。可见,间接持有模式一方

---

[1] 刘戈:《证券登记结算制度中的法律问题研究——以证券权利为基础》,吉林大学 2010 年博士学位论文。

[2] 具体表现为:如果交易双方都在同一证券经营机构名下开立账户进行交易,那么只需在该机构为交易双方进行证券账户的贷记和借记操作即可实现证券的过户;如果交易双方在不同的机构名下开立账户进行交易,则需要从两个机构共同的上一层中证券经营机构处,开始由下至上进行贷记和借记的账户调整以实现证券的过户。参见刘戈:《证券登记结算制度中的法律问题研究——以证券权利为基础》,吉林大学 2010 年博士学位论文。

面提高了证券登记结算的效率,另一方面在操作模式上却牺牲了投资者以自己的名义在证券持有人名册中直接登记的权利,致使投资者只能依据账户记录向直接托管人主张投资权益。为此,1994年美国对其《统一商法典》进行了较大修改,专门就证券市场间接持有体系的问题制定了一系列规则,用"证券权益"替代了传统的财产权概念。① 以"证券权益"这一新的法律概念,区别于直接持有模式下的"证券"概念。(3)在间接持有制度下,投资者面临证券经营机构可能挪用证券的风险。间接持有体系下的多级中介机构都是以自己的名义将不同投资者的同种类证券置于上一层证券经营机构处混藏托管,中介机构有机会擅自挪用投资者的证券进行转让或设定质押,第三人(购买人或质权人)无从区分证券属中介机构自有或是投资者他有,中央证券存管机构(或证券登记结算机构)也无从对此行为进行监督。而投资者无权要求购买人返还特定证券,只能以债权人的身份要求该中介机构偿还相同种类、相同数量的证券,此债权在效力上低于享有质押权的担保物权。(4)在间接持有制度下,投资者承担着中介机构的信用风险。证券经营机构依据托管协议设立证券账户混藏管理所有投资者的证券,托管的所有证券作为种类物而混同,如果该证券经营机构因不能清偿到期债务,并且资产不足以清偿全部债务或者明显缺乏清偿能力而进入破产程序,投资者只能以债权人的身份同该证券经营机构的其他债权人一同按债权比例受偿,从而使自己的证券权益处于高度风险之中。

(三)从间接持有向直接持有回归

如前所述,间接持有制度存在不利于投资者权益保护的一面,就投资者而言,其更倾向于直接持有证券,对证券享有完整的权利。从维护投资者权益和提高市场交易效率的角度出发,各国利用成熟的电子计算机技术和网络技术,使证券的发行和交易进入无纸化时代,一种新型的、现代化的证券直接持有模式诞生了。与传统实物证券的直接持有模式相比,现代无纸化证券直接持有模式,是在中央证券存管系统的计算机和网络技术支持下,使证券账户的电子簿记记录代替实物证券而成为证券权利的表彰,证券的发行与交易只需通过证券账户的电子簿记操作即可完成。中央证券存管机构在现代直接持有模式下可以直接为所有投资者开立并维护其证券账户,并以证券账户的簿记记录为依据为发行人管理证券持有人名册。现代无纸化证券直接持有模式与传统实物证券直接持有模式在建立投资者与发行人之间直接的法

---

① 王静:《无纸化证券与证券法的变革》,中国法制出版社2009年版,第133页。

律关系方面具有相同的效果,二者均能够使投资者享有完整的证券权利。20世纪 90 年代,我国在证券市场建立初期 A 股市场即全面实行现代无纸化操作下的证券直接持有模式,中国证券登记结算机构作为中央证券存管机构,以投资者本人的名义为投资者开立证券账户,为投资者提供集中登记、存管与结算服务。我国证券登记结算机构主导下的证券直接持有模式,已经能够为证券发行和交易提供统一、高效、安全的证券登记结算服务。

综上所述,证券持有模式经历了一个从有纸化的直接持有到非移动化的间接持有模式,然后在发达的电子计算机技术和网络技术条件下,证券的发行和交易进入无纸化时代,现代化的证券直接持有模式又回归了。从世界范围来看,证券持有模式目前仍然是直接持有和间接持有并存,在有些国家和地区,不同的证券有不同的持有模式;对于同一证券,也可以同时存在直接持有和间接持有两种模式;而一些先进的证券市场则已经呈现出证券持有模式细分的趋势。[1]

二、证券登记制度的基本理论

证券登记制度是关于证券权利归属与变动的规则,从根本上讲,它是一种证券权利的确认制度。因此,证券权利成为研究登记制度的基础。

(一)证券权利的界定及其在我国民事权利体系中的定位

1. 证券权利的界定

本书第二章在对证券定义时认为,证券作为一种凭证或者投资性合同应当同时具备三项标准:代表特定的财产权益;可以均等分割;可以转让或者交易。而证券权利注重的是其中的财产权益,或者说,证券权利,是指证券所表彰的民事权利的总称。在证券无纸化时代来临之前,由于证券权利被物化而与实物证券(即凭证式证券)合二为一,证券凭证交付的同时证券权利也随之发生变动,所以,这个时期,各国相关民事法律对实物证券均适用动产的规范。例如,德国《有价证券保管法》就将证券视为动产,规定寄托人对证券享有所有权。[2]

在实物证券阶段,证券权利的公示,要么通过实物占有的方式,要么通过名册登记的方式而进行公示;在进入证券无纸化阶段之后,证券权利则表现为证券账户中的电子记录,证券登记成为证券权利的法定公示方式。所以,进入证券无纸化阶段后,证券还原至其抽象权利本身,证券一词不再在实物

---

[1] 《证券持有模式及不同持有模式下持有人权利》,载《上海证券报》2005 年 12 月 27 日。
[2] 卞耀武主编:《德国证券交易法律》,郑冲、贾红梅译,法律出版社 1999 年版,第 52 页。

凭证的意义上使用,而是通过证券登记彰显其非实物化的权益属性。如果按照《德国民法典》的思想,将物严格限制为有体物,所有权只能以有体物为客体,证券权利就不是一种所有权,也不能成为所有权的客体,在严格意义上就不能适用所有权的规范。

2. 承认证券权利在民事权利体系中独立的法律地位

显然,证券权利的抽象性,正在对传统物权、债权二元分类的财产权体系的冲击,这里涉及民事权利在民事权利体系中的定位问题。"民事权利的种类很多,各种权利的性质千差万别,我们必须把各种不同性质的权利加以整理分类,使之成为一个比较系统完整的体系。在这个体系里,不同的权利各得其所,各种权利的特点都能显示出来。这就是建立民事权利体系的实益所在。"① 那么,证券权利在民事权利体系中到底应该进行怎样的法律定位?

对此,有两类观点:一类是,坚持传统民法中的物权、债权二元分类的财产权体系,从而将证券权利纳入物权法的调整范围。② 另一类是,不囿于物权、债权二元分类的财产权体系,将证券权利视为无形财产,不纳入物权法调整,而在单行法下建立独立的证券权利的归属与变动规则。持这类观点的学者们认为:"我国学术界针对有价证券、股票的流通无法用传统理论予以解释,往往也将票据权利和股权等称为无形财产。所以在理论上宜采取第三种意义上的无形财产,即无形财产不仅是一种财产形式,而且是相对有形所有权的一种财产权体系,除所有权以外的其他权利均属于无形财产范畴。""事实上,我国已经制定了公司法、票据法、知识产权法、证券法等单行法律,这些法律对股权、票据权利、知识产权和有价证券等无形财产进行了充分调整,并不勉强纳入物权法和债权法的原理进行论证,却丝毫不影响其发挥的效用。"③

上述第一类观点,是将证券权利纳入物权法的调整范围。笔者认为,这需要具备一定的历史条件,在实物证券时代,由于证券权利被物化而与凭证式证券合二为一,证券凭证交付的同时证券权利也随之发生变动,在这种历史背景下,证券可视为动产而纳入《物权法》的规范体系之中。进入到证券无纸化时代,这种规则体系就不成立了,因为证券凭证离开证券权利之后,就是一张废纸而已,再也不具原有价值。即证券凭证只是证券权利的载体,而不是权利的客体本身。此时,证券的无纸化,已经超出了《物权法》调整有体物

---

① 谢怀栻:《论民事权利体系》,载《法学研究》1996年第2期。
② 参见《证监会力推证券领域物权法 确保股民证券权利》,载《经济观察报》2008年1月18日。
③ 马俊驹、梅夏英:《无形财产的理论和立法问题》,载《中国法学》2001年第2期。

的范围。

上述第二类观点较为合理,更接近证券实践的现实。但是,其并未明确证券权利独立的法律地位。证券权利从根本上说,是伴随着股份公司股权或者股票的兴起和证券交易所的发展而逐渐形成的一种新类型权利。它是证券所表彰的一系列权利的总称,包括股票上的股权、债券上的债权等。证券权利通过证券登记结算机构以投资者或中介机构的名义将证券登记在证券账户内,投资者对证券账户中的证券最终享有证券权利。证券权利的归属与变动也是通过证券登记结算机构的登记过户而产生权利转移的公示效力。因此,应当承认证券权利在民事权利体系中具有独立的法律地位。

(二) 证券登记对证券权利归属与变动的确认

1. 证券登记对证券权利归属的确认

我国《证券法》第 160 条第 2 款规定,证券登记结算机构应当根据证券登记结算的结果,确认证券持有人持有证券的事实,提供证券持有人登记资料。其中,"确认证券持有人持有证券的事实",表明了经证券登记结算机构登记之后证券权利归属于证券持有人的法律效力。证券登记的信息主要包括:证券持有人姓名或名称、有效身份证明文件号码、证券账户号码、持有证券名称、持有证券数量、证券托管机构以及限售情况、司法冻结、质押登记等证券持有状况以及证券持有人通信地址等。

2. 证券登记对证券权利的公示效力

民法上的公示制度兼具权利成立和赋予权利对外效力的功能,它是事实权利冲突消除的制度化体现,也是意思自治原则所依赖的制度前提。① 证券登记对证券权利的公示效力主要表现为:

第一,登记使证券持有人获得对证券权利支配性的效力。对记名证券和无纸化证券而言,证券权利因登记公示而使证券持有人获得对其享有支配权的法律效力。② 一方面,证券权利人可以直接支配权利客体,以满足自己的利益需要,而不需要他人行为的介入。即股票持有人可以任意处分其所享有的股份,任何人,包括发行公司或是其他股东都无权干涉;而债券持有人也可以任意处分债券上请求发行人还本付息的权利,而不必履行一般债权转让时通知债务人的义务,即无须通知发行人。另一方面,权利人享有对世权,即任何人负有不得侵害证券持有人证券权利的义务,如果证券权利遭受侵害,证

---

① 梅夏英:《民法上公示制度的法律意义及其后果》,载《法学家》2004 年第 2 期。
② 对以实物券形式存在的无记名证券而言,由于证券权利与实务凭证合二为一,所以,证券持有人因占有该证券而直接享有支配权。

券持有人有权请求返还该证券权利或请求相应的损害赔偿。

第二，保护善意第三人的效力。通过登记公示方式，将证券权利的归属状态以外观可以知晓的方式展示出来，从而使证券持有人与第三人的交易具备便捷性和安全性。第三人如果信赖这种公示而为一定行为，即使登记所表现的证券权利状态与真实的证券权利状态不相符合，也不能影响证券权利变动的效力，善意第三人依然取得相应的证券权利。①

3. 证券登记是确认证券权利变动的生效要件

这里所谓证券权利的变动，是指证券权利的转让和设质。

（1）证券登记是证券权利转让的生效要件。综观各国法律，关于财产权属登记的法律效力，主要有两种立法模式：一种是登记生效主义，另一种是登记对抗主义。这二者对当事人和第三人的法律效果是不同的。就证券登记而言，登记生效主义意味着，证券权利的转让除了当事人之间达成证券转让协议之外，还需登记才能够发生法律效力。如果未行登记，不仅不能对抗第三人，而且在当事人之间亦无效力。而登记对抗主义则意味着，证券权利的转让在当事人之间达成证券转让协议时即发生法律效力。登记只起对抗第三人的作用，即非经登记，不得对抗第三人。我国《证券法》第160条第2款的规定："证券登记结算机构应当根据证券登记结算的结果，确认证券持有人持有证券的事实，提供证券持有人登记资料。"这表明我国采取的是证券登记生效主义，即经证券登记结算机构进行登记之后，才能确认证券权利转让的事实。我国证券交易过户登记从此实现规范化操作。

（2）证券登记是证券权利质权的生效要件。证券质权是一种担保物权，证券权利质权的登记生效有以下两种情形：

第一，关于债券质押的登记生效。《物权法》第224条的规定："以汇票、支票、本票、债券、存款单、仓单、提单出质的，当事人应当订立书面合同。质权自权利凭证交付质权人时设立；没有权利凭证的，质权自有关部门办理出质登记时设立。"其中，针对涉及债券的出质，当事人应当订立书面合同，质权自权利凭证交付质权人时设立；没有权利凭证的，质权自有关部门办理出质登记时设立。根据发行主体的不同，我国债券可分为国库债券、金融债券和公司债券。其中，记账式国债②和证券交易所上市交易的公司债都已经实现了无纸化操作。故在交易所上市交易的公司债券和记账式国债属于没有权

---

① 刘戈：《证券登记结算制度中的法律问题研究——以证券权利为基础》，吉林大学2010年博士学位论文。

② 我国发行的国库债券可分为凭证式国债、储蓄式国债和记账式国债三种。记账式国债又名无纸化国债，即由财政部通过无纸化方式发行的、以电脑记账方式记录债权，并可以上市交易的债券。

利凭证的证券权利,质权自有关部门办理出质登记时发生法律效力。

第二,关于基金份额和股权质押的登记生效。目前在我国,基金份额,即证券投资基金份额,是指基金发起人向投资者公开发行的,表示持有人按其所持份额对基金财产享有收益分配权、清算后剩余财产取得权和其他相关权利,并承担相应义务的凭证。在证券交易所交易的基金份额和上市公司股权都由证券登记结算机构负责质押登记。根据《物权法》第 226 条第 1 款的规定,基金份额和股权质押登记生效有两种情况:一是以基金份额、证券登记结算机构登记的股权出质的,质权自证券登记结算机构办理出质登记时发生法律效力;二是以其他股权出质的,质权自工商行政管理部门办理出质登记时发生法律效力。[①]

(三) 证券持有模式决定证券登记的形式

1. 直接登记制度与名义人登记制度

证券持有模式决定了证券登记的形式,即在证券直接持有模式下,实行直接登记制度;在间接持有模式下,实行名义人登记制度。目前,我国证券登记结算体系实行直接持有模式下的直接登记制度为主,间接持有模式下的名义人登记制度为辅。其中,A 股市场实行直接登记制度[②],即证券登记结算机构以投资者本人的名义为其开立证券账户,并以证券账户的记录为依据生成证券持有人名册。

2. 我国名义人登记制度的现状

为适应跨国证券发行与交易的需求,更大程度满足国内企业的募资需求,我国先后建立 B 股市场和引进合格境外机构投资者(以下简称 QFII)机制。B 股和 QFII 与上述 A 股的持有模式和登记制度有很大的不同。与 A 股市场相比,B 股市场相对复杂,根据 2001 年 2 月 21 日证监会发布的《关于

---

① 《物权法》第 226 条第 1 款规定:"以基金份额、股权出质的,当事人应当订立书面合同。以基金份额、证券登记结算机构登记的股权出质的,质权自证券登记结算机构办理出质登记时设立;以其他股权出质的,质权自工商行政管理部门办理出质登记时设立。"

② 深圳证券市场成立之初,采取的是名义人登记的做法。根据央行深圳分行 1992 年 12 月 29 日颁行的《深圳市上市公司 A 股股份登记和清算管理暂行办法》规定,进入清算系统的股份必须以深圳登记公司为共用代理人,即该等股份的名义持有人,以共用代理人作为清算系统内的股份登记持有人不会改变股份的实益拥有权。所以,所有在深圳交易所挂牌的上市公司 A 股的股东名册,随着各地区投资者的买卖而分为以下两大部分,即以投资者名义直接登记部分的股东名册和以深圳登记公司(共用代理人)名义持有部分的股东名册(见《深圳市上市公司 A 股股份登记和清算管理暂行办法》第 19、33 条)。自 1995 年起,深圳证券市场实行一系列改革,启用新的证券账户(股东代码),由证券结算公司和会员单位共同管理投资者名下的明细股份,实现由名义人登记向直接登记的转变。见涂建、毛国权:《证券登记与托管的国际经验与中国实践——以证券所有权为基础》,载郭锋主编:《证券法律评论》(第 2 卷),法律出版社 2002 年版,第 124 页。

境内居民个人投资境内上市外资股若干问题的通知》,境内居民个人也可以从事 B 股投资。从此 B 股市场分为境外投资 B 股和境内居民投资 B 股,境内居民个人凭有效的身份证明开立 B 股资金账户和股票账户。境外投资者实行名义人登记制度,境内居民个人投资者与投资 A 股一样实行直接登记制度。

QFII 实行名义人登记制度,根据 2006 年《合格境外机构投资者境内证券投资管理办法》第 3 条的规定,合格投资者应当委托境内商业银行作为托管人托管资产,委托境内证券公司办理在境内的证券交易活动。据此,合格境外投资者只能够间接持有证券,所行登记为名义人登记。

除上述境外投资者投资 B 股,QFII 实行名义人登记制度之外,我国融资融券业务也实行名义人登记制度。

2010 年 3 月 31 日,我国正式启动融资融券业务。证券公司开展融资融券业务,应当以自己的名义在中国证券登记结算有限责任公司(以下简称"中登公司")开立客户信用交易担保证券账户,而投资者参与融资融券交易,应当向证券公司申请开立信用证券账户,信用证券账户是证券公司客户信用交易担保证券账户的二级账户,用于记录客户委托证券公司持有的担保证券的明细数据。由于证券公司是客户信用交易担保证券账户内所记录证券的名义持有人,中登公司出具证券持有人名册时,信用证券账户对应的投资者不列示在证券持有人名册上,而是将证券公司作为证券持有人列示在证券持有人名册上。①

3. 名义人登记制度下证券权利确认的法理基础

由于我国证券市场于 20 世纪 90 年代才建立沪、深证券交易所,因而有条件在先进的计算机技术和信息技术的支持下迅速进入全面的无纸化操作阶段。我国严格实行证券账户实名制,投资者以自己的名义进行账户登记,因此,没有经历与证券间接持有模式相对应的证券名义登记的自然阶段。但是,如前所述,基于证券业实践的需要,B 股、QFII 和融资融券在名义人登记制度中发展起来。名义人登记制度在金融创新中还将长期存在下去,因此,探明名义人登记制度下证券权利确认的法理基础十分必要。

名义人登记制度下证券权利确认的根本目的在于保护投资者的证券权益,因此,首先要解释名义人登记下投资者的权益性质。在英国,该权益性质是通过其信托法的原理来解释这一问题的。与大陆法系认为的"一物一权"不同,英国信托法认为一物二权,具体运用到证券领域,其将证券权利分解为

---

① 参见 2015 年中国证监会颁布的《证券公司融资融券业务管理办法》第 10 条以及 2011 年《中国证券登记结算有限责任公司融资融券登记结算业务实施细则》第 9 条。

法定所有权和权益所有权。其中,法定所有权归属于名义人名下,亦即托管人作为信托法中的受托人(trustee)是证券的法定所有人(legal owner),对该证券享有法定所有权;而权益所有权归属于投资者名下,亦即投资者是证券的权益所有人(benefial owner),对证券享有权益所有权。具体过程是,名义人根据法定登记记录对证券权利享有法定所有权,投资者依据其在托管人处的账户记录对证券权利享有受益所有权。在这种模式下,发行人只负责向托管人派发收益和征集投票指示,不与投资者产生直接的法律关系。另外,根据信托法上的财产独立性原则,投资者的证券财产独立于托管人的自有财产,即名义人登记下的证券财产被视为信托财产,独立于托管人,归投资者所有,这能够有效保护投资者免受托管人的破产风险,确保投资者的证券财产在托管人破产时不受托管人之债权人的追索。

上述法理,与我国《信托法》的基本原理也是相通的,具体论述如下:

第一,我国《信托法》第 2 条规定:"本法所称信托,是指委托人基于对受托人的信任,将其财产权委托给受托人,由受托人按委托人的意愿以自己的名义,为受益人的利益或者特定目的,进行管理或者处分的行为。"证券经营机构按投资者的意愿以自己的名义而持有原本属于投资者的证券,《信托法》赋予证券经营机构以自己名义在证券持有人名册中登记的法律地位。而投资者在这一信托关系中兼具委托人和受益人的双重身份,一方面,投资者作为委托人有权指示作为受托人的证券经营机构按照其意思行使相关的证券权利,包括转让证券和在证券上设定质押的权利;另一方面,投资者作为受益人享有证券收益的权利。

第二,我国《信托法》第 25 条规定:"受托人应当遵守信托文件的规定,为受益人的最大利益处理信托事务。受托人管理信托财产,必须恪尽职守,履行诚实、信用、谨慎、有效管理的义务。"《信托法》中受托人义务的履行能够确保投资者享有实质上的证券权利。为谋求投资者的利益,证券经营机构,即名义持有人有权以自己的名义向发行人主张证券权利,包括但不限于请求召开并参加股东会会议、享有股东参加股东会的各项权利以及请求分配投资收益等因持有证券而产生的各项权利。与此同时,名义持有人在行使上述权利之前,应事先征求投资者的意见,并按照投资者的意思表示处理各项事务。名义持有人在行使上述权利之后,有义务向投资者交付证券上的相关收益。

第三,我国《信托法》第 16 条规定:"信托财产与属于受托人所有的财产(以下简称固有财产)相区别,不得归入受托人的固有财产或者成为固有财产的一部分。受托人死亡或者依法解散、被依法撤销、被宣告破产而终止,信托财产不属于其遗产或者清算财产。"这一规定保证了信托财产的独立性,从而能够避免投资者的证券财产遭受受托人(即名义持有人)的债权人的追索。

三、证券结算制度的基本理论

证券交易发生在众多的不特定投资者之间,而且发生的次数频繁,涉及的总体金额巨大,交易关系复杂。为了能够使此类证券交易高效、安全地进行,市场经济国家对此进行了处于中央交易对手方的证券结算公司制度的安排。由此也相应产生了证券结算信用、流动性、操作性和系统性等多种的风险。

(一)证券结算的含义

证券结算是指市场交易后所进行的资金清算交收和证券清算交割、登记过户。广义的证券交易包括买卖双方的询价与成交以及成交后的结算。因此,人们把询价成交和结算交收形象地比喻为证券交易的"前台"和"后台",这二者之间联系紧密,不可分割。作为证券市场运行的重要环节,证券结算的内涵,有广义和狭义之分。从广义上讲,证券结算是一个与证券交易平行的范畴,是指证券成交后交易各方履行相应权利和义务的过程,具体包括交易对盘、清算和交收等环节,它基本上涵盖了交易后服务(post-trade services)的全部内容。而从狭义上讲,证券结算是指证券交易完成后,对买卖双方应收应付的证券和价款进行核定计算,并完成证券由卖方向买方的转移,即进行证券交割(delivery)和相对应的资金由买方向卖方的转移,即资金交付(payment)的全过程。[①] 由于结算是进行下一轮交易的前提,结算能否顺利进行,直接关系到交易后买卖双方权责关系的了结,从而直接影响交易的正常进行和市场的正常运转。

证券结算分为清算和交割交收两个过程。清算一般是指公司、企业结束经营活动,收回债务,处置分配资产等行为的总称,《公司法》和《破产法》中所涉及的清算即是此种含义;而证券结算中的清算主要是指证券买卖双方证券与价款的应收、应付计算。在证券交易过程中,买方需要支付一定价款得到所购买的证券,这一过程称为交割。卖方需要支付证券得到价款,这一过程称为交收。清算是交割和交收的基础和前提,交割和交收是清算的后续结果。[②]

[①] 参见徐士敏主编:《证券结算》,中国人民大学出版社2006年版,第1—3页。
[②] 井涛:《论证券结算客观性风险之法律控制》,载《现代法学》2005年第1期。

（二）证券结算的基本原理

在一般的商品交易中，买方须有明确的卖方才能完成交易，反之亦然。这样的交易可以称之为显名交易，即交易双方都很清楚交易对方。在显名交易制度下，要发现某种商品真正的市场价格，人们通常以竞价拍卖的方式作为竞争机制，从而发现价格。但是，这种竞价交易的方式持续时间长，交易成本高。为使证券交易简便、迅捷和安全，人们在证券交易中设计出一种新的交易机制，即中央交收对手方（Central Counter Party，简称 CCP）。即在证券中央结算体系下，结算机构作为所有结算参与人的 CCP，以自己的资信为任何参与人的履约提供担保，并承担任何参与人的违约风险。CCP 是一个被假设一直存续的机构，对买方而言它始终是卖方，对卖方而言它始终永远是买方，即买卖双方都以 CCP 为假定交易相对方。在这种机制下，就能够通过集合竞价、连续竞价等多种竞争方式来发现证券价格。当然，CCP 在使买卖双方的交易更加简便、高效和安全的同时，也使证券结算法律关系复杂化了。在没有 CCP 介入的交易行为中，清算和交付的法律行为十分清晰和简单，即买卖双方的货银对付，只存在两个法律行为，也就是合意的形成与合意的履行。但是，在 CCP 机制下的证券交易，结算可以分解为 CCP 与买方的货银对付和 CCP 与卖方的货银对付两对法律关系，再加上 CCP 交付标的给买方和交付标的给卖方两个法律行为，交易行为的法律关系由此变得复杂起来。[①] 另外需要说明的是，为了维持结算体系的稳定运行，通常赋予结算机构对参与人清算履约财产的优先权，包括在参与人破产时不受破产程序的约束而就清算履约财产优先受偿的权利。[②]

CCP 的证券交易机制最基本的法律原理是不特定人之间的要约、冲抵和债之更改这些方法的交互使用，使证券交易能够连续、有效、便捷地进行。在实际运行中，买卖双方都是通过向不特定的人发出要约，把意思表示传递到市场中，通过交易系统的指令派对，撮合成交。在证券交易过程中不存在通常买卖之要约和承诺的阶段，而是由 CCP 在买卖双方撮合交易完成后，立即用债之更改的原理，用两个事实上的契约，即 CCP 与买方和 CCP 与卖方的契约，取代了买卖双方原有的交易。通过债之更改的方式促成交易，与此同时也将原来交易双方可能面临的信用风险转向了结算机构身上。[③]

[①] 井涛：《论证券结算客观性风险之法律控制》，载《现代法学》2005 年第 1 期。
[②] 廖凡：《证券客户资产风险法律问题研究》，北京大学出版社 2005 年版，第 147 页。
[③] 井涛：《论证券结算客观性风险之法律控制》，载《现代法学》2005 年第 1 期。

（三）证券结算的风险及其防范

证券结算的核心，是买卖双方能够按照约定条件足额、及时履行交收责任。然而，目前我国证券结算与资金结算尚未达到同步，或者相互制约的程度，未能实现 DVP(Delivery Versus Payment)结算模式。DVP 模式，即"银货对付"或者"券款对付"，是指证券交易达成后，在双方指定的结算日，证券和资金同步进行相对交收并互为交割条件的一种结算方式。因此，在我国证券结算的风险，就表现为交收责任不能正常履行的风险。从形成原因来划分，证券结算的风险有四类：信用风险、流动性风险、操作性风险和 系统性风险。①

1. 信用风险

信用风险(credit risk)是指交易方在结算日或以后的时间均不能足额履行证券交割或者资金支付义务而给他人包括交易他方和结算公司带来的风险。信用风险产生的主要原因如下：(1) 资金交收与证券交割的不同步导致本金风险。在我国证券交易过程中，证券交割与资金交收是不同步的，证券交割先于资金交收，证券交割在 T+0 日收市后至 T+1 日开市前这段时间完成，而资金交收则是在 T+1 日全天完成。在证券与资金交收不同时进行的情况下，如果未建立相应的保障制度，如担保制度，导致证券过户后结算公司有收不到资金的可能，因而面临潜在的本金风险。本金风险是结算参与人可能面临的最致命的风险，也是引发系统性风险的根本原因。② (2) 在证券结算中，如结算参与人违约，不能如期完成资金交收时，结算公司可以冻结该会员自营证券账户上的证券并可强制性卖出。但由于证券市场价格波动，结算公司可能面临来自结算参与人持有证券的头寸风险，从而导致证券重置成本风险。③

防范结算信用风险的根本问题在于解决权利和义务履行的时间差问题，即防范措施所要解决的共同问题是如何在结算环节消除交易双方在履行义务上的时间差，从而消除本金风险。如前所述，解决义务履行时间差的最好方式是"银货对付"(DVP)制度，在 DVP 一时无法建立的过渡期，必须通过信用保证或者抵押措施来控制信用风险。

---

① 参见徐士敏主编：《证券结算》，中国人民大学出版社 2006 年版，第 349—353 页。
② 井涛：《论证券结算客观性风险之法律控制》，载《现代法学》2005 年第 1 期。
③ 重置成本风险，是指交易的一方没有履行证券交割或资金支付的义务，也没有采取任何补救措施而给另一方造成的不能再按已达成的价格进行另一次交易的风险。该风险是由交易的达成至交易的结算之间的时间差内市场价格可能发生变化所形成的。信用风险的承担者实际总是同时承担着重置成本风险和本金风险。

DVP 制度的实现模式有三种形式①:(1) 此种模式要求证券和资金全额同时发生转移,避免了本金风险,但是必须具备多种条件,成本比较大。(2) 这种模式的特点在于证券逐笔过户从卖方转移到买方,并贯穿整个交收期。而资金以净额划转方式,在交收期结束时完成从买方到卖方的最终转移;这种方式比较灵活,符合证券无纸化和资金划转中的具体情况。(3) 证券、资金均以净额方式同时交收。在这种方式下,所需要的时间比较长。

有文章认为,中国并不是以上所说的标准模式,但是可以认为是上述第二种模式(以下简称 DVP 模式二)的一个变形。② 对此,笔者分析如下:我国目前尚未实现证券与现金的同步交付的货银对付(DVP)制度,在我国,证券的实际交割是 T+0,而资金的实际交付是 T+1,证券与资金交收的时间相差一天,而且在一天的时间差中没有任何信用保证或物权担保。一旦出现交收违约,证券结算公司将被迫垫款,这种垫款一旦超出结算会员缴纳的互保性质的"结算保证金",净额清算就会给证券结算公司带来严重的本金风险,甚至引发整个证券结算系统的系统性风险。在目前的情况下,我国证券结算系统的风险防范完全依赖于结算成员的自律,一旦某个结算成员发生恶意透支行为,将可能导致整个结算系统的瘫痪。我国证募结算系统实行的结算规则不同于 DVP 模式二,如上所述,证券于 T+0 日进行逐笔全额过户,而资金于 T+1 日进行净额交收,资金和证券交收不同步。从表面上看,我国的证券结算制度类似于证券以逐笔全额方式、资金以净额方式交收的 DVP 模式二。而实际上,DVP 模式二需要有完备的"保证付款制度"来承担证券交割与资金交收之间的信用风险作为前提条件,但是,我国并没有建立由银行为证券结算提供担保的制度,证券交割与资金交收之间的信用风险完全由证券结算公司承担。在此条件下,我国的证券结算制度还不能被看成是 DVP 模式二。③

为有效控制结算信用风险,目前我国主要采取以下措施:(1) 限制性划款。对信用风险等级较高的会员,限制其备付金划出,实施电子划款冻结,对其划款申请,经逐笔审批后办理手工划款。(2) 提高最低备付金缴纳比例。对于风险较大的会员,提高其结算账户最低备付限额比例。(3) 对透支进行处罚。对于发生透支行为的结算会员,按其透支额的一定比例处以罚款。(4) 限制或停止交易。对于风险较大的结算会员,对其采取限制或停止交易

---

① 井涛:《论证券结算客观性风险之法律控制》,载《现代法学》2005 年第 1 期。
② 同上。
③ 徐士敏主编:《证券结算》,中国人民大学出版社 2006 年版,第 361 页。

的控制措施。① 然而,以上这些措施尚不具备从根本上防范信用风险,更多的是事后弥补性措施,不能从源头上控制本金风险。只有完全实现DVP制度,才能从源头上根本性防范结算信用风险。所以,我们应当加快建立和完善为实现DVP制度所需的各项基础性制度,为真正实现DVP制度奠定基础。

2. 流动性风险

流动性风险(liquidity risk),是指交易方不是在结算日,而是在结算日之后的某个时间才履行交割和支付义务而给证券结算公司造成的损失。由于我国实行银证分离制度,证券经营机构很难获得银行短期流动性支持,因此,证券结算的流动性风险较为突出。我国证券结算流动性风险主要发生在结算会员透支行为的过程中。在实践中,证券结算会员须在证券结算公司开设一个结算账户,同时要求其缴纳一定数额的结算备付金,且结算会员在其结算账户中必须保证有足够的备付金余额,以确保日常结算的顺利完成。"在T日收市后,证券结算公司会对结算会员的资金交付义务进行净额清算,计算出会员在T+1日的应收应付净额。如果结算会员T+1日结算备付金账户上的余额小于应付净额,就出现了透支行为,如果透支数额过大,必然会对证券结算公司产生流动性压力,导致结算公司无法对其他结算会员履行中央交收对手方保证交割支付的义务。"②

对于流动性风险的防范,主要是通过券商拓宽融资融券的渠道。这需要从两个方面着手:一是进一步完善当前融资融券业务的规范。2005年《证券法》修改之后,允许证券公司开展融资融券业务,但是相关实施制度还需进一步放宽,提高券商融资融券的效率。二是进一步完善股票质押贷款制度。2004年中国人民银行、中国银监会、中国证监会发布的《证券公司股票质押贷款管理办法》对我国股票质押贷款制度进行了规定。股票质押贷款,是指证券公司以自营的股票、证券投资基金券和上市公司可转换债券作质押,从商业银行获得资金的一种贷款方式。③ 根据《证券法》等相关法律、法规和中国证监会相关部门规章和规范性文件,以及上海证券交易所(以下简称"上交所")及中国证券登记结算有限责任公司(以下简称"中国结算")相关业务规则、规定,制定《股票质押式回购交易及登记结算业务办法》(2018年修订)。股票质押回购,是指符合条件的资金融入方(以下简称"融入方")以所持有的股票或其他证券质押,向符合条件的资金融出方(以下简称"融出方")融入资

---

① 徐士敏主编:《证券结算》,中国人民大学出版社2006年版,第362页。
② 同上书,第351页。
③ 见《证券公司股票质押贷款管理办法》第2条的规定。

金,并约定在未来返还资金、解除质押的交易。① 股票质押回购制度,大大拓宽了证券公司的融资渠道。

股票质押贷款制度的实施,在一定程度上打通了资本市场与货币市场之间的通道,使得证券市场能获得银行系统在流动性方面一定程度的支持;而股票质押回购制度的实施则使证券公司和其他相关金融机构之间能够通过股票质押回购相互融通资金。这对于防范证券结算中的流动性风险具有十分重要的积极意义。

3. 操作性风险

操作性风险,是指由于中央证券存管机构、清算银行和其他清算机构的硬件、软件和通信系统发生故障,或人为操作失误致使结算业务中断、延误和发生偏差而引起的各种不确定风险。② 操作性风险一般属于小概率事件,具有突发性,一旦这类风险发生,结算系统将遭受大的破坏。它主要包括以下几种:(1) 现金(证券)保管风险(cash/securities deposit risk)。这是指由于交易双方的证券、资金委托给证券中介组织(包括中央证券存管机构、证券经纪商和清算银行)予以保管时,证券交易者所面临的因这些中介组织破产、倒闭所带来的风险。(2) 作业风险(operation risk)。此风险来自非经济因素,可将其分为主观性作业风险和客观性作业风险。前者是由于人为因素造成的,如工作人员违章操作、恶意篡改系统数据等;后者主要是系统硬件、软件等设备出现故障引起的。(3) 法律风险(legal risk)。这是指由于决定交易各方之间权利和义务的法律法规不透明、不明确或法规适用不当而造成的证券结算风险。

操作性风险的防范措施主要包括:(1) 建立计算机远程备份系统,防止某地重大灾难来临一旦对主机造成损坏,在异地还有备份。确保计算机系统有足够容量和数据库的绝对安全。(2) 在业务处理上尽量用机器代替手工操作,以减少人为失误。(3) 加强结算机构员工职业道德教育,提高员工们的责任心和勤勉精神,避免炒作性风险的发生。

4. 系统性风险

系统性风险是指在我国净额清算模式下,证券市场中投资者之间的关系错综复杂,如果某一结算会员违约就有可能导致一系列违约事件发生,进而由此产生系统性风险。

在现代计算机技术的支持下,许多发达国家逐步实现了实时全额结算的目标。但是,我国证券市场的特点是,中小投资者为绝大多数投资主体,证券

---

① 见《股票质押式回购交易及登记结算业务办法》(2018 年修订)第 2 条的规定。
② 徐士敏主编:《证券结算》,中国人民大学出版社 2006 年版,第 353 页。

交易结算笔数繁多,而且每笔结算金额较小,加之我国银行支付体系的建设相对落后,尚未实现银行间的实时清算系统,所以,目前要在我国实现实时全额结算还有一定难度。净额结算制度的优越性在于,可以通过多边净额轧差的方法,大大减少证券结算的资金需求量和结算笔数,从而也会减少额外的结算担保需求和结算失败率。在我国这样的市场条件下,最终的资金支付净额经过轧差后大概只占到总交易金额的5%左右。但是,净额结算要求每一个环节的结算证券都顺利进行,一笔交易的失败将会影响到其他交易的顺利结算,实行净额结算因而面临着较高的系统性风险。[1]

防范控制系统性风险可采取以下措施[2]:(1)进行会员资格审查,以提高结算会员主体的质量。首先制定会员资格的具体条件,只有被认定符合各项条件的市场参与者,才能够成为结算会员参与结算活动,主体资格质量的提高可以从源头上防范系统性风险。(2)建立和完善结算参与人管理制度。这一制度包括两个方面的内容:一是建立证券经营机构申请成为结算参与人的结算准入制度;二是证券登记结算公司对结算参与人的持续风险监控制度。这样有助于健全对证券经营机构的风险评估、预警、监控机制。对于不符合结算参与人条件的证券经营机构,只能通过商业委托,由符合条件的结算参与人代理结算。对于经风险评估被认定为重点监控对象的结算参与人,也有一系列的措施来防范其证券结算风险。(3)认真落实和贯彻国际证监会组织(IOSCO)制定的《证券监管目标与原则》,该文件规定的证券监管三项目标是:保护投资者;确保市场公平、有效和透明;减少系统性风险。在监管原则中又具体规定了应对系统性风险的基本原则和措施。在我国的证券监管法中也应该充分体现上述目标和原则,以防止证券结算中产生的系统性风险。

第二节 证券登记结算机构监管

如前所述,证券登记结算机构处于证券登记结算各项法律关系的中枢地位,对证券登记结算机构的法律监管和风险防范,关涉整个证券市场的安危。

一、我国证券登记结算机构的沿革、概念及其特征

(一)我国证券登记结算机构的沿革

如本书第十一章所述,证券登记结算机构和证券交易所均属于金融市场

---

[1] 徐士敏主编:《证券结算》,中国人民大学出版社2006年版,第352页。
[2] 参见井涛:《论证券结算客观性风险之法律控制》,载《现代法学》2005年第1期。

基础设施,在证券市场上有着不可替代的作用,将其纳入证券监管法的调整范围乃属应有之意。在20世纪90年代中期以前,在中国证券市场发展的早期,地方政府在制度建设上占主导地位,两个证券交易所市场形成了不同特色的证券所有权登记、托管机制,独立设立了各自的中央证券登记结算机构,分别是上海证券中央登记结算公司(以下简称"上海公司")和深圳证券结算有限公司(以下简称"深圳公司",1995年前为深圳证券登记有限公司,后改组成立深圳证券结算有限公司)。中央政府主导了证券市场的发展制度建设以后,直到2001年10月,中国证券登记结算有限责任公司(China Securities Depository & Clearing C.,Ltd.,简称"中国结算",CSDC)成立,承接了原来隶属于上海和深圳证券交易所的全部登记结算业务。"中国结算"的成立,标志着全国集中统一的证券登记结算体制的组织架构基本形成,但是,其上海分公司和深圳分公司基本上仍然独立运作。① 中国国债的登记、托管、结算是另外一个体系,由中央国债登记结算有限责任公司(China Central Depository & Clearing Co.,Ltd.,简称"中债登",CCDC)负责。我国证券登记结算机构的体系及其运行,可通过下列图示:

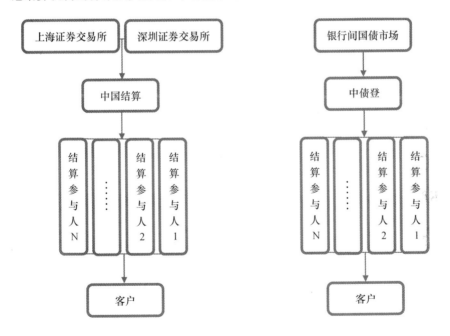

---

① 涂建、毛国权:《证券登记与托管的国际经验与中国实践——以证券所有权为基础》,载《证券法律评论》(2002年第2期),法律出版社2002年版,第121—122页。

(二)我国证券登记结算机构的概念及其特征

我国《证券法》第 155 条第 1 款规定,证券登记结算机构是经过证券监督管理机构批准设立的,为证券交易提供集中登记、存管与结算服务,不以营利为目的法人。放眼全球,许多国家的证券登记结算机构均为营利性法人。从上述规定对证券登记结算机构的定义来看,其基本特征如下:

(1)证券登记结算机构是为证券交易提供集中登记、存管与结算服务的专业机构,它是证券市场基础设施的重要组成部分。

通过证券登记结算机构集中登记、存款和结算,实现了证券无纸化发行、便利了证券保管、交易交割并加强了交易安全,降低了证券发行与交易成本。

(2)证券登记结算机构是非营利的法人。

这体现在以下三个方面:① 业务范围法定。为证券交易提供集中登记、存管、结算是登记结算机构的法定业务,它不能从事与上述业务无关的其他经营性业务。② 信息公开。即公开业务规则,与证券登记结算业务有关的主要收费项目和标准也必须公开。证券登记结算机构制定或者变更业务规则、调整证券登记结算主要收费项目和标准等,还应当通过相关程序征求相关市场参与人的意见。③ 设立收费项目和标准须批准。与证券登记结算有关服务的收费项目和标准的制定或调整都必须经过中国证监会的批准。

(3)证券登记结算机构是特许的法人。

证券登记结算机构须经特许方能产生,其特许性体现在三个方面:① 设立与解散。其设立必须符合法定条件,而且必须经过中国证监会批准,证券登记结算机构的解散也必须经中国证监会的批准。② 业务垄断。国家特许证券登记结算机构垄断全国证券交易的登记、存管、结算业务,其他任何机构不得从事与之相竞争的同类业务。③ 章程、业务规则。其章程、业务规则,须经中国证监会批准才能生效。

二、中国证券登记结算有限责任公司的设立及法律地位

如前所述,在中国证券登记结算有限责任公司设立前,深圳证券交易所和上海证券交易所各自拥有自己的登记结算系统。由于这两个系统运行规则和流程不尽相同,势必增加证券交易结算的成本。为此,1999 年我国《证券法》规定建立全国统一的证券登记结算系统。2001 年 3 月 30 日,经中国证监会批准,上海、深圳证券交易所共同发起,各出资 3 亿元,分别占 50% 的股份,依据我国《证券法》和《公司法》的有关规定,设立了中国证券登记结算有限责任公司,公司总部设在北京。公司的经营范围为:证券账户和结算账户

的设立和管理、证券登记与过户、证券存管、证券和资金的清算与交收、受发行人委托办理证券权益分配等代理人服务以及证监会批准的其他业务。公司成立后,原上海、深圳证券交易所的登记结算公司改制为中国证券登记结算有限公司上海分公司和深圳分公司。2001年9月20日,中国结算公司分别与上交所和上海证券中央登记结算公司、深交所和深圳证券登记结算公司联合发表公告,宣布从2001年10月1日起,中国证券市场的证券登记结算业务全部由中国证券登记结算公司承接,这标志着全国集中统一的证券登记结算体制的形成。

我国《证券法》第158条第1款明确规定:"证券登记结算采取全国集中统一的运营方式。"该法第159条第1款还规定:"证券持有人持有的证券,在上市交易时,应当全部存管在证券登记结算机构。"与此同时,中国证监会颁布的《证券登记结算管理办法》第4条第2款规定:"证券登记结算业务采取全国集中统一的运营方式,由证券登记结算机构依法集中统一办理。"依照这些规定,所有在深沪两市进行交易的证券都必须集中到中国证券登记结算有限责任公司统一登记、存管,所有在上海证券交易所和深圳证券交易所集中交易的证券都必须集中到中国证券登记结算有限责任公司统一结算。上述规定,从法律上进一步明确了中国证券登记结算有限公司作为中央登记、存管与结算机构的法律地位。

三、证券登记结算机构的主体资格监管

我国证券登记结算机构采取有限责任公司的组织形式,所以,设立证券登记结算机构必须满足《公司法》有限责任公司设立的基本条件,与此同时,按照《证券法》第156条的规定,设立证券登记结算还应具备以下几个基本条件:(1)最低资本要求。证券登记结算机构自有资金不得少于人民币2亿元。如采取公司制形式,公司最低注册资本不得少于2亿元人民币。(2)硬件设施要求。具有证券登记、存管和结算服务所必须的场所和设施。证券登记结算机构主要职能就是集中办理证券登记、存管和结算业务,所以它必须有能够从事有关业务硬件设施。(3)主管人员及从业人员具有相应的资质。证券登记结算机构是为证券交易提供基础服务的,所以其主要管理人员和从业人员应当具备相关专业知识。目前,我国对从事证券业务从业人员实行资质管理,只有通过证券从业资格考试,并取得从业资格的人员才能从事证券登记、存管和结算业务。(4)国务院证券监督管理机构规定的其他条件。除此之外,证券登记结算机构的名称中应当标明"证券登记结算"字样。

除要具备上述条件外,证券登记结算机构的设立还必须经中国证监会批

准,其解散也必须经中国证监会批准。

四、证券登记结算机构的主要职能

(一)账户、结算账户的设立与管理

如前所述,进入到证券无纸化时代,记账取代了实物证券的交付,账户凭证持有取代了实物证券的持有。于是在集中登记、存管与结算制度下,投资者要认购证券和从事证券交易,就必须到证券登记结算机构开立证券账户和资金账户,用于证券存管、证券交易结算。对证券账户与结算账户的开立与监管意义重大,一方面,有利于确认证券持有人权利,保障投资者合法权益;另一方面,则有利于对证券交易行为进行监管,发现并追踪非正常交易,防止不法交易行为,如操纵市场、内幕交易行为等,从而维护证券市场秩序良性循环。

1. 证券账户的类别

(1)按照证券账户用途,证券账户可分为人民币普通股账户(简称 A 股账户)、人民币特种股票账户(简称 B 股账户)和证券投资基金账户以及其他账户。B 股账户按持有人又分为境内投资者证券账户、境外投资者证券账户。(2)按照账户持有人分为自然人证券账户、一般机构证券账户、证券公司和基金管理公司等机构证券账户。(3)按照法律关系的性质,可分为以下三种:① 客户直接在证券登记结算机构开立证券账户并以自己名义持有的证券,证券账户的维护(借记和贷记)由证券登记结算机构进行,如 A 股等;② 客户在中介机构处(证券公司或 QFII)开立的证券账户并持有证券,中介机构在证券登记结算机构开立统一名义持有的证券账户,并以自己的名义为所有客户持有证券,成为名义持有人。账户则由该中介机构进行维护(借记和贷记),如境外 B 股等;③ 客户在中介机构(证券公司或 QFII)开立证券账户并持有证券,但证券账户的编码由证券登记结算机构统一配号,维护(借记和贷记),中介机构另在证券登记结算机构开立统一名义持有证券账户,对客户证券进行总账管理,如融资融券业务等。① 另外,投资者如欲同时在沪深两市从事证券交易,就必须分别开立上海证券账户和深圳证券账户。

2. 开立证券账户的方式

自然人及一般机构开立证券账户,由开户代理机构(即证券经营机构)受理;而证券公司和基金公司等证券经营机构开立证券账户,则由证券登记结

---

① 汪有为:《关于电子化簿记式证券若干法律问题的思考》,载张育军、徐明主编:《证券法苑》(2010 年第 2 期),法律出版社 2010 年版,第 559 页。

算机构直接受理。

3. 对证券账户开立及其使用的监管

(1) 同一类别和用途证券账户,一个然人和法人只能开立一个。(2) 账户实名制。申请开立证券账户,申请人必须提供真实有效的身份证明,以确保其账户持有人的真实身份。(3) 对客户的证券账户使用情况进行监督,防止投资者将证券账户提供给他人使用,或法人以他人名义开立或者利用他人的证券账户进行证券交易。

(二) 证券的存管、过户与登记

1. 证券的存管、过户

存管,是指证券登记结算机构接受证券公司委托,集中保管证券公司的客户证券和自有证券,并提供代收红利等权益维护服务的行为。我国实行的是证券强制集中存管制度,《证券法》第159条第1款规定,证券持有人持有的证券,在上市交易时,应当全部存管在证券登记结算机构。按照该规定,在证券交易前,投资者必须将证券存管到证券登记结算机构,交易达成后,证券持有人通过办理过户登记就可以完成证券交付。有关证券存管的性质及其与托管的关系,见本章第一节的论述。

2. 证券持有人名册登记及权益登记

在集中登记、存管制度下,上市证券的发行人,必须委托证券登记结算机构办理其所发行证券的登记业务。证券公开发行后,证券发行人应当向证券登记结算机构提交已发行证券的证券持有人名册及其他相关资料,证券登记结算机构据此办理证券持有人名册的初始登记。证券在证券交易所上市交易的,证券登记结算机构应当根据证券交易的交收结果办理证券持有人名册的变更登记。证券以协议转让、继承、捐赠、强制执行、行政划拨等方式转让的,证券登记结算机构根据业务规则变更相关证券账户的余额,并相应地办理证券持有人名册的变更登记。证券登记结算机构根据证券账户的记录,确认证券持有人持有证券的事实,办理证券持有人名册的登记。

(三) 证券和资金的清算交收及相关管理

对证券和资金的清算交收及相关管理包括以下几个内容:

(1) 证券登记结算机构为证券交易提供净额结算服务时,应当要求结算参与人按照货银对付的原则,足额交付证券和资金,并提供交收担保。在交收完成之前,任何人不得动用用于交收的证券、资金和担保物。证券登记结算机构应当将结算参与人提交的交收担保物与其自有资产隔离,严格按结算参与人分户管理，不得挪用。

(2) 证券登记结算机构按照业务规则收取的各类结算资金和证券，必须存放于专门的清算交收账户，只能按业务规则用于已成交的证券交易的清算交收，不得被强制执行。

(3) 证券登记结算机构应当设立证券结算风险基金，用于垫付或者弥补因违约交收、技术故障、操作失误、不可抗力造成的证券登记结算机构的损失。证券结算风险基金从证券登记结算机构的业务收入和收益中提取，并可以由结算参与人按照证券交易业务量的一定比例缴纳。

(四) 受发行人的委托派发证券权益

证券发行人对现有公司股东派发红利或红利股票等权益时，证券登记结算机构按照业务规则和双方协议约定根据证券发行人提供有关资料，将投资者应分配权益分别分派到其账户上。

五、证券登记结算机构的权利与义务规制

我国《证券法》和中国证监会颁布的《证券登记结算管理办法》对证券登记结算机构的权利和义务进行了规制。

(一) 证券登记结算机构的权利

1. 有权依法对登记结算进行自律监管

证券登记结算机构在作为证券登记、存管与结算的服务机构的同时，其又承担着对证券结算业自律监管的职能。证券登记结算机构依法制定并经国务院证券监督管理机构批准的章程、业务规则，并负责实施。[①] 对于违反业务规则的结算参与人，证券登记结算机构可以依据相关规则采取纪律处分或其他自律监管措施。

2. 有权依法拒绝不当查询账户信息

证券登记结算机构及工作人员对证券登记结算业务有关的数据和资料负有保密义务，因此，除有以下情形之一的，证券登记结算机构有权拒绝查询：证券持有人查询其本人的有关证券资料；证券发行人查询其证券持有人名册及有关资料；证券交易所依法履行职责要求证券登记结算机构提供相关数据和资料；人民法院、人民检察院、公安机关和中国证监会依照法定的条件和程序进行查询和取证。

---

① 见《证券法》第158条第2款。

3. 有权要求结算参与人提供结算担保,并依法处置其担保财产

证券登记结算机构可以视结算参与人的风险状况,要求结算参与人提供交收担保,结算参与人未按时履行交收义务的,证券登记结算机构有权按照业务规则处理担保财产。

4. 有权向结算参与人收取结算风险基金

为垫付或者弥补因违约交收、技术故障、操作失误、不可抗力造成的证券登记结算机构的损失,确保交收完成,化解结算风险,证券登记结算机构应当设立结算风险基金,并有权要求结算参与人按照证券交易业务量的一定比例缴纳结算风险基金。①

5. 在证券结算过程中,在代为履行交收义务后,有权对未履行结算交收义务的结算参与人进行追偿

当结算参与人未能履行交收义务,证券登记结算机构处置其担保财产仍然不能完成交收时,证券登记结算机构就可以动用结算风险基金对未获得交付的结算参与人进行赔偿;赔偿后,再向未履行交收义务的结算参与人进行追偿。

6. 有权对证券账户的开立和使用进行监督管理

证券登记结算机构对账户开立及其使用的监管权包括以下几个内容:(1)对开户代理机构开立证券账户活动进行监督,对违反业务规则的代理机构,可以取消其开户代理资格,并可以提请中国证监会给予其暂停或撤销其相关证券业务的许可。(2)对客户证券账户的使用情况监督,防止客户将证券账户出借给他人使用。(3)对在证券账户开立和使用过程中存在违规行为的投资者,证券登记结算机构依法可以对违规证券账户采取限制使用、注销等处置措施。

7. 有权依法收取相关服务费

证券登记结算机构虽然是非营利性的法人,但是,要使证券登记结算系统高效运行,必然产生运行成本和相关费用。因此,法律允许证券登记结算机构向接受证券登记、存管与结算及其他相关服务的证券发行人、结算参与人和投资者收取相应的服务费,但收费项目及其标准必须经国务院证券监督管理部门批准,并向社会充分披露。

(二) 证券登记结算机构的义务

1. 证券登记结算机构应当保证证券持有人名册和登记过户的记录真

---

① 参见《证券法》第163条。

实、准确、完整,不得隐匿、伪造、篡改或者毁损

2. 确保证券发行人、结算参与人和投资者的知情权,依法提供与证券登记结算业务有关的查询、信息、咨询和培训服务

该义务包括以下三项内容:(1)证券登记结算机构应当向证券发行人提供证券持有人名册及其有关资料。证券登记结算机构应当根据证券登记结算的结果,确认证券持有人持有证券的事实,提供证券持有人登记资料。(2)证券登记结算机构应当采取有效措施,方便证券持有人查询其本人证券的持有记录。(3)为帮助结算参与人、投资者熟悉和掌握证券登记结算业务规则,更好地使用登记结算系统,跟踪了解证券交易结算结果,维护自己的合法权益,证券登记结算机构有义务向他们提供与证券登记结算业务有关的查询、信息、咨询和培训服务。

3. 保密义务

该义务包括以下两项内容:(1)对数据和资料的保密义务。证券登记结算机构及其工作人员依法对与证券登记结算业务有关的数据和资料负有保密义务。(2)对商业秘密的保密义务。证券登记结算机构工作人员必须忠于职守、依法办事,不得利用职务便利谋取不正当利益,不得泄露所知悉的有关单位和个人的商业秘密。

4. 确保证券登记、存管、结算安全

第一,证券登记结算机构应当采取下列措施保证业务的正常进行:(1)具有必备的服务设备和完善的数据安全保护措施;(2)建立完善的业务、财务和安全防范等管理制度;(3)建立完善的风险管理系统。第二,证券登记结算机构应当设立证券结算风险基金,用于垫付或者弥补因违约交收、技术故障、操作失误、不可抗力造成的证券登记结算机构的损失。证券结算风险基金从证券登记结算机构的业务收入和收益中提取。

5. 不得挪用客户的证券

对于客户存管在证券登记结算机构的证券,证券登记结算机构要负善意保管义务,不得挪用客户的证券

6. 妥善保存登记、存管和结算的原始凭证及有关文件和资料。

证券登记结算机构应当妥善保存登记、存管和结算的原始凭证及有关文件和资料。其保存期限不得少于20年。

7. 公开收费的项目与标准的义务

证券登记结算机构应当公开业务规则、与证券登记结算业务有关的主要收费项目和标准。证券登记结算机构制定或者变更业务规则、调整证券登记结算主要收费项目和标准等,应当征求相关市场参与人的意见。

8. 禁止从事的业务及行为

为确保证券登记结算机构履行好自身职能,防止其利用特权谋取不正当利益,因此,国务院证券监督管理委员会颁布的《证券登记结算管理办法》第十条规定,禁止证券登记结算机构从事与履行上述职能无关的任何营利性的经营活动,其中包括:与证券登记结算业务无关的投资;购置非自用不动产;为完成证券交易结算目的之外而从事的证券买卖;法律、法规和中国证监会禁止的其他行为。

第十三章　证券监管法律责任

法治只有以责任制度作后盾,公权力才具有依法强制的功能,从而一方面使违法者受到法律责任的追究,另一方面在被强制者受到公权力不公正对待时又能获得救济的渠道。证券监管法律制度正是如此。本章拟就证券监管法律责任的理论体系和具体责任形式以及证券市场若干禁止行为的法律责任进行探讨。

第一节　证券监管法律责任的理论体系研究

一、证券监管法律责任的含义和特征

证券监管法属经济法的范畴,是经济法的部门法,因而作为证券监管法律制度组成部分的证券监管法律责任与经济法责任亦当属个别与一般的关系。矛盾的普遍性寓于矛盾的特殊性之中,而普遍性对于特殊性具有指导作用。因此,先掌握了具有普遍性的经济法责任,再来研究证券监管法律责任的特殊性就有了一般性的理论指导。

关于什么是经济法责任,国内学者意见颇不一致。① 其中较具代表性的观点认为,经济法责任是指经济法主体因实施了违反经济法律法规的行为而应承担的由法律规定的具有强制性的法律后果。② 本书赞同这一观点,持这一观点的学者还认为经济法责任具有复合性③,行政、民事和刑事三种责任形式兼容于经济法责任之中。在经济法中同时使用行政、民事和刑事性质的责任形式,从立法技术上讲,有利于经济法律关系主体清晰而又全面地认识到某一行为可能招致的各种不同程度的法律后果,这既有利于守法,又有利于执法。④ 经济法责任的若干基础理论完全可以用来指导对证券监管法律责任的研究。据此,本书认为,证券监管法律责任是指在证券市场运行过程

---

① 参见许明月主编:《经济法学论点要览》,法律出版社 2000 年版,第 549—550 页。
② 李昌麒:《经济法——国家干预经济的基本法律形式》,四川人民出版社 1995 年版,第 482 页。
③ 李昌麒主编:《经济法学》,中国政法大学出版社 1999 年版,第 118 页。
④ 同上书,第 121—122 页。

中，行为人因违反证券监管的法律、法规而应当承担的具有强制性的法律后果。证券监管法律责任的特征主要表现在以下几个方面：

第一，证券监管法律责任是以监管职责和证券法义务为存在前提的。一般的法律责任是以法律义务的存在为前提的，无法律义务就无承担和追究法律责任的依据，这于证券监管法律责任也是适用的。但是，由于在证券监管法律关系中，证券监管机关也是最为常见的证券监管法律关系主体。而作为证券监管机关在拥有国家法律赋予的监管职权的同时，也承担着必须履行监管职权的监管职责。如果监管机关滥用监管职权或者怠于履行监管职责而给相对人造成损失，也应承担相应的证券监管法律责任。因此，除证券法律义务外，监管职责也是证券监管法律责任的存在前提。

第二，证券监管法律责任具有复合性，它是由不同性质的多种责任形式构成的统一体。证券监管法律责任包含了公法责任和私法责任，过错责任、无过错责任和公平责任，职务责任和非职务责任，财产责任和非财产责任等等性质相异的责任形式，它们共同构成完整意义上的证券监管法律责任。其中，公法责任和私法责任的复合性，使证券监管法律责任中既包含有公法性质的行政法责任和刑法责任，同时又包含有私法性质的民法责任。上述特征是其他部门法责任所不具有或者不甚明显的现象。

第三，证券监管法律责任具有社会性。证券监管法律制度的根本宗旨是维护广大投资者的社会公共利益。在证券监管法律制度中，对于法律责任的设定，在诸多方面都是基于维护证券市场秩序和保护投资者的共同利益的考虑。或者说，从社会公众利益的角度来规定证券交易市场和管理领域中违法者的法律责任，是证券监管法不同于其他法律部门的一个重要特点。

第四，证券监管法律责任与证券法律责任的区别在于前者一般不包括违反证券合同关系的民事责任。证券法律责任除了包含证券监管法律责任的全部责任形式之外，还包括平等主体之间以意思自治为存在前提的证券合同关系的民事责任，即证券违约责任。所谓证券违约责任，是指在证券发行、交易、委托、代管、认购、取息等过程中，合同主体不履行或不适当履行合同义务而产生的民事责任。可见，证券法律责任的范围大于证券监管法律责任，后者即使涉及私法，也主要是私法法域中与公共利益有联系的那部分内容。换言之，证券监管法律责任的责任形式虽然有属于私法领域的民事责任，但这种民事责任主要是与侵害公共利益有关的民事侵权责任相联系。

第五，民事责任优先原则。民事责任优先原则，是指当某一证券违法主体同时承担民事、行政和刑事责任时，应当先承担民事责任。我国《证券法》第232条明确规定了这一原则，即"违反本法规定，应当承担民事赔偿责任和缴纳罚款、罚金,其财产不足以同时支付时,先承担民事赔偿责任"。民事赔偿、罚款、罚金是分属于民事责任、行政责任和刑事责任的责任形式,其共同点是责任人都要承担财产责任。由于证券监管法律责任具有复合性的特点,证券违法行为可能同时要承担两种以上的法律责任,这就牵涉到承担责任顺序的问题。民事赔偿是对投资者损失的补偿,而罚款和罚金则是属于对侵害人的惩罚。根据法律的一般原理,违法行为发生后,法律的首要目的是恢复原状,即恢复到违法行为发生前的状况,维护市场秩序;在有损害的情况下,即表现为首先补偿投资公众的损失,然后才是对侵害人进行惩罚。因此,证券监管法民事责任的顺位优先原则符合《证券法》"保护投资者的合法权益,维护社会经济秩序和社会公共利益"的立法宗旨。

二、证券监管法律责任的归责原则

证券监管法律责任的归责是指由特定国家机关或者国家授权的组织针对违犯证券监管法的违法行为所引起的违法后果而依法进行判断、确认、追究的活动。证券监管法律责任制度的确立仅仅解决了证券监管法律责任的形式存在,而追究法律责任还必须借助于证券监管机构和司法机构的归责活动。从我国《公司法》和《证券法》的规定来看,我国证券监管法律责任的归责原则包括过错责任原则、过错推定原则、无过错责任原则和严格责任原则。

(一) 过错责任原则

过错责任原则,是指行为人由于过错实施了证券监管违法行为而应承担法律责任的归责原则。过错责任原则强调行为人的主观过错,并以过错作为确定责任的要件。一般而言,在追究证券民事责任和行政责任时,考虑到证券侵权案件具有影响范围广、受害主体不特定、信息不对称等特点,在过错责任原则下利益受损的投资公众对侵权行为人的主观过错难以举证,这势必阻碍其救济权利的行使。所以,《证券法》对一般证券违法行为的法律责任并没有规定行为人主观上必须有过错。[①] 但是,在追究证券刑事责任时,相关的证券犯罪,如内幕交易、操纵市场、证券欺诈等都需要依据《刑法》各相关罪名的具体犯罪构成,将主观过错作为认定行为人是否构成犯罪主观要件的依据。

[①] 当然,《证券法》中还是有关于过错责任的规定,比如,根据第200条的规定,证券交易所、证券公司、证券登记结算机构、证券服务机构的从业人员或者证券业协会的工作人员,故意提供虚假资料,隐匿、伪造、篡改或者毁损交易记录,诱骗投资者买卖证券的,应依法追究其责任。这里的"故意"就是强调行为人具有主观故意,即主观过错。

(二) 过错推定原则

过错推定原则属于过错责任原则的一种特殊表现形式。它是指在法律有特别规定的场合,从违法行为以及损害事实本身推定行为人有过错,除非行为人能够证明自己没有过错,否则将据此确定该行为人应承担法律责任的归责原则。例如,《证券法》第 26 条规定,发行人对已经核准的证券发行决定不符合法定条件和程序承担无过错责任,应当按照发行价并加算银行同期存款利息返还证券持有人,保荐人应当与发行人承担连带责任,但是能够证明自己没有过错的除外。第 69 条规定,发行人、上市公司对虚假陈述行为承担无过错责任,对其给投资者造成的损失应当承担赔偿责任;发行人、上市公司的董事、监事、高级管理人员和其他直接责任人员以及保荐人、承销的证券公司应当与发行人、上市公司承担连带赔偿责任,但是能够证明自己没有过错的除外。本来按照民事诉讼举证的基本原则,应当是:"谁主张,谁举证",但是在证券市场上受损的投资者对侵权行为人的主观过错举证甚难,因此,采用过错推定原则将举证责任倒置,即由侵权行为人"证明自己没有过错"。可见,过错推定原则的意义主要是减轻原告的举证责任,而加重了被告的举证责任。

(三) 严格责任原则

严格责任原则,是指行为人只要实施了证券违法行为,就必须承担法律责任的归责原则。严格责任原则突出的是追究证券违法行为本身的法律责任,责任的构成不以损害后果和主观过错为前提。我国《证券法》采用了严格责任原则的归责原则,明确规定了证券违法行为的基本表现形式及其法律责任的内容、范围、归属和追究程序,行为人只要实施了法律规定的违法行为,无论其主观上是否存在过错,客观上是否造成损害结果,都必须承担相应的法律责任。严格责任原则在证券行政责任方面采用最多。

(四) 无过错责任原则

无过错责任原则,是指行为人实施了证券违法行为并造成一定损害后果的,无论其主观是否存在过错,都应承担法律责任的归责原则。与严格责任原则相比,无过错责任原则主要适用于证券民事责任方面,并且以损害后果作为构成其责任的前提。比如,根据《证券法》第 193 条的规定,发行人、上市公司或者其他信息披露义务人未按照规定披露信息,或者所披露的信息有虚假记载、误导性陈述或者重大遗漏的,责令改正,给予警告,并处罚款。只要上述行为给投资者造成了损失,就应当依法承担民事赔偿责任,而不以行为人的主观过错为责任要件。

三、证券监管法上的民事责任

(一)证券监管法上民事责任的概念及其特征

通常民事责任可大致分为违约的民事责任和侵权的民事责任两大类,这两大类责任又是依据民事义务的性质不同来划分的:一种是当事人依法按照意思自治原则而自行约定的义务。这主要是合同义务,通常是指当事人约定的特定作为义务。这种义务也具有法律约束力,违反此义务即构成违约责任。另一种是法定的义务,即由法律的强行性规范、禁止性规范所设定的义务。依据法律规定,任何人不得侵犯他人的人身权、物权、知识产权、经济权等民事权利,这是法律对每个民事主体所应负的一般性义务的要求,是一种普遍性的不作为义务,违反这种义务即能构成侵权责任。就证券市场而言,维护证券市场秩序、保护社会公共利益是监管主体和受监管主体的法定义务,不得侵犯他人的合法权利是《证券法》的禁止性规范;违反了这种义务,就构成了侵权的民事责任(当然,对于侵权行为严重的行为人,还可能被追究行政责任或刑事责任)。申言之,证券监管法律制度上的民事责任主要是一种侵权责任,是证券监管者或被监管者因破坏证券市场秩序、损害社会公共利益而导致他人经济权益的损害而应当承担的法律后果。

证券监管法上的民事责任作为整个民事责任的一部分,其适用要受到民事责任一般规定的制约;同时,它又是与其他民事责任相区别的一种独立的责任。证券监管法上的民事责任的法律特征表现为:

(1)证券监管法上的民事责任是一种侵权的民事责任,它是证券监管法律关系的主体因违反证券监管法规定的法定义务而应承担的法律后果,它不同于违约责任。

(2)证券监管法上的民事责任以侵权行为为前提,而这种侵权行为除一般侵权外,还包括特殊侵权行为。特殊侵权行为是指当事人基于与自己有关的行为、事件或其他特别原因致人损害,依照民法上的特别规定或特别法的规定而应承担民事责任。特殊侵权行为的责任形式,主要是无过错责任和公平责任两种形式;在举证责任上,采取举证责任倒置的方式。例如,对于追究信息公开文件虚假或重大遗漏的法律责任,各国法律一般规定承担无过错责任。只要信息公开文件有虚假或重大遗漏事项,除发行人或发起人证明原告取得时知悉外,应就整个文件内容承担绝对责任。

(3) 证券监管法上的民事责任具有强制性。当不法行为人违反了证券监管法设定的不得侵犯他人证券权益的义务，并致他人受损以后，行为人必须向受损人承担赔偿责任。这种损害赔偿是以国家强制力作为保障的，是行为人对国家应负的责任，它不取决于行为人的个人意志。正因为证券监管法上的民事责任具有强制性，才能够强有力地督促义务人履行其义务，更宏观地维护证券市场主体的全局利益。

(4) 证券监管法上的民事责任的责任形式以财产责任形式为主，但不限于财产责任形式。由于证券监管法上的侵权行为一般都会给他人造成财产上的损害后果，侵权行为人相应地应当以自己的财产来对其不法行为所造成的损害后果承担责任，因此，证券监管法上的民事责任的形式主要是财产责任。但是，由于在许多情况下并非仅靠承担财产责任就能消除侵害后果或防止损失继续扩大，所以，证券监管法上的民事责任，还应当包括停止侵害、排除妨碍、消除危险等非财产内容的责任形式。

(5) 连带责任的普遍应用。证券市场上的各类活动专业性都很强，风险大，绝大多数证券活动需要多个不同主体共同参与，例如，证券发行活动就涉及发行人、证券公司、证券服务机构等。因此，一旦出现证券违法行为，往往就属于共同过错，或者法律规定为推定过错，相应主体可能就要承担连带的民事责任。比如，《证券法》第 26、69 条就是较为典型的连带责任条款，规定了发行人、上市公司与其高级管理人员和为其提供服务的中介机构以及发行人、上市公司的控股股东、实际控制人之间承担连带赔偿责任情形。

(二) 证券监管法上的民事责任的构成

证券监管法上的证券侵权行为，其侵权结果具有更为显著的双重性。它一方面是投资者个体的财产遭受直接损害的后果，另一方面又使得社会公共利益和证券市场秩序遭受破坏，进而影响整个社会经济发展的协调和稳定。由于两种不同性质的危害结果既相互联系又有所区别，使得证券监管法上的侵权行为问题复杂化。也正因为如此，证券监管法上的民事责任在其构成要件上与传统的民事责任相比，具有了新的内容。具体而言，证券监管法上的民事责任的构成要件如下：

(1) 有损害事实存在。损害事实是承担民事责任的基本前提，它是民事责任都必须具备的构成要件。但是，在证券监管法上的民事责任中，由于证券市场自身的特殊性，即在证券市场的任何一个环节发生问题都可能像多米诺骨牌那样，引发一系列的连锁反应和损害后果。所以，在证券市场上侵权所造成的损害事实不仅包括直接投资者个体的财产损失，而且会包括因造成证券市场秩序破坏所引起的更大程度上的财产损失。

(2) 证券侵权行为不以存在违法性为其必要条件。传统的民事责任以侵权行为具有违法性为必要条件,行为人只对违法行为承担责任。通常情况下,损害他人人身和财产的行为,总是由违法行为所导致。但在证券监管法上的侵权行为中,却并不以该行为具有违法性为其必要条件,而是以侵权行为损害的客观性作为承担证券监管法律责任的要件。因为如果一味地以行为是否具有违法性为标准来衡量侵权行为是否构成,实际上是忽视了证券监管法上的侵权行为的特殊性,更重要的是不利于切实有效地保护投资者的利益和维护证券市场的公平性。

(3) 证券侵权行为不必然要求行为人有主观过错。在一般的民事责任中是以行为人主观上存在故意或过失而作为承担民事责任的必要条件,即采取的是过错责任原则。但在证券监管法上的民事责任中,因为针对特殊侵权行为采取的是无过错责任原则,所以行为人的主观过错不再是承担证券监管法上的民事责任的必要条件。

(4) 证券侵权行为与损害结果之间的因果关系。在追究一般民事责任时,要求违法行为与损害结果之间存在直接因果关系,由于证券监管法上的民事责任不以违法行为为构成要件,因此,在证券侵权行为与损害结果之间的因果关系中,我们侧重强调的是其侵害行为的危害性,而对这种因果关系不再强求要有严格的直接的证明。因为因果关系是一个比较复杂的问题,在证券侵权行为与损害结果之间又有社会因素的介入,更加大了这一问题的难度,所以在证券监管法上的民事责任中放宽了因果关系方面的证明,采用"因果关系推定"等新的理论,而不再苛求具备传统民事责任那种直接的、严密的因果关系的证明。

(三) 证券监管法上承担民事责任的情形

证券监法上的民事责任主要是在证券发行、交易过程中因当事人违反国家法律法规,侵害他人合法权益而应当承担的民事责任。它主要有以下几种:

(1) 违法发行证券行为的民事责任。

在我国,公开发行证券实行较为严格的核准制度。公开发行的证券首先必须符合法律、行政法规规定的条件,然后依法报经国务院证券监督管理机构或者国务院授权的部门核准后,才能公开发行;未经依法核准,任何单位和个人不得公开发行证券。① 违法发行证券的行为有以下两种情况：

第一，擅自发行证券。证券发行人未经证券监管部门批准擅自发行证券，当监管部门宣布无效后即造成了证券持有人的经济损失，此即属非法发行的侵权责任，应予赔偿损失。证券发行人未经证券监管部门批准，擅自发行或变相公开发行的，监管部门责令停止发行，由发行人对擅自发行给投资者造成的损失予以赔偿。目前，法定赔偿范围是投资者认购资金的利息损失，即发行人应退还所募资金并加算银行同期存款利息。证券公司承销或者代理买卖未经核准擅自公开发行的证券，给投资者造成损失的，应当与发行人承担连带赔偿责任。发行人的控股股东、实际控制人有过错的，也应当与发行人承担连带责任。

第二，不符合法定条件或者法定程序发行证券。此即《证券法》第26条规定的情形：国务院证券监督管理机构或者国务院授权的部门对已作出的核准证券发行的决定，发现不符合法定条件或者法定程序，尚未发行证券的，应当予以撤销，停止发行。已经发行尚未上市的，撤销发行核准决定，发行人应当按照发行价并加算银行同期存款利息返还证券持有人；保荐人应当与发行人承担连带责任，但是能够证明自己没有过错的除外；发行人的控股股东、实际控制人有过错的，应当与发行人承担连带责任。

(2) 欺诈客户行为的民事责任。

证券商在代客买卖证券中从业人员以欺诈的方法（如将代理业务与自营业务混合操作）损害客户利益造成经济损失的属欺诈客户的侵权责任，应给予赔偿损失。

(3) 虚假陈述、信息遗漏行为的民事责任。

(4) 操纵市场行为的民事责任。

(5) 内幕交易行为的民事责任。

在上述证券侵权行为中，在情节严重的情况下，往往构成犯罪行为，当构成犯罪时，行为人除了要向受害人承担民事责任外，同时还要承担相应的刑事责任。

上述第(2)至(5)项属于各国证券法上禁止从事的典型证券违法行为，行为人除了要承担民事责任，情节严重的还要承担相应的行政责任和刑事责任。

---

① 参见《证券法》第10条第1款的规定。

四、证券监管法上的行政责任

(一) 证券监管法上的行政责任概述

在证券监管法中,行政责任是指国家机关基于证券监管法律关系主体的证券行政违法行为,对证券监管法律关系主体依行政程序或者行政诉讼程序所给予的法律制裁或加予的其他法律后果。其特征如下:

(1) 证券监管法上的行政责任是证券监管法律关系主体的责任,它包括监管主体和受监管主体的责任。即其责任主体既可以是证券监管行为的相对人,如上市公司、证券公司、证券服务机构,也可以是证券监管机构以及其他组织、机构的相关工作人员。从主体形式的角度看,责任主体既可以是公司法人、自然人,也可以是行政机关、行业自律性组织等。

(2) 证券监管法上的行政责任是证券行政违法行为的必然法律后果。证券行政法律责任必须以行政违法行为为前提,没有行政违法行为也就无所谓行政法律责任。证券监管的行政违法行为在证券发行、交易、上市公司收购和上市公司退市等各个环节均可能发生。

(3) 责任追究的职权性与主动性。职权性体现在两个方面:一是行政责任的追究是特定行政执法部门的专属职权,只有法律明确规定或授权的组织或机构才能成为执法主体,其他任何组织与机构均不能行使追究行政责任的职权。二是国家相关的行政管理与执法部门(包括同一部门的不同级别的机构),它们之间的行政执法权是有明确界限的,同样是行政执法机构,因职权分工的不同而拥有不同内容的行政执法权;在执法中,不同的执法权之间是不容许相互混淆的。

职权性决定了行政责任追究的主动性。行政责任是由国家主动追究的一种法律责任,它不依赖于行为是否已经发生结果,也不依赖于有无特定的受害人,并且也不取决于有无"原告",追究行政责任是国家行政执法部门积极主动的行为。这与民事责任的"不告不理",追究责任依赖于权利人或者原告意志的被动性、事后性等特点形成鲜明的对比。

(二) 行政责任的形式

从证券行政违法行为后果来看,法律上主要反映为两个方面:一是对违法行为进行惩罚;二是对证券违法行为进行补救。与此相适应,证券行政责任的形式可分为惩罚性行政责任和补救性行政责任。

1. 惩罚性的行政责任

这是指证券行政违法行为必然导致的在法律上对违法主体进行惩罚的法律后果,具体形式包括行政处分和行政处罚。行政处分适用于监管主体或被监管主体内部,而行政处罚则只适用于被监管主体。

(1) 行政处分。行政处分是行政机关对其工作人员或行政监察机关对国家工作人员违法行为进行包括:警告、记过、记大过、降级、撤职、留用察看、开除等七种形式的处罚。作为自律性组织的证券业协会和会员制事业法人的证券交易所,可以对其会员及其工作人员的违法、违纪行为给予纪律处分,证券公司、证券交易服务机构对其从业人员的违法、违纪行为也可给予纪律处分。

(2) 行政处罚。行政处罚是指证券市场有权进行管理、监督、指导、协调的行政机关对违反证券法律、法规、规章的单位或个人所给予的一种强制性制裁措施,主要包括:

① 罚款。即证券行政执法机关依据有关法律、法规和规章的规定,对各类证券违规行为依其危害程度作出的不同幅度的财产性处罚。这种行政处罚形式常与没收非法所得合并适用。例如,中国证监会根据《股票发行与交易管理暂行条例》的规定,于1998年11月对成都红光实业股份有限公司编造虚假利润、骗取上市资格、隐瞒重大事项、挪用募集资金买卖股票等严重违法、违规行为进行了查处,对其进行了罚款处罚。

② 没收非法所得。即证券行政执法机关依法对证券违规相对人的非法所得追缴上交国库。如上述红光公司违规案中,中国证监会在对成都红光公司处以罚款处罚外,还对其处以没收非法所得。

③ 行为罚。行为罚是证券行政执法机关依据有关法律、法规或规章的规定,限制或剥夺证券违规行为人的某种特定权利能力,如经营活动、从事某种证券业务资格能力的一种处罚。主要形式有:限制或暂停证券业务;暂停或取消发行、上市资格;责令改正;责令停业整顿;责令关闭;吊销证券业务许可证等等。

2. 补救性的证券行政责任

这是指证券行政违法行为的主体补救履行自己的法定义务或补救自己的违法行为所造成的危害后果的法律责任。这类责任既适用于监管主体,又适用被监管主体,具体的责任形式主要是责令赔偿。即证券监管机关按照有关法律、法规,并根据证券违法行为人的违法情况和受损人的受损程度,责成违法行为人对受损人给予一定的经济补偿。但我国现有的证券法律、法规和规章对此并未作出明确规定,有必要建立和完善这一制度。

(三) 监管主体的行政责任

1. 监管主体的证券行政违法

监管主体的证券行政违法是指证券监管机构及其工作人员在具体的证券监管活动过程中所进行的侵害受法律保护的证券法律关系,尚未构成犯罪的有过错行为。本书将这种行为简称为证券违法行政。证券违法行政具有以下特点:(1)证券违法行政的行为人是证券法上的监管主体,只有依法享有证券监管权的行政组织或得到授权的其他组织及其工作人员才有可能成为证券违法行政的主体。(2)证券违法行政是通过证券监管人员表现出来的。证券监管主体的一切行为都是通过具体人员作出的,其违法行为也是通过证券监管人员的违法表现出来的。只要某证券监管机关工作人员是以证券监管人的身份进行职务活动时违法,均可归属为证券监管主体的违法。(3)证券违法行政是在证券监管过程中的违法。监管主体是实施证券监管权的主体,它的违法行为必须发生在证券监管权的执行过程中,包括作为的和不作为的违法。(4)证券违法行政包括违反证券法律的行为和违反证券行政法规的行为。(5)证券违法行政承担的惩罚性后果是行政处分,补救性后果主要是行政赔偿。证券违法行政人员大多是公务员,所以,一旦他们违法就要在行政组织内部依法承担相应的法律责任——行政处分。同时,证券监管人员又是代表国家在行使职权,如果他们的侵权行为给被监管主体造成了经济损失,则要依照《国家赔偿法》对被害人承担行政赔偿责任。

2. 证券违法行政的种类。

我国证券法律、法规并未统一对证券行政违法作出规定,本书归纳各相关证券法律、法规的规定,可将证券行政违法分为以下几类:

(1) 程序违法。即证券监管主体不按法律规定的程序进行相应的行为,如不经过法定步骤、顺序颠倒、不遵守时间限制等,违反程序可能会影响监管行为的公平与正确,因而属违法行为。如我国《证券法》第 227 条规定,国务院证券监督管理机构或者国务院授权的部门有违反规定采取第 180 条规定的现场检查、调查取证、查询、冻结或者查封等措施的,以及违反规定对有关机构和人员实施行政处罚等情形之一的,对直接负责的主管人员和其他直接责任人员,依法给予行政处分。

(2) 对事实认定上的错误。证券监管主体在执法过程中因对具体事实的认定不当或不全面而导致的违法行为。这种行为主要表现为证券监管主体所作出的具体监管行为的证据不足。

(3) 适用法律上的错误。即证券监管主体在具体监管行为中出现的法律适用上的错误,本来应当适用这部法律或这个条款,却适用了其他法律或另一个条款。

(4)滥用职权。即证券监管主体及其监管人员在其职权范围内违反证券法律规定的目的和原则,以及考虑一些与证券法律规定不相关的因素而作出的具体管理行为。这种行为虽未超越监管主体的职权,但行使该行为的目的不当,或该行为的作出不符合法律规定的目的。例如,我国《证券法》第228条规定:证券监督管理机构的工作人员和发行审核委员会的组成人员,不履行本法规定的职责,滥用职权、玩忽职守,利用职务便利牟取不正当利益,或者泄露所知悉的有关单位和个人的商业秘密的,依法追究法律责任。这其中即包括追究其滥用职权的行政责任。

(5)行政越权。即证券监管主体及监管人员超越职务权限的行为。如证券监管主体在不具备法律要求的事实而采取法律规定的行为,或虽然具备这样的事实但权力超越了法定范围,均为越权行为,而越权的行为属于无效的监管行为。

(6)行政失职。即证券监管机关及其工作人员不履行法定义务或消极履行法定义务的行为。行政失职的成立必须是监管主体或有关人员有法律上的相关义务,而监管主体或有关人员没有履行或消极履行这个义务。例如,2005年修订前的《证券法》第204条规定:"证券监督管理机构对不符合证券法规定的证券发行、上市的申请予以批准,或者对不符合证券法规定条件的设立证券公司、证券登记结算机构的或证券交易服务机构的申请予以批准,情节严重的,对直接负责的主管人员和其他直接责任人员给予行政处分。"此条款被修订的《证券法》第227条第(1)项替代,但基本精神相同。

(四)被监管主体违法的行政责任

1. 被监管主体行政违法的概念及其特征

被监管主体行政违法是指被监管人违反证券法律、法规,实施危害证券市场秩序但尚未构成犯罪的行为。这种行为与监管主体违法在内容、形式和法律后果上均有很大不同。相比监管主体违法行政,被监管主体违法具有如下特征:(1)违法行为人是被监管主体即在证券监管关系中被监管的一方;(2)被监管主体的违法行为是行为人直接实施的危害证券市场经济秩序的行为;(3)被监管主体的违法行为既可以是个人的违法,也可以是法人组织的违法;(4)被监管主体的违法行为只能是违反证券监管法规范的行为,不包括违反其他行政法规范的行为。

2. 被监管主体违法的行政法律责任

被监管主体违法的法律责任包括补救性的法律责任和惩罚性的法律责任。

(1) 补救性责任。补救性的行政责任包括消除危害、恢复原状、缴纳费用、赔偿损失等。其中一些责任形式与承担民事责任的形式完全相同。值得注意的是,出现这种相同意味着证券监管领域行政权的扩大,而行政权扩大则是基于证券经济秩序健康和稳定的重要性和迫切性的要求。整个证券经济秩序被破坏的后果十分严重,必须及时采取制止和补救措施,避免造成更大的危害,而依民事法律程序则不利于及时、迅速地制止非法行为。证券监管法将原应由司法机关追究的民事责任转由证券监管机关追究,以便发挥行政程序简便、迅速的特点,更好地保护证券经济秩序和社会公共利益。

(2) 惩罚性责任。证券行政处罚是经证券监管主体依法对违反证券行政法律规范的相对人所给予的制裁。根据我国证券法律、法规的有关规定,证券行政处罚的形式包括:罚款,即证券监管主体强制违法的相对人向国家缴纳一定数额的款项的经济处罚;没收,即证券监管主体对相对人从事违法行为的非法所得予以强制收缴的处罚;扣留或吊销许可证,即证券监管主体对违法的相对人所持有的许可证予以吊销或扣留的处罚;停业、关闭,即对从事证券营业性活动的相对人强令其停止证券营业的处罚。

证券行政处罚在具体的证券法律、法规中都有明确规定,对不同的处罚形式,法律规定了不同的构成要件,证券监管主体必须严格依法实施,否则,也必须承担侵权的法律责任。

归纳我国证券法律、法规的内容,能够承担行政责任的被监管主体共有以下七种:(1) 证券发行人、上市公司;(2) 证券公司及其从业人员;(3) 证券交易所及其从业人员;(4) 中介组织及其从业人员;(5) 证券投资者;(6) 证券登记结算机构、证券交易服务机构;(7) 证券欺诈行为人。

五、证券监管法上的刑事责任

(一) 证券刑事责任的概念及其特征

从罪刑法定的原则出发,为了不产生歧义,与我国《刑法》和刑法原理保持高度一致性,证券监管法上的刑事责任均离不开证券和证券市场,并且刑事责任均为公法责任,故在此均统一称为证券刑事责任。①

证券刑事责任是指行为人在证券发行、交易或证券管理过程中实施了《证券法》《公司法》和《刑法》等法律禁止的行为,构成证券犯罪而应承担的责任。

危害证券市场的犯罪的后果都极为严重,破坏证券市场秩序所造成的影响有时是难以估计甚至是不可逆转的,更不是以经济价值可以计量的。正因为如此,各国的刑法均采取严厉的制裁措施,运用刑法的威慑力保护证券市场秩序。

证券刑事责任的基本特征如下:

(1) 适用违法行为的严重性。违法行为具有严重的社会危害性,是构成犯罪的事实前提,也是一般证券违法行为与证券刑事违法行为(罪与非罪)的区别。一般而言,同一违法行为是民事违法行为、行政违法行为还是犯罪行为,主要就是看该违法行为的危害程度是否达到刑罚制裁的程度。作为最严厉的制裁手段,证券刑事责任只适用于违反《证券法》并已经构成犯罪的证券刑事违法行为。

(2) 构成要件的相对完全性。与证券民事责任和行政责任的追究不同,对于承担证券刑事责任的行为要件法律一般要求比较全面,既要求有主观罪过(故意或过失)的存在,又要求行为要"情节严重"或"造成严重后果"。而民事责任与行政责任常常不需要这些方面的要件。

(3) 责任追究的权威性、强制性和程序性。证券违法行为一旦构成证券犯罪,法律责任的追究就演变为国家和犯罪嫌疑人之间的刑事法律关系。行为人是否有罪以及应承担何种刑罚必须由司法机关按照法定程序确定,具有较强的权威性、强制性和程序性。

(4) 普遍适用双罚制。证券发行和交易的高技术性、高风险性在客观上要求市场参与主体多以法人、事业单位、自律组织以及行政机关等形式出现,因此,单位犯罪也是证券犯罪中的重要表现形式。在许多证券犯罪行为中,单位及其负责人、直接责任人都可能被追究相应的刑事责任。

(5) 自由刑与财产刑相结合。我国《刑法》对证券犯罪的刑事责任主要规定了有期徒刑、拘役以及罚金。一般来说,单位犯罪只适用财产刑,即罚金,而对自然人犯罪则都可以适用 3 种刑罚。由于证券犯罪行为往往会造成受害人严重的财产损失,所以,财产刑的适用是比较普遍的,但这并不意味着

---

① 证券刑事责任均为公法责任,此时证券监管法上的刑事责任与证券刑事责任基本等同一致,可以互相指代;而证券民事责任以私法责任为主,同时又有公法责任,故证券监管法上的民事责任与证券民事责任不适宜等同、互相替代称谓。

可以"以罚代刑"。

(二)证券刑事责任的构成

根据犯罪构成理论,任何犯罪的成立都必须具有犯罪主体、犯罪主观方面、犯罪客体和犯罪客观方面四个要件。证券犯罪的构成同样必须具备这四个要件。

1. 证券犯罪的主体

证券犯罪的主体既可是自然人,也可是法人(单位)。在传统刑法中,只有自然人才能成为犯罪主体,法人是不能成为犯罪主体的。但在证券犯罪中,法人犯罪的观点日益为各国立法所接受,追究法人的证券刑事责任成为一种趋向。在20世纪70年代以前,对于法人能否成为犯罪主体的争论十分激烈,其基本观点可以分为两大类:一种观点是"法人拟制说",认为法人是一种拟制的人格,其自身并没有独立的行为意识和行为能力,不可能发生主观过错,因而无犯罪和刑事责任可言。另一种观点为"法人实在说",认为法人作为一个整体,具有独立的意识能力,法人的意见可以直接通过其代表人的行为表现出来,因而,代表人的行为应视为法人的直接行为,法人可以构成犯罪主体并应承担刑事责任。法人承担刑事责任的方式主要是要求法人接受国家法律对其行为的否定性判决,制裁的形式主要为财产刑和名誉刑等。现在,法律界大多接受了法人犯罪的观点并在立法中得到体现,法人犯罪在追究证券刑事责任中也得到了广泛的运用。

自然人作为证券犯罪的主体,包括以下三类人员:(1) 证券业从业人员,即从事证券发行、交易及其他相关活动的工作人员,证券业从业人员在证券活动中应当具备诚实信用的职业道德,应该自觉地遵守有关法律、法规以及本单位的职业规则。因此,一旦这类人员违反证券法律、法规的规定,实施证券犯罪活动,理应受到法律的严惩。(2) 证券业监督管理人员,即证券监管部门和证券业自律性管理组织中的工作人员。(3) 其他人员,例如证券投资者等。

法人作为证券犯罪的主体,包括以下几类:(1) 证券发行人和上市公司;(2) 证券经营机构;(3) 证券管理机构;(4) 证券服务机构;(5) 投资基金管理公司;(6) 证券业自律性组织;(7) 其他组织机构。当法人作为证券犯罪的主体时,通常实行双罚制:一方面,要对构成犯罪的从事证券活动的法人单位处以罚金;另一方面,要追究从事证券活动机构的直接负责的主管人员和直接责任人员的刑事责任。

2. 证券犯罪的主观要件

犯罪的主观要件是指犯罪主体对他所实施的犯罪行为及其危害后果所

持的故意或过失的心理状态。我国《刑法》规定:行为在客观上虽然造成了损害结果,但是,如果不是出于故意或者过失,而是由于不能抗拒或者不能预见的原因所引起的,不构成犯罪。

证券监管法上的民事责任中,有时实行"无过错责任原则"。但是在刑事责任中是不能适用这一原则的,必须以行为人主观上具有故意和过失作为构成要件。

3. 证券犯罪的客体

证券犯罪侵害的客体是上市公司与证券市场的正常管理秩序和证券投资者的合法权益。在大多数情况下,证券犯罪侵害的是上述双重客体。

当然,在这两种客体中,上市公司与证券市场的正常管理秩序是起决定作用的,是主要客体,因为它直接关系到上市公司与证券市场的整个运作,从而影响证券投资者的合法利益。所以,在惩治证券犯罪的立法中,我们应当在重视保护投资者合法权益的同时,更应当加强对上市公司与证券市场管理秩序的保护。

4. 证券犯罪的客观要件

证券犯罪的客观要件,是指证券犯罪行为和由这种行为所造成的危害后果。证券犯罪行为是证券犯罪构成的要素之一,它一般也包括作为与不作为两种形式。证券犯罪的危害后果是指由于证券犯罪对于客体所造成的损害,这是决定某一证券犯罪行为的社会危害性程度的重要因素。

(三) 证券犯罪行为的种类

从世界各国对证券违法的刑事制裁来看,典型的证券犯罪行为通常包括以下五种:非法发行与交易;操纵证券市场;欺诈客户;内幕交易;虚假陈述和说明。这五种行为都是危害极大、后果严重的证券犯罪行为,都是需要用严厉的刑罚手段加以制裁和打击的。

我国《刑法》借鉴外国的立法经验并结合我国的国情,在修正后的《刑法》中规定了13个罪名的证券犯罪行为。①

---

① 我国修订后的《公司法》和《证券法》,在法律条文中取消了关于公司、证券犯罪的犯罪构成以及制裁内容的表述,各自在第 216 条、第 231 条中笼统规定,"违反本法规定,构成犯罪的,依法追究刑事责任。"具体内容则由《刑法》予以规范,这种做法不仅避免了可能与《刑法》有关规定的重复,也避免了可能与《刑法》有关规定的冲突。因此,目前有关证券犯罪与证券刑事责任的内容统一由我国《刑法》加以规定。这也使《公司法》《证券法》与《刑法》在证券刑事责任方面的紧密性进一步加深,在实务中这三部法律的相互参照和衔接十分重要。

1. 擅自发行股票和公司、企业债券罪①

本罪的客观方面包括：(1) 犯罪主体已经实施了违法发行证券的行为，如果发行工作尚处于准备、筹备阶段，则不构成本罪。(2) 发行人的发行行为属于擅自发行，没有依法得到国家法定主管部门（即国务院证券监督管理机构）的批准。具体表现形式主要有：未向证券监督管理机构申请而私自发行；虽向证券监督管理机构申请，但未获批准而私自发行；超过批准限额的发行；虽经批准，但发行人未通过承销机构承销而私自直接发行。(3) 所发行证券的数额巨大、后果严重或者有其他严重情节。擅自发行行为有下列情形之一的，应予追诉：发行额巨大（如在50万元以上）；不能及时清偿和清退的；造成恶劣影响的。

2. 欺诈发行证券罪②

本罪的客观方面是在招股说明书、认股书、公司、企业债券募集办法中隐瞒重要事实或者编造重大虚假内容，情节严重的违法行为。

3. 未经批准擅自设立金融机构罪③

本罪的客观方面是未经国家有关主管部门批准，擅自设立证券交易所、证券公司的违法行为。

4. 内幕交易、泄露内幕信息罪④

本罪客观方面的要件包括两个方面：一是实施了内幕交易行为。内幕交易行为主要是指证券、期货交易内幕信息的知情人员或者非法获取证券、期货交易内幕信息的人员，在涉及证券的发行，证券、期货交易或者其他对证

---

① 见《刑法》第179条的规定：对擅自发行证券，数额巨大、后果严重或者有其他严重情节的，处5年以下有期徒刑或者拘役，并处或者单处非法募集资金金额1%以上5%以下罚金。单位犯本罪的，对单位判处罚金，并对直接负责的主管人员和其他直接责任人员，处5年以下有期徒刑或者拘役。
② 见《刑法》第160条的规定：在招股说明书、认股书、公司、企业债券募集办法中隐瞒重要事实或者编造重大虚假内容，发行股票或者公司、企业债券，数额巨大、后果严重或者有其他严重情节的，处5年以下有期徒刑或者拘役，并处或者单处非法募集资金金额1%以上5%以下罚金。单位犯前款罪的，对单位判处罚金，并对其直接负责的主管人员和其他直接责任人员，处5年以下有期徒刑或者拘役。
③ 见《刑法》第174条第1款的规定：未经国家有关主管部门批准，擅自设立商业银行或者其他金融机构的，处3年以下有期徒刑或者拘役，并处或者单处2万元以上20万元以下罚金；情节严重的，处3年以上10年以下有期徒刑，并处5万元以上50万元以下罚金。
④ 见《刑法修正案(七)》的有关规定：将《刑法》第180条第1款修改为："证券、期货交易内幕信息的知情人员或者非法获取证券、期货交易内幕信息的人员，在涉及证券的发行，证券、期货交易或者其他对证券、期货交易价格有重大影响的信息尚未公开前，买入或者卖出该证券，或者从事与该内幕信息有关的期货交易，或者泄露该信息，或者明示、暗示他人从事上述交易活动，情节严重的，处5年以下有期徒刑或者拘役，并处或者单处违法所得1倍以上5倍以下罚金；情节特别严重的，处5年以上10年以下有期徒刑，并处违法所得1倍以上5倍以下罚金。"

券、期货交易价格有重大影响的信息尚未公开前,买入或者卖出该证券,或者从事与该内幕信息有关的期货交易,或者泄露该信息,或者明示、暗示他人从事上述交易活动。二是达到"情节严重"的程度。所谓"情节严重",实践中主要有以下几种情形:内幕交易的数额巨大(如在20万元以上)的;多次进行内幕交易、泄露内幕信息的;致使交易价格和交易量异常波动的;造成恶劣影响的。

5. 利用未公开信息交易罪①

关于本罪有以下四点需要说明:

第一,本罪的犯罪主体是特殊主体。一般来讲,资产管理金融机构的从业人员才能成为本罪的主体。而在证券、期货监管机构或者行业协会工作的人员,也有可能因职务便利获取不属于内幕消息的未公开信息,提前建仓或撤仓。因此,本罪的犯罪主体为证券交易所、期货交易所、证券公司、期货经纪公司、基金管理公司、商业银行、保险公司等金融机构的从业人员以及有关监管部门或者行业协会的工作人员。

第二,本罪的主观方面是故意,目的是通过用客户资金买入证券或者其衍生品、期货或者期权合约等金融产品前,以自己名义或假借他人名义或者告知其亲属、朋友、关系户,先行低价买入证券、期货等金融产品,然后用客户资金拉升到高位后自己率先卖出牟取暴利。

第三,本罪所侵害的是多重客体,既有正常的金融管理秩序,市场的公平、公正和公开,还有上市公司投资者的利益和金融行业信誉以及从业人员所在单位的利益。

第四,本罪客观方面的要件包括两个方面:一是行为人实施了"利用因职务便利获取的内幕信息以外的其他未公开的信息,违反规定从事与该信息相关的证券、期货交易活动,或者明示、暗示他人从事相关交易活动"。所谓"内幕信息以外的其他未公开的信息",主要是指资产管理机构、代客投资理财机构即将用客户资金投资购买某个证券、期货等金融产品的决策信息。因不属于法律规定的"内幕消息",也未要求必须公开,一般属于单位内部的商业秘密,故称"内幕信息以外的其他未公开的信息"。所谓"违反规定,从事与该信息相关的证券、期货交易活动",不仅包括《证券投资基金法》等法律、行政法规所规定的禁止基金等资产管理机构的从业人员从事损害客户利益的交易

---

① 见《刑法修正案(七)》的有关规定:将《刑法》第151条增加1款作为第4款:"证券交易所、期货交易所、证券公司、期货经纪公司、基金管理公司、商业银行、保险公司等金融机构的从业人员以及有关监管部门或者行业协会的工作人员,利用因职务便利获取的内幕信息以外的其他未公开的信息,违反规定,从事与该信息相关的证券、期货交易活动,或者明示、暗示他人从事相关交易活动,情节严重的,依照第1款的规定处罚。"

等行为,也包括证监会发布的禁止资产管理机构从业人员从事违背受托义务的交易活动等行为。具体行为主要是资产管理机构的从业人员在用客户资金买入证券或者其衍生品、期货或者期权合约等金融产品前,自己先行买入,或者在卖出前,自己先行卖出等行为。所谓"明示、暗示他人从事相关交易活动",主要是指行为人在自己建仓的同时,常常以直接或者间接方式示意其亲朋好友也同时建仓。二是达到"情节严重"的程度。所谓"情节严重",实践中具体包括以下几种情形:多次建仓的;非法获利数额巨大的;对客户资产造成严重损失的。

6. 编造并传播证券交易虚假信息罪①

本罪的犯罪主体为一般主体,凡是达到刑事责任年龄并具有刑事责任能力的自然人都可以成为本罪主体,单位也能成为本罪主体。但是,本罪主体不包括证券交易所、证券登记结算机构、证券服务机构、证券公司及其从业人员,以及证券业协会、证券期货监督管理部门及其工作人员。本罪的客观方面表现为:编造虚假信息并传播虚假信息以及该虚假信息能够影响证券交易。扰乱证券交易市场,造成严重后果,是指虚假信息引起证券价格发生大幅波动,或在投资者中引起心理恐慌,大量抛售或买进某种证券,给投资者造成重大经济损失,或造成恶劣的社会影响。根据我国《刑法》的相关规定,编造并传播影响证券交易的虚假信息,扰乱证券交易市场,有下列情形之一的,应予追究:造成投资者直接经济损失数额巨大(如3万元以上)的;致使交易价格和交易量异常波动的;造成恶劣影响的。

7. 诱骗投资者买卖证券罪②

本罪的犯罪主体都是特殊主体,具体包括证券交易所、期货交易所、证券公司、期货经纪公司及其从业人员,证券业协会、期货业协会或者证券期货监督管理部门及其工作人员。本罪的客观方面是犯罪主体故意提供虚假信息或者伪造、变造、销毁交易记录,诱骗投资者买卖证券合约,造成严重后果。根据我国《刑法》的相关规定,有下列情形之一的,应予追诉:造成投资者直接经济损失数额巨大(如3万元以上)的;致使交易价格和交易量异常波动的;造成恶劣影响的。

---

① 见《刑法》第181条第1款的规定:编造并且传播影响证券、期货交易的虚假信息,扰乱证券、期货交易市场,造成严重后果的,处5年以下有期徒刑或者拘役,并处或者单处1万元以上10万元以下罚金。

② 根据《刑法》第181条第2款的规定,证券交易所、证券公司的从业人员,证券业协会或者证券管理部门的工作人员,故意提供虚假信息或者伪造、变造、销毁交易记录,诱骗投资者买卖证券,造成严重后果的,处5年以下有期徒刑或者拘役,并处或者单处1万元以上10万元以下罚金;情节特别恶劣的,处5年以上10年以下有期徒刑,并处2万元以上20万元以下罚金。

8. 操纵证券交易价格罪[1]

本罪的客观方面表现为犯罪主体违反法律、法规，利用其资金、信息等优势或滥用职权，实施了操纵证券交易价格的行为。操纵市场的行为有：单独或者合谋，集中资金优势、持股或者持仓优势或者利用信息优势联合或者连续买卖，操纵证券交易价格或者证券交易量的；与他人串通，以事先约定的时间、价格和方式相互进行证券交易，影响证券交易价格或者证券交易量的；在自己实际控制的账户之间进行证券交易，影响证券交易价格或者证券交易量的；以其他方法操纵证券市场的。操纵证券交易价格，情节严重，实践中有下列情形之一的，应予追诉：非法获利数额巨大（如在 50 万元以上）；致使交易价格和交易量异常波动；以暴力、胁迫手段强迫他人操纵交易价格的；虽未达到上述数额标准，但因操纵证券交易价格受过多次（2 次以上）行政处罚，又操纵证券交易价格的。

9. 提供虚假证明文件罪[2]

本罪的主体是特殊主体，即承担资产评估、验资、验证、会计、审计、法律服务等职责的中介组织的人员。本罪的客观方面，是承担资产评估、验资、验证、会计、审计、法律服务等职责的中介组织的人员故意提供虚假证明文件，情节严重的行为。

10. 出具证明文件重大失实罪[3]

本罪主观方面是故意及过失。本罪的客观方面则是承担资产评估、验资、验证、会计、审计、法律服务等职责的中介组织的人员严重不负责任，出具的证明文件有重大失实，造成严重后果的行为。

---

[1] 根据《刑法》第 182 条的规定，有下列情形之一，操纵证券市场，情节严重的，处 5 年以下有期徒刑或者拘役，并处或者单处罚金；情节特别严重的，处 5 年以上 10 年以下有期徒刑，并处罚金：① 单独或者合谋，集中资金优势、持股优势或者利用信息优势联合或者连续买卖，操纵证券交易价格的；② 与他人串通，以事先约定的时间、价格和方式相互进行证券交易，影响证券交易价格或者证券交易量的；③ 在自己实际控制的账户之间进行证券交易，或者以自己为交易对象，自买自卖期货合约，影响证券交易价格或者证券交易量的；④ 以其他方法操纵证券交易价格的。单位犯前款罪的，对单位判处罚金，并对其直接负责的主管人员和其他直接责任人员，依照前款的规定处罚。

[2] 见《刑法》第 229 条第 1 款和第 2 款的规定：承担资产评估、验资、验证、会计、审计、法律服务等职责的中介组织的人员故意提供虚假证明文件，情节严重的，处 5 年以下有期徒刑或者拘役，并处罚金。前款规定的人员，索取他人财物或者非法收受他人财物，犯前款罪的，处 5 年以上 10 年以下有期徒刑，并处罚金。

[3] 根据《刑法》第 229 条第 3 款的规定，承担资产评估、验资、验证、会计、审计、法律服务等职责的中介组织的人员，严重不负责任，出具的证明文件有重大失实，造成严重后果的，处 3 年以下有期徒刑或者拘役，并处或者单处罚金。

11. 挪用客户资金罪①

证券公司、证券登记结算机构以及其从业人员挪用客户资金数额较大、超过3个月未还的,或者虽未超过3个月,但是数额较大、进行营利活动的,或者进行非法活动的,构成挪用资金罪。

12. 未经批准非法经营证券业务罪②

本罪的客观方面是未经国家有关主管部门批准,非法经营证券业务的,扰乱市场秩序,情节严重的行为。

13. 证券监督管理机构的工作人员渎职罪

本罪的主观方面大多数出于故意,少数出于过失。本罪主体是特殊主体,即只能是证券监督管理机构的工作人员。证券监督管理机构的工作人员,徇私舞弊、滥用职权,对不符合法律规定的证券发行、上市的申请予以核准,或者对不符合法定条件的设立证券公司、证券登记结算机构或者证券交易服务机构的申请,予以批准或者登记,致使公共财产、国家和人民利益遭受重大损失的,按照《刑法》第403条的规定定罪处罚,处5年以下有期徒刑或者拘役。若有其他不履行法定的监督职责,玩忽职守、徇私舞弊,致使公共财产、国家和人民利益遭受重大损失的,则按照《刑法》第397条的规定定罪量刑。

六、小　　结

证券监管法律制度以保护投资者的合法权益,维护证券市场经济秩序和社会公共利益以及促进社会经济的发展为立法宗旨,以公开、公平、公正原则为基本理念,以证券的发行和交易监管制度为核心规范。为贯彻证券监管法律制度的立法宗旨和基本理念,证券监管法规定一系列强行规范,要求证券市场主体有所为、有所不为,而证券市场主体违反强行规范,当其应当为而不为,不应当为而为时,即应在法律的禁止之列,并课以法律责任。

---

① 见《刑法》第272条第1款的规定:公司、企业或者其他单位的工作人员,利用职务上的便利,挪用本单位资金归个人使用或者借贷给他人,数额较大、超过3个月未还的,或者虽未超过3个月,但数额较大、进行营利活动的,或者进行非法活动的,处3年以下有期徒刑或者拘役;挪用本单位资金数额巨大的,或者数额较大不退还的,处3年以上10年以下有期徒刑。

② 根据《刑法》第225条的规定,违反国家规定,有下列非法经营行为之一,扰乱市场秩序,情节严重的,处5年以下有期徒刑或者拘役,并处或者单处违法所得1倍以上5倍以下罚金;情节特别严重的,处5年以上有期徒刑,并处违法所得1倍以上5倍以下罚金或者没收财产:① 未经许可经营法律、行政法规规定的专营、专卖物品或者其他限制买卖的物品的;② 买卖进出口许可证、进出口原产地证明以及其他法律、行政法规规定的经营许可证或者批准文件的;③ 未经国家有关主管部门批准非法经营证券、期货、保险业务的,或者非法从事资金支付结算业务的;④ 其他严重扰乱市场秩序的非法经营行为。

证券禁止行为可谓种类繁多,我国《证券法》就专列一节规定"禁止的交易行为",并在法律责任章中规定各类禁止行为的责任。在众多与证券相关的禁止行为中,当以欺诈客户、虚假陈述、操纵市场、内幕交易等行为最具典型意义,因此,本章第二至五节就这四类证券禁止性行为及其法律责任作为研究对象。

第二节　欺诈客户行为及其法律责任

一、欺诈客户行为概述

(一)欺诈客户的概念及其特征

证券不同于一般商品,其本身并无实际价值,证券的内在价值取决于发行人的财务、业绩等因素。因此,证券市场极易发生证券欺诈,损害投资者利益的情形。同时,证券市场是集中交易市场,普通投资者本身并不能直接入场交易,需委托证券公司方可上市交易,且必须将所持证券存管于证券登记结算机构,实际交易的成交与交割要通过证券公司与证券登记结算机构。这一切对投资者都极为不利,证券监管法在这一领域应当注意特别保护客户利益。

所谓欺诈客户,是指欺诈行为人利用与证券投资人进行交易的机会或利用其受托人、管理人或代理人地位,通过损害投资人、委托人、被管理人或代理人的利益而进行证券交易,或以虚假陈述诱导顾客委托其代为买卖证券,企图由此获取经济利益或避免损失,或其他不忠实履行其作为受托人、管理人或代理人应尽义务的行为。可见,此处的欺诈与民法上的欺诈是有区别的,后者是指一方当事人故意捏造事实或隐瞒事实真相,致使其相对人作出错误的意思表示,并与之建立某种民事关系的行为。在我国《证券法》中,欺诈客户是指证券公司及其从业人员在办理证券经纪业务中,违背客户真实意思,损害客户利益的行为。欺诈客户,本质上违背了客户的真实意思表示,损害了客户的利益,故为法律所禁止。

欺诈客户的行为具有以下特征:

(1)行为主体为证券商及其从业人员。在实践中,证券经营机构等中介机构一般称为证券商,客户通常是指投资者。由于证券欺诈的对象是客户,实施证券欺诈行为必须利用特定的身份,因此,欺诈行为人只能是有证券经营业务资格的证券商,包括承销、自营、经纪商,在广义上还包括登记和清算机构、投资咨询机构等。证券商中有执业资格的从业人员也是行为主体。

(2) 行为人主观上为故意,过失不构成证券欺诈。行为人必须是故意提供虚假信息,诱导投资者买卖证券,损人利己。现行证券立法对证券公司欺诈客户采取客观推定标准,只要证券公司实施了《证券法》禁止的欺诈客户行为,即可构成欺诈客户,客户不用证明证券公司存在过错的主观态度,证券公司通常也不能以证明自己没有实施侵害的主观故意而免责。当然,如果确有证据证明行为后果是由于行为人的过失而造成,如证券商内部管理不严、操作程序不当,或遗漏客户委托未予执行,这应视为一般违约而不属欺诈。

(3) 欺诈对象为特定的投资者,并且不以投资者作出错误意思表示为构成要件。欺诈客户行为并不针对尚未与行为人建立联系的一般投资公众。行为人只能针对与其已建立委托关系的客户实施欺诈。而且,《证券法》上的欺诈客户,无须考虑客户是否受到欺诈,也不要求客户作出错误的意思表示。也正因为如此,在认定欺诈时也就无须考虑欺诈客户与错误意思表示之间是否存在因果关系。

(4) 欺诈客户一般发生于委托关系成立之后。证券商与客户之间的委托关系成立于投资者开立账户之时,随后委托证券商买卖证券属于双方履行合同权利义务的行为。欺诈客户通常只发生在证券代理关系成立后的履行阶段,是针对证券商受托执行指令、管理账户以及履行附随义务而设定的特别规则,与投资者在证券商处开立账户一般不发生直接的关系。证券商欺诈客户时,客户通常只能要求赔偿损失、返还财产等,无法通过申请变更或者撤销委托合同来实现救济。

(5) 欺诈行为必须有损害后果。即已产生客户损失的后果,这些后果包括客户多支出交易手续费用、资金的亏损、盈利机会的丧失等。

(6) 欺诈客户具有违约与侵权的双重属性。第一,证券商与客户是基于委托合同而产生联系,证券商的欺诈行为首先具有明显的违约特征。第二,证券商欺诈客户的行为又是对客户利益实施侵害的侵权行为。故欺诈客户是违约行为与侵权行为的竞合。从法理上讲,客户既可以按照合同关系提出违约赔偿请求,也可以提出侵权损害赔偿请求。但是,按照证券市场的交易规则,客户一般只能通过证券商参与市场交易,因而证券商与客户之间的委托合同,在客户退出市场之前不可能消灭,加之双方之间的合同具有标准化、统一化和概括性的特征,因此,欺诈客户行为的侵权性质更为突出。正因为如此,无论在证券立法上,还是在证券实务中,都是将欺诈客户行为视为侵权行为。但是,客户在要求证券商赔偿时,由于存在违约责任与侵权责任的竞合前提,根据《合同法》的规定,客户既可以选择要求证券公司承担证券侵权责任,也可以选择要求证券公司承担证券违约责任。

(二) 证券商与客户关系的性质以及证券商的义务

证券商与投资者间的客户关系,是一种委托合同性质的关系,并且具有明显的概括委托合同特征。其中,投资者是委托人,证券商是受托人。受托人对委托人负有受托义务,应诚信地履行受托义务,处理受托事务时应当尽忠实和注意义务。基于上述概括委托合同,证券商对客户应尽的主要义务如下:

(1) 处理受托事务的义务。受托人应当在授权范围内处理受托事务,无论是针对某一事务的特别授权,还是就有关事务的概括授权,都应当遵循诚实信用原则处理好事务,不得擅自改动或曲解指示,否则,将对由此造成的损失承担责任;受托人应当亲自处理受托事务,不得随意转委托,转委托须经委托人同意,否则受托人应对转委托的行为承担责任,但在法律规定的紧急状况下为维护委托人利益而转委托的除外。

(2) 及时报告的义务。受托人在处理委托事务的过程中,应当随时向委托人报告事务处理的进展情况以及存在的问题,以使委托人能及时了解情况;事务处理完毕后应向委托人及时汇报最终结果。

(3) 交付财产的义务。受托人在处理事务过程中所得的财产应当交付给委托人,办理好证券的清算交割,并应提供交易的书面确认文件。

(4) 明示交易状态义务。证券商在代客买卖时,应以对客户最有利为原则确定交易状态,禁止将自营业务和经纪业务混合操作。

(5) 为客户保密的义务。受托人对委托人的事务负有严格保密的义务,不得随意向第三人泄露。

(6) 赔偿损失的义务。受托人因自己的违约行为或违法行为而给委托人造成损失的,应当依照约定或法律规定承担赔偿损失的责任。

总而言之,受托人对委托人负有信赖义务,应尽善良管理人的注意义务,像处理自己的事务一样处理委托事务,不得利用其受托人的地位从事损害客户利益的行为。

二、欺诈客户行为的表现形式

根据《证券法》第79条的规定,证券公司及其从业人员欺诈客户的行为主要有以下几种:违背客户的委托为其买卖证券;不在规定时间内向客户提供交易的书面确认文件;挪用客户所委托买卖的证券或者客户账户上的资金;未经客户的委托,擅自为客户买卖证券,或者假借客户的名义买卖证券;为牟取佣金收入,诱使客户进行不必要的证券买卖;利用传播媒介或者通过其他方式提供、传播虚假或者误导投资者的信息；其他违背客户真实意思表示，损害客户利益的行为。这些欺诈客户的行为从理论上可归类为以下五种表现形式：

(一) 违背指令

违背指令是指证券商违背客户的交易指令为其买卖证券。证券商是投资者的代理人，理应本着勤勉谨慎之态度执行客户的交易指令，否则就违反了代理人的信赖义务。所以，证券商在代客买卖时，应当严格依照客户委托的证券种类、证券价格、证券数量以及交易时间等指令进行，不得超出委托范围买卖证券。对于证券商超出委托范围买卖证券的，除非事后客户进行追认，否则超出委托范围买卖证券的法律后果应由证券商来承担，由此给客户造成损失的还应当承担赔偿责任。

(二) 混合操作

我国《证券法》第136条第2款规定，证券公司必须将其证券经纪业务、证券承销业务、证券自营业务和证券资产管理业务分开办理，不得混合操作。所谓混合操作，是指证券商将自营业务和经纪业务、承销业务、资产管理义务混合操作。在证券交易中，证券商一方面接受投资者的买卖(或管理)委托，充当投资者的受托人而代客买卖(或管理)；另一方面又是投资者的交易相对人，充当交易的一方而自己买卖。在混合操作中，证券商以双重身份从事同一证券交易，使自己处于利益冲突之中，难免会为了自己的利益而损害客户的利益。从理论上看，混合操作属于自己交易。一方面，合同是双方法律行为，而自己交易却是一人兼任双方当事人，与合同本质相背；另一方面，合同双方是利益对立的双方，由一人同时代理，难保公正。

(三) 不当劝诱

不当劝诱是指证券商利用欺骗手段诱导客户进行证券交易。在证券交易中，证券商可以对投资者进行投资劝诱，但应当正当，否则即构成不当劝诱。证券商及其从业人员不得向投资者提供某种证券价格上涨或下跌的肯定判断，不得允诺保证客户的交易收益或允诺赔偿客户的投资损失，不得以超出证券业公平竞争的范围的特殊利益为条件诱导客户进行投资，不得以向投资者表示给予委托手续费回扣为手段进行不当劝诱。

(四) 过量交易

过量交易是指证券商以多获取佣金为目的，诱导客户进行不必要的证券买卖,或者在客户的账户上翻炒证券的行为。对投资者而言,证券交易应当以适当为原则,对证券商而言,则负有忠实与勤勉义务,应当依据投资者的投资意向、财产状况以及投资经验,确定适当的交易数量、交易金额、交易次数及交易频率。证券商负有义务进行适当交易。因此,禁止证券商以多获取佣金为目的,诱使客户进行过量的证券买卖,或在客户账户上翻炒证券。

(五) 其他欺诈客户行为

其他欺诈客户行为是指除上述行为以外,其他违背客户真实意思表示,损害客户利益的行为。例如,在证券交易中,证券公司及其从业人员不在规定的时间内向客户提供交易的书面确认文件;私自买卖客户账户上的证券,或者假借客户的名义买卖证券以及挪用客户所委托买卖的证券或客户账户上的资金等。

三、欺诈客户行为的法律责任

(一) 欺诈客户的民事责任

欺诈客户行为的民事责任主要是赔偿损失,被欺诈行为人侵害的投资者有权要求赔偿,被欺诈行为人侵害的相对交易人也有权要求赔偿。与一般民事欺诈相比,证券公司欺诈客户的行为具有以下三个特点:一是对欺诈行为的认定采取客观标准,即只要证券公司实施了法律所禁止的行为,无论其主观上是否具有过错,也无论客户能否证明,都不影响对欺诈行为责任的认定;二是证券公司欺诈客户的行为属于证券公司单方行为,不涉及客户作出错误的意思表示,更不以欺诈行为与错误表示之间存在因果关系为要件;三是证券公司欺诈行为发生后,客户只能提出赔偿损失、返还财产等请求,而不能像一般民事欺诈行为一样,还可以要求予以变更或撤销。

《证券法》中关于证券公司欺诈客户的民事责任主要有两项规定:一是第79条的规定,即禁止证券公司及其从业人员从事损害客户利益的欺诈行为。欺诈客户行为给客户造成损失的,行为人应当依法承担赔偿责任。二是第210条的规定,即证券公司违背客户的委托买卖证券、办理交易事项,或者违背客户真实意思表示,办理交易以外的其他事项的,给客户造成损失的,依法承担赔偿责任。如前所述,欺诈客户行为的民事责任属于违约责任与侵权责任的竞合。根据我国《合同法》第122条的规定,违约行为侵害对方人身、财产权益的,受损害方有权选择依照《合同法》要求违约方承担违约责任或者选择依照其他法律要求违约方承担侵权责任。因而,客户既可以选择追究对方证券侵权责任,也可以选择追究对方证券违约责任。

(二) 欺诈客户的行政责任

欺诈客户是以证券商为主体的违法行为,对证券商的监管是证券市场监管的重要方面,证券商就欺诈客户行为承担行政责任,亦是各国立法的内容。我国也不例外,按照已经废止的《禁止证券欺诈行为暂行办法》[①]的有关规定,证券经营机构、证券登记或者清算机构以及其他各类从事证券业的机构具有欺诈客户行为的,根据不同情况,单处或者并处警告、没收非法所得、罚款、限制或者暂停其经营证券业务、其从事证券业务或者撤销其证券经营业务许可、其从事证券业务的许可。同时,对于证券经营机构、证券登记或者清算机构以及其他各类从事证券业机构有欺诈客户行为的直接责任人,根据不同情况,单处或者并处警告、3万元以上30万元以下的罚款、撤销其证券经营业务许可或者其从事证券业务许可。[②] 我国1998年《证券法》第192条则规定,证券公司违背客户的委托买卖证券、办理交易事项,以及其他违背客户真实意思表示,办理交易以外的其他事项,给客户造成损失的,依法承担赔偿责任,并处以1万元以上10万元以下的罚款。现行《证券法》第210条将上述规定修改为:证券公司违背客户的委托买卖证券、办理交易事项,或者违背客户真实意思表示,办理交易以外的其他事项的,责令改正,处以1万元以上10万元以下的罚款。给客户造成损失的,依法承担赔偿责任。可见,修改之后的条款,其意思表达更准确,并且明确了"责令改正"的行政责任,相当于要求证券公司立即停止侵害,有利于及时保护受到侵害的客户利益。

(三) 欺诈客户的刑事责任

欺诈客户行为情节严重、社会危害性大的,应负刑事责任。在美国,犯罪者将被判处5年以下徒刑、10万至50万美元的罚款。我国《刑法》第181条第2款对欺诈客户行为中的"诱骗投资者买卖证券"的行为追究刑事责任,即证券交易所、证券公司的从业人员,证券业协会或者证券管理部门的工作人员,故意提供虚假信息或者伪造、变造、销毁交易记录,诱骗投资者买卖证券,

---

[①] 在1998年《证券法》颁布、实施之前,《禁止证券欺诈行为暂行办法》对我国证券发行、交易及相关活动中的内幕交易、操纵市场、虚假陈述和欺诈客户等行为进行了明确的界定并制定了相应的处罚措施。2005年《证券法》修订之后将其相关内容纳入并进一步完善。根据国务院2008年1月15日颁布的《国务院关于废止部分行政法规的决定》,该《暂行办法》即被国务院废止。本章下文还有多处涉及该法规,都是作为学术上的引用,特别是同现行《证券法》相关规定进行比较研究。

[②] 见《禁止证券欺诈行为暂行办法》第18条、第19条的规定。

造成严重后果的,处以刑罚。①

第三节 虚假陈述行为及其法律责任

一、虚假陈述概说

如前所述,证券与其他商品的区别在于,证券本身没有使用价值,它只有交换价值,即投资价值,由于证券的投资价值不等同于证券的面额,证券的面额不决定证券的投资价值,因此,投资者在进行证券交易时无法直接看到证券的投资价值。证券的投资价值取决于上市公司的财务状况、经营前景、赢利多寡等因素的影响,而对这些因素的判断有赖于上市公司相关信息的全部公开。只有投资者全面、准确、及时地了解到有关信息,才有可能根据该信息,对相关证券的投资价值作出正确判断,并作出相应的投资决定。可见,在投资者的判断过程中,信息的真实性与完整性至关重要。因此,法律严厉禁止虚假陈述。所谓虚假陈述,是指证券信息公开义务人违反信息公开义务,在提交或公布的信息公开文件中作出违背事实真相的陈述、记载或者发生重大遗漏的行为。

虚假陈述,源于英美法系的"misrepresentation"概念,大陆法系多采用"欺诈"或者类似术语。美国1933年《证券法》对证券市场虚假陈述有较为系统和完整的规定,该法第11条(a)款规定:生效的证券发行注册登记文件,其任何部分一旦包含有对重大事实的不真实陈述,或者遗漏了按规定应当报告或者为使该申报文件不致引起误解的重大事实,任何获得这种证券的人都可以向有管辖权的法院提起诉讼,除非其在获得证券时就已经知道该不实陈述或重大遗漏存在。我国《证券法》颁布前,已经废止的《禁止证券欺诈行为暂行办法》就有关于虚假陈述禁止性的规范。该《办法》第11条规定:"禁止任何单位或者个人对证券发行、交易及其相关活动的事实、性质、前景、法律等事项作出不实、严重误导或者含有重大遗漏的、任何形式的虚假陈述或者诱导,致使投资者在不了解事实真相的情况下作出证券投资决定。"同时,该《办法》第12条还列举了具体的虚假陈述行为。此外,2005年《证券法》修订之

---

① 我国《刑法》第181条第2款对欺诈客户行为的具体刑罚如下:证券交易所、期货交易所、证券公司、期货经纪公司的从业人员,证券业协会、期货业协会或者证券期货监督管理部门的工作人员,故意提供虚假信息或者伪造、变造、销毁交易记录,诱骗投资者买卖证券、期货合约,造成严重后果的,处5年以下有期徒刑或者拘役,并处或者单处1万元以上10万元以下罚金;情节特别恶劣的,处5年以上10年以下有期徒刑,并处2万元以上20万元以下罚金。

前,最高人民法院也发布了《关于审理证券市场因虚假陈述引发的民事赔偿案件的若干规定》,明确了相关民事赔偿诉讼的问题。2005年《证券法》第63条规定:"发行人、上市公司依法披露的信息,必须真实、准确、完整,不得有虚假记载、误导性陈述或重大遗漏";第69条又规定了虚假陈述致使投资者在证券交易中遭受损失时应承担的民事责任。值得注意的是,为了进一步规范证券市场秩序,第78条还对信息披露义务人之外的相关机构和人员编造、传播虚假信息、虚假陈述、误导投资者的行为作出了禁止性规定:禁止国家工作人员、传播媒介从业人员、证券业协会、证券监督管理机构及其工作人员,在证券交易活动中作出虚假陈述或者信息误导;各种传播媒介传播证券市场信息必须真实、客观、禁止误导。也就是说,相关机构和人员编造、传播虚假信息、虚假陈述、误导投资者的行为虽然不构成虚假陈述,但却同样属于证券违法行为,依法也要承担相应的法律责任。

从总体上看,虚假陈述行为具有如下特征:

(1) 虚假陈述是信息公开义务人所为的行为。不负有公开义务的人所实施的虚假记载、误导性陈述和重大遗漏披露行为,尽管可能构成其他证券违法行为,但不构成虚假陈述。对于各种影响证券价格的重大信息,信息公开义务人应当及时以规定的文件格式、内容和法定的方式、方法向公众公开,在提交或公布的法定信息公开文件中作出与事实不符的虚假记载、误导性陈述和重大遗漏,均构成虚假陈述。

(2) 证券法上的虚假陈述,不同于民法上的虚假陈述。民法上的虚假陈述是指行为人故意作出某种意思表示的积极行为,即行为人故意作出某种不符合事实真相的积极意思表示。证券法上的虚假陈述不限于行为人故意作出某种不符合事实真相的积极意思表示,而是泛指各种违反信息公开义务的行为,包括以各种行为形态和因各种主观态度而为的行为;既包括故意的虚假记载和误导性陈述,也包括过失,甚至包括意外发生的误导性陈述和重大遗漏披露。

(3) 虚假陈述中的信息是具有重大性的信息。所谓重大性的信息,是指对证券价格有重大影响的信息。因此,凡是可能对证券价格有重大影响的事件、事项或者信息及其发生的变动,都具有重大性。虚假陈述就是对重大性信息的虚假记载、误导性陈述和重大遗漏。

总之,虚假陈述是对信息公开真实性与完整性的违反,证券市场上公开的信息资料如有虚假、严重误导或重大遗漏,就会干扰投资者的投资判断,纵容不正当竞争,引发过度投机,其结果是投资者丧失对证券市场的信心。投资者对证券市场的信心是证券市场赖以生存、发展的基础,证券监管法的根本目的就是为了维系投资者对证券市场的信心,使得证券市场健康发展。因此,证券发行人与信息公开文件制作、签证相关者,应当对信息公开文件的真实性、准确性、完整性承担相应的法律责任。

二、虚假陈述的构成要件

(一)虚假陈述的责任主体

1. 虚假陈述责任主体的一般界定

从各国(或地区)立法来看,虚假陈述的责任主体主要有四类:第一类是发行人、发行人(公司)的大股东、发行人的董事、经理以及高级职员等。根据美国《证券法》的规定,所有在注册申报文件上签名的人,在注册申报文件中载明承担责任的发行人的董事、合伙人和类似职务的人,所有经其同意列名于文件中的现任或将任董事、合伙人或履行类似职务的人,均为责任主体。我国法律亦规定发行人及其工作人员为责任主体。第二类是证券商。我国台湾地区证券交易规定明确规定证券承销商为责任主体,但证明自己已尽相当注意义务的除外。第三类是律师、会计师、资产评估师等中介服务机构或个人。我国台湾地区证券交易规定指出,会计师、律师、工程师或其他专门职业技术人员,曾在公开说明书签字,以证实所载内容之全部或一部,或陈述意见者为责任主体,但如能证明已经合理调查,并有正当理由确信其签证或意见为真实者免责。第四类是其他法定机构或人员。如证券交易所及其他证券交易场所、证券业协会及其他自律组织、证券投资咨询等机构及其工作人员,可能在某些情况下成为虚假陈述的行为人或连带责任人。

2. 我国证券法律对虚假陈述主体的界定

我国《证券法》将虚假陈述行为的主体区分为行为主体和责任主体,行为主体是实施虚假陈述的主体,责任主体是承担虚假陈述法律责任后果的主体。其中,行为主体一定是责任主体,但责任主体却不一定是行为主体;行为主体包含于责任主体之中,故责任主体的外延大于行为主体。

《证券法》颁布之前,我国证券立法所规定的虚假陈述主体没有区分行为主体和责任主体,均作为行为主体加以规定,涵盖了信息公开义务人以外的单位和个人。已经废止的《禁止证券欺诈行为暂行办法》第12条规定:"前条所称虚假陈述行为包括:① 发行人、证券经营机构在招募说明书、上市公告书、公司报告及其他文件中作出虚假陈述;② 律师事务所、会计师事务所、资产评估机构等专业性证券服务机构在其出具的法律意见书、审计报告、资产评估报告及参与制作的其他文件中作出虚假陈述;③ 证券交易场所、证券业协会或者其他证券自律性组织作出对证券市场产生影响的虚假陈述;④ 发行人、证券经营机构、专业性证券服务机构、证券业自律性组织在向证券监管部门提交的各种文件、报告和说明中作出虚假陈述;⑤ 在证券发行、交易及其相关活动中的其他虚假陈述。"由此可见,虚假陈述的行为主体包括发行人、上市公司、证券交易机构、证券经营机构、证券登记结算机构、证券服务机构和证券业自律性组织等。2002 年最高人民法院《关于审理证券市场因虚假陈述引发的民事赔偿案件的若干规定》认定的虚假陈述行为人更为广泛,第 7 条规定:"虚假陈述证券民事赔偿案件的被告,应当是虚假陈述行为人,包括:① 发起人、控股股东等实际控制人;② 发行人或者上市公司;③ 证券承销商;④ 证券上市推荐人;⑤ 会计师事务所、律师事务所、资产评估机构等专业中介服务机构;⑥ 上述第②③④项所涉单位中负有责任的董事、监事和经理等高级管理人员以及第⑤项中直接责任人;⑦ 其他作出虚假陈述的机构或者自然人。"

《证券法》将虚假陈述主体区分为行为主体和责任主体,这两类主体在理论上存在如下差别:

第一,发行人和上市公司依法承担法定信息公开义务,他们是行为主体(当然更是责任主体)。他们的信息公开必须真实、准确、完整,而发行人和上市公司以外的机构和个人不是信息公开的义务主体,他们是责任主体①,只承担谨慎勤勉义务,仅按惯常的职业或者行业标准编制、审验相关文件。发行人和上市公司有义务提供各种相关信息和资料,并确保相关信息和资料的真实、准确、完整;其他机构和人员负有收集这些资料和信息的义务,并承担核查其真实性、准确性和完整性的义务,只有当这些机构和人员没有尽到谨慎勤勉义务时,才承担相应的单独责任或者连带责任。

第二,行为主体承担全面义务,责任主体承担局部义务。发行人和上市公司作为行为主体承担全面义务,而发行人和上市公司以外的机构和个人作为责任主体承担局部义务。发行人和上市公司承担各项信息的真实、准确、完整地公开的义务;发行人和上市公司以外的机构和个人只就其职责范围内的信息承担真实、准确、完整的义务,如法律服务机构仅对法律意见书及工作文件所涉及事项负有勤勉尽责的义务,包括对中介机构资格的审核义务,但对于中介机构出具的专业报告的内容,没有法定审验义务。

第三,投资公众对行为主体和责任主体的信赖程度不同。投资公众对作

---

① 由于责任主体是承担虚假陈述法律责任后果的主体,所以,这里所谓的责任主体只是一种可能的责任主体,而不是现实的责任主体。后文相同情况下所称的责任主体也都是指可能的责任主体,为了行文方便本书就不一一注明了。

为行为人的发行人、上市公司与对作为责任主体的发行人和上市公司以外的机构和个人的信赖程度不同。投资公众认购证券或者买卖证券,是以信赖发行人和上市公司公布的招股说明书和公司财务报告等作为基础,而非单纯地信赖保荐书、财务会计报告或者法律意见书等文件。在证券发行过程中,招股说明书属于必须公开的募集文件,但发行人和上市公司以外的机构和个人的文件属于备查文件,不足以单独成为投资者认购或者买卖证券时信赖的法律文件。

具体而言,我国《证券法》对虚假陈述主体的规定归纳如下:

第一,该法第63条规定,发行人、上市公司依法披露的信息,必须真实准确、完整,不得有虚假记载,误导性陈述或者重大遗漏。据此,发行人和上市公司是行为主体。

第二,该法第68条规定,上市公司董事、高级管理人员应当对公司定期报告签署书面确认意见;上市公司监事会应当对董事会编制的公司定期报告进行审核并提出书面审核意见;上市公司董事、监事、高级管理人员应当保证上市公司所披露的信息真实、准确、完整。据此,上市公司董事、监事、高级管理人员是保证主体,其实质是责任主体,如未尽到保证义务,将与行为人一起承担相应的法律责任。当然,这里需要指出的是第68条规定中的"确认""审核""保证"是法定勤勉义务的承诺,并非《担保法》上的保证。所以,他们只承担过错推定责任而非保证人责任。

第三,该法第69条规定,发行人、上市公司公告的招股说明书、公司债券募集办法、财务会计报告、上市报告文件、年度报告、中期报告、临时报告以及其他信息披露资料,有虚假记载、误导性陈述或者重大遗漏,致使投资者在证券交易中遭受损失的,发行人、上市公司应当承担赔偿责任;发行人、上市公司的董事、监事、高级管理人员和其他直接责任人员以及保荐人、承销的证券公司,应当与发行人、上市公司承担连带赔偿责任,但是能够证明自己没有过错的除外;发行人、上市公司的控股股东、实际控制人有过错的,应当与发行人、上市公司承担连带赔偿责任。据此,发行人和上市公司既是行为主体,又是责任主体,发行人、上市公司的董事、监事、高级管理人员和其他直接责任人员以及保荐人、承销证券的公司,发行人、上市公司的控股股东、实际控制人根据其主观过错和举证证明情况决定是否是责任主体。

第四,该法第173条规定,证券服务机构为证券的发行、上市、交易等证券业务活动制作、出具审计报告、资产评估报告、财务顾问报告、资信评级报告或者法律意见书等文件,应当勤勉尽责,对所依据的文件资料内容的真实性、准确性、完整性进行核查和验证。它制作、出具的文件有虚假记载、误导性陈述或者重大遗漏,给他人造成损失的,应当与发行人、上市公司承担连带赔偿责任,但是能够证明自己没有过错的除外。据此,会计师事务所、资产评估机构和律师事务所等证券服务机构是虚假陈述的责任主体,除非能够证明自己没有过错,否则与行为人承担连带赔偿责任。

第五,该法第193条规定,发行人、上市公司或者其他信息披露义务人未按照规定披露信息,或者所披露的信息有虚假记载、误导性陈述或者重大遗漏的,由证券监督管理机构进行行政处罚。发行人、上市公司或者其他信息披露义务人未按照规定报送有关报告,或者报送的报告有虚假记载、误导性陈述或者重大遗漏的,由证券监督管理机构进行行政处罚。发行人、上市公司或者其他信息披露义务人的控股股东、实际控制人指使从事前两款违法行为的,依照前两款的规定处罚。据此,发行人、上市公司或者其他信息披露义务人既是行为主体,又是责任主体;直接负责的主管人员和其他直接责任人,发行人、上市公司或者其他信息披露义务人的控股股东、实际控制人是责任主体。

(二)虚假陈述的主观要件

对于虚假陈述的主观要件,各国法律并不要求责任人一定要有主观上的过错,而是一般均规定行为人承担无过错责任,即只要信息公开文件有虚假或重大遗漏事项,除发行人或发起人证明原告取得时知悉外,应就整个文件内容承担绝对责任。

(三)虚假陈述行为的客观表现

虚假陈述其行为主要表现在证券的发行、上市、交易和逃避监管等过程中:其一,证券发行中的虚假陈述,即证券发行人、承销商等在发行申请书、招股说明书、募集债券办法等文件中作不实、误导、有重大遗漏的记载。其二,证券上市中的虚假陈述,即上市公司、中介服务机构在上市报告及相关的文件中对诸如企业实力、经济效益、营业收入、利润水平等方面作不实、误导、有重大遗漏的记载。其三,证券交易中的虚假陈述,即上市公司、证券商、证券交易所、投资咨询机构等在定期报告、重大事件报告、分配方案、收购报告和投资分析报告等文件中作不实、误导、有重大遗漏的记载。其四,接受证券监管中的虚假陈述,即虚假陈述的责任主体在向证券监管部门提交的文件、或报告或者情况说明中作虚假陈述,以逃避监管处罚。

从我国《证券法》和最高人民法院司法解释的规定来看,虚假陈述主要包括虚假记载、误导性陈述、重大遗漏和不正当披露四种行为方式。

(1) 虚假记载。虚假记载,是指信息披露义务人在披露信息时,将不存在的事实在信息披露文件中予以记载的行为。具体可分为歪曲事实与捏造事实两类。歪曲事实是对客观事实加以放大或缩小,改变其本身的状况,比如发行人或上市公司在财务报告中虚增利润。捏造事实是指对完全不存在的事实进行加工炮制,比如捏造虚增盈利的事实。

(2) 误导性陈述。误导性陈述是指行为人在信息披露文件中或者通过媒体作出使投资人对其投资行为发生错误判断并产生重大影响的陈述。信息披露文件记载事项的表述存有缺陷而容易使人误解,投资者依赖该信息披露文件无法获得清晰、正确的认识,或者据常人的理解,该陈述已经使人发生了误解,即可认定为误导性陈述。误导性陈述可以由故意构成,也可以由过失构成。

(3) 重大遗漏。重大遗漏,是指信息披露义务人在信息披露文件中,未将应当记载的事项完全记载或者仅部分予以记载。它主要指向应公开的事实未予公开的事实状态,而不论其原因为何。重大遗漏的结果是使投资者不能获得充分和完整的信息。重大遗漏既包括出于主观故意而未予记载的情形,也包括由于过失未加记载的情形。

(4) 不当披露。上述虚假记载、误导性陈述和重大遗漏是现行《证券法》所作的规定。而最高人民法院《关于审理证券市场因虚假陈述引发的民事赔偿案件的若干规定》除了规定上述三种虚假陈述外,还规定了一种虚假陈述的行为,即不当披露。所谓不当披露,是指信息披露义务人未在适当期限内或者未以法定方式公开应当公开的信息,泛指信息公开义务人所进行的信息公开在公开时间、方式、地点等方面不符合通常的披露规则。例如,上市公司不按《证券法》的规定在中国证监会指定的媒体上公告,而采用了记者招待会的形式公开招股说明书,又如不按《证券法》规定的时间要求公开信息等,都是不当披露。

然而,对于将不当披露作为虚假陈述的一种行为方式,有学者持不同观点,理由是:从性质上讲,披露程序中出现的不当披露并不表明其必然虚假,可以将其归入证券违法行为的范畴,但却没有充分的理由将其归入虚假陈述的范畴。

三、虚假陈述的法律责任

(一) 虚假陈述的民事责任

在虚假陈述的民事责任中,不同的责任主体其归责原则也是不尽相同的,考察我国台湾地区的证券交易规定,对此有以下两种情况值得注意:一是发行人承担无过错责任。法律一般规定,只要作为信息公开的文件有虚假、重大遗漏或者严重误导,发行人或发行公司的发起人就应当承担无过失责任,但发行公司发起人能够证明原告取得该信息时,就已知道其存在上述瑕疵,即原告存有恶意的情况除外。二是发行人以外的其他责任主体承担推定过失责任。发行人以外的责任主体包括:上市公司的董事、监事、经理及其他在信息公开文件上签章的职员;证券承销商;会计师、律师、工程师或其他专门职业或技术人员。所谓承担推定过失责任,是指责任主体不仅需证明其不知悉,而且需证明已尽相当之注意义务,并有正当理由确信其主要内容无虚伪、隐匿情事或对于签证之意见有正当理由确信其为真实者,免负赔偿责任;但对于专家签证部分,责任主体仅需证明其不知悉即可免责。但日本法的规定比较严格,不论是否经专家签证,一律要求行为人尽相当注意仍未知情方可免责。

我国《证券法》和相关司法解释所设计的虚假陈述民事责任制度内容如下:

1. 民事责任主体

虚假陈述民事责任主体,见上述"虚假陈述的责任主体"中的相关内容。这里只是强调,只要存在虚假陈述并给投资者造成损失的,发行人和上市公司都应依照无过错责任原则承担民事赔偿责任,而其他机构或人员则适用过错责任原则或过错推定责任原则,决定其是否与发行人、上市公司承担连带赔偿责任。

2. 因果关系

根据最高人民法院《关于审理证券市场因虚假陈述引发的民事赔偿案件的若干规定》第18、19条的规定,投资者以虚假陈述为由提起民事赔偿诉讼的,原告证明存在以下情形之一的,法院应认定虚假陈述与损害结果之间存在因果关系:投资者所投资的是与虚假陈述直接关联的证券;投资者在虚假陈述实施日及以后,至揭露日或者更正日之前买入该证券;投资者在虚假陈述揭露日或者更正日及以后,因卖出该证券发生亏损,或者因持续持有该证券而产生亏损。若被告反证有以下情形之一的,法院应当认定虚假陈述与损害结果之间不存在因果关系:在虚假陈述揭露日或者更正日之前已经卖出证券;在虚假陈述揭露日或者更正日以后进行的投资;明知虚假陈述存在而进行的投资;损失或者部分损失是由证券市场系统风险等其他因素所导致;属于恶意投资、操纵证券价格的。

这里需要强调的是,上述司法解释中所采用的三个时间概念:一是虚假陈述实施日。这是指作出虚假陈述或者发生虚假陈述之日。二是虚假陈述揭露日。这是指虚假陈述在全国范围发行或者播放的报刊、电台、电视台等媒体上，首次被公开揭露之日。三是虚假陈述更正日。这是指虚假陈述行为人在中国证监会指定披露证券市场信息的媒体上，自行公告更正虚假陈述并按照规定履行停牌手续之日。

3. 赔偿范围

根据上述司法解释的规定，虚假陈述行为人应当在投资者遭受的实际损失范围内承担赔偿责任，具体包括投资者的投资差额损失以及投资差额部分的佣金和印花税。其中，投资差额损失将按照下面两种情况来确定：(1) 投资人在基准日及以前卖出证券的，其投资差额损失以买入证券平均价格与实际卖出证券平均价格之差，乘以投资人所持证券数量计算。(2) 投资人在基准日之后卖出或者仍持有证券的，其证券差额损失，以买入证券平均价格与虚假陈述揭露日或者更正日起至基准日期间每个交易日收盘价的平均价格之差，乘以投资人所持证券数量计算。投资差额损害计算的基准日是指虚假陈述揭露或者更正后，为将投资人应获赔偿限定在虚假陈述所造成的损失范围内，确定损失计算的合理期间而规定的截止日期。

4. 责任实现

上述司法解释就虚假陈述民事赔偿案件涉及的诉讼程序问题作出了特别规定。主要内容如下：

(1) 受理范围。只受理证券市场投资人以信息披露义务人违反法律规定，进行虚假陈述并导致其遭受损失为由，而向人民法院提起诉讼的民事赔偿案件。对于因在国家批准设立的证券市场以外，或者在国家批准设立的证券市场上通过协议转让方式进行的交易而发生的诉讼，不适用该司法解释。

(2) 关于前置程序。2015 年以前，根据上述司法解释的规定，虚假陈述民事赔偿案件的受理以行政处罚或刑事制裁为前置程序。因此，追究违法行为人的行政责任或刑事责任是投资人提起民事赔偿诉讼的前提条件，而且，相关的行政处罚决定、公告或刑事判决文书还是起诉时必须提交的材料。但是，从对投资者利益的保护和及时修复证券市场秩序而言，这种做法是不合适的。从公民行使诉权的角度来看，也是站不住脚的。有鉴于此，2015 年 12 月 24 日，最高人民法院《关于当前商事审判工作中的若干具体问题》指出："根据立案登记司法解释规定，因虚假陈述、内幕交易和市场操纵行为引发的民事赔偿案件，立案受理时不再以监管部门的行政处罚和生效的刑事判决认定为前置条件。"前置程序的要求就此成为历史。

(3) 诉讼时效。我国《民法总则》自 2017 年 10 月 1 日起施行，该法第

188 条第 1 款规定:"向人民法院请求保护民事权利的诉讼时效期间为 3 年。法律另有规定的,依照其规定。"这表明,我国民事诉讼的一般诉讼时效从 2017 年 10 月 1 日起为 3 年。因虚假陈述行为引发的民事赔偿案件,其诉讼时效必须按照下列特殊规定确定时效期间的起算日期:中国证监会或其派出机构公布对虚假陈述行为人作出处罚决定之日;财政部、其他行政机关以及有权作出行政处罚的机构公布对虚假陈述行为人作出处罚之日;虚假陈述行为人未受行政处罚,但已被人民法院认定有罪的,作出刑事判决生效之日;因同一虚假陈述行为,对不同虚假陈述行为人作出两个以上行政处罚,或者既有行政处罚,又有刑事处罚的,以最先作出的行政处罚决定公告之日或者作出的刑事判决生效之日。

(4)管辖。虚假陈述证券民事赔偿案件由省、直辖市、自治区人民政府所在的市、计划单列市和经济特区中级人民法院管辖。

最后需要强调的是,世界各国证券法一般均规定,虚假陈述民事责任的前提必须是相对人为善意,即受害人必须是在不知晓文件有虚假、重大遗漏或者严重误导的情况下,其损害赔偿的请求才可能得以主张。

(二) 虚假陈述的行政责任和刑事责任

关于虚假陈述的行政责任,我国已经废止的《禁止证券欺诈行为暂行办法》和修订前的《证券法》均作了相应的规定。① 主要内容是对虚假陈述责任主体根据不同情况,单处或并处警告、没收非法所得、罚款、责令退还非法所筹资金、暂停或撤销证券经营业务或证券业务、暂停或取消发行或上市资格;对直接责任人员,根据不同情况单处或并处警告、责令改正、没收非法所得、罚款、撤销其从事证券业务的许可或资格。

修订后的《证券法》第 193 条是对虚假陈述行政责任的规定,即发行人、上市公司或者其他信息披露义务人未按照规定披露信息,或者所披露的信息有虚假记载、误导性陈述或者重大遗漏的,由证券监督管理机构责令改正,给予警告,处以 30 万元以上 60 万元以下的罚款。对直接负责的主管人员和其他直接责任人员给予警告,并处以 3 万元以上 30 万元以下的罚款。发行人、上市公司或者其他信息披露义务人未按照规定报送有关报告,或者报送的报告有虚假记载、误导性陈述或者重大遗漏的,由证券监督管理机构责令改正,处以 30 万元以上 60 万元以下的罚款。对直接负责的主管人员和其他直接责任人员给予警告,并处以 3 万元以上 30 万元以下的罚款。发行人、上市公

---

① 详见《禁止证券欺诈行为暂行办法》第 11—12 条、第 20—22 条;修订前的《证券法》第 177 条。

司或者其他信息披露义务人的控股股东、实际控制人指使从事前两款违法行为的,依照前两款的规定处罚。

另外,最高人民法院《关于审理证券行政处罚案件证据若干问题的座谈会纪要》涉及虚假陈述的责任主体时认为,根据《证券法》第68条的规定,上市公司董事、监事、高级管理人员对上市公司信息披露的真实性、准确性和完整性应当承担较其他人员更严格的法定保证责任。人民法院在审理《证券法》第193条违反信息披露义务行政处罚案件时,涉及对直接负责的主管人员和其他直接责任人员处罚的,应当区分《证券法》第68条规定的人员和该范围之外其他人员的不同责任标准与证明方式。监管机构根据《证券法》第68条、第193条的规定,结合上市公司董事、监事、高级管理人员与信息披露违法行为之间履行职责的关联程度,认定其为直接负责的主管人员或者其他直接责任人员并给予处罚,被处罚人不服提起诉讼的,应当提供其对该信息披露行为已尽忠实、勤勉义务等证据。对上市公司董事、监事、高级管理人员之外的人员,监管机构认定其为上市公司信息披露违法行为直接负责的主管人员或者其他直接责任人员并给予处罚的,应当证明被处罚人具有下列情形之一:实际履行董事、监事和高级管理人员的职责,并与信息披露违法行为存在直接关联;组织、参与、实施信息披露违法行为或直接导致信息披露违法。

由于虚假陈述的实质是违反信息公开制度,所以各国管制不法的信息公开行为的行政措施,亦可视为对不法行为人行政责任的追究。

当虚假陈述行为情节严重,行政制裁不足以起到震慑作用时,应予以刑事处罚。我国《刑法》第181条对涉及虚假陈述、编造并传播证券交易虚假信息罪的刑事责任作出了详细规定,具体论述见本章第一节的相关内容。

第四节 操纵市场行为及其法律责任

一、操纵市场行为的概念、特征及其危害分析

(一)操纵市场行为的概念和特征

操纵市场行为是指行为人背离市场自由竞价和供求关系原则,以各种不正当的手段,影响证券交易价格或者证券交易量,制造证券市场假象,人为地操纵证券交易价格,以引诱他人参与证券交易,为自己谋取不正当利益或者转嫁风险的行为。操纵市场行为主要有以下特征:

(1)操纵市场具有证券交易行为的外衣。操纵市场是为了谋取不当利益,但其表现形式依然是进行证券交易,故其有别于正常的证券交易。区分

操纵市场与正常的证券交易行为不能只看交易行为本身,还必须考虑行为人的交易目的:正常交易行为是为获得正常的投资收益或者规避风险,而操纵市场是为牟取不正当的投资收益或者不正当地规避或转嫁风险。在操纵市场的情况下,买卖证券首先已经是操纵市场的具体手段,其次才以此达到自己获得正常的投资收益或者规避风险的目的。需要注意的是,实践中"捏造、散布虚假信息"或者谣言是一种常用的操纵手段,但是这种手段只有与谣言制造、散布者的交易相对应,才能构成操纵市场行为。如果只是散布了影响证券价格或交易量的虚假信息,而自身没有从事证券交易活动,可能构成其他证券违法行为,但一般不构成操纵市场行为。

(2)操纵市场是人为影响证券市场价格的行为。对此,可从两个角度分析:一是从行为人所造成的客观影响来看,操纵市场是影响证券市场价格的行为,通过这种影响使证券市场价格的走势符合操纵者的预期,以达到其谋利或避险的目的。故操纵市场行为又称为"影响证券市场行情"的行为。而证券市场行情不仅指证券市场价格,证券成交量也是证券市场行情的有机组成部分,证券市场价格与交易量有着密切的关系,证券市场价格反映着包括交易量在内的诸多变动因素。因此,影响成交量也构成操纵市场行为。二是从当事人违法行为的主观要件来看,操纵情形下产生的价格是一种人为控制的价格。这说明操纵市场行为的当事人主观上只能是故意而为,并且经操纵之后的市场价格不是市场机制正常运行中的价格,而是少数或个别人的人为扭曲所致。可见,操纵市场的行为属于"不正当的交易行为"或"不公平的交易行为"。

(3)操纵市场是一种权利滥用的行为。操纵市场的行为人和其他投资者一样享有市场交易的权利。但他们不是正当行使自己的这一权利,而是利用自己或他人所掌控的资金优势、信息优势或者利用持股上的优势制造虚假的市场行情,诱使其他投资者进行证券交易,以达到自己的不正当目的。这属于典型的民事权利滥用行为。

(二)操纵市场行为的危害分析

操纵市场行为属于证券监管法禁止性行为,它是严重扰乱证券市场秩序的行为,危害甚大,现就其危害性分析如下:

(1)妨碍公平竞争,形成违法垄断。恩格斯指出:"竞争的对面就是垄断。垄断是重商主义者战斗时的呐喊,竞争是自由主义经济学家厮打时的吼叫。"①质言之,垄断是对公平竞争的阻碍,是公平竞争的天敌。证券市场上的公平竞争,不仅表现在公司凭借其在竞争中获得的业绩而得以使自己的证券发行与上市,而且还表现在投资者根据发行公司的业绩,以自由竞价方式决定自己的资金投向。但是,操纵市场行为则必然排斥这种竞争,它使证券行情与公司业绩相背离,使资金流向与效益原则相悖,操纵市场是对证券价格的垄断。这种证券价格的垄断一经形成,证券市场便无公平竞争可言。

(2) 虚构供求关系,导致市场机制失灵。在证券市场上,证券的价格主要是由证券供求关系所决定的,反过来,证券的价格又会对供求关系产生重大影响。而操纵市场行为却把供求关系影响价格变为人为操纵的价格,使证券价格高于或低于正常供求关系下的价格。与此同时,又由虚假价格造成非真实的供求关系,严重误导投资者。这样的市场有名无实,不能真正发挥引导和调节投资、配置资源的功能。

(3) 严重损害投资公众的利益。操纵市场行为所造成的虚假交易量和不合理价格,往往使广大普通投资者陷入圈套:在虚假行情下购入证券的投资者被"套牢",售出证券的投资者受损失。结果是使少数操纵者获取暴利,而大多数投资者遭受损害。长此以往,必然会使投资者对证券市场丧失信心。

总之,操纵市场的行为,对于保障市场的公平、秩序与效率,发挥证券市场应有的功能、维护正当竞争、保护投资者的公众利益,乃至整个证券市场的发展,均可谓贻害无穷!

二、操纵市场行为的表现形式

操纵市场行为的表现形式复杂多变,不同国家和地区的证券立法在不同的历史时期的规定也不尽相同。我国证券法律对操纵市场行为的规制前后规定也有所不相同。比如,已经废止的《禁止证券欺诈行为暂行办法》第 8 条规定的操纵市场行为包括:通过合谋或者集中资金操纵证券市场价格;以散布谣言等手段影响证券发行、交易;为制造证券的虚假价格,与他人串通,进行不转移证券所有权的虚买虚卖;出售或者要约出售其并不持有的证券,扰乱证券市场秩序;以抬高或者压低证券交易价格为目的,连续交易某种证券;利用职务便利,人为地压低或者抬高证券价格;其他操纵市场的行为。而《证券法》第 77 条第 1 款规定:"禁止任何人以下列手段操纵证券市场:(一) 单独或者通过合谋,集中资金优势、持股优势或者利用信息优势联合或者连续

---

① 恩格斯:《国民经济学批判大纲》,载《马克思恩格斯全集》(第 3 卷),人民出版社 2002 年版,第 459 页。

买卖,操纵证券交易价格或者证券交易量;(二)与他人串通,以事先约定的时间、价格和方式相互进行证券交易,影响证券交易价格或者证券交易的量;(三)在自己实际控制的账户之间进行证券交易,影响证券交易价格或者证券交易量;(四)以其他手段操纵证券市场。"

1. 连续交易操纵

连续交易操纵,是指单独或通过合谋,集中资金优势、持股优势或者利用信息优势联合或者连续买卖,操纵证券交易价格或者证券交易量。这主要是资金大户或者持股大户利用其拥有的大量资金或者某种大量证券,或者利用了解某种内幕信息的优势,进行单独或者通谋买卖,对某种有价证券进行集中买卖或连续买卖或对同一种证券反复买进卖出。在出货阶段造成此种证券市场价格升量增,以吸引投资者买入,达到使自己顺利出货的目的;在吸筹阶段造成此种证券价格跌量增,使持筹者产生恐慌心理,抛售该种证券,从而使自己获取暴利,其他投资者则遭受巨大损失。

根据《证券市场操纵行为认定指引(试行)》第22条的规定,连续交易操纵的构成要件包括:(1)主体是证券交易人,不论是买方还是卖方,不论是自行炒作还是委托证券经纪商炒作,也不论是单个人的行动还是多人的通谋;(2)集中资金优势、持股优势或者利用信息优势;(3)必须有联合(或连续)买卖和影响证券价格(或证券交易量)的事实。根据参加人数量的不同,连续交易操纵分为单一行为人连续交易操纵和合谋的连续交易操纵。单一的行为人集中资金优势、持股优势或者利用信息优势连续买卖,操纵证券交易价格或者证券交易量的,是单一行为人连续交易操纵。2个或2个以上行为人通过合谋,集中资金优势、持股优势或者利用信息优势,联合或者连续买卖,操纵证券交易价格或者证券交易量的,是合谋的连续交易操纵。按照《证券市场操纵行为认定指引(试行)》第20、21条的规定,联合买卖是指2个以上行为人约定在某一时段内一起买入或卖出某种证券。具体包括三种情形:在某一时段内一起买入或者相继买入某种证券的;在某一时段内一起卖出或者相继卖出某种证券的;在某一时段内其中一个或数个行为人一起买入或相继买入而其他行为人一起卖出或相继卖出某种证券的。连续买卖是指行为人在某一时段内连续买卖某种证券。在1个交易日内交易某一证券2次以上,或在2个交易日内交易某一证券3次以上的,即构成连续买卖。

连续交易发生证券权利的实际移转,属于证券的真实买卖,与不转移证券所有权的虚买虚卖有所不同。此外,在判断连续交易操纵时有三个因素需要考虑:一是联合或连续买卖的交易次数应当包括未成交的报价,因报价本身就会影响证券价格,但报价后又主动撤销的不应当包括在其中。二是连续交易在事实上引起了一定的证券价格或者证券交易量的变动,至于变动幅度一般没有明确要求。三是行为人主观上有恶意,其目的是为了抬高或压低价格,或者引诱其他交易人买入或卖出证券。

2. 串通相互买卖操纵

串通相互买卖操纵是指两个以上的行为人以事先约定的时间、价格和方式相互进行证券交易,影响证券交易价格或者证券交易量的行为。这种操纵行为也称为合谋、对敲(matched orders)或相对委托,它实质上是两个或两个以上的交易人,相互串通,一买一卖,目的在于虚造声势,抬高或压低该证券价格,诱骗其他投资者买入或者卖出该种证券,使行为人达到高位出货或低位吸筹的目的。此种交易的特征是双方或多方在交易中时间相近、价格相近、方向相反。此种交易方式能为操纵者尽量减少操纵市场的资金量和证券筹码数量,有四两拨千斤之功效,对证券市场的正常秩序具有很大的破坏性。综上所述,合谋的要件可归纳如下:下单的价格、时间的相似性;下单数量的一致性;买卖同一证券,而且买卖方向相反;主观上是故意,且两个故意之间有必然的联络,即恶意串通或合谋。

3. 自买自卖操纵

自买自卖又称洗售(wash sale)、对倒、虚售,是指同一投资人在自己实际控制的账户之间进行证券交易,影响证券交易价格或者证券交易量的行为。这种方式俗称"庄家对倒",亦称"左手卖给右手",主要表现为行为人在各个地方多个不同的营业部开立多个证券交易户头,自己在某地某账户内卖出证券的同时,又在另一地另一账户内买入该证券,其实质是一人自买自卖。虽然行为人的证券所有权并没有转移,持有证券的数量没有变化,但能大大增加该证券一天的成交量,给其他投资者造成该证券交易活跃的假象,从而影响其对该证券行情的判断而作出错误的买卖决策,为行为人出货或吸筹提供机会、创造条件。

自买自卖的构成要件是:有现实的交易发生;这些交易发生的时间相同,数量相当,价格一致,方向相反(一买一卖);这些交易并不改变该证券的实质所有权,即实质上这些证券仍然为同一人所有;有自买自卖的故意。不过在证券立法上,国外有的规定,洗售本身就是故意的证据,故主张进行故意推定。据此也有人主张,洗售不需要以主观故意为要件,发生洗售的事实就可以构成。

《证券法》修订前,我国证券立法将洗售规定为"以自己为交易对象,进行不转移所有权的自买自卖"。事实上,行为人往往借助多个证券账户进行相互交易,只要实现了交易,就发生证券权利的法律转移,只不过其背后的真实所有人为同一人或为同一人所控制。现行《证券法》第77条将洗售或者自买自卖定义为"在自己实际控制的账户之间进行证券交易",与以前的规定相比,更符合生活中的实际情况。《证券市场操纵行为认定指引(试行)》第28条列举了"自己实际控制的账户"包括:行为人以自己名义开设的实名账户;行为人以他人名义开设的账户;行为人虽然不是账户的名义持有人,但通过投资关系、协议或者其他安排,能够实际管理、使用或处分的他人账户。

4. 其他操纵市场的行为

《证券法》第77条所规定的"以其他手段操纵证券市场"属于"兜底条款"。所谓其他操纵市场的行为,应当是指法律已经明确列举的市场操纵行为之外的操纵市场行为。《证券市场操纵行为认定指引(试行)》第30条列举了其他操纵市场的行为,包括:蛊惑交易操纵;抢帽子交易操纵[①];虚假申报操纵;特定时间的价格或价值操纵;尾市交易操纵;证监会认定的其他操纵证券市场的行为。这里需要说明的是,根据《证券法》第78条的规定,对于国家机关工作人员、传播媒介从业人员和有关人员编造、传播虚假信息等行为,应按其相应的规定处理,而不应归入操纵市场的行为之列,也就是国家机关工作人员、传播媒介从业人员和有关人员编造、传播虚假信息等行为不属于其他操纵市场的行为。

三、操纵市场行为的法律责任

(一)操纵市场行为的民事责任

操纵市场行为的民事责任主要是损害赔偿责任,即对善意相对交易人的损失承担赔偿责任。如我国《股票条例》亦规定了操纵市场的民事责任,但是过于原则。《证券法》第77条规定,禁止任何人操纵证券市场。操纵证券市场行为给投资者造成损失的,行为人应当依法承担赔偿责任。由此可见,任何单位或个人都有可能成为操纵证券市场的民事责任主体,但从理论以及操纵行为分析,操纵证券市场民事责任主体只能是参与证券交易,并且其实施的行为在客观上符合法定操纵市场行为要件的交易者。操纵证券市场行为属于法律禁止行为,在追究行政责任和刑事责任时,应当以行为人具有主观故意为法律责任构成要件,这有利于打击证券违法行为,维护正常的交易秩

[①] 根据《证券市场操纵行为认定指引(试行)》第35条的规定,"抢帽子"交易操纵认定,是指证券公司、证券咨询机构、专业中介机构及其工作人员,买卖或者持有相关证券,并对该证券或其发行人、上市公司公开作出评价、预测或者投资建议,以便通过期待的市场波动取得经济利益的行为。但上述机构及其人员依据有关法律、行政法规、规章或有关业务规则的规定,已经公开作出相关预告的,不视为"抢帽子"交易操纵。

序。行为人承担操纵市场的民事赔偿责任是我国证券立法在法律责任领域的又一大突破,但如何在实体法和程序法方面保障责任的实现,还有一些问题需要解决。由于在追究行为人的民事责任时,法律并未明确规定必须以主观过错为构成要件,因此,为了更好地保护投资者的合法权益,在民事责任的追究中应当适用无过错责任的归责原则,以减轻原告的证明责任。

我国证券法律制度虽然规定了操纵市场的民事责任,然而,到目前为止,因操纵市场而提起的民事赔偿案件还较为少见,投资公众缺乏权利意识、缺乏自我保护意识固然是其重要原因,但操纵市场民事责任制度乃至整个证券民事责任制度的不足也是其中的重要原因。

(二)操纵市场行为的行政责任和刑事责任

在追究操纵市场行为的行政责任方面,各国立法往往根据行为人的不同情况给予行政制裁。证券商、证券交易场所有操纵行为的,单处或并处警告、罚款、限制或暂停其证券经营业务或证券业务、撤销其证券经营业务许可或证券业务许可;其他机构有操纵行为的,单处或并处警告、没收非法所得、罚款;上市公司有严重操纵行为的,暂停或取消其上市资格。我国《证券法》第203条规定,操纵证券市场的,责令依法处理非法持有的证券,没收违法所得,并处以违法所得1倍以上5倍以下的罚款;没有违法所得或者违法所得不足30万元的,处以30万元以上300万元以下的罚款。此处的违法所得,根据《证券市场操纵行为认定指引(试行)》的规定,是指行为人实施操纵行为获取的不正当利益。其所得不正当利益的形式,既可以表现为持有的现金,也可以表现为持有的证券。违法所得的计算,应以操纵行为的发生为起点,以操纵行为终止、操纵影响消除、行政调查终结或其他适当时点为终点。①

单位操纵证券市场的,还应当对直接负责的主管人员和其他直接责任人员给予警告,并处以10万元以上60万元以下的罚款。此外,根据上述《证券市场操纵行为认定指引(试行)》的规定,有下列情形之一的,应依法从重处罚:涉案金额及违法所得数额较大的;社会影响恶劣的;以暴力、胁迫手段强迫他人操纵证券交易价格或证券交易量的;与上市公司及其关联人合谋操纵证券交易价格或证券交易量的;拒绝、阻碍证券监管机构及其工作人员依法执行公务或以暴力、威胁及其他恶劣手段干扰证券监管机构及其工作人员执行公务的;操纵证券市场受过行政或刑事处罚,又操纵证券市场的。而有下列情形之一的,则应当依法从轻、减轻或者免予处罚:主动消除或者减轻操纵

---

① 有关操纵市场违法所得的认定和计算,参见《证券市场操纵行为认定指引(试行)》第49—51的规定。

行为危害后果的；受他人胁迫有操纵行为的；配合证券监管机关调查且有立功表现的；其他依法从轻或者减轻行政处罚的；操纵行为轻微并及时纠正，没有造成危害后果的，依法不予行政处罚。

操纵市场行为构成犯罪的，追究其刑事责任。美、日等国的司法实践均以对操纵市场行为人的主观目的的认定作为刑事处罚的依据。我国仍强调操纵行为达到情节严重才构成刑事责任，如我国《刑法》第 182 条对操纵市场犯罪的刑事责任作了详细规定。

第五节　内幕交易行为及其法律责任

一、内幕交易行为概述

内幕交易(insider trading)，又称内部人交易[①]或知内情人交易，是证券交易内幕信息的知情人或者非法获取证券交易内幕信息的人，在有关证券的发行、交易或者其他对证券的价格有重大影响的信息尚未公开前，买入或者卖出该证券或者泄露该信息，或者建议他人买卖该证券的行为。其目的是获取额外利益或避免正常交易风险的损失。

在证券市场发展的初期，法律并没有禁止内幕交易。20 世纪初，美国证券市场上内幕交易盛行，证券市场上已无公平、公开、公正可言，使投资者完全丧失对证券市场的信心，可以说，内幕交易行为遍及证券市场是 1929 年美国证券业大危机的祸首。正因如此，美国政府意识到必须用法律手段来管制内幕交易行为。美国规制内幕交易的法律规范主要包括：(1) 普通法上的董事、大股东等公司内部人购买本公司股票的规定；(2) 1933 年《证券法》第 17 条第 a 项，1934 年《证券交易法》第 10 条第 b 项，第 10 条 c 项及美国《证券交易委员会规则》10b-5 等禁止滥用公司内幕信息的规定；(3) 1934 年《证券交易法》第 16 条关于持股变动报告与内部人短线交易利益归入公司的规定；(4) 1984 年《内幕交易制裁法》(Inside Trading Sanctions Act, ITSA)。[②] 其中，1934 年《证券交易法》首次以法律的方式禁止包括内幕交易在内的各种证券欺诈行为，该法第 10 条(b)款及证券交易管理委员会据此制定的规则 10b-5，成为规制内幕交易的主要法律依据，也是各监管部门处理内幕交易纠纷最常引用的法律条款。自美国禁止内幕交易立法之后，禁止内幕交易行为

[①] 在证券市场运行的实践中，内幕交易主体早已超出内部人的范围，故"内部人"这一称谓的局限性是显而易见的，我国修订后的《证券法》以"知情人"将其涵盖。
[②] 杨志华：《证券法律制度研究》，中国政法大学出版社 1995 年版，第 294 页。

逐渐成为世界各国的共识,许多国家纷纷仿效美国立法,未立法者亦以自律规则等方式加以监管,禁止内幕交易已为世界各国所普遍重视。

我国对内幕交易行为的规制也形成了自己的制度体系。我国早在1993年颁布的《禁止证券欺诈行为暂行办法》(已废止)中,即把内幕交易视为重要的欺诈行为而予以严格禁止。修正后的《刑法》也将情节严重的内幕交易行为规定为证券犯罪行为(《刑法》第180条)。修订《证券法》时又对禁止内幕交易制度作出进一步的充实:一是扩大了内幕交易的范围,明确规定禁止非法获取内幕信息的人利用内幕信息从事证券交易活动(《证券法》第73、76条);二是增加了民事赔偿责任的条款,规定内幕交易行为给投资者造成损失的,行为人依法承担赔偿责任(《证券法》第76条)。2007年3月27日,证监会印发《证券市场内幕交易行为认定指引(试行)》。2011年7月13日最高人民法院印发《关于审理证券行政处罚案件证据若干问题的座谈会纪要》,就内幕交易行为的规制提出了司法指导意见。

虽然规制内幕交易已成为各国立法的共识,但在学术界,仍然有人反对用法律手段解决内幕交易问题,其主要理由是:第一,投资者与内幕人员达成交易是一种双方自愿的行为,无任何胁迫或其他外力手段作用于投资者。第二,对内幕交易进行规制成本太高,因为内幕交易渗透广泛,几乎无法控制,既然成本高于规制带来的效益,那么,规制就成为毫无价值的举措。反对者认为,上述理由的局限性在于:第一,虽然普通投资者与内幕人员的交易行为是出于自愿,但这种自愿是在内幕人员隐瞒事实真相,使普通投资者在不知情的条件下作出了错误的意思表示,内幕人员实际上已构成对普通投资者的民事欺诈。第二,规制内幕交易更重要的积极意义在于,公众投资者对内幕交易持否定态度,而禁止内幕交易的立法实为对公众投资者这种愿望的积极反应,它有利于增强投资公众的信心,而投资公众的信心,是证券市场得以存在的前提条件。另外,查处内幕交易的成本虽然较高,但可以通过没收非法所得、罚款等途径得到一定的补偿。

二、内幕交易的归责理论

所谓归责,是指依据某种事实状态确定法律责任的归属,而归责理论则是指确定责任归属所必须依据的法律准则和法律原理。证券法律制度中的归责理念,主要是市场正义、公平观念及一般法律归责的原则。[①] 内幕交易的归责理论首创于美国。内幕交易的归责理论就总体而言,其最主要的根据

---

① 杨志华:《证券法律制度研究》,中国政法大学出版社1995年版,第299页。

是所有投资者都享有平等获得证券市场信息的权利。任何人都应当在平等的基础上,基于自身对合法获取的证券信息的研究,自行作出投资的决定与否,从而保证券市场的平等竞争,维系投资人对证券市场的信心,使得证券市场能够健康发展。因此,任何人都无权利用其地位或机会取得内幕信息买卖证券获取额外利益或避免正常交易风险的损失。具体而言,内幕交易的归责理论主要有以下三种学说:

(1)"公开信息或停止交易"说。根据这一学说,当公司内幕人员知悉内幕信息后,欲从事该公司的证券交易时,有以下选择:一是在证券市场上公布这条内幕信息,然后进行交易(即公开信息);二是停止从事对该上市公司证券的交易业务(即停业交易)。由于内幕人员往往都无权,甚至被禁止私自公开信息,当内幕人员无权公布信息时,也就不能利用该信息在市场上买卖证券。违反这一原则的交易行为,即是法律所禁止的内幕交易行为。该学说是美国司法实务界针对内幕人员交易最早提出的理论。随着证券市场的变化,后又产生了下面将论及的两种学说,起到了弥补该学说不足的作用。

(2)"私用内部信息"说。根据这一学说,任何人因正当理由知悉了内幕信息,在知悉该信息的那一时刻起就负有不得利用该信息去牟取私利的义务,如果在知悉该信息后而利用它去进行证券交易以牟取非法利益,就是欺诈行为。这一理论主要解决非公司内部人员因职务关系而知悉内幕信息,然后利用该信息去谋求一己私利的问题。

(3)"信赖义务"说。根据这一学说,代理人在受托为他人的最大利益处理事务时,代理人对委托人负有因信赖关系而产生的义务。在内幕交易问题中,公司的大股东、高级管理人员与公司之间存在这种信赖关系,正是基于这种关系他们才得以知悉公司的内幕信息。因此,当他们与本公司发生证券交易时,就有向本公司和全体股东告知信息的义务。这种"信赖义务"(fiduciary duty to shareholder)甚至扩大到"临时内部人"(temporary insider),如会计师、律师等。这些人员虽然不是公司职员,但是,由于他们与公司之间建立了某种特殊的服务合同关系而得以掌握公司的重要信息,根据"信赖义务",这些"临时内部人"同样负有不得滥用这些信息的义务。

三、内幕交易的构成要件

内幕交易由内幕交易的行为主体(知情人)、内幕信息的知悉或利用、内幕交易的行为表现和主观故意等要件构成。

(一) 内幕交易的行为主体

内幕交易行为的主体为知情人。知情人是指知晓证券发行和证券上市公司内幕信息的人。无论是直接知晓，还是间接知晓内幕信息的人，也无论是合法知晓，还是违法知晓内幕信息的人，凡是事实上知悉内幕信息的人，都可以构成内幕交易中的知情人。考察美、日等国的有关立法，可将内幕知情人分为三类：(1) 公司内幕人员(corporate insider)。即上市公司董事会成员、监事会成员、经理阶层及其他高级人员、从业人员、代理人以及具有控制关系的股东等，其信息通道是基于内幕人员在公司的地位或其关系而能够知晓的公司尚未公开的敏感信息。(2) 市场内幕人员(market insider)。即依据公司业务或契约关系而得以获悉公司内幕信息的证券承销商、会计师、律师、公司顾问、评估公司职员等。市场内幕人在美国法上称之为临时内部人或阶段性内部人。(3) 公司以外接受第一手信息的人员。这是指直接从公司内幕人员或市场内幕人员处获得内幕信息的人。关于接受第一手信息的人员作为内幕交易的行为主体的范围，各国规定不同，有的国家规定以第一手信息接受人为限，有的国家则不以第一手信息接受人为限，即第一手以下的信息接受人亦应成为规制的对象。主张以第一手信息接受人为规制范围的学者认为，第一手以下的信息接受人与公司内幕人员、市场内幕人员、第一手信息接受人的关系已经比较模糊，如果将其列为规制对象，则在查处时不仅成本太高，而且亦似不可能，因为信息流传过程举证困难。

我国《证券法》出台之前，《股票条例》和《禁止证券欺诈行为暂行办法》并没有使用"知情人"这一称谓，而使用"内幕人员"这一术语。所谓"内幕人员"，是指任何由于持有发行人的股票，或者在发行人或与其有密切联系的企业中担任董事、监事、高级管理人员，或者由于其会员地位、管理地位、监督地位和职业地位，或者作为雇员、专业顾问履行职务，能够接触或者获取内幕信息的人员。1998年出台的《证券法》，则以"知情人员"取代了前述法规中的"内幕人员"，2005年修订后的《证券法》则以"知情人"取代了"知情人员"；《证券市场内幕交易行为认定指引(试行)》中则使用了"内幕人"的表述。

从文意的角度来看，"内幕人员"一般应当是指直接参与内部事务并知晓内部信息的人员，如上述公司董事、经理、监事等。我国台湾地区的一些学者甚至将"内幕人员"直接称为"内部人"，将"内幕交易"称为"内部人交易"或"内线交易"。"知情人员"是指知悉公司内幕信息的人员，与"内幕人员"相比，其范围要广得多。它既包括前述"内幕人员"，也包括所有获得公司内幕信息但属于公司外部的所有人员。如我国《证券法》第73条和第76条还特别将非法获取内幕信息的人也纳入了"知情人"范畴之列。因此，"知情人员"更能科学地反映内幕交易主体的现实状况。"内幕人员"和"内幕人"以及"知情人"和"知情人员"看上去没有本质的差异，但"人员"一词毕竟在习惯上往往是对自然人(个人)的指称,故它不能精确地反映内幕交易主体包括法人的社会现实。相对而言,使用"知情人"这一术语较为合适,而证监会使用"内幕人"这一称谓值得商榷。

根据不同标准,可以将知情人划分为不同的种类。以知情人的身份为标准,可将其分为公司知情人、市场知情人、政府机构知情人和其他知情人;按照获得内幕信息的合法性,可将知情人分为合法知情人和非法知情人。合法知情人,是指依其职务合法获得内幕信息的人;非法知情人,是指违法地获取内幕信息的人,例如,以窃取或者其他非法方式取得内幕信息的人。

根据《证券法》第 74 条和第 76 条的规定,我国将知情人界定为以下 8 类:发行人的董事、监事、高级管理人员;持有公司 5% 以上股份的股东及其董事、监事、高级管理人员,公司的实际控制人及其董事、监事、高级管理人员;发行人控股的公司及其董事、监事、高级管理人员;由于所任公司职务可以获取公司有关内幕信息的人员;证券监督管理机构工作人员以及由于法定职责对证券的发行、交易进行管理的人员;保荐人、承销的证券公司、证券交易所、证券登记结算机构、证券服务机构的有关人员;国务院证券监督管理机构规定的其他人;非法知情人由于事实上占有了内幕信息,完全有可能利用内幕信息从事证券交易,因而也是一种特殊的知情人。

2007 年中国证监会出台的《证券市场内幕交易行为认定指引(试行)》第 6 条根据基本法的授权,将上述知情人的范围进一步扩大。该条规定:符合下列情形之一的,为证券交易的内幕人:(1)《证券法》第 74 条第(一)项到第(六)项规定的证券交易内幕信息的知情人。(2) 中国证监会根据《证券法》第 74 条第(七)项授权而规定的其他证券交易内幕信息知情人,包括发行人、上市公司;发行人、上市公司的控股股东、实际控制人控制的其他公司及其董事、监事、高级管理人员;上市公司并购重组参与方及其有关人员;因履行工作职责获取内幕信息的人;本条第(一)项及本项所规定的自然人的配偶。(3) 本条第(一)项、第(二)项所规定的自然人的父母、子女以及其他因亲属关系获取内幕信息的人。(4) 利用骗取、套取、偷听、监听或者私下交易等非法手段获取内幕信息的人。(5) 通过其他途经获取内幕信息的人。

2011 年最高人民法院《关于审理证券行政处罚案件证据若干问题的座谈会纪要》指出:监管机构提供的证据能够证明以下情形之一,且被处罚人不能作出合理说明或者提供证据排除其存在利用内幕信息从事相关证券交易活动的,人民法院可以确认被诉处罚决定认定的内幕交易行为成立:(1)《证券法》第 74 条规定的证券交易内幕信息知情人,进行了与该内幕信息有关的证券交易活动;(2)《证券法》第 74 条规定的内幕信息知情人的配偶、父母、子女以及其他有密切关系的人,其证券交易活动与该内幕信息基本吻合;(3) 因履行工作职责知悉上述内幕信息并进行了与该信息有关的证券交易活动;(4) 非法获取内幕信息,并进行了与该内幕信息有关的证券交易活动;(5) 内幕信息公开前与内幕信息知情人或知晓该内幕信息的人联络、接触,其证券交易活动与内幕信息高度吻合。

(二) 内幕信息的知悉或利用

内幕交易之所以能够实现,是以内幕人员知悉或利用内幕信息为前提条件的。所谓内幕信息①,是指尚未公开的、可能对证券价格产生实质性影响的信息。因此,内幕信息的认定标准有二:一为未公开,二为价格敏感。

信息公开是证券监管法的制度灵魂。所谓信息公开,是指上市公司应按照法律的规定将其上市发行及发行后的相关证券信息完全公开。未公开则是指上市公司未向投资公众发布的信息。具体而言,在我国,信息未公开是指上市公司尚未在证监会指定的报刊上公布其信息,或者尚未通过中央、地方认可的其他信息披露方式向社会公布其信息。

价格敏感是指信息可能会对上市公司的证券价格产生实质性影响。一般来说,信息分为利好信息和利空信息。利好信息往往导致证券价格上升,因为利好信息是有利于证券投资、对多头有利的信息,而利空信息则往往导致证券价格下跌,因为利空信息是不利于证券投资、对空头有利的信息。内幕信息有可能是利好信息,也可能是利空信息,但只能是可能会导致证券价格波动的信息才算是价格敏感信息。当然,也仅仅是极有可能导致证券价格波动的信息,至于实际波动与否以及波动幅度如何则在所不问。因此,价格敏感是针对信息公开时对投资人的投资判断可能产生的影响而言,而不考虑该项信息所涉及的事情在以后能否真正实现。

我国最早界定"内幕信息"的规范是《股票条例》。《股票条例》第 81 条第 15 项采取概括的方法规定了内幕信息的概念,即"内幕信息"是指有关发行人、证券经营机构、有收购意图的法人、证券监督管理机构、证券自律性管理组织以及与其有密切联系的人员所知悉的尚未公开的可能影响股票市场价格的重大信息。而《禁止证券欺诈行为暂行办法》第 5 条则改采概括式与列举式相结合的方法来界定内幕信息。该条第 1 款规定:"内幕信息是指为内幕人员所知悉的,尚未公开的和可能影响证券市场价格的重大信息";第 2 款则列举了 26 项重大信息。这些规定都是以内幕人员为中心来界定内幕信息

---

① 我国《证券法》第 75 条将内幕信息界定为:证券交易活动中,涉及公司的经营、财务或者对该公司证券的市场价格有重大影响的尚未公开的信息。

的,也就是说,衡量某一信息是否构成内幕信息,必须首先确定该信息的持有人是否为内幕人员。这种界定方法存在两个明显的不足:一是内幕人员的范围随着经济生活的变化而不断变化,用内幕人员来推论内幕信息,势必出现法律适用的困境;二是在这种界定中,法律关注的重心是内幕人员,至于内幕信息本身的法律要素,却得不到足够的揭示。《证券法》虽然也采用概括式与列举式相结合的方法,但放弃了以内幕人员为中心的界定方法,并明确了内幕信息的基本构成要素。《证券法》第75条第1款规定:"证券交易活动中,涉及公司的经营、财务或者对该公司证券的市场价格有重大影响的尚未公开的信息,为内幕信息。"根据这一规定,可以得出内幕信息具有以下特征:

(1) 内幕信息是影响证券价格的信息。内幕交易主要是借助证券价格涨跌而牟取利益或者减少损失,价格波动信息成为知情人实施内幕交易的直接动力。影响证券价格的因素极其复杂,证券价格是整个经济、政治和社会因素的集中体现形式之一。作为内幕信息的价格信息主要是指公司内部发生的与投资者判断投资证券价格走势有关的经营、财务等事件、事项、信息及其发生的变动。

(2) 内幕信息是有关公司经营、财务等的内部信息。在《证券法》上,内幕信息仅指证券发行与上市公司的信息。根据《禁止证券欺诈行为暂行办法》第5条第2款第9项的规定,内幕信息还包括"可能对证券市场价格有显著影响的国家政策变化"。但现行《证券法》将内幕信息主要限定于公司或企业内部的信息,而非泛指各种与证券价格相关的信息。

(3) 内幕信息是未公开的信息。明确何为"公开",即知何为"未公开"。《股票条例》规定,公布应以有关消息和文件刊登在中国证监会指定的报刊上为准,公开则以有关消息和文件备置于发行人及其证券承销机构的营业地和证监会,供投资人查阅为准。《禁止证券欺诈行为暂行办法》第5条第3款规定,内幕信息不包括运用公开的信息和资料,对证券市场作出的预测和分析。信息是否公开,其认定的标准大致有以下几种:以新闻发布会的形式公布;通过全国性的新闻媒介;市场消化了信息;只要有相当数量的股票分析师知道,即使大部分投资者不知道,也算公开。从我国《证券法》的规定来看,是否公开主要应以信息是否公告为准。《证券法》第70条规定:"依法必须披露的信息,应当在国务院证券监督管理机构指定的媒体发布,同时将其置备于公司住所、证券交易所,供社会公众查阅。"《证券市场内幕交易行为认定指引(试行)》规定,公开是指内幕信息在中国证监会指定的报刊、网站等媒体披露,或者被一般投资者能够接触到的全国性报刊、网站等媒体揭露,或者被一般投资者广泛知悉和理解。

（4）内幕信息是有重大影响的信息。内幕信息应当是对证券价格有影响的敏感信息，并应当达到一定影响程度。如果内幕信息与证券价格无关或者影响程度轻微，就不属于《证券法》禁止的交易行为。对于重大影响的认定标准，《证券法》分别就不同情况作了规定，主要内容有：① 某些事件本身构成具有重大影响的内幕信息，如公司合并、分立、解散、破产，如股东会或董事会决议被法院撤销。凡是出现上述情形的，无论对证券价格的影响程度如何，均属于内幕信息的范畴。② 达到一定标准的事件，如超过净资产10%以上的重大损失及公司营业用主要资产的抵押、出售或者报废一次超过该资产的30%。发生损失或者抵押、出售或报废主要资产的情形并不绝对构成内幕信息，而必须达到法定的数额。③ 规定一定的弹性标准，如公司的经营方针和经营范围的重大变化、公司的重大投资行为、重大的购置资产的决定、公司债务担保的重大变更等。①

《证券法》第75条第2款规定了内幕信息的具体类别：该法第67条第2款所列重大事件；公司分配股利或者增资的计划；公司股权结构的重大变化；公司债务担保的重大变更；公司营业用主要资产的抵押、出售或者报废一次超过该资产的30%；公司的董事、监事、高级管理人员的行为可能依法承担重大损害赔偿责任；上市公司收购的有关方案；国务院证券监督管理机构认定的对证券交易价格有显著影响的其他重要信息。

根据《证券法》第67条第2款的规定，重大事件主要包括：公司的经营方针和经营范围的重大变化；公司的重大投资行为和重大的购置资产的决定；公司订立重要合同，可能对公司的资产、负债、权益和经营成果产生重要影响；公司发生重大债务和未能清偿到期重大债务的违约情况；公司发生重大亏损或者重大损失；公司生产经营的外部条件发生的重大变化；公司的董事、1/3以上监事或者经理发生变动；持有公司5%以上股份的股东或者实际控制人，其持有股份或者控制公司的情况发生较大变化；公司减资、合并、分立、解散及申请破产的决定；涉及公司的重大诉讼，股东大会、董事会决议被依法撤销或者宣告无效；公司涉嫌犯罪被司法机关立案调查，公司董事、监事、高级管理人员涉嫌犯罪被司法机关采取强制措施；国务院证券监督管理机构规定的其他事项。

根据《证券市场内幕交易行为认定指引（试行）》第8条的规定，证券交易的内幕信息包括：《证券法》第67条第2款所列重大事件；《证券法》第75条第2款第2项至第7项所列信息；中国证监会根据《证券法》第67条第2款

---

① 参见《证券法》第67、75条的规定。

第 12 项授权而规定的可能对上市公司证券交易价格产生较大影响的其他重大事件;中国证监会根据《证券法》第 75 条第 2 款第 8 项授权而认定的重要信息;对证券交易价格有显著影响的其他重要信息。第 9 条规定,对证券交易价格有显著影响,是指通常情况下,有关信息一旦公开,公司证券的交易价格在一段时期内与市场指数或相关分类指数发生显著偏离,或者致使大盘指数发生显著波动。显著偏离、显著波动,可以结合专家委员会或证券交易所的意见认定。

(三) 内幕交易的行为表现

在证券交易中借助于内幕信息,是内幕交易的客观构成要件。客观行为的表现有多样[①]:一是当内幕人预知上市公司盈余或亏损、资产处分等情况,而抢先买进或卖出证券;二是内幕人向他人泄露内幕信息,使他人利用内幕信息买卖证券或建议他人买卖证券;三是在非内幕人通过不正当手段获取内幕信息后,根据该信息买卖证券或根据该信息建议他人买卖证券。

1. 证券买卖

内幕交易中的证券买卖是指知情人在内幕信息公开以前,利用所知悉的内幕信息,买进或卖出证券的行为。这是最传统,也是最典型的内幕交易行为,其构成要件如下:(1) 主体必须是法律上的知情人,即知悉内幕信息的人。在此内幕交易中,交易同样由买卖双方构成,但内幕交易具有单向性质,即只有知情人一方具有内幕交易的条件和目的。交易相对人不是知情人,他们不仅不能成为内幕交易的主体,而且在法律上往往被视为内幕交易的受害人。(2) 主观上是故意且有明确的目的。内幕交易的目的有两种:一是当内幕信息为利好信息(如公司承接重大新项目)时,大量买进证券而谋取超额获利;二是当内幕信息为利空信息(如公司面临破产)时,大量出售证券而避免正常的交易风险损失。(3) 必须利用内幕信息,即据以交易的根据是内幕信息,该信息可能是未公开的利好信息,也可能是未公开的利空信息。(4) 在内幕信息公开前,知情人实施了交易行为。实施交易行为是内幕交易的客观要件。一般而言,知情人进行内幕交易时,不管是一次交易还是多次反复交易,总是以利好信息为依据进行单向的买进,而以利空信息为依据进行单向的卖出。应注意的是,知情人有可能是以其本人名义或他人名义实施交易行

[①] 《证券法》第 76 条第 1 款规定:"证券交易内幕信息的知情人和非法获取内幕信息的人,在内幕信息公开前,不得买卖该公司的证券或者泄露该信息,或者建议他人买卖该证券。"据此,内幕交易行为主要有知情人的"证券买卖""泄露内幕信息"和"建议他人买卖证券"三类行为。

为。但不论以何种名义,只要具备上述四个要件,就构成内幕交易。《证券市场内幕交易行为认定指引(试行)》第13条第2项规定了以他人名义买卖证券的两种情形:直接或间接提供证券或资金给他人购买证券,且该他人所持有证券之利益或损失,全部或部分归属于本人;对他人所持有的证券具有管理、使用和处分的权益。

2. 泄露内幕信息

知情人在信息依法公开前负有法律规定的保守内幕信息的义务。因此,《证券法》规定,知情人不得将所知悉的内幕信息泄露给他人。在本质上,泄露内幕信息并不是交易,但从实践来看,它会引发他人的内幕交易或者造成市场的混乱,影响交易秩序,故立法上一般也将其作为内幕交易的一种较特殊的表现形态。

泄露内幕信息的构成要件如下:(1)行为主体是知情人;(2)客观上在内幕信息公开前泄露了内幕信息,即负有保密义务的知情人非依法律让知情人以外的他人知道了内幕信息。但是,这里有几个问题值得注意:(1)泄露内幕信息的主观要件。《证券法》并未明确规定泄露内幕信息的主观要件,一般认为,泄露内幕交易信息既可以由故意,也可以由过失构成。(2)泄露内幕信息是否以发生损害后果为要件。如泄露内幕信息是否以发生他人的内幕交易或引起市场秩序的混乱为要件。从《证券法》的立法精神来看,禁止泄露内幕信息的目的在于阻止内幕信息的非法传播,因而泄露内幕信息本身既是行为,同时也包含着结果(即他人已知悉)。至于是否发生进一步的损害后果,则是决定泄露内幕信息危害程度的考量情节,而不是其构成要件。(3)对泄露内幕信息的对象有无要求。如是否要求"必须向投资者泄露"等。对此,《证券法》也无规定。从实践来看,泄露内幕信息多为向投资者泄露;但从泄露内幕交易信息的本质来说,只要非法地将内幕信息泄露给他人,而不论他人是否为投资者,都可以构成。(4)泄露的内幕信息是否为某一项内幕信息的全部内容。一般而言,证券市场是一个敏感的信息市场,泄露的内幕信息不一定是该项内幕信息的全部内容和细节,而是其主要内容。只要常人能从其泄露的内幕信息中明确信息的概括性内容,并能作出利好、利空的判断,就足以构成泄露内幕信息。

3. 建议他人买卖证券

这是指知情人根据内幕信息与证券价格的关系,而建议他人购买或出售相关证券的行为。其构成要件如下:(1)主体是知情人。(2)有接受建议的对象,即受建议人。建议他人买卖证券中的受建议人总是特定的与内幕信息相关的证券持有人或投资者,既可以是一人,也可以是多人。当然,实践中知情人的建议可能是通过投资者的亲属、朋友等转告投资者的,而这种转告过程不影响本行为的成立。(3) 必须有具体的买进或卖出的建议。如果只是告知内幕信息,则是故意泄露内幕信息,如果没有告知内幕信息而只是提出买进或卖出的建议,则构成建议他人买卖证券。至于既告知内幕信息又建议其买卖的,则宜认定为泄露内幕信息,其中的建议可以作为泄露内幕信息的一个重要情节。(4) 知情人的建议必须跟内幕信息与其相关证券的价格变动关系相一致,即建议买进时知情人知道的是利好的内幕信息,建议卖出时知情人知道的是利空的内幕信息。

在认定建议他人买卖证券时,需要注意两点:(1) 受建议人如果没有接受建议或尚未来得及进行交易,即客观上受建议人没有进行证券交易,行为人是否构成建议他人买卖证券?从立法精神来看,出现这种情况也不影响建议他人买卖证券的构成,只是可以将这一情况作为一种决定其法律责任时的情节。(2) 如果受建议人按建议进行了交易,则知情人构成建议他人买卖证券,受建议人则可因非法获取内幕信息而构成内幕交易。

(四) 主观故意

内幕交易一般以主观故意为构成要件,即行为人必须是在明知自己所获悉的信息是尚未公开的可能影响证券价格的重大信息,并且明知应予以保密而不可私自利用的情况下,但为了获取利益或者避免损失之目的,行为人仍然利用该信息进行交易。当然,在实践中,在泄露内幕信息时,有可能存在过失的情况,但仅仅是过失泄露内幕信息并不必然会构成内幕交易,只有当他人故意利用了该泄露的信息才构成内幕交易。单纯的泄露信息,可追究其泄密行为的责任。

四、内幕交易行为的责任形式

(一) 内幕交易行为的民事责任

各国有关追究内幕交易行为人民事责任的规定很少。例如,日本京都大学龙田节教授便认为,日本的规制内幕交易行为的制度结构中欠缺对受害人的救济。① 这是由于现代证券交易主要是靠众多投资者的集中竞价和电子计算机的自动撮合完成的,由于投资者众多,转手频率高,所以,要证明谁是内幕交易直接和真正的受害人十分困难。此外,影响证券价格的因素错综复杂,证券价格瞬息万变,从而难以计算内幕交易的损害赔偿数额。因此,确定

---

① 〔日〕龙田节:《内幕交易之禁止》,载《外国法译评》1995年第1期。

内幕交易民事赔偿责任有两大难点：一是因果关系的证明；二是赔偿金额的确定。所谓因果关系，即内幕交易与损害事实的关联性，对此，学者们见解不一，但以同时交易者说最具说服力。该说主张只要内幕交易者隐瞒内幕信息与相对人交易，同一时间内进行相同证券相反交易的同时交易者，只要不能证明存在恶意，均可提起损害赔偿的民事诉讼，法律推定因果关系成立。关于赔偿金的确定问题亦是众说林立，但从总体上看主要可归结为三种方法：一是实际价值计算法，即赔偿金额应为受害者进行证券交易时的价格与当时证券的实际价值的差额；二是差价计算法，即赔偿金额应为证券交易时的价格与内幕交易行为暴露后一段合理时间内的证券价格的差额；三是实际诱因计算法，即内幕交易者只对其行为所造成的证券价格波动负赔偿责任，对其他因素引起的那部分证券价格波动不负赔偿责任。

我国《股票条例》第 77 条、1998 年《证券法》第 207 条各自规定，违反该条例或法律规定，给他人造成损失的，应当依法承担民事赔偿责任。这种规定对于追究内幕交易的民事责任过于原则化，缺乏可操作性，显然需要改进。2005 年《证券法》修改了与内幕交易相关的两项主要内容：一是明确禁止非法获取内幕消息的人利用内幕消息从事证券交易活动，扩大了内幕交易行为的认定范围；二是规定内幕交易行为给投资者造成损失的，行为人依法承担民事赔偿责任。也就是《证券法》第 76 条的规定：证券交易内幕信息的知情人和非法获取内幕信息的人，在内幕信息公开前，买卖该公司的证券，或者泄露该信息，或者建议他人买卖该证券给投资者造成损失的，行为人应当依法承担赔偿责任。本书从责任主体、因果关系、赔偿范围和责任实现等四个方面来讨论内幕交易的民事责任。

1. 责任主体

内幕交易民事责任主体是掌握证券交易内幕消息，并实施内幕交易行为，给投资者造成损失的知情人。按照获得内幕信息是否具有合法性，知情人可以划分为合法知情人和非法知情人；合法知情人。非法知情人是指以窃取或其他方式非法获得证券交易内幕消息的主体。上述两类知情人获得内幕交易信息的途径、方式虽有所不同，但只要他们利用所掌握的内幕信息，实施了内幕交易行为，并给投资者造成损害的，都应当依法承担赔偿责任。

2. 因果关系

如前所述，在证券市场中影响证券交易数量、价格和最终收益的因素比较复杂，因此，很难证明投资者损失与内幕交易行为之间存在符合民事责任追究要求的因果关系。但内幕交易行为违反了证券信息公开制度，侵害了投资者的信息平等权，将本应由广大投资者共享的信息转变为少数人独占的信息。也就是说,将本应归投资者共享的利益转变为知情人的独占利益。所以,可以建立符合证券内幕交易特点的因果关系证明规则,即推定内幕交易的相对人(与知情人直接进行交易的当事人)所受到的损失与内幕交易之间存在因果关系。至于其他在内幕交易的同时从事与知情人交易方向相反的交易的投资者,但未与知情人直接发生交易关系,其所受损失则不宜推定为由知情人内幕交易所造成。

3. 赔偿范围

在缺乏法律明文规定的情况下,可以参考一些基本因素来确定内幕交易赔偿范围,包括损失发生的时间是否在交易信息公开之前;内幕交易所引起的交易价格、数量的变化;投资者的差价损失以及费用税金损失等。

4. 责任实现

修订前的《证券法》只规定了内幕交易行为应承担的行政责任和刑事责任,但就经济利益而言,单纯惩治违法行为只能减少或剥夺内幕交易人的非法收益,投资者损失仍未得到补偿。修订后的《证券法》明确规定了内幕交易的民事责任,从而弥补了修订前的《证券法》的不足。但是,该条款只是宣誓性地规定了知情人应当承担民事赔偿责任,并没有更具体、更有操作性的配套性制度。因此,在司法实践中如何适用该条款还存在一些技术障碍,内幕交易民事责任的实现还需要立法进一步的明确和规范。

(二) 内幕交易的行政责任和刑事责任

对尚未构成犯罪的内幕交易违法行为,可追究行为人的行政责任。根据美国 1984 年《内幕交易制裁法》的规定,对从事内幕交易的证券商,由联邦证券交易委员会限制其经营活动,直至取消其注册;对于个人利用内幕信息交易,地方法院可处以罚款,其数额不超过非法所得或避免损失的 3 倍。1988 年《内幕交易和证券欺诈执行法》又规定,SEC 可对泄露信息者和接触信息者共处罚款;后者又透露给第三者的,法院可视情节轻重追加内幕人员的罚款数。

我国已经废止的《禁止证券欺诈暂行办法》规定了对内幕交易行为人的行政处罚方法,包括没收非法所得,并处 5 万至 50 万罚款。对发行人搞内幕交易的,可单处或并处警告、责令退还筹资、没收、罚款、停止或取消发行资格等。我国《证券法》对内幕交易的行政责任也作了相应的规制[①],即证券交易内幕信息的知情人或者非法获取内幕信息的人,在涉及证券的发行、交易或

---

① 见《证券法》第 202 条的规定。

者其他对证券的价格有重大影响的信息公开前,买卖该证券,或者泄露该信息,或者建议他人买卖该证券的,责令依法处理非法持有的证券,没收违法所得,并处以违法所得1倍以上5倍以下的罚款;没有违法所得或者违法所得不足3万元的,处以3万元以上60万元以下的罚款。此处的违法所得,根据《证券市场内幕交易行为认定指引(试行)》的规定,是指行为人实施内幕交易行为获取的不正当利益,即行为人买卖证券获得的收益或规避的损失。其不正当利益,既可以表现为持有的现金,也可以表现为持有的证券(是指行为人实际控制的账户所持有的证券)。违法所得的计算,应以内幕交易行为终止日、内幕信息公开日、行政调查终结日或其他适当时点为基准日期。

单位从事内幕交易的,还应当对直接负责的主管人员和其他直接责任人员给予警告,并处以3万元以上30万元以下的罚款。证券监督管理机构工作人员进行内幕交易的,从重处罚。此外,根据上述《证券市场内幕交易行为认定指引(试行)》的规定,有下列情况之一的,应当依法从重处罚:涉案金额或违法所得数额较大的;致使公司证券价格异常波动,社会影响恶劣的;以暴力、胁迫手段强迫他人进行内幕交易的;上市公司、上市公司实际控制人及相关高管人员操纵公司信息披露,进行内幕交易的;拒绝、阻碍证券监管机构及其工作人员依法执行公务或以暴力、威胁及其他手段干扰证券监管机构及其工作人员执行公务的;因内幕交易受过行政或刑事处罚,又进行内幕交易的。而当事人有下列情形之一的,则应当依法从轻、减轻或者免予行政处罚:配合证券监管机关调查且有立功表现的;受他人胁迫从事内幕交易的;主动消除或者减轻内幕交易行为危害后果的;其他依法应从轻或者减轻行政处罚的;内幕交易行为轻微并及时纠正或消除影响,主动配合调查,没有造成危害后果的,依法不予行政处罚。

相对于内幕交易的民事责任和行政责任,不同国家和地区的立法对内幕交易者刑事责任的追究更为普遍,并且在刑事处罚上渐趋严厉。美国1934年《证券交易法》规定,对内部交易可处5年以下有期徒刑,处或并处1万美元以下罚金。1988年《内幕交易和证券欺诈执行法》规定,任何有计划地违反联邦证券法的行为,都视为重罪,对行为人可处10万美元罚金或判处有期徒刑5年或将有期徒刑与罚金两者并处。日本《证券交易法》原来规定,内幕交易处6个月以下徒刑或50万日元罚金;1988年5月通过立法规定,对内幕交易处以3年以下有期徒刑与300万日元罚金。我国台湾地区也将内幕交易的刑事责任从2年以下有期徒刑、拘役或并处15万元以下罚金,改为7年以下有期徒刑,并处300万元以下罚金。

我国《刑法》第180条和《刑法修正案(七)》对内幕交易的刑事责任作了详细规定。具体内容见本章第一节的相关论述,在此不加赘述。